Rechtsextrem: Biografien nach 1945

Rechtsextrem: Biografien nach 1945

Herausgegeben von
Gideon Botsch, Christoph Kopke und Karsten Wilke

**DE GRUYTER
OLDENBOURG**

Die freie Verfügbarkeit der E-Book-Ausgabe dieser Publikation wurde durch 36 wissenschaftliche Bibliotheken und Initiativen ermöglicht, die die Open-Access-Transformation in der Geschichte fördern.

Der Abdruck eines Teils der Abbildungen in dieser Publikation konnte durch eine Zuwendung von Veit und Ulrike Feger, Ehingen, ermöglicht werden.

ISBN 978-3-11-221489-3
e-ISBN (PDF) 978-3-11-101099-1
e-ISBN (EPUB) 978-3-11-101212-4
DOI https://doi.org/10.1515/9783111010991

Dieses Werk ist lizenziert unter der Creative Commons Attribution-NonCommercialNoDerivatives 4.0 International Lizenz. Weitere Informationen finden Sie unter
https://creativecommons.org/licenses/by-nc-nd/4.0/.

Die Creative Commons-Lizenzbedingungen für die Weiterverwendung gelten nicht für Inhalte (wie Grafiken, Abbildungen, Fotos, Auszüge usw.), die nicht im Original der Open-Access-Publikation enthalten sind. Es kann eine weitere Genehmigung des Rechteinhabers erforderlich sein. Die Verpflichtung zur Recherche und Genehmigung liegt allein bei der Partei, die das Material weiterverwendet.

Library of Congress Control Number: 2023935319

Bibliografische Information der Deutschen Nationalbibliothek
Die Deutsche Nationalbibliothek verzeichnet diese Publikation in der Deutschen Nationalbibliografie; detaillierte bibliografische Daten sind im Internet über http://dnb.dnb.de abrufbar.

© 2025 bei den Autorinnen und Autoren, Zusammenstellung © 2025 Gideon Botsch, Christoph Kopke und Karsten Wilke, publiziert von Walter de Gruyter GmbH, Berlin/Boston. Dieses Buch ist als Open-Access-Publikation verfügbar über www.degruyter.com.
Dieser Band ist text- und seitenidentisch mit der 2023 erschienenen gebundenen Ausgabe.
Einbandabbildung: Rechtsradikale demonstrieren am Volkstrauertag. 17.11.1991, Halbe/Brandenburg. Copyright: Christian-Ditsch.de (Christian Ditsch Photography).
Satz: bsix information exchange GmbH, Braunschweig
Druck und Bindung: CPI books GmbH, Leck

www.degruyter.com

Open-Access-Transformation in der Geschichte

Open Access für exzellente Publikationen aus der Geschichte: Dank der Unterstützung von 36 wissenschaftlichen Bibliotheken und Initiativen können 2023 insgesamt neun geschichtswissenschaftliche Neuerscheinungen transformiert und unmittelbar im Open Access veröffentlicht werden, ohne dass für Autorinnen und Autoren Publikationskosten entstehen.

Folgende Einrichtungen und Initiativen haben durch ihren Beitrag die Open-Access-Veröffentlichung dieses Titels ermöglicht:

Dachinitiative „Hochschule.digital Niedersachsen" des Landes Niedersachsen
Universitätsbibliothek Bayreuth
Staatsbibliothek zu Berlin – Preußischer Kulturbesitz
Universitätsbibliothek Bern
Universitätsbibliothek Bielefeld
Universitätsbibliothek Bochum
Universitäts- und Landesbibliothek Bonn
Staats- und Universitätsbibliothek Bremen
Universitäts- und Landesbibliothek Darmstadt
Sächsische Landesbibliothek, Staats- und Universitätsbibliothek Dresden (SLUB)
Universitätsbibliothek Duisburg-Essen
Universitäts- und Landesbibliothek Düsseldorf
Albert-Ludwigs-Universität Freiburg – Universitätsbibliothek
Niedersächsische Staats- und Universitätsbibliothek Göttingen
Universitätsbibliothek der FernUniversität in Hagen
Staats- und Universitätsbibliothek Hamburg Carl von Ossietzky
Gottfried Wilhelm Leibniz Bibliothek – Niedersächsische Landesbibliothek, Hannover
Technische Informationsbibliothek (TIB)
Universitätsbibliothek Hildesheim
Universitäts- und Landesbibliothek Tirol, Innsbruck
Universitätsbibliothek Kassel – Landesbibliothek und Murhardsche Bibliothek der Stadt Kassel
Universitäts- und Stadtbibliothek Köln
Zentral- und Hochschulbibliothek Luzern
Universitätsbibliothek Mainz
Bibliothek des Leibniz-Instituts für Europäische Geschichte, Mainz

∂ Open Access. © 2023 bei den Autorinnen und Autoren, publiziert von De Gruyter. Dieses Werk ist lizenziert unter der Creative Commons Attribution-NonCommercial-NoDerivatives 4.0 Lizenz.
https://doi.org/10.1515/9783111010991-200

Universitätsbibliothek Marburg
Universitätsbibliothek der Ludwig-Maximilians-Universität München
Universitäts- und Landesbibliothek Münster
Bibliotheks- und Informationssystem (BIS) der Carl von Ossietzky Universität Oldenburg
Universitätsbibliothek Osnabrück
Universität Potsdam
Universitätsbibliothek Vechta
Universitätsbibliothek der Bauhaus-Universität Weimar
Herzog August Bibliothek Wolfenbüttel
Universitätsbibliothek Wuppertal
Zentralbibliothek Zürich

Inhalt

Open-Access-Transformation in der Geschichte —— V

Gideon Botsch, Christoph Kopke und Karsten Wilke
Protagonistinnen und Protagonisten der „nationalen Opposition" in der Bundesrepublik Deutschland —— 1

Paul Lukas Hähnel
Ernst Anrich (1906–2001)
Gründer der WBG und Chefideologe der NPD —— 15

Kurt Schilde
Artur Axmann (1913–1996)
„Das kann doch nicht das Ende sein". Die Aktivitäten des letzten Reichsjugendführers nach 1945 —— 35

Yves Müller
Herbert Böhme (1907–1971)
„SA-Lyriker" und Netzwerker der „nationalen Opposition" —— 75

Eric Angermann
Thomas Brehl (1957–2010)
Der Stellvertreter —— 97

Eric Angermann
Hans-Michael Fiedler (1943–2019)
Bildungsarbeit für die extreme Rechte —— 119

Viktor Fichtenau
Karl Theodor Förster (1912–1993)
Badischer SRP-Vorsitzender und Holocaustleugner —— 133

Martin Finkenberger
Herbert Grabert (1901–1978)
„Voll und ganz auf dem Boden der rassischen Weltanschauung" —— 149

Peter Bierl
August Haußleiter (1905–1989)
Der grüne Gründervater —— **165**

Gunnar Mertz
Erich Johann Kernmayr (1906–1991)
Vom Kommunisten zu einem der führenden rechtsextremen Publizisten in der Bundesrepublik. —— **189**

Ann-Kathrin Mogge
Michael Kühnen (1955–1991)
„Ich bin die Wand!" —— **211**

Pablo Schmelzer
Heinz Lembke (1937–1981)
Förster und Werwolf —— **235**

Sabine Hering
Mathilde Ludendorff (1877–1966)
Von der Steigbügelhalterin des Nationalsozialismus zur Gallionsfigur der „Ludendorff-Bewegung". —— **251**

Philipp Grehn
Alfred E. Manke (1929–2017)
Ein Multifunktionär und Bewegungsunternehmer im vorpolitischen Raum —— **261**

Cenk Akdoganbulut
Armin Mohler (1920–2003)
„Entsprechung auf neuer Ebene". Der Gaullismus als Blaupause für eine Neue Rechte? —— **275**

Phillip Becher
Armin Mohler (1920–2003)
Regenpfeifer zwischen konservativer Revolution und faschistischem Stil —— **295**

Philipp Grehn
Wolfgang Nahrath (1929–2003)
Die *Wiking-Jugend* (WJ) – Völkische Indoktrination im Kindesalter —— **319**

Stefanie Haupt
Elisabeth Neumann-Gundrum (1910–2002)
Eine Produzentin völkischer Vorgeschichtsbilder und Agitatorin in rechten
Kulturnetzwerken —— 333

Barbara Manthe
Paul Otte (*1924)
Ein rechtsterroristischer Netzwerker —— 349

Martin Finkenberger
Wilfred von Oven (1912–2008)
„Einwandfreie Persönlichkeit im Sinne der Org." —— 363

Christoph Schulze
Jürgen Rieger (1946–2009)
Anwalt für den Neonazismus und Propagandist des neuheidnischen
„Artglaubens" —— 381

Martin Finkenberger
Erwin Schönborn (1914–1989)
„Ich war, ich bin und ich bleibe ein Nationalsozialist" —— 403

Niklas Krawinkel
Frank Schubert (1957–1980)
Ein extrem rechter Gewalttäter und die Frankfurter Stadtgesellschaft —— 413

Viktor Fichtenau
Peter Stöckicht (1930–2018)
NPD-Politiker, Landtagsabgeordneter in Baden-Württemberg und
Rechtsanwalt —— 435

Hans-Gerd Jaschke
Adolf v. Thadden (1921–1996)
Vom konservativen ostelbischen Landadeligen zum rechtsextremen
Parteifunktionär —— 453

Autorinnen, Autoren und Herausgeber —— 467

Organisationen- und Institutionenverzeichnis —— 473

Personenverzeichnis —— 479

Protagonistinnen und Protagonisten der „nationalen Opposition" in der Bundesrepublik Deutschland

Der vorliegende Band versammelt 24 biografische Studien über – vorwiegend männliche – Akteure der bundesdeutschen extremen Rechten. Die Herausgeber beabsichtigen mit dieser Publikation, die klassische geschichtswissenschaftliche Methode der Personengeschichte für die historische Rechtsextremismusforschung nutzbar zu machen.[1] Der akteursorientierte Ansatz nimmt explizit die Sozialisation, die Vernetzung und das politische Handeln der ausgewählten Protagonistinnen und Protagonisten in den Blick, um auf diese Weise das Gesamtbild des Nachkriegs-Rechtextremismus schärfer zu konturieren.

„Nationale Opposition"

Die Demokratieentwicklung in der Bundesrepublik gilt, trotz mitunter hoher und langfristiger personeller Kontinuitäten zum Nationalsozialismus in Politik,[2] Wirtschaft[3] und Gesellschaft, im Rückblick als Erfolgsgeschichte.[4] Gleichwohl war das

---

[1] Als Reflexion zur Methode der Personengeschichte vgl. Joachim Rohlfels, Ein Herz für die Personengeschichte? Strukturen und Persönlichkeiten in Wissenschaft und Unterricht, in: Geschichte in Wissenschaft und Unterricht 50 (1999), H. 5/6, S. 305–320.
[2] Vgl. stellvertretend: Alexander Nützenadel (Hg.), Das Reichsarbeitsministerium im Nationalsozialismus. Verwaltung – Politik – Verbrechen, Göttingen 2017; Kurt J. Nettersheim / Doron Kiesel (Hg.), Das Bundesministerium der Justiz und die NS-Vergangenheit. Bewertungen und Perspektiven, Göttingen 2021; Manfred Görtemaker / Christoph Safferling, Die Akte Rosenburg. Das Bundesministerium der Justiz und die NS-Zeit, München 2016; Eckart Conze / Norbert Frei / Peter Hayes / Moshe Zimmermann, Das Amt und die Vergangenheit. Deutsche Diplomaten im Dritten Reich und in der Bundesrepublik, 3. Aufl., München 2010.
[3] Vgl. z. B. Johannes Bähr / Axel Drecoll / Bernhard Gotto / Kim C. Priemel / Harald Wixforth, Der Flick-Konzern im Dritten Reich, München 2008; Kim Christian Priemel, Flick. Eine Konzerngeschichte vom Kaiserreich bis zur Bunderepublik, Göttingen 2007.
[4] Vgl. Heinrich August Winkler, Der lange Weg nach Westen. Bd. 2, Deutsche Geschichte vom „Dritten Reich" bis zur Wiedervereinigung, 4. Aufl., München 2002; Edgar Wolfrum, Die geglückte Demokratie. Geschichte der Bundesrepublik Deutschland von ihren Anfängen bis zur Gegenwart. Stuttgart 2006: Hans-Ulrich Wehler, Deutsche Gesellschaftsgeschichte, Bd. 5, Bundesrepublik und DDR 1949–1990, München o. J. [2008]; Markus M. Payk, Der Geist der Demokratie. Intellektuelle Orientierungsversuche im Feuilleton der frühen Bundesrepublik: Karl Korn und Peter de Mendelssohn, München 2008.

∂ Open Access. © 2023 bei den Autorinnen und Autoren, publiziert von De Gruyter. Dieses Werk ist lizenziert unter der Creative Commons Attribution-NonCommercial-NoDerivatives 4.0 Lizenz.
https://doi.org/10.1515/9783111010991-001

Ende das NS-Regimes nicht unmittelbar gleichbedeutend mit einem grundlegenden Abschied der Bevölkerung von nationalsozialistischen bzw. extrem rechten politischen Einstellungen.[5] Ebenso wenig verhinderten die Gründung und der Betrieb demokratischer Institutionen, dass sich schon seit den späten vierziger und frühen fünfziger Jahren inhaltlich und organisatorisch breit aufgestellte extrem rechte Organisationen und Vereinigungen herausbildeten.[6] Ihre Mitglieder sowie Sympathisantinnen und Sympathisanten lehnten das politische System der Bundesrepublik ab und begriffen sich selbst als „Widerstandsbewegung" und „nationale Opposition".[7]

Dieses politische Spektrum war heterogen zusammengesetzt und bediente sich daher teilweise sehr unterschiedlicher Ansätze. In den Netzwerken wurden „Gegenerzählungen" zu den Narrativen der offiziellen Bundesrepublik entwickelt,[8] hier wurden extrem rechte Kindererziehung sowie Jugend- und Kulturarbeit betrieben,[9] und es gründeten sich politische Parteien, die zu Wahlen antraten[10]. Ein plakatives Beispiel hierfür ist die *Sozialistische Reichspartei* (SRP). Die

---

[5] Vgl. Saul K. Padover, Lügendetektor. Vernehmungen im besiegten Deutschland 1944/45, 2. Aufl., Frankfurt am Main 1999; Institut für Demoskopie – Gesellschaft zum Studium der öffentlichen Meinung (Hg.), Das Dritte Reich. Eine Studie über Nachwirkungen des Nationalsozialismus, Allensbach o. J. [1949]. Zu den Problemen und Herausforderungen des Umgangs mit den NS-Verbrechen im internationalen Vergleich vgl. Thorsten Holzhauser, Demokratie, Nation, Belastung. Kollaboration und NS-Belastung als Nachkriegsdiskurs in Frankreich, Österreich und Westdeutschland, Berlin/Boston 2022.
[6] Vgl. Kurt Philipp Tauber, Beyond Eagle and Swastika. German Nationalism since 1945, 2 Bde., Middletown 1967.
[7] Dazu vgl. ebd.; Gideon Botsch, Nationale Opposition in der demokratischen Gesellschaft. Zur Geschichte der extremen Rechten in der Bundesrepublik Deutschland, in: Fabian Virchow / Martin Langebach / Alexander Häusler (Hg.), Handbuch Rechtsextremismus, Wiesbaden 2016, S. 43–82; ders., Die extreme Rechte in der Bundesrepublik Deutschland 1949 bis heute, Darmstadt 2012; Armin Pfahl-Traughber, Rechtsextremismus in Deutschland. Eine kritische Bestandsaufnahme, Wiesbaden 2019; Samuel Salzborn, Rechtsextremismus. Erscheinungsformen und Erklärungsansätze, 3. Aufl., Baden-Baden 2018. Christoph Schulze, Rechtsextremismus. Gestalt und Geschichte, Wiesbaden 2021.
[8] Vgl. Martin Langebach / Michael Sturm (Hg.), Erinnerungsorte der extremen Rechten, Wiesbaden 2015; Christoph Kopke / Karsten Wilke, Heldengeschichten als Gegenerzählungen. Extrem rechte Narrative und Inszenierungen zum Zweiten Weltkrieg, in: Hans-Peter Killguss / Martin Langebach (Hg.), „Opa war in Ordnung!". Erinnerungspolitik der extremen Rechten, Köln 2016, S. 92–103.
[9] Vgl. Tauber, Eagle, Bd. 1, S. 466–622 u. 689–725; Gideon Botsch, „Nur der Freiheit..."? Jugendbewegung und Nationale Opposition, in: ders. / Josef Haverkamp (Hg.), Jugendbewegung, Antisemitismus und rechtsradikale Politik. Vom „Freideutschen Jugendtag" bis zur Gegenwart, Berlin 2014, S. 242–261, bes. 249–256.
[10] Vgl. Christoph Kopke, Die extreme Rechte als Wahlkampffaktor, in: Virchow/Langebach/Häusler (Hg.), Handbuch, S. 225–256.

spektakulären Erfolge der SRP bewogen die Politik nicht zuletzt aufgrund der kritischen Beobachtung durch die alliierten Dienststellen zu einem entschlossenen Handeln, das bereits 1952 zu einem Verbot führte.[11]

Hingegen konnten Vereinigungen und Initiativen, die weniger an einer Öffentlichkeitswirksamkeit interessiert waren, vergleichsweise unbehelligt agieren. Hierzu zählen Jugendbünde, wie die bereits im Jahre 1952 gegründete *Wiking-Jugend* (WJ), die sich in der Nachfolge der *Hitlerjugend* (HJ) verorteten, aber überwiegend zurückgezogen agierten und so Kinder und Jugendliche im Geiste des Nationalsozialismus erziehen konnten.[12] Ähnlich verhielt es sich im Bereich des Publikations- und Verlagswesens. Zahlreiche Buchverlage und Zeitschriften bedienen seit Jahrzehnten das Milieu und sind wichtige Ideologieproduzenten – auch über das Kernmilieu hinaus.[13] Mit dem *Deutschen Kulturwerk Europäischen Geistes* (DKEG) existierte ab 1950 ein systemoppositioneller rechtsextremer Kulturdachverband.[14] Hier wurden die eigentlichen Ziele überwiegend geschickt hinter konsensfähigen Verlautbarungen verborgen. So konnten unter der Forderung nach „Meinungsfreiheit" gegen das NS-Verbot agitiert[15] oder unter dem Deckmantel der „Abendland"-Chiffre nationales Überlegenheitsdenken verbreitet werden.[16]

---

11 Vgl. Otto Büsch / Peter Furth, Rechtsradikalismus im Nachkriegsdeutschland. Studien über die „Sozialistische Reichspartei" (SRP), Berlin / Frankfurt am Main 1957; Mitglieder des Bundesverfassungsgerichts (Hg.), Das Urteil des Bundesverfassungsgerichts vom 23. Oktober 1952 betreffend Feststellung der Verfassungswidrigkeit der Sozialistischen Reichspartei, Tübingen 1952. Oliver Gnad, „Sozialistische Reichspartei", in: Marie-Luise Recker/Klaus Tenfelde (Hg.), Handbuch zur Statistik der Parlamente und Parteien in den westlichen Besatzungszonen und in der Bundesrepublik Deutschland, Teilband III: FDP sowie kleinere bürgerliche und rechte Parteien. Mitgliedschaft und Sozialstruktur 1945–1990, Düsseldorf 2005, S. 353–473; Henning Hansen, Die Sozialistische Reichspartei (SRP). Aufstieg und Scheitern einer rechtsextremen Partei, Düsseldorf 2007. Martin Will, Ephorale Verfassung. Das Parteiverbot der rechtsextremen SRP von 1952. Thomas Dehlers Rosenburg und die Konstituierung der Bundesrepublik Deutschland, Tübingen 2017.
12 Vgl. dazu: Gideon Botsch, Hundert Jahre Erziehung zu Gewalt und Hass. Zur Kontinuität rechtsextremer Jugendarbeit in Deutschland, in: Vero Bock / Lucia Bruns / Christin Jänicke / Christoph Kopke / Esther Lehnert / Helene Mildenberger (Hg.), Jugendarbeit, Polizei und rechte Jugendliche in den 1990er Jahren, Weinheim und Basel 2023, S. 106–177.
13 Vgl. bereits: Heinz Brüdigam, Der Schoß ist fruchtbar noch... Neonazistische, militaristische, nationalistische Literatur und Publizistik in der Bundesrepublik, 2. Aufl., Frankfurt am Main 1965.
14 Zum DKEG vgl. Daniel Klünemann, Das Deutsche Kulturwerk Europäischen Geistes, in: Rolf Düsterberg (Hg.), Dichter für das „Dritte Reich", Bd. 3, Bielefeld 2015, S. 277–306.
15 Vgl. Karsten Wilke, Die „Hilfsgemeinschaft auf Gegenseitigkeit" (HIAG) 1950–1990. Veteranen der Waffen-SS in der Bundesrepublik, Paderborn u. a. 2011, S. 115.
16 Vgl. ders., Veteranen der Waffen-SS in der frühen Bundesrepublik. Aufbau, gesellschaftliche Einbindung und Netzwerke der „Hilfsgemeinschaft auf Gegenseitigkeit", in: Jan Erik Schulte / Michael Wildt (Hg.), Die SS nach 1945. Entschuldungsnarrative, populäre Mythen, europäische Erinnerungsdiskurse, Göttingen 2018, S. 75–97, hier S. 92–95; Vanessa Conze, Das Europa der Deut-

Netzwerke, zentrale Akteure, Medien, inhaltliche Schwerpunktsetzungen und Methoden veränderten sich – von signifikanten Ausnahmen abgesehen – fortwährend. Insgesamt betrachtet bildet die Existenz eines extrem rechten und z. T. sogar pro-nationalsozialistisch orientierten politischen Spektrums jedoch ein wirkmächtiges Kontinuum, das die Bundesrepublik Deutschland von Beginn an bis in die Gegenwart begleitete und weiterhin begleitet. Damit war und ist die rechtsextreme Systemopposition mit all ihren – nicht zuletzt gewaltvollen und tödlichen – Ausprägungen integraler Bestandteil der Geschichte der Bundesrepublik Deutschland.[17]

Sozial- und geschichtswissenschaftliche Erforschung des Rechtsextremismus

Aufbauend auf Kurt Philipp Taubers Pionierstudie aus den späten sechziger Jahren[18] wurden in den vergangenen Jahrzehnten bereits verschiedene Aspekte des Themas ausführlich in den Blick genommen. An erster Stelle sei hier auf das Standardwerk von Peter Dudek und Hans-Gerd Jaschke verwiesen, in dem die Verfasser bereits während der 1980er Jahre über einen sozialwissenschaftlichen und zeithistorischen Zugriff der Frage nach der Entwicklung und Durchsetzung spezifischer (Sub-)Kulturen innerhalb der „nationalen Opposition" nachgingen. In ihrer nach wie vor paradigmatischen Studie „Entstehung und Entwicklung des Rechtsextremismus in der Bundesrepublik" arbeiteten sie u. a. die vielfältigen Bezugnahmen zahlreicher Organisationen und Gruppierungen auf den Nationalsozialismus bzw. andere historische extrem rechte politische Strömungen heraus. Zudem betonten Dudek/Jaschke die Netzwerkbildung[19] sowie auch die aus einer bewusst antagonistischen Haltung heraus geführte Interaktion mit den „Institutionen der Mehrheitskultur."[20] Die Bezugnahme auf historische Vorläufer, eine vielfältige Interaktion untereinander sowie eine verinnerlichte Gegnerschaft gegen die demokratische Gesellschaft sind bis heute Grundbedingungen für die Formierung und

---

schen. Ideen von Europa und Deutschland zwischen Reichstradition und Westorientierung (1920–1970), München 2005, S. 111–206; Nicolas Berg, Der Holocaust und die westdeutschen Historiker. Erforschung und Erinnerung, 2. Aufl., Göttingen 2003, S. 59.
17 Vgl. Botsch, Rechte.
18 Vgl. Tauber, Eagle.
19 Vgl. Peter Dudek / Hans-Gerd Jaschke, Entstehung und Entwicklung des Rechtsextremismus in der Bundesrepublik. Zur Tradition einer besonderen politischen Kultur, 2 Bde., Opladen 1984, hier insb. Bd. 1, S. 167–178.
20 Ebd., S. 178.

Vergemeinschaftung innerhalb der extremen Rechten. Diese Gemeinschaftsbildung vollzieht sich fortlaufend und prozesshaft und lässt einen Doppelcharakter zugleich als Inklusions- und als Exklusionsvorgang erkennen.[21]

Andere Arbeiten befassten sich seitdem beispielsweise mit der Rolle extrem rechter politischer Parteien[22] und Verbände[23] oder anderer Organisationen, mit der Gewaltgeschichte des bundesdeutschen Rechtsextremismus,[24] mit seiner Ideengeschichte[25] oder mit den einschlägigen Verlagen und Medien[26] sowie mit vergemeinschaftenden Praktiken.[27] Diese Arbeiten sind verdienstvoll und haben in der Vergangenheit viel zur Erforschung der Geschichte der „nationalen Opposition" beigetragen. Gleichwohl ist kritisch anzumerken, dass beim Blick auf einzelne Organisationen, Vereinigungen oder Formationen nicht selten zeitgleiche Ent-

---

21 Hierzu vgl. Max Weber, Grundriss der Sozialökonomik. Wirtschaft und Gesellschaft, Tübingen 1922, S. 21 ff. Zur vergemeinschaftenden Wirkung von Abbildungen, Symbolen, Kleidung, Accessoires und Praktiken vgl. Stefan Glaser / Thomas Pfeiffer (Hg.), Erlebniswelt Rechtsextremismus. Modern – Subversiv – Hasserfüllt. Hintergründe und Methoden für die Praxis der Prävention, 5. Aufl., Frankfurt am Main 2017.
22 Vgl. Marie-Luise Recker / Klaus Tenfelde, (Hg.), Handbuch zur Statistik der Parlamente und Parteien in den westlichen Besatzungszonen und in der Bundesrepublik Deutschland. FDP sowie kleinere bürgerliche und rechte Parteien. Mitgliedschaft und Sozialstruktur 1945–1990, Düsseldorf 2005.
23 Z. B. vgl. Wilke, „Hilfsgemeinschaft".
24 Vgl. Barbara Manthe, Rechtsterroristische Gewalt in den 1970er Jahren. Die Kühnen-Schulte-Wegener-Gruppe und der Bückeburger Prozess 1979, in: Vierteljahrshefte für Zeitgeschichte (VfZ) 68 (2020), H. 1, S. 63–93; Fabian Virchow, Zur Geschichte des Rechtsterrorismus in Deutschland, in: Aus Politik und Zeitgeschichte (APuZ) 67 (2019), H. 49/50, S. 15–19; ders., Nicht nur der NSU – Eine kleine Geschichte des Rechtsterrorismus in Deutschland, 2. Aufl., Erfurt 2020; Christoph Kopke, Gewalt und Terror von rechts in der Geschichte der Bundesrepublik Deutschland, in: ders. / Wolfgang Kühnel (Hg.), Demokratie, Freiheit und Sicherheit. Festschrift zum 65. Geburtstag von Hans-Gerd Jaschke, Baden-Baden 2017, S. 147–165.
25 Vgl. Volker Weiß, Die autoritäre Revolte. Die Neue Rechte und der Untergang des Abendlandes, Stuttgart 2017; Oliver Geden, Rechte Ökologie. Umweltschutz zwischen Emanzipation und Faschismus, Berlin 1996; H. Joachim Schwagerl, Rechtsextremes Denken. Merkmale und Methoden. Frankfurt am Main 1993.
26 Vgl. z. B. Astrid Lange, Was die Rechten lesen. Fünfzig rechtsextreme Zeitschriften. München 1993; Stephan Braun / Ute Vogt (Hg.), Die Wochenzeitung „Junge Freiheit". Kritische Analysen zu Programmatik, Inhalten, Autoren und Kunden, Wiesbaden 2007; Martin Finkenberger / Horst Junginger (Hg.), Im Dienste der Lügen. Herbert Grabert (1901–1978) und seine Verlage, Aschaffenburg 2004; Emmelie Öden, Rechtsextreme Verlage in Deutschland. Eine aktuelle Bestandsaufnahme. Mainz 2017.
27 Vgl. Sabine Mecking / Manuela Schwartz / Yvonne Wasserloos (Hg.), Rechtsextremismus – Musik und Medien, Göttingen 2021; Christian Dornbusch / Jan Raabe, RechtsRock. Bestandsaufnahme und Gegenstrategien, Münster 2002; Archiv der Jugendkulturen (Hg.), Reaktionäre Rebellen. Rechtsextreme Musik in Deutschland. Berlin 2001.

wicklungen inner- und außerhalb der hier angesprochenen „besonderen politischen Kultur" (Dudek/Jaschke) außer Acht bleiben und mitunter die Einbettung in die Gesamtgeschichte der Bundesrepublik zu kurz kommt.

Eine noch bessere Verzahnung mit den politischen, wirtschaftlichen und sozialen Rahmenbedingungen ist daher zukünftig unbedingt wünschenswert. Um bestimmte Entwicklungen innerhalb des Rechtsextremismus wie z. B. die Abfolge von Handlungs- und Präsenzkonjunkturen auf der einen Seite sowie Phasen des Rückzugs in das Milieu auf der anderen Seite verstehen zu können, muss ein historischer Längsschnitt durch die bundesrepublikanische Geschichte konsequent einbezogen werden.

Stellvertretend lässt sich an dieser Stelle die Geschichte der *Nationaldemokratischen Partei Deutschlands* (NPD) anführen.[28] Ihre Gründung im Jahre 1964 und ihre überraschenden Wahlerfolge – die Partei zog während der zweiten Hälfte der sechziger Jahre in sieben Länderparlamente ein – werden erst vor dem Hintergrund der ersten Großen Koalition in Bonn, der wirtschaftlichen Rezession in den späten sechziger Jahren sowie den gesellschaftlichen Unruhen am Ende dieses Jahrzehnts erklärbar.[29] Der anschließende Bedeutungsverlust als landes- bzw. bundespolitische Wahlpartei nach dem Verpassen des Einzugs in den Bundestag im Jahre 1969 wiederum ist wesentlich auf die zunehmende Zersplitterung innerhalb des rechten Spektrums zurückzuführen. Infolge dieser Entwicklung verschwand die NPD weitgehend aus dem Blick einer kritischen Öffentlichkeit, jedoch setzte sie ihre Arbeit im Hintergrund fort. Hinzu kam, dass ihre Mitglieder sich im lokalen Bereich mitunter ehrenamtlich engagierten und auf diese Weise dazu beitrugen, die Partei zumindest ansatzweise gesellschaftlich zu profilieren. In einigen Regionen Hessens und Baden-Württembergs beispielsweise entstanden

---

28 Vgl. Hans Maier / Hermann Bott, Die NPD. Struktur und Ideologie einer nationalen Rechtspartei, München 1968; Reinhard Kühnl / Rainer Rilling / Christine Sager, Die NPD. Struktur, Ideologie und Funktion einer neofaschistischen Partei, Frankfurt am Main 1969; Lutz Niethammer, Angepaßter Faschismus. Politische Praxis der NPD, Frankfurt am Main 1969; Marc Brandstetter, Die NPD unter Udo Voigt. Organisation, Ideologie, Strategie, Baden-Baden 2013; ders., Die NPD im 21. Jahrhundert. Eine Analyse ihrer aktuellen Situation, ihrer Erfolgsbedingungen und Aussichten, Marburg 2006; Gideon Botsch / Christoph Kopke, Die NPD und ihr Milieu. Studien und Berichte, Münster/Ulm 2009; Uwe Backes / Henrik Steglich (Hg.), Die NPD. Erfolgsbedingungen einer rechtsextremistischen Partei, Baden-Baden 2007; Uwe Hoffmann, Die NPD. Entwicklung, Ideologie und Struktur, Frankfurt am Main 1999; Valérie Dubslaff, „Deutschland ist auch Frauensache". NPD-Frauen im Kampf für Volk und Familie 1964–2020, Berlin/Boston 2022.
29 Zur Rezession der Jahre 1966 bis 1968 vgl. Alexander Nützenadel, Stunde der Ökonomen. Wissenschaft, Politik und Expertenkultur in der Bundesrepublik 1949–1974, Göttingen 2011; Alexandra Ehrlicher, Die Finanzpolitik 1967–1976 im Spannungsfeld zwischen konjunkturpolitischen Erfordernissen und Haushaltskonsolidierung, Berlin 1991 sowie zeitgenössisch: Ernest Mandel, Die deutsche Wirtschaftskrise. Lehren aus der Rezension, 11. Aufl., Frankfurt am Main 1974.

daher feste Milieus und Netzwerke, die teilweise bis in die Gegenwart existieren.[30] Ausgehend von den gewachsenen Strukturen der NPD erfolgte während der neunziger Jahre der „Export" der Partei in die neuen Bundesländer, wo es ihr zeitweise gelang, unterschiedliche extrem rechte politische Strömungen zu integrieren sowie in den Bundesländern Sachsen (2004 u. 2009)[31] und Mecklenburg-Vorpommern (2006 u. 2011)[32] in Fraktionsstärke in den Landtag einzuziehen.

Der erreichte Forschungsstand erlaubt es inzwischen, die Geschichte der „nationalen Opposition" zu periodisieren.[33] Die Herausgeber orientieren sich – ohne dass dies für die einzelnen Beiträge verbindlich wäre – an drei Hauptphasen: Es handelt sich *erstens* um das Wirken der „nationalen Opposition" in der Nachkriegsgesellschaft. Hier lässt sich für die fünfziger Jahre eine Periode der Fundamentalopposition sowie für die sechziger Jahre eine Periode der Sammlung konstatieren.[34] Es folgt *zweitens* eine Übergangsphase während der siebziger und achtziger Jahre mit Desintegrations- und Wandlungsprozessen.[35] Während Teile der rechten Szene Gewalt und offenen Terrorismus für sich als politisches Mittel wählten,[36] formierte sich zeitgleich nach französischem Vorbild eine so genannte „Neue Rechte", deren bevorzugte Strategie in der subtilen Beeinflussung gesellschaftlicher Debatten bestand – mit dem erklärten Ziel einer extrem rechten „Kulturrevolution".[37] Die „nationale Opposition" im wiedervereinigten Deutschland

---

30 Vgl. Peter M. Wagner, NPD-Hochburgen in Baden-Württemberg. Erklärungsfaktoren für die Wahlerfolge einer rechtsextremistischen Partei in ländlichen Regionen 1972–1994, Berlin 1997.
31 Vgl. Marc Brandstetter, Die sächsische NPD: Politische Struktur und gesellschaftliche Verwurzlung, in: Zeitschrift für Parlamentsfragen 38 (2007), H. 2, S. 349–367; Henrik Steglich, Die NPD in Sachsen. Organisatorische Voraussetzungen ihres Wahlerfolgs 2004, 2. Aufl., Göttingen 2006.
32 Vgl. Gudrun Heinrich / Steffen Schoon, Die NPD in Mecklenburg-Vorpommern, in: Martin Koschkar / Christian Nestler / Christopher Scheele (Hg.), Politik in Mecklenburg-Vorpommern, Wiesbaden 2013; S. 145–167; Matthias Brodkorb / Volker Schlotmann (Hg.), Provokation als Prinzip. Die NPD im Landtag von Mecklenburg-Vorpommern, Schwerin 2008.
33 Hierzu vgl. Richard Stöss, Rechtsextremismus im Wandel, Berlin 2010.
34 Vgl. Botsch, Rechte, S. 17–59.
35 Vgl. ebd., S. 60–99.
36 Vgl. Manthe, Gewalt; Virchow, Geschichte; ders., NSU; Kopke, Gewalt; Rainer Fromm, Die „Wehrsportgruppe Hoffmann": Darstellung, Analyse und Entwicklung. Ein Beitrag zur Geschichte des deutschen und europäischen Rechtsextremismus, Frankfurt am Main 1998.
37 Vgl. Weiß, Revolte; Ines Weber, Die politische Theorie von Alain de Benoist. Marburg 2011; Friedemann Schmidt, Die Neue Rechte und die Berliner Republik. Parallel laufende Wege im Normalisierungsprozess, Wiesbaden 2001; Magret Feit, Die „Neue Rechte" in der Bundesrepublik. Organisation – Ideologie – Strategie, Frankfurt am Main / New York 1987.

bildet eine *dritte Phase*.³⁸ Die neunziger Jahre waren geprägt von massiver extrem rechter Gewalt und neonazistischer Mobilisierung mit den Pogromen von Rockstock-Lichtenhagen im August 1992 sowie den tödlichen Brandanschlägen von Mölln im November des Jahres und Solingen vom Mai 1993 als traurige Höhepunkte. Nach der Jahrtausendwende folgte die zuvor schon erwähnte Hochphase der NPD als dominante politische Kraft der extremen Rechten nicht nur als Wahlpartei, sondern über ihre Vorfeld- und Nebenorganisationen auch als zunehmend stark verankerter zivilgesellschaftlicher Akteur – insbesondere in einigen strukturschwachen Regionen Ostdeutschlands.³⁹

Die zukünftige Historiografie wird auch die Entwicklungen des vergangenen Jahrzehnts – die Proteste von *PEGIDA*,⁴⁰ das Wirken der *Identitären Bewegung* (IB)⁴¹ die Gründung sowie das inner- und außerparlamentarische Handeln der *Alternative für Deutschland* (AfD)⁴² oder die Agitation – zumindest von Teilen – der *Querdenken-Bewegung*⁴³ in die „lange Linie" der „nationalen Opposition" einordnen müssen. Welche Bedeutung diesen Phänomenen dabei zukommt, lässt sich zum jetzigen Zeitpunkt nur schwer absehen.

---

38 Vgl. Botsch, Rechte, S. 100–137.
39 Vgl. ebd., S. 123–137.
40 Z. B. vgl. Timo Heim (Hg.), *Pegida* als Spiegel und Projektionsfläche. Wechselwirkungen und Abgrenzung zwischen *Pegida*, Politik, Medien Zivilgesellschaft und Sozialwissenschaften, Wiesbaden 2017; Lars Geiges / Stine Marg / Franz Walter, Pegida. Die schmutzige Seite der Zivilgesellschaft? Bielefeld 2015; Wolfgang Benz, Auftrumpfendes Unbehagen. Der kurze Erfolg der Bewegung Pegida, in: Zeitschrift für Geschichtswissenschaft 63 (2015), H. 9, S. 759–776.
41 Vgl. Kathrin Glösl / Natascha Strobl / Julia Bruns, Die Identitären. Handbuch zur Jugendbewegung der Neuen Rechten in Europa, 3. Aufl., Münster 2017.
42 Vgl. Patrick Bahners, Die Wiederkehr. Die AfD und der neue deutsche Nationalismus, Stuttgart 2023; Hajo Funke, Von Wutbürgern und Brandstiftern. AfD – Pegida – Gewalthetze, Berlin 2016; Frank Decker, Alternative für Deutschland und Pegida. Die Ankunft des neuen Rechtspopulismus in der Bundesrepublik, in: ders. / Bernd Henningsen / Kjetil Jakobsen (Hg.), Rechtspopulismus und Rechtsextremismus in Europa. Die Herausforderung der Zivilgesellschaft durch alte Ideologien und neue Medien, Baden-Baden 2015, S. 75–90; Alexander Häusler, Völkisch-autoritärer Populismus. Der Rechtsruck in Deutschland und die AfD, Hamburg 2018; ders., Zerfall oder Etablierung? Die Alternative für Deutschland (AfD) als Partei des Rechtspopulismus, in: Zeitschrift für Geschichtswissenschaft 63 (2015), H. 9, S. 741–758.
43 Vgl. Sven Reichardt (Hg.), Die Misstrauensgemeinschaft der „Querdenker": Die Corona-Proteste aus kultur- und sozialwissenschaftlicher Perspektive, Frankfurt am Main 2021; Annelie Neumann / Matthias Kamann, Corona-Krieger. Verschwörungs-Mythen und die Neuen Rechten, Berlin 2021.

Akteursorientierter Ansatz

Der vorliegende Sammelband möchte, wie bereits angekündigt, die bisher geleistete historische Rechtsextremismusforschung durch die Rekonstruktion und Analyse von Biografien erweitern.[44]

Profitieren konnte unser Vorhaben aus den Erfahrungen der so genannten „Täterforschung" zum Nationalsozialismus. Die „Täterforschung" hat seit den neunziger Jahren zunehmend systematisch die familiäre, schulische, berufliche und politische Sozialisation von Einzelpersonen oder kleinerer, überschaubarer Personengruppen in den Blick genommen.[45] Über diesen Forschungsansatz versucht sie, verbrecherisches, gewaltvolles und tödliches Handeln im Rahmen des NS-Systems, des Krieges sowie der Shoah über eine akteursorientierte Perspektive zu erklären sowie einschlägige Muster ausfindig zu machen und Typisierungen vorzunehmen.[46] Dieser Ansatz wurde inzwischen über die Zäsur von 1945 ausgeweitet und nimmt die ersten Jahrzehnte der Bundesrepublik mit in den Blick. Zu erwähnen seien hier das als Handbuch und Nachschlagewerk angelegte biografische Lexikon „Wer war was vor und nach 1945",[47] oder die biografischen Portraits in den Bänden der von Wolfgang Proske herausgegebenen Reihe „Täter, Helfer, Trittbrettfahrer".[48]

---

44 Grundlegend zur Biografik vgl. Christian Klein (Hg.), Handbuch Biographie, Methoden, Traditionen, Theorie, 2. Aufl., Berlin 2022; Bernhard Fetz / Wilhelm Hemecker (Hg.), Theorie der Biographie. Grundlagentexte und Kommentar, Berlin New York 2011; Olaf Hähner, Historische Biografik. Die Entwicklung einer geschichtswissenschaftlichen Darstellungsform von der Antike bis ins 20. Jahrhundert, Frankfurt am Main u. a. 1999. Zu den Spezifika einer Biografie im Kontext des Nationalsozialismus vgl. Thomas Etzemüller, Die Form der „Biographie" als Modus der Geschichtsschreibung. Überlegungen zum Thema Biographie und Nationalsozialismus, in: Michael Ruck / Karl Heinrich Pohl (Hg.), Regionen im Nationalsozialismus, Bielefeld 2003, S. 71–90.
45 Beispielhaft sei hier verwiesen auf: Harald Welzer, Täter. Wie aus normalen Menschen Massenmörder werden, 3. Aufl., Frankfurt am Main 2005; Klaus-Michael Mallmann / Gerhard Paul (Hg.), Karrieren der Gewalt. Nationalsozialistische Täterbiographien, Darmstadt 2004; Gerhard Paul (Hg.), Die Täter der Shoah. Fanatische Nationalsozialisten oder ganz normale Deutsche?, Göttingen 2002.
46 Vgl. Gerhard Paul, Von Psychopathen, Technokraten des Terrors und „ganz gewöhnlichen" Deutschen. Die Täter der Shoah im Spiegel der Forschung, in: ders. (Hg.), Täter, S. 13–90.
47 Vgl. Ernst Klee, Das Personenlexikon zum Dritten Reich. Wer war was vor und nach 1945, 2. Aufl., Frankfurt am Main 2005.
48 Wolfgang Proske (Hg.), Täter, Helfer, Trittbrettfahrer, Ulm 2010 ff. bzw. Gerstetten 2014 ff. Vgl. dazu: Christoph Kopke, Kritische Täterforschung und NS-Gesellschaftsgeschichte. Zur Verleihung der Staufermedaille an Dr. Wolfgang Proske, in: Heimat- und Altertumsverein Heidenheim an der Brenz e. V., Jahrbuch 2021/2022. Heidenheim 2022, S. 253–258.

Die Grundfrage akteursorientierter Rechtsextremismusforschung ist simpel – sie lässt sich mit der bekannten Formel zusammenfassen: Wer tut wann was und aus welchem Grund? Präziser ausgedrückt, fragt der Forschungsansatz nach den tatsächlichen Handlungen konkreter Akteure in einem bestimmten Zeitrahmen und zielt, als hermeneutischer Ansatz, darüber hinaus darauf ab, auch die Fragen nach dem „Warum" beziehungsweise dem „Wozu" dieses Handelns verstehend zu erklären. Aus diesem Grundverständnis ergibt sich die Hinwendung zu den konkreten, historisch fixierbaren Handlungsträgern sowie zu den primären und sekundären Quellen, die über sie Auskunft geben.[49]

Für die Rekonstruktion einer Biografie stehen grundsätzlich drei voneinander zu unterscheidende Quellengattungen zur Verfügung. Dazu gehört *erstens* die Dokumentenspur – z. B. Geburtsurkunden, Zeugnisse, Mitgliedsausweise, Arbeitsverträge, Steuerbescheide oder Sterbeunterlagen – als Faktengerüst der Lebensläufe. Hinzu kommt *zweitens* autobiografisches Material, das im Laufe eines Lebens hergestellt wurde. Darunter fallen Selbstzeugnisse wie Tagebücher, Reiseberichte, Briefe oder auch – was in diesem Zusammenhang bedeutsam ist – (politische) Bekenntnisschriften. Das genannte Material enthält die Selbstbilder und Selbstdeutungen eines Menschen. Von den Selbstzeugnissen lassen sich noch weitere Ego-Dokumente unterscheiden. Dazu gehören unfreiwillig verfasste Texte, die autobiografisches Material enthalten und überwiegend auch einen selbstbeschreibenden und -deutenden Charakter aufweisen. Hierzu zählen beispielsweise Steuererklärungen, Rechnungsbücher, Verhör- und Vernehmungsprotokolle oder Gnadengesuche. Bei einer Analyse ist aber unbedingt zu berücksichtigen, dass nicht immer eindeutig zwischen einer freiwilligen und einer unfreiwilligen Textproduktion unterschieden werden kann. *Drittens* müssen bei der Rekonstruktion einer Biografie diejenigen Spuren berücksichtigt werden, die ein Protagonist in den Zeugnissen seiner Mitmenschen hinterlässt. Sie geben Auskunft über die Wahrnehmung und Beurteilung eines Menschen durch seine Zeitgenossinnen und Zeitgenossen und vermitteln ein Fremdbild.[50]

---

49 Vgl. Gideon Botsch, Rechtsextremismus als politische Praxis. Umrisse akteursorientierter Rechtsextremismusforschung, in: Kopke/Kühnel (Hg.), Demokratie, Freiheit und Sicherheit, S. 131–146.
50 Hierzu vgl. Hans-Walter Schmuhl, Zwischen Göttern und Dämonen. Martin Stephani und der Nationalsozialismus, München 2019, S. 15 f.

Zielsetzung

Der Sammelband verfolgt eine dreifache Zielsetzung. Der quellenfundierte Blick auf die Sozialisation soll das Handeln der hier vorgestellten Akteure des Rechtsextremismus verstehbar machen sowie die Erkenntnisse zu den Organisationen und Netzwerken, in denen diese agierten, verdichten.

Darüber hinaus geht es darum, das Wirken der hier vorgestellten Personen in die Geschichte der Bundesrepublik einzuschreiben. Protagonisten der „nationalen Opposition" wurden in der Geschichtswissenschaft hier bisher nicht als zentrale historische Akteure betrachtet und finden in den Gesamtdarstellungen in der Regel keine Erwähnung, obwohl die „Nachgeschichte des Dritten Reiches" eines der zentralen Leitmotive bei der Erforschung der bunderepublikanischen Geschichte bildet.[51] Berücksichtigt man die z. T. umfassende Textproduktion der betrachteten Personen sowie die Tatsache, dass einige von ihnen mitunter über Jahrzehnte politisch tätig waren und sogar als gewählte Abgeordnete in Parlamenten saßen, verwundert dies doch sehr. Die Publikation möchte daher einen Beitrag dazu leisten, bisher noch „blinde Flecken" der deutschen Nachkriegsgeschichte auszuleuchten.

Zuletzt formuliert dieser Band noch einen dezidiert politischen Anspruch: Geschichtspolitik ist ein zentrales Betätigungsfeld der extremen Rechten. Den Akteuren geht es hierbei um die Erlangung von Deutungsmacht über die Vergangenheit. Das betrifft inzwischen neben dem Nationalismus des 19. Jahrhunderts,[52] der Zwischenkriegszeit[53] und der Zeit des Nationalsozialismus[54] auch die Geschichte der Bundesrepublik.[55] Ein zunehmend wichtiger Ansatz in diesem Zusammenhang ist die Produktion von Biografien über verstorbene Angehörige des eigenen politischen Spektrums.[56] Diese Texte sind wissenschaftlich in der Regel unbrauchbar, neigen zur Verklärung und müssen, was die inhaltliche Ausrichtung anbelangt,

---

51 Vgl. Paul Nolte, Einführung: Die Bundesrepublik in der deutschen Geschichte des 20. Jahrhunderts, in: Geschichte und Gesellschaft 28 (2002), H. 2, S. 175–182, hier S. 178.
52 Vgl. z. B. Otto Scrinzin / Jürgen Schwab (Hg.), 1848. Erbe und Auftrag, Graz 1998.
53 Vgl. z. B. Armin Mohler, Die konservative Revolution in Deutschland, Stuttgart 1950.
54 Vgl. z. B. Otto Ernst Remer, Verschwörung und Verrat um Hitler. Urteil des Frontsoldaten, Preußisch Oldendorf 1981; Rainer Zitelmann, Hitler. Selbstverständnis eines Revolutionärs, 4. Aufl., München 1998.
55 Vgl. Adolf von Thadden, Die verfemte Rechte. Deutschland-, Europa- und Weltpolitik in Vergangenheit, Gegenwart und Zukunft aus der Sicht von rechts, Preußisch Oldendorf 1984.
56 Vgl. Andreas Ferch, Viermal Deutschland in einem Menschenleben. Werner Georg Haverbeck – Genie der Freundschaft, Dresden 2000; Karlheinz Weißmann, Armin Mohler. Eine politische Biographie, Schnellroda 2011; Werner Bräuninger, Kühnen. Portrait einer deutschen Karriere, Bad Schussenried 2016.

mindestens als fragwürdig betrachtet werden. Es ist daher die ausdrückliche Absicht dieser Veröffentlichung, die apologetischen (Selbst-)Deutungen zurückzuweisen und einer intendierten Mythenbildung entgegenzuwirken.

Überblick über den Band

Die hier versammelten biografischen Studien befassen sich sowohl mit Personen, die während der Zwischenkriegszeit im Bereich der völkischen Bewegung sozialisiert wurden und sich zwischen 1933 und 1945 in eine sogenannte „innere Emigration" begaben, als auch mit Personen, die während der Zeit des Nationalsozialismus in Ministerien, NSDAP-Dienststellen oder der Wehrmacht und Waffen-SS Ämter und Funktionen bekleideten, sowie mit Personen, die eine Erziehung in den NS-Jugendverbänden erfuhren. Hinzu kommen nach 1945 Geborene, die in Abgrenzung zur der als solche bezeichneten „Erlebnisgeneration" vollmundig ein Selbstverständnis als „Bekenntnisgeneration" formulieren.[57]

In 24 Beiträgen werden 21 Männer und zwei Frauen vorgestellt. Darunter befinden sich Angehörige aller vier beschriebenen Alterskohorten – hier als „Generation"[58] begriffen. In den Blick genommen werden Sozialisationsinstanzen und -prozesse, inhaltliche Schwerpunktsetzungen durch die jeweiligen Akteure bzw. Akteurinnen, deren Arbeits- und Agitationsfelder sowie charakteristische politische Methoden und Vorgehensweisen. Eine Beschränkung bestand insofern, dass die Biografien „vollendet" sein sollten, dass, mit anderen Worten, die jeweiligen Protagonistinnen und Protagonisten bereits verstorben sind.

Die Biographien des vorliegenden Bandes wurden alphabetisch sortiert. Den Auftakt bildet somit der Beitrag von *Paul Lukas Hähnel*, der den „Chefideologen" der NPD und Gründer der *Wissenschaftlichen Buchgesellschaft* Ernst Anrich (1906–2001) in den Blick nimmt. *Kurt Schilde* befasst sich mit der NS-Laufbahn

---

57 Zum Generationenbegriff innerhalb der extremen Rechten vgl. Ina Inowlocki, Zur rechtsextremen Rhetorik der Rechtfertigung im Generationenverhältnis, in: Killguss/Langebach, „Opa", S. 66–79. Im Bereich der Vertriebenen- und Veteranenverbände wird paradigmatisch sichtbar, dass innerhalb der extremen Rechten von einem Übergang von der „Erlebnisgeneration" zur „Bekenntnisgeneration" ausgegangen wird.
58 Vgl. Ulrike Jureit / Michael Wildt (Hg.), Generation. Zur Semantik eines sozialwissenschaftlichen Grundbegriffs, Hamburg 2005. Zur Fruchtbarmachung des Generationen-Konzepts für die Geschichtswissenschaft vgl. Michael Wildt, Generation des Unbedingten. Das Führungskorps des Reichssicherheitshauptamtes, Hamburg 2002. Dazu kritisch vgl. Christina Benninghaus, Das Geschlecht der Generation. Zum Zusammenhang von Generationalität und Männlichkeit um 1930, in: Jureit/Wildt (Hg.), Generation, S. 127–158.

und dem Nachkriegswirken des letzten „Reichsjugendführers" Arthur Axmann (1913–1996). *Yves Müller* schreibt über den „SA-Lyriker" und Gründer des *Deutschen Kulturwerkes Europäischen Geistes* (DKEG) Herbert Böhme (1907–1971). *Eric Angermann* schreibt über Thomas Brehl (1957–2010), der für sich den Anspruch formulierte, als Stellvertreter des Neonaziführers Michael Kühnen zu wirken, und über Hans-Michael Fiedler (1943–2019), der sich über viele Jahre als Propagandist und interner „Schulungsleiter" betätigte. *Viktor Fichtenau* porträtiert mit Karl-Theodor Förster (1912–1993) einen wichtigen Aktivisten der 1952 verbotenen SRP und Vertreter der sogenannten Holocaust-Leugner. *Martin Finkenberger* widmet sich der Biografie von Herbert Grabert (1901–1978), der als einer der umtriebigsten Verleger am rechten Rand gilt. *Peter Bierl* stellt mit August Haußleiter (1905–1989) einen eigenwilligen Vertreter der extremen Rechten in der Bundesrepublik vor, der nach seiner Mitgliedschaft in der *Christlich Sozialen Union* (CSU) in verschiedensten rechten Splitterparteien tätig war, bevor er an der Gründung der Partei *Die Grünen* mitwirkte. *Gunnar Mertz* behandelt mit Erich Kernmayr (1906–1991) einen Publizisten, der sowohl im Nationalsozialismus als auch in der Nachkriegszeit wirkte. *Ann-Kathrin Mogge* nimmt mit Michael Kühnen (1955–1991) den sicher bedeutendsten militanten bundesdeutschen Neonazi der siebziger und achtziger Jahre in den Blick. *Pablo Schmelzer* analysiert den Lebenslauf von Heinz Lembke (1937–1981), der nach seiner Übersiedlung aus der DDR in der Bundesrepublik zunächst in der *Deutschen Reichspartei* (DRP) und in der NPD Fuß fasste, sich dann aber im militanten neonazistischem Umfeld bewegte und sich hier einen Namen als Sprengstoffspezialist machte. *Sabine Hering* widmet sich der völkischen „Religionsstifterin" Mathilde Ludendorff (1877–1966). *Philipp Grehn* schreibt über Alfred E. Manke (1929–2017), einem rechtextremen Multifunktionär, der 1970 die sogenannte *Aktion Widerstand* mitinitiierte und *Cenk Akdoganbulut* und *Phillip Becher* befassen sich in ihren Beiträgen in unterschiedlicher Perspektive mit Armin Mohler (1920–2003), einem der wichtigsten Vordenker der Neuen Rechten. Wolfgang Nahrath (1929–2003), der u. a. als Funktionär der *Wiking-Jugend* (WJ) Kinder und Jugendliche an die Gedanken- und Erlebniswelt des Nationalsozialismus heranführte, wird von *Phillip Grehn* porträtiert. *Stefanie Haupt* stellt die völkische Publizistin Elisabeth Neumann-Gundrum (1910–2002) vor und *Barbara Manthe* präsentiert mit ihrer Darstellung von Paul Otte (*1924) einen wichtigen Akteur des bundesdeutschen Rechtsterrorismus. *Martin Finkenberger* gibt Einblick in das Leben des Publizisten Wilfred von Oven (1912–2008), einem früheren Goebbels-Referenten, BND-Mitarbeiter und später aus Argentinien wirkenden Rechtsextremisten. *Christoph Schulze* befasst sich mit der Biographie des rechtsextremen Multifunktionärs und Rechtsanwaltes Jürgen Rieger (1946–2009). Erwin Schönborn (1914–1989), der verschiedenste neonazistische Organisationen durchlief, bevor er im Umfeld Kühnens aktionsorientiert und militant agierte, wird ebenfalls von *Martin Finkenberger* porträtiert. *Niklas Krawinkel* gibt Einblicke in das Leben des militanten Frankfurter Neonazis Frank Schubert (1957–1989). *Viktor Fichtenau* nimmt sich der Biografie von Peter Stöckicht (1930–2018) an, eines Aktivisten, der sich seit der Gründung der Bundesrepublik in verschiedensten rechtsextremen Parteien engagierte und später als Szene-Rechtsanwalt wirkte. Abgeschlossen wird der Band von *Hans-Gerd Jaschke*, der sich in seinem Beitrag mit dem NPD-Gründer Adolf von Thadden (1929–1996) beschäftigt.

Die Auswahl der hier behandelten Personen konnte aus forschungspraktischen Gründen nicht systematisch erfolgen, dennoch stehen die hier bearbeiteten Biografien exemplarisch für andere vergleichbare Personen. In der Summe entsteht anhand dieser biografischen Studien ein entwickelter Überblick über unterschiedliche Erscheinungsformen der „nationalen Opposition" in der Bunderepublik, der wesentliche synchrone und diachrone Entwicklungen erkennen lässt.

Die Herausgeber beabsichtigen, zu gegebenem Zeitpunkt einen Folgeband zu realisieren, wenn es die Materiallage zulässt, und freuen sich über konkrete Angebote für Beiträge.

Gideon Botsch, Christoph Kopke u. Karsten Wilke im Juni 2023

Paul Lukas Hähnel
Ernst Anrich (1906–2001)

Gründer der WBG und Chefideologe der NPD

Abb. 1: Ernst Anrich, 1941, *Bundesarchiv, Bild 183-B06107*.

Einleitung

Der 1906 in Straßburg geborene und 2001 im hessischen Seeheim verstorbene Historiker und Publizist Ernst Anrich erlebte nahezu das gesamte 20. Jahrhundert. Zeit seines Lebens blieb er festen Denkstrukturen verhaftet, die ihre Wurzeln in der während der Weimarer Republik entwickelten völkischen Geschichtsauffassung hatten.[1] Diese Kontinuitäten zeigen sich deutlich in seiner Biographie und seinem Œuvre, das von der fixen Idee des „organischen Denkens", der Metaphysik und der Epoche der Romantik geprägt wurde. Sein Studium und seine wissen-

---

[1] Zur Völkischen Bewegung vgl. Stefan Breuer, Die Völkischen in Deutschland. Kaiserreich und Weimarer Republik, Darmstadt 2008; Julian Köck „Die Geschichte hat immer Recht". Die Völkische Bewegung im Spiegel ihrer Geschichtsbilder, Frankfurt am Main u. a. 2015.

Open Access. © 2023 Paul Lukas Hähnel, publiziert von De Gruyter. Dieses Werk ist lizenziert unter der Creative Commons Attribution-NonCommercial-NoDerivatives 4.0 Lizenz.
https://doi.org/10.1515/9783111010991-002

schaftlichen Qualifikationsarbeiten verstand er als „politischen Kampfauftrag".[2] So beschäftigte er sich sowohl in seiner Dissertation als auch in seiner Habilitation mit dem Ausbruch des Ersten Weltkriegs und versuchte, Deutschland vom Vorwurf der Kriegsschuld freizusprechen. Als „alter Kämpfer" galt er für die Nationalsozialisten als einer der radikalsten Repräsentanten einer nationalsozialistischen Geschichtsdeutung und wurde daher zum Dekan der philosophischen Fakultät der im Jahre 1941 gegründeten „Reichsuniversität Straßburg" berufen. Dort sah er sich weniger der Wissens- als der Wertevermittlung verpflichtet. In der Bundesrepublik blieb ihm aufgrund seiner Nähe zum nationalsozialistischen Regime ein Lehrstuhl verwehrt, sodass er sich gezwungen sah, andere Tätigkeitsfelder zu finden. Er gründete die *Wissenschaftliche Buchgesellschaft* (WBG) und erreichte damit eine wichtige Position im Verlagswesen. Hier gab er unter anderem Werke seiner Kollegen heraus, die, wie er, ihr wissenschaftliches Wirken linienkonform in den Dienst des Nationalsozialismus gestellt hatten. Neben seiner verlegerischen Tätigkeit avancierte Ernst Anrich Mitte der sechziger Jahre zum Chefideologen der *Nationaldemokratischen Partei Deutschlands* (NPD) und damit zum Observationsobjekt des Verfassungsschutzes.[3] Er wurde mit der Leitung des Referats „Politische Bildung" betraut und hatte maßgeblichen Einfluss auf das erste Parteiprogramm. Ebenso hatte er eine führende Rolle im *Witikobund* inne, dessen Vorstand er ab 1967 angehörte. Seine Anschauungswelt als Historiker verdeutlichte er nochmals an seinem Lebensabend in dem 1988 veröffentlichten Buch „Leben ohne Geschichtsbewußtsein? Eine Anklage gegen den heutigen Geschichtsunterricht", das dem Denken der Neuen Rechten verhaftet war und Geschichtswissenschaft wie Geschichtsunterricht dem Postulat der völkischen Selbstverwirklichung unterordnete.[4]

Forschungsstand

Die Wissenschaft hat sich in erster Linie mit Anrichs Biographie vor 1945 beschäftigt. Sein Wirken in der Endphase der Weimarer Republik und im Nationalsozia-

---

[2] Lothar Kettenacker, Ernst Anrich und die Reichsuniversität Straßburg, in: Christian Baechler / François Igersheim / Pierre Racine (Hg.), Les Reichsuniversitäten de Strasbourg et de Poznan et les résistances universitaires 1941–1945, Strasbourg 2005, S. 83–96, hier S. 85.
[3] Vgl. Wolfgang Behringer, Bauern-Franz und Rassen-Günther, in: Winfried Schulze / Otto Gerhard Oexle (Hg.), Deutsche Historiker im Nationalsozialismus, 3. Aufl., Frankfurt am Main 2000, S. 114–141, hier S. 129 f.
[4] Vgl. Ernst Anrich, Leben ohne Geschichtsbewußtsein? Eine Anklage gegen den heutigen Geschichtsunterricht, Tübingen 1988.

lismus ist mittlerweile gut erforscht. Insbesondere um die Jahrtausendwende, als sich die Geschichtswissenschaft kritischer mit der eigenen Vergangenheit im Nationalsozialismus auseinandersetzte,[5] rückte Ernst Anrich als Exponent eines überzeugten nationalsozialistischen Historikers in den Fokus. Dabei lag das hauptsächliche Augenmerk auf seiner wissenschaftlichen Tätigkeit im Rahmen der „Westforschung"[6], seiner Rolle beim Aufbau und als Dekan der Philosophischen Fakultät der „Reichsuniversität" in Straßburg[7] sowie seiner Beschäftigung im Sicherheitsdienst der SS (SD) in den letzten Kriegsjahren.[8] Entsprechende Studien stützen sich vornehmlich auf Druckschriften und Aktenbestände des Bundesarchivs in Berlin. Darüber hinaus stellte sich Ernst Anrich Anfang der fünfziger Jahre dem *Institut für Zeitgeschichte* (IfZ) für ein Interview zur Verfügung, „um Fragen im Zusammenhang mit der Religionspolitik der Nationalsozialisten zu klären".[9] Der Quellenbestand liefert aufschlussreiche Einblicke in Ernst Anrichs hochschulpolitisches Engagement vor 1933.

Anrichs Biographie in der Bundesrepublik Deutschland, insbesondere seine Funktion und Vernetzung in der Neuen Rechten, ist hingegen nicht im gleichen Maße aufgearbeitet worden. Zwar wird er gemeinhin als Chefideologe der NPD bezeichnet[10] und sein freundschaftliches Verhältnis zum Gründungsmitglied und zeitweisen Bundesvorsitzenden Adolf von Thadden[11] sowie sein Einfluss auf das erste Parteiprogramm herausgestellt. Seine Bedeutung für die Formierung der Neuen Rechten ist allerdings weniger gut erforscht. Beispielsweise sind seine Verbindungen zum *Witikobund* und seine persönlichen Netzwerke in der rechtskonservativen und rechtsradikalen Szene bislang kein Analyseobjekt geworden. Ebenso ist sein Intermezzo zwischen 1960 und 1964 als CDU-Mitglied und Stadtver-

---

5 Vgl. Schulze/Oexle (Hg.), Historiker.
6 Peter Schöttler, Die historische „Westforschung" zwischen „Abwehrkampf" und territorialer Offensive, in: ders. (Hg.), Geschichtswissenschaften als Legitimationswissenschaft 1918–1945, Frankfurt am Main 1997, S. 204–261; ders., Von der rheinischen Landesgeschichte zur nazistischen Volksgeschichte oder Die „unhörbare Stimme des Blutes", in: Schulze/Oexle (Hg.), Historiker, S. 89–113.
7 Vgl. Kettenacker, Reichsuniversität; Helmut Heiber, Universität unterm Hakenkreuz, Teil 1, Der Professor im Dritten Reich. Bilder aus der akademischen Provinz, München u. a. 1991.
8 Vgl. Joachim Lerchenmueller, Die Reichsuniversität Strassburg: SD-Wissenschaftspolitik und Wissenschaftliche Karrieren vor und nach 1945, in: Karen Bayer / Frank Sparing / Wolfgang Woelk (Hg.), Universitäten und Hochschulen im Nationalsozialismus und in der frühen Nachkriegszeit, Stuttgart 2004, S. 53–79.
9 Protokoll des Interviews des Instituts für Zeitgeschichte mit Ernst Anrich, Archiv des Instituts für Zeitgeschichte (IfZArch), München, ZS 542-2.
10 Vgl. Bernhard Vogel, Probleme einer Wahlrechtsreform, in: Zeitschrift für Politik, Neue Folge, 14–3 (1967), S. 246–358, hier S. 251.
11 Zu Adolf von Thadden vgl. den Beitrag von Hans-Gerd Jaschke in diesem Band.

ordneter in Darmstadt kaum untersucht worden. Das mag darin begründet liegen, dass die Originalquellen nur schwer zugänglich sind. Allerdings sind einige Schlüsseldokumente für die programmatische Entwicklung der NPD in zeitgenössischen Darstellungen abgedruckt, die auch für neuere Werke über die Partei eine zentrale Bedeutung haben.[12]

Insgesamt herrscht Konsens in der Wissenschaft über die Person Ernst Anrich und kaum eine Station seines Lebenswegs wird kontrovers diskutiert. Er gilt als unverbesserlicher „Altnazi", der noch an seinem Lebensabend klagte, dass die „positive Hälfte"[13] des Nationalsozialismus im öffentlichen Bewusstsein nicht anerkannt werde. Gleichwohl würdigen verschiedene Publizisten seinen persönlichen Einsatz beim Aufbau der WBG.[14]

Die Zeit vor 1945

Anrichs elsässische Herkunft, die Tätigkeit seines Vaters als Theologieprofessor der Universität in Straßburg und das Erlebnis der Vertreibung als Jugendlicher aus seiner Heimat nach dem Ersten Weltkrieg prägten seinen weiteren Lebensweg. Sie bildeten einen fruchtbaren Nährboden für Ressentiments gegen die französische Kultur und für eine revanchistische Haltung. Ohne eigene Kriegserfahrungen erlebte er die Kriegsniederlage des Deutschen Kaiserreichs als Gymnasiast geschützt in seinem akademischen Elternhaus. Nach der Schule konnte er sich zielstrebig einem Studium der Geschichte, der Evangelischen Theologie und der Germanistik widmen. Von 1930 bis 1931 promovierte er in Bonn bei Fritz Kern mit einer Studie über „Die jugoslawische Frage und die Julikrise 1914". Im Jahre 1932 reichte er seine Habilitation zur englischen Politik im Juli 1914 ein. In seiner Dissertation wies er die Verantwortung für den Kriegsausbruch Serbien und Russland zu, während er in seiner Habilitation nach einer Analyse der englischen Außenpolitik in der Julikrise zu dem Ergebnis kam, dass Großbritannien zwar den Krieg nicht gewollt hatte, ihn aber auch aufgrund des Bündnisses mit Frankreich nicht verhindern konnte.[15] Mit Themenwahl und These folgte er dem zeitgenössi-

---

12 Beispielsweise: Hans Maier / Hermann Bott, Die NPD – Struktur und Ideologie einer „nationalen Rechtspartei", 2. Aufl., München 1968.
13 Anrich, Leben, S. 32; Ernst Anrich, Der Sozialismus der Linken. Nicht Fortschritt, sondern Rückschritt und volle Zerstörung, Rosenheim 1973, S. 13.
14 Vgl. Art. Wege der Forschung, Von der SS zur WB: Die Karriere des Historikers Ernst Anrich, in: FAZ v. 29.10.2001.
15 Vgl. Ernst Anrich, Die jugoslawische Frage und die Julikrise 1914, phil. Diss., Bonn 1931; Ernst Anrich, Die englische Politik im Juli 1914, Habil., Bonn 1932.

schen Trend. Allerdings kritisierte die Fakultät die thematisch eng gefasste Qualifikationsbasis, sodass Anrich noch einen Aufsatz über Bismarck nachreichen musste, um seine wissenschaftliche Ausbildung abzuschließen.

Westforschung

In Bonn kam Ernst Anrich mit der historischen Westforschung in Kontakt und vernetzte sich in der Forscherszene. Die Universität Bonn, die sich schon im 19. Jahrhundert als anti-westliche Grenzuniversität verstanden hatte, avancierte in der Zwischenkriegszeit zum Zentrum der Westforschung in Deutschland. Triebfeder hinter diesem Prozess war das 1920 gegründete *Institut für geschichtliche Landeskunde der Rheinlande*.[16] Das Konzept der Westforschung war interdisziplinär ausgerichtet und umfasste neben den Geschichtswissenschaften und der Germanistik auch die Geographie, Volkskunde, Kunstgeschichte und Nationalökonomie. Die Westforschung entwickelte neue landesgeschichtliche Ansätze in Abgrenzung zur tradierten Staats-, Diplomatie- und Politikgeschichte, um einer volkstumsorientierten Geschichtsschreibung Tür und Tor zu öffnen und die heimatkundliche Propaganda wissenschaftlich zu fundieren. Mit leicht zugänglichen Argumenten und empirischen Materialien sollten einer angenommenen Bedrohung aus dem Westen – und insbesondere durch Frankreich – entgegengetreten und deutsche Gebietsansprüche in Westeuropa unter Berufung auf das Selbstbestimmungsrecht der Völker untermauert werden. Die Forschungsvorhaben und -ziele standen im Einklang und legitimierten gewissermaßen wissenschaftlich die nationalsozialistische Propaganda und potentielle Annexionsmaßnahmen. Beispielsweise bezog sich die Denkschrift des SS-Brigadeführers und Staatssekretärs im Reichsministerium des Innern, Wilhelm Stuckart, vom 14. Juni 1940, auf die Forschungen der Bonner Historiker Franz Petri und Franz Steinbach zur deutsch-französischen Sprachgrenze. Das Dokument, das als Pendant zum „Generalplan Ost", den umfassenden Planungen zur „Germanisierung" des besetzten Osteuropas,[17] bewertet wird, rechtfertigte mit den Ergebnissen der Wissenschaftler eine neue Grenzziehung im Westen.[18] Das Bonner Institut veröffentlichte auch gezielt Kartenwerke, Reiseführer und Bücher, die eine breite Leserschaft adressierten und weite Ver-

---

16 Vgl. Schöttler, Westforschung, S. 206.
17 Zum „Generalplan Ost" vgl. Mechtild Rössler / Sabine Schleiermacher (Hg.), Der „Generalplan Ost". Hauptlinien der nationalsozialistischen Planungs- und Vernichtungspolitik, Berlin 1993; Czeslaw Madajczyk / Stanislaw Biernacki (Hg.), Vom Generalplan Ost zum Generalsiedlungsplan. Dokumente, München u. a. 1994.
18 Vgl. Schöttler, Westforschung, S. 215 f.

breitung fanden. Als anerkannter „Westexperte" lieferte Ernst Anrich einen wichtigen Beitrag zur Westforschung mit dem 1939 erschienenen Buch, „Geschichte der deutschen Westgrenze", in dem er den Forschungsstand zusammenfasste und darauf aufbauend, die Annexion Luxemburgs und Ostfrankreichs forderte.[19] Wissenschaft hatte für Anrich immer auch einen politischen Auftrag. Er wahrte selten die Distanz zu seinen Forschungsgegenständen.

Hochschulpolitik und NS-Bewegung

Anrichs Dispositionen im akademischen Kontext entfalteten sich nicht nur in seinen Forschungen, sondern auch, und vielleicht in einem noch deutlicheren Ausmaß, in seinem hochschulpolitischen Einsatz.[20] Während seines Studiums führte ihn sein Weg von der Wandervogelbewegung zu einem Kreis junger Akademiker, der sich Ende der zwanziger Jahre zur Studentenverbindung „Die Deutsche Gildenschaft ‚Ernst Wurche'" zusammenschloss. Namensgeber war der Protagonist des Bestsellers „Der Wanderer zwischen beiden Welten" von Walter Flex, der durch seinen Opfertod für das Vaterland als deutscher Kriegsfreiwilliger und Frontoffizier für die Gilde das angestrebte Ideal einer über dem Individuum stehenden kampfbereiten nationalen Gemeinschaft verkörperte.

Die Gilde trug Züge einer Ordensgemeinschaft, da sie die „politische Erneuerung aus einer religiösen Erneuerung"[21] anstrebte. Um dieses Ziel zu erreichen, schien die NSDAP unter den Parteien der Weimarer Republik prädestiniert zu sein. Die von den Nationalsozialisten propagierte Volksgemeinschaft bot mit ihren diffusen gesellschaftlichen Forderungen genügend Anknüpfungspunkte für die jungen Akademiker.[22] Schon 1929 trat die gesamte Gilde in die NSDAP und den *Nationalsozialistischen Deutschen Studentenbund* (NSDStB) ein.[23] Weiterhin gründete die Gilde eine kulturpolitische Schriftenreihe als Werbe- und Diskussionsforum. Für Anrich, der schnell als „Gildenmeister" in eine führende Stellung auf-

---

19 Vgl. ebd., S. 215; Ernst Anrich, Die Geschichte der deutschen Westgrenze. Darstellung und ausgewählter Quellenbeleg, Leipzig 1939.
20 Vgl. Kettenacker, Reichsuniversität, S. 85.
21 Protokoll des Interviews des Instituts für Zeitgeschichte mit Ernst Anrich, IfZArch, München, ZS 542-2.
22 Vgl. Karl-Ernst Jeismann, Geschichtsunterricht als „historische Biologie" und „Mythos der völkischen Art"? Bemerkungen zur „Anklage gegen den heutigen Geschichtsunterricht" durch die ‚neue Rechte', in: Internationale Schulbuchforschung 13-1 (1991), S. 59–75, hier S. 63; Ernst Anrich, Drei Stücke über Nationalsozialistische Weltanschauung, Stuttgart 1932, S. 65–96.
23 Die Gilde trat zunächst nur probeweise in die NSDAP und den NSDStB ein, da sie sich Kritik am nationalsozialistischen „Rabaukentum" vorbehielt.

stieg und schon zuvor Mitglied im NSDStB gewesen war, bot sich damit eine Plattform, um erste politisch-historische Aufsätze zu veröffentlichen, in denen er seine Geschichtsdeutung darlegte und für seine politischen Ideale warb.[24] Auch innerhalb des NS-Studentenbundes erklomm Anrich die Karriereleiter und wurde zum Reichsschulungsmeister ernannt. In dieser Funktion versuchte er auf Grundlage des „Organismusgedankens" sowie des „Mythosgedankens", die nationalsozialistische Bewegung mit philosophischen Konzepten zu unterfüttern und gleichsam historisch zu legitimieren. Als Historiker manifestierte sich für ihn der Nationalsozialismus als Fortsetzung und Vollendung der deutschen Romantik, die er als positive Kontrastfolie dem Liberalismus und Rationalismus französischer Spielart gegenüberstellte.[25]

Anrich erfüllte alle Voraussetzungen für eine glänzende Parteikarriere. Allerdings blieb ihm diese verwehrt. Mehr noch: Wegen Umsturzversuchen in der Reichsjugendführung schloss ihn Hitler persönlich schon ein Jahr nach seinem Eintritt 1930 wieder aus der Partei aus. Er hatte zuvor zusammen mit Reinhard Sunkel in einem offenen Brief die Amtsführung des NSDStB seines ehemaligen Protegés Baldur von Schirach und insbesondere die Anlehnung des Verbandes an die SA kritisiert. Sie bezeichneten die SA als „Rabaukenverein" und sahen den Studentenbund als Keimzelle einer angehenden nationalsozialistischen Bildungsoffiziersschicht. Das sich hier manifestierende elitäre Bewusstsein und ständische Gesellschaftsverständnis prägte Anrich auch nach 1945.[26] Der Verstoß gegen das Führerprinzip sowie die aus der offenen Kritik resultierende Feindschaft mit Schirach führten dazu, dass die Parteileitung auch drei spätere Aufnahmeanträge („Gnadengesuche" 1932, 1941, und 1944)[27] trotz prominenter Fürsprache ablehnte.[28] Anrichs parteipolitischer Fehltritt verhinderte jedoch nicht, dass er einvernehmlich mit einzelnen nationalsozialistischen Institutionen zusammenarbeitete. Er beriet die NSDAP-Reichsorganisationsleitung über Bildungs- und Kulturfragen und machte sich einen Namen als Spezialist für Probleme der Universitätsreform.[29] Ebenso blieb auch Anrichs völkische Begeisterung und sein Engagement für eine nationalsozialistische Geschichtswissenschaft trotz des Parteiausschlusses ungebrochen. Seine akademische Laufbahn ging Ende der dreißiger Jahre große

---

24 Vgl. Anrich, Stücke.
25 Vgl. Kettenacker, Reichsuniversität, S. 85.
26 Vgl. Anrich, Stücke, S. 51 f., 57 f.; Anrich, Sozialismus, S. 8–14, 57 f., 61, 64; Ernst Anrich, Die Idee der deutschen Universität und die Reform der deutschen Universität, Darmstadt 1960, S. 5–13, 28–35, 144.
27 Vgl. Werner Treß, Anrich, Ernst, in: Wolfgang Benz (Hg.), Handbuch des Antisemitismus: Judenfeindschaft in Geschichte und Gegenwart, Bd. 2: Personen, Berlin 2009, S. 23–26, hier S. 24.
28 Vgl. Kettenacker, Reichsuniversität, S. 85 f.
29 Vgl. Ernst Anrich, Neue Schulgestaltung aus nationalsozialistischem Denken, Stuttgart 1933.

Schritte voran. Er wurde im Jahr 1938 außerordentlicher und 1940 ordentlicher Professor in Hamburg und außerdem Führer des *Nationalsozialistischen Deutschen Dozentenbundes*. Nicht nur in Kreisen der SS war man beeindruckt von Einstellung und Eifer Anrichs.[30] Dem SD zufolge war er der „aktivste nationalsozialistische Dozent".[31]

Reichsuniversität Straßburg

Nach der Besetzung Frankreichs wurde Anrich 1941 auserkoren, um als Bevollmächtigter des Reichsdozentenbundes die Universität in Straßburg als „Reichsuniversität" und nationalsozialistische Kaderschmiede aufzubauen. Das akademische Großprojekt sollte unter der Federführung der Partei und der SS als eine mustergültige „Kampfuniversität" die Politik der „Regermanisierung" und „Entwelschung" im Elsass und in Lothringen unterstützen. Neben den Zielen, das deutsche Volkstum in den de facto annektierten Gebieten zu festigen und den Reichsgedanken zu stärken, war es auch die Aufgabe der Universität, den SD-eigenen wissenschaftlichen Nachwuchs auszubilden. Anrich schien für diese Aufgabe ein geeigneter Kandidat zu sein, da er neben seiner Herkunft aus einer altelsässischen Familie und seiner zuverlässigen Regimetreue schon zuvor in verschiedenen Aufsätzen den Universitäten im Grenzgebiet zu den westlichen Nachbarstaaten eine besondere Bedeutung als Grenzfestungen im geistigen Kampf und als „geistig-politisch kämpfende Körperschaften"[32] zugeordnet hatte.[33] In Straßburg konnte Anrich auf dem Höhepunkt seiner akademischen Karriere zumindest in der Planung der Lehranstalt seine völkische Ideologie ausleben.[34] Seine Ambitio-

---

30 Vgl. Heiber, Universität, S. 418 f.
31 Zit. n.: Ernst Klee, Das Personenlexikon zum Dritten Reich. Wer war was vor und nach 1945, Koblenz 2012, S. 17.
32 Ernst Anrich, Universitäten als geistige Grenzfestungen, Stuttgart Berlin 1936, S. 10.
33 Bereits kurz nach der Machtübernahme durch die Nationalsozialisten hatte Anrich im Auftrag des NSDStB eine Denkschrift über „Bonn als geistige Festung an der Westgrenze" verfasst. Vgl. Hans-Paul Höpfner, Zur Rolle und Bedeutung der „Westforschung" an der Universität Bonn 1933–1945, in: Burkhard Helmut Gabel / Ulrich Tiedau (Hg.), Griff nach dem Westen. Die „Westforschung" der völkisch-nationalen Wissenschaften zum nordwesteuropäischen Raum, 1919–1960, Teilbd. 2, Münster u. a. 2003, S. 673–687, hier S. 673.
34 Vgl. Ernst Anrich, Von der Bedeutung der Straßburger Universität, in: Straßburger Monatshefte 8/9 (1940), S. 71–79; Ernst Anrich, Bemerkungen zu einer Denkschrift Diltheys für die Gründung der Universität Straßburg, Straßburger Monatshefte 11 (1941), S. 690–698.

nen waren so groß, dass er martialisch von der „Entthronung der Sorbonne"[35] sprach. In seiner Weltanschauung war die Straßburger Universität „immer in rassischer und völkischer Hinsicht deutsch gewesen."[36]

Das Herzstück des organisatorischen Konzepts[37] war die Philosophische Fakultät. Hier standen die germanistische und die geschichtswissenschaftliche Abteilung im Vordergrund, die das neue Zentrum der deutschen Westforschung formen sollten. Dafür wurde der tradierte fachliche Zuschnitt der Disziplinen aufgelöst und das „Historisch-Germanische Großseminar" gebildet. Die institutionelle Struktur der Hochschule konzipierte Anrich in enger Zusammenarbeit mit dem Reichssicherheitshauptamt (RSHA). Inhaltlich galten streng nationalsozialistische Maßstäbe und die Auswahl der Lehrkräfte erfolgte entsprechend strikt.[38] Anrichs ehrgeizige Pläne wurden jedoch durchkreuzt. Sein Stellen- und Finanzplan wurde aufgrund von Kompetenzstreitigkeiten zwischen dem RSHA auf der einen Seite und dem Reichsministerium für Wissenschaft, Erziehung und Volksbildung (REM), unterstützt vom Reichsinnen- und Reichsfinanzministerium, auf der anderen Seite massiv zusammengestrichen. Die Vorstellungen der Ministerialbürokratie setzten sich durch, da die „Reichsuniversität" aus beamtenrechtlichen und fiskalischen Gründen aus dem Reichshaushalt finanziert werden musste. Die ursprünglich geplanten 129 Ordinariate wurde auf 100 und die Anzahl der Hilfskräfte und Assistenten um 60 bis 70 Prozent reduziert. Damit war die Idee, die Sorbonne zu „enthronen", vom Tisch und auch das „Historisch-Germanische Großseminar" konnte die hohen Erwartungen nicht erfüllen.[39] Dessen ungeachtet schaffte es Anrich insbesondere in den Geschichtswissenschaften, eine Reihe seiner Wunschkandidaten nach Straßburg zu holen. Das galt zwar nicht für seinen Kollegen aus Bonner Tagen, den aufstrebenden Westforscher Franz Petri, für den er einen Lehrstuhl für „Germanisches Volkserbe" vorgesehen hatte,[40] allerdings

---

35 Zit. n.: Frank-Rutger Hausmann, Reichsuniversität Straßburg, in: Michael Fahlbusch / Ingo Haar / Alexander Pinwinkler (Hg.), Handbuch der völkischen Wissenschaften: Akteure, Netzwerke, Forschungsprogramme, 2. Aufl., Berlin 2017, S. 1624–1631, hier S. 1625.
36 Gjalt R. Zondergeld, Die Zeitschrift „Westland" als Treffpunkt der „Westraumforscher", in: Gabel/Tiedau (Hg.), Griff, S. 655–671, hier S. 666 f.
37 Vgl. Frank-Rütger Hausmann, Hans Bender (1907–1991) und das „Institut für Psychologie und Klinische Psychologie" an der Reichsuniversität Straßburg 1941–1944, Würzburg 2006, S. 33–40.
38 Vgl. Joachim Lerchenmüller, Die Geschichtswissenschaft in den Planungen des Sicherheitsdienstes der SS. Der SD-Historiker Hermann Löffler und seine Denkschrift „Entwicklung und Aufgaben der Geschichtswissenschaft in Deutschland", Bonn 2011, S. 111 f.
39 Vgl. Schöttler, Westforschung, S. 214.
40 Vgl. Schöttler, Landesgeschichte, S. 102.

folgten der angesehene Mediävist Hermann Heimpel[41] und der regimetreue Frühneuzeithistoriker Günther Franz dem Ruf an die „Reichsuniversität". Letzterer übernahm eine Professur für Mittlere und Neuere Geschichte und sollte die Geschichte des deutschen Volkskörpers erforschen.[42] Anrich selbst wurde nicht nur das Rektorat der „Reichsuniversität" wegen seines Parteiausschlusses verwehrt, das REM bestätigte ihn auch aus dem gleichen Grund nicht als Dekan der Philosophischen Fakultät. Als Voraussetzung für eine Rehabilitierung sollte er sich erstmal an der Front bewähren, hieß es.

Wehrmacht / SD

Ob Anrich an einem Kriegseinsatz teilnahm, sich wohlmöglich freiwillig meldete oder eingezogen wurde, ist umstritten.[43] Er konzentrierte zumindest seine Polemiken spätestens seit Herbst 1943 nicht mehr auf die Grenzziehung im Westen, sondern auf die Verteidigung des Reiches gegen die bolschewistische Sowjetunion im Osten und vollzog damit eine Kehrtwende wie viele gesinnungstreue Professoren. Es galt, das Rekrutierungspotential des „Dritten Reiches" auch in den besetzten Gebieten voll auszuschöpfen, um die erheblichen Verluste der Wehrmacht zumindest teilweise zu kompensieren.[44] Im Wintersemester 1944/45 wurde Anrich dann mit seinen Kollegen Günther Franz und Hermann Löffler zum SD abkommandiert, um verschiedene Sonderaufträge zu erledigen.[45] Zu seinen agitatorischen Aufgaben im Reichssicherheitshauptamt gehörte es, Vorträge an der SS-Junkerschule in Bad Tölz zu halten oder mit Durchhalteparolen die angehenden SS-Führer zu motivieren und ihren Kampfeswillen zu stärken.[46] Zudem wurde Anrich beauftragt, Vorbereitungen zu treffen, um die „Reichsuniversität" zu evakuieren und ihren Standort zunächst temporär zu verlagern. Dabei war er darauf bedacht, die „Reichsuniversität" als eigenständige Körperschaft zu erhalten.[47]

Fernab der Realität schrieb er in den letzten Kriegsmonaten ein Pamphlet mit dem Titel „Nicht französische, sondern deutsche Revolution", das als Feldlektüre für den gebildeten Soldaten vorgesehen war. Hier charakterisierte er die deutsche

---

41 Vgl. Otto Gerhard Oexle, Zusammenfassung des Beitrags von Pierre Racine, in: Schulze, Historiker, S. 157 f.
42 Vgl. Lerchenmüller, Geschichtswissenschaft, S. 121.
43 Vgl. Kettenacker, Reichsuniversität, S. 94; Lerchenmüller, Geschichtswissenschaft, S. 123; Hausmann, Reichsuniversität, S. 1626.
44 Vgl. Kettenacker, Reichsuniversität, S. 94.
45 Vgl. Lerchenmüller, Reichsuniversität, S. 69.
46 Vgl. Kettenacker, Reichsuniversität, S. 94.
47 Vgl. Lerchenmüller, Reichsuniversität, S. 63 ff.

Romantik als Revolution des organischen Denkens, die ihren Höhepunkt in der nationalsozialistischen Revolution fand und im Gegensatz zur französischen Revolution „aus Jahrhunderten kommt und den Auftrag und die Kraft von Jahrhunderten trägt."[48] Ein untergeordneter Sachbearbeiter im Propagandaministerium verwehrte allerdings die Druckfreigabe, da „der gesamte [...] Aufbau nicht ohne weiteres zu verstehen sei."[49] Zu Kriegende empfand man Anrich selbst im Propagandaministerium als weltfremden Nationalsozialisten, der in anderen Sphären lebte.[50]

Die Zeit nach 1945

Nach Kriegsende erhielt Anrich die Einstufung als „Professor zur Wiederverwendung".[51] Ihm misslang jedoch der universitäre Wiedereinstieg. Die Universität Tübingen lehnte aufgrund seiner Rolle im nationalsozialistischen Staat den Antrag auf Wiedereinstellung als Hochschullehrer dreimal ab.[52] Gleichwohl gab er sich einstweilen geläutert und veröffentlichte in Buchform drei Vorträge, in denen er seine antifranzösische Haltung relativierte, für die Einigung Europas auf Basis einer echten Aussöhnung zwischen Frankreich und Deutschland plädierte[53] und damit deutlich konziliantere Töne anschlug als in seinen Schriften vor 1945.[54] Er widmete sich vorläufig weniger der rassisch-biologischen Natur der Völker, sondern vielmehr aus einer philosophischen Sicht der „modernen Physik und Tiefenpsychologie", wie der Titel eines von ihm 1963 veröffentlichten Buchs lautete. Der Untertitel des über 600 Seiten langen Werkes kündigte die Intention des Autors an, „zur Einheit der Wirklichkeit und damit der Wissenschaft" zu kommen.[55] Poli-

---

48 Zit. n.: Lothar Kettenacker, Kontinuität im Denken Ernst Anrichs. Ein Beitrag zum Verständnis gleichbleibender Anschauungen des Rechtsradikalismus in Deutschland, in: Dieter Rebentisch (Hg.), Festgabe zum 60. Geburtstag von Professor Paul Kluke, Frankfurt am Main 1968, S. 140–152, hier S. 148.
49 Zit. n. ebd., S. 149.
50 Vgl. Kettenacker, Reichsuniversität, S. 92.
51 Treß, Anrich, S. 24.
52 Vgl. Lerchenmüller, Reichsuniversität, S. 76.
53 Vgl. Ernst Anrich, Muß Feindschaft bestehen zwischen Frankreich und Deutschland?, Frankfurt am Main 1951.
54 Vgl. Ernst Anrich, Die Bedrohung Europas durch Frankreich. 300 Jahre Hegemoniestreben aus Anmassung und Angst, Berlin 1940; Ernst Anrich, Frankreich und die deutsche Einheit in den letzten 300 Jahren, Hamburg 1940.
55 Ernst Anrich, Moderne Physik und Tiefenpsychologie. Zur Einheit der Wirklichkeit und damit der Wissenschaft, Stuttgart 1963.

tisch vertrat Anrich zunächst die CDU und wurde zwischen 1960–1964 Stadtverordneter in Darmstadt.[56] Diesen gemäßigten Weg verließ er aber spätestens im Laufe der sechziger Jahre wieder, als er sich publizistisch und durch öffentliche Auftritte als Gegner der staatlichen Ordnung in Stellung brachte.[57]

Wissenschaftliche Buchgesellschaft

Doch zunächst widmete er sich nicht zuletzt aus ökonomischer Not dem Verlagswesen und gründete 1949 in Tübingen die *Wissenschaftliche Buchgesellschaft* (WBG), die 1953 ihren Geschäftssitz nach Darmstadt verlegte.[58] Die WBG hatte es sich zur Aufgabe gemacht, durch den Weltkrieg vernichtetes wissenschaftliches Schrifttum nachzudrucken und über ein spezielles Subskriptionsverfahren, den Mitgliedern des Vereins zugänglich zu machen. Neben Anrich wirkten am Aufbau der WBG auch andere Wissenschaftler mit, die sich durch ihre nationalsozialistische Vergangenheit kompromittiert hatten. Dazu gehörten seine ehemaligen Straßburger Kollegen, der Paläontologe Richard Dehm, der Historiker Hermann Löffler[59] und der Germanist Gerhard Fricke.[60] Als Geschäftsführender Direktor der WBG bot Anrich nationalsozialistisch belasteten Wissenschaftler eine Publikationsplattform und veröffentliche ihre Schriften aus den dreißiger und vierziger Jahren.[61] So „finden sich auffällig viele Professoren aus seiner Straßburger Zeit im Verlagsprogramm."[62] Diese Schriften waren zwar nicht dezidiert nationalsozialistisch ausgerichtet, allerdings wurden viele Werke von Hermann Aubin, Steinbach und Petri nahezu unverändert mit der entsprechenden völkischen oder rassistischen Terminologie nachgedruckt.[63] Als die Geschichtswissenschaften Anfang der

---

56 Vgl. Michael Grüttner, Biographisches Lexikon zur nationalsozialistischen Wissenschaftspolitik, Heidelberg 2004, S. 15.
57 Vgl. Lerchenmüller, Reichsuniversität, S. 78.
58 Der Ursprüngliche Name der WGB war „Wissenschaftliche Buchgemeinschaft". Aufgrund einer Klage der „Deutschen Buchgemeinschaft" benannte sie sich 1955 um. Vgl. René Schlott, Die WBG, ein Unikat der Verlagslandschaft. Eine kleine Geschichte der Wissenschaftlichen Buchgesellschaft, Darmstadt 2009, S. 40.
59 Vgl. Lerchenmüller, Reichsuniversität, S. 77.
60 Gerhard Fricke sprach als Hauptredner am 10. Mai 1933 anlässlich der Bücherverbrennung in Göttingen. Vgl. Treß, Anrich, S. 25.
61 Beispielsweise die Habilitationsschrift von Günther Franz. Vgl. Behringer, Bauern-Franz, S. 129.
62 Schlott, WBG, S. 51.
63 Vgl. Schöttler, Westforschung, S. 224; Carsten Klingemann, Soziologie und Politik. Sozialwissenschaftliches Expertenwissen im Dritten Reich und in der frühen westdeutschen Nachkriegszeit, Wiesbaden 2009, S. 40.

sechziger Jahre anlässlich der Fischer-Kontroverse erneut über die Frage stritten, ob das Deutsche Kaiserreich verantwortlich für den Ausbruch des Ersten Weltkriegs war, ließ Anrich seine wissenschaftlichen Qualifikationsarbeiten zusammen mit anderen apologetischen Werken wieder auflegen.[64] Sein Einfluss auf die Inhalte des Verlagsprogramms zeigte sich auch darin, dass seine eigenen Interessensgebiete wie Parapsychologie aufgenommen wurden.[65]

Anrich agierte in der WBG anfänglich im Hintergrund, da Tübingen in der französischen Besatzungszone lag und die Gründung der WBG von der Zustimmung der dortigen Behörden abhing. In Anbetracht seines Anteils beim Aufbau der „Reichsuniversität Straßburg" bestand die Gefahr, dass die französische Verwaltung ihre Zustimmung verweigern würde, einen Verlag unter seiner Leitung zu gründen. So tritt zwar Anrichs Name im Entwurf zum Gründungsaufruf der WBG auf, allerdings ist dieser vor der Veröffentlichung wieder gestrichen worden, und auf dem Gründungsprotokoll fehlt sein Name. Vielmehr fungierte Anrich formell nur als „Vorstandssekretär", bis er 1953 offiziell in den Vorstand als Geschäftsführender Direktor berufen wurde.[66]

NPD

Mitte der sechziger Jahre, als ein konservativ-demokratischer Nationalismus-Begriff Auftrieb erhielt,[67] sich das zersplitterte rechtsextreme Spektrum in der NPD vereinigte und öffentlichkeitswirksame Wahlerfolge erringen konnte, bekannte sich Anrich wieder offen zu seiner rechtsextremen Grundeinstellung. Er trat in die NPD ein und hielt in Karlsruhe auf dem zweiten Bundesparteitag am 17. Juni 1966 eine umstrittene Rede,[68] die viel Beachtung fand und als Grundsatzreferat die programmatische Stoßrichtung der noch jungen rechtsradikalen Partei bestimmen sollte.[69] Zuvor war zwar bereits die politische Marschrichtung der als Sammelbecken am rechten Rand für ehemalige Mitglieder der NSDAP, der *Sozialistischen Reichspartei* (SRP) und der *Deutschen Reichspartei* (DRP) fungierenden NPD grob definiert worden, der inhaltliche Kurs blieb aber noch unbestimmt. Das

---

64 Vgl. Kettenacker, Kontinuität, S. 141.
65 Vgl. Schlott, WBG, S. 51.
66 Vgl. ebd., S. 16 ff.
67 Vgl. Maier, NPD, S. 36.
68 Sein Grundsatzreferat orientierte sich stark an einer Rede, die er bereits 1934 gehalten hatte. Vgl. Dietrich Elchlepp / Hans-Joachim Heiner, Zur Auseinandersetzung mit der NPD. Aktionen und Argumente gegen den Rechtsradikalismus, München 1969, S. 89 f.
69 Vgl. Steven Warnecke, The Future of Rightist Extremism in West Germany, in: Comparative Politics 2–4 (1969), S. 629–652, hier S. 634 f.

Attribut „nationaldemokratisch" der 1964 gegründeten Partei suggerierte die Übereinstimmung mit der Verfassungsordnung, war aber nicht in eine programmatische Formel gefasst worden, um Anknüpfungspunkte für verschiedene politische Strömungen und Ideologien bereitzustellen. Die politischen Ziele im Gründungsmanifest von 1964 waren vage, die Absichten der Partei blieben unverständlich und die Integrationskraft schwach.

Mit einem Thesenpapier unter dem Titel „Mensch – Volk – Staat und Demokratie"[70] machte Anrich einige Aussagen, die richtungsweisend in das Parteiprogramm einflossen und in der öffentlichen Wahrnehmung mit der Partei assoziiert wurden, nicht zuletzt da seine guten Kontakte zum führenden Kopf hinter der Partei, Adolf von Thadden, kein Geheimnis waren.[71] Anrich galt nun als Chefideologe der NPD und sein völkischer Fundamentalismus gab der Partei scharfe politische Konturen. In prätentiösen Leerformeln stellte er eine metaphysische Verbindung zwischen Mensch, Volk und Staat zu einer „Gesamtheit" her, die bei der „richtigen Zuordnung" dieser „drei Elemente" die angestrebte „Nationaldemokratie" durch „Versittlichung [...], wirksam bis zur Wiedereinfangung der verselbstständigten rein gesellschaftlichen Interessenbildung und bis in die Tendenz der veröffentlichten Meinung" bringe.[72] Dabei war der Staat in seinem Verständnis von Demokratie „höher als der Mensch und als die Menge der augenblicks lebenden Menschen" und hatte „Souveränität über sie".[73] Anrichs autoritäres Staatsverständnis fußte auf einem kollektivistischem Menschenbild, in dem die Gemeinschaft über den einzelnen Menschen stand und in dem kein Platz für Individualismus und eine pluralistische Gesellschaftsordnung vorhanden war. Seine Ausführungen lassen Kontinuitätslinien zu seinen Abhandlungen über das organische Denken in den dreißiger Jahren und biologisch-rassistische Deutungen des Volksbegriffes erkennen.[74] So waren auch die Grundzüge seines Referats und ganze Textabschnitte einer Rede entnommen, die er am 18. Januar 1934 anlässlich der Reichsgründungsfeier in der Universität Bonn gehalten hatte. In einer Passage, die im Wesentlichen nur stilistisch überarbeitet wurde, griff Anrich auf Verglei-

---

70 Abgedruckt in: Maier, NPD, S. 88–92.
71 Vgl. Gideon Botsch, Der „Bomben-Holocaust" von Dresden. Die NPD als antisemitische Partei, in: Samuel Salzborn (Hg.), Antisemitismus seit 9/11. Ereignisse, Debatten, Kontroversen, Baden-Baden 2019, S. 179–196, hier S. 184.
72 Zit. n. Maier, NPD, S. 92.
73 Zit. n. ebd., S. 91.
74 Vgl. Anrich, Stücke. Anrichs Ausführungen zum Volksbegriff wurden nach seiner Rede massiv kritisiert. In einem Sonderdruck der Parteizeitung *Deutsche Nachrichten* vom 24. Februar 1967 konkretisierte Anrich seine Auffassung, da er sich missverstanden fühlte. In seiner Richtigstellung hielt er jedoch apodiktisch an rassistisch-biologisch determinierten Deutungen fest. Vgl. Maier, NPD, S. 31 f.

che aus dem Reich der Botanik zurück, um darzustellen, dass das „Deutschtum" nicht kulturhistorisch determiniert sei, sondern eine biologische Entität und damit eine Spezies bilde.[75]

Anrichs hierarchisch-etatistisches Demokratieverständnis begründete auch verfassungsändernde Forderungen, um die „nationale Demokratie" zu verwirklichen.[76] Diese liefen im Wesentlichen auf eine plebiszitäre Volksdemokratie durch die Schwächung des Parlaments zugunsten eines quasi-autoritären Bundespräsidenten heraus und ließen Anleihen an die Weimarer Verfassungsordnung erkennen. In das Ende 1967 auf dem Hannoveraner Parteitag verabschiedete erste Parteiprogramm flossen dann konkrete politische Handlungsanweisungen ein. Dies waren unter anderem die Einführung von Volksentscheiden und die Direktwahl des Bundespräsidenten, die Abschaffung der Fünf-Prozent Hürde und des konstruktiven Misstrauensvotums sowie die Erweiterung der Kompetenzen des Bundespräsidenten.[77] Das Programm bekannte sich zwar ausdrücklich zur freiheitlich-demokratischen Grundordnung,[78] allerdings in erster Linie aus taktischen Motiven.[79] Dieses Bekenntnis blieb unverbindlich, da es kaum konkretisiert wurde. Anrich selbst rechtfertige sogar eine Diktatur unter gewissen Bedingungen als „gute Verfassungsgebung".[80] Als Konsequenz der öffentlich geäußerten verfassungsfeindlichen Parolen wurde Anrich noch im Jahre 1966 aus der Führungsebene der WBG entlassen.[81]

1967 zog die NPD in die Landesparlamente in Bremen, Rheinland-Pfalz, Niedersachsen und Schleswig-Holstein ein und Anrich wurde auf dem Hannoveraner Parteitag im November in den Vorstand und das Präsidium der Partei gewählt

---

75 Vgl. Lutz Niethammer, Angepaßter Faschismus. Politische Praxis der NPD, Frankfurt am Main 1969, S. 80 ff.
76 Zu Anrichs Begriffsverständnis „nationale Demokratie" vgl. o. A., Erfahrung aus der Beobachtung und Abwehr rechtsradikaler und antisemitischer Tendenzen im Jahre 1967, in: Aus Politik und Zeitgeschichte B15 (1968), S. 3–39, hier S. 10 f.
77 Vgl. Maier, NPD, S. 26.
78 „Die NPD bekennt sich zur freiheitlich-demokratischen Grundordnung, weil sie ein Höchstmaß persönlicher Freiheit gewährt und so viel Ordnung setzt, wie notwendig ist. Der freiheitlich-demokratische Staat muß ein Rechtsstaat sein." Parteiprogramm der NPD von 1967, zit. n.: Maier, NPD, S. 68.
79 Vgl. Marc Brandstetter, Die Programmatik der NPD – Vom Deutschnationalismus zum Nationalsozialismus, in: Uwe Backes / Henrik Steglich (Hg.), Die NPD, Erfolgsbedingungen einer rechtsextremistischen Partei, Baden-Baden 2007, S. 317–337, hier S. 323 f.
80 O. A., Erfahrungen aus der Beobachtung und Abwehr rechtsradikaler und antisemitischer Tendenzen im Jahre 1966, in: Aus Politik und Zeitgeschichte B24 (1967), S. 3–37, hier S. 14. Bundesminister des Innern, Erfahrung, S. 12.
81 Vgl. Schlott, WBG, S. 50.

und zum Leiter des Amtes „Politische Bildung" ernannt.[82] In dieser Position wirkte Anrich bei den Parteiorganen *Deutsche Nachrichten* und *Politisches Lexikon* mit, die maßgeblichen Einfluss auf den weiteren innerparteilichen Diskurs hatten. Beide Presseerzeugnisse erschienen im rechtsextremen Verlag von Waldemar Schütz, einem Vertrauten des Parteivorsitzenden Thadden.[83] Das Periodikum *Deutsche Nachrichten* war die Wochenzeitschrift der NPD und gab die politischen, gesellschaftlichen, wirtschaftlichen und kulturellen Leitlinien vor, während das *Politische Lexikon* als ideologisches Lehrbuch der Partei fungierte und sich in der Umdeutung der deutschen Geschichte des 20. Jahrhunderts versuchte. Die Artikel waren revisionistisch, rassistisch und mitunter offen antisemitisch. Das *Politische Lexikon* war nicht nur öffentlich umstritten, sondern polarisierte auch innerparteilich.[84] Zusätzlich zu seiner publizistischen Tätigkeit für die Partei übernahm Anrich mit der Leitung des Referats Kulturpolitik eine weitere Funktion in der NPD.[85]

Anrich baute sein Netzwerk am rechten Rand des politischen Spektrums Ende der sechziger Jahre zügig aus. Er trat 1967 in den Vorstand des *Witikobundes* ein, der noch heutzutage eine Schnittstelle zwischen rechtskonservativer und rechtsextremer Szene bildet. Außerdem gründete Anrich den *Buchkreis für Besinnung und Aufbau* in Seeheim, um eine rechtsextrem und geschichtsrevisionistisch ausgerichtete Verlagsplattform zu schaffen.[86] Anrich veröffentliche dort die Schriften „Was haben wir nötig um diese Krise zu bestehen?" und „Wohin gehört der Mensch?".[87] Die völkisch-national-konservativen Literaturerzeugnisse des Buchkreises wurden allerdings in der Öffentlichkeit wenig beachtet und ernteten, wenn überhaupt, spöttische Reaktionen im Feuilleton.[88] Darüber hinaus publizierte Anrich in der zur NPD gehörenden *DN Verlagsgesellschaft* und im *Nationalverlag* die Werke „Bismarck. Verzerrer oder Gestalter der deutschen Geschichte?" und „Der Sozialismus der Linken".[89] Im Letztgenannten verlor er sich in Ver-

---

82 Vgl. Maier, NPD, S. 28.
83 Vgl. Gideon Botsch, Wahre Demokratie und Volksgemeinschaft. Ideologie und Programmatik der NPD und ihres rechtsextremen Umfelds, Wiesbaden 2017, S. 20.
84 Vgl. Lutz Niethammer, Integration und „Widerstand". Die NPD und die Umgruppierung der Rechten, in: Gewerkschaftliche Monatshefte 22 (1971), S. 136–153, hier S. 143.
85 Vgl. Elchlepp, Auseinandersetzung, S. 89.
86 Vgl. Treß, Anrich, S. 25.
87 Ernst Anrich, Wohin gehört der Mensch, Seeheim 1972; Ernst Anrich, Was haben wir nötig um diese Krise zu bestehen?, Seeheim 1968.
88 Vgl. Uwe-Karsten Ketelsen, Völkisch-nationale und nationalsozialistische Literatur in Deutschland 1890–1945, Stuttgart 1976, S. 24.
89 Ernst Anrich, Bismarck. Verzerrer oder Gestalter deutscher Geschichte?, Hannover 1971; Anrich, Sozialismus.

schwörungstheorien über die Ziele der durch die SPD geführten Bundesregierung. Im Jahre 1971 wurde Anrich unter dem Vorsitzenden Martin Mußgnug stellvertretender Vorsitzender der NPD.[90]

Gleichwohl geriet Anrich zu Beginn der siebziger Jahre durch seine antidemokratischen und völkischen Äußerungen zunehmend in die Schusslinie der innerparteilichen Kritik. Sein Image als Apologet des Nationalsozialismus stand einer programmatischen und weltanschaulichen Erneuerung der Partei nach verlorenen Wahlen im Wege.[91] Anrich hatte seinen Zenit in der NPD überschritten und sein Stern in der rechten Szene begann zu sinken. Als die Partei im Laufe der siebziger Jahre durch regelmäßige Wahlergebnisse von weniger als ein Prozent der Stimmen auf Bundes- bzw. Landesebene in die politische Bedeutungslosigkeit verschwand und Adolf von Thadden 1975 der Partei den Rücken kehrte, zog sich auch Anrich aus der Führungsriege der NPD zurück und trat 1976 aus der Partei aus.[92] Er ließ die Politik hinter sich und konzentrierte sich auf seine publizistische Tätigkeit.

Die Publikation „Leben ohne Geschichtsbewußtsein"

Mit der Buchveröffentlichung „Leben ohne Geschichtsbewußtsein? Eine Anklage gegen den heutigen Geschichtsunterricht" veröffentlichte Anrich im Jahre 1988 im *Grabert-Verlag* sein letztes umfangreicheres Werk. In diesem setzte er sich in prinzipieller Form mit der politischen Kultur und dem politischen System anhand des öffentlichen Geschichtsunterrichts auseinander und vertrat die Auffassung, dass wesentliche Teile des deutschen Geisteslebens nach dem Zweiten Weltkrieg aufgrund böswilliger Manipulation der alliierten Siegermächte verkümmert seien und die Hinwendung zu individualistisch-demokratischen Ideen und die Errichtung einer demokratischen Ordnung zum „völligen Verschweigen jedes hervorzutreten versuchenden anderen Denkens"[93] geführt habe. Für diese Entwicklung machte er den Geschichtsunterricht verantwortlich, der seit der Nachkriegszeit auf „die ‚Emanzipierung' des Menschen aus der Geschichte, aus dem Geschichtlichen",[94] abziele. Als eine Folge haben sie nicht nur keine „Kenntnis der wirklichen

---

90 Vgl. Treß, Anrich, S. 25.
91 Vgl. Botsch, Wahre Demokratie, S. 41–46.
92 Vgl. Treß, Anrich, S. 25.
93 Anrich, Leben, S. 11.
94 Ebd., S. 42. Darunter verstand Anrich, dass sich die Deutschen nicht mehr mit der eigenen Geschichte verbunden fühlen würden und sich von dieser abgewendet hätten. Vgl. ebd., S. 9.

Geschichte",⁹⁵ sondern auch kein Geschichtsbewusstsein. Im Sinne seines philosophischen Welterklärungskonzepts des organischen Denkens charakterisierte er das Geschichtsbewusstsein als ein Organ, ohne das ein Leben unmöglich ist.⁹⁶ Als einen ausschlaggebenden Grund für den Verlust des Geschichtsbewusstseins identifizierte er die Betonung der Singularität der nationalsozialistischen Verbrechen und der Einzigartigkeit der deutschen Schuld in der Öffentlichkeit und im Schulunterricht.⁹⁷ Aufgrund der Stigmatisierung des Nationalsozialismus, klagte er, werde dessen positive Seite nicht anerkannt. Weiterhin relativierte er die nationalsozialistischen Verbrechen, indem er vermeintlich vergleichbare Gräueltaten anderer Staaten insbesondere der Siegermächte in einem umfangreichen 27-seitigen Kapitel auflistete.⁹⁸ Damit wird auch implizit klar, was Anrich unter „Kenntnis der wirklichen Geschichte" versteht; aus deren Unkenntnis er eine „geistige und seelische zerstörende Wirkung"⁹⁹ ableitete. Daneben führte er weitere in der rechtsradikalen Pamphletliteratur gängige Argumente an.¹⁰⁰ Schließlich arbeitete er sich polemisierend an zeitgenössischen didaktischen Unterrichtskonzepten ab. Mit dem Buch legte Anrich im Alter von 82 Jahren einmal mehr ein Bekenntnis zu seinen unveränderten Überzeugungen und Werten ab.

Schlussbetrachtung

Am 21. Oktober 2001 verstarb Ernst Anrich. Es ist keine Aussage und kein Dokument überliefert, aus dem hervorgeht, dass er an seinem Lebensabend von seinen rechtsradikalen Überzeugungen und seiner völkischen Geschichtsdeutung abgerückt wäre. Anrichs Leben zeigt damit eine erstaunliche biographische Kontinuität über Epochengrenzen und Systemwechsel hinweg. Organologisches und ganzheitliches Denken, völkischer Nationalismus, ständisches Gesellschaftsverständnis und ein auf die Zentralität der Epoche der Romantik fixiertes Geschichtsbild hatten transzendentale Bedeutung in seiner Weltsicht. Sie bildeten kontinuierlich auftretende Motive in seinen Schriften und die unerschütterlichen Achsen seines geistigen Wertesystems, mit dem er historische und soziale Zusammenhänge er-

---

95 Ebd., S. 42.
96 Vgl. ebd., S. 48 ff.
97 Vgl. ebd., S. 32 f., 78 f., 84.
98 In diesem Kontext verweist er darauf, dass Großbritannien das Prinzip des Konzentrationslagers erfunden habe und bezeichnet sowohl das Vorgehen der Briten gegen die Buren um 1900 als auch gegenüber der Bevölkerung Irlands als „Holocaust". Ebd., S. 50–77, insbesondere S. 54 f.
99 Ebd., S. 50.
100 Vgl. Jeismann, Geschichtsunterricht, S. 71.

klärte und dem er zeitlebens treu blieb. In einem vom Nationalismus geprägten Herkunftsmilieu im Kaiserreich aufgewachsen, schloss er sich in der Weimarer Republik dem Nationalsozialismus aus Überzeugung an. Er blieb dem Regime bis zum Ende treu ergeben und zeigte sich weltfremd gegenüber der Realität des drohenden Untergangs des Dritten Reiches. In der Bundesrepublik Deutschland war er weder moralisch noch intellektuell fähig, aus der Katastrophe des Nationalsozialismus zu lernen. Stattdessen lebte er vor, wie man als völkisch-nationaler Historiker eine Schlüsselposition im Verlagswesen erreichen konnte, ohne seine weltanschlichen Grundsätze aufgeben zu müssen.[101] Als Chefideologe der NPD trug er dazu bei, dass sich diese zu einer geschlossenen Partei entwickelte und seine Überzeugungen Widerhall am rechten Rand des politischen Spektrums fanden. Damit manövrierte sich Anrich vollends ins Abseits der Gesellschaft. Er verstarb in einer ihm fremd gewordenen Welt.

---

[101] Vgl. Johannes Liebrecht, Fritz Kern und das gute alte Recht. Geistesgeschichte als neuer Zugang für die Mediävistik, Frankfurt am Main 2016, S. 77.

Kurt Schilde
Artur Axmann (1913–1996)

„Das kann doch nicht das Ende sein". Die Aktivitäten des letzten Reichsjugendführers nach 1945

Abb. 2: Artur Axmann (links) mit Albert Ganzenmüller, 1944, *Bundesarchiv, Bild 183-J10268*.

Sie schienen 1945/46 auf einen neuen Führer zu warten,[1] wollte der US-amerikanische Soziologe David Rodnick (1908–1980) über die deutsche Nachkriegsjugend herausgefunden haben.[2] Ganz so abwegig scheint die Frage, ob der letzte Reichs-

---

1 Das Originalzitat „They appear to be waiting for a new leader." stammt von David Rodnick, Postwar Germans. An anthropologist's account, New Haven 1948, S. 71. Diese biografische Axmann-Studie basiert wesentlich auf Kurt Schilde, Artur Axmann auf der Spur. Aktivitäten des letzten Reichsjugendführers nach 1945, in: Ingo Koch (Lektor), Deutsche Jugend im Zweiten Weltkrieg, Rostock 1991, S. 99–106; Max Wiedemann (d. i. Kurt Schilde), Aufstieg und Fall des Artur Axmann. Anmerkungen zur Entnazifizierung des Reichsjugendführers, in: *Sozial extra* Nr. 10/1985, S. 36–39. Für kritische Durchsicht und Anregungen danke ich Dr. Karsten Wilke und Prof. Dr. Sabine Hering sowie für weitere Unterstützung Dr. Katrin Hammerstein, Ulli Jentsch und Prof. Dr. Gideon Botsch.
2 Der frühere Mitarbeiter des Nachrichtendienstes des US-Kriegsministeriums Office of Strategic Services (OSS) hatte zwischen Dezember 1945 und Juni 1946 in Hessen für die Information Control

---

∂ Open Access. © 2023 Kurt Schilde, publiziert von De Gruyter. [CC BY-NC-ND] Dieses Werk ist lizenziert unter der Creative Commons Attribution-NonCommercial-NoDerivatives 4.0 Lizenz.
https://doi.org/10.1515/9783111010991-003

jugendführer der NSDAP und Jugendführer des Deutschen Reiches, Artur Axmann (1913–1996), dieser neue Führer hätte werden können, nicht gewesen zu sein. So wurde noch viele Jahre später vermutet: „In ihm hatten manche junge Parteigenossen den Nachfolger Hitlers gesehen."[3]

Baldur von Schirach (1907–1974) – der Vorgänger Axmanns – hat im Nürnberger Kriegsverbrecher-Prozess die Verantwortung für die „Verführung der deutschen Jugend" übernommen.[4] Dieser Nationalsozialist hatte bis 1940 in Personalunion die Funktionen als (parteilicher) Reichsjugendführer der NSDAP und (staatlicher) Jugendführer des Deutschen Reiches auf sich vereinigt. Nach der Übernahme seiner Ämter durch den ab 1. Mai 1940 als seinen Stellvertreter eingesetzten Artur Axmann blieb er – formal – mit dem nicht genauer definierten Status des „Reichsleiters für die Jugenderziehung" verantwortlich für die nationalsozialistische Jugendorganisation.

Der Nachfolger Axmann setzte ab dem zweiten Kriegsjahr seine bereits bis dahin sehr steile politische Karriere bis 1945 fort. Er gehörte zu den letzten der mit Adolf Hitler bis zum Ende des Nationalsozialismus im Führerbunker ausharrenden Personen. Dort hatte er nach seinen späteren Angaben in der Nacht vom 29. zum 30. April 1945 die Gelegenheit, Adolf Hitler zu fragen: „Wir können doch jetzt nicht am Ende unserer Geschichte stehen, das kann doch nicht das Ende sein!"[5] Der zweite Satzteil wurde Titel der ersten Ausgabe seiner Lebenserinnerungen, die ein Jahr vor seinem Tod veröffentlicht wurden. Das „rechtsextremistische Buch"[6] ist im *Verlag S. Bublies* erschienen. In diesem Unternehmen bot der

---

Division der US-Militärregierung geforscht. Vgl. Werner Breunig / Jürgen Wetzel (Hg.), Fünf Monate in Berlin. Briefe von Edgar N. Johnson aus dem Jahre 1946, München 2014, S. 224.

3 Jochen von Lang, Der Sekretär. Martin Bormann, der Mann, der Hitler beherrschte. Unter Mitarbeit von Claus Sibyll, Stuttgart 1977, S. 21.

4 Hierzu vgl. Martina Reinhard, Baldur von Schirach (1907–1974). Der Mann, der Hitlers Jugend führte, 30.9.2004, unter: https://www.zukunft-braucht-erinnerung.de/baldur-von-schirach/ [Zuletzt aufgerufen am 13.7.2021]; Jochen von Lang, Der Hitler-Junge: Baldur von Schirach, der Mann, der Deutschlands Jugend erzog, Hamburg 1988; Michael Wortmann, Baldur von Schirach, Hitlers Jugendführer, Köln 1982.

5 Artur Axmann, „Das kann doch nicht das Ende sein". Hitlers letzter Reichsjugendführer erinnert sich, Koblenz 1995, 2. Aufl., S. 444. Vgl. meine Besprechung in: Zeitschrift für Geschichtswissenschaft (ZfG) 46 (1998), H. 3, S. 272 f. Sofern nicht anders angegeben, beziehen sich die weiteren Verweise auf diese Ausgabe. Nach Axmanns Tod 1996 erschien 1999 eine Neuauflage mit dem Titel Hitlerjugend: „Das kann doch nicht das Ende sein" im Karl Müller Verlag in Erlangen. Nach der Insolvenz dieses Verlags erwarb das Großantiquariat Zanolli in Köln 2000 das Unternehmen und seinen Namen. Nach der Insolvenz dieses Unternehmens 2005 folgte 2009 noch eine Lizenzausgabe. Vgl. http://www.buchhexe.com/verlag/karl-muller-verlag [Zuletzt aufgerufen am 19.1.2021].

6 So die Formulierung in einer Antwort der Bundesregierung vom 15.1.1998 auf die Kleine Anfrage der PDS-Abgeordneten Ulla Jelpke und der Gruppe der PDS – Drucksache 13/9474. Der Auf-

Verleger Siegfried Bublies – so der Rechtsextremismusexperte Anton Maegerle – „unter anderem Bücher an, die den Nationalsozialismus verherrlichen."[7] Als ein Beispiel wird auf Artur Axmann als Verlagsautor hingewiesen.[8]

Die deutsche Jugend hat 1945 aber offensichtlich nicht auf einen Nachfolger von Adolf Hitler gewartet und der letzte „Reichsjugendführer" konnte es auch nicht werden. Aber Axmann ist nach dem Ende des „Dritten Reiches" ein bedeutender postnationalsozialistischer Akteur geworden und hat zahlreiche Kontakte zu weiteren ehemals hochrangigen NS-Führern und früheren Mitarbeitern seiner Reichsjugendführung gepflegt. Trotz der hohen Stellung im NS-Staat ist der letzte Reichsjugendführer der NSDAP und Jugendführer des Deutschen Reiches weder im von den Alliierten angestrengten Nürnberger Prozess gegen die Hauptkriegsverbrecher noch in einem der zwölf Nachfolgeprozesse (gegen Ärzte, Juristen, Industrielle, SS- und Polizeiführer, Militärs, Beamte und Diplomaten) angeklagt worden. Er ist „entnazifiziert" worden und hat danach ein normales Leben führen können, konnte heiraten und Vater werden. Seine Bewegungsfreiheit war nicht eingeschränkt und auch ins Ausland konnte er reisen.

Artur Axmann war tatsächlich ein bedeutender nationalsozialistischer Akteur und ist bis zu seinem Tod ein überzeugter Nationalsozialist geblieben. Es ist ihm weitgehend gelungen, sich und seinen großen Einfluss hinter seiner Hitler-Gläubigkeit, seinem „Idealismus" sowie dem Vorgänger Baldur von Schirach zu verstecken. Daher erscheint es erforderlich, die bis heute weitgehend unbekannt gebliebenen Seiten seiner nationalsozialistischen Biografie vor und nach 1945 zu thematisieren.

Diese Studie portraitiert ihn als bedeutenden Akteur des Nationalsozialismus im „Dritten Reich" bis zu dessen Ende 1945 und als Protagonisten des Rechtsextremismus in der Bundesrepublik Deutschland. Sie beruht im Wesentlichen auf der reichhaltigen Literatur zur Geschichte des Nationalsozialismus in Deutschland und der NS-Jugendorganisation *Hitler-Jugend*. Zusätzlich wurden Egodokumente wie die Lebenserinnerungen von Axmann selbst und weiterer führender Jugendfunktionäre wie Baldur von Schirach und die Erinnerungspublikationen des stellvertretenden Reichsjugendführers Hartmann Lauterbacher und der Reichsreferentin des *Bundes Deutscher Mädel* Jutta Rüdiger ausgewertet.

---

bau des „Preußischen Mediendienstes" und der Verlag Siegfried Bublies, Deutscher Bundestag, 13. Wahlperiode, Drucksache 13/9670 vom 15.1.1998.
7 Anton Maegerle, Blätter gegen Zeitgeist und Dekadenz. Profile und Beziehungen neurechter Periodika an Beispielen, in: Wolfgang Gessenharter / Thomas Pfeifer (Hg.), Die Neue Rechte – eine Gefahr für die Demokratie? Wiesbaden 2004, S. 198–209, hier S. 204.
8 Vgl. ebd.

Axmanns Jugend in Berlin-Wedding

Am 18. Februar 1913 wurde Artur Axmann als fünftes Kind des Rechtsberaters Aloys Axmann und dessen Ehefrau Emma (geb. Frick) geboren.[9] Von seinen Großeltern hat der Sohn über seinen Vater erfahren: Er wurde in Friedenthal/Gießmannsdorf am 14. März 1885 geboren. In dem in der Nähe gelegenen Neiße (Schlesien) absolvierte er eine Ausbildung in einem „Anwalts- oder Rechtsberatungsbüro"[10] und ging nach Berlin. Die Mutter stammte aus Brandenburg, wo sie am 10. Juni 1884 in Freudenberg bei Tiefensee in Oberbarnim geboren wurde. Kurz nach der Heirat der Eltern kam 1907 der älteste Bruder Kurt und 1910 der Bruder Richard auf die Welt. An die beiden sehr früh verstorbenen Schwestern Hedwig und Elfriede hatte Artur Axmann keine Erinnerungen.

Der Vater arbeitete als Angestellter bei der Viktoria-Versicherung in Düsseldorf und übernahm später eine Versicherungsagentur in Hagen (Westfalen), wo Artur geboren wurde. Kurz vor dem Tod des Vaters 1916 verzog die Familie wieder nach Berlin. Sie lebte erst in Prenzlauer Berg und wechselte nach dem Tod des erst 32 Jahre alten Familienoberhaupts in den Wedding. Die Wohnung befand sich in der Lütticher Straße 6, „eine kleine Wohnung im Seitenflügel mit Stube, Küche und Innentoilette."[11] Dort wohnte die Familie bis 1933.

Artur Axmann wurde wie seine Brüder in die Gemeindeschule eingeschult.[12] Aufgrund seiner „herausragenden Schulleistungen"[13] wurde er 1921 in eine Förderklasse übernommen: „Eine gute Einrichtung der Republik",[14] so die Formulierung in seinen Lebenserinnerungen. Aufgrund seiner weiterhin guten Leistungen absolvierte er die Förderklasse „mit bestem Ergebnis" und wurde 1922 in die Oberrealschule aufgenommen, an der ihm eine Freistelle gewährt wurde.[15] Nach

---

9 Vgl. Axmann, Ende, S. 12; Peter D. Stachura, Nazi Youth in the Weimar Republic. An In-Dept Analysis of the Genesis, Nature and Growth of the Hitler Youth Organisation, Santa Barbara/California u. Oxford/England 1975, S. 54. Ebenso vgl. den Lebenslauf von Artur Axmann 1913–1996 auf der Homepage des Deutschen Historischen Museums, unter: https://www.dhm.de/lemo/biografie/arthur-axmann [Zuletzt aufgerufen am 17.12.2020].
10 Axmann, Ende, S. 12.
11 Ebd., S. 15.
12 Vgl. Artur Axmann, Mit Hitler im Bunker, in: Stern, Nr. 17 vom 25.4.1965, sowie das Handbuch Der Großdeutsche Reichstag. IV. Wahlperiode. Beginn am 10. April 1938. Verlängert bis zum 30. Januar 1947, Neuherausgabe des Handbuchs von E[rnst] Kienast, Berlin 1943, S. 148. Ich danke der Bibliotheksleiterin des Zentrums für Militärgeschichte und Sozialwissenschaften der Bundeswehr in Potsdam, Dr. Gabriele Bosch, für die schnelle und unbürokratischen Hilfe.
13 Lebenslauf von Artur Axmann 1913–1996 auf der Homepage des Deutschen Historischen Museums.
14 Axmann, Ende, S. 16.
15 Ebd.

dem Abitur 1931 immatrikulierte er sich an der Berliner Friedrich-Wilhelm-Universität und studierte vier Semester Staats- und Rechtswissenschaften. Dem NS-Studentenbund trat er, soweit bekannt, nicht bei.[16] Aufgrund der Arbeitslosigkeit von Mutter und Brüdern musste er sein Studium unterbrechen. Er verdiente seinen Lebensunterhalt als Werkstudent.[17]

Mitbegründer der Berliner *Hitler-Jugend*

Am 14. September 1928 besuchte er eine Versammlung, auf der Joseph Goebbels (1897–1945) – seit 1926 Gauleiter der NSDAP von Groß-Berlin – sprach. Glaubt man Axmanns Nachkriegsdarstellung wurde dort sein Interesse für die Nationalsozialistische Deutsche Arbeiterpartei geweckt und als „als 15-jähriger Gymnasiast trat er anschließend in die *Hitler-Jugend* ein."[18] Später baute er die *Hitler-Jugend* im Wedding auf und wurde deren Führer. Baldur von Schirach schrieb 1967 über Axmann: „Mit fünfzehn hatte er mitten im damals roten Berliner Wedding die erste HJ-Schar gegründet."[19] In den Jahren 1929/30 trat er als Zellenleiter und Redner beim NS-Schülerbund auf, den er 1931 nach dem Abitur wieder verließ, bevor er im September 1931 in die NSDAP eintrat.[20]

Offensichtlich war auch er an den Auseinandersetzungen innerhalb der damals noch sehr kleinen NS-Organisation beteiligt. „Er war Repräsentant des sozialrevolutionären HJ-Führers."[21] So überlieferte es der ehemalige Fähnleinführer Werner Klose[22] (1923–1987) in einem „Dokumentarbericht" 1964. Tatsächlich war auf die vorgeblich „sozialistische" Orientierung des National*sozialismus* in der *Hitler-Jugend* „wesentlich länger Gewicht gelegt worden als in anderen Parteiglie-

---

16 Vgl. Lebenslauf von Artur Axmann 1913–1996 auf der Homepage des Deutschen Historischen Museums.
17 Vgl. Der Großdeutsche Reichstag, S. 148.
18 Lebenslauf von Artur Axmann 1913–1996 auf der Homepage des Deutschen Historischen Museums. Grundlegend zur Hitlerjugend vgl. Arno Klönne, Hitlerjugend. Die Jugend und ihre Organisation im Dritten Reich, Hannover/Frankfurt am Main 1955, sowie: Hans-Christian Brandenburg, Die Geschichte der HJ. Wege und Irrwege einer Generation, Köln 1982.
19 Baldur von Schirach, Ich glaubte an Hitler, Hamburg 1967, S. 265.
20 Vgl. Lebenslauf von Artur Axmann 1913–1996 auf der Homepage des Deutschen Historischen Museums.
21 Werner Klose, Generation im Gleichschritt. Ein Dokumentarbericht, Neuauflage 1982, S. 65 [Oldenburg u. a. 1964].
22 Vgl. Rolf Rietzler, Mensch, Adolf. Das Hitler-Bild der Deutschen seit 1945. Ansichten eines Zeitgenossen, München 2016, S. 187.

derungen und der Parteiorganisation selbst."[23] Die vor 1933 starke Betonung des quasi-sozialistischen Charakters der HJ – sie war ursprünglich ein „Bund deutscher Arbeiterjugend" – fand ihren Ausdruck auch in der Bedeutung, die der sozialpolitischen Arbeit beigemessen wurde. Axmann setzte sich als Kameradschaftsführer, dann Scharführer und später Gefolgschaftsführer[24] besonders für die Gewinnung von jugendlichen Arbeitern für die Partei ein. „In Massenversammlungen in Berlin und im Reich sprach er zu den Jungarbeitern."[25] 1932 ist er in die Reichsleitung der NSDAP berufen worden und er übernahm die Organisation der Jugendbetriebs- und Berufsschulzellen. Im Jahr darauf erfolgte seine Ernennung zum Abteilungsleiter des Sozialen Amtes in der Reichsjugendführung. „Er baut das staatliche Berufsbildungswerk auf und gründet den ‚Reichsberufswettkampf der deutschen Jugend', an dem jährlich über eine Million junge Arbeiter teilnehmen."[26]

Aufbau der *Hitler-Jugend*

Die Berliner *Hitler-Jugend* hatte vor 1933 nur marginale Bedeutung. „In Berlin, dessen Hitlerjugend unter Artur Axmanns Führung besonders straff organisiert war, gab es 1932 weniger als 1.000 zahlende Hitlerjungen."[27] Anfang Januar 1933 waren 4.000 Jungen in der Stadt erfasst, eine Zahl, die zudem nur „durch die Eingliederung des NS-Schülerbundes in die HJ erreicht worden war."[28]

Axmann war offensichtlich ein erfolgreicher und beliebter Jugendführer mit großen organisatorischen Talenten, was sich sehr früh in leitenden Positionen bei der Parteijugend niederschlug: Nachdem er bereits hauptamtlicher Gebietsführer der HJ von Berlin war, wurde er im November 1933 mit 21 Jahren zum Obergebietsführer ernannt. Anlässlich der Bekanntgabe seiner Ernennung wurde hervorgehoben, dass er in der „Kampfzeit" in „zahlreichen Saalschlachten" Seite an Seite mit seinen Parteigenossen gestanden hatte.[29]

---

23 Klönne, Hitlerjugend, S. 76 f.
24 Vgl. Das Junge Deutschland, Nr. 11/1933, S. 322.
25 Ebd., S. 323.
26 Vgl. Lebenslauf von Artur Axmann 1913–1996 auf der Homepage des Deutschen Historischen Museums.
27 Hansjoachim W. Koch, Hitlerjugend, München 1981, S. 52.
28 Wolfgang Paul, Das Feldlager. Jugend zwischen Langemarck und Stalingrad. Tatsachenbericht, Esslingen 1980, S. 214.
29 Das Junge Deutschland Nr. 11/1933, S. 322.

Die Berliner *Hitler-Jugend* bildete im Deutschen Reich deren Gebiet 3 unter dem Obergebietsführer Axmann. Wer in Degeners biografisches Nachschlagewerk „Wer ist's?" aus dem Jahre 1935 schaute, konnte in Berlin SO 36, Maybachufer 48–51, seine Dienststelle finden. Im gleichen Hause befanden sich auch die Zentrale der NS-Volkswohlfahrt (NSV)[30] und andere NS-Organisationen.[31]

Artur Axmann hatte nach 1933 großen Anteil daran, die neben der *Hitler-Jugend* anfänglich noch bestehenden Jugendorganisationen zu zerschlagen. Bei dieser Gelegenheit räumte er auch mit seinen ehemaligen sozialrevolutionären Mitkämpfern auf, die sich Ende 1932 als Schwarze Jungmannschaft von der *Hitler-Jugend* gelöst und der Schwarzen Front angeschlossen hatten.[32] Im Januar 1934 verhaftete der von der Bündischen Jugend zur *Hitler-Jugend* gewechselte Journalist und seit 1933 als Führer des Obergebiets Ost in Potsdam agierende Gotthart Ammerlahn (1907- nach 1952)[33] den Führer der abtrünnig gewordenen Schwarzen Jungmannschaft, Heinz Gruber (1911–2000).[34] In seinen Erinnerungen ist Axmann auf „Verstimmungen, Schwierigkeiten, Auseinandersetzungen und Opfer" – wie er es nennt – eingegangen: „Es kam auch zu Verhaftungen von bündischen Jugendführern. Sie erfolgten nicht, weil sie Führer einer anderen Jugendorganisation waren, sondern weil sie trotz des Aufrufs zur Versöhnung in den Untergrund gingen und aktiven Widerstand leisteten."[35]

---

30 Vgl. Herwart Vorländer, Die NSV. Darstellung und Dokumentation einer nationalsozialistischen Organisation, Schriften des Bundesarchivs, Band 35, Boppard 1988; Peter Hammerschmidt, Die Wohlfahrtsverbände im NS-Staat. Die NSV und die konfessionellen Verbände Caritas und Innere Mission im Gefüge der Wohlfahrtspflege des Nationalsozialismus, Opladen 1999.
31 Vgl. Degeners Wer ist's? Eine Sammlung von rund 18.000 Biographien mit Angaben über Herkunft, Familie, Lebenslauf, Veröffentlichungen und Werke, Lieblingsbeschäftigung, Mitgliedschaft bei Gesellschaften, Anschrift und andere Mitteilungen von allgemeinem Interesse; Auflösung von ca. 50.000 Pseudonymen. Begründet und hrsg. von Hermann A. L. Degener, 10. Ausgabe, vollkommen neu bearbeitet und bedeutend erweitert, Berlin 1935, S. 44.
32 Vgl. Brandenburg, Geschichte, S. 118. Die Schwarze Front entstand 1931 als eine Gruppierung „linker" Nationalsozialisten um die Brüder Otto und Gregor Straßer, die von der NSDAP enttäuscht waren. Vgl. Lebenslauf von Artur Axmann 1913–1996 auf der Homepage des Deutschen Historischen Museums; Hermann Weiß, Art. „Schwarze Front", in: Wolfgang Benz / Hermann Graml / ders. (Hg.), Enzyklopädie des Nationalsozialismus, München 1997, S. 721–722.
33 Im Institut für Zeitgeschichte in München wird der Text eines am 10.1.1952 aufgezeichneten Interviews mit Ammerlahn durch Freiherrn von Siegler aufbewahrt: Vgl. Archiv Institut für Zeitgeschichte, München, Sign. 244/52, unter: https://www.ifz-muenchen.de/archiv/zs/zs-0003.pdf [Zuletzt aufgerufen am 24.11.2020].
34 Vgl. Heigru [Heinz Gruber], Noch einmal: tusk und dj. 1.11, in: Puls Nr. 10/1983, S. 9.
35 Axmann, Ende, S. 87. Vgl. Kurt Schilde, Bündische Jugendgruppen und bündische Opposition in Berlin. ‚Schwarze Jungmannschaft' – ‚dj. 1.11.' – ‚Schwarze Schar', in: ders., Jugendopposition 1933–1945. Ausgewählte Beiträge, Berlin 2007, S. 104–135.

Während der „Kampfzeit" hatte Axmann im Jahre 1931 die Führung der 1929 gegründeten Berliner NS-Berufsschulorganisation inne. Er musste allerdings feststellen, „daß die bisherige Arbeit nur auf dem Papier bestanden hatte."[36] Daher ist ihm die Neuorganisation der NS-Jugendbetriebszellen anvertraut worden. „Im Mai 1932 wurde er als Sachbearbeiter für Berufs- und Fachschulfragen in die Reichsleitung der *Hitler-Jugend* berufen. Im Juni 1933 ernannte ihn der Reichsjugendführer zum Abteilungsleiter des Sozialen Amtes in der Reichsjugendführung."[37] Dort war er auch zuständig für den Reichsberufswettkampf der deutschen Jugend, Fragen des Jugendrechts, der Berufsschulung, später der Kinderlandverschickung und des Landdienstes.[38] „Schon vor 1933 war er der Motor der Sozialarbeit in der HJ gewesen", beurteilte ihn Baldur v. Schirach 1967.[39] „Der Reichsberufswettkampf und die Gesundheitsfürsorge waren seine Ideen."[40]

Das Soziale Amt der Reichsjugendführung der NSDAP war für die „soziale Arbeit" der *Hitler-Jugend* zuständig. „In Zusammenarbeit mit den Dienststellen von Partei und Staat versuchte die Dienststelle, alle Möglichkeiten zur Förderung der Jugendlichen zu erschließen und jugendgefährdende Elemente auszuschalten."[41] Insbesondere der Reichsberufswettkampf, auch als „Olympia der Arbeit" bezeichnet, gilt als Paradebeispiel für die soziale Arbeit der HJ. Mit den Honoraren für das 1938 über den Reichsberufswettkampf veröffentlichte Buch[42] – ergänzt durch weitere Publikationen – konnte Axmann mehrere Grundstücke in Berlin erwerben, die bis in die Nachkriegszeit sein Eigentum blieben.

Dem Leiter des Sozialen Amtes Axmann wird folgende Aussage bezüglich der Sozialarbeit der HJ zugeschrieben: „Es gibt nur einen eisernen Grundsatz, nach dem die Jugendbewegung Adolf Hitlers gewertet und gewichtet wird: Die Leistung für die Gemeinschaft."[43] Das Soziale Amt hatte für die Nazis einen hohen Stellenwert. Dies wird durch die Aussage von Baldur von Schirach deutlich: „Im Vorder-

---

36 Brandenburg, Geschichte, S. 117 f.
37 Das Junge Deutschland, Nr. 11/1933, S. 323.
38 Vgl. Werner Klose, Generation im Gleichschritt. Ein Dokumentarbericht, Neuauflage 1982, S. 239 [Oldenburg u. a. 1964].
39 v. Schirach, Hitler, S. 265.
40 Ebd.
41 Jutta Rüdiger (Hg.), Die Hitler-Jugend und ihr Selbstverständnis im Spiegel ihrer Aufgabengebiete. Studienausgabe, Lindhorst 1983, S. 214.
42 Vgl. Artur Axmann, Der Reichsberufswettkampf, Berlin 1938. Bereits 1937 war die Broschüre von Axmann, Olympia der Arbeit. Arbeiterjugend im Reichsberufswettkampf, Berlin 1936, erschienen.
43 Zitiert nach Rüdiger, Hitler-Jugend, S. 222.

grund der gesamten inneren Arbeit der *Hitler-Jugend* steht die Tätigkeit unseres Sozialen Amtes."[44]

Schütze Axmann wird Leutnant Axmann

Eine große Bedeutung für die Popularität Axmanns hatte sein Ruf als Soldat. Er war 1939 am Überfall auf Frankreich beteiligt und nahm bis zur „Rückberufung durch den Führer" am Krieg teil.[45] Vom Dienstgrad eines Schützen über den Oberschützen ist er zum Feldwebel befördert worden und erhielt wegen Tapferkeit vor dem Feind den Grad eines Leutnants.[46]

Nachdem er 1940 Nachfolger Baldur von Schirachs als Reichsjugendführer wurde, blieb er bis zum Überfall auf die Sowjetunion im Jahre 1941 in Berlin. Vom 15. Juni bis zum 4. Dezember 1941 war Axmann als Kriegsfreiwilliger an der Ostfront, wo er bei Kämpfen schwer verwundet wurde und seinen rechten Arm verlor. Als Zugführer erhielt er das Eiserne Kreuz II. Klasse und das silberne Verwundetenabzeichen. Der „Größte Feldherr aller Zeiten" Hitler kam zu der Einschätzung, „daß Axmann wegen seiner Kriegsbeschädigung noch über die frühere Wertschätzung, die er als der große Idealist bei den Jungen und Mädels gefunden habe, hinaus geradezu als Vorbild der soldatischen Manneshaltung bei der Hitlerjugend gelte."[47]

Axmann als Reichsjugendführer

Am 8. August 1940 löste Artur Axmann seinen sechs Jahre älteren Vorgänger Baldur von Schirach als Reichsjugendführer ab, der als Gauleiter nach Wien ging.[48] Zu diesem Zeitpunkt war er erst 27 Jahre alt. Dies kann als ein Beleg für den nationalsozialistischen Erziehungsgrundsatz „Jugend führt Jugend" gelten. Dessen weitgehende Verwirklichung hatte maßgeblich zur Attraktivität der *Hitler-Jugend* beigetragen. Als von Schirach Hitler seinen Nachfolger vorschlagen sollte, fiel diesem die Wahl nicht schwer: „Ich schlug sofort meinen Mitarbeiter Axmann vor, nicht

---

44 Baldur von Schirach, Revolution der Erziehung, München 1938, zitiert nach: Erich Blohm, Hitler-Jugend, soziale Tatgemeinschaft, 2. Aufl., Vlotho 1979, S. 72.
45 Der Großdeutsche Reichstag, S. 148.
46 Vgl. ebd.
47 Henry Picker, Hitlers Tischgespräche im Führerhauptquartier, Stuttgart 1976, S. 239.
48 Vgl. Klose, Generation, S. 65.

etwa einen Mann der körperlichen Ertüchtigung, der Wehrausbildung, sondern eben den Mann der sozialen Arbeit in der Jugend, weil es mir auf diese besonders ankam. Er akzeptierte diesen Vorschlag [...]".[49] Axmann „erwies sich als ein zuverlässiger und tüchtiger Organisator, der zumindest in den ersten Kriegsjahren den Respekt seiner Mitarbeiter und Untergebenen genoß."[50]

Parallel zu seiner Position als Führer der Parteijugend fungierte er wie sein Vorgänger auch als „Jugendführer des Großdeutschen Reichs". Seine Dienststelle befand sich in Berlin-Charlottenburg, Kaiserdamm 45–46.[51] Er war Hitler direkt unterstellt. Als dies Ende 1944 geändert werden sollte, bot er seinen Rücktritt an, was aber nicht angenommen wurde.[52]

HJ-Streifendienst

Als Reichsjugendführer forcierte Axmann noch die ohnehin schon militärisch organisierte Entwicklung der *Hitler-Jugend*. Eine besondere Bedeutung hatte der HJ-Streifendienst, der während des Krieges einen eigenständigen Kampf gegen oppositionelle Jugendliche führte. Diese Auseinandersetzungen hätten eigentlich weitgehend den Charakter großstädtischer Auseinandersetzungen zwischen Jugendgruppen um bestimmte Reviere, Straßen und Plätze gehabt, wie es sie sowohl früher gab als auch noch heute gibt. Aber durch die Übergabe der vom Streifendienst gefangenen Jugendlichen an die Polizei, *Geheime Staatspolizei* und Justiz erhielten die Konflikte eine völlig andere Dimension. Es ging nicht mehr um die ‚Verteidigung' des Territoriums von regionalen Jugendgruppen: Die *Hitler-Jugend* agierte mit staatlicher Unterstützung und verließ damit das Areal jugendinterner Auseinandersetzungen. Der Streifendienst entwickelte sich „zu einer polizeiähnlichen Instanz für alle Jugendlichen innerhalb und außerhalb der HJ."[53] Er trat „immer wieder als Einpeitscher radauantisemitischer Maßnahmen"[54] auf. Bei den Pogromen im November 1938 steckten HJ-Angehörige und Streifendienstmitglieder

---

49 Internationaler Militärgerichtshof: Der Prozeß gegen die Hauptkriegsverbrecher vor dem Internationalen Militärgerichtshof. Nürnberg, 14. November 1945–1. Oktober 1946. Bd. XVIII. Verhandlungsniederschriften 9. Juli 1946–18. Juli 1946, Nürnberg 1948, S. 451.
50 Koch, Geschichte, S. 342.
51 Der Großdeutsche Reichstag, S. 148.
52 Vgl. Axmann, Hitler.
53 Armin Nolzen, Der Streifendienst der Hitlerjugend und die „Überwachung der Jugend", 1934–1945, in: Christian Gerlach (Hg.), Beiträge zur Geschichte des Nationalsozialismus, Bd. 16, Berlin 2000, S. 13–51, hier S. 20.
54 Ebd., S. 23.

sogar „eigenhändig Synagogen in Brand, mißhandelten Juden auf offener Straße und bereicherten sich an jüdischem Eigentum, indem sie sogenannte ‚Sühnegelder' eintrieben."[55] Nach Armin Nolzen war der Streifendienst „gleich im doppelten Sinn eine Organisation von Tätern: Zum einen als Zulieferungsinstanz für Gestapo und Kripo, zum anderen als eigenständiger Exekutivapparat innerhalb und außerhalb der HJ."[56]

Erweiterte Kinderlandverschickung

Die ursprünglich gesundheitlich begründeten Ferienreisen von Großstadtkindern, ihnen durch Landaufenthalte bei guter Luft und Beköstigung Erholung zu verschaffen, haben eine lange Tradition, die bis heute besteht. In der NS-Zeit führte zunächst die NSV in den Sommermonaten „Allgemeine Kinderlandverschickungen" für ausgewählte erholungsbedürftige Kinder durch. Als nach Beginn des Zweiten Weltkrieges größere Teile des Reichsgebiets Angriffen gegnerischer Bombenflugzeuge ausgesetzt waren, setzte im Oktober 1940 die „Erweiterte Kinderlandverschickung" ein. Sie gehörte zum Verantwortungsbereich Axmanns. Der Terminus „Erweiterte Kinderlandverschickung" sollte verdeutlichen, dass es sich bei den massenhaften Evakuierungen aus den seit 1943 verschärft von Bomben bedrohten Städten lediglich um eine Ausweitung bereits vorher bestehender Erholungsmaßnahmen handeln würde. Die eigentliche Notlage wurde in eine ideologische Tugend umgewandelt: Die Kinder und Jugendlichen waren vor den Kriegsauswirkungen geschützt und der politischen Beeinflussung ausgeliefert.

Insgesamt sind etwa fünf Millionen Kinder und Jugendliche im Laufe des Zweiten Weltkrieges evakuiert gewesen. Sie lebten teilweise jahrelang in Schullandheimen, Jugendherbergen, Zeltlagern, Pensionen, Hotels, Klöstern usw. Nachdem Anfang 1944 der größte Umfang der Aktion erreicht war, begannen Mitte des gleichen Jahres die Rückführungen, die sich bis in die ersten Nachkriegsmonate hinzogen.[57]

---

55 Ebd.
56 Vgl. ebd., S. 34.
57 Vgl. Kurt Schilde, Art. „Kinderlandverschickung", in: Benz/Graml/Weiß (Hg.), Enzyklopädie, S. 544. Zum Ende der Kinderlandverschickung vgl. Kurt Schilde, „Mit Sturmgepäck in Höhlen verkrochen." Die Flucht nach Hause – Das Ende der Kinderlandverschickung, in: Sozial Extra, Nr. 4/1985, S. 20–23; ders., Nach der Evakuierung kam die Flucht. Das Ende der Kinderlandverschickung – Erfahrungen einer Jugend im Krieg, in: Der Tagesspiegel, Nr. 12 043 vom 5. Mai 1985, S. 50.

Organisation der Heimatfront-Aktivitäten der *Hitler-Jugend*

Während des Zweiten Weltkrieges organisierte der Reichsjugendführer die Heimatfront-Aktivitäten der NS-Jugendorganisationen, die angesichts des „totalen Krieges" zu „Wehrersatz-Organisationen"[58] umfunktioniert waren. Jungen ab 15 Jahren wurden als Flakhelfer eingezogen und gleichaltrige Mädchen als Wehrmachtshelferinnen verpflichtet. Der Einsatz der Berliner Hitlerjungen und BDM-Mädchen trug wesentlich dazu bei, das Leben in den von Bombardierungen bedrohten Städten aufrechtzuerhalten.

Waffen-SS-Division „Hitler-Jugend"

Als im Kriegsverlauf die Verluste der Wehrmacht und der Waffen-SS immer mehr zunahmen, sind auch Angehörige der *Hitler-Jugend* für die Waffen-SS rekrutiert worden. Am 24. Juni 1943 wurde offiziell mit der Aufstellung der 12. SS-Panzerdivision „Hitler-Jugend" begonnen. Die Truppe wurde befehligt durch „50 Wehrmachtsoffiziere, die früher einmal Hitler-Jugend-Führer gewesen waren"[59] und die aus anderen Einheiten abkommandiert wurden. Die frisch aufgestellte Division war nur schlecht ausgerüstet sowie lediglich kurzfristig ausgebildet und erlitt daher im Einsatz sehr hohe Verluste. Am 8. Mai 1945 musste sich die SS-Panzerdivision „Hitler-Jugend" den US-Streitkräften ergeben.[60]

---

58 Picker, Tischgespräche, S. 365.
59 Ebd.
60 Vgl. Hubert Meyer, Kriegsgeschichte der SS-Panzerdivision „Hitler-Jugend", Osnabrück 1982. Es handelt sich um eine Publikation aus dem Umfeld der „Hilfsgemeinschaft auf Gegenseitigkeit" (HIAG), der Veteranenvereinigung der Waffen-SS. Hierzu vgl. Karsten Wilke, Die „Hilfsgemeinschaft auf Gegenseitigkeit" (HIAG) 1950–1990, Paderborn u. a. 2011. Vgl. meine Besprechung in: literaturkritik.de, unter: http://www.literaturkritik.de/public/rezension.php?rez_id=17002 [Zuletzt aufgerufen am 2.11.2012] sowie als Printversion: literaturkritik.de 14 (2012), Nr. 9 (September), S. 269–271.

Mitglied im Großdeutschen Reichstag

Im Oktober 1941 wurde Axmann für den „auf dem Felde der Ehre gefallenen"[61] seit 1930 dem Deutschen Reichstag angehörigen Abgeordneten Georg Usadel (1900–1941) zum Mitglied des Scheinparlaments Großdeutscher Reichstag ernannt. Da der Reichstag seit 1932 keine demokratische Funktion mehr hatte, sind die 876 Mitglieder der „Liste des Führers" im Großdeutschen Reichstag nicht als Volksvertreter zu bezeichnen. Der für den Wahlkreis Ostpreußen benannte Axmann wohnte in Berlin, wo sich auch die Dienstadresse befand. Seine private Wohnung war erst im Wedding (N 65, Ostender Straße 2) im gleichen Hause, wie seine Mutter Emma Axmann. Später wohnte er auf eigenem Grund in Berlin-Kladow in der Imchenallee 80, in einem sehr geräumigen Haus direkt an der Havel. Die dort befindlichen Grundstücke und die darauf stehende Villa gehörten ihm noch bis 1970/71,[62] als er selbst in Gelsenkirchen wohnte.

Fröhliche Feste im Krieg

In der Nähe seines Kladower Hauses befindet sich in Gatow die heutige Bildungsstätte der Berliner Sportjugend im Breitehornweg 54. Das Gebäude war in den Jahren 1937/38 aufwendig als Auslandshaus der *Hitler-Jugend* errichtet worden. Im Zweiten Weltkrieg wurde es zum Gästehaus der Reichsjugendführung umfunktioniert. Dazu heißt es in einer Reflexion:

> Einige Hitlerjungen durften im März 1945 am süßen Leben in Hohengatow selbst teilnehmen: Gerade von Hitler mit dem Eisernen Kreuz ausgezeichnet [...] waren sie eine Woche lang Gast des Reichsjugendführers in Hohengatow und wurden in Saus und Braus verpflegt, worüber sie heute noch begeistert berichten. Unglaublich erscheint es uns heute, daß diesen „jungen Helden" per Omnibus noch die Schönheiten Berlins und die Schlösser von Potsdam gezeigt wurden. Stadtrundfahrten „Fünf Minuten vor zwölf" – einfach unvorstellbar.[63]

Mit Disziplin und Moral nahm es die Reichsjugendführung offenbar nur nach außen sehr ernst, wie eine Untersuchung zum sittlichen Leben im Nationalsozialismus nahelegt:

---

61 Der Großdeutsche Reichstag, S. 148.
62 Vgl. Rainer Nitsch, „Axmann, das müssen Sie doch wissen", in: Treffpunkte des Kladower Forum e. V., Herbst 2013, S. 35–41, hier S. 41. Ich danke dem Autor für die Zusendung des Textes.
63 Manfred Nippe, Sport und Politik – Gedanken zum 8. Mai 1945. Junge Menschen können mit der „Spurensuche" im Verein beginnen – NS-Zeit im Sport kaum erforscht – Demokratie muß „erlernt" und „erlebt" werden, in: Sport in Berlin, Nr. 5/1985, S. 21.

> Die fröhlichen Feste, die Schirachs Nachfolger, Artur Axmann, noch 1944 im Gatower Gästehaus der RJF [Reichsjugendführung, d. V.] veranstaltete, waren nicht nur wegen ihrer lukullischen Genüsse und alkoholischen Exzesse wegen berühmt. Die geschmäcklerischen HJ-Führer ergänzten die Gesellschaft festesfroher BDM-Maiden zur besseren Unterhaltung durch zweifellos attraktivere Starlets vom Film.[64]

Dieses Bild passt zwar nicht zu dem bekannten Image der Reichsjugendführung und nicht zu dem Bild, welches über Artur Axmann verbreitet wurde. Jedoch bestätigt die Referentin der Pressestelle des *Bundes Deutscher Mädel* Melita Maschmann (1918–2010) in ihren Erinnerungen diesen Eindruck. Nach einer gemeinsamen Reise wurde sie von Axmanns persönlichem Assistenten zu einem geselligen Abend in das Gästehaus eingeladen. Hierzu schreibt Maschmann:

> Das Gästehaus lag in einem Garten am See und war mit hervorragendem Geschmack gebaut und eingerichtet. Alles dort atmete einen Frieden und bewies den Überfluß, der in schreiendem Widerspruch zu unserem Kriegsalltag stand. Für unsere gewohnten Verhältnisse wurde geradezu schlemmerhaft gegessen und getrunken. Der Ober bewegte sich wie in einem Luxushotel, und als es sich herumflüsterte, daß Bomberverbände Berlin anflogen, ließ kein Mensch sich erkennbar in seinem Genuß stören.
> Die versammelten HJ-Führer und BDM-Führerinnen waren nach meinem Geschmack eine geradezu klassische Gegenauslese. Axmann schien sich in seinem Privatleben vorzugsweise mit denjenigen seiner Kameraden und Kameradinnen abzugeben, die ich für Blender und geltungsbedürftige Egoisten hielt. [...] Gelegentlich tauchte Axmann neben mir auf, schlug mir seine Kunsthand [...] ins Kreuz und fragte mich jovial, ob es mir denn gefalle. Als ich antwortete: „Nicht im geringsten, Reichsjugendführer", lachte er und trollte sich.[65]

Nicht weit entfernt vom Gästehaus der Reichsjugendführung in Hohengatow befand sich das erwähnte Wohnhaus von Artur Axmann. Er hatte 1939 das Grundstück Imchenallee 80 in Berlin-Kladow gekauft und wohnte dort in einer Villa mit seiner langjährigen Freundin Ilse Bachstein.[66] Sie heirateten im Juli 1940, 1943 wurde der Sohn Wolfgang geboren. Dieser ist sieben Jahrzehnte später 2013 für einen lokalhistorischen Beitrag von Rainer Nitsch befragt worden. Vater Axmann hielt sich nach den Erinnerungen des Sohnes oft im Gästehaus der Reichsjugendführung auf, was zu Gerüchten führte: „Es wird gesagt, dass in Hohengatow auch seine Schäferstündchen mit seiner Geliebten stattfanden, mit der er seit etwa 1942 intime Beziehungen unterhielt".[67] Wolfgang Axmann lernte „seinen Vater erst

---

64 Hans Peter Bleuel, Das saubere Reich. Theorie und Praxis des sittlichen Lebens im Dritten Reich, Bern u. a. 1972, S. 154.
65 Melita Maschmann, Fazit. Mein Weg in der Hitler-Jugend, München 1980, S. 160.
66 Vgl. Nitsch, Axmann, S. 35.
67 Ebd., S. 36.

kennen, als er 14 Jahre alt war."[68] Der Axmann-Sohn wuchs in der Obhut seiner Mutter und deren Eltern, Marie und Georg Bachstein auf. „Die Erziehung war geprägt durch den sozialdemokratischen Geist des Großvaters."[69] Nachdem sich Artur und Ilse Axmann „in den letzten Kriegsjahren auseinandergelebt"[70] hatten, ging er eine neue Beziehung zu Erna Vieckariesmann ein. Er hatte die Geigerin in seinem ersten Jahr als Reichsjugendführer als 16jährige bei der Einweihung eines Jugendheims in Gelsenkirchen-Horst kennengelernt. Er setzte sich für ihre Aufnahme in das Begabtenförderungswerk des Deutschen Volkes ein.[71] Nach seinen Erinnerungen traf Axmann die junge Geigerin zwei Jahre später bei den Europäischen Jugendfestspielen in Weimar wieder. Sie hatte sich „in die Spitze der europäischen Nachwuchssolisten hineingespielt. [...] In dieser Zeit war es, daß in mir die Liebe zu diesem Mädchen entbrannte. Sie kam wie eine Naturgewalt, der man nicht widerstehen konnte."[72]

Axmann ließ sich von seiner Frau Ilse scheiden und heiratete Erna Vieckariesmann. Das Paar wohnte bei den Schwiegereltern in Gelsenkirchen-Horst.[73] Die zweite Ehefrau „schenkte mir einen Sohn und zwei Töchter", wie Axmann es später formulierte.[74] Im Jahre 1948, nach der Scheidung von Wolfgang Axmanns Mutter ging er mit ihr eine Ehe ein.

Das Grundstück in der Imchenallee stand von 1945 bis in die 1960er Jahre „unter Verwaltung"[75] und ist dann wieder in sein Eigentum übergegangen. Der Sohn Wolfgang Axmann, seine Ex-Frau und deren Eltern lebten bis 1962 in dem Haus, in das zwischenzeitlich noch weitere Mietparteien einquartiert waren.

Im Privatleben scheint sich Artur Axmann nicht immer besonders kinder- und familienfreundlich verhalten zu haben. Er hat für seinen Sohn kein Kindergeld gezahlt. „Erst mit der Konfirmation von Wolfgang im Jahre 1958, die im Schloss Brüningslinden gefeiert und vom Vater ausgerichtet wurde, erfolgten Zuwendungen an Geburts- und Weihnachtstagen."[76]

Die Geschichte seines berühmten Nazi-Vaters verfolgte Wolfgang Axmann auch während des Schulbesuchs im Hans-Carossa-Gymnasium in Berlin-Spandau.

---

68 Ebd.
69 Ebd.
70 Torsten Schaar, Artur Axmann – Vom Hitlerjungen zum Reichsjugendführer der NSDAP – Eine nationalsozialistische Karriere (Rostocker Beiträge zur Deutschen und Europäischen Geschichte, Bd. 3/Teil 2), Rostock 1998, S. 462.
71 Vgl. Axmann, Ende, vgl. meine Besprechung in der ZfG 46 (1998), H. 3, S. 272 f.
72 Axmann, Ende, S. 295.
73 Vgl. Schaar, Axmann, Teil 2, S. 462.
74 Axmann, Ende, S. 295 f.
75 Nitsch, Axmann, S. 39.
76 Ebd.

Hier pflegte der Geschichtslehrer bei der Behandlung der NS-Zeit seinen Schüler zu fragen: „Axmann, das müssen Sie doch wissen!"[77] So überlieferte es sein erster Sohn Wolfgang. Nach dessen weitergegebenen Erinnerungen sind „1970/71 [...] die Grundstücke und die Villa verkauft"[78] worden. Rückblickend meinte der Sohn: „Wie das Kapital später zerrann, bleibt ein Artur Axmannsches Geheimnis, wie so Vieles im Dunst der ‚Familiensaga'!"[79] Heute gehört der frühere Wohnsitz des Reichsjugendführers zum Heilpädagogischen Centrum Kladow. Als sein Sohn Wolfgang das Haus, in dem er seine Kindheit und Jugend verbracht hatte, besuchte, sagte er: „Welch ein Gefühl zu wissen, dass heute auf diesem Boden Menschen betreut werden, die zur Nazi-Zeit ihre Menschenwürde verloren hatten!"[80]

Erinnerungen an die „Kampfzeit"

Mehr als jeder andere HJ-Führer personifizierte Axmann das sozialrevolutionäre Ethos der sogenannten Kampfzeit. Daran hat er bis 1945 in seinen Reden immer wieder erinnert. So sprach er oft die Ermordung des Hitlerjungen Herbert Norkus am 24. Januar 1932 an, die ihn persönlich betraf: An diesem Tag hatten Angehörige der Moabiter HJ Werbezettel für einen Sprechabend verteilt. Der Flugzettel mit der Parole „Wir greifen an!" informierte über einen „Öffentlichen Sprechabend der Hitler-Jugend", bei dem auch Artur Axmann zu dem Thema „Was wir wollen" reden sollte. Die Verteiler wurden von kommunistischen Jugendlichen überfallen und Herbert Norkus ermordet. Diese Ereignisse sind durch einen Roman von Karl Aloys Schenzinger (1886–1962) und vor allem den UfA-Propagandafilm „Hitlerjunge Quex" popularisiert worden. Auch Axmann hat wiederholt dazu beigetragen. So sagte er noch 1944 bei einer Fahnenweihe vor 5.000 Jungen und Mädchen aus Schleswig-Holstein:

> So wie damals der kleine Arbeiterjunge Herbert Norkus aus dem Gefühl und der inneren Überzeugung hinter der Fahne marschierte und für sie in den Tod ging, so hat Deutschlands Jugend auf den Schlachtfeldern dieses Krieges durch die Tat bewiesen, daß das Bekenntnis ihres Liedes „denn die Fahne ist mehr als der Tod" keine Phrase ist.[81]

---

77 Ebd.
78 Ebd., S. 41.
79 Ebd.
80 Ebd.
81 Kieler Zeitung v. 30.5.1944, zitiert nach Martin Klaus, Mädchenerziehung zur Zeit der faschistischen Herrschaft in Deutschland. Der Bund Deutscher Mädel, Bd. 1, Frankfurt am Main 1983, S. 252. Vgl. zu Herbert Norkus: Kurt Schilde, Hitlerjunge Herbert Norkus und „Hitlerjunge Quex". Der Tod eines Jugendlichen 1932 in Berlin – Vorlage für einen Roman und Film, in: Johannes

Endkampf in Berlin

Im letzten Kriegsjahr 1945 mussten auch Berliner Hitler-Jungen an die immer näher rückende Front. „Im Zeichen des totalen Kriegseinsatzes griff das Regime auch auf Sechzehn- und Siebzehnjährige als Soldaten zurück. Anfang Februar wurden 265.000 Jungen des Jahrgangs 1928 zur Wehrmacht einberufen."[82] Sowohl als reguläre Soldaten wie auch im Volkssturm wurden sie bei der Verteidigung der Reichshauptstadt eingesetzt. „Sie kamen vorwiegend aus Wehrertüchtigungslagern, trugen Wehrmachtsuniformen und waren mit Gewehren, Panzerfäusten und Handgranaten bewaffnet."[83] In der Regel wurden die Jugendlichen als geschlossene Verbände eingesetzt, damit sie sich nicht von der teilweise nicht mehr vorhandenen Kampfmoral der regulären Truppen und des Volkssturms anstecken ließen. „Im März 1945 standen alleine im zertrümmerten Berlin 5.000 siebzehnjährige Hitlerjungen ganz offiziell unter Waffen, von der Masse noch jüngerer, zugelaufener und stillschweigend geduldeter und miteingesetzter Jungen ganz zu schweigen."[84]

Panzernahkampf-Brigade der *Hitler-Jugend*

Die Berliner HJ-Mitglieder mussten das untergehende „Dritte Reich" buchstäblich bis zur letzten Minute verteidigen. Für den Reichsjugendführer gab es nur „Sieg oder Untergang": „Aus der Hitler-Jugend ist eine Bewegung junger Panzerknacker hervorgegangen."[85] Diese Jugendlichen waren für den unmittelbaren Kriegseinsatz vorbestimmt gewesen. „So wurden Freiwillige aufgerufen. Und sie kamen. Es waren 16- bis 17-jährige aus Nieder- und Oberschlesien, aus Pommern, Ostpreußen und Sachsen."[86] Nach einer kurzen Ausbildung wurden 700 Hitler-Jungen zu

---

Schädler / Katharina Grebe (Hg.), „Sorge und Gerechtigkeit – Werkleute im sozialen Feld ..." Festschrift zum 60. Geburtstag von Prof. Dr. Norbert Schwarte, Frankfurt am Main 2004, S. 307–327; Karl Aloys Schenzinger, Der Hitlerjunge Quex. Roman. Berlin 1932. Zum genannten Lied vgl. Kurt Schilde, „Unsre Fahne flattert uns voran!" Die Karriere des Liedes aus dem Film „Hitlerjunge Quex", in: Barbara Stambolis / Jürgen Reulecke (Hg.), Good-bye Memories? Lieder im Generationengedächtnis des 20. Jahrhunderts, Essen 2007, S. 185–197.

82 Klaus Mammach, Der Volkssturm. Bestandteil des totalen Kriegseinsatzes der deutschen Bevölkerung 1944/45, Berlin/DDR 1981, S. 78.
83 Arno Rose, Werwolf. 1944–1945. Eine Dokumentation, Stuttgart 1980, S. 114.
84 Ebd.
85 Zitiert nach Koch, Geschichte, S. 371.
86 Axmann, Hitler.

einer Panzernahkampfbrigade zusammengestellt, die versuchen sollte, die Übermacht der nach Berlin rollenden sowjetischen Panzer aufzuhalten. Dieser Nahkampf-Verband „rekrutierte sich überwiegend aus Schülern der Lehrerbildungsanstalten, Adolf-Hitler-Schulen, Nationalpolitischen Erziehungsanstalten und HJ-Führerschulen sowie Wehrertüchtigungslagern."[87] Diese Artur Axmann nominell unterstehende Brigade[88] wurde am 1. April 1945 in Richtung Gotha in Marsch gesetzt. „Weitere 2.000 Jugendliche der Brigade kamen im Rahmen der 9. Armee im Raum Beeskow-Storkow-Strausberg zum Einsatz, die restlichen 1.500 am Berliner Stadtrand."[89] Sogar Einheiten des Deutschen Jungvolks wurden in die vordersten Linien geworfen, wie in Oranienburg.[90]

Im Gegensatz zu diesen lebensgefährlichen Aktionen der Hitler-Jungen hatten sich einige „Würdenträger" der NSDAP bereits abgesetzt. Deswegen wandte sich Axmann an seinen Chef: „Mein Führer! Die Jugend protestiert dagegen, daß viele Hoheitsträger der Partei sie bis zum letzten Kampf im Volkssturm aufrufen, sich selbst aber nicht an die Spitze des Kampfes stellen."[91] Nach dieser Kritik musste sich Axmann täglich zum Bericht melden. Dazu äußerte er sich im Jahre 1965 in der Zeitschrift *Stern*:

> So kam ich in dieser allerletzten Phase des Krieges, als der Auszug von Dienststellen und Mitarbeitern aus Berlin begann, in die engste Umgebung Adolf Hitlers. Ich wäre aber auch ohne Eid und Befehl geblieben, da diese Stadt seit meinem dritten Lebensjahr meine Freuden und Sorgen, Hochgefühle und Enttäuschungen umschloß; mit jeder Straßenecke waren Erinnerungen verknüpft.[92]

Am 21. April 1945 schlugen im Stadtzentrum sowjetische Granaten ein. Am folgenden Tag wurde in Lichtenberg und Niederschönhausen gekämpft. „Soldaten, Volkssturm und Hitlerjugend standen in erbitterter Abwehr."[93]

Einsatz der jüngsten Hitler-Jungen

Nach dem Tod des bisherigen Führers der Panzervernichtungsbrigade der *Hitler-Jugend* Helmut Möckel (1909–1945) übernahm Axmann persönlich das Komman-

---

87 Franz Kurowski, Die Schlacht um Deutschland. Tatsachenbericht, München 1981, S. 363.
88 Vgl. ebd.
89 Mammach, Volkssturm, S. 119.
90 Vgl. ebd.
91 Axmann, Hitler.
92 Ebd.
93 Ebd.

do. In seinen Erinnerungen stritt er das ab: „Das war nur nominell der Fall. De facto wurde die Brigade von Oberbannführer Otto Kern geführt, der bereits Helmut Möckel vertreten hatte."[94] Am 22. April 1945 wurde im *Panzerbär*, dem „Kampfblatt für die Verteidiger Groß-Berlins" bekanntgegeben, dass am Vorabend des Geburtstages von Adolf Hitler der jüngste Jahrgang in die *Hitler-Jugend* aufgenommen wurde. Der Reichsjugendführer wird in der Propagandaschrift *Panzerbär* wie folgt zitiert:

> Die Jugend in den feindbesetzten Gebieten ist zur Seele des Widerstandes geworden. Unsere Jungen und Mädel werden nie kapitulieren [...] Unsere jungen Panzerbrecher in den Panzervernichtungseinheiten und Jagdkommandos treten entschlossen den feindlichen Panzermassen entgegen, wie unsere Kriegsfreiwilligen in den Hitler-Jugend-Bataillonen und -Regimentern dem Feind schwere Verluste abfordern.[95]

Als fast keine Soldaten mehr zur Verfügung standen, um den letzten freien Zugang nach Berlin zu verteidigen, wurde der Reichsjugendführer gefragt, ob eine HJ-Einheit eingesetzt werden könne. Er antwortete: „Im Reichssportfeld liegt noch ein HJ-Bataillon."[96] Die nur kurz ausgebildete Panzernahkampfeinheit sollte die Brücken über die Havel verteidigen. Wenig später, „am 23. April 1945 stellte der Reichsjugendführer Axmann 600 15- und 16-jährige Hitlerjungen bereit, die auf Befehl Hitlers die Pichelsdorfer Havelbrücken verteidigen sollten."[97] Diese Brücken sollten unbedingt freigehalten werden, damit die „Geisterarmee" (12. Armee) von Walther Wenck (1900–1982) nach Berlin hätte vorstoßen können. „Der direkte Zugang war durch die Russen [...] bereits versperrt."[98]

Im Jahre 1978 schrieb der ehemalige Obersturmführer der Waffen-SS und NS-Propagandist Herbert Taege[99] (1922–1998) unter der Kapitelüberschrift „Hingabe: Der Kampf an der Heerstraße" über diese Ereignisse:

> Hier an der Heerstraße und an den Brücken erfüllt die deutsche Jugend ihren letzten Auftrag, ist ihr Kampf die letzte Hoffnung des Mannes, dessen Namen sie trägt, und der jetzt in der Not nicht mehr götterfern ist, sondern nun wieder menschlicher und damit näherstehend erscheint. Es war zugleich die letzte Lebensäußerung dieser Jugend, die kein politi-

---

94 Axmann, Ende, S. 410.
95 Der Panzerbär v. 22.4.1945.
96 Axmann, Hitler.
97 Brandenburg, Geschichte, S. 233; siehe auch Maschmann, Fazit, S. 169.
98 Axmann, Hitler.
99 Vgl. das im Archiv des US Holocaust Memorial Museum aufbewahrte Interview von John M. Steiner mit Herbert Taege, Obersturmführer, Waffen-SS, am 23.8.1990, in: John M. Steiner collection. Interviews with former members of the SS, other Nazi officials, and witnesses to Nazi Germany, unter: https://collections.ushmm.org/oh_findingaids/RG-50.593.0014_sum_en.pdf [Zuletzt aufgerufen am 22.11.2020].

sches System mehr, sondern nur noch ihr Land und die Idee deutscher Brüderlichkeit, die sie in ihrem Namensgeber verkörpert sieht, zu verteidigen meint.[100]

In einem 1947 erschienenen Buch über die letzten Tage der Reichskanzlei aus der Sicht eines Generalstabsoffiziers wird zur Rolle Axmanns bei diesem Einsatz von Jugendlichen festgehalten:

> Da der russische Angriff in Spandau die Verteidigung Berlins im Westen am unmittelbarsten bedrohte, erhielt Reichsjugendführer Axmann den Befehl, die Hitler-Jugend an dieser Stelle in Übereinstimmung mit dem zuständigen militärischen Befehlshaber einzusetzen. Die Spandauer Havelbrücken bei Pichelsberg sollten unter allen Umständen gehalten werden. Dies wurde als die Hauptaufgabe der Hitler-Jugend bezeichnet. Axmann hatte während des Kampfes um Berlin das Gebäude der Reichsjugendführung am Adolf-Hitler-Platz verlassen und seinen Befehlsstand nahe der Reichskanzlei in die Wilhelmstraße in die Nähe des Führerbunkers verlegt. Er erschien täglich zur Berichterstattung oder Lageorientierung in der Reichskanzlei. Als seine Jungen in den darauffolgenden Tagen ins Feuer geschickt wurden, blieb er bei ihnen und versteckte sich nicht im Bunker der Reichskanzlei.[101]

Die Kampfgruppe der *Hitler-Jugend* unter dem Befehl des HJ-Obergebietsführers Ernst Schlünder (1898–1973) hielt die Stellung bis zum 1. Mai unter großen Verlusten:

> Als vor etwa fünf Tagen die Kämpfe hier begannen, waren es rund 5.000 Jungen der Hitler-Jugend und einige Soldaten, die den verzweifelten Kampf gegen die erdrückende Übermacht aufnahmen. Die nur mit Gewehren und Panzerfäusten notdürftig ausgerüsteten Jungen hatten durch die Wirkung des verheerenden Artilleriefeuers furchtbare Verluste erlitten. Von den 5.000 Jungen waren nur noch etwa 500 kampffähig. Keine Reserven, keine Ablösungen trafen ein, um den übermüdeten Jungen auch nur kurze Zeit Schlaf zu gönnen.[102]

Die Pichelsberger Brücken wurden bis zum 1. Mai von der HJ-Einheit gehalten, obwohl dem Reichsjugendführer bereits am 28. April klar war, „daß der Vorstoß der 12. Armee zur Befreiung der Reichshauptstadt nicht mehr erfolgreich sein konnte."[103] Trotz dieser hoffnungslosen Lage wurden die Hitler-Jungen an dieser Stelle verheizt. Erst in der Nacht zum 2. Mai konnten die Überlebenden über die Havelchaussee nach Ruhleben flüchten.[104]

Angehörige der *Hitler-Jugend* sind auch in anderen Gegenden Berlins gegen die Rote Armee eingesetzt gewesen. Als sich in Neukölln französische Freiwillige

---

100 Herbert Taege, ... über die Zeiten fort. Das Gesicht einer Jugend im Aufgang und Untergang. Wertung – Deutung – Erscheinung, Lindhorst 1978, S. 119.
101 Gerhard Boldt, Die letzten Tage der Reichskanzlei, Hamburg/Stuttgart 1947, S. 67 f.
102 Ernst Schlünder, zitiert nach: Boldt, Tage, S. 86 f.
103 Artur Axmann, Das Ende im Führerbunker, in: Stern Nr. 18 vom 2.5.1965.
104 Vgl. Axmann, Hitler.

der SS-Panzergrenadier-Division „Charlemagne" ins Rathaus zurückziehen mussten, kamen ihnen 300 Hitler-Jungen zu Hilfe.[105] Aber auch sie konnten natürlich nicht mehr die völlig überlegenen sowjetischen Soldaten aufhalten. Nur in Lichterfelde, Steglitz und Lankwitz gelang es HJ-Einheiten kurzfristig, die Panzer der Roten Armee mit Panzerfäusten aufzuhalten. Nachdem sie überwältigt wurden, marschierten die Sowjets weiter in Richtung Stadtzentrum.

Die letzten Stunden im Regierungsviertel

Obwohl die militärische Situation völlig aussichtslos war und die Rote Armee immer größere Teile Berlins unter ihre Kontrolle bekam, ist das Regierungsviertel bis zur letzten Minute verteidigt worden. Die dort agierende rasch zusammengestellte letzte Kampfgruppe „bestand aus kleinen Einheiten des Heeres, der Marine, der Luftwaffe, der Waffen-SS, des Volkssturms und der Jugend. Mit etwa 2.000 Mann sollte der Führerbunker bis zum Letzten verteidigt werden."[106] Die hier kämpfenden Hitler-Jungen sind durch Axmann von Hitler persönlich anerkannt worden: „Am 28. April stellte ich Hitler noch einen unserer Jungen vor, der tapfer gekämpft hatte und verwundet worden war."[107]

Die Ereignisse in den letzten Stunden des „Dritten Reiches" im Regierungsviertel interessierten auch die sowjetische Kriegsdolmetscherin Jelena Rshewskaja (1919–2017), die im April/Mai 1945 als Gardeleutnant mit einer kleinen Gruppe von Offizieren auf der Suche nach einem Beweis für den Tod von Adolf Hitler war. In ihren Erinnerungen[108] überliefert sie aufgrund ihr zugänglicher Informationen – u. a. Berichte an den Reichsleiter Martin Bormann – auch Einzelheiten zu Artur Axmann. Dieser war beim Näherrücken der Front aus dem Haus der Reichsjugendführung am Adolf-Hitler-Platz in einen in die Nähe des Führerbunkers verlegten Gefechtsstand umgezogen. Er soll beabsichtigt haben, „mit seinen engsten Mitarbeitern in das Haus Nr. 63/64 in der Wilhelmstraße umzuziehen." Sie zitiert aus einer Meldung vom 22. April 1945 an Bormann: „Zur Verstärkung der Verteidigung möchte er das Haus mit 40–50 Hitlerjungen belegen. Der Reichsjugendführer

---

105 Vgl. Kurowski, Schlacht, S. 385.
106 Axmann, Hitler.
107 Ebd.
108 Vgl. Jelena Rshewskaja, Hitlers Ende ohne Mythos, Berlin/DDR 1967; Neuauflage: Hitlers Ende ohne Mythos. Jelena Rshewskaja erinnert sich an ihren Einsatz im Mai 1945 in Berlin, hgg. v. Stefan Doernberg. Berlin 2005, S. 101. Alle folgenden Informationen ebenda. Ich danke Dr. Marlies Coburger für den Hinweis auf dieses Buch.

bittet um das Einverständnis des Reichsleiters zur Durchführung des Plans." Die Dolmetscherin schrieb weiter: „Er bekommt die Zustimmung."

Bei der genannten Adresse handelt es sich zwei nebeneinander gelegene Bürogebäude. Im Haus Nr. 63 – als Preußisches Staatsministerium bezeichnet – befanden sich die Diensträume des preußischen Ministerpräsidenten Hermann Göring. Nach dessen Ernennung zum Reichsluftfahrtminister und dem Umzug in das unmittelbarer Nähe gelegene Ministerium nutzte die im Nachbarhaus Nr. 64 seit 1941 residierende und Stabsleiter Martin Bormann (1900–1945) unterstellte Parteikanzlei der NSDAP das Gebäude.[109] Es muss offen bleiben, ob der geplante Umzug von Axmann, seinen Mitarbeitern und der Aufenthalt der genannten Hitlerjungen tatsächlich stattgefunden haben.

Axmann war einer der wenigen Inhaber der höchsten Auszeichung des nationalsozialistischen Deutschen Reiches. Der bis zum Schluss bei Hitler ausharrende Reichsjugendführer erhielt vier Tage vor dessen Suizid noch eine letzte Auszeichung: „Das Goldene Kreuz für Axmann. Der Führer hat dem Reichsjugendführer Artur Axmann in Anerkennung seiner einmaligen Verdienste um Einsatz und Führung der deutschen Jugend im Reich und jetzt im Kampf um Berlin das Goldene Kreuz des Deutschen Ordens und für seinen tapferen persönlichen Einsatz das Eiserne Kreuz 1. Klasse verliehen."[110] Auf dieses Ereignis ist er in seinen Lebenserinnerungen wie folgt eingegangen. „Er begleitete die Verleihung mit den Worten: ‚Ohne Ihre Jungen wäre der Kampf überhaupt nicht durchzuführen, nicht nur hier in Berlin, sondern in ganz Deutschland.' Ich erwiderte: ‚Es sind Ihre Jungen, mein Führer!'"[111]

Axmann stilisierte sich lebenslang als treuer Anhänger von Adolf Hitler und dem NS-Regime: „Uns blieb gar nichts anderes übrig, als nun ehrenvoll bis zum Ende zu kämpfen."[112] Dementsprechend befand sich Axmann unter den acht Hochzeitsgästen, als sein ‚Chef' sich am 29. April 1945 mit seiner langjährigen Lebensgefährtin Eva Braun (1912–1945) verheiratete.

---

109 Vgl. Claudia Steur, Die Wilhelmstraße 1933–1945 – Aufstieg und Untergang des NS-Regierungsviertels/Wilhelmstraße 1933–1945 – The Rise and Fall of the Nazi Government Quarter, Begleitkatalog zur gleichnamigen Ausstellung der Stiftung Topographie des Terrors, Berlin 2012, S. 118–129.
110 Niederdeutscher Beobachter vom 27.4.1945, zitiert nach Karl Heinz Jahnke, Hitlers letztes Aufgebot. Deutsche Jugend im sechsten Kriegsjahr 1944/45, Essen 1993, S. 169.
111 Axmann, Ende, S. 437.
112 Ebd., S. 335.

Flucht aus Berlin im Mai 1945

Nach dem Freitod von Adolf und Eva Hitler – den Axmann später bezeugte – und den gescheiterten Waffenstillstandsverhandlungen zwischen der Roten Armee und dem letzten Kampfkommandanten der Reichshauptstadt im Tempelhofer Schulenburgring 2 flüchtete Axmann aus der zerstörten Reichskanzlei. „Wer noch laufen konnte, wollte nun den Russen entkommen."[113] Der Ausbruch wurde am Abend des 1. Mai unternommen. Dazu äußerte sich Axmann später:

> In weit auseinander gezogener Reihe gingen wir die Wilhelmstraße entlang, dicht an den hohlen Ruinen. Trotz des Granatwerferfeuers kam die Gruppe weiter. Wir kamen gut durch. Als wir die Friedrichstraße erreichten, wurde es plötzlich lebendig: Soldaten, Zivilisten, Frauen, Sanitätswagen, Sturmgeschütze – alles zog nach Norden und wollte über die Spree.[114]

Am Bahnhof Friedrichstraße flüchteten sie den Bahndamm entlang. Um nicht erkannt zu werden, entfernten sie ihre Rangabzeichen von den Uniformen und warfen ihre Waffen weg. „Unangefochten näherten sie sich der S-Bahn-Station des Lehrter Bahnhofs.[115] Rechtzeitig entdeckten sie, daß Rotarmisten auf dem Bahnsteig standen. Beim schnellen Verschwinden spaltete sich die Gruppe."[116] Axmann, sein Adjutant Gerhard (Gerd) Weltzin,[117] der bisherige Staatssekretär im Reichspropagandaministerium Werner Naumann (1909–1982) und einige andere sprangen vom Bahnkörper auf die Invalidenstraße hinaus und landeten unmittelbar neben einer sowjetischen Feldwache. „Die Russen hielten sie für versprengte Volkssturmmänner, boten Zigaretten an, begannen redebrechend mit ‚woina kaputt, Gitler kaputt' ein Gespräch und bestaunten Axmanns Armprothese."[118] Danach teilte sich die Gruppe noch einmal und Axmann setzte sich trotz einer inzwischen erlittenen Verwundung nach einer Panzerexplosion mit seinem Adjutanten über Alt-Moabit, die Putlitz-Brücke und die Seestraße nach Wedding ab. Am Morgen des 2. Mai – die Berliner Garnison hatte inzwischen kapituliert – baten sie deutsche Passanten um Zivilkleidung. „Sie brachten mir einen grauen Kittel und

---

113 Artur Axmann, Meine Flucht mit Bormann, in: Stern, Nr. 19 v. 9.5.1965.
114 Ebd.
115 Heute Berlin-Hauptbahnhof.
116 Wiedergabe eines Verhörs Axmanns durch den Historiker und Offizier des britischen Militärnachrichtendienstes Hugh Trevor-Roper, in: Jochen von Lang, Der Sekretär. Martin Bormann, der Mann, der Hitler beherrschte. Unter Mitarbeit von Claus Sibyll, Stuttgart 1977, S. 341.
117 Weltzin „starb vermutlich unerkannt in russischer Gefangenschaft, […]". Vgl. Alfred H. Mühlhäuser (Hg.), Zwanzig Tote aus dem Führerbunker?: Die Wahrheit hinter der „Wahrheit", Norderstedt 2019, S. 201.
118 Wiedergabe eines Verhörs Axmanns, S. 341.

eine blaue Schiffermütze."[119] Da Axmann im Wedding aufgewachsen war, kannte er sich dort gut aus und wollte Freunde aufsuchen. Als eine sowjetische Patrouille das Haus durchsuchte, in dem er sich aufhielt, hörte er jemand deutlich sagen: „Der Axmann ist bei uns im Bau. Wenn die Russen das erfahren, bringen sie uns um. Die Russen stecken uns das ganze Haus in Brand."'[120] Axmann flüchtete weiter und verabschiedete sich pathetisch von einigen Hausbewohnern: „Unter euch bin ich groß geworden, und ich habe meine Pflicht erfüllt."[121] Er konnte aus Berlin entkommen und tauchte unter.

Axmann als Zeitzeuge in eigener Sache

Die folgenden Angaben zu seinem weiteren Lebensweg stammen von Torsten Schaar, dem Axmann für seine 1994 an der Universität Rostock verteidigte Dissertation „mehrere Arbeitsgespräche gestattete und eine Fülle wichtiger Materialien aus seinem Privatbesitz zur Verfügung stellte."[122] Die Doktorarbeit ist von den Rostocker Historikern Wolf D. Gruner und Kersten Krüger sowie dem Paderborner Soziologen Arno Klönne (1931–2015) betreut worden. Gruner bewertete die in der von ihm herausgegebenen Schriftenreihe „Rostocker Beiträge zur Deutschen und Europäischen Geschichte" vier Jahre nach der Verteidigung veröffentlichte Arbeit als „zentralen Beitrag zur Geschichte des Nationalsozialismus". Gruners Forschungen sind erkennbar der Neueren Geschichte und insbesondere der Europäischen Geschichte zuzuordnen. Seine Expertise umfasste weder die Geschichte des Nationalsozialismus in Deutschland sowie seiner Vor- und Nachgeschichte. Der in Bayrischen Hochschulen und zuletzt von 1982 bis 1996 an der Hamburger Universität tätige Hochschullehrer war zunächst als Gastprofessor und dann als Professor für Europäische und Neueste Geschichte am neu konstituierten Historischen Institut der Universität Rostock tätig. Gruner war einer der Gutachter der Dissertation von Schaar und lobte seinen Doktoranden sehr: „Er bereichert die historische Forschung zum Nationalsozialismus durch seine Ergebnisse in überzeugender und anregender Weise auf solider und umfangreicher Quellengrundlage."[123] Er fügte hinzu: „Aufgrund der schwierigen Quellengrundlage [...] war der Verfasser in hohem Maß von der Sehweise und Interpretation Axmanns abhängig."[124] Es ist nicht

---

119 Axmann, Flucht.
120 Ebd.
121 Ebd.
122 Schaar, Axmann, Teil 1, S. 18.
123 Wolf D. Gruner, Geleitwort, in: ebd., S. 5 f., hier S. 5.
124 Ebd, S. 6.

zu erkennen, ob die Rostocker Gutachter Gruner und Krüger ihren Doktoranden bei der Bewertung der Axmann-Informationen beraten haben.

Konträr zu Gruners Geleitworten sah der in Paderborn lehrende und ausgewiesene Hitler-Jugend-Experte Arno Klönne in der Arbeit von Schaar ein „Problem": Schaar habe sich mit Axmann so „objektiv" befasst, „daß er in manchen Passagen dessen Selbstdeutungen als bare Münze erscheinen läßt – und zwar über distanzlose Übernahme von Formulierungen."[125] Daher hat Klönne dem promovierten Schaar geraten, die Druckversion der Dissertation entsprechend zu überarbeiten und ihm dafür sein Exemplar der Dissertation mit Korrekturvorschlägen zurückgeschickt.[126] Dies ist offensichtlich nicht geschehen und so geht der Historiker und langjährige Redakteur für Zeitgeschichte bei der Wochenzeitschrift *Der Spiegel* in seiner Kritik an der Arbeit von Schaar über Klönne hinaus, wenn er der Arbeit „deutliche Kennzeichen einer Hommage"[127] zuschreibt: „Man hielt die Klappe, wenn der Mann sprach, der in den letzten Stunden zur Rechten Hitlers auf einer Bank gesessen hatte. Axmanns Erzählungen aus tausendundeiner Nacht mit dem Führer wurden für bare Münze genommen ..."[128] Die Kritiken von Klönne und Rietzler sind bei der Berücksichtigung der von Schaar überlieferten Aussagen von Axmann quellenkritisch zu berücksichtigen.

Axmann erzählte Schaar, dass nach seiner Flucht aus Berlin sein Ziel zunächst Plön war, „wo er sich dem neuernannten Staatsoberhaupt, Großadmiral Karl Dönitz, zur Verfügung stellen wollte."[129] Er „tauchte schließlich auf einem Bauernhof in Lansen bei Waren/Mecklenburg unter."[130] Er gelangte an falsche Papiere mit dem Namen seines gefallenen Vetters Erich Siewert und verbrachte fünf Monate mit diesem Decknamen. „Niemand schöpfte Verdacht, dass es sich bei dem unauffälligen Erich Siewert, der im Auftrag des Dorfvorstehers die Kühe hütete, um einen ehemaligen hohen Funktionär der NSDAP handelte."[131] Schaar

---

125 Brief von Arno Klönne vom 3.4.1996 an Kurt Schilde. Vgl. die von Wolfgang Abendroth betreute Dissertation von Arno Klönne, Hitlerjugend. Die Jugend und ihre Organisationen im Dritten Reich, Marburg/Lahn 1955; Barbara Klaus / Jürgen Feldhoff (Hg.), Politische Autonomie und wissenschaftliche Reflexion. Beiträge zum Lebenswerk von Arno Klönne, Köln 2017. Vgl. meine Rezension in: Informationen. Wissenschaftliche Zeitschrift des Studienkreises Deutscher Widerstand 1933–1945 42 (2017), Nr. 86, S. 34.
126 Vgl. den Brief von Arno Klönne vom 3.4.1996 an Kurt Schilde.
127 Rolf Rietzler, Mensch, Adolf. Das Hitler-Bild der Deutschen seit 1945. Ansichten eines Zeitgenossen, München 2016, S. 292. Rietzler kritisiert auch den Doktorvater Wolf D. Gruner, welcher der Arbeit einen „besonderen Wert" (S. 293) beigemessen hat.
128 Ebd., S. 188.
129 Schaar, Axmann, Teil 2, S. 445.
130 Ebd.
131 Ebd.

überliefert: „Offiziell war Axmann für tot erklärt worden."[132] Es gelang ihm, mit den falschen Papieren unbehelligt von Mitte Mai bis Anfang November 1945 in Lansen zu leben. Im Dezember 1945 bekam er in Lübeck „Kontakt zu ehemaligen HJ-Führern und NS-Funktionären" und wurde mit dem Vorwurf „neonazistischer Konspiration" verhaftet.[133]

Rechtsextreme Untergrundaktivitäten

Auch den folgenden Passagen liegen nicht in jedem Fall überprüfte, überprüfbare und zuverlässige Quellen zugrunde. Bei zeitgenössischen journalistischen Texten sind deren Verfasser oft nicht genannt und/oder als zuverlässig einzuschätzen. Auch konnte die Herkunft der Informationen oft nicht nachvollzogen werden und nicht selten haben oder sollen Geheimdienste sowie fragwürdige und unbekannt gebliebene Beteiligte mitgewirkt haben. Daher stehen die kommenden Ausführungen unter Vorbehalt.

Nach dem Ende des „Dritten Reiches" hat Artur Axmann die in Bezug auf ihn bekannt gewordenen Mitgliedschaften in rechtsextremen und postnationalsozialistischen Untergrundorganisationen wie der *Bruderschaft*, dem *Hamburger Herrenklub* und der Naumann-Verschwörung wiederholt bestritten. So behauptet er in seinen Erinnerungen: „Aber in Wirklichkeit gab es überhaupt keine Untergrundbewegung."[134] Dementsprechend hatte er sich auch seinem Biografen Torsten Schaar gegenüber geäußert: „Axmann selbst bestreitet die Mitgliedschaften, gibt jedoch persönliche Kontakte, die er in diesen Jahren zu Gauleiter [sic] Kauffmann [sic] und Staatssekretär [sic] Naumann unterhielt, zu."[135]

Mit dem jahrelang unter falschem Namen lebenden ehemaligen Staatssekretär im Reichspropagandaministerium Werner Naumann hat sich Axmann am 21. August 1950 in Düsseldorf – wo Naumann seit Kurzem wieder legal wohnte – zum Kaffeetrinken getroffen. Im Zusammenhang dieses Treffens hat Beate Baldow in ihrer Dissertation zur „Naumann-Affäre" geschrieben:

> Axmann erzählte von seiner Irrfahrt und erklärte, dass er erst seit vier Wochen wieder an politischen Gesprächen interessiert sei. In diesen vier Wochen schien der ehemalige NSDAP-Funktionär allerdings äußerst rührig gewesen zu sein. Auf der einen Seite stand er in engem

---

132 Ebd.
133 Lebenslauf von Artur Axmann 1913–1996 auf der Homepage des Deutschen Historischen Museums.
134 Axmann, Ende, S. 509.
135 Schaar, Axmann, Teil 2, S. 462.

Kontakt mit dem ehemaligen Leiter der Gruppe VI Sabotage im Reichssicherheitshauptamt, Schwiegersohn von Hjalmar Schacht [sic] und „Mussolini-Befreier" von 1943, Otto Skorzeny sowie Untergrund-Leuten in Ostdeutschland und andererseits hatte er zu diesem Zeitpunkt bereits weitgehende Kontakte zu der sogenannten Bruderschaft geknüpft, in die er Naumann umgehend einführte.[136]

In dieser Zeit fanden mehrere Treffen Axmanns mit früheren Mitarbeitern aus der Reichsjugendführung statt: Aus dem Presse- und Informationsamt stammte Gustav Memminger (1913–1991), dem Organisationsamt Ernst Ferdinand Overbeck (1914–1973), dem Amt Bauerntum und Landdienst Simon Winter und dem Kulturamt Heinrich Hartmann (1914–2007). Hartmann war Mitarbeiter von Axmann gewesen und hatte sich mit weiteren ehemaligen HJ-Führern am 11.1.1946 an der Gründung des *Internationalen Bundes für Kultur- und Sozialarbeit* in Tübingen beteiligt.[137] Ein weiterer Kontakt Axmanns bestand zu dem ehemaligen Geschäftsführer des Jugendförderungswerkes Willi Heidemann.[138]

Diese Treffen früher führender HJ-Angehöriger blieben US-amerikanischen und britischen Geheimdiensten nicht verborgen. Sie fanden bereits im Mai 1945 die Spur einer illegalen nationalsozialistischen Organisation, an der viele ehemalige HJ- und BDM-Mitglieder beteiligt waren. Aufgefallen war ihnen die Beteiligung von Angehörigen der Reichsjugendführung, so dass von einer „Verschwörung der ehemaligen Reichsjugendführung" gesprochen wurde. Die Geheimdienste beobachteten das Geschehen monatelang, bevor sie zuschlugen. Die ersten Gruppen hatten sich in Süddeutschland in der amerikanischen Besatzungszone gebildet, wo sich auch Axmann versteckt hielt. Weitere Gruppen bestanden in Norddeutschland in der britischen Zone. Der erste große Schlag gegen die Untergrundorganisation, die unter dem Decknamen „Kinderhort" wirkte, erfolgte im Dezember 1945.[139]

---

[136] Beate Baldow, Episode oder Gefahr? Die Naumann-Affäre. Dissertation, Fachbereich Geschichts- und Kulturwissenschaften der Freien Universität Berlin im November 2012, S. 34. Die Dissertation ist online zugänglich unter: https://d-nb.info/1041255683/34 [Zuletzt aufgerufen am 17.12.2020].
[137] Dieser „Geburtsfehler" des heutigen Trägers der Jugendarbeit wird in folgender Dokumentation thematisiert: Geburtsfehler verschwiegen? Die „Gründungsumstände des IB". Fakten zu einer „sehr delikaten Historie". Eine Dokumentation des Betriebsrates NRW, Köln, Juli 1997, unter: https://nrw-archiv.vvn-bda.de/bilder/Internationaler_Bund.pdf [Zuletzt aufgerufen am 16.4.2020]. Vgl. Stefan Zowislo, Die Gründungsgeschichte eines Wohlfahrtsverbandes oder Die Vergangenheitsbewältigung ehemaliger HJ-Führer, in: Zeitschrift für württembergische Landesgeschichte 52 (1993), S. 466–478.
[138] Vgl. Kurt Philip Tauber, Beyond Eagle and Swastika. German Nationalism since 1945, Bd. 1, Middletown 1967, S. 239.
[139] Vgl. Art. „Kinderhort", in: *Der Spiegel* Nr. 14 vom 2.4.1949, S. 3–5.

Entdeckung der geheimen Aktivitäten

Als Artur Axmann seine sich im Allgäu aufhaltende Mutter Emma Axmann besuchen wollte, geriet er gemeinsam mit Gustav Memminger und Günter Ebeling – „der mit dem amerikanischen Geheimdienst zusammenarbeitete"[140] – Mitte Dezember 1945 in eine Falle, die ihm der US-Geheimdienst auf den bayrischen Bahnhof Memmingen gestellt hatte.[141] Eine andere Überlieferung besagt, dass neben Axmann und Memminger auch der Ex-HJ-Hauptbannführer und frühere Leiter des Organisationsamtes der Reichsjugendführung Wilhelm Overbeck betroffen war.[142] Die Männer „wurden in amerikanische Uniformen gesteckt, bekamen einen amerikanischen Papphelm über die Ohren gestülpt und wurden zur CIC-Zentrale nach Oberursel bei Frankfurt gefahren."[143] Im Zusammenhang mit den im März 1946 ausgehobenen Resten der Untergrundorganisation teilte der Leiter der US-Intelligence-Abteilung Edwin L. Sibert (1897–1977)[144] mit:

> Als der Krieg zuende ging, vertraute der ehemalige „Führer" der Nazijugend, Axmann, einem früheren HJ-Oberst, [Willi] Heidemann, bedeutende Barbestände aus dem Vermögen der Nazijugendbewegung an. Heidemann richtete sich als Eigentümer und Leiter eines bayrischen Lastwagenkonzerns ein und verstand es auch, das Vertrauen der amerikanischen Militärregierung zu erschleichen. Heidemann begann seine Tätigkeit auszuweiten und eröffnete Filialen der von ihm geleiteten Firmen in den wichtigsten Städten der amerikanischen und britischen Zone. Als Personal stellte er frühere ranghohe Angehörige der Hitlerjugend ein. Auf diese Weise konnten sich die Verbindungsagenten unter dem Vorwand, reisende Geschäftsleute zu sein, durch ganz Deutschland bewegen. Im vergangenen Herbst schlug eine andere Geheimgruppe, die sich in Norddeutschland organisiert hatte, Heidemann eine Verschmelzung vor. Heidemann war jedoch damit nicht einverstanden, und der sich daraus ergebende Streit gab den Agenten einen Wink über das Bestehen der nördlichen Gruppe.[145]

Unter den 1946 festgenommenen waren (neben den bereits im Dezember inhaftierten Axmann, Memminger und Ebeling bzw. Overbeck) der frühere Leiter des Organisations- und Personalamtes der Reichsjugendführung, Kurt Budäus (1908–1963), und sein Stellvertreter Lohe sowie Willi Heidemann, der früher in der Wirtschafts- und Verwaltungsabteilung der Reichsjugendführung gearbeitet hatte. Mit

---

140 So offenbar die Information von Axmann an Schaar, vgl. Schaar, Axmann, Teil 2, S. 446.
141 Es muss offen bleiben, ob die Nennung der Person Memminger und des Ortes Memmingen eine Bedeutung hat.
142 Vgl. Art. „Kinderhort", in: Der Spiegel, Nr. 14 v. 2.4.1949, S. 4 und Der Tagesspiegel v. 31.3.1946.
143 Art. „Kinderhort", in: Der Spiegel, Nr. 14 vom 2.4.1949, S. 4. Das Counter Intelligence Corps (CIC) war eine Spionageabwehrorganisation US-Armee.
144 Der US-Army-Offizier Edwin Luther Sibert war 1945 an der Gründung der Gehlen-Organisation (Vorläufer des Bundesnachrichtendienstes) beteiligt.
145 Tägliche Rundschau v. 31.3.1946.

den Massenverhaftungen endete der frühe Versuch aus dem Kreis um Artur Axmann, eine neue Nazi-Organisation aufzubauen. Sie war zwar auf die amerikanische und britische Zone beschränkt gewesen, aber es führten auch Spuren in die sowjetische Zone.[146]

Bei der Ende März durchgeführten Verhaftungsaktion wurden etwa eintausend Personen festgenommen, von denen die meisten allerdings bereits am nächsten Tag wieder auf freiem Fuß waren, „da die Betreffenden keine Kenntnis von den wahren Zielen der Vereinigung hatten."[147] Über die Ziele der Bewegung liegt ein zeitgenössischer Bericht vor, der 1946 im *Spandauer Volksblatt* veröffentlicht wurde. Dort heißt es:

> Es ist ganz klar, daß Sabotage oder gewalttätige Angriffe gegen die Besatzungsmächte nicht beabsichtigt waren. Die Organisation bestand aus zwei ganz deutlich gekennzeichneten Abteilungen, der wirtschaftlichen und der politischen Abteilung. Die Zusammenarbeit zwischen beiden war schlecht.
> Zwischen diesen beiden Abteilungen herrschte stets eine gewisse Eifersucht. Das Streben der Wirtschaftsabteilung des „Kinderhortes" zielte darauf ab, daß die Direktoren dieser Firmen gute Nationalsozialisten sein sollten, die ihren Freunden, deren Anstellung natürlich auf Grund von Gesetzen der Militärregierung verboten ist, gute Stellungen verschaffen sollten.
> Das Ziel der politischen Abteilung dieser Bewegung war deutlich auf eine stufenweise Wiedergeburt der HJ abgestellt. Zwischen den Führern herrschte eine gewisse Meinungsverschiedenheit hinsichtlich des zu beschreitenden Weges, aber das Endziel ihrer Tätigkeit wäre unvermeidlich das gleiche gewesen, wenn man ihrem Treiben nicht ein Ende gesetzt hätte.[148]

Bis Oktober 1946 blieb Axmann inhaftiert, davon „vier Wochen in Einzelhaft".[149] Von Oberursel kam er in ein in der britischen Besatzungszone gelegenes Camp bei Paderborn. „Vom 1. Mai 1947 bis 3. Juli 1947 fand Axmann hier Beschäftigung im Dolmetscher-Büro."[150] Der Leiter bescheinigte ihm in einem „Persilschein" für sein späteres Spruchkammerverfahren:[151]

„Axmann fertigte während dieser Zeit die Übersetzungen der Schriftstücke und Gesuche der Internierten an die englischen Dienststellen selbständig an. Er war mir nicht nur durch seinen Fleiß, sondern auch durch die Gewissenhaftigkeit

---

146 Der Tagesspiegel v. 31.3.1946.
147 Der Kurier v. 1.4.1945.
148 Spandauer Volksblatt v. 2.4.1946.
149 Schaar, Axmann, Teil 2, S. 446.
150 Ebd., S. 448.
151 Laut Schaar: Akten des Spruchkammerverfahrens gegen Artur Axmann – privat. Vgl. Schaar, Axmann, Teil 2, S. 449, Fußnote 7.

in seiner Übersetzungsarbeit in dem umfangreichen Aufgabengebiet eine wesentliche Erleichterung."[152]

In den Spruchkammerakten heißt es dazu:

> Bei guten Schulkenntnissen in der englischen Sprache hat er während der Zeit seiner Internierung jede Gelegenheit wahrgenommen, sich auf grammatikalischem und phonetischem Gebiet zu vervollkommen. Das ist ihm mit Erfolg gelungen. […] Neben der Mitarbeit im Dolmetscherbüro war mir Herr Axmann als Assistent in der Durchführung von Sprachlehrgängen behilflich. Unter meiner Aufsicht führte er einen Lehrgang der englischen Sprache mit gutem Erfolg durch.[153]

Internierungslager Nürnberg-Langwasser

Nach seiner Gefangennahme im Juli 1947 wurde Axmann im Juni 1948 in das alliierte Internierungslager nach Nürnberg-Langwasser gebracht. Das Lager befand sich auf dem Gelände des Reichsparteitages der ehemaligen NSDAP.[154] Unter den mehreren zehntausend Personen, die dort untergebracht waren,[155] befand sich weitere NS-Prominenz. „Es wimmelte von Feldmarschällen und Reichsministern." Dies schrieb Ernst von Salomon (1902–1972) in dem Nachkriegsbestseller „Der Fragebogen".[156] Namentlich erwähnt er den ehemaligen Reichsfinanzminister Lutz Graf Schwerin von Krosigk (1887–1977), Generalfeldmarschall Fritz Erich von Lewinski genannt von Manstein (1887–1973), Generalfeldmarschall Walther von Brauchitsch (1881–1948) sowie SS-Panzer-General Felix Steiner (1896–1966), die sich im Gästebuch des Lager-Theaters mit teilweise markigen Sprüchen eingetragen hatten.[157]

Der frühere stellvertretende Reichsjugendführer Hartmann Lauterbacher (1909–1988) war ebenfalls in Langwasser, welches er als eine Art ehemaliges HJ-Lager wiedererkannte. „Es war in der Tat auch fast ein Lager der Jugend, denn die meisten Insassen waren Waffen-SS-Angehörige, die früher irgendwann einmal HJ-Mitglieder oder HJ-Führer gewesen waren, so daß es ein Wiedersehen auf

---

152 Zitiert nach Axmann, Ende, S. 474.
153 Akten des Spruchkammerverfahrens gegen Artur Axmann – privat. Zitiert nach Schaar, Axmann, Teil 2, S. 448 f.
154 Vgl. Ernst von Salomon, Der Fragebogen, Reinbek 1951, S. 664.
155 Laut ebd., S. 665: 40.000.
156 Ebd., S. 666.
157 Vgl. ebd.

Schritt und Tritt gab."[158] Wenn Lauterbacher geglaubt wird, haben die Internierten ein relativ angenehmes Leben geführt. Sie hatten z. B. einen Tunnel zum US-Verpflegungslager gebaut. „In unserem Lager gab es dadurch die schon lange vermißten Dinge, vom herrlich duftenden echten Kaffee bis hin zu Süßigkeiten jeder Art."[159] Es gab auch einen geheimen Ausgang durch einen trockenen Abwasserkanal. „Durch ihn konnten täglich zwanzig, dreißig und mehr Männer das Lager verlassen, um einige Tage bei ihren Angehörigen zu verbringen, die entweder in der Gegend von Nürnberg wohnten oder eigens gekommen waren."[160] Weihnachten 1945 verbrachte Axmann im Lager. „Die Frau, die mir am nächsten stand, durfte bei mir sein und mich an meinem Geburtstag im Februar 1949 besuchen."[161]

Axmann war im Lagerlazarett mit Buchungsarbeiten beschäftigt. Die Grundlagen dafür hatte ihm der frühere Staatssekretär im Reichsfinanzministerium Fritz Reinhardt angeblich bei Rundgängen auf dem Gefängnishof beigebracht.[162] Auch Axmann führte ein recht angenehmes Leben. Nürnbergs Spruchkammervorsitzender war mit der Vergabe von Urlaubsscheinen nicht geizig, so daß Axmann zu Braut, Verwandten und Freunden reisen konnte.[163]

Es ist nicht bekannt, warum Axmann nicht vom Internationalen Militärgerichtshof in Nürnberg betroffen gewesen ist. Für ihn persönlich war es unverständlich, „daß ich nicht als Zeuge zum Prozeß gegen Baldur von Schirach nach Nürnberg gerufen wurde". Auch war es unbegreiflich für ihn, „daß ich keine Aufforderung des Internationalen Militärtribunals erhielt erhielt, in der Verhandlung gegen Martin Bormann für den als tot geltenden Martin Bormann auszusagen."[164] Er hat sich offfenbar nur als Zeugen gesehen. Als Kriegsverbrecher oder für die der *Hitler-Jugend* zuzuordnende Verbrechen sah er sich nicht. Aber er „erwartete seine Anklage im sogenannten Wilhelm-Straße-Prozeß gegen Minister und Staatssekretäre."[165] Als Jugendführer des Deutschen Reiches führte er einem Staatssekretär vergleichbar eine staatliche Behörde.

Gegenüber dem aus Deutschland emigrierten und bei den Nürnberger Kriegsverbrecherprozessen beteiligten Juristen Robert M. W. Kempner (1899–1993) erklärte er, „im Glauben an eine gerechte Sache lediglich seine Pflicht als Reichsju-

---

158 Hartmann Lauterbacher, Erlebt und mitgestaltet. Kronzeuge einer Epoche 1923–1945. Zu neuen Ufern nach Kriegsende, Preußisch Oldendorf 1984, S. 335.
159 Ebd.
160 Ebd.
161 Axmann, Ende, S. 498.
162 Vgl. ebd., S. 479.
163 Vgl. Art. „Kinderhort", in: Der Spiegel, Nr. 14 vom 2.4.1949, S. 3.
164 Axmann, Ende S. 472.
165 Vgl. Schaar, Axmann, Teil 2, S. 449.

gendführer erfüllt zu haben."¹⁶⁶ Er bekannte weiterhin, der Nationalsozialismus sei für ihn „die einzig überzeugende und lebendige Weltanschauung gewesen."¹⁶⁷ Tasächlich ist Ende März 1948 die beabsichtigte Anklage fallen gelassen worden. Auch ist Axmann nicht von der Jugendamnestie – die für die Geburtsjahrgänge ab 1919 galt – als 1913 Geborener betroffen gewesen. Insgesamt gesehen ist es ihm gelungen, sich als kleiner und unbedeutender Nationalsozialist darzustellen. Dabei hat ihm die erwähnte Aussage seines Vorgängers Baldur von Schirach für die Übernahme der Verantwortung für die „Verführung der deutschen Jugend" sicherlich geholfen.

Empfang der Entnazifizierungssakramente – Teil 1: Spruchkammer

Im Juli 1948 wurde von der Spruchkammer des Internierungslagers Nürnberg-Langwasser gegen Axmann Anklage erhoben. Bis dahin war er nur als Angehöriger der NS-Führung ohne besondere Belastung angesehen worden und das Verfahren ursprünglich eingestellt worden. Nun wollte der Ankläger, „gestützt auf den seinerzeitigen Kriegshilfedienst der Jugend und die Verschleppung von Jugendlichen aus den Ostgebieten die Einstufung in die Gruppe der Hauptschuldigen beantragen."¹⁶⁸ Wenige Wochen vor Beginn des Spruchkammer-Verfahrens wurde er aus der Haft entlassen.

Am 13. April 1949 begann die Verhandlung vor der Hauptspruchkammer von Nürnberg. Der öffentliche Ankläger forderte die sofortige Verhaftung und als Bestrafung fünf Jahre Arbeitslager.¹⁶⁹ Am 30. April 1949 wurde das Urteil verkündet: Axmann ist als Hauptschuldiger und wegen seines unheilvollen Einflusses auf die deutsche Jugend im Sinne einer Begeisterung für den Krieg zu drei Jahren und drei Monaten Arbeitslager verurteilt worden. Diese milde Freiheitsstrafe galt durch seine Internierung seit 1945 als abgegolten. Zudem waren ihm „aufgrund seiner Jugend" mildernde Umstände zuerkannt worden.

Daneben sollte sein Vermögen bis auf 3.000 DM eingezogen werden. Von seinem Einkommen sollte er jeweils 5 Prozent abgeben und er durfte kein öffentliches Amt mehr bekleiden. „Ferner ist ihm Beschäftigung nur in gewöhnlicher Ar-

---

166 Ebd.
167 Ebd.
168 Der Tagesspiegel-Fernausgabe, Nr. 298 v. 20.12.1948.
169 Vgl. Der Tagesspiegel v. 27.4.1949.

beit erlaubt."¹⁷⁰ Ihm wurde insbesondere die Bildung der Panzernahkampfbrigade der Berliner *Hitler-Jugend* angelastet, bei deren Einsätzen sehr viele Jugendliche ihr Leben verloren. Der Richter meinte: „Axmann habe in dieser sinnlosen Situation gewissenlos gehandelt und gezeigt, daß er noch bis zur letzten Minute ein ergebener Diener des Nationalsozialismus gewesen sei."¹⁷¹

In einer öffentlichen Stellungnahme zu dem Urteil empörte sich in West-Berlin die Sozialistische Jugendorganisation *Die Falken* und fragte, ob es denn eine Schande sei, als ‚gewöhnlicher' Arbeiter zu arbeiten und forderte: „Axmann kann und soll kein gewöhnlicher Arbeiter werden, denn mit Kriegsverbrechern und Jugendverführern gibt es für alle anständigen Menschen keine Gemeinschaft."¹⁷²

Nationalsozialistische Kaderorganisationen

Nach erfolgloser Arbeitssuche übersiedelte Axmann zu den Schwiegereltern Vieckariesmann nach Gelsenkirchen-Horst und arbeitete als Vertreter „in einer kleinen Kaffeehandelsfirma, die ein ehemaliger Hitlerjugendführer von einem anderen Kameraden übernommen hatte."¹⁷³ Außerdem verdiente er Geld mit der Vertretung und Auslieferung für Lebensmittel.

Er knüpfte an seinen früheren Beziehungen an, wie zu dem früheren Hamburger Gauleiter und Reichsverteidigungskommissar Karl Kaufmann (1900–1969), „mit dem mich eine enge Freundschaft verband."¹⁷⁴ Er gehörte von Beginn der am 22. Juli 1949 von Karl Kaufmann gegründeten *Bruderschaft* an.¹⁷⁵ Diese ging zurück auf Diskussionen zwischen Wehrmachts- und SS-Angehörigen in britischen Kriegsgefangenenlagern 1945–46.¹⁷⁶ Diese Männer – viele ranghohe ehemalige HJ-Führer – soll die Vorstellung eines „idealen National-Sozialismus"¹⁷⁷ vereint haben und sie versuchten, die zugelassenen Parteien zu infiltrieren. So heißt es in einer

---

170 Der Tagesspiegel v. 1.5.1949.
171 Ebd.
172 Art. Angestrichen, in: Freundschaft 2 (1949), S. 6, zit. n. Siegfried Heimann, Die Falken in Berlin. Erziehungsgemeinschaft oder Kampforganisation? Die Jahre 1945–1950, Bd. 1, Berlin 1991, S. 84.
173 Axmann, Ende, S. 505.
174 Ebd., S. 346. Zu Kaufmann vgl. Frank Bajohr, Gauleiter in Hamburg. Zur Person und Tätigkeit Karl Kaufmanns, in: Vierteljahrshefte für Zeitgeschichte (VfZ) 43 (1995), H. 2, S. 267–295, hier S. 294 f.
175 Vgl. Stachura, Nazi Youth, S. 210.
176 Vgl. Tauber, Eagle, S. 122.
177 National-Zeitung Basel v. 29.8.1950.

Organisationsanweisung: „Die besonderen politischen Verhältnisse erfordern besondere Formen unseres Zusammenlebens. Die ‚Bruderschaft' ist daher keine Organisation mit Mitgliederkarteien, weil sie sich damit der Willkür einer gegnerischen Gesetzgebungsmaschinerie aussetzen würde."[178] Es entwickelte sich ein „Netzwerk relativ loser und informeller Kontakte"[179] von Nationalsozialisten und Intellektuellen. „Am breitesten war die Bruderschaft angelegt, die [...] eine weite Koordinierung von Nationalisten und Nationalsozialisten erreichen wollte, dafür aber keinen konkreten programmatischen Nenner fand und schon 1951 an inneren Rivalitäten scheiterte."[180]

Eine andere Version der Geschichte der *Bruderschaft* stammt von Jürgen Willbrand: „Die Ende der 40er Jahre von dem Generalstabsmajor Helmut Beck-Broichsitter (1914–2000) und dem von Strassers ‚Schwarzer Front'[181] zur SS übergewechselten Alfred Franke-Grieksch (richtig: Franke-Gricksch, 1906–1952) gegründete ‚Bruderschaft' bezog ihre neutralistische Haltung noch aus dem ‚Ohne mich'-Ressentiment: Die ‚Frontgeneration' wolle sich weder von Ost noch von West als Hiwis verheizen lassen. (Die ‚Bruderschaft' zerfiel später als sich herausstellte, daß ihre Führer sowohl den Sowjets als auch den westlichen Alliierten ihre Dienste angeboten hatten.)"[182] Bevor sich die *Bruderschaft* auflöste, brachte Axmann diesen Zirkel mit der Gruppe um Werner Naumann zusammen.[183]

Seit 1950 war Axmann gleichermaßen Mitglied des *Hamburger Herrenklubs*, der auch Verbindungen zur Gruppe um Werner Naumann hatte.[184] „Naumann, damals noch nicht einmal 45 Jahre alt, und seine Beauftragten entfalteten eine sehr starke Aktivität, die ihre ersten Erfolge in der (teilweise geduldeten) Infiltration der FDP-Landesverbände von Niedersachsen und Nordrhein-Westfalen mit ehemaligen HJ-, SS- und NSDAP-Funktionären zeigte."[185] Die Gruppe wurde „zwischen 1950 und 1953 das Zentrum für das Konzept der nationalsozialistischen Kaderorganisation."[186] In dieser Gruppe fand sich „überlebende Prominenz des Dritten Reiches"[187] zusammen: Erfahrungen im Reichssicherheitshauptamt (RSHA)

---

178 Neuer Vorwärts v. 24.2.1950.
179 Lutz Niethammer, Angepaßter Faschismus. Politische Praxis der NPD. Frankfurt am Main 1969, S. 39.
180 Ebd.
181 Vgl. Weiß, Art. „Schwarze Front".
182 Jürgen Willbrand, Kommt Hitler wieder? Rechtsradikalismus in Deutschland, Donauwörth o. J., S. 64 f.
183 Vgl. zum Naumann-Kreis Tauber, Eagle, Bd. 1, S. 132 ff.
184 Vgl. Stachura, Nazi Youth, S. 210.
185 Niethammer, Faschismus, S. 40.
186 Ebd.
187 Ebd.

hatte Werner Best (1903–1989), Stellvertreter von Reinhard Heydrich und nach 1945 Koordinator der Verteidigungsstrategien angeklagter NS-Täter.[188] Der Zeitungswissenschaftler Franz Alfred Six (1909–1975) war Amtschef im RSHA und aktiver NS-Täter.[189] Nicht so prominent war der eher als Schreibtischtäter einzuschätzende SS-Brigadeführer und Generalmajor der Polizei Paul Zimmermann (1895–1980). Weitere Kontakte bestanden zu dem früheren Reichswirtschaftsminister Hjalmar Schacht (1877–1970) und dem ehemaligen HJ-Führer Gottfried Griesmayr (1912–?), zu den NS-Fliegern Hans-Ulrich Rudel (1916–1982) und Otto Skorzeny (1908–1975) und den SS-Journalisten Hans Schwarz van Berk (1902–1973) und Gunter D'Alquen (1910–1998). Der Historiker Lutz Niethammer zählt den *Hamburger Herrenklub* zu den Freundes- und Gesprächskreisen nationaler und nationalsozialistischer Funktionäre und Intellektueller nach 1945 (*Bruderschaft, Deutsche Union* u. a.). „Besonders eng liiert mit dem Bruderrat war der *Hamburger Herrenklub* um den ehemaligen Salzburger Gauleiter Gustav Adolf Scheel, den ehemaligen Wiener Gauleiter Alfred Frauenfeld und den Reichsjugendführer Artur Axmann sowie den Hamburger Gauleiter Karl Kaufmann und etliche weitere NS-Größen [...]."[190]

Empfang der Entnazifizierungssakramente – Teil 2: Sühneverfahren

Mitte August 1958 begann in West-Berlin das Sühneverfahren gegen Artur Axmann. In dieser Zeit liefen noch weitere 360 Prozesse gegen ehemalige hohe Beamte und andere NS-Funktionäre vor der Zentralspruchkammer in Berlin. Das Berliner Sühneverfahren war eine sehr spezielle und nur in West-Berlin gehandhabte Fortsetzung der Entnazifizierung, die sich vor allem gegen prominente Nationalsozialisten bzw. gegen deren in Berlin festgestellte Vermögen richtete.[191] Das Procedere geht auf einen 1955 erfolgten Beschluss des Berliner Abgeordnetenhauses gegen die Hauptschuldigen des Nationalsozialismus zurück. Der Zweck war,

---

188 Vgl. Ulrich Herbert, Best. Biographische Studien über Radikalismus, Weltanschauung und Vernunft. 1903–1989, Bonn 1996; hierzu vgl. meine Rezension, in: Informationen. Studienkreis: Deutscher Widerstand 23 (1998) Nr. 47, Mai 1998, S. 41 f.
189 Vgl. Lutz Hachmeister, Der Gegnerforscher: Die Karriere des SS-Führers Franz Alfred Six, München 1998.
190 Niethammer, Faschismus, S. 39. Für Tauber, Eagle, Bd. 1, S. 251, war Axmann ein „representative of the Gauleiter circle".
191 Vgl. Stefan Botor, Das „Berliner Sühneverfahren". Die letzte Phase der Entnazifizierung, Frankfurt am Main 2006.

während der NS-Zeit rechtswidrig erlangte Vermögen zu entziehen. Hiervon waren neben Axmann viele weitere prominente Angehörige der nationalsozialistischen Führung bzw. deren Nachlässe betroffen. Dazu gehörten u. a. der designierte Nachfolger Adolf Hitlers Hermann Göring (1893–1946), der Reichführer SS und Reichsinnenminister Heinrich Himmler (1900–1945), der Reichsminister für Volksaufklärung und Propaganda Josef Goebbels (1897–1945), der letzte Reichsprotektor für Böhmen und Mähren und ehemalige Reichsminister Wilhelm Frick (1877–1946), der bereits erwähnte Werner Best (1903–1989), der Präsident des Volksgerichtshofes Roland Freisler (1893–1945), der letzte Reichsjustizminister Otto Thierack (1889–1946) sowie die Chefs des Reichssicherheitshauptamtes Ernst Kaltenbrunner (1903–1946) und der Ordnungspolizei Kurt Daluege (1897–1946).

Zur Zeit des Sühneverfahrens lebte Artur Axmann wieder in Berlin. „1956 übersiedelte ich mit meiner Familie von Gelsenkirchen nach Berlin über."[192] Er arbeitete bei seinem Bruder Kurt Axmann (1907–1983), der als Berliner Generalvertreter westdeutscher Firmen u. a. in der DDR und Polen tätig war. Die Brüder verfügten auch über gute Beziehungen zur Volksrepublik China. So begleitete Artur Axmann zu Beginn seines Sühneverfahrens eine chinesische Handelsdelegation durch das Bundesgebiet. Damit wollte er sich entschuldigen, um nicht persönlich der Ladung zum Spruchkammertermin zu folgen. „Die Spruchkammer sah die Begründung für das Fernbleiben von Artur Axmann als nicht ausreichend an und belegte ihn mit einer Ordnungsstrafe von 75 DM."[193]

Als Ergebnis des Sühneverfahrens forderte der Staatsanwalt eine Geldbuße von 60.000 DM verbunden mit dem Verbot der Betätigung in einer politischen Partei. 1958 war Axmann immer noch ein vermögender Mann: „Für die Honorare aus zwei Büchern hatte sich Axmann zwischen 1939 und 1941 drei Grundstücke gekauft, die heute [d. h. 1958, d. V.] einen Verkehrswert von 176.000 DM haben."[194] Gegenüber Schaar hat er angegeben, „aus den Buch-Veröffentlichungen einen Nutzen von 70.000,– RM gezogen zu haben, die im wesentlichen zum Erwerb der Grundstücke Verwendung fanden."[195] Mit der Geldstrafe sollte er nach Ansicht des Staatsanwaltes zur Rechenschaft dafür gezogen werden, dass er als Befehlshaber für den Tod vieler Hitler-Jungen beim Kampf um Berlin die Verantwortung trug.

Am 19. August 1958 wurde er von einem Entnazifizierungsgericht (am Fehrbelliner Platz) zu 35.000 DM Geldstrafe verurteilt. Bei dieser erneuten relativ milden Bestrafung wurden ihm dieses Mal nicht wie im April 1949 von der Nürnber-

---

192 Axmann, Ende, S. 537.
193 Der Tagesspiegel v. 8.5.1958.
194 Der Tagesspiegel v. 15.8.1958.
195 Schaar, Axmann, Teil 2, S. 465.

ger Spruchkammer „aufgrund seiner Jugend" mildernde Umstände zuerkannt. Stattdessen hielt ihm das Gericht zu Gute, dass er NS-Anhänger aus Überzeugung war und nicht aus niederen Motiven in die NSDAP eingetreten war. Die von dem Anklagevertreter beantragten persönlichen Sühnemaßnahmen – Verlust der Wählbarkeit und Beschränkung der politischen und beruflichen Tätigkeit – wurden nicht angeordnet, da derartige Maßnahmen bereits in einem früheren Verfahren in Nürnberg gegen Axmann verhängt worden waren. Die verhängte Geldstrafe entsprach etwa der Hälfte des Vermögenswertes, den Axmann nach Abzug aller Belastungen aus seinen drei Berliner Grundstücken erzielen könnte. „Gemeint waren damit die drei Grundstücke Imchenallee 76, 78, 80 mit einem Verkehrswert von 175.990 DM, die Axmann in Berlin-Kladow besaß."[196] Auf Axmanns Grundstücken waren seine Exfrau und ihr gemeinsamer Sohn sowie die Eltern der Frau und zeitweise ein Maurer, ein Oberstudienrat und ein Bankangestellter als Mieter gemeldet.

Mit dem Sühnegeld – so die Urteilsbegründung – sollte der damals 45-jährige ehemalige Reichsjugendführer einen erhöhten Beitrag zur Wiedergutmachung leisten, da er das nationalsozialistische Gewaltregime an verantwortlicher Stelle gefördert und aus seinen damaligen Veröffentlichungen persönlichen Nutzen gezogen habe.[197]

Handelsvertreter und Geschäftsführer

Nach dem Untergang des Nationalsozialismus war Axmann bis in die siebziger Jahre als selbständiger Kaufmann tätig. Überwiegend war er im Import-Export-Geschäft mit der DDR und der Volksrepublik China aktiv. In den sechziger Jahren betrieb er mit seinem Bruder Kurt Axmann ein Export-Geschäft in West-Berlin.[198] Der Bruder war im „Dritten Reich" HJ-Gebietsführer in Brandenburg gewesen.

Artur Axmann betätigte sich nach dem Kriegsende als Generalvertreter für Industriefirmen aus der Bundesrepublik. In seinem Haus in der Imchenallee 80 in Berlin-Kladow war seit 1966 die Immupan Gesellschaft für feuerbeständige Werkstoffe mbH mit einem Kapital von 20.000 DM als Geschäftsadresse im Handelsregister eingetragen. Einer der beiden Geschäftsführer hieß Artur Axmann (Handelsregistereintragung B 2097). Als Wohnort ist noch Gelsenkirchen angegeben.

---

196 Ebd., S. 464.
197 Vgl. Der Tagesspiegel v. 20.8.1958.
198 Vgl. Stachura, Nazi Youth, S. 210.

Nachdem eine 1960 gegründete Handelsunternehmung wegen mangelnder Aufträge geschlossen werden musste und eine zweite Unternehmensgründung auch gescheitert ist,[199] erhielt er 1971 den Auftrag, „als Bevollmächtigter für die Errichtung einer Freizeitanlage im Süden von Gran Canaria zu arbeiten."[200] Gelegentlich hielt er sich in der spanischen Hauptstadt Madrid auf „und traf dort meinen Kameraden Otto Skorzeny".[201] Dieser unterhielt ein Ingenieurbüro und eine Import-Export-Unternehmung. Ob Axmann dort weitere Freunde und Bekannte mit ähnlicher NS-Vergangenheit getroffen hat, wird in seinen Lebenserinnerungen nicht angesprochen. „1976 kehrte ich nach Deutschland zurück und erhielt eine Beschäftigung in der Wirtschafts- und Handelsauskunftei Creditreform".[202] Er lebte offenbar wieder in Gelsenkirchen. Von dort kam er anlässlich der Beerdigung seines Bruders Kurt am 6. Oktober 1983 nach West-Berlin und beteiligte sich als „Artur Axmann und Familie" bei einer Todesanzeige im *Tagesspiegel* vom 2. Oktober 1983.

Im Jahre 1986 trat er im 73. Lebensjahr in den Ruhestand. „Er lebte mit seiner Frau in einer kleinen Wohnung in Berlin-Wilmersdorf, pflegt alte Kameradschaften und arbeitete an seinen Memoiren."[203] Die Illustrierte *Stern* publizierte 1965 eine dreiteilige Serie, in der er über seine Erinnerungen an die letzten Stunden im Führerbunker berichtete. Es ging in drei Teilen um seine Erlebnisse „Mit Hitler im Bunker",[204] „Das Ende im Führerbunker"[205] und „Meine Flucht mit Bormann".[206]

Wie erwähnt gab er dem an der Universität Rostock promovierenden Torsten Schaar 1991 bis 1993 mehrere Interviews, die für dessen bereits genannte Dissertation[207] Verwendung fanden. 1994 erschien eine vierteilige Videokassetten-Edition unter dem Titel „Schicksalsjahre der Hitlerjugend".[208] Am 24. April 1995 veröffentlichte die Zeitschrift *Focus* das Interview „Deutschland: Der Eid war es und der Trotz". Hier wiederholte er die bekannten ‚Argumente' und erzählte vom Rüstungsminister Albert Speer (1905–1981), der ihm „ein Gewehr, das um die Ecke

---

199 Lebenslauf von Artur Axmann 1913–1996 auf der Homepage des Deutschen Historischen Museums.
200 Axmann, Ende, S. 558.
201 Ebd.
202 Ebd., S. 559.
203 Schaar, Axmann, Teil 2, S. 466.
204 Vgl. Axmann, Hitler.
205 Vgl. Artur Axmann, Das Ende im Führerbunker, in: Stern, Nr. 18 v. 2.5.1965.
206 Vgl. Artur Axmann, Meine Flucht mit Bormann, in: Stern, Nr. 19 v. 9.5.1965.
207 Vgl. Schaar, Axmann.
208 Vgl. Lebenslauf von Artur Axmann 1913–1996 auf der Homepage des Deutschen Historischen Museums.

schießen konnte",²⁰⁹ ankündigte. Schließlich veröffentlichte er 1995 noch seine Lebenserinnerungen mit dem Titel „Das kann doch nicht das Ende sein".²¹⁰ Darin stilisiert sich der „überzeugte" Nationalsozialist als unpolitisch und unbedeutend: „Ich war kein Politiker, sondern Jugendführer".²¹¹ Dies bedeutete für ihn auch, „daß meine Pflichterfüllung für die Hitler-Jugend absolute Priorität vor der Schule besaß."²¹² Tatsächlich repräsentierte er den nationalsozialistischen Erziehungsgrundsatz „Jugend führt Jugend", als er mit 27 Jahren Reichsjugendführer der NSDAP und „Jugendführer des Großdeutschen Reiches" wurde. Seine hohe Popularität war wesentlich darauf zurückzuführen, dass er als Soldat „in der Truppe von der Pieke auf gedient" hatte.²¹³

Die Treue zu Hitler verdeutlicht sein letzter Satz bei seinem Treffen mit ihm kurz vor dessen Suizid: „Ich bleibe bei Ihnen, mein Führer."²¹⁴ Da Hitler ihn „wie einen Sohn behandelt"²¹⁵ habe, wollte er auch in seinen Lebenserinnerungen nur Gutes über seinen Übervater berichten. Axmann blieb bis zu seinem Tod ein überzeugter Nationalsozialist. Am 24. Oktober 1996 ist er in Berlin verstorben.

Sein Tod hatte mehrere publizistische Reaktionen zur Folge. zunächst erschien in der Samstagsausgabe der *Frankfurter Allgemeinen Zeitung* am 2. November 1996 eine von früheren Führerinnen des *Bundes Deutscher Mädel* und Führern der *Hitler-Jugend* veröffentlichte Todesanzeige.²¹⁶ Mit den Worten „Sein sozialer Einsatz für die Jugend war Vorbild" verabschiedeten sich vier „Ehemalige" der Reichsjugendführung von ihrem früheren Chef: Die langjährige Reichsreferentin des *Bundes Deutscher Mädel* Jutta Rüdiger (1910–2001),²¹⁷ die für den „Kriegseinsatz" des BDM in der Reichshauptstadt verantwortliche Gebietsmädelführerin Gisela Hermann (1915–2002),²¹⁸ der ehemalige Amtschef in der Reichsju-

---

209 Eugen Georg Schwarz, Deutschland: Der Eid war es und der Trotz (Interview mit Artur Axmann), in: Focus Magazin, Nr. 17 v. 24.4.1995, unter: https://www.focus.de/politik/deutschland/deutschland-der-eid-war-es-und-der-trotz_aid_151031.html [Zuletzt aufgerufen am 3.2.2021].
210 Vgl. Axmann, Ende. Vgl. meine Besprechung in der ZfG 46 (1998), H. 3, S. 272 f.
211 Axmann, Ende, S. 232.
212 Ebd., S. 36.
213 Ebd., S. 235.
214 Ebd., S. 444.
215 Ebd., S. 483.
216 Frankfurter Allgemeine Zeitung Nr. 256 vom 2.11.1996, S. 33.
217 Vgl. zu Rüdiger das von Sabine Hering und mir 2004 veröffentlichte Interview in dem Band Das BDM-Werk „Glaube und Schönheit". Die Organisation junger Frauen im Nationalsozialismus. Berlin 2000. 2. Auflage: Opladen 2004, S. 127–138. Ihre Lebenserinnerungen haben rechtfertigenden Charakter, vgl. Jutta Rüdiger: Ein Leben für die Jugend. Mädelführerin im Dritten Reich, Preußisch Oldendorf 1999.
218 Eine Kurzbiografie enthält Michael Buddrus: Totale Erziehung für den totalen Krieg. Hitlerjugend und nationalsozialistische Jugendpolitik, Teil 2, München 2003, S. 1154.

gendführung Werner Kuhnt (1911–2000)[219] und auch der vormalige Führer des HJ-Traditionsbannes „Herbert Norkus" Eberhard Grüttner (1914 – ?)[220] Zwei Tage nach der Veröffentlichung der Anzeige erschien vom Leiter des *FAZ*-Ressorts Innenpolitik Friedrich Karl Fromme der einfühlsame Nachruf „Artur Axmann gestorben".[221] Etwa drei Wochen später kritisierte *Der Spiegel* unter der Überschrift „Hitlers Sohn" die Kommentare zu Axmanns Tod: „Schön für den Mann, von alten Freunden so einen Nach-Ruf zu bekommen."[222] Wie diese HJ-Führer und BDM-Führerinnen blieb Artur Axmann bis zu seinem Tod Nationalsozialist.

---

219 Christoph Kopke: Werner Kuhnt – Propagandist für Deutschland, in: Wolfgang Proske (Hg.: Täter, Helfer, Trittbrettfahrer. 4: NS-Belastete aus Oberschwaben, Gerstetten 2015, S. 139–149.
220 Vgl. zu seiner Biografie Buddrus, Erziehung, S. 1149.
221 (fr), d. i. Friedrich Karl Fromme: Artur Axmann gestorben, in: *Frankfurter Allgemeine Zeitung* Nr. 257 vom 4.11.1996, S. 6.
222 Der Spiegel N. 46 vom 10.11.1996, https://www.spiegel.de/kultur/am-rande-hitlers-sohn-a-35f9a100-0002-0001-0000-000009118971?context=issue [Zuletzt aufgerufen am 8.10.2021]. Der Titel „Hitlers Sohn" ist wohl den Erinnerungen Axmanns „Das kann doch nicht das Ende sein" entnommen. Vgl. Axmann, Ende, S 483.

Yves Müller
Herbert Böhme (1907–1971)

„SA-Lyriker" und Netzwerker der „nationalen Opposition"

Abb. 3: Herbert Böhme nach 1945, *Antifaschistisches Pressearchiv und Bildungszentrum Berlin (apabiz)*.

Das Wirken des *Deutschen Kulturwerkes Europäischen Geistes e. V.* (DKEG), eine der bedeutenden Gruppierungen des „organisierten Nationalismus"[1] nach 1945, ist untrennbar mit dem Namen Herbert Böhme verknüpft. Als Präsident war er, so Peter Dudek und Hans-Gerd Jaschke, „die große Integrationsfigur des Kulturwerks".[2] Bis zum Kriegsende hatte der Schriftsteller zum ausgewählten Kreis nationalsozialistischer Intellektueller gehört. Mit Lutz Niethammer gesprochen, gehörte er zur „Mittelgruppe aus alten Kämpfern, SA-, SS- und Waffen-SS-Offizieren, völkischen Poeten und Publizisten, gehobenen Funktionären der NSDAP und HJ-

---

1 Vgl. Lutz Niethammer, Angepaßter Faschismus. Politische Praxis der NPD, Frankfurt am Main 1969, S. 32–95.
2 Peter Dudek / Hans-Gerd Jaschke, Entstehung und Entwicklung des Rechtsextremismus in der Bundesrepublik. Zur Tradition einer besonderen politischen Kultur, Bd. 1, Opladen 1984, bes. S. 44–47.

Notiz: Für die kritische Lektüre danke ich Dominik Rigoll und Mattes Schmerdtmann. Eine ausführliche politische Biographie Böhmes des Verfassers erscheint voraussichtlich im Metropol Verlag.

∂ Open Access. © 2023 Yves Müller, publiziert von De Gruyter. [CC BY-NC-ND] Dieses Werk ist lizenziert unter der Creative Commons Attribution-NonCommercial-NoDerivatives 4.0 Lizenz.
https://doi.org/10.1515/9783111010991-004

Führern", deren soziale Stellung im Nationalsozialismus nur politisch bedingt war und die sie zum „ideologische[n] Proletariat des Faschismus" werden ließ.³

Wie wurde der NS-Funktionär und „SA-Lyriker" Herbert Böhme nach 1945 zu einer zentralen Figur der „nationalen Opposition"? Zunächst beleuchte ich knapp die Karriere Böhmes bis 1945, bevor ich die Übergangsphase von Internierung und Entnazifizierungsverfahren darstelle. Anschließend untersuche ich, inwiefern Böhme als DKEG-Präsident und „Netzwerker" fungierte, sich aber ebenso in Auseinandersetzungen mit Mitstreitern verwickelte. In einem abschließenden Teil möchte ich das Fortwirken des Böhmeschen „Œuvre" im Spektrum des organisierten Nationalismus nach seinem Ableben erfassen.

Böhme und das DKEG sind bereits Gegenstand der Forschung. Schon 1967 befasste sich Kurt Philip Tauber in seiner Studie über den bundesdeutschen Rechtsextremismus „Beyond Eagle and Swastika" ausgiebig mit dem völkischen Verein.⁴ Es existieren zudem zwei umfassende Aufsätze jüngeren Datums, die quellengesättigt den Forschungsstand repräsentieren.⁵ Das archivalische Quellenmaterial⁶ ist weit gestreut, aber reichhaltig vorhanden und ermöglicht ein vielschichtiges Porträt Böhmes.

---

3 Niethammer, Faschismus, S. 33.
4 Vgl. Kurt P. Tauber, Beyond Eagle and Swastika. German Nationalism Since 1945, Bd. 1, Middletown 1967, bes. S. 651–666.
5 Vgl. Daniel Klünemann, Das Deutsche Kulturwerk Europäischen Geistes (DKEG), in: Rolf Düsterberg (Hg.), Dichter für das „Dritte Reich". Biografische Studien zum Verhältnis von Literatur und Ideologie, Bd. 3: 9 Autorenporträts und eine Skizze über das Deutsche Kulturwerk Europäischen Geistes, Bielefeld 2015, S. 277–306; André Schaper, Herbert Böhme – der Dichter der „preußischen Ostmark", in: Rolf Düsterberg (Hg.), Dichter für das „Dritte Reich". Biografische Studien zum Verhältnis von Literatur und Ideologie, Bd. 4: 10 Autorenporträts, Bielefeld 2018, S. 83–113.
6 Eingesehen wurden die im Bundesarchiv Berlin (BArch) vorrätigen NS-Personalunterlagen, die Böhmes Wirken bis 1945 nachweisen, sowie ein im Stadtarchiv München (StdA M) lagernder, bisher nicht erfasster Bestand zum DKEG und zur Person Böhmes, der zum Nachlass des 2012 verstorbenen letzten DKEG-Vorsitzenden Karl Günther Stempel gehört. Im Staatsarchiv München (StA M) wird u. a. Böhmes Spruchkammerakte verwahrt, während bei der Behörde des Bundesbeauftragten für die Unterlagen des Staatssicherheitsdienstes der ehemaligen Deutschen Demokratischen Republik (BStU) und im Archiv des Münchner Instituts für Zeitgeschichte (IfZ) vielfältiges Material aus geheimdienstlicher Überwachung, Berichterstattung und zivilgesellschaftlicher Debatte vorhanden ist. Bei der Antifaschistischen Informations-, Dokumentations- und Archivstelle München (a. i. d. a.) sind die gesammelten Ausgaben der *Klüter-Blätter*, die Publikation des DKEG, einsehbar.

Der NS-Funktionär und „SA-Lyriker"

Siegfried Herbert Böhme wurde am 17. Oktober 1907 im brandenburgischen Frankfurt an der Oder geboren.[7] Nach dem Besuch der Mittelschule folgte 1928 das Abitur am staatlichen Friedrichs-Gymnasium. Anschließend studierte er Germanistik und Geschichte an der Phillips-Universität in Marburg an der Lahn sowie 1930 zwei Semester in München, wo er zusätzlich ein Philosophiestudium aufnahm, bevor er ab April 1931 nach Marburg zurückkehrte, um sein Studium mit einer Promotion abzuschließen. Jedoch konnte die im April 1932 eingereichte Dissertationsschrift nicht angenommen werden, da sie den wissenschaftlichen Standards nicht genügte. Böhme wurde die Möglichkeit gegeben, die Arbeit erneut einzureichen. Jedoch musste die mündliche Doktorprüfung im März 1933 abgebrochen werden. Gleichwohl er erst über sechs Jahre später das Rigorosum absolvierte, gab er sich seitdem als promoviert aus und ließ sich als „Dr. Böhme" anreden.[8]

Falsche Angaben hatte Böhme auch in Bezug auf sein Eintrittsdatum in die *Nationalsozialistische Deutsche Arbeiterpartei* (NSDAP) gemacht. In einem Personalfragebogen gab er an, bereits im November 1932 um Aufnahme in die Partei ersucht zu haben.[9] Tatsächlich jedoch datiert Böhmes Aufnahmeerklärung erst vom 27. März 1933 und liegt damit nach der nationalsozialistischen Machtübernahme durch die Ernennung Adolf Hitlers zum Reichskanzler am 30. Januar des Jahres. Als offizielles Eintrittsdatum ist schließlich der 1. Mai 1933 eingetragen, letztmögliches Eintrittsdatum vor der verhängten und bis 1937 wirkenden Mitgliedersperre.[10] Tatsächlich war ein vor der Machtübernahme und der Reichstagswahl vom 5. März 1933 liegendes Eintrittsdatum für denjenigen vonnöten, der nicht in den Verdacht geraten wollte, als „Märzgefallener" und „Konjunkturritter" gesehen zu werden.[11] Die Herausstellung einer möglichst frühen Teilhabe an der

---

7 Biographische Daten vgl. Personalfragebogen von Herbert Böhme, *7.10.1907, BArch, R 9361/V/14576, unpag.; Schaper, Herbert Böhme, passim.
8 Vgl. Aktennotiz des Leiters des Rechts- und Gerichtsamtes Schulz (Vertreter im Amt), Reichsstudentenführung, vom 16.6.1942, S. 2, BArch, R 9361/V/14576, unpag.; Schaper, Herbert Böhme, S. 86 ff.
9 Vgl. Personalfragebogen von Herbert Böhme, *7.10.1907, BArch, R 9361/V/14576, unpag.
10 Die Mitgliedsnummer lautete 2.828.213. Beurteilung für SA.-Führer, 29.3.1938, BArch, R 9361/V/14576, unpag.; Aktennotiz des Leiters des Rechts- und Gerichtsamtes Schulz (Vertreter im Amt), Reichsstudentenführung, vom 16.6.1942, BArch, R 9361/V/14576, unpag.
11 Im April verhängte die Parteiführung eine Aufnahmesperre zum 1. Mai 1933, deren Bekanntwerden ein neuerliches Anschwellen der Eintrittswelle auslöste. Im Mai waren etwa 2,5 Millionen sogenannte Parteigenossen (Pg.) eingetragen. Die Mehrheit von ihnen war zwischen dem 1. Januar und dem 1. Mai 1933 – 1,6 Millionen gar erst zu diesem ultimativen letzten Tag – in die Partei

NS-Bewegung war essentiell für die weitere Karriere im NS-Staat. So gab Böhme auch an, bereits seit 1930 „[d]urch kameradschaftl. Bindungen zugehörig zur Bewegung"[12] gewesen zu sein. In der Tat kann an der völkisch-nationalistischen Orientierung Böhmes kein Zweifel bestehen: In seiner Schulzeit soll er bündischen Jugendorganisationen – dem Wandervogel und dem 1919 gegründeten *Deutschnationalen Jugendbund* (DNJ) – angehört haben. Während seines Studiums trat er dem studentischen *Freicorps Chattia-Marburg* (auch Landsmannschaft) bei, einer pflichtschlagenden Verbindung.[13]

In der Hierarchie der *Sturmabteilung* (SA) – sein Eintritt ist auf den 1. September 1933 datiert – stieg Böhme schnell auf. Bereits zum 1. Oktober 1933 war er zum Sturmführer befördert worden, noch am Heiligabend zum Obersturmführer. Nebenamtlich hatte Böhme verschiedene SA-Ämter bekleidet: So war er kurzeitig bis einschließlich Dezember 1933 Verbindungsführer für Rundfunk und Presse bei der SA-Gruppe Ostmark sowie anschließend zusammen mit seiner Beförderung zum Obersturmführer zum Kulturreferenten der Gruppe ernannt worden. Am 19. Februar 1936 wurde er zum Kulturkreis der Obersten SA-Führung (OSAF) berufen.[14]

Bald sollte Böhme zu einem der erfolgreichsten „Kulturschaffenden" des „Dritten Reiches" avancieren. Seit Juni 1933 war der 25-Jährige bei der Funk-Stunde Berlin (ab 1934 Reichssender Berlin) als kommissarischer Abteilungsleiter der Abteilung Vorträge tätig. Doch schon Ende des Jahres wurde Böhme im Streit mit seinem Vorgesetzten entlassen.[15] Der kurzzeitigen Mitarbeit beim Rundfunk folgte Anfang 1934 die Ernennung zum Reichsfachschaftsleiter für Lyrik der Reichs-

---

eingetreten und firmierten im Parteijargon als „Märzgefallene", denen nachgesagt wurde, mit ihrem Eintritt in die NSDAP und/oder in die verschiedenen NS-Organisationen lediglich ihre beruflichen Aufstiegschancen erhöhen zu wollen. Vgl. Jürgen W. Falter, Die „Märzgefallenen" von 1933. Neue Forschungsergebnisse zum sozialen Wandel innerhalb der NSDAP-Mitgliedschaft während der Machtergreifungsphase, in: Geschichte und Gesellschaft (GG) 24 (1998), H. 4, S. 595–616; Eintrag „Märzgefallene", in: Cornelia Schmitz-Berning, Vokabular des Nationalsozialismus, Berlin 1998, S. 399; Björn Weigel, „Märzgefallene" und Aufnahmestopp im Frühjahr 1933. Eine Studie über den Opportunismus, in: Wolfgang Benz (Hg.), Wie wurde man Parteigenosse? Die NSDAP und ihre Mitglieder, Frankfurt am Main 2009, S. 91–109, hier S. 92 f.

12 Personalfragebogen von Herbert Böhme, *7.10.1907, BArch, R 9361/V/14576, unpag.
13 Vgl. ebd.
14 Vgl. ebd.; Beurteilung für SA.-Führer, 29.3.1938, BArch, R 9361/V/14576, unpag. Der 1936 offiziell vom SA-Stabschef Viktor Lutze ins Leben gerufene *Kulturkreis der SA* hatte zunächst 16 Mitglieder. Vgl. Dietrich Strothmann, Nationalsozialistische Literaturpolitik. Ein Beitrag zur Publizistik im Dritten Reich. 2. Aufl., Bonn 1963, S. 54; Klaus Vondung, Magie und Manipulation. Ideologischer Kult und politische Religion des Nationalsozialismus, Göttingen 1971, S. 58 f.
15 Vgl. Bericht von Sturmführer Herbert Böhme, 15.12.1933, BArch, R 55/233, Bl. 235–243, hier Bl. 235. Der Fall ist auch dargestellt bei Schaper, Herbert Böhme, S. 89 f.

schrifttumskammer (RSK), 1935 angeblich eine Anstellung als Hauptschriftleiter der in Saarbrücken herausgegebenen Zeitschrift *Die Westmark – Monatsschrift für deutsche Kultur* und im August 1935 schließlich die Versetzung auf eine Stelle beim Kulturamt der NSDAP-Reichspropagandaleitung (RPL) in München, die er bis zum April 1937 innehatte. Bei der ebenfalls in der bayerischen Landeshauptstadt ansässigen OSAF wurde Böhme Referent des Erziehungshauptamtes.[16] Angeblich wurde Böhme von Joseph Goebbels persönlich die Stelle bei der RPL angetragen, nachdem dieser im Juni 1935 bei der feierlichen Eröffnung des als „Feierstätte Heiligenberg" bezeichneten Heidelberger Thingplatzes die aus Böhmes Feder stammende chorische Dichtung gehört hatte.[17]

Im Jahre 1938 erklärte der Lexikograph Franz Lennartz in seinem „Literaturführer für Jedermann" Böhme zu „ein[em] sehr fruchtbare[n] Lyriker der jungen Generation".[18] Tatsächlich avancierte er in diesen Jahren neben anderen zu einem der aktivsten Epigonen nationalsozialistischer Dichtung und führenden Protagonisten der „jungen Mannschaft", in der sich 1929/30 nationalsozialistisch gesinnte Schriftsteller zusammengefunden hatten, deren „literarische Qualität"[19] in aller Regel jedoch zu wünschen übrig ließ. Darauf kam es auch gar nicht an, verstanden sich diese doch nicht als herkömmliche Dichter, sondern als „Rufer", die in „dem Schwung der Begeisterung" ihre „Liebe zu Führer und Fahne" ausdrückten.[20]

Am 30. April 1940 war Böhme zum Kriegsdienst bei der Wehrmacht einberufen worden.[21] Er diente zunächst bei der 97., später bei der 258. Infanterie-Division. Nach einer schweren Verwundung durch Granatsplitter und einer folgenden Hirnverletzung, die er im Dezember 1942 erlitt, kam er als Gefreiter in der für Feindaufklärung und Abwehr zuständigen Abteilung Ic des Stellvertretenden Generalkommandos, vermutlich im Wehrkreis VII (München), zum Einsatz. Bei dem

---

16 Vgl. Personalfragebogen von Herbert Böhme, *7.10.1907, BArch, R 9361/V/14576, unpag.
17 Vgl. Gesprächsnotiz von Klaus Vondung, 22.1.1968, IfZ, ZS 2225, Bl. 4–5. Böhme arbeitete ab dem Frühjahr 1935 auch an der bereits 1938 wieder eingestellten Zeitschrift *Das Deutsche Volksspiel* mit. Vgl. Vondung, Magie und Manipulation, S. 22 f. Zur Eröffnung der Thingstätte am 22. Juni 1935 vgl. Rainer Stommer, Die inszenierte Volksgemeinschaft. Die „Thing-Bewegung" im Dritten Reich, Marburg 1985, S. 110 ff.
18 Franz Lennartz, Die Dichter unserer Zeit. 275 Einzeldarstellungen zur deutschen Dichtung der Gegenwart. Stuttgart 1938, S. 27.
19 Ine Van linthout, Das Buch in der nationalsozialistischen Propagandapolitik, Berlin/Boston 2012, S. 303. Vgl. Uwe K. Ketelsen, Völkisch-nationale und nationalsozialistische Literatur in Deutschland 1890–1945, Stuttgart 1976, S. 65.
20 Herbert Böhme, Junge deutsche Dichtung, in: Der deutsche Student Jg. 1934, Nr. 11, S. 632–635, hier S. 635.
21 Vgl. Beurteilung der Ortsgruppe Gräfelfing, 26.6.1940, BArch, R 9361-II/91728, Bl. 1337 f.

geschäftsführenden Gauleiter Paul Giesler des Gaues München-Oberbayern drängte er darauf, u[nab]k[ömmlich]-gestellt zu werden, um sich an der Universität München mit einer Arbeit über „Die Elemente der Philosophie" zu habilitieren.[22] Einen 1944 erhaltenen Ruf auf die ordentliche Professur für Philosophie an der 1941 gegründeten Reichsuniversität Posen konnte Böhme kriegsbedingt offenbar nicht mehr antreten.

Internierung und Entnazifizierungsverfahren

Zwei Monate nachdem das International Military Tribunal in Nürnberg in seinem Urteil vom 30. September 1946 festgestellt hatte, dass die SA, die zusammen mit dem NSDAP-Führerkorps, der Gestapo, der SS und dem SD, der Reichsregierung und dem Generalstab sowie dem Oberkommando der Wehrmacht angeklagt worden war, eine „verbrecherische Organisation" gebildet zu haben, „im Allgemeinen" nicht an Kriegsverbrechen sowie Verbrechen gegen die Menschlichkeit beteiligt gewesen sei,[23] wandte sich Herbert Böhme aus der Internierung an die Ankläger in seinem Spruchkammerverfahren: Durch den Freispruch der SA würde der Haftgrund entfallen; der automatische Arrest sei daher nicht mehr anwendbar. Sämtliche SA-Angehörigen, darunter er selbst, seien zu entlassen.[24]

Zu diesem Zeitpunkt saß Böhme seit fast eineinhalb Jahren in einem Internierungslager ein. Vermutlich am 8. Juni 1945 war er von GI's im Auftrag der Münch-

---

22 Vgl. Schreiben von Gauleiter [Paul] Giesler an Gauinspekteur [Joseph] Gerdes, 3.9.1943, BArch, R 9361/V/14576, Bl. 740; Schaper, Herbert Böhme, S. 94 ff.
23 Trial of the Major War Criminals before the International Military Tribunal. Proceedings 27 August 1946 – 1 October 1946, Bd. XXII, Nürnberg 1948, S. 519. Vgl. Daniel Siemens, Writing the History of the SA at the International Military Tribunal: Legal Strategies and Long-term Historiographical Consequences, in: Journal of Modern European History 14 (2016), H. 4, S. 548–567, hier S. 560 ff.
24 Schreiben von Herbert Böhme, 29.11.1946, handschriftlich, StA M, Spruchkammerakte Böhme, Herbert, Karton 166, Bl. 13. Bereits in der am 4. Oktober 1944 von den Generalstäben der USA und Großbritanniens verabschiedeten „Directive to SCAEF Regarding the Military Government of Germany in the Period Immediately Following the Cessation of Organized Resistance" wurde festgelegt, dass neben Funktionären der NSDAP, Gestapo- und SD-Mitarbeitern, Polizeiführern, führenden Militärs von Wehrmacht und Waffen-SS sowie hochrangigen Beamten der Regierung auch SA-Führer zu verhaften und internieren seien. Laut „Arrest Categories Handbook Germany" (herausgegeben durch das Office of Assistant Chief of Staff, April 1945) unterstanden Angehörige der „Paramilitary Formations", also auch der SA, dem „automatic arrest". Vgl. Uta Gerhardt, Soziologie der Stunde Null. Zur Gesellschaftskonzeption des amerikanischen Besatzungsregimes in Deutschland 1944–45/1946, Frankfurt am Main 2005, S. 80 f. u. 191 f.

ner Dependance des *Counter Intelligence Corps* (CIC) festgenommen worden. NS-Funktionär und SA-Führer, der er gewesen war, geriet Böhme als Zivilinternierter in den „automatic arrest" in der US-amerikanischen Besatzungszone.[25] Die Zeit von Juni 1945 bis September 1946 verbrachte er im Internierungslager 6 (Moosburg) und schließlich die Zeit bis zu seiner Entlassung im Juli 1947 im Internierungslager 76 (Hohenasperg/Württemberg). Mithilfe einer quasi-juristischen Instanz, den Spruchkammern, sollte das weitere Schicksal der Internierten bestimmt werden.[26] Gemäß Artikel 12 des Befreiungsgesetzes wurde auch Böhme als mutmaßlichen „Hauptschuldigen" (Gruppe I) „nominelle Teilnahme und unwesentliche Unterstützung der nationalsozialistischen Gewaltherrschaft" vorgeworfen.[27] Böhme hatte keine Gelegenheit ungenutzt gelassen, mit insgesamt 21 Erklärungen von Weggefährten – den „Persilscheinen" – seine angebliche Distanz zum NS-Regime zu belegen[28] und seinen „Sonderfall" zu schildern: Obwohl SA-Führer habe er einen SA-Dienst nie besucht. Bei der Partei sei er in Ungnade gefallen und musste ein Parteigerichtsverfahren über sich ergehen lassen. „[U]m Ruhe vor dieser satanischen Aburteilmaschine [des Parteigerichtsverfahrens, d. V.] zu haben", habe er sich nicht gewehrt. Er habe ausschließlich „Verachtung" gegen „dieses System" verspürt. Böhme schloss sein Plädoyer mit den Worten: „Das ist der Schicksalsweg eines Mannes, der versucht hat, aufrecht durch seine Zeit zu gehen."[29]

Doch der Wind hatte sich bereits gedreht und 1948 ging es lediglich noch um die Abwicklung der Denazifizierungsmaßnahmen – wovon auch Böhme profitierte. In der Klageschrift gingen die Ankläger „[a]uf Grund der Aktenlage" bereits davon aus, dass Böhme „mit einer Einreihung in die Gruppe III der Minderbelasteten zu rechnen" habe – eine Herabstufung, die ihn zwar noch immer als Aktivis-

---

[25] Zum „automatic arrest" vgl. Norbert Frei, Amnestiepolitik in den Anfangsjahren der Bundesrepublik, in: Gary Smith / Avishai Margalit (Hg.), Amnestie oder die Politik der Erinnerung in der Demokratie, Frankfurt am Main 1997, S. 120–137, hier S. 123.
[26] Vgl. zum Spruchkammerverfahren in der US-Zone Lutz Niethammer, Die Mitläuferfabrik. Die Entnazifizierung am Beispiel Bayerns, Berlin/Bonn 1982, S. 538–652. Zu den Entnazifizierungsverfahren allgemein vgl. Hanne Leßau, Entnazifizierungsgeschichte. Die Auseinandersetzung mit der eigenen NS-Vergangenheit in der frühen Nachkriegszeit, Göttingen 2020, S. 269–397.
[27] Begründung zum Urteil der Spruchkammer vom 24.8.1948, StA M, Spruchkammerakte Böhme, Herbert, Karton 166, Bl. 75. Vgl. Gesetz zur Befreiung von Nationalsozialismus und Militarismus vom 5. März 1946. Mit Ausführungsvorschriften, Formblättern, der Anweisung für die Auswerter der Meldebögen und der Rangliste in mehrfarbiger Wiedergabe, in amtlichem Auftrag und mit Anmerkungen und Sachverzeichnis versehen von Erich Schulze, München 1946.
[28] Vgl. Auflistung von Herbert Böhme, StA M, Spruchkammerakte Böhme, Herbert, Karton 166, Bl. 18; Schaper, Herbert Böhme, S. 107 f.
[29] Schreiben von Herbert Böhme an die Spruchkammer München Land, 27.7.1948, StA M, Spruchkammerakte Böhme, Herbert, Karton 166, Bl. 71–73.

ten und Nutznießer einordnete, aber eine individuelle Belastung verneinte.[30] Am 24. August 1948 fällte die Spruchkammer das Urteil: Böhme wurde in die Kategorie „Mitläufer" (Gruppe IV) eingestuft.[31] Das Gericht resümierte: „Sein Zutun war zu gering – seine Ablehnung [sic!] grösser."[32] Damit machte die Spruchkammer ihrem Ruf als „Mitläuferfabrik" (Lutz Niethammer) alle Ehre.[33] Aber anders als die unzähligen rehabilitierten Beamten konnte der NS-Funktionär nicht auf Wiedereinstellung drängen. Er musste andere Wege finden, um sowohl den Zusammenbruch des Regimes zu verarbeiten als auch eine neue ökonomische Existenz aufzubauen.

Während seiner Internierung hatte Böhme angefangen, Vorträge zu halten, und gehörte zu einem Kreis um den ehemaligen SA-Angehörigen und späteren Münchner Psychologieprofessor Albert Huth.[34] Böhme lernte auch den evangelischen Theologen Rudolf Walbaum kennen, der Seelsorge im Internierungslager Hohenasperg betrieb. Kurz vor seiner Entlassung im Juni 1947 gründete er eine unitarische Lagergruppe[35] und nur wenige Monate darauf nahm er am 28. und 29. September 1947 auf einem Berg im Weserland, dem Klüt, an einer Versammlung „freiheitlich gesinnte[r] Männer mit großem geschichtlichem Überblick und tiefer

---

30 Klageschrift gegen Herbert Böhme, 26.7.1948, StA M, Spruchkammerakte Böhme, Herbert, Karton 166, Bl. 70.
31 Vgl. Urteil der Spruchkammer vom 24.8.1948, StA M, Spruchkammerakte Böhme, Herbert, Karton 166, Bl. 75.
32 Begründung zum Urteil der Spruchkammer vom 24.8.1948, StA M, Spruchkammerakte Böhme, Herbert, Karton 166, Bl. 75.
33 Bis Ende 1949 waren bereits 72,5 % der 6,7 Millionen Meldepflichtigen, die einen Fragebogen ausgefüllt hatten, vom Befreiungsgesetz ausgenommen. Die restlichen Verfahren wurden fast vollständig eingestellt oder die Strafen wurden erlassen. Nur in 4 % der Fälle erfolgte überhaupt eine Einstufung in die fünf Kategorien. Davon mündlich verhandelt wurden wiederum lediglich 12 %. Vgl. Paul Hoser, Entnazifizierung, in: Historisches Lexikon Bayerns, 5.2.2013, unter: https://www.historisches-lexikon-bayerns.de/Lexikon/Entnazifizierung [Zuletzt aufgerufen am 1.2.2021]; Niethammer, Mitläuferfabrik, S. 540.
34 Vgl. Erklärung von Klaus von Eichstätt, 28.8.1946, Abschrift, StA M, Spruchkammerakte Böhme, Herbert, Karton 166, Bl. 27; Herbert Böhme zum 60. Geburtstag, in: Herbert Böhme. Freundesausgabe zum 60. Geburtstag, München 1967, S. 3–4, hier S. 3. Zum kulturellen Programm im Lager vgl. Christa Schick, Die Internierungslager, in: Martin Broszat / Klaus-Dietmar Henke / Hans Wolter (Hg.), Von Stalingrad zur Währungsreform. Zur Sozialgeschichte des Umbruchs in Deutschland, München 1988, S. 301–325, hier S. 308 f. Zu Albert Huth vgl. Eintrag Huth, Albert, in: Uwe Wolfradt / Elfriede Billmann-Mahecha / Armin Stock (Hg.), Deutschsprachige Psychologinnen und Psychologen 1933–1945. Ein Personenlexikon ergänzt um einen Text von Erich Stern, 2. Aufl., Wiesbaden 2017, S. 202–203.
35 Vgl. Was glauben Sie eigentlich? Die Deutschen Unitarier – eine freie Religionsgemeinschaft. Verfasst von einem Arbeitskreis und einigen Mitgliedern der Religionsgemeinschaft Deutsche Unitarier, Hamburg/Ravensburg 2000, S. 224.

Innenschau", dem Gründungstreffen des sogenannten *Klütkreises* teil, aus dem die *Deutsche Unitarier Religionsgemeinschaft* hervorging.[36] Die Unitarier verstanden sich als „Notgemeinschaft"[37] – eine Art post-nationalsozialistischer Solidargemeinschaft – und zogen ihren ideologischen Quell aus der 1933 von Jakob Wilhelm Hauer begründeten *Deutschen Glaubensbewegung*. Die Gemeinde, die 1948 gerade einmal 1.750 Mitglieder zählte, wuchs durch Zusammenschlüsse mit anderen unitarischen Gruppierungen bis Anfang der fünfziger Jahre aber auf nahezu 4.000 und bis 1965 auf 6.000 Anhänger heran. Doch es kam zu inneren Spannungen über den Kurs der Religionsgemeinschaft und so legte Böhme 1954 seine Ämter nieder.[38]

Der DKEG-Präsident und „Netzwerker"

Da galt Böhme aber bereits als „big shot" der extremen Rechten Nachkriegsdeutschlands. Unter dem religiösen Deckmantel mussten sich Nationalsozialisten wie er nun nicht mehr verstecken. Als Mitglied der *Arbeitsgemeinschaft Nationaler Gruppen* (ANG) soll er dem „Äußeren Kreis" des 1950 formierten *Naumann-Kreises* (auch Gauleiter-Kreis genannt) angehört haben.[39] 1951 war er Mitbegründer der Zeitschrift *Nation Europa*.[40] Im selben Jahr hatte er den *Türmer Verlag* ins Leben gerufen, der ihm künftig sein finanzielles Auskommen sichern sollte. Über den Verlag gab er fortan die *Klüter Blätter* und *Türmers Bücherdienst*[41] heraus. Die Neuauflage seines Romans *Andreas Jemand*[42] erschien hier ebenso wie der Gedichtband *Mit gelösten Schwingen*[43] und weitere Bücher Böhmes – die Rechtferti-

---

36 Fritz Stüber, Herbert Böhme. Ein Leben für Deutschland. Berichtet von Fritz Stüber, Sonderdruck des Deutschen Kulturwerks Europäischen Geistes, München o. J. [1971], S. 5; Was glauben Sie eigentlich?, S. 228–231.
37 Protokoll, in: Klüt-Buch, S. 22–29, hier S. 27 Ebenso vgl. StdA M, KOE-DEUK, Böhme, Herbert, unverzeichnet.
38 Vgl. Wolfgang Seibert, Deutsche Unitarier Religionsgemeinschaft. Entwicklung, Praxis und Organisation, Stuttgart 1989, S. 23–31, 73 u. 217 f.; Was glauben Sie eigentlich?, S. 234 u. 262.
39 Vgl. Beate Baldow, Episode oder Gefahr? Die Naumann-Affäre, phil. Diss., Freie Universität Berlin 2012, S. 87, unter: https://d-nb.info/1041255683/34 [Zuletzt aufgerufen am 1.2.2021].
40 Vgl. Thomas Pfeiffer, Für Volk und Vaterland. Das Medienetz der Rechten – Presse, Musik, Internet, Berlin 2002, S. 145.
41 Ähnliche Dienstleistungen boten auch andere rechte Verlage an. Vgl. Tauber, Beyond Eagle, S. 637–642.
42 Herbert Böhme, Andreas Jemand. Roman, München-Lochham 1966.
43 Herbert Böhme, Mit gelösten Schwingen. Gedichte, Lochham bei München 1953.

gungsschrift *Bekenntnisse eines freien Mannes*,⁴⁴ die Textsammlung *Die Ordnung der Werte*⁴⁵ sowie Novellen und Gedichtbände. Die 1949 erstmals erschienenen *Klüter Blätter*, deren Schriftleitung Böhme übernahm, blieben über Jahrzehnte eine der bedeutendsten Zeitschriften der extrem rechten Publizistik.

Den *Klüter Blättern* in loser Folge beigelegt war *Das Deutsche Kulturwerk*, das seit 1951 erscheinende Mitteilungsblatt des DKEG. Der Verein, dessen Gründung 1949 bei einem Treffen „auf dem Klüt" beschlossen worden war und der als „gemeinnützig und förderungswürdig"⁴⁶ galt, wurde am 1. Mai 1950 offiziell ins Leben gerufen.⁴⁷ Das Präsidium des DKEG leitete Böhme von 1956 bis zu seinem Tod 1971. Auf regionaler Ebene existierten „Landeswarte" und die inhaltliche Arbeit wurde von Referaten beziehungsweise Ämtern durchgeführt (bspw. Bauerntum, Südtirol, Dichtung, Rechtspflege, Geschichte, Soldatentum, Auslandsdeutschtum, Ostfragen).⁴⁸ Das DKEG unterhielt neben dem Dichterkreis ab Ende der 1950er Jahre einen „Kreis der bildenden Künstler".⁴⁹

Das Rückgrat des DKEG bildeten jedoch die „Pflegstätten" auf lokaler Ebene, mit deren Hilfe die „Dezentralisierung" vorangetrieben werden sollte. 1952 exis-

---

44 Herbert Böhme, Bekenntnisse eines freien Mannes, München-Lochham 1960.
45 Herbert Böhme, Die Ordnung der Werte. Reden, Aufsätze, Bekenntnisse, München-Lochham 1967.
46 Das DKEG hatte das Prädikat vor dem Bundesfinanzgericht erstritten: „Es wurde auch eindeutig festgehalten, daß Meldungen des Verfassungsschutzamtes erst dann gewürdigt werden können, wenn der dadurch Betroffene sich wenigstens rechtfertigen kann." (Der Pflegstättenleiter 1956/5, 28.11.1956, StdA M, KOE-DEUK, Böhme, Herbert, unverzeichnet, unpag.) Die Eintragung des DKEG ins Vereinsregister erfolgte am 30.11.1950 vor dem Registergericht München. Vgl. Herbert Hertlein an Karl Günther Stempel, 30.11.1950, StdA M, KOE-DEUK, Böhme, Herbert, unverzeichnet, unpag.
47 Erika Neubauer, Der Weg vom Klüt. 30 Jahre Klüter Blätter, in: Klüter Blätter. Monatshefte für Kultur und Zeitgeschichte 30 (1979), H. 10, S. 21.
48 Vgl. Anschriften des DKEG, Stand: 1.5.1965, StdA M, KOE-DEUK, Böhme, Herbert, unverzeichnet, unpag.; Auflistung des DKEG, undat. [um 1969], StdA M, KOE-DEUK, Böhme, Herbert, unverzeichnet, unpag. Zwischenzeitlich existierte gar ein „Arbeitskreis Externsteine", dessen Ziel darin bestand „ein wissenschaftliches Bild zu ermöglichen." (Rundschreiben von Herbert Böhme, 1966/7, 1.8.1966, S. 5, StdA M, KOE-DEUK, Böhme, Herbert, unverzeichnet, unpag.) Vgl. Uta Halle, „Treibereien wie in der NS-Zeit". Kontinuitäten des Externsteine-Mythos nach 1945, in: Uwe Puschner / G. Ulrich Großmann (Hg.), Völkisch und national. Zur Aktualität alter Denkmuster im 21. Jahrhundert, Darmstadt 2009, S. 195–213, hier S. 200 f. Zur Rezeption der Externsteine bei Detmold innerhalb der extremen Rechten vgl. Jan Raabe / Karsten Wilke, Die Externsteine und die extreme Rechte. Von Interpreten, Mittlern und Rezipienten, in: Larissa Eickermann / Stefanie Haupt / Roland Linde / Michael Zelle (Hg.), Die Externsteine. Zwischen wissenschaftlicher Forschung und völkischer Deutung, Münster 2018, S. 477–509.
49 Vgl. Rundschreiben „Betrifft: Kreis der bildenden Künstler", undat. [1950er Jahre], StdA M, KOE-DEUK, Böhme, Herbert, unverzeichnet, unpag.

tierten bundesweit 39 von ihnen und ihre Zahl stieg bis 1965 auf immerhin 49.⁵⁰ Für die Organisation waren „Pflegstättenleiter" verantwortlich; sie führten „Lesungen" und andere Veranstaltungen durch; „Heimabende" wurden von „Zellenleitern" durchgeführt.⁵¹ Jede Pflegstätte sollte jährlich zwei „Pflichtveranstaltungen" durchführen.⁵² Böhme selbst begab sich jedes Jahr im November auf Vortragsreise, die ihn zu den verschiedenen DKEG-Standorten führte.⁵³

Sich selbst sah Böhme als geistiges Zentrum und treibende Kraft des DKEG. Er war der Anführer einer elitären Gemeinschaft von „A-Menschen", die es sich „in offenbarer Notzeit seines Volkes" zur Aufgabe gemacht hatte, eine „neue Ordnung" zu etablieren.⁵⁴ Der dem Monogramm Albrecht Dürers entnommene Buchstabe A stand in der Ideologie Böhmes für den Begriff der „Anständigkeit", mit dem tatsächlich die unverbrüchliche Verbundenheit zum Nationalsozialismus ausgedrückt werden sollte.⁵⁵ Bereits bei Gründung des Vereins rief er „inmitten der Demontage unserer herrlichen Werke, zwischen den Trümmern zerbombter Städte, unter der Last eines grausamen Menschenleids der Vertriebenen, Enttäuschten, Hinterbliebenen [...] zu einer Sammlung der anständigen Menschen

---

50 Vgl. Jahreshauptversammlung des Deutschen Kulturwerkes, in: Das Deutsche Kulturwerk – Mitteilungen für das Deutsche Kulturwerk Europäischen Geistes e. V. 3 (1953), H. 2, S. 7 f.; Anschriften des DKEG, Stand: 1.5.1965, StdA M, KOE-DEUK, Böhme, Herbert, unverzeichnet, unpag.
51 Vgl. Protokoll über die Jahreshauptversammlung des DKEG am 17.4.1953, StdA M, KOE-DEUK, Böhme, Herbert, unverzeichnet, unpag.; Organisationsplan über den Aufbau der Heidelberger Pflegstätte des DEKG, undat., StdA M, KOE-DEUK, Böhme, Herbert, unverzeichnet, unpag.
52 Bei diesem Veranstaltungsformat sollte es sich um „Repräsentativ-Veranstaltungen unseres Kulturwerks" handeln. 1961 bot Böhme eine Vortragsveranstaltung unter dem Titel „Leben wir noch als Deutsche?" an, für die er 60 DM Honorar verlangte. Vgl. Rundbrief Nr. 6/60 – An die Pflegstätten des Deutschen Kulturwerkes, Vortragsamt, DKEG, 12.12.1960, S. 4, StdA M, KOE-DEUK, Böhme, Herbert, unverzeichnet, unpag.; Rundbrief Nr. 1/61– An die Pflegstätten des Deutschen Kulturwerkes, Vortragsamt, DKEG, 29.4.1961, [S. 1], StdA M, KOE-DEUK, Böhme, Herbert, unverzeichnet, unpag.; Rundbrief Nr. 2/61 – An die Pflegstätten des Deutschen Kulturwerkes, Vortragsamt, DKEG, 20.6.1961, [S. 1], StdA M, KOE-DEUK, Böhme, Herbert, unverzeichnet, unpag.
53 Vgl. Rundbrief Nr. 2/61 – An die Pflegstätten des Deutschen Kulturwerkes, Vortragsamt, DKEG, 20.6.1961, [S. 1], StdA M, KOE-DEUK, Böhme, Herbert, unverzeichnet, unpag.; Rundschreiben des Leiters des Bundesvortragsamtes, Hellmut Schoell, „Betr.: Vortragsreise Herbert Böhme", 11.8.1964 StdA M, KOE-DEUK, Böhme, Herbert, unverzeichnet, unpag.; Rundschreiben des Leiters des Bundesvortragsamtes, Hellmut Schoell, 5.11.1964, StdA M, KOE-DEUK, Böhme, Herbert, unverzeichnet, unpag.; Liste der Vortragenden, Dichter, Schriftsteller usw., Bundesvortragsamt, DKEG, undat. [August 1966], StdA M, KOE-DEUK, Böhme, Herbert, unverzeichnet, unpag.
54 Neujahrsbrief von Herbert Böhme, [Dezember] 1957, StdA M, KOE-DEUK, Böhme, Herbert, unverzeichnet, unpag.
55 Zum Anspruch der „Anständigkeit" bei der SS vgl. Matthias Hambrock, Dialektik der „verfolgenden Unschuld". Überlegungen zur Mentalität und Funktion der SS, in: Jan Erik Schulte (Hg.), Die SS, Himmler und die Wewelsburg, Paderborn u. a. 2009, S. 79–101, hier S. 92–95.

auf."⁵⁶ In einem Neujahrsgruß warnte Böhme vor einem Zeitgeist („der Sklaverei unserer Zeit"), der „aus Menschen Gefolterte, Entseelte, Gehetzte macht."⁵⁷ Das Leitwort der DKEG lautete denn auch: „Aller Anfang ist deine Anständigkeit".⁵⁸ Neumitgliedern wurde die „A-Nadel" verliehen. Sie zeichnete die Mitglieder als Teile einer Gemeinschaft aus und sollte auf keinen Fall zu einem bloßen „Vereinsabzeichen" verkommen.⁵⁹ Immer wieder appellierte Böhme an den Zusammenhalt seiner Anhänger: „Es kommt also darauf an, daß der Gemeinschaftsgeist geweckt wird, ein jedes Mitglied das Bewußtsein hat, nicht Mitläufer, sondern tätiges und notwendiges Glied eines werdenden Ganzen zu sein."⁶⁰

Zentrale Aufgabe des DKEG war die Durchführung turnusmäßiger Veranstaltungen. Dazu gehörten die „Tage deutscher Kultur" (auch „Deutscher Kulturkongreß"), die jährlich bei München zuerst in Gräfelfing und später Planegg abgehalten wurden. Im Umfeld der Kulturtage fanden regelmäßig die Jahreshauptversammlung des DKEG, eine „Gästewoche" und ein „Dichtertreffen" statt, bei dem der vom DKEG gestiftete Ehrenring „Dem deutschen Gedicht" verliehen wurde. Der Ehrenring war als „wandernde" Auszeichnung konzipiert, die Jahr für Jahr den Träger wechselte. Ab 1969 fand bei den Kulturtagen die Überreichung des mit 10.000 DM dotierten „Schillerpreises des deutschen Volkes" statt.⁶¹ Mit derlei Ehrungen sollten bedeutende Akteure des rechten Lagers gewürdigt werden. Auch diverse „Ehrenabende" führte Böhme in München durch. Anlässlich des Deutschland-Besuches des revisionistischen Historikers David L. Hoggan im Jahr 1964 fand im Hackerbräukeller eine solche Veranstaltung statt.⁶²

---

56 Gründungsurkunde des Deutschen Kulturwerkes vom 1. Mai 1950, abschriftlich, StdA M, KOE-DEUK, Böhme, Herbert, unverzeichnet, unpag.
57 Neujahrsbrief von Herbert Böhme, [Dezember] 1957, StdA M, KOE-DEUK, Böhme, Herbert, unverzeichnet, unpag.
58 Vgl. Herbert Böhme, ohne Titel, in: Das Deutsche Kulturwerk – Mitteilungen für das Deutsche Kulturwerk Europäischen Geistes e. V. 1 (1951), H. 3, S. 2.
59 Vgl. Rundbrief von Herbert Böhme an das Präsidium und Kuratorium, 27.7.1957, StdA M, KOE-DEUK, Böhme, Herbert, unverzeichnet, unpag.
60 Der Pflegstättenleiter, 1961/2, März 1961, StdA M, KOE-DEUK, Böhme, Herbert, unverzeichnet, unpag.
61 Vgl. Werbungsflugblatt zum Schillerpreis, undat. [um 1969], StdA M, KOE-DEUK, Böhme, Herbert, unverzeichnet, unpag.
62 Vgl. Einladungskarte zum großen Ehrenabend für David Hoggan am 15.5.1964, StdA M, KOE-DEUK, Böhme, Herbert, unverzeichnet, unpag. Hoggan hatte 1961 sein Buch „Der erzwungene Krieg" veröffentlicht und damit massiven Widerspruch, aber auch Begeisterung von extrem rechter Seite ausgelöst. Vgl. David L. Hoggan, Der erzwungene Krieg. Die Ursachen und Urheber des 2. Weltkriegs, Tübingen 1961. Der Titel erschien im extrem rechten *Verlag der Deutschen Hochschullehrer-Zeitung*, dem späteren *Grabert-Verlag* (Hierzu vgl. den Beitrag von Martin Finkenberger zu

Im DKEG fanden sich etliche mehr oder minder prominente nationalsozialistische Dichter, Schriftsteller, Musiker und Künstler zusammen, also all jene, um es in den Worten Lutz Niethammers zu sagen, die „das bürgerliche Klassenziel, sich in die nunmehr gegebenen Machtverhältnisse erneut einzufügen, verfehlte [n]" und so zu „Kader[n] der postfaschistischen Szene" wurden.[63] Im Verbund mit den *Klüter Blättern* und dem *Türmer Verlag* bildete der Verein den Rahmen für ein überparteiliches personelles Netzwerk, das Herbert Böhme bis zu seinem Tod aufbaute und das regional auf München und Oberbayern konzentriert war. Dabei huldigte er durch Ehrungen und Veranstaltungen NS-„Kulturschaffenden" wie der NS-Kulturfunktionär Hans Wilhelm Hagen, der als Angehöriger des Wachbataillons „Großdeutschland" maßgeblich verantwortlich für die Niederschlagung des militärischen Aufstands vom 20. Juli 1944 war, der eher mittelmäßige Schriftsteller Alfred Karrasch, der während des Nationalsozialismus mit Preisen überhäufte Schriftsteller Erwin Guido Kolbenheyer oder der Kunsthistoriker Robert Scholz.[64]

Bedeutung erlangten Böhme und das DKEG nicht zuletzt aufgrund ihrer integrativen Funktion innerhalb des organisierten Nationalismus. Nach Gründung des Vereins warb Böhme um parteipolitische Breite im rechten Lager, verhandelte nach eigener Aussage mit Vertretern der FDP und des *Bundes der Heimatvertriebenen und Entrechteten* (BHE) ebenso wie der rechten Splitterparteien *Deutsche Gemeinschaft* (DG), *Deutscher Block* (DB) und *Deutsche Union* (DU).[65] 1957 musste Böhme jedoch resigniert feststellen:

> Wir gewinnen weder von der CDU-CSU noch von der SPD jemals Billigung unserer Bemühungen, die FDP und der BHE haben nicht den charakterlichen Mut, sich für uns öffentlich zu entscheiden, uns fehlt also die politische Fürsprache und Absicherung, die erst gegeben

---

Herbert Grabert in diesem Band). Vgl. auch Lutz Niethammer, Hoggan auf Deutschlandfahrt, in: Der Monat, Juli 1964, H. 190, S. 81–90.
63 Lutz Niethammer, Nach dem Dritten Reich ein neuer Faschismus? Zum Wandel der rechtsextremen Szene in der Geschichte der Bundesrepublik (1981), in: ders. Deutschland danach. Postfaschistische Gesellschaft und nationales Gedächtnis, Bonn 1999, S. 59–73, hier S. 62.
64 Zu Hagen vgl. Erika Martens, Zum Beispiel „Das Reich". Zur Phänomenologie d. Presse im totalitären Regime, Köln 1972, passim. Zu Karrasch vgl. Ute Haidar, Alfred Karrasch, der Vertraute der Arbeiter, in: Rolf Düsterberg (Hg.), Dichter für das „Dritte Reich". Biografische Studien zum Verhältnis von Literatur und Ideologie, Bd. 2: 9 Autorenporträts und eine Skizze über das Deutsche Kulturwerk Europäischen Geistes, Bielefeld 2011, S. 107–141. Zu Kolbenheyer vgl. Eintrag „Kolbenheyer, Erwin Guido", in: Hans Sarkowicz / Alf Mentzer, Literatur in Nazi-Deutschland. Ein biografisches Lexikon. Erweiterte Neuausgabe, Hamburg/Wien 2002, S. 268–272. Zu Scholz vgl. Andreas Hüneke, Der Fall Robert Scholz. Kunstberichte unterm Hakenkreuz, Köln 2001, bes. S. 38–41.
65 Vgl. Rundschreiben von Herbert Böhme an die Kuratoriumsmitglieder im DKEG, 27.1.1953, StdA M, KOE-DEUK, Böhme, Herbert, unverzeichnet, unpag.

ist, wenn sich eine Partei im Bundestag befindet, die unsere Volkheitlichen [sic!] Interessen vertritt.⁶⁶

Diese Rolle sollte die *Deutsche Reichspartei* (DRP) übernehmen. Gemeinsam mit dem ehemaligen NS-Funktionär und Begründer des Buchclubs „Das Reich im Buch" Gerhard Krüger soll Böhme schon 1949 der *Gemeinschaft unabhängiger Deutscher* (GuD) beigetreten sein, eine Vorläuferpartei der DRP.⁶⁷ Er schlug die Initiierung eines „Nationalen Ehrenrates" vor, in dem sich die Rechtsparteien zusammenfinden sollten.⁶⁸ Doch scheiterte die „Sammlungspolitik im rechten Lager"⁶⁹ und die DRP isolierte sich zunehmend.

In der zweiten Hälfte der sechziger Jahre wurden nicht wenige DKEG-Funktionäre – so 1965 auch Böhme selbst⁷⁰ – Mitglieder in der damals jungen *Nationaldemokratischen Partei Deutschlands* (NPD). So sah das DKEG die Aufgabe darin, „zwischen den nationalen Parteien einen Burgfrieden zu erreichen".⁷¹ Böhme gründete 1965 auch den *Arbeitskreis Volkstreuer Verbände* (AVV), dem nationalistische Vereinigungen wie der *Bund Heimattreuer Jugend* (BHJ) oder *Der Stahlhelm e.V.* angehörten.⁷² Allerdings scheiterte das Projekt, die „störrischen Verbände und Vereine unter dieses gemeinsame Dach"⁷³ zu bringen, zu Böhmes Verdruss

---

66 Rundschreiben von Herbert Böhme an Präsidium, Kuratorium und Ehrenhof des DKEG, 30.1.1957, StdA M, KOE-DEUK, Böhme, Herbert, unverzeichnet, unpag.
67 Vgl. Eintrag Krüger, Gerhard, in: Philipp Rees, Biographical Dictionary of the Extreme Right Since 1890, New York 1990, S. 214–215. Zur Verbindung Böhme-Krüger vgl. Kurt Hirsch, Bücher in Braun. Hitlers Literaten werden unter der Theke gehandelt, in: Civis – Zeitschrift für Christlich-Demokratische Politik 6 (1959), H. 56, S. 42–45.
68 Vgl. Rundschreiben von Herbert Böhme an Präsidium, Kuratorium und Ehrenhof des DKEG, 30.1.1957, StdA M, KOE-DEUK, Böhme, Herbert, unverzeichnet, unpag. Vgl. auch Dudek/Jaschke, Entstehung, Bd. 1, S. 262.
69 Ebd.
70 Vgl. Christian Meyer, Das Feindbild der „multikulturellen Gesellschaft" in der „Jungen Freiheit" und der „Nation und Europa", Diss., Freie Universität Berlin 2013, S. 26, Fn. 14. Die Arbeit ist veröffentlicht unter: https://refubium.fu-berlin.de/bitstream/handle/fub188/13659/Promveroeff. pdf?sequence=1&isAllowed=y [Zuletzt aufgerufen am 1.2.2021].
71 Schreiben von Werner Koeppen, 10.9.1967, StdA M, KOE-DEUK, Böhme, Herbert, unverzeichnet, unpag.
72 Vgl. Einladung zur Bismarck-Feier in München, in: Protokollbuch Böhme, S. 49, StdA M, KOE-DEUK, Böhme, Herbert, unverzeichnet, unpag.; Einladung „Otto Bismarck zum 150. Geburtstag", in: Protokollbuch Böhme, S. 48, StdA M, KOE-DEUK, Böhme, Herbert, unverzeichnet, unpag. Zum AVV vgl. Klünemann, Das Deutsche Kulturwerk Europäischen Geistes, S. 287 f.
73 Der Pflegstättenleiterbrief, 1966/8, 9.9.1966, S. 2, StdA M, KOE-DEUK, Böhme, Herbert, unverzeichnet, unpag.

schnell an der „Eigensucht der Verbände".[74] Schließlich gab Böhme 1967 auf und übergab die Leitung des Dachverbandes an den DKEG-Funktionär Alfred E. Manke.[75] Genau zu jener Zeit intensivierten sich aber die Verbindungen zwischen dem DKEG und der Münchner *Burschenschaft Arminia*. Diese errichtete gerade ein Studentenwohnheim, dessen Bau das DKEG 1967 mit einem zinslosen Darlehen in Höhe von 10.000 DM unterstützen wollte. Die farbentragende Verbindung, in der Böhme „Alter Herr" war, wiederum überließ dem DKEG immer wieder ihre Räume.[76] Auch zu Franz Karmasin und dessen 1950 von sudetendeutschen Nationalsozialisten gegründeten *Witikobund* unterhielt Böhme Kontakte.[77] Zum Jahreswechsel 1969/70 rief Böhme die *Deutsche Akademie für Bildung und Kultur* (DABK) ins Leben, eine elitäre DKEG-Ausgründung – die konstituierende Sitzung, bei der Böhme zum Präsidenten des neuen Vereins gewählt wurde, fand während der Kulturtage im Oktober 1970 statt –, in der die ehemaligen Mitarbeiter des Amtes Rosenberg Heinrich Härtle, Werner Koeppen und Robert Scholz eine zentrale Rolle einnahmen.[78]

Im Jahre 1970 unterstützte Böhme maßgeblich die *Aktion Widerstand* (auch „Aktion W") genannte und gegen die Ostpolitik der Bundesregierung gerichtete Kampagne, die nicht zuletzt der Erneuerung der nach dem gescheiterten Einzug in den Bundestag im Niedergang befindlichen NPD dienen sollte. In einer von ihm unterzeichneten Presseerklärung wandte sich das DKEG gegen die „Selbstaufgabe unserer Nation" durch Verzicht auf die ehemals deutschen Gebiete jenseits der

---

[74] Rundschreiben von Herbert Böhme, 1966/7, 1.8.1966, S. 4, StdA M, KOE-DEUK, Böhme, Herbert, unverzeichnet, unpag.
[75] Vgl. Der Pflegstättenleiter, 1967/4, September 1967, StdA M, KOE-DEUK, Böhme, Herbert, unverzeichnet, unpag. Zu Manke vgl. den entsprechenden Beitrag von Philipp Grehn in diesem Band.
[76] Vgl. Karl Günther Stempel an Herbert Böhme, 8.10.1967, StdA M, KOE-DEUK, Böhme, Herbert, unverzeichnet, unpag.; Schillerpreis 1971 für Herbert Böhme, in: Burschenschaftliche Blätter 86 (1971), H. 7, S. 164.
[77] Schreiben von Franz Karmasin, 18.1.1966, StdA M, KOE-DEUK, Böhme, Herbert, unverzeichnet, unpag. Zum Einfluss des Witikobundes auf die sudetendeutsche Vertriebenenpolitik vgl. Tauber, Beyond Eagle, S. 926–935.
[78] Vgl. Rundschreiben von Herbert Böhme an den Arbeitskreis für bildende Kunst, Dezember 1969, StdA M, KOE-DEUK, Böhme, Herbert, unverzeichnet, unpag.; Protokoll der konstituierenden Sitzung der Deutschen Akademie für Bildung und Kultur v. 24.10.1970, StdA M, KOE-DEUK, Böhme, Herbert, unverzeichnet, unpag. Vgl. Mattes Schmerdtmann, Die Deutsche Akademie für Bildung und Kultur, in: Rolf Düsterberg (Hg.), Dichter für das „Dritte Reich". Biografische Studien zum Verhältnis von Literatur und Ideologie, Bd. 5: 10 Autorenporträts und eine Skizze über die Deutsche Akademie für Bildung und Kultur, Bielefeld 2020, S. 321–355, hier S. 321 ff.

Oder-Neiße-Grenze. Böhme rief zum „Widerstand" gegen das angeblich völkerrechtswidrige „Unrecht an Deutschland" auf.[79]

Ehre: Machtkämpfe und Finanzgebaren

Im Laufe der Jahre entfernten sich etliche frühe Weggefährten von Böhme oder verließen das DKEG im Streit. Manch langjähriger Freund stand seinem absoluten Führungsanspruch im Weg. Der Dichter Hans Friedrich Blunck gehörte zu den Mitbegründern des DKEG, trat jedoch später „aus politischen Gründen" aus.[80] Ebenfalls im Dissens entfernten sich die Dichterin und Künstlerin Josefa Berens-Totenohl und der Schriftsteller Theodor Seidenfaden.

Im Fall Berens-Totenohl rief Böhme 1953 den „Ehrenhof" des DKEG an, nachdem die Dichterin schwere Vorwürfe gegen ihn vorgetragen hatte. Zum einen opponierte sie gegen das Geschäftsgebaren Böhmes, zum anderen missfiel ihr die „Ausgestaltung des Kulturwerkes als ‚Teilwesen der unitarischen Glaubensgemeinschaft'". Böhme bot sogar demonstrativ seinen Rücktritt als DKEG-Präsident an – ein machtpolitischer Schachzug, um sich des Rückhalts seiner Anhänger zu versichern und Berens-Totenohl zu diskreditieren.[81] Mit den Jahren sollte Böhme den Ehrenhof, dem mit dem Juristen Karl Günther Stempel ein ihm unbedingt loyaler Gefolgsmann vorstand, wiederholt als Instrument nutzen, um Widersacher in den eigenen Reihen aus dem Weg zu räumen.[82] Dabei zog er Gegner vor das interne Gericht und sicherte sich die Loyalität seiner Anhängerschaft, indem er scheinbar seinen Rücktritt als DKEG-Präsident anbot. Schlichtung konnte oftmals nur durch das Abgeben einer „Ehrenerklärung" erfolgen, also die Unterwer-

---

79 Presseerklärung des Präsidenten Herbert Böhme, Mai 1970, BStU, MfS ZAIG, Nr. 28310, Bl. 4 f. Vgl. auch Christoph Kopke, Die Aktion Widerstand 1970/71: Die „nationale Opposition" zwischen Sammlung und Zersplitterung, in: Massimiliano Livi / Daniel Schmidt / Michael Sturm (Hg.), Die 1970er Jahre als schwarzes Jahrzehnt. Politisierung und Mobilisierung zwischen christlicher Demokratie und extremer Rechter, Frankfurt am Main 2010, S. 249–262.
80 Rundschreiben von Herbert Böhme, Kreis der Dichter, 1.8.1961, StdA M, KOE-DEUK, Böhme, Herbert, unverzeichnet, unpag.
81 Vgl. Schreiben von Karl Günther Stempel, 23.3.1953, 30.3.1953 u. 1.4.1953, StdA M, KOE-DEUK, Böhme, Herbert, unverzeichnet, unpag.
82 Der aus den örtlichen Ehrenräten und einem obersten Ehrenrat bestehende, mit jeweils drei „Richtern" besetzte Ehrenhof hatte sich eine eigene „Ordnung" gegeben, in der es u. a. hieß: „Der Ehrenhafte handelt aus innerer Verantwortung und folgt nur seinem Gewissen." (Die Ordnung des Ehrenhofes im Deutschen Kulturwerk Europäischen Geistes e. V., StdA M, KOE-DEUK, Böhme, Herbert, unverzeichnet, unpag.; Schreiben von Karl Günther Stempel, 26.7.1953, StdA M, KOE-DEUK, Böhme, Herbert, unverzeichnet, unpag.)

fung unter Böhmes Führung. Solche Mitglieder, die den Verein im Streit verließen, sollten „mit Schimpf entlassen" werden.[83]

Der 1968 erfolgte Austritt des Schriftstellers Theodor Seidenfaden, der seit 1953 zweiter stellvertretender Präsident des DKEG gewesen war, sollte schließlich zur Spaltung der Vereinigung führen.[84] Bereits seit einigen Jahren hatte Seidenfaden nicht mehr „am Leben der Pflegstätte Köln"[85] teilgenommen, nachdem er sich mit dem hiesigen Pflegstättenleiter überworfen hatte und diesem vorwarf, gemeinsam mit Böhme gegen ihn zu intrigieren.[86] Seit Seidenfadens Austritt sei im Landesbereich Rhein-Ruhr „eine spürbare Stimmungsveränderung [...] im Gange"[87] gewesen. Bis dahin war ein Machtkampf zwischen Böhme und seiner Münchner Riege[88] auf der einen sowie einem Kreis um den rheinischen Landeswart Hans Bertram auf der anderen Seite ausgebrochen. Tatsächlich musste Böhme eine Spaltung des DKEG fürchten, sammelten sich ab Ende 1958 doch etliche DKEG-Mitglieder in einem *Kulturpolitischen Arbeitskreis Rheinland-Ruhr-Wupper*. Zwar betonte einer der Dissidenten, dass das DKEG „nicht zerschlagen werden" solle[89], doch verstand Böhme die Neugründung als „Verschwörung" gegen seine Person.[90] Bertram hatte schließlich Anfang 1969 die Absetzung des „Diktator[s]" Böhmes gefordert, habe dieser doch dem DKEG schweren Schaden zugefügt und „verdienstvolle Mitglieder des DKEG" verleumdet.[91] Zuvor war durch Böhme ein Verfahren vor dem Ehrenhof eingeleitet, Bertram seiner Ämter enthoben wor-

---

83 Herbert Böhme an Karl Günther Stempel, 4.10.1963, StdA M, KOE-DEUK, Böhme, Herbert, unverzeichnet, unpag.
84 Vgl. Theodor Seidenfaden an Herbert Hertlein, 29.2.1968, StdA M, KOE-DEUK, Böhme, Herbert, unverzeichnet, unpag.; Handschriftlicher Eintrag von Herbert Böhme, undat., S. 23–26, StdA M, KOE-DEUK, Böhme, Herbert, unverzeichnet, unpag.
85 Theodor Seidenfaden an Karl Günther Stempel, 19.12.1965, StdA M, KOE-DEUK, Böhme, Herbert, unverzeichnet, unpag.
86 Vgl. Herbert Böhme an den Ehrenhof des DKEG, 29.9.1965, StdA M, KOE-DEUK, Böhme, Herbert, unverzeichnet, unpag.
87 Anklageschrift gegen Hans Bertram, undat. [September 1968], StdA M, KOE-DEUK, Böhme, Herbert, unverzeichnet, unpag.
88 In ablehnender Anspielung auf den DDR-Kulturminister Johannes R. Becher und dessen Kulturbund ist immer wieder von einem „Becherkreis" die Rede.
89 Kurt Beckmann an Gerd Höffeler, 11.11.1968, StdA M, KOE-DEUK, Böhme, Herbert, unverzeichnet, unpag.; Gedächtnisprotokoll von Herbert Böhme, 16.5.1969, StdA M, KOE-DEUK, Böhme, Herbert, unverzeichnet, unpag.
90 Angelegenheit kulturpolitischer Arbeitskreis Beckmann-Bochum, Herbert Böhme, 30.11.1969, StdA M, KOE-DEUK, Böhme, Herbert, unverzeichnet, unpag.
91 Hans Bertram an den Ehrenrat des DKEG, 20.2.1969, StdA M, KOE-DEUK, Böhme, Herbert, unverzeichnet, unpag.

den.⁹² Am Ende trat Bertram aus dem DKEG aus, weil er sich einer „Ehrenerklärung" zugunsten Böhmes verweigerte.⁹³

Entbrannt war der Konflikt zunächst, nachdem Bertram 1967 auf Ungereimtheiten bei der Sammlung von Geldern für Böhmes 60. Geburtstag aufmerksam gemacht hatte.⁹⁴ Verschiedene Pflegstätten hatten sich vorgenommen, dem in finanzielle Nöte geratenen Ehepaar Böhme mit einer generösen Spende unter die Arme zu greifen.⁹⁵ Die Verquickung von DKEG, *Klüter Blättern* und *Türmer Verlag* in der Person Herbert Böhme bot wiederholt Anlass zur Kritik. Nicht zuletzt warf Bertram Böhme auch vor, dieser vermenge „Idealismus mit Geschäft".⁹⁶ Auf derlei Misstrauen ging dieser schon Jahre zuvor ein und begegnete 1956 dem Vorwurf der Selbstbereicherung in einem Schreiben an die Mitglieder seines Klüter-Kreises:

> Ich kann mich des Eindrucks nicht erwehren, als dächte manch einer von uns doch noch materialistisch, hier wolle Herbert Böhme nur Futter für seinen Verlag schaffen und als dränge er nur auf neue *Klüter-Blätter*-Leser, weil er dadurch auch seine Familie durchbringt. Natürlich bringt er dadurch auch seine Familie durch, aber bringt er nicht zugleich viel, tausend mal viel mehr noch vorwärts von dem, was in uns heute noch verschwiegenermassen [sic!] Deutschland heißt.⁹⁷

In der Tat verband Böhme beides – persönliches Auskommen und nationalsozialistische Ideologie. So unterhielt er einen „Fördererkreis meines Werkes", dessen

---

92 Vgl. Rundschreiben von Herbert Böhme an die Präsidialratsmitglieder, 10.9.1968, in: Protokollbuch Böhme, S. 62, StdA M, KOE-DEUK, Böhme, Herbert, unverzeichnet, unpag.; Herbert Böhme an Karl Günther Stempel, 5.7.1969, StdA M, KOE-DEUK, Böhme, Herbert, unverzeichnet, unpag.
93 Vgl. Hans Bertram an Karl Günther Stempel, 27.8.1969, StdA M, KOE-DEUK, Böhme, Herbert, unverzeichnet, unpag.; Schreiben von Hans Bertram an den Ehrenrat des DKEG, 20.2.1969, StdA M, KOE-DEUK, Böhme, Herbert, unverzeichnet, unpag.; Karl Günther Stempel an Hans Bertram, 25.9.1969, StdA M, KOE-DEUK, Böhme, Herbert, unverzeichnet, unpag.
94 Vgl. Hans Bertram an Karl Günther Stempel, 17.4.1967, StdA M, KOE-DEUK, Böhme, Herbert, unverzeichnet, unpag.; Rundschreiben von Karl Günther Stempel an den Kreis der Dichter und Künstler und die Pflegstättenleiter des DKEG, undat. [Juni 1967], StdA M, KOE-DEUK, Böhme, Herbert, unverzeichnet, unpag.
95 Nach der kostenintensiven Scheidung seiner ältesten Tochter war Böhme in finanzielle Schwierigkeiten geraten. Vgl. Schreiben von Werner Koeppen, 10.9.1967, StdA M, KOE-DEUK, Böhme, Herbert, unverzeichnet, unpag.; Schreiben von Theodor Seidenfaden, 12.9.1967, StdA M, KOE-DEUK, Böhme, Herbert, unverzeichnet, unpag.
96 Anklageschrift gegen Hans Bertram, undat. [September 1968], StdA M, KOE-DEUK, Böhme, Herbert, unverzeichnet, unpag.
97 Rundbrief 56/1 von Herbert Böhme an den Klüter-Kreis, April 1956, StdA M, KOE-DEUK, Böhme, Herbert, unverzeichnet, unpag.

Abonnenten sich zur Abnahme seiner Bücher verpflichteten.[98] Und er konnte sich auf sein unmittelbares Umfeld verlassen – besonders Karl Günther Stempel, Werner Koeppen und Erika Neubauer, die von Koeppen die Leitung der Münchner Pflegstätte übernahm.

Erbe: Böhme postum

Heute scheint sowohl das literarische „Œuvre" von Herbert Böhme als auch sein Wirken als „Netzwerker" im rechten Lager vergessen. Neuauflagen seiner Werke konnten nicht ausgemacht werden. Das war kurz nach seinem Tod anders. Noch 1973 brachte der *Türmer Verlag* den Band „Vermächtnis und Auftrag" mit ausgewählten, bis dahin unveröffentlichten und teilweise nicht verschriftlichten „Aufsätze[n], Sprüche[n], Gedichte[n]" – so der Untertitel – heraus. Im Vorwort hieß es damals, Böhme habe nun „für immer die Feder aus der Hand gelegt." Durch seinen Tod habe „das konservative Deutschland" einen schweren „Substanzverlust [...] erlitten".[99]

Nach einem Magengeschwürleiden und einem Leberabszess hatte sich Böhme nur kurz erholt und starb am 23. Oktober 1971 während der gerade in Planegg stattfindenden Kulturtage. Noch „auf dem Sterbebett"[100] verlieh man ihm den „Schillerpreis des deutschen Volkes". In seiner Trauerrede sprach Karl Günther Stempel von „den Konzentrationslagern nach 1945", in denen „er [Böhme, d. V.] für viele Schicksalsgefährten ein seelischer Halt" geworden sei.[101] Es folgten Nachrufe in den verschiedenen Periodika der extremen Rechten. Neben einem Nekrolog in der *Deutschen National-Zeitung* Gerhard Freys wurde ein Nachruf in der NPD-Wochenzeitung *Deutsche Nachrichten* abgedruckt.[102] Der Unitarier Eberhard Achterberg wollte in *Glaube und Tat* die Bedeutung Böhmes für die Religionsge-

---

98 „Es ist in der Tat so, daß auch meine Bücher ganz einfach vom Buchhandel und noch immer boykottiert werden und deshalb nichts erscheinen könnte, wenn nicht dieser Förderkreis, der nunmehr annähernd aus 200 Mitgliedern besteht, die Herausgabe selbst [...] ermöglichte." (Rundschreiben von Herbert Böhme an den Fördererkreis, 1.11.1955, StdA M, KOE-DEUK, Böhme, Herbert, unverzeichnet, unpag.)
99 Vorwort, in: Herbert Böhme, Vermächtnis und Auftrag. Letzte Reden. Aufsätze, Sprüche, Gedichte, München 1973, S. 5–11, hier S. 5.
100 Rundschreiben von Herbert Böhme, Juni 1971, StdA M, KOE-DEUK, Böhme, Herbert, unverzeichnet, unpag.; Stüber, Herbert Böhme, S. 7.
101 Trauerrede von Karl Günther Stempel, undat. [1971], handschriftlich, StdA M, KOE-DEUK, Böhme, Herbert, unverzeichnet, unpag.
102 Vgl. N. N., Herbert Böhme ist tot, in National-Zeitung, Nr. 44, 29.10.1971, S. 13; Heinrich Härtle, Abschied von Professor Dr. Herbert Böhme, in: Deutsche Nachrichten, Nr. 45, 5.11.1971, S. 9.

meinschaft nach 1945 gewürdigt wissen.[103] Bemerkenswert ist ein Nachruf des Publizisten Jürgen Hahn-Butry: Böhme sei „[g]eliebt und gehaßt, verstanden und mißverstanden, verehrt und diffamiert" worden. „Kein zweiter deutscher Dichter", so Hahn-Butry, „hat sich nach dem Zusammenbruch mit so viel Mannesmut und Heimatliebe seinem deutschen Volk erneut gestellt". „Zeit seines Lebens" habe er „überparteilich um die verschüttete Seele seines Volkes" gerungen.[104]

In einer schmalen Broschüre des DKEG resümierte der österreichische Nationalsozialist Fritz Stüber Leben und Wirken Böhmes: „Das Los der Verfemung, des Ausgestoßenseins im eigenen Lande, das Herbert Böhme in seiner zweiten Lebenshälfte zu tragen hatte! Und das er nicht nur getragen, sondern gegen das er angekämpft und das er schließlich gemeistert hat mit derselben Gläubigkeit wie in seiner Jugend."[105] Der „Geisteszeuge" Böhme wollte „alle schöpferischen Kräfte der Nation zu deren Gedeihen" zusammenfassen, so Stüber.[106]

In den folgenden Jahren entfachte das DKEG einen regelrechten Kult um Herbert Böhme: Man traf sich immer wieder zum „Gedenken am Grab des Kulturwerk-Gründers Prof. Böhme",[107] in den *Klüter Blättern* erinnerte der sudetendeutsche Schriftsteller Ernst Frank an Böhme,[108] und regelmäßig wurden seine Gedichte abgedruckt.[109] Karl Günther Stempel versuchte als dessen Nachfolger als DKEG-Präsident, „den Bestand des Lebenswerkes Herbert Böhme zu retten".[110] Ein DKEG-Mitglied soll 1976 die direkte Linie zum Nationalsozialismus mit einem Versprecher auf den Punkt gebracht haben: „Wir sind kein Literatenverein, sondern ein Kampfbund für, wie Adol... ääähh Herbert Böhme sagte, für Volk, Vaterland

---

103 Vgl. Eberhard Achterberg, Herbert Böhme, in: Glaube und Tat. Deutsch-Unitarische Blätter 22 (1971), H. 11, S. 372.
104 Jürgen Hahn-Butry, Zum Tode Herbert Böhme's, in: Der Sonderkommentar. Analysen zum Zeitgeschehen, Beilage des exclusiven Informations-Dienstes. Die Europäische Einsicht, Nr. 43/1971, 30.10.1971, S. 1–2, StdA M, KOE-DEUK, Böhme, Herbert, unverzeichnet, unpag. Zu Hahn-Butry vgl. Daniel Klünemann, Jürgen Hahn-Butry, der Frontdichter in: Düsterberg (Hg.), Dichter, Bd. 2, S. 79–106.
105 Stüber, Herbert Böhme, S. 2. Zu Fritz Stüber vgl. Margit Reiter, Die Ehemaligen. Der Nationalsozialismus und die Anfänge der FPÖ, Göttingen 2019, bes. S. 132–136.
106 Stüber, Herbert Böhme, S. 5 u. 7.
107 25 Jahre Deutsches Kulturwerk, in: Das Freie Forum – Informationsdienst. Mitteilungsblatt der Gesellschaft für freie Publizistik e.V. 15 (1975), H. 6, S. 11–13, hier S. 12. Noch in den 1980er Jahren „versammelten sich alte Freunde an seinem Grab als Auftakt der Tage deutscher Kultur". Tage deutscher Kultur, in: Deutsche Monatshefte 6–7/1987, S. 64–66, hier S. 64.
108 Vgl. Ernst Frank, Verlagsplanung mit Hindernissen. Erinnerung an Herbert Böhme zu seinem 70. Geburtstag, in: Klütter-Blätter, Oktober 1977, S. 34–35.
109 Bsph. Herbert Böhme, An eine werdende Mutter, in: Deutsche Monatshefte 33 (1982), H. 5, S. 2.
110 Werner Koeppen, Karl Günther Stempel 70, in: Deutsche Monatshefte 3/1987, S. 46.

und Nation."[111] So wurde bis weit in die achtziger Jahre das nationalsozialistische „Vermächtnis" Böhmes weitergetragen. Der Zerfall des DKEG konnte jedoch nicht aufgehalten werden und so verschwand der Verein schließlich in der „Bedeutungslosigkeit"[112] der extrem rechten Vereinslandschaft.

Fazit

In einem 1971 im Hamburger *Konkret Buchverlag* erschienenen Buch wurde Böhme treffend als „rechte[r] Hans Dampf in allen Gassen"[113] beschrieben. Zentral für dessen politische Biographie – die Amalgamierung seines Wirkens als „SA-Dichter" *vor* 1945 mit dem rechten „Netzwerker" *nach* Kriegsende – ist das sich selbst apotheosierende Narrativ, im Internierungslager zum Anführer einer „Schicksalsgemeinschaft" erkoren worden zu sein. Seine Aktivitäten in zahlreichen Gruppierungen der „nationalen Opposition" ließen ihn ab Ende der vierziger Jahre zu einem der bedeutendsten Protagonisten des organisierten Nationalismus Nachkriegsdeutschlands werden. So war er einerseits eine bedeutende Integrationsfigur einer von Beginn an stark zersplitterten Szene. Dabei zeigen seine Auseinandersetzungen mit eigenen Gefolgsleuten die Hybris dieses Mannes. So barg der unbedingte Machtwille und der autoritäre, auf seine Person zugeschnittene Führungsanspruch auch ein enormes Spaltungspotential. Immer wieder wandten sich Mitstreiterinnen und Mitstreiter von ihm ab. Nach seinem Tod verlor das DKEG sukzessive an Bedeutung, spaltete sich gar. Heute scheint Böhme in der rechtsnationalistischen Szene vergessen.

---

111 Wolfgang Wald, Der Name des „Führers" wird noch verschluckt. Wie es beim „Deutschen Kulturwerk Europäischen Geistes" zugeht, in: Die Tat – Antifaschistische Wochenzeitung v. 3.12.1976, Nr. 49, S. 14.
112 Vgl. Veronica Blum, Rechtsextreme Parteien und Organisationen in der Bundesrepublik 1987, Teil XV: Rechtsextreme Kulturvereinigungen, in: blick nach rechts 4 (1987), H. 21, S. 2–3, hier S. 2.
113 Nikolaus Neumann / Jochen Maes, Der geplante Putsch. Die Rechte in der BRD – Ihre Hintermänner und ihre Organisation, Hamburg 1971, S. 63.

Eric Angermann
Thomas Brehl (1957–2010)

Der Stellvertreter

Abb. 4: Thomas Brehl, o. J., vor einer „KDS-Fahne" stehend, *Ganzfigur (Fotoaufnahme)*, Hessisches Staatsarchiv Darmstadt, Bestand O 67 Nr. 719 [Original in Farbe].

Am 1. Januar 2011 vermeldete Axel Reitz, zum damaligen Zeitpunkt noch ein bekannter Vertreter der neonazistischen Rechten,[1] das Ableben seines politischen Ziehvaters: Thomas Brehl war am Tag zuvor von Bekannten tot in seiner Wohnung im hessischen Langen aufgefunden worden. Reitz bezeichnete Brehl als eine herausragende Persönlichkeit des „Nationalen Widerstandes", als einen „politische[n] Soldat[en]", der „sein ganzes Leben lang" ein „Vorkämpfer für ein nationales und sozialistisches Deutschland" gewesen sei.[2] Zugleich verheimlichte er in

---

[1] Inzwischen zählt sich Reitz zum konservativen Lager und geriert sich regelmäßig als Aussteiger, beispielsweise auf seinem eigenen Youtube-Kanal. Vgl. Axel Reitz, Der Reitz-Effekt, unter: https://www.youtube.com/channel/UC8npTgt1xlW5Hn0jvED0TbQ [Zuletzt aufgerufen am 12.1.2021].
[2] Vgl. Axel Reitz, Rundbrief: Thomas Brehl ist tot, unter: https://axelreitz.wordpress.com/2011/01/01/thomas-brehl-ist-tot/ [Zuletzt aufgerufen am 12.1.2021].

∂ Open Access. © 2023 Eric Angermann, publiziert von De Gruyter. [CC BY-NC-ND] Dieses Werk ist lizenziert unter der Creative Commons Attribution-NonCommercial-NoDerivatives 4.0 Lizenz.
https://doi.org/10.1515/9783111010991-005

seinem Blogeintrag nicht, wie umstritten Brehl innerhalb des nationalen Lagers war.[3] Tatsächlich spielte der „Vorkämpfer"[4] Brehl zum Zeitpunkt seines Todes kaum noch jene wichtige politische Rolle, die er in den achtziger Jahren als ‚Stellvertreter' Michael Kühnens[5] vor allem im organisatorischen Strukturaufbau und in der überregionalen Vernetzung der neonazistischen Rechten eingenommen hatte, bis er sich unter anderem nach Vorwürfen bezüglich sexueller Übergriffe und aufgrund seiner mindestens pro-homosexuellen Haltung zu einer polarisierenden Randfigur entwickelte. Das Ziel dieses Beitrags besteht darin, diesen Werdegang Brehls innerhalb der vorrangig männerbündischen und entschieden heterosexistischen und homophoben neonazistischen Rechten herauszuarbeiten.

Als Grundlage dient einerseits die Forschungsliteratur zu Kühnen und zu den ihm de facto unterstehenden Organisationen und Netzwerken. In diesen Werken wird Brehl mit seinen Aktivitäten in der Regel allerdings nur nebensächlich thematisiert. Andererseits liegt dem Beitrag ein breiter Quellenfundus zugrunde. Dieser basiert bis 1988 hauptsächlich auf Prozess- und Staatsschutzakten, einer autobiographischen Schrift, die Brehl 2006 online veröffentlichte und in der er seinen Werdegang bis 1984 schildert,[6] sowie ab 1989 auf der „Materialsammlung Brehl" des Hessischen Staatsarchivs Darmstadt. Die umfangreiche Sammlung, die zuvorderst seine schriftlichen und visuellen Selbstzeugnisse wie Fotos, Kalender oder Briefe beinhaltet, übergab die örtliche Polizei nach Brehls Ableben dem Archiv. Sie ermöglicht jenseits jener Schriften, mit denen Brehl des Öfteren mit einem hohen Sendungsbewusstsein an die Öffentlichkeit trat,[7] eine dichte Beschreibung seines politischen Werdegangs und seiner persönlichen Lebensverhältnisse.[8]

---

3 Vgl. ebd.
4 Ebd.
5 Zu Kühnen vgl. den Beitrag von Ann-Kathrin Mogge in diesem Band.
6 Vgl. Thomas Brehl, Bewegte Zeiten, Langen 2006. Da Autobiographien in der Regel subjektive Schriften darstellen, mit denen ihre AutorInnen im Nachhinein ihr eigenes Handeln zu legitimieren oder gar zu erhöhen versuchen, und zugleich von den Kenntnissen der Gegenwart geprägt sind, wurde für die frühen Lebensjahre Brehls der Versuch unternommen, weitere Quellen als Belege heranzuziehen. Nichtsdestrotz muss kritisch reflektiert werden, dass die hier aufgeführten Geschehnisse aus Brehls Kindheit und Adoleszenz in Teilen lediglich auf seinen eigenen Angaben beruhen. Zur historiographischen Quellenkritik der Autobiographie vgl. u. a. Volker Depkat, Autobiographie als geschichtswissenschaftliches Problem, in: Ders. / Wolfram Pyta (Hg.), Autobiographie zwischen Text und Quelle, Berlin 2017, S. 23–42.
7 Ein prägnantes Beispiel für Brehls Hang zur Überhöhung seiner eigenen Person lässt sich im Nachruf des Apabiz anlässlich seines Todes im Jahr 2010 finden. Dort wird angegeben, dass antifaschistische Recherchegruppen mehrere Jahre zuvor Fotos von Brehl und seinen MitstreiterInnen erhielten, die diese mit Hakenkreuzbinde zeigten. Der anonyme Zusender habe die Forderung gestellt, „umfassend über die Gefährlichkeit der Truppe zu berichten". Letztendlich stellte sich heraus, dass Brehl selbst die Fotos verschickt hatte. Vgl. Michael Weiss, Kongo-Bar für immer

Aufwachsen und erste politische Schritte

Thomas Brehl wurde am 1. Januar 1957 im hessischen Fulda geboren.[9] Er war das einzige Kind des Architekten und Ingenieurs[10] Rudolf und seiner Ehefrau Luise Brehl,[11] die nach Angaben des Sohnes vor der Heirat ein „eigenes Hutgeschäft" betrieben hatte.[12] Brehl schreibt in seiner autobiographischen Schrift „Bewegte Zeiten", dass seine Familie zum gehobenen Mittelstand gehörte, die Eltern in der katholischen CDU-Hochburg Fulda dennoch grundsätzlich der SPD ihre Stimmen gaben.[13] Trotz des Wählens einer Partei mit antifaschistischer Grundhaltung habe sich im elterlichen Haushalt vor allem der Vater über die Zeit des Nationalsozialismus unkritisch bis verherrlichend geäußert. So habe Rudolf Brehl, Jahrgang 1921, kritischen Medienberichten zur NS-Zeit widersprochen und regelmäßig mit „Begeisterung"[14] von seinen Erlebnissen etwa in der *Hitlerjugend* erzählt, über seine Kriegserfahrungen als Obergefreiter der Wehrmacht ebenso wie über seine dreijährige Kriegsgefangenschaft in der Sowjetunion jedoch geschwiegen. Auch seine Mutter, Jahrgang 1919, hatte Brehl zufolge während des Zweiten Weltkriegs als Freiwillige bei der Luftwaffe gedient.[15]

Auch wenn Brehl selbst angibt, dass sein Vater „die Saat" für seine späteren politischen Tätigkeiten gelegt habe,[16] übte den entscheidenden politischen Einfluss wohl sein Großonkel Rudolf Jordan aus. Der ausgebildete Lehrer bekämpfte nach dem Ersten Weltkrieg als Heranwachsender im extrem rechten *Freikorps Oberland* sozialistische ArbeiterInnen und trat bereits 1925 der NSDAP bei. Im Verlauf seiner SA- und Parteikarriere brachte er es vom Ortsgruppenleiter in Fulda bis zum Gauleiter von Magdeburg-Anhalt und SA-Obergruppenführer. Nach dem Zweiten Weltkrieg war er bis 1955 in der Sowjetunion inhaftiert.[17] Brehl, der sich

---

geschlossen. Nachruf zum Tode des Neonazis Thomas Brehl, in: Monitor. Rundbrief des Apabiz, Nr. 49, März 2011, S. 6.
8 Zur Methode der „dichten Beschreibung" vgl. Clifford Geertz, Dichte Beschreibung. Beiträge zum Verstehen kultureller Systeme, Frankfurt am Main 2003.
9 Vgl. Führerscheinkopie Brehl, Hessisches Staatsarchiv Darmstadt (HStAD), O 67 Nr. 813.
10 Vgl. Landgericht Frankfurt am Main, Urteil im Namen des Volkes, 6.11.1984, S. 6, Hessisches Hauptstaatsarchiv Wiesbaden (HHStAW), 461 Nr. 36757/1.
11 Vgl. Sistierungs-Anzeige, Frankfurt am Main, 2.4.1983, S. 2, HHStAW, 461 Nr. 36757/1.
12 Brehl, Bewegte Zeiten, S. 3.
13 Vgl. ebd.
14 Thomas Brehl an T. K., Langen, 27.6.1999, S. 4, HStAD, O 67 Nr. 23.
15 Sie war in Metz stationiert, genaue Tätigkeiten seiner Mutter nennt Brehl allerdings nicht. Vgl. Brehl, Bewegte Zeiten, S. 3f.
16 Ebd., S. 3.
17 Vgl. Landesgeschichtliches Informationssystem Hessen, Biographie Karl Rudolf Jordan, unter: https://www.lagis-hessen.de/pnd/118825534 [Zuletzt aufgerufen am 30.11.2020].

laut eigener Aussage bereits als Zwölfjähriger intensiv mit der Zeit des Nationalsozialismus beschäftigte, Devotionalien aus dem „Dritten Reich" sammelte und „alle gängigen Kampflieder der Nationalsozialisten auswendig" kannte,[18] korrespondierte seit Beginn der siebziger Jahre regelmäßig mit seinem Großonkel Jordan. Dieser schenkte ihm zum Weihnachtsfest 1971 seine Autobiografie „Erlebt und erlitten. Weg eines Gauleiters von München nach Moskau" mit einer persönlichen Widmung, der zufolge das Buch dem Großneffen „ehrliche Kunde" über das Leben des hochrangigen SA-Funktionärs und auch allgemein über die Zeit des Nationalsozialismus geben sollte.[19] Schon in Brehls Jugendjahren trug demnach der familiäre Einfluss entscheidend zur Festigung seiner politischen Positionen bei. Wie bei einem Großteil der in den Nachkriegsjahren in Westdeutschland geborenen und aufgewachsenen Neonazis spielte somit die Täter- und „Erlebnisgeneration" im nahen Umfeld eine zentrale Rolle für die politische Sozialisation, auch wenn Brehl nicht wie andere MitstreiterInnen seiner Generation der Nachgeborenen auf eine Mitgliedschaft in einem völkischen Jugendverband verweisen konnte.[20] Dementsprechend war er als Jugendlicher zwar nicht politisch organisiert, sprühte jedoch schon im Alter von 14 Jahren Hakenkreuze und besuchte zum ersten Mal eine NPD-Veranstaltung.[21]

Brehls Eltern verstarben bereits Anfang der siebziger Jahre,[22] woraufhin er sein Vorhaben, ein Abitur zu erwerben, aufgab und stattdessen finanzielle Unabhängigkeit anstrebte.[23] Am 1. Juli 1974 begann er eine Ausbildung beim *Bundesgrenzschutz* (BGS),[24] der zum damaligen Zeitpunkt noch paramilitärisch ausgerüstet und strukturiert war.[25] Beim BGS habe ihm das Tragen alter Wehrmachtshelme und Kampfanzüge, die seiner Meinung nach jenen der Waffen-SS geähnelt hätten, imponiert, und er zeigte sich von den militärischen Vorgesetzten beein-

---

18 Brehl, Bewegte Zeiten, S. 3.
19 Persönliche Widmung, in: Rudolf Jordan: Erlebt und Erlitten. Weg eines Gauleiters von München bis Moskau, Leoni am Starnberger See 1971, S. 1, HStAD, O 67 Nr. 670.
20 Zur damaligen Funktion von *Wiking-Jugend, Bund Heimattreuer Jugend* u. a. vgl. Gideon Botsch, Die extreme Rechte in der Bundesrepublik Deutschland 1949 bis heute, Darmstadt 2012, S. 55.
21 Vgl. Brehl, Bewegte Zeiten, S. 12.
22 Vgl. Landgericht Frankfurt am Main, Urteil im Namen des Volkes, 6.11.1984, S. 6, HHStAW, 461 Nr. 36757/1.
23 Vgl. Brehl, Bewegte Zeiten, S. 5.
24 Vgl. Landgericht Frankfurt am Main, Urteil im Namen des Volkes, 6.11.1984, S. 6, HHStAW, 461 Nr. 36757/1.
25 Die Entmilitarisierung des BGS begann allerdings bereits ab Mitte der siebziger Jahre. Zur Geschichte des BGS vgl. Patricia M. Schütte-Bestek, Aus Bundesgrenzschutz wird Bundespolizei. Entwicklung einer deutschen Polizeiorganisation des Bundes aus organisationssoziologischer Perspektive, Wiesbaden 2015.

druckt, von denen viele zuvor Wehrmachtsoffiziere gewesen waren. In diesen militaristischen Strukturen fand Brehl politisch Gleichgesinnte, mit denen er „eine kleine NS-Zelle" ins Leben rief und private Treffen in SA- und SS-Uniformen abhielt.[26] Als die Gruppe jedoch im Frühjahr 1977 entsprechend gekleidet und betrunken eine Diskothek in Fulda aufsuchen wollte und in eine Schlägerei geriet, blieb Brehl alleine zurück und wurde von der Polizei festgenommen. Weil ihm seine Vorgesetzten Ermittlungen androhten, verließ er daraufhin den BGS.[27] Eine Kaufmannslehre brach Brehl nach kurzer Zeit ab und arbeitete in der Folgezeit als Lagerist und Kraftfahrer in einem Fuldaer Verpackungsunternehmen.[28] Es sollte nicht das letzte Mal sein, dass ein übermäßiger Alkoholkonsum dem sich zunehmend radikalisierenden Brehl zum Nachteil gereichte.

„Auf Achse" mit der „Wehrsportgruppe Fulda"

Laut eigenem Bekunden war Brehl mit Anfang Zwanzig zunächst „Einzelkämpfer", entwarf nationalsozialistische Logos und Wappen, hielt brieflichen Kontakt zur *NSDAP-Aufbau- und Auslandsorganisation* (NSDAP/AO)[29] und fiel im eigenen Lebensumfeld vereinzelt mit „Heil Hitler"-Rufen und der mutwilligen Zerstörung eines CDU-Wahlplakats mit seinem VW Käfer auf.[30] Im Jahre 1980 initiierte er schließlich mit einer Handvoll Freunde die *Wehrsportgruppe Fulda* (WSG Fulda). Während er seinen Mitstreitern ein primäres Interesse an Geländeübungen und Zeltlagern unterstellte,[31] gefiel sich ihr Anführer Brehl vor allem in der Rolle des politischen Aktivisten: „Was sollte ich am Ulmenstein unbemerkt und in niederster Gangart durchs Gelände robben, wenn in Fulda eine offene Bühne auf unsere Auftritte wartete."[32] Dies lässt darauf schließen, dass Brehl sich zwar in einer da-

---

26 Des Weiteren erwähnt er einen Arbeiter, einen Schüler, einen Kneipenwirt und einen Bereitschaftspolizisten als Teil dieser Gruppe, vgl. Brehl, Bewegte Zeiten, S. 7.
27 Vgl. ebd. S. 7 f.
28 Vgl. Landgericht Frankfurt am Main, Urteil gegen Thomas Brehl, 15.5.1985, S. 3, HHStAW, 461 Nr. 36084/3.
29 Zur Bedeutung der NSDAP/AO, die sich vor allem in der Verbreitung von Propagandamaterialien betätigte, vgl. Marco Carini / Andreas Speit, Alles, was ein Neonazis begehrte, vertrieb er, in: TAZ, 8.5.1996, unter: https://taz.de/Alles-was-ein-Neonazis-begehrte-vertrieb-er-Gary-Rex-Lauck-schickte-verbotene-Buecher-und-Flugblaetter-Hakenkreuze-und-SS-Embleme-konnte-man-bei-ihm-in-den-USA-per-Luftbrief-bestellen-Lauck-gruendete-auch-die-verbotene-NSDAP/AO-Abmorgen/!1458256/ [Zuletzt aufgerufen am 17.1.2021].
30 Vgl. Brehl, Bewegte Zeiten, S. 13 f. u. 16.
31 Vgl. Thomas Brehl an T. K., Langen, 27.6.1999, S. 4, HStAD, O 67 Nr. 23.
32 Brehl, Bewegte Zeiten, S. 17.

mals noch verbreiteten extrem rechten Organisationsform engagierte, tatsächlich aber auf eine andere, an die Öffentlichkeit gerichtete politische Praxis abzielte. Denn schon bald verteilte die WSG Fulda eigene Flugblätter und trug im öffentlichen Raum ihre an die NS-Zeit erinnernden Uniformen.[33] Aufmerksamkeit erlangte die offen neonazistisch auftretende Gruppierung auch mit der Beteiligung an Treffen mit ehemaligen SS-Angehörigen, wie etwa 1982 in Bad Hersfeld.[34]

Mit diesen Aktivitäten der WSG Fulda erreichte Brehl, der in diesen Jahren „auf Achse" war und zu vielen neonazistischen Veranstaltungen im In- und Ausland reiste,[35] zielstrebig den Anschluss an die organisierte neonazistische Rechte in der Rhein-Main-Region. Als erstes „schöne[s] Kameradschaftserlebnis im größeren Kreis" bezeichnete Brehl retrospektiv eine Veranstaltung der *Hilfsorganisation für nationale politische Gefangene und deren Angehörige* (HNG), auf der nicht nur die spätere HNG-Vorsitzende Ursula Müller, sondern auch Walter Kexel und Odfried Hepp anwesend waren,[36] die beide bald darauf rechtsterroristische Anschläge begingen.[37] Nach weiteren Besuchen von Feiern und Veranstaltungen, zum Beispiel auf dem Grundstück eben jener Ursula Müller und ihres Mannes Curt in Mainz, das den bundesdeutschen Neonazis als Ort des Zusammentreffens und der Vernetzung diente,[38] schloss Brehl Bekanntschaft mit Frankfurter Aktivis-

---

33 Vgl. ebd. Die intern vergebenen Dienstränge entsprachen zudem jenen der SS. Vgl. WSG Fulda, Weisung II/1/4/81, HStAD, O 67 Nr. 806.
34 Vgl. Landgericht Frankfurt am Main, Urteil gegen Thomas Brehl, 19.12.1983, S. 5, HHStAW, 461 Nr. 37061/2. In Bad Hersfeld trafen sich in den frühen achtziger Jahren mit Unterstützung der *Hilfsgemeinschaft auf Gegenseitigkeit der Angehörigen der ehemaligen Waffen-SS* (HIAG) mehrmals frühere Mitglieder zweier ehemaliger SS-Divisionen. Vgl. hierzu aus der Sicht damaliger antifaschistischer GegendemonstrantInnen Projektwerkstatt, SS-Treffen in Bad Hersfeld, unter: http://www.projektwerkstatt.de/index.php?domain_id=1&p=19998 [Zuletzt aufgerufen am 28.2.2021].
35 Kontakte sammelte er etwa 1982 in Diksmuide bei der Ijzerbedevaart, die zeitweise ein internationales Vernetzungstreffen der extremen Rechten darstellte, vgl. Brehl, Bewegte Zeiten, S. 27 f. Zur zeitweiligen Bedeutung der Ijzerbedevaart vgl. Deutscher Bundestag, Drucksache 12/8565. Antwort auf die Kleine Anfrage der Abgeordneten Ulla Jelpke und der Gruppe der PDS/Linke Liste zu Dreitägiges Zusammentreffen von europäischen neofaschistischen Organisationen in Diksmuide (Belgien), Bonn, 10.10.1994.
36 Brehl, Bewegte Zeiten, S. 21 f.
37 Zur *Hepp/Kexel-Gruppe* vgl. u. a. Sebastian Gräfe, Rechtsterrorismus in der Bundesrepublik Deutschland. Zwischen erlebnisorientierten Jugendlichen, „Feierabendterroristen" und klandestinen Untergrundzellen, Baden-Baden 2017, S. 142–154.
38 Zur Rolle des Ehepaars Müller und zur Bedeutung seines Grundstücks in Mainz für die bundesdeutsche neonazistische Infrastruktur vgl. Art. Müller, Ursula, in: Jens Mecklenburg (Hg.), Handbuch Deutscher Rechtsextremismus, Berlin 1996, S. 495–496.

tInnen rund um Arndt-Heinz Marx.³⁹ Mit ihnen zusammen gründete er 1982 das Kameradschaftsnetzwerk *Nationale Aktivisten* (NA), in dem die WSG Fulda aufging.⁴⁰ Auch die vorrangig in Hessen aktiven NA wählten den Weg der öffentlichen Provokation, indem etwa bewusst medienwirksam in der Frankfurter Innenstadt Flugblätter gegen die Ausstrahlung der Serie „Holocaust" verteilt oder gemeinsam mit der *Wiking-Jugend*⁴¹ vor Ort gegen die deutsch-deutsche Grenze demonstriert wurde.⁴²

Der immer selbstbewusster agierende Brehl erhob bereits wenige Monate nach der NA-Gründung im Herbst 1982 in einer Rede den Anspruch, mit dem Konzept von offiziell eigenständig agierenden, aber intern miteinander vernetzten NA-Kameradschaften bundesweit aktiv zu werden.⁴³ Für die Realisierung dieser Pläne suchte Brehl, der zusammen mit Marx längst zur Führungsfigur der NA avanciert war, ab Herbst 1982 den Kontakt zu Michael Kühnen, dem damaligen medialen Gesicht des Neonazismus.⁴⁴ Einmal mehr fungierte die Gärtnerei des Ehepaars Müller in Mainz als Ort der Vernetzung, als sich Brehl und Kühnen nach dessen Haftentlassung⁴⁵ zum ersten Mal auf einer Feier zur Wintersonnenwende im Dezember 1982 persönlich begegneten.⁴⁶ Nicht einmal einen Monat später verkündeten die NA und die *Aktionsfront Nationaler Sozialisten* (ANS) um Kühnen am 15. Januar 1983 in Frankfurt am Main ihre Fusion.⁴⁷

---

39 Diese waren zuvor in der inzwischen verbotenen *Volkssozialistischen Bewegung Deutschlands/Partei der Arbeit* (VSBD/PdA) organisiert. Vgl. Art. VSBD/PdA, in: Mecklenburg, Handbuch, S. 174 f.
40 Vgl. Brehl, Bewegte Zeiten, S. 29 f. Marx war zuvor auch Mitglied der Wehrsportgruppe Hoffmann gewesen, vgl. Landgericht Frankfurt am Main, Urteil gegen Michael Kühnen und Arnd-Heinz Marx, 29.3.1985, S. 12, HHStAW, 461 Nr. 37320/2.
41 Zur früheren herausragenden Rolle der 1994 verbotenen Wiking-Jugend im neonazistischen Spektrum vgl. Art. Wiking Jugend e. V. (WJ), in: Mecklenburg (Hg.), Handbuch, S. 320–322.
42 Vgl. Werner Bräuninger, Kühnen. Porträt einer deutschen Karriere. Die Biografie, Bad Schussenried 2016, S. 118.
43 Vgl. Auszug aus einer Rede von Thomas Brehl, 25 Jahre, Kameradschaftsführer „Nationale Aktivisten" Fulda (Herbst 1982), in: Werner Filmer / Heribert Schwan, Was von Hitler blieb. 50 Jahre nach der Machtergreifung, Frankfurt am Main 1983, S. 176–179, hier S. 178.
44 Vgl. Bräuninger, Kühnen, S. 118.
45 Kühnen war im sogenannten „Bückeburger Prozess" 1978 wegen Volksverhetzung und der Verbreitung von Propagandamaterialien verfassungswidriger Organisationen zu vier Jahren Haft verurteilt worden. Vgl. Clemens Gussone, Reden über Rechtsradikalismus. Nicht-staatliche Perspektiven zwischen Sicherheit und Freiheit (1951–1989), Göttingen 2020, S. 337; Barbara Manthe, Rechtsterroristische Gewalt in den 1970er Jahren. Die Kühnen-Schulte-Wegener-Gruppe und der Bückeburger Prozess, in: Vierteljahrshefte für Zeitgeschichte (VfZ) 68 (2020), H. 1, S. 63–93.
46 Vgl. Bräuninger, Kühnen, S. 123.
47 Vgl. Nationale Aktivisten Frankfurt: Frankfurter Appell. Aufruf zur Einigung aller national- und sozialrevolutionären Kräfte, 15.1.1983, HStAD, O 67 Nr. 275.

Brehl als Stellvertreter des „Chefs" Kühnen in der ANS/NA

Die *Aktionsfront Nationaler Sozialisten/Nationale Aktivisten* (ANS/NA) entwickelte sich rasch zur größten neonazistischen Organisation in der Bundesrepublik.[48] Die Organisationsleitung bestand aus Kühnen, Brehl als dessen Stellvertreter sowie zunächst auch Marx.[49] Kühnens Auftreten hatte Brehl von Beginn an begeistert. Er bewunderte dessen angebliche „völlige intellektuelle Überlegenheit" sowie ein „fast magisches Charisma" und attestierte ihm ein „weltmännisches Auftreten", das in den eigenen Reihen nur selten anzutreffen sei.[50] Unter Kühnens Einfluss rückte er vom zuvor favorisierten Organisierungsmodell autonom agierender Kameradschaften ab und beteiligte sich von diesem Zeitpunkt an maßgeblich am Aufbau einer „nach dem Kaderprinzip" ausgerichteten Organisation, die das Ziel hatte, „die lange Nacht des Nationalsozialismus" zu beenden und die Legalisierung einer neugegründeten NSDAP zu erreichen.[51] Während der „Chef" Kühnen vor allem als charismatische Führungsfigur eine gewichtige Rolle einnahm, war Brehl, der ebenfalls als passabler Redner galt, im zielstrebig erfolgten innerorganisatorischen Aufbau der ANS/NA für zentrale und unerlässliche Aufgaben des politischen Tagesgeschäftes verantwortlich. So verwaltete er etwa die Postadresse der ANS/NA, an die neben politischen Bündnispartnern auch interessierte SympathisantInnen schrieben, denen Brehl als erster Ansprechpartner wiederum wich-

---

48 Vgl. Gussone, Rechtsradikalismus, S. 341.
49 Vgl. Bräuninger, Kühnen, S. 126. Marx musste die ANS/NA nach mehreren Konflikten und wegen angeblicher Putschpläne bereits im Herbst 1983 verlassen. Vgl. Brehl, Bewegte Zeiten, S. 55 f.
50 Ebd., S. 38.
51 In der zentralistischen und männerbündischen Organisierungsweise der ANS/NA nahm die Organisationsleitung die federführende Rolle ein. Ihr unterstellt waren die „straff geführt[en] und einheitlich befehligt[en]" Kadermitglieder, die sich aus Sicht der Organisationsleitung in ihrem Aktivismus besonders hervorgetan hatten und in der Folge zu „Kadern" ernannt wurden. Im Vergleich zu den übrigen „Aktivisten" hatten sie u. a. Mitgliedsbeiträge zu zahlen und waren offiziell verpflichtet, auch nach dem Verbot in den einzelnen Kameradschaften der ANS/NA die politische Praxis aufrechtzuerhalten. Die „Kader"-Position entsprach nicht unbedingt zugleich derjenigen eines „Führers" der einzelnen ANS/NA-Kameradschaften, da diese vordergründig – trotz der geteilten Symboliken und Organisationsprinzipien sowie der Verpflichtung, monatlich Aktionsberichte an die weisungsbefugte Organisationsleitung zu versenden – nicht als Teil der ANS/NA galten, um nach einem staatlichen Verbot autonom weiter politisch tätig sein zu können. Nur Männer durften ANS/NA-Mitglieder werden, Frauen hatten dem eigens gegründeten „Mädelbund" beizutreten, der ebenfalls von der Organisationsleitung geführt wurde. Zum Organisationsaufbau vgl. Die Innere Front. Informationsbriefe zur Lage der Bewegung, Nr. 3, März 1983, Apabiz. S. 7 ff.

tige Kontakte vermittelte und Propagandamaterialien zusendete.[52] Des Weiteren entwarf er die nominelle Rangordnung sowie Uniformen und Abzeichen der Gruppe.[53] Diese orientierten sich allesamt am primären historischen Vorbild der SA und fungierten nicht nur als interne Statussymbole, sondern trugen auch zur Stärkung des Zugehörigkeitsgefühls und zur Sinnstiftung und Distinktion bei.[54] Nachdem Brehl schließlich im Frühjahr 1983 mutmaßlich aus politischen Gründen seine Anstellung verloren hatte,[55] unterstützte er Kühnen auf dessen „Deutschlandfahrten", bei denen sie nach eigenen Angaben wöchentlich bis zu 40 Kameradschaften der ANS/NA besuchten.[56] Auch Brehls geselliger Charakter, mit dem er sich vom eher distanziert wirkenden Kühnen unterschied,[57] trug entscheidend zum inneren Zusammenhalt der rasch wachsenden ANS/NA bei. Vor allem in Kneipen und Gaststätten, die er als zentrale Treff- und Vernetzungsorte ansah und in Reminiszenz an die SA als „Sturmlokale" bezeichnete,[58] suchte er das Gespräch mit seinen KameradInnen. Der führende ANS/NA-Protagonist Jürgen Mos-

---

[52] Vgl. als Beispiel KPI Kempten: Zeugenvernehmung, 5.9.1983, HHStAW, 461 Nr. 36088. Diese Funktion des Adressverwalters hatte er auch in den Nachfolgeorganisationen bis 1989 inne, vgl. u. a. Thomas Brehl an K. A., Frankfurt am Main, 20.2.1989, HStAD, O 67 Nr. 1.
[53] Beispielsweise entwarf er das ANS/NA-Logo, das sich am Signum der NA und letztendlich der WSG Fulda orientierte, aber auch generell die Ehren- und Rangzeichen der ANS/NA. Vgl. Bräuninger, Kühnen, S. 126 u. 132.
[54] Zur Bedeutung der Nutzung von Symboliken und weiterer kultureller Praktiken für die Konstitution extrem rechter Bewegungen und Gruppen vgl. u. a. Werner Bergmann / Rainer Erb, „In Treue zur Nation". Zur kollektiven Identität der rechtsextremen Bewegung, in: Kai-Uwe Hellmann / Ruud Koopmans (Hg.), Paradigmen der Bewegungsforschung. Entstehung und Entwicklung von Neuen Sozialen Bewegungen und Rechtsextremismus, Wiesbaden 1998, S. 149–165.
[55] Die Entlassung stand höchstwahrscheinlich mit seiner merklich gestiegenen öffentlich-medialen Präsenz im Zusammenhang. Vgl. Brehl, Bewegte Zeiten, S. 44.
[56] Vgl. ebd., S. 62. In der Forschung ist von insgesamt ca. 30 Kameradschaften mit ungefähr 300 Mitgliedern die Rede. Vgl. Gideon Botsch, Die extreme Rechte, S. 84.
[57] Zum persönlichen Auftreten Kühnens gegenüber MitstreiterInnen vgl. u. a. Ingo Hasselbach, Die Abrechnung. Ein Neonazi steigt aus, Berlin 1994, S. 50 f.
[58] Vgl. u. a. Brehl, Bewegte Zeiten, S. 26 u. 62. Tatsächlich handelte es sich bei den Kneipen, Trinkhallen oder Gaststätten, die als Versammlungs- und Trefforte fungierten, des Öfteren nicht um feste politische Stützpunkte wie die historischen SA-„Sturmlokale", bei denen es klare Kooperationen zwischen Gastwirten und SA-Gliederungen gab. In mehreren Fällen mieteten Aktivisten der Kühnen-Organisationen Veranstaltungsräume unter falschen Vorzeichen an. Dies geschah auch bei der ANS/NA-Gründungsveranstaltung in der Frankfurter Gaststätte „Wienerwald", für die Marx den Saal unter dem Vorwand eines Klassentreffens gebucht hatte, vgl. K 42, Vernehmung des Zeugen W. B., Frankfurt am Main, 25.1.1983, HHStAW, 461 Nr. 36748. Nichtsdestotrotz dienten auch diese Räume der Vergemeinschaftung und waren Ausgangspunkte für neonazistische Gewalt. Zur historischen Rolle der „Sturmlokale" der SA „als Ursprung und Zentrum der Gewalt" vgl. Sven Reichardt, Faschistische Kampfbünde. Gewalt und Gemeinschaft im italienischen Squadrismus und in der deutschen SA, 2. Aufl., Köln u. a. 2009, S. 449–462.

ler, der der Vereinigung auf Initiative Brehls beigetreten war, später aber als einer seiner entschiedenen Gegner auftrat, bescheinigte diesem eine „volkstümliche Art", durch die er in Verbindung mit seinen rhetorischen Fähigkeiten einen sympathischen Eindruck hinterließ.[59]

Brehls Führungsrolle zeigte sich zudem in der Übernahme des Vorsitzes der *Aktion Ausländerrückführung* (AAR),[60] die bei den hessischen Kommunalwahlen 1983 einmalig antrat und als parteipolitischer Arm der ANS/NA figurierte. Auch diese als Partei konzipierte Organisation gründeten die Führungspersonen der ANS/NA um Kühnen, Marx, Mosler und den inzwischen 26-jährigen Brehl im Juni 1983 auf dem Grundstück des Mainzer Ehepaars Müller. Laut Brehl sollten damit „endlich wieder bekennende Nationalsozialisten an einer Wahl in Deutschland teilnehmen".[61] Die AAR trat bei den Kommunalwahlen letzten Endes in nur wenigen Wahlbezirken an und erhielt höchstens 0,5 Prozent der Stimmen.[62] Allerdings verwies die Namensgebung bereits auf den künftigen politischen Schwerpunkt der neonazistischen Rechten – darunter auch, mit großer Strahlkraft, die AktivistInnen um Kühnen, die in den Folgejahren vor allem mit rassistischen Angriffen gegen MigrantInnen auf sich aufmerksam machten.

Letztlich wurde die ANS/NA mitsamt der AAR und weiteren Vorfeldorganisationen bereits am 7. Dezember 1983 verboten.[63] Laut eigener Aussage erfuhr Brehl von der Verbotsverfügung bereits einen Tag zuvor von einem Mitstreiter, der zugleich seine Tätigkeit als V-Mann preisgab. Er habe dadurch noch Materialien vor der kommenden Hausdurchsuchung verschwinden lassen können.[64] Zwar existiert kein weiterer Beleg für diese Schilderungen, aber das Geschehen erscheint durchaus plausibel angesichts vieler ähnlicher Vorfälle sowohl vor als auch nach dem Verbot der ANS/NA.[65]

---

59 Vgl. Bräuninger, Kühnen, S. 337.
60 Vgl. Der Bundesminister des Innern an den Herrn Präsidenten des Bundesverfassungsgerichts, Bonn, 24.10.1984, S. 3, HHStAW, 461 Nr. 37061/2.
61 Brehl, Bewegte Zeiten, S. 60.
62 Vgl. Art. Aktionsfront Nationaler Sozialisten/Nationale Aktivisten, in: Mecklenburg (Hg.), Handbuch, S. 149–150, hier S. 150.
63 Vgl. Regierungspräsidium Darmstadt, Betr.: Verbot der „Aktionsfront Nationaler Sozialisten/ Nationaler Aktivisten" (ANS/NA), hier: Vollzug des Verbotes am 7.12.1983, Darmstadt, 9.12.1983, HStAD, H1 Nr. 30837.
64 Vgl. Brehl, Bewegte Zeiten, S. 78.
65 Vgl. zur breiten Kritik an den Verfassungsschutzämtern und ihren Einsatz von ‚Vertrauenspersonen' u. a. Jan Dirac, „Brandstifter-Effekt". Der Geheimdienst und seine Neonazi-Spitzel, in: Bodo Ramelow (Hg.), Schreddern, Spitzeln, Staatsversagen. Wie rechter Terror, Behördenkumpanei und Rassismus aus der Mitte zusammengehen, Hamburg 2013, S. 135–140.

Rückblickend stellten für Brehl das Jahr 1983 und seine Aktivitäten für die ANS/NA einen, wenn nicht sogar den Höhepunkt seines politischen Lebens dar. Das „ANS-Jahr" sei von einem permanenten und medial breit rezipierten Aktivismus geprägt gewesen, auf den er auch über zwanzig Jahre später noch „ungeheuer stolz" war: Die ANS/NA war für Brehl „tatsächlich so etwas wie die ‚neue SA' geworden".[66] Auch wenn diese Behauptung einem historischen Vergleich keineswegs standhält, gelang es der ANS/NA unter den maßgeblichen Führungsfiguren Kühnen und eben auch Brehl, einen beträchtlichen Teil der bundesdeutschen neonazistischen Rechten in einer Organisation zu versammeln.[67] Ungeachtet dieser Verdienste wurde immer häufiger aber auch Kritik an Brehl geübt, die jedoch nicht auf seine politischen Aktivitäten zielte. Vielmehr mehrten sich bereits zu diesem Zeitpunkt Stimmen, die Brehl wegen seiner möglichen Homosexualität ablehnten und ihm sexuelle Übergriffe vorwarfen.[68]

„Hauptsekretär" von Kühnens Gnaden

Nach dem ANS/NA-Verbot gaben sich die weiterhin bestehenden Strukturen neue Namen und Formen. Die früheren ANS/NA-Kameradschaften waren nun offiziell Lesekreise der „Neuen Front",[69] dem zentralen Mitteilungsblatt der Führungsriege um Kühnen, und bildeten die *Gesinnungsgemeinschaft der Neuen Front* (GdNF). Zugleich infiltrierten ihre Mitglieder die zuvor bedeutungslose *Freiheitliche Deutsche Arbeiterpartei* (FAP), um weiter politisch in der Öffentlichkeit auftreten zu können.[70] Der interne Führungszirkel firmierte ab Mai 1984 zudem als *Komitee*

---

66 Brehl, Bewegte Zeiten, S. 60 ff.
67 Vgl. hierzu auch Gideon Botsch, Die extreme Rechte, S. 84.
68 Vgl. Bräuninger, Kühnen, S. 212, S. 401 f.
69 Bis zur Ausgabe 6 und somit in Zeiten der ANS/NA-Legalität hieß das „Informationsblatt" noch „Die Innere Front". Vgl. Die Innere Front. Informationsbriefe zur Lage der Bewegung, Nr. 6, Oktober 1983, Apabiz. Auch die fortlaufende Nummerierung unter dem neuen Namen „Die Neue Front" verweist auf die strukturelle Kontinuität. Vgl. Die Neue Front. Informationsbrief zur Lage der Bewegung, Nr. 7, Dezember 1983, Apabiz.
70 Vgl. Art. Gesinnungsgemeinschaft der Neuen Front (GdNF), in Mecklenburg (Hg.), Handbuch, S. 269. Brehl und andere Führungsfiguren wurden jedoch formal nicht Mitglieder der FAP, auch wenn sie regelmäßig auf Parteiveranstaltungen auftraten. Damit sollte ein Parteiverbot strategisch vermieden werden, intern sollten aber die früheren ANS/NA-Kader das politische Geschehen der FAP bestimmen. Eingehalten wurde dies allerdings nicht in jedem Fall, so war etwa Volker Heidel FAP-Landesvorsitzender. Vgl. Verfassungsschutz Niedersachsen, Materialsammlung „Freiheitliche Deutsche Arbeiterpartei" (FAP), Teil 1: Überregionaler FAP-Bereich, o. O., 1986, S. 9, Landesarchiv Niedersachsen (Nds.) 105, Acc 2001/044, Nr. 187.

zur Vorbereitung der Feierlichkeiten zum 100. Geburtstag von Adolf Hitler (KAH),[71] das laut Brehls Angaben „in bester SA-Tradition in einer Bierkneipe" in Madrid von ihm und Kühnen gegründet worden sei.[72] Der ins westeuropäische Ausland geflüchtete Kühnen ernannte den bedingungslos loyalen Brehl, der auch als „GdNF-Bereichsleiter Mitte" fungierte,[73] nun auch offiziell zu seinem Stellvertreter.[74] Nach der Inhaftierung und Verurteilung des „Chefs" leitete er sogar als „Hauptsekretär" die GdNF.[75]

Zu dieser Position kam Brehl allerdings nicht aufgrund herausragender Führungsqualitäten, die ihn von anderen GdNF-Köpfen unterschieden hätte, sondern weil er den Anordnungen Kühnens jederzeit getreu Folge leistete.[76] Zudem litten seine Stärken in der politischen Arbeit unter seiner schlechten finanziellen Lage – er war weiterhin arbeitslos und eine Erbschaft war 1985 endgültig aufgebraucht[77] – sowie unter seinem erheblichen Alkoholkonsum.[78] Des Weiteren kursierte auch der Vorwurf, dass Brehl einen Mitstreiter unter Alkoholeinfluss sexuell missbraucht habe. Mit seinem Verhalten entsprach er immer weniger dem Idealbild „soldatischer Männlichkeit" als hegemonialem Männlichkeitsentwurf innerhalb der politischen Rechten, zu dem etwa ein kompromissloses und dominantes Auftreten als heterosexueller Anführer und Leistungsträger gezählt wird.[79] Der Unmut wuchs somit in der stagnierenden GdNF, bis schließlich am 19./20. Juli 1986 auf einem „Führerthing" in Grevenbroich die interne Opposition um Mosler, Volker Heidel und Michael Swierczek nicht etwa einen sexuellen Übergriff ihres „Hauptsekretärs" problematisierte, sondern den Kampf gegen Homosexualität „innerhalb und außerhalb unserer Reihen" proklamierte.[80] Diesen homophoben Auf-

---

71 Vgl. Georg Christians, „Die Reihen fest geschlossen". Die FAP – Zu Anatomie und Umfeld einer militant-neofaschistischen Partei in den 80er Jahren, Marburg 1990, S. 100.
72 Thomas Brehl an R. F., Langen, 21.8.1995, S. 3 f., HStAD, O 67 Nr. 75. Vorbild sei ein ähnliches neofaschistisches Komitee zum Geburtstag Mussolinis in Italien gewesen.
73 Vgl. Bräuninger, Kühnen, S. 189.
74 Vgl. ebd., S. 196.
75 Vgl. Verfassungsschutz Niedersachsen, Materialsammlung „Freiheitliche Deutsche Arbeiterpartei" (FAP), Teil 1: Überregionaler FAP-Bereich, o. O., 1986, S. 5, Nds. 105, Acc 2001/044, Nr. 187.
76 Vgl. Bräuninger, Kühnen, S. 316.
77 Vgl. Thomas Brehl an die Staatsanwaltschaft beim Landgericht Frankfurt am Main, Fulda, 20.2.1986, HHStAW, 461 Nr. 36084/3.
78 Vgl. Bräuninger, Kühnen, S. 174.
79 Vgl. Fabian Virchow, Tapfer, stolz, opferbereit – Überlegungen zum extrem rechten Verständnis „idealer Männlichkeit", in: Robert Claus / Esther Lehnert / Yves Müller (Hg.), „Was ein rechter Mann ist...". Männlichkeiten im Rechtsextremismus, Berlin 2010, S. 39–52, hier S. 44.
80 Bräuninger, Kühnen, S. 341 f.

ruf beantwortete Kühnen mit einer Solidarisierung[81] mit seinem Stellvertreter und mit dem ebenfalls angegriffenen Michel Caignet.[82] Zudem veröffentlichte er die Schrift „Nationalsozialismus und Homosexualität", der letztlich die Spaltung der GdNF folgte.[83]

In der Folge litt Brehls Position allerdings auch innerhalb des „Kühnen-Flügels". Zwar gelang es ihm, „Die Neue Front" als Zentralorgan des eigenen Lagers neu zu konstituieren,[84] die nun in Konkurrenz zur gleichnamigen Publikation des „Mosler-Flügels" erschien.[85] Allerdings kritisierte Kühnen Brehl für seine nicht erkennbare Eigeninitiative, die verringerte Medienpräsenz der „Bewegung" und seine fehlende Führungsstärke im Rahmen der GdNF-Spaltung.[86] Schließlich übernahm im Mai 1987 Christian Worch die offizielle „Gesamtführung" im kühnentreuen GdNF-Lager, während sich Brehl von da an als „geschäftsführender Stellvertreter des Generalsekretärs des KAH" auf seine eigentlichen politischen Stärken konzentrieren sollte und somit seinen Führungsposten verlor.[87]

Der Neuanfang in Langen

Zur früheren Funktion des Stellvertreters degradiert, nahm Brehl dennoch abermals eine gewichtige Rolle beim Aufbau einer weiteren Organisation ein: Die *Nationale Sammlung* (NS) als neue zentrale Vorfeldorganisation gründete sich am 15. Juli 1988 als „Wählerinitiative" der FAP, wobei de facto insbesondere mit dem Kühnen-treuen hessischen Landesverband dieser Partei starke Überschneidungen

---

81 Vgl. Michael Kühnen an liebe Kameraden, Butzbach, 1.9.1986, Apabiz.
82 Caignet war ein französischer Neonazi und Weggefährte Kühnens, der sich kurz zuvor öffentlich zu seiner Homosexualität bekannt hatte. Vgl. Karl Kniest, Die „Kühnen-Bewegung" – Darstellung, Analyse und Einordnung. Ein Beitrag zur deutschen und europäischen Geschichte des Rechtsextremismus, Frankfurt am Main 2000, S. 145.
83 Darin propagiert Kühnen die positive Rolle Homosexueller für den männerbündischen (Neo-)Nationalsozialismus in seiner Bewegungsphase. Vgl. hierzu auch Simon Volpers, Neue rechte Männlichkeit. Antifeminismus, Homosexualität und Politik des Jack Donovan, Hamburg 2020, S. 153 ff.
84 Vgl. Bräuninger, Kühnen, S. 436.
85 Die Herausgeber der konkurrierenden Publikation traten als „Braunes Autorenkollektiv" auf. Vgl. Die Neue Front. Informationsbrief für die Bewegung, 5. Jg., Nr. 44, November/Dezember 1987, Apabiz.
86 Vgl. Bräuninger, Kühnen, S. 399.
87 Thomas Brehl, Michael Kühnen, Christian Worch: Gemeinsame Erklärung, in: Die Neue Front, 5. Jg., Nr. 44, Juni 1987, S. 9, Apabiz.

bestanden.[88] Tatsächlich konzentrierten sich die Aktivitäten der NS auf die nahegelegene Kleinstadt Langen. Hierhin war Brehl bereits Ende 1986 umgezogen[89] und hatte dort ansässige Neonazis wie Heinz Reisz, der zwischen 1968 und 1972 bereits NPD-Stadtverordneter gewesen war,[90] und Gerald Hess, der sich schon als Jugendlicher in der ANS/NA und in der FAP betätigt hatte,[91] von der Mitarbeit im neuen Projekt überzeugt. Zudem wohnten im nahegelegenen Frankfurt am Main Otto Riehs und weitere wichtige MitstreiterInnen. Ein weiterer relevanter Faktor, der für die Konzentration der politischen Arbeit auf Langen sprach, war das dortige Wohnheim für Aus- und Übersiedler, in dem emigrierte Angehörige deutschsprachiger Minderheiten aus staatssozialistischen Ländern sowie Flüchtlinge aus der DDR lebten. Bei ihnen vermutete die Gruppe um Kühnen und Brehl wertkonservative bis völkische Einstellungen und daher ein Rekrutierungspotential[92] – und tatsächlich organisierten sich Personen wie die DDR-Übersiedler Rainer Sonntag und Frank Hübner[93] in der NS.

Als Kühnen am 1. März 1988 das Gefängnis verließ,[94] hatte der „Stellvertreter" Brehl bereits die organisatorische Vorarbeit für die darauffolgenden Aktivitäten der *Nationalen Sammlung* geleistet. Zwar war die NS auch bundesweit aktiv,[95] ihr maßgebliches Ziel lag aber in der Beteiligung an den hessischen Kommunalwahlen: Das stark migrantisch geprägte Langen sollte zur „ersten ausländerfreien Stadt" der Bundesrepublik werden.[96] Damit versuchte die GdNF von der sogenannten „Asyldebatte" zu profitieren, die vor allem die Unionsparteien angesto-

---

88 Vgl. Hessisches Ministerium des Innern an das Regierungspräsidium Darmstadt, Betr.: Vollzug des Vereinsgesetzes, hier: Verbot der „Nationalen Sammlung", Wiesbaden, 1.2.1989, HstAD, H15 Nr. 5755.
89 Vgl. Bräuninger, Kühnen, S. 389.
90 Vgl. Offenbach-Post, „Lauthals Nazilieder angestimmt". Langener Erklärung gegen Rechtsextremismus/Aufatmen im Rathaus über Verbot der „NS", 10.2.1989, S. 3, HStAD, O 67 Nr. 265.
91 Vgl. K 42: Kommunalwahlen 1985, Kandidatur der „Freiheitlichen deutschen Arbeiterpartei (FAP)", Frankfurt am Main, 11.10.1984, S. 1, HHStAW, 461 Nr. 37079.
92 Vgl. u. a. Gideon Botsch, Vor Hoyerswerda. Zur Formierung des Neonazismus in Brandenburg, in: Heike Kleffner / Anna Spangenberg (Hg.), Generation Hoyerswerda. Das Netzwerk militanter Neonazis in Brandenburg, S. 45–61, hier S. 54.
93 Vgl. Art. Hübner, Frank Maik, in: Mecklenburg (Hg.), Handbuch, S. 474.
94 Im Januar 1985 war Kühnen erneut wegen des Verbreitens von NS-Propagandamitteln verurteilt worden. Vgl. Kniest, Kühnen-Bewegung, S. 75.
95 Z.B. unternahm Kühnen erneut „Deutschlandfahrten", bei denen Brehl ihn wiederum begleitete. Vgl. Thomas Brehl, Deutschlandfahrt 1988, HStAD, O 67 Nr. 133.
96 Vgl. Offenbach-Post, „Lauthals Nazilieder angestimmt". Langener Erklärung gegen Rechtsextremismus/Aufatmen im Rathaus über Verbot der „NS", 10.2.1989, S. 3, HStAD, O 67 Nr. 265.

ßen hatten und die sich in der zweiten Hälfte der achtziger Jahre gegen einen angeblichen „Asylmissbrauch" richtete.[97]

Brehl war einer der Wahlkandidaten der NS in Langen.[98] Er wohnte dort zunächst bei Gerald Hess[99] und verwaltete das NS-Postfach.[100] In den letzten Monaten der NS-Aktivitäten wohnte er u. a. zusammen mit Kühnen in Frankfurt am Main im sogenannten „Höllenhaus", das von einer älteren Unterstützerin zur Verfügung gestellt wurde[101] und dessen Bezeichnung auf die dort herrschenden „unsäglich[en]" Zustände zurückging.[102] In Langen arbeitete Brehl hauptsächlich vom sogenannten „Hauptgefechtsstand" aus, wo sich „das politische Geschehen jener Tage" abspielte.[103] Dabei handelte es sich um einen Gemeinschaftsraum im Hinterhaus einer Trinkhalle, der als Räumlichkeit auch hier von einer Sympathisantin der „Erlebnisgeneration" zur Verfügung gestellt worden war.[104] Bei Brehls ständigem Aufenthalt in einer Trinkhalle verwundert es kaum, dass sein ohnehin hoher Alkoholkonsum weiter stieg. Zudem wurde er vermehrt für seine abnehmende Arbeitsdisziplin kritisiert,[105] die ihn zuvor auszeichnete und über welche er zeitweilig als starke Führungspersönlichkeit in Erscheinung trat. Dadurch genügte er auch weiterhin kaum mehr den innerorganisatorischen Ansprüchen eines „politischen Soldaten" oder „Führer[s]", der als „Vorbild [...] im persönlichen Auftreten, in der Dienstauffassung, in der eigenen Ausübung aller Pflichten eines Aktivisten" und „im außerdienstlichen Lebenswandel" zu gelten hatte.[106] Zudem entsprach sein körperliches Erscheinungsbild als „Bedeutungsträger von Geschlechtlich-

---

97 Ziel der Kampagne war eine Verschärfung des Asylrechts, die schließlich 1992 im Bundestag beschlossen wurde. Zur „Asyldebatte" vgl. Ulrich Herbert, Geschichte der Ausländerpolitik in Deutschland. Saisonarbeiter, Zwangsarbeiter, Gastarbeiter, Flüchtlinge, München 2001, S. 296–315.
98 Vgl. K 42: Vermerk, Frankfurt am Main, 5.1.1989, S. 2, HHStAW, 461 Nr. 37411/1.
99 Offenbach-Post, „Lauthals Nazilieder angestimmt". Langener Erklärung gegen Rechtsextremismus/Aufatmen im Rathaus über Verbot der „NS", 10.2.1989, S. 3, HStAD, O 67 Nr. 265.
100 Thomas Brehl an Paul Hess, Langen, 15.1.1991, HStAD, O 67 Nr. 2.
101 Vgl. Kniest, Kühnen-Bewegung, S. 76.
102 So bezeichnete Worch die Verhältnisse in der neonazistischen Wohngemeinschaft. Dieser hatte nach eigenen Angaben zusammen mit seiner damaligen Frau und Aktivistin Ursula Worch erfolglos versucht, Kühnen aus der dortigen „ungesunden Atmosphäre" herausholen. Vgl. Bräuninger, Kühnen, S. 428.
103 Thomas Brehl an Patrick Wieschke, Langen, 7.10.2003, S. 2, HStAD, O 67 Nr. 48.
104 Vgl. ebd. Der „Hauptgefechtsstand" stellte bis zum Ende der neunziger Jahre einen der zentralen sozialen Orte für Brehl dar. Vgl. Thomas Brehl an Edmund Eminger, Langen, 9.12.2000, HStAD, O 67 Nr. 26.
105 Vgl. Bräuninger, Kühnen, S. 415.
106 Vgl. Komitee zur Vorbereitung der Feierlichkeiten zum 100. Geburtstag des Führers, Dienstvorschrift für Rhein-Westfalen, DVRW 1984, S. 2 f., HStAD, O 67 Nr. 265.

keit"[107] in keiner Weise mehr den soldatisch-männlichen Körperidealen einer neonazistischen Szene, die sich in ihrer Ästhetik im hohen Maße am Jugendmythos der ursprünglichen faschistischen Bewegung orientierte und orientiert.[108] Brehls Ruf und somit auch seine Bedeutung für die GdNF sanken stetig.

Der politische Abstieg

Die NS wurde noch vor den Kommunalwahlen im Februar 1989 verboten,[109] womit auch dieses Projekt des Kühnen-Lagers letzten Endes erfolglos blieb. Zugleich verschlimmerte sich die soziale Lage Brehls zusehends: Nach dem Verlust des „Höllenhauses"[110] war Brehl ohne Wohnsitz und „hauste" nach eigenen Angaben „monatelang in einer Gartenhütte".[111] Zudem stellte das Sozialamt im Frühjahr 1989 die Zahlungen an ihn für einige Zeit ein.[112] In dieser prekären Lebenssituation konnte Brehl seine zentralen Aufgaben, wie etwa die Verwaltung der GdNF-Post, kaum noch erfüllen.[113] Unter diesen Umständen verschlechterte sich auch das Verhältnis zu Kühnen rapide.[114] Dieser kritisierte Brehl in einem Brief an die „Führungskameraden" als „unfähig", seine Aufgaben aufgrund des „Elend[s] seiner Lebenssituation", aber auch wegen Charakteristika „seiner eigenen Person" weiter ausüben zu können.[115] Daher enthob er Brehl von der Position des Stellvertreters.[116] Er erhielt zwar den nominellen Posten des Stellvertreters „im ‚Büro Kühnen'",[117] dennoch übte der zeitweilig engste Weggefährte Kühnens kaum noch Einfluss innerhalb der GdNF aus. Somit spielte er in den Wendejahren und damit

---

107 Virchow, Tapfer, S. 48.
108 Vgl. zum Jugendmythos der SA Reichardt, Kampfbünde, S. 355–359. Zum Bild der „Jugend" in der heutigen neonazistischen Szene vgl. Virchow, Tapfer, S. 46.
109 Vgl. Hessisches Ministerium des Innern an das Regierungspräsidium Darmstadt, Betr.: Vollzug des Vereinsgesetzes, hier: Verbot der „Nationalen Sammlung", Wiesbaden, 1.2.1989, HStAD, H15 Nr. 5755.
110 Vgl. Bräuninger, Kühnen, S. 429.
111 Brehl beschwerte sich in einem Brief an die langjährige Vertraute und HNG-Vorsitzende Christa Goerth über die fehlende Unterstützung der „Kameraden" in dieser Lebenslage. Letzten Endes habe er bei einem privaten Bekannten in einer kleinen Wohnung Unterschlupf gefunden. Vgl. hierzu Thomas Brehl an Christa Goerth, Langen, 9.5.1991, S. 3, HStAD, O 67 Nr. 2.
112 Vgl. Thomas Brehl an G. A., Bielefeld, 9.5.1989, HStAD, O 67 Nr. 1, S. 1.
113 Hierzu vgl. den Briefverkehr Brehls zwischen Februar und Mai 1989, HStAD, O 67 Nr. 1.
114 Vgl. hierzu Thomas Brehl an Christa Goerth, Langen, 9.5.1991, S. 2, HStAD, O 67 Nr. 2.
115 Michael Kühnen an „liebe Führungskameraden", Langen, 25.8.1989, S. 1f., HStAD, O 67 Nr. 2.
116 Vgl. ebd., S. 2.
117 Vgl. Die Neue Front, 7. Jg., Nr. 67, Oktober/November 1989, S. 7, Apabiz.

während der Vereinigung der ost- und westdeutschen neonazistischen Rechten kaum noch eine Rolle, auch wenn er vereinzelt noch als Redner auf Veranstaltungen und Kundgebungen auftrat.[118] Zu „Führer-Things", auf denen sich die GdNF-Führungsriege traf, wurde er bereits nicht mehr eingeladen.[119] Nach dem Ableben Kühnens besaß er in den von ihm maßgeblich mit aufgebauten Strukturen endgültig keine Relevanz mehr.

Im Verlauf der neunziger Jahre zog sich Brehl politisch zunächst zurück. 1991 trat er in Langen kurzzeitig mit einer „Bürgerinitiative" zum Erhalt eines Gebäudekomplexes, in dem Brehl zum damaligen Zeitpunkt wohnte, an die Öffentlichkeit.[120] Immerhin einige Jahre lang betreute er eine Kampagne zur Freilassung des inhaftierten Kühnen-Nachfolgers Gottfried Küssel, die allerdings kaum Widerhall in den eigenen Reihen fand.[121] Zudem korrespondierte er mehr oder minder regelmäßig mit einstigen WeggefährtInnen wie etwa Christa Goerth,[122] Ursula Müller,[123] Arnulf Priem,[124] Christian Worch[125] oder Thomas Wulff.[126] Auch die Justiz ermittelte und urteilte weiter gegen ihn – nun aber nicht mehr wegen diverser politischer Delikte als ANS/NA- und GdNF-Aktivist,[127] sondern weil Brehl für einen Bekannten ein Hakenkreuz aus Keramik hergestellt hatte, das dieser für alle sichtbar in der Nähe des Wohnungsfensters drapierte.[128] Trotz dieser Umstände er-

---

118 So etwa beim „Gautreffen Brandenburg" am 15. September 1990 in der noch existierenden DDR, an dem sich auch regional führende Vertreter der *Deutschen Alternative* (DA) beteiligten. Vgl. Die Neue Front, 8. Jg., Nr. 74, September 1990, S. 45 (Apabiz).
119 Vgl. Thomas Brehl an Christa Goerth, Langen, 6.2.1991, S. 1, HStAD, O 67 Nr. 2.
120 Vgl. Thomas Brehl an Fred Eichner, Langen, 21.1.1991, S. 1 f., HStAD, O 67 Nr. 2.
121 Kühnen bestimmte Küssel zu seinem Nachfolger als „Chef" der GdNF, allerdings wurde dieser bereits im Januar 1992 in Österreich verhaftet und wegen NS-Wiederbetätigung zu einer zehnjährigen Haftstrafe verurteilt. Zur Kampagne und zum Verhältnis Brehls zu Küssel vgl. u. a. Thomas Brehl an A. B., Langen, 5.11.1996, HStAD, O 67 Nr. 76.
122 Vgl. u. a. Christa Goerth an Thomas Brehl, Neustrelitz, 17.6.2002, HStAD, O 67 Nr. 33.
123 Vgl. u. a. seinen letzten aufbewahrten Brief politischen Inhalts, Thomas Brehl an Ursula Müller, Langen, 18.10.2010, O 67 Nr. 71.
124 Vgl. u. a. Thomas Brehl an Arnulf Priem, Langen, 6.7.1999, HStAD, O 67 Nr. 23.
125 Vgl. u. a. Thomas Brehl an Christian Worch, Langen, 29.11.1999, HStAD, O 67 Nr. 24.
126 Vgl. u. a. Thomas Brehl an Thomas Wulff, Langen, 18.11.1998, HStAD, O 67 Nr. 18.
127 Zur Übersicht über die zahlreichen Verfahren gegen Brehl, bei denen er in fast allen Fällen Geld- und Bewährungsstrafen erhielt, vgl. u. a. Aktueller Strafregisterauszug von Thomas Brehl, Stand: August 1999, HStAD, O 67 Nr. 128.
128 Vgl. Offenbach Post, Zerbrochenes Hakenkreuz „für die kahlen Wände", 19.5.1995, o. S., HStAD, O 67 Nr. 128.

strebte er nach einer Rehabilitationskur[129] und einer zeitweiligen Alkoholabstinenz[130] wieder die neonazistische Bühne.

Ein letztes umstrittenes Projekt

Im Sommer 1997 kontaktierte Brehl Michael Koth,[131] ein abgesetztes Zentralkomitee-Mitglied einer stalinistischen Kleinstpartei und Verfechter der nordkoreanischen Chuch'e-Ideologie.[132] Aus dem Briefverkehr und mehreren gemeinsamen Treffen resultierte schließlich mit dem *Kampfbund Deutscher Sozialisten* (KDS) ein als „Querfront"[133] eingestuftes Projekt. Laut Brehl handelte es sich beim KDS um eine „Allianz der Vernunft", die sich aus dem „Scheitern aller nationalrevolutionären Bestrebungen seit 1945" herleitete.[134] Brehl bezeichnete den KDS als ein Sammelbecken all jener, die „die wahren Hintergründe des Weltgeschehens" durchschaut hätten und abseits sektiererischer Tendenzen aus „Liebe" zum „Vaterland", für den „Erhalt" des Volkes und für einen nationalen Sozialismus kämpfen wollten.[135] Neben einem als Antizionismus kaschierten Antisemitismus und völkischem Nationalismus bildete auch ein nicht näher bestimmter Antiimperialismus, der sich u. a. in der Solidarität mit den Regimen von Saddam Hussein und Kim Jong-il ausdrückte,[136] die weltanschauliche Basis.

---

129 Vgl. Thomas Brehl: Mein Kur-Tagebuch, Breuberg-Sandbach, Februar 1998, HStAD, O 67 Nr. 119.
130 Vgl. Thomas Brehl an T. H., Langen, 16.5.1999, HStAD, O 67 Nr. 22.
131 Vgl. Thomas Brehl an Michael Koth, Langen, 6.7.1997, HStAD, O 67 Nr. 12.
132 Vgl. Antifaschistisches Infoblatt, Michael Koth – eine rot-braune Karriere, unter: https://www.antifainfoblatt.de/artikel/michael-koth-eine-rot-braune-karriere [Zuletzt aufgerufen am 8.1.2021]. Im staatssozialistischen Nordkorea entwickelte sich die Chuch'e-Ideologie spätestens in den neunziger Jahren zur herrschenden Weltanschauung. Sie verbindet Ideologeme des Marxismus-Leninismus mit Personenkult, Militarismus und Nationalismus. Vgl. hierzu Rüdiger Frank, Nordkorea: Zwischen Stagnation und Veränderungsdruck, in: Claudia Derichs / Thomas Heberer (Hg.), Die politischen Systeme Ostasiens. Eine Einführung, 3. Aufl., Wiesbaden 2013, S. 431–504, hier S. 455–476.
133 Vgl. u. a. Antifaschistisches Infoblatt, Der Traum von rot-braunen Bündnissen, unter: https://www.antifainfoblatt.de/artikel/der-traum-von-rot-braunen-bündnissen [Zuletzt aufgerufen am 8.1.2021].
134 Thomas Brehl, Die Allianz der Vernunft. Nationaler Widerstand im Umbruch, Langen 2004, S. 5, HStAD, O 67 Nr. 370.
135 Ebd., S. 5.
136 Tatsächlich bestanden bis zum Ausbruch des Dritten Golfkriegs persönliche Kontakte zu irakischen und nordkoreanischen Diplomaten, vgl. ebd., S. 24. Bezüglich des Irak standen der KDS – bzw. Brehl – in Kontinuität mit der GdNF um Kühnen, der kurz vor seinem Tod Überle-

Tatsächlich blieb der KDS Zeit seines Bestehens eine Randerscheinung des völkischen Spektrums. Abseits der Berliner Sektion um Koth[137] verblieb er eine kleine[138] neonazistische Organisation, die sich in ihrer Performanz, in ihrem Auftreten und in ihren historischen Bezügen auf die SA und die ANS/NA berief.[139] Hierin wird auch die maßgebliche Rolle Brehls im Organisationsaufbau deutlich, ohne dessen politische Erfahrungen der KDS kaum längerfristig handlungsfähig gewesen wäre – auch weil Mitgründer wie Frank Hübner nach kurzer Zeit ihre politische Arbeit im „Kampfbund" aufgaben.[140] Brehls Führungsrolle im KDS zeigte sich etwa in Anweisungen, welche internen Strukturen aufzubauen seien.[141] Ferner vermittelte er als Teil der vierköpfigen Organisationsleitung in den ständigen Streitigkeiten und Querelen zwischen Koth und dem neonazistischen Führungspersonal,[142] wobei er sich des Öfteren entnervt in der Rolle des „ewigen Prellbocks" sah.[143]

Im Februar 2006 zog sich Brehl schließlich von allen Führungspositionen zurück und agierte fortan nur noch eingeschränkt im Hintergrund des KDS,[144] der

gungen zur Aufstellung eines Freiwilligenverbandes ins Gespräch brachte, der das irakische Regime im Zweiten Golfkrieg unterstützen sollte. Vgl. u. a. Vertrag zwischen der Regierung der Republik Irak und der Antizionistischen Legion, Kopenhagen, o. D., Apabiz.
137 So nahm der Berliner KDS explizit eine Sonderrolle in den eigenen Strukturen ein und durfte autonom handeln und auftreten. Vgl. KDS, Interne Dienstanweisung, HStAD, O 67 Nr. 48.
138 Der KDS hatte in Höchstzeiten nicht mehr als 100 Mitglieder. Vgl. Liste der KDS-Mitglieder, o. HStAD, O 67 Nr. 371.
139 Vgl. u. a. Schulungsmaterial des KDS, o. O., o. J., HStAD, O 67 Nr. 718.
140 Frank Hübner kehrte nach dem Mauerfall in seine alte Heimat Cottbus zurück und war maßgeblich am Aufbau der ostdeutschen Strukturen der DA beteiligt. In der Folge wurde er als Anführer der größten DA-Ortsgruppe auch Bundesvorsitzender der Partei. Vgl. Art. Hübner, Frank Maik, in Mecklenburg (Hg.), Handbuch, S. 473 f. Hübner sollte eigentlich die ostdeutschen KDS-Strukturen aufbauen und Koth disziplinieren, um die Entwicklung hin zu einer „Sekte" zu verhindern (vgl. Thomas Brehl an T. H., Langen, 11.10.1999, S. 2 f., O 67 Nr. 24). Er war aber nach wenigen Monaten wegen hoher Schulden von der Bildfläche verschwunden (vgl. R. T. an Thomas Brehl, Düsseldorf, 10.9.1999, HStAD, O 67 Nr. 126) und wendete sich alsbald der NPD zu. Vgl. Frank Hübner an Thomas Brehl, Cottbus, 23.4.2001, HStAD, O 67 Nr. 27.
141 Vgl. u. a. Thomas Brehl an Michael Koth, Langen, 15.4.2002, HStAD, O 67 Nr. 38.
142 Noch heute bekannte neonazistische Aktivisten, die sich – teils zu unterschiedlichen Zeitpunkten – im KDS organisierten, waren neben dem eingangs erwähnten Reitz u. a. Norman Bordin (vgl. Thomas Brehl an Norman Bordin, Langen, 17.6.2002, HStAD O 67 Nr. 33), Thomas Gerlach (vgl. Thomas Brehl an M. E., Langen, 1.2.2006, S. 2, HStAD, O 67 Nr. 62), Sascha Krolzig (Thomas Brehl an Axel Reitz, Axel, Langen, 30.1.2007, S. 1, HStAD, O 67 Nr. 66), Alexander Kurth (vgl. Thomas Brehl an M. E., Langen, 22.1.2006, S. 1, HStAD O 67, Nr. 62) und Sebastian Schmidtke (Thomas Brehl an Michael Koth, Langen, 8.1.2007, S. 2, HStAD, O 67 Nr. 66).
143 Thomas Brehl an Michael Koth, Langen, 28.12.2002, S. 2, HStAD, O 67 Nr. 40.
144 Vgl. Thomas Brehl an M. E., Langen, 1.2.2006, S. 1 f., HStAD, O 67 Nr. 62.

sich zweieinhalb Jahre später schließlich auflöste.[145] In seinen letzten Lebensjahren, die er schwer krank[146] und mittellos[147] verbrachte, fiel das „Relikt"[148] Brehl in der Öffentlichkeit höchstens in den Kommentarspalten der Neonazi-Seite Altermedia auf.[149]

Brehls Positionen zu Homosexualität

Bis zu seinem Lebensende begleiteten Brehl die Vorwürfe, homosexuell zu sein und sexuelle Übergriffe an Mitstreitern begangen zu haben. Auch aus diesem Grunde – und nicht nur wegen des politischen Ansatzes – war der KDS innerhalb der neonazistischen Rechten umstritten.[150] Denn Brehl versuchte zwar, sich bei öffentlichen Veranstaltungen der neonazistischen Rechten nicht allzu sehr als Führungsfigur zu gebärden, trat aber gleichwohl als Redner bei Aufmärschen auf.[151] Dies blieb nicht ohne Reaktionen. Ein Beispiel stellte etwa die Äußerung der Neonazi-Größe Thorsten Heise dar, der Brehl unverhohlen drohte, keinesfalls in „seine" Region rund um Göttingen zu kommen – andernfalls habe sich das Thema gleichgeschlechtliche Liebe in der Neonaziszene bald ein für alle Mal erledigt.[152]

Brehl selbst äußerte sich Zeit seines Lebens nie zu seiner eigenen sexuellen Orientierung.[153] Es ist dennoch äußerst wahrscheinlich, dass er homosexuell

---

145 Vgl. Verfassungsschutz Berlin, „Kampfbund Deutscher Sozialisten" (KDS) löst sich auf, 28.7.2008, unter: https://web.archive.org/web/20101211031152/http://www.berlin.de/sen/inneres/verfassungsschutz/aktuell/am_kds_28.07.2008.html. [Zuletzt aufgerufen am 8.1.2021].
146 Vgl. u. a. Thomas Brehl an den Kreisausschuß Dietzenbach, Langen, 6.11.2010, S. 2, HStAD, O 67 Nr. 35.
147 Vgl. u. a. Thomas Brehl an die Sparkasse Langen-Seligenstadt, Langen, 2.12.2010 HStAD, O 67 Nr. 35.
148 Weiss, Kongo-Bar, S. 6.
149 Vgl. u. a. Thomas Brehl an B. K., Langen, 16.5.2006, S. 2, HStAD, O 67 Nr. 62.
150 Vgl. u. a. Robert Claus / Yves Müller: Männliche Homosexualität und Homophobie im Neonazismus, in: Claus/Lehnert/Müller (Hg.), „Mann", S. 109–126, hier S. 124 f.
151 Beispielsweise bei einem von Worch organisierten Aufmarsch in Dortmund am 21.10.2000. Vgl. Thomas Brehl an M. W., Langen, 8.12.2000, S. 1, HStAD, O 67 Nr. 26.
152 Vgl. Axel Reitz an Thorsten Heise, Bergheim, 6.3.2001, HStAD, O 67 Nr. 27.
153 Dies stellte Brehl auch in mehreren Briefen dar. Vgl. u. a. Thomas Brehl an Rigolf Hennig, Langen, 29.11.2005, HStAD, O 67 Nr. 61.

war[154] und auch sexuelle Übergriffe beging.[155] Grundsätzlich waren für Brehl „sexuelle Vorlieben" ein privates Thema, das innerhalb der eigenen politischen Strukturen keinen Platz hatte.[156] Er kritisierte eine „pathologische Sexualfeindlichkeit" innerhalb des Neonazismus, die auf jüdischen und christlichen Moralvorstellungen beruhe.[157] So habe laut seiner antisemitischen Argumentation das „aus dem Judentum hervorgegangene Christentum [...] mit der uralten Kultur-Tradition gebrochen, in der Sexualität Ausdruck des Lebens und der Lebensfreude zu erblicken".[158] Homosexualität war für Brehl eine natürliche „Neigung", die bereits in den „Hochkulturen des klassischen Altertums [...] ihren Platz" gehabt und zu ihrem Gedeihen beigetragen habe. Damit berief er sich wenig überraschend auf Kühnens nahezu identische Positionen, der Homosexualität ebenfalls als natürliche Veranlagung begriff und im frühzeitlichen homosexuellen Männerbund eine erste Verstetigung von Herrschaftsstrukturen sah, mittels derer erst eine kulturelle Entwicklung der Menschheit möglich gewesen sei.[159]

Zu guter Letzt gibt es in Brehls Hinterlassenschaften einen Hinweis auf einen Selbstorganisierungsversuch Homosexueller innerhalb der GdNF. So ist in der „Materialsammlung Brehl" des Hessischen Staatsarchivs Darmstadt eine erste (und womöglich einzige) Ausgabe des Rundbriefs „Der Adler" zu finden.[160] In ihm wird von einer zwölfköpfigen „Fraktion [...] im Geiste von Ernst Röhm" berichtet, die angeblich bereits seit 1983 existierte und ihre Ideale in Kühnens „Nationalsozialismus und Homosexualität" beinhaltet sah.[161] Laut des Rundbriefs plante die „Fraktion" zu Beginn des Jahres 1990, fortan „als (geheime) Organisation innerhalb der NS-Bewegung" zu wirken.[162] Einerseits sollte Solidarität untereinander und das Unterbinden von „Kameradenhetze" erreicht werden, andererseits vereinbarten die Mitglieder der Fraktion, auch innerhalb einer schwulen „Szene" rechte und nationalistische Kräfte anzusprechen.[163] Die „Fraktion" wollte somit

---

154 Zumindest bestätigte dies mit Reitz ein enger Weggefährte in einem Interview. Vgl. Philip Schlaffer, Ex Nazi – Schwul | V-Mann | NSU | Axel Reitz Interview | 2. Teil, unter: https://www.youtube.com/watch?v=L7fmk-YGIhI&t=93s [Zuletzt aufgerufen am 9.1.2021].
155 So gab es bei mindestens einem Vorfall mehrere Augenzeugen. Vgl. Bräuninger, Kühnen, S. 342.
156 Vgl. u. a. Thomas Brehl an M. K., Langen, 17.12.1994, S. 2, HStAD, O 67 Nr. 124.
157 Ebd., S. 3.
158 Ebd.
159 Für weitere Informationen hierzu vgl. Volpers, Neue rechte Männlichkeit, S. 153 ff.; Claus/Müller, Männliche Homosexualität, S. 119–123.
160 Vgl. Der Adler. Rundbrief für die Freunde und Anhänger der Fraktion, Nr. 1, März 1990, HStAD, O 67 Nr. 270.
161 Ebd., S. 1.
162 Ebd., S. 2.
163 Ebd.

auch „nicht-organisierte Rechte, die unsere Veranlagung haben", für den Neonazismus und speziell für GdNF-Organisationen gewinnen.[164] Hieran anknüpfend müsste detaillierter untersucht werden, inwiefern schwule Neonazis – und unter ihnen wohl auch Brehl – tatsächlich versuchten, sich selbst und weitere homosexuelle rechte Männer in einem Umfeld zu organisieren, in dem sie in der Regel nur toleriert werden, solange sie ihre Orientierung nicht offen zeigen und ausleben.[165]

Letzten Endes waren es nur wenige Jahre, in denen Brehl eine bedeutende Rolle innerhalb der bundesdeutschen neonazistischen Rechten einnahm, bis er aufgrund der Konflikte um seine sexuelle Orientierung und bezüglich wahrscheinlicher Übergriffe, aber auch wegen seines jahrelangen Alkoholismus und dessen körperlichen Folgen zu einer Randfigur verkam. In diesen Jahren war seine ausdauernde Vernetzungs- und organisatorische Aufbauarbeit allerdings substanziell wichtig für die ANS/NA und ihre Nachfolgestrukturen – ein bislang unterbeleuchteter Aspekt in der historischen Auseinandersetzung mit diesen Gruppierungen, die sich vor allem auf den politischen Kopf Kühnen konzentrierte. Sein Stellvertreter hatte somit einen entscheidenden Anteil am Prosperieren des Neonazismus der achtziger und auch der frühen neunziger Jahre in der Bundesrepublik.

---

164 Ebd., S. 2 f.
165 Vgl. Virchow, Tapfer, S. 49.

Eric Angermann
Hans-Michael Fiedler (1943–2019)
Bildungsarbeit für die extreme Rechte

Am 26. April 2014 berichtete die *Freie Presse* über die Entdeckung einer „Neonazi-Bibliothek" im westsächsischen Meerane.[1] In einer inzwischen leerstehenden und „teils baufälligen Fabrikantenvilla" stießen städtische Vertreter*innen auf „ordnerweise rechtsextremes Schulungsmaterial und Korrespondenz".[2] Tatsächlich handelte es sich bei diesen Hinterlassenschaften um das letzte Projekt Hans-Michael Fiedlers, der als umtriebiger Aktivist diverser (extrem) rechter Gruppierungen und Parteien vorrangig publizistisch und in der Bildungsarbeit tätig war. Dabei hatte sich Fiedler bereits vor dem Versuch, in Meerane eine *Bildungsstätte Mitteldeutschland* zu etablieren, seit Mitte der sechziger Jahre auf vielfache Weise um eine Intellektualisierung der „nationalen Opposition" bemüht.

Hans-Michael Fiedler wurde am 27. Oktober 1943 in Jena geboren.[3] Sein Vater fiel bereits einige Monate später als Kapitänleutnant eines U-Bootes.[4] Fiedler wuchs im niedersächsischen Alfeld mit seiner aus der Region Pommern stammenden[5] Mutter, mit seiner ein Jahr älteren Schwester[6] und ab seinen späteren Kindheitsjahren mit seinem Stiefvater auf, der während des Zweiten Weltkriegs für den *Sicherheitsdienst der SS* (SD) und die *Geheime Staatspolizei* in Frankreich und in Magdeburg arbeitete.[7] Dieser Umstand deutet wie einige weitere Indizien bezüglich seines familiären Hintergrundes darauf hin, dass er bereits früh und im engsten sozialen Umfeld mit völkischen Denkweisen in Kontakt geriet.[8]

---

1 Vgl. Jens Eumann, Neonazi-Bibliothek entdeckt, in: Freie Presse, 26.4.2014, unter: https://www.freiepresse.de/nachrichten/deutschland/neonazi-bibliothek-entdeckt-rechte-kaderschule-in-meerane-artikel8794329 [Zuletzt aufgerufen am 28.11.2019].
2 Ebd.
3 Vgl. Zeugnisse von Hans-Michael Fiedler der Volksschule in Limmer (Alfeld/Leine), o. J., S. 1, Antifaschistisches Pressearchiv und Bildungszentrum Berlin (Apabiz), Bestand Fiedler.
4 Vgl. Naval Document Centre British Naval Headquarters an Marianne Fiedler, Hildesheim, 8.5.1947, Apabiz, Bestand Fiedler.
5 Vgl. Mein letzter Wille, o. O., 28.1.1985, Apabiz, Bestand Fiedler.
6 Vgl. Stammbaum Familie Fiedler, o. O., o. J., Apabiz, Bestand Fiedler.
7 Vgl. Lebenslauf Hans N., o. O., o. J., Apabiz, Bestand Fiedler.
8 So war Fiedlers Mutter, wie er selbst, nicht nur langjähriges Mitglied der *Pommerschen Landsmannschaft*, sondern sie organisierte als Vorsitzende der *Pommerschen Landsmannschaft Alfeld* noch in den neunziger Jahren zusammen mit den hinlänglich als extrem rechts bekannten Gruppen ihres Sohnes Vorträge. Vgl. Veranstaltungseinladung „Königsberg 1993. Die Lage im nördlichen Ostpreußen", Alfeld, 12.9.1993, Apabiz, Bestand Fiedler; Einladung des Studentenbunds

---

∂ Open Access. © 2023 Eric Angermann, publiziert von De Gruyter. [CC BY-NC-ND] Dieses Werk ist lizenziert unter der Creative Commons Attribution-NonCommercial-NoDeratives 4.0 Lizenz.
https://doi.org/10.1515/9783111010991-006

Politische Anfänge

Daher verwundert es nicht, dass sich Fiedler bereits in der gymnasialen Oberstufe extrem rechten Kreisen anschloss – 1963 wurde er Mitglied der *Vereinigung Kaiser und Reich*[9] und gründete mit einigen Mitschülern[10] im selben Jahr die Zeitschrift *Missus. Blätter für Politik, Kultur und die Pflege der monarchischen Idee*.[11] Während in den ersten Ausgaben noch eine „national denkende Gruppe junger Monarchisten" als Herausgeberin auftrat,[12] fungierte Fiedler, der ohnehin von Beginn an als zentrale Figur dieser Publikation erkennbar war, nach wenigen Jahren als alleinig Verantwortlicher.[13] Die Zeitschrift *Missus* richtete sich in Form und Inhalt zuvorderst an eine bildungsbürgerlich geprägte Rechte und erhob für sich den Anspruch, „aus dem amorphen Haufen entnervter Wohlstandsbündel von Jeunesse dorée wieder wertvolle Glieder völkischer Gemeinschaft zu schmieden".[14] In einer Zeit, in der sich die „alte Rechte [...] zwischen Spießbürgertum und NS-Nostalgie"[15] vor allem über ihre „Unfähigkeit zur Anpassung an veränderte politische Voraussetzungen" auszeichnete,[16] erhob Fiedler mit seinem Zeitschriftenprojekt auch trotz niedriger Auflage[17] den Anspruch, theoretische Diskussionen verstärkt in der bundesdeutschen extremen Rechten zu verankern.[18]

Schlesien „Königsberg 1993. Die Lage im nördlichen Ostpreußen", Adelebsen, 12.9.1993, Apabiz, Bestand Fiedler.
9 Vgl. Mitgliedsausweis „Vereinigung Kaiser und Reich", Berlin, 12.2.1963, Apabiz, Bestand Fiedler.
10 In den ersten Ausgaben der *Missus* waren lediglich männlich gelesene Personen als Autoren vermerkt, Anm. d. Verf.
11 Vgl. Missus 1, 1963 [ohne Monat], S. 2 f., Apabiz.
12 Missus 5, Dezember 1963, S. 9, Antifaschistisches Bildungszentrum und Archiv Göttingen (ABAG).
13 Vgl. Missus 20, Mai 1969, S. 1, ABAG.
14 Missus 6, März 1964, S. 9, ABAG.
15 Volker Weiß, Die autoritäre Revolte. Die Neue Rechte und der Untergang des Abendlandes, Bonn 2017, S. 29.
16 Margret Feit, Die „Neue Rechte" in der Bundesrepublik. Organisation – Ideologie – Strategie, Frankfurt am Main/New York 1987, S. 16.
17 Die Auflage wurde 1964 mit 1.000 Exemplaren angegeben. Vgl. Missus 6, März 1964, S. 1, ABAG.
18 Nach Fiedler sollte mit *Missus* „die Verbindung bewährter Tradition mit revolutionär Neuem" entstehen, um einen „Ausweg" zu schaffen aus der als – für die extreme Rechte kaum verwunderlich – krisenhaft gedeuteten gesellschaftlichen „Situation". Zitat in: Missus 8, 1965 [ohne Monat], S. 1, ABAG.

Im Verlauf seines 1964 begonnenen[19] Studiums – zunächst in Alfeld, schließlich in Göttingen mit den Fächern Germanistik und Deutsche Volkskunde[20] – begann Fiedler nun auch, seine politischen Tätigkeiten auszuweiten. Im Jahre 1964 war er eines der Gründungsmitglieder der *Nationaldemokratischen Partei Deutschlands* (NPD) und im darauffolgenden Jahr engagierte er sich für sie als Wahlkampfhelfer.[21] Ebenfalls 1965 trat er laut eigener Aussage den Göttinger Gliederungen des *Ostpolitischen Deutschen Studentenverbandes* (ODS) bei,[22] der außerordentlicher Mitgliedsverband im *Bund der Vertriebenen* (BdV) war.[23] Der BdV im Allgemeinen verlor damals im Kontext der „Neuen Ostpolitik" unter Willy Brandt[24] massiv an politischer Bedeutung[25] und der ODS im Speziellen mit damals circa 1.900 Mitgliedern[26] erfuhr die Auswirkungen der Studentenbewegung von 1968, durch die auch der Göttinger Ableger zu einer „kleine[n] Splittergruppe ohne Rückhalt" zu werden drohte.[27] Mit Fiedlers Engagement, der zunächst als Aktiver des ODS-Mitgliedsbundes *Studentischer Arbeitskreis Pommern* (SAP) in Er-

---

19 Zumindest bezeichnete sich Fiedler in selbst verfassten Briefen ab dem Sommer 1964 als „stud. paed.". Vgl. Fiedler an den Ostpolitischen Studentenring in Hamburg, Alfeld, 10.7.1964, ABAG, Bestand Fiedler.
20 Vgl. Göttinger Nachrichten, Jg. 4., Wahlsondernummer, 16.1.1970, S. 6, ABAG.
21 Vgl. Michael Fiedler, Streiflichter einer politischen Jugend in den sechziger Jahren, in: Holger Apfel (Hg.), „Alles Große steht im Sturm". Tradition und Zukunft einer nationalen Partei. 35 Jahre NPD – 30 Jahre JN, Stuttgart 1999, S. 89–90, hier S. 90. Zudem war Fiedler zuvor ein halbes Jahr in der Vorgängerpartei *Deutsche Reichspartei* (DRP) Mitglied. Vgl. Hans-Michael Fiedler an „Kamerad" D., o. O., 3.5.1973, ABAG, Bestand Fiedler.
22 Vgl. 25 Jahre Hochschulgruppe Pommern 19.12.1951–11.12.1976. Ein Leistungsbericht junger Deutscher, Göttingen, S. 12, ABAG, Bestand Fiedler.
23 Vgl. u. a. Art. Gesamtdeutscher Studentenverband (GDS), in: Jens Mecklenburg (Hg.), Handbuch Deutscher Rechtsextremismus, Berlin 1996, S. 331–332, hier S. 331.
24 Zur „Ostpolitik" der damaligen sozial-liberalen Bundesregierung vgl. Gottfried Niedhart, Entspannung in Europa. Die Bundesrepublik Deutschland und der Warschauer Pakt 1966 bis 1975, München 2014.
25 Unter anderem wurde 1969 das bis dahin bestehende Vertriebenenministerium aufgelöst. Vgl. Thomas Urban, Der Verlust. Die Vertreibung der Deutschen und Polen im 20. Jahrhundert, München 2004, S. 171. Der BdV schrumpfte zu einem „keineswegs mehr für die Gesamtklientel repräsentativen Verband" zusammen. Vgl. Andreas Kossert, Kalte Heimat. Die Geschichte der Deutschen Vertriebenen nach 1945, Bonn 2015, S. 154.
26 Art. Gesamtdeutscher Studentenverband, S. 331. Noch 1960 betrug die Mitgliederzahl des ODS 3.000.Vgl. Matthias Stickler, „Ostdeutsch heißt Gesamtdeutsch". Organisation, Selbstverständnis und heimatpolitische Zielsetzungen der deutschen Vertriebenenverbände 1949–1972, Düsseldorf 2004, S. 425.
27 Rundschreiben, An alle ODS-Mitglieder in Göttingen, 6.12.1967, ABAG, Bestand Fiedler.

scheinung trat[28] und selbst miterlebte, wie sein einstiger Schulfreund und politischer Wegbegleiter Hans-Jürgen Krahl zu einem Vordenker des SDS avancierte,[29] stieg wieder die Anzahl organisierter Veranstaltungen.[30] Deren politisches Profil missfiel Einigen in den eigenen Reihen jedoch genauso wie die immer größeren Überschneidungen des ODS mit dem *Nationaldemokratischen Hochschulbund* (NHB),[31] für den Fiedler mit anderen ODS-Mitgliedern mehrmals bei Studentenrats-Wahlen kandidierte.[32] Fiedler setzte sich jedoch durch,[33] übernahm bundesweite Ämter innerhalb des ODS[34] und begann ab 1969 jene politische Praxis zu etablieren, für die er im weiteren Lebensverlauf innerhalb der extremen Rechten bundesweite Bekanntschaft erlangte. Denn er nutzte in den siebziger Jahren primär die Strukturen des ODS, um über inhaltliche Schulungen in seinem Sinne „den nationalen Widerstand der deutschen Jugend [...] zu schmieden".[35]

---

28 Protokoll der ordentlichen Hauptversammlung des SAP Göttingen, 18.10.1967, ABAG, Bestand Fiedler.
29 Fiedler veröffentlichte über Krahl nach dessen frühen Unfalltod einen Nachruf im Missus. Krahl soll laut Fiedler auch Mitredakteur der ersten Ausgaben gewesen sein. Vgl. Missus 23, März 1970, S. 2, ABAG. Leider existieren im Nachlass Fiedlers keine weiteren Briefe oder Dokumente, welche die Freundschaft der beiden früheren Schüler des Gymnasiums Alfeld eindrücklicher thematisieren. Auch aus der Korrespondenz mit dem Hans-Jürgen-Krahl-Institut e. V. (http://www.hjki.de/ [Zuletzt abgerufen am 3.12.2020]) ergaben sich keine weiteren Hinweise. Letztlich verwundert es doch, dass bislang keine ausführliche Biographie über den sozialen und politischen Werdegang des zentralen SDS-Protagonisten Krahl erschien, in der sicherlich auch auf die zeitweilige Freundschaft und Zusammenarbeit mit Fiedler Bezug genommen werden würde. In Kurzform zum Leben Krahls – auch hier ohne Erwähnung Fiedlers – vgl. Matthias Micus, Hans-Jürgen Krahl. Der vagabundierende Revolutionär, in: Stine Marg / Franz Walter (Hg.), Göttinger Köpfe und ihr Wirken in die Welt, Göttingen 2019, S. 227–237.
30 Vgl. Programm für das Wintersemester 1967/68 des SAP Göttingen, ABAG, Bestand Fiedler.
31 Vgl. Dieter R. an Hans-Michael Fiedler, 18.6.1968, S. 1, Apabiz, Bestand Fiedler.
32 Vgl. Göttinger Nachrichten, Jg. 3, Nr. 25, 17.1.1969, S. 6; Göttinger Nachrichten, Jg. 4., Wahlsondernummer, 16.01.1970, S. 8.
33 Es kam zu Austritten aus dem ODS wegen der „politische[n] Einstellung und Haltung einiger führender ODS-Mitglieder". Vgl. Ernst Günther S. an Heinz D., Göttingen, 9.2.1969, ABAG, Bestand Fiedler.
34 So als Bundesvorsitzender des SAP (vgl. Dieter R. an Hans-Michael Fiedler, o. O., 18.6.1968, S. 2, Apabiz, Bestand Fiedler) und als Schulreferent im ODS-Bundesvorstand, vgl. Anmeldebestätigung zum ODS-Schülerseminar „Deutschland – China – Sowjetunion", 2.12.1970, ABAG, Bestand Fiedler.
35 Missus 40, Dezember 1974, S. 2, ABAG.

Die Idee einer „nationalen Bildungsarbeit"

So war die *Hochschulgruppe Pommern zu Göttingen* (HGP) die offizielle Veranstalterin der *Göttinger Runden*,[36] zu denen Fiedler ab 1969 halbjährlich einlud[37] und dabei profilierte Vertreter*innen der extremen Rechten als Referent*innen gewinnen konnte.[38] Referate diverser *Göttinger Runden* erschienen im Nachgang regelmäßig im *Missus*.[39] Ferner organisierte Fiedler überregionale und explizit an Schüler*innen gerichtete Seminare über den ebenfalls an die HGP angegliederten *Arbeitskreis Schülerfragen*.[40] Insofern verwundert es nicht, dass sich in seinem politischen Umfeld ab 1974[41] der *Unabhängige Schüler-Bund* (USB) konstituierte, der in den siebziger Jahren mehrere Zeitschriften bundesweit und lokal an Schulen verteilte.[42] Zusätzlich war Fiedler kurzzeitig bundesweiter Schulungsreferent des *Bundes Heimattreuer Jugend* (BHJ), trat von diesem Posten aber infolge von Richtungskämpfen innerhalb des BHJ 1975 zurück.[43] Sich selbst und seine umfangrei-

---

36 Vgl. Die Hochschulgruppe Pommern zu Göttingen, o. J., ABAG, Bestand Fiedler.
37 Die erste Göttinger Runde initiierte Fiedler gemeinsam mit Jürgen Rieger. Vgl. Anmelde-Bestätigung der Hochschulgruppe Pommern zu Göttingen, 15.8.1969, Apabiz, Bestand Fiedler.
38 Neben Jürgen Rieger und Fiedler selbst referierten zwischen den siebziger und achtziger Jahren unter anderem Peter Boßdorf (Vgl. Anmeldebestätigung zur 27. Göttinger Runde, 1.10.1982, Apabiz, Bestand Fiedler), Rolf Kosiek (Vgl. 7. Göttinger Runde. Grundfragen der Bildungspolitik, 13.-15.10.1972, Apabiz, Bestand Fiedler), Klausdieter Ludwig (Vgl. Einladung der Hochschulgruppe Pommern zu Göttingen, 31.3.1978, Apabiz, Bestand Fiedler), Fritz Münch (Vgl. Anmeldebestätigung zur 21. Göttinger Runde, 12.-14.10.1979, Apabiz, Bestand Fiedler), Wolfgang Strauss (vgl. Anmeldebestätigung zur 16. Göttinger Runde, 15.-17.4.1977, Apabiz, Bestand Fiedler) und noch in den 1990er Jahren Günter Deckert, Ulrich Eigenfeld und Hans-Dietrich Sander (Vgl. Missus Sonderausgabe 1993, Aus Anlaß des „50." unseres Studienleiters, S. 6, Apabiz, Bestand Fiedler). Zu Rieger vgl. den Beitrag von Christoph Schulze in diesem Band.
39 Vgl. als Beispiele Jürgen Rieger, Sozialismus und Eugenik, in: Missus 25, September 1970, S. 13–16, sowie Henning Jäde, Nationalismus und Sozialismus. Die romantische Antinomie, in: ebd., S. 5 f., ABAG.
40 Vgl. Einladung zum Schülerseminar „Deutsche Geschichte nach 1945", Göttingen, 18.5.1972, ABAG, Bestand Fiedler.
41 Vgl. Missus 37/38, Mai 1974, S. 3, Apabiz.
42 Etwa „Information" mit einer angeblichen Auflage von 20.000. Vgl. Information. Schülerzeitschrift für Deutschland, Nr. 7, April 1976, Apabiz. Im USB-Umfeld erdacht, erschien in Göttingen die Schüler*innenzeitschrift „Komet" zwischen 1978 und 1982 mit einer Auflage von 4.500. Antifaschist*innen kritisierten unter anderem die finanzielle Förderung der Stadt Göttingen für das extrem rechte Zeitschriftenprojekt. Vgl. ABAG, Bestand Komet.
43 Vgl. Fiedler an den BHJ e. V., Coburg, 23.9.1975, ABAG, Bestand Fiedler. Zu den Richtungsstreitigkeiten innerhalb des BHJ vgl. Peter Dudek / Hans-Gerd Jaschke, Entstehung und Entwicklung des Rechtsextremismus in der Bundesrepublik. Zur Tradition einer besonderen politischen Kultur, Bd. 1, Opladen 1984, S. 446.

chen Aktivitäten finanzierte Fiedler ab 1970 laut eigener Aussage durch seine Tätigkeit als wissenschaftlicher Mitarbeiter an der Universität Göttingen[44] – sein zugleich begonnenes Dissertationsprojekt beendete er derweil nie[45] – und ab 1975 als Redakteur bei *Nation Europa*.[46] Zudem wurde die Arbeit des ODS und seiner Mitgliedsgruppen zum damaligen Zeitpunkt noch mit Bundesmitteln gefördert.[47] Die politische Idee hinter seiner Motivation, eine „leistungsfähige Bildungsarbeit" innerhalb der „nationalen Opposition" einzurichten, legte Fiedler in einem „Rahmenplan nationaler Bildungsarbeit" dar, bei dessen Verschriftlichung ihn sein zeitweilig enger Mitstreiter Jürgen Rieger unterstützte.[48] Das von ihm beeinflusste und maßgeblich getragene Netzwerk war für eine „Kaderschulung" konzipiert, wobei erstens die HGP an der Universität als „Kontaktstelle" fungieren, zweitens die Arbeit mit Schüler*innen „die schweigende Schülermehrheit" erreichen, drittens in den *Göttinger Runden* „Kaderschulung, Theoriearbeit" und „Koordination" erfolgen und viertens der *Missus* als Publikationsort der geleisteten „Theoriearbeit" dienen sollte.[49] In Gänze sollte das Netzwerk „Einfluß auf das nationale Lager" ausüben,[50] dem Fiedler „Theoriefeindlichkeit"[51] und ein „beängstigende[s]

---

44 In einem in der *Deutschen Stimme* erschienenen Nachruf schreibt der Autor Arne Schimmer, Fiedler habe als wissenschaftlicher Mitarbeiter am Institut für Volkskunde in Göttingen gearbeitet, vgl. Arne Schimmer, Politischer Idealist und unzeitgemäßer Lyriker. Zum Tode von Hans-Michael Fiedler, in: Deutsche Stimme 4/2019, S. 14, Apabiz. Dies kann nach Konsultation des Leiters des Göttinger Universitätsarchivs, Dr. Holger Berwinkel, jedoch ausgeschlossen werden, denn diesem liegen keine Personalakten Fiedlers vom damaligen Institut vor. Es existieren ebenso wenig Akten zu seinem Promotionsprojekt, da laut Berwinkel diese erst nach erfolgreicher Beendigung aktenkundig werden. Fiedler selbst schreibt an anderer Stelle von „vier Jahren Archivarbeit als wissenschaftlicher Mitarbeiter an der Uni [Göttingen]". Vgl. An die Wähler im Wahlkreis 43 (Hildesheim), 28.2.1983, Apabiz, Bestand Fiedler. Hierfür fehlt bislang ein letzter bestätigender Beleg.
45 Seine Dissertation „Das Räubermärchen. Monographie einer ‚Märchensage'" wurde nicht veröffentlicht, vgl. Missus Sonderausgabe 1993, Aus Anlaß des „50." unseres Studienleiters, S. 11, Apabiz, Bestand Fiedler. Auch sonst veröffentlichte Fiedler unter Pseudonym lediglich eine Monographie, vgl. Michael de Braga, Völker zur Freiheit! Vom Kampf europäischer Volksgruppen um Mitbestimmung, Kiel 1982.
46 Vgl. Anstellungsvertrag, Coburg, 1.8.1975, Apabiz, Bestand Fiedler.
47 So schrieb Fiedler 1976 in einem Brief, dass der ODS „Gelder aus dem Bundesjugendplan" erhalte. Ohne dieses könnte er „seit Jahren ja nicht die Seminararbeit betreiben", vgl. Fiedler an Gisa D., o. O., 06.12.1976, S. 2, ABAG, Bestand Fiedler.
48 Vgl. Entwurf zu einem Rahmenplan nationaler Bildungsarbeit, vorgelegt und zur Diskussion gestellt von Hans-Michael Fiedler, Göttingen, 20.9.1973, S. 3, Apabiz, Bestand Fiedler.
49 Ebd., S. 5.
50 Ebd.
51 Ebd., S. 8.

Abbröckeln der schöpferischen Beiträge" attestierte.[52] Ein „Kader gut aufeinander eingespielter Personen gleicher Grundhaltung"[53] sollte dieser diagnostizierten Entwicklung entgegenwirken, indem er die „nationale Schulungsarbeit" unter Beachtung des von ihm skizzierten „politischen Gesamtkonzeptes" koordinieren würde.[54] In der Folge sollten „nationalkonservative"[55] Positionen wieder eine gewichtige Rolle in „Wissenschaft, Universität, Schule, Kunstbetrieb und Publizistik" spielen.[56]

Fiedlers Kritik am Mangel intellektueller Institutionen innerhalb der extremen Rechten und am Fehlen jeglicher Diskurshoheit erklären auch seine Sympathien für Konzepte der Neuen Rechten. Denn ab Ende der sechziger Jahre rückte Fiedler in der Publikation *Missus* von einem ausdrücklich monarchistischen Profil ab,[57] veröffentlichte kritische Beiträge zu Konzepten von Henning Eichberg[58] und druckte Auszüge aus Werken von Armin Mohler[59] und über Arthur Moeller van den Bruck.[60] Auch außerhalb des *Missus* lassen sich Bezüge zur Neuen Rechten feststellen. Fiedler, der Zeit seines Lebens die Idee des „Reichs" als „natürliche Ordnungsform" eines deutschen Volkes in den Mittelpunkt seines Denkens stellte,[61] diskutierte in *Göttinger Runden* u. a. auch neuere Ansätze wie z. B. die Theorie

---

52 Ebd., S. 6.
53 Ebd., S. 18.
54 Ebd., S. 11.
55 Ebd., S. 32. Die „Verbindung konservativer und nationaler Einsichten" wurde als Ziel der forcierten Bildungsarbeit benannt; dabei war Konservatismus für Fiedler keine „reaktionäre" Ideologie, sondern „die skeptisch-realistische Grundhaltung, die allein ideologiefreie menschenwürdige und dem Menschen in seinem biologischen So-sein angemessene Politik treiben kann." Vgl. ebd., S. 33.
56 Ebd., S. 6.
57 So lautete ab der Ausgabe Nr. 21 der *Missus*-Untertitel nur noch *Blätter für Politik und Kultur*, vgl. Missus, Nr. 21, August 1969, S. 1, ABAG. Dennoch prangte noch bis zur Doppelausgabe 55/56 neben der Odalsrune auch das Wappen der Hohenzollern auf dem Titel, vgl. Missus 55/56, Dezember 1979, S. 1, Apabiz.
58 Vgl. Wiebke Neupert, Moderner Nationalismus, in: Missus 30, Februar 1972, S. 6–8, Apabiz.
59 Vgl. Armin Mohler, Der Konservative vor der Breschnew-Doktrin, in: Missus 27, März 1971, S. 6–8, Apabiz.
60 Vgl. Ferdinand M. Kraus, Jedes Volk hat seinen eigenen Sozialismus, in: Missus 32, September 1972, S. 10–11, Apabiz. Zu Armin Mohler vgl. die Beiträge von Cenk Akdoganbulut und Phillip Becher in diesem Band.
61 Missus 40, Dezember 1974, ABAG, S. 2. Für einen genaueren Einblick vgl. Hans-Michael Fiedler, Mythos vom Reich, in: Missus 63, Februar 1988, S. 12–24, Apabiz.

des „Ethnopluralismus".⁶² Passend hierzu war er neben Pierre Krebs einer der Mitbegründer des *Thule-Seminars* in Kassel.⁶³

Eines der Seminare fand zu Beginn der achtziger Jahre gar in den von Fiedler gemieteten Räumlichkeiten in Göttingen statt,⁶⁴ die formal auch den Sitz der ihm unterstellten Gruppierungen darstellten.⁶⁵ Unter ihnen war – vor allem in den achtziger Jahren – die bekannteste der *Studentenbund Schlesien (SBS)*, den Fiedler als ODS-Gliederung mit einigen Getreuen wie Christian Heck und dem damals noch jugendlichen Odfried Hepp 1974 reaktiviert hatte.⁶⁶ Der SBS, dessen *Nachrichten des Studentenbundes Schlesien* den *Missus* Ende der 1980er Jahre als mediales Hauptorgan Fiedlers ablösten,⁶⁷ richtete sich stärker als die HGP an Schüler*innen und war ebenfalls Ausrichter regelmäßiger inhaltlicher Schulungen.⁶⁸Auch wenn Fiedler im weiteren Lebenslauf nicht wie Hepp den Weg eines Rechtsterroristen einschlug⁶⁹ und andere ODS-Mitgliedsbünde wie den *Hochschulring Tübinger Studenten* (HTS) für ihr gemeinsames Auftreten mit der *Wehrsport-*

---

62 Vgl. Anmeldebestätigung zur 21. Göttinger Runde, 12–14.10.1979, Apabiz, Bestand Fiedler. Ethnopluralismus bezeichnet seit den siebziger Jahren eine Neujustierung völkischen Denkens. Dessen grundlegender Kern sind ethnisch homogen gedachte Kulturräume, denen vordergründig eine Gleichwertigkeit attestiert wird, deren „Vermischung" aber eben jene Kulturen und „Völker" zerstören würde. Das Weltbild des Ethnopluralismus wird vor allem der Neuen Rechten zugeschrieben, die sich somit des „Rasse"-Begriffs entledigte. In der Bundesrepublik gilt Henning Eichberg als Ideengeber, der 1973 zum ersten Mal von „Ethnopluralismus" schrieb. Vgl. Henning Eichberg, Eine Kritik des naiven Ethnozentrismus und der Entwicklungshilfe, in: Junges Forum 5, 1973, S. 10, Apabiz.
63 Vgl. Arbeitskreis „Neue Rechte", Thule-Seminar. Spinne im Netz der Neuen Rechten, Kassel 1990, S. 29.
64 Vgl. ebd., S. 18.
65 Zunächst in der Burgstraße 52 in der Göttinger Innenstadt (vgl. Nationale Bildungsarbeit, Göttingen, 25.2.1974, ABAG, Bestand Fiedler), ab 1976 in der Burgstraße 5. Vgl. 25 Jahre Hochschulgruppe Pommern 19.12.1951–11.12.1976. Ein Leistungsbericht junger Deutscher, Göttingen, S. 16, ABAG, Bestand Fiedler.
66 Vgl. Protokoll der Gründungsveranstaltung des Studentenbundes Schlesien, Göttingen, 12.10.1974, ABAG, Bestand Fiedler.
67 Die letzte reguläre *Missus*-Ausgabe erschien 1988. Vgl. Missus 63, Februar 1988, Apabiz.
68 Einer der vorgeblich aktivsten Schüler*innen des SBS, der zeitweise auch als Mitglied seines Bundesvorstandes gelistet war (Vgl. Einladung zum 11. ordentlichen Konvent des SBS, Göttingen, 3.3.1984, Apabiz, Bestand Fiedler), war allerdings nur ein Alter Ego Fiedlers. Das Pseudonym *Michael Opitz* nutzte er für einige Veröffentlichungen (Vgl. Missus, Sonderausgabe 1993. Aus Anlaß des „50." unseres Studienleiters, S. 11, Apabiz, Bestand Fiedler) und für das Anschreiben etablierter Medien, an Politiker*innen oder staatlicher Stellen, Vgl. u. a. Michael Opitz an Minister Windelen, Göttingen, 21.12.1984, Apabiz, Bestand Fiedler.
69 Ottfried Hepp war zu Beginn der achtziger Jahre als Führungsfigur der „Hepp-Kexel-Gruppe" einer der bekanntesten bundesdeutschen Rechtsterroristen. Vgl. Gideon Botsch, die extreme Rechte in der Bundesrepublik Deutschland 1949 bis heute, Darmstadt 2012, S. 83.

gruppe Hoffmann[70] kritisierte,[71] fiel er dennoch mit gewalttätigen Aktionen auf. So war er 1978 an einer gewaltsamen Störung einer Veranstaltung der *Vereinigung der Verfolgten des Nazi-Regimes* (VVN) in Hann. Münden beteiligt, an der neben weiteren NPD- und JN-Mitgliedern auch Angehörige der genannten WSG beteiligt gewesen sein sollen.[72] Des Weiteren hatten Fiedler und sein SBS eine Vorreiterrolle in der *Anti-Antifa*-Arbeit inne. Bereits ab dem Ende der siebziger Jahre legte er als „antikommunistischer Erkennungsdienst"[73] systematisch Karteien über politische Gegner*innen an.[74] Auch während der von durchaus heterogenen rechten Gruppen getragenen *Anti-Antifa*-Kampagne zu Beginn der 1990er Jahre[75] führte der SBS weiterhin diese Arbeit fort,[76] wobei sich Fiedler distinktiv von anderen tragenden *Anti-Antifa*-Akteuren abgrenzte.[77]

Gegenwind und Misserfolge

Fiedler war Ende der 1970er Jahre ein vielfältig vernetzter und aktiver Protagonist innerhalb der „nationalen Opposition".[78] Seine Aktivitäten bescherten ihm etwa 1976 einen eigenen Absatz im Jahresbericht des *Bundesamtes für Verfas-*

---

70 Zum HTS und der Wehrsportgruppe Hoffmann vgl. Rainer Fromm, Die „Wehrsportgruppe Hoffmann": Darstellung, Analyse und Einordnung. Ein Beitrag zur Geschichte des deutschen und europäischen Rechtsextremismus, Frankfurt am Main u. a. 1998, S. 125–130.
71 Der führende HTS-Aktivist Axel Heinzmann erschien Fiedler „im höchsten Maße widerlich und ordinär". Zwar seien einige seiner Praxen und Einstellungen (wie das Engagement für Südafrika und sein Antikommunismus) „gut", dennoch sei die „Aktion mit [...] Hoffmann [...] absoluter Schwachsinn" und damit eine Zusammenarbeit „nicht [zu] empfehlen". Vgl. Fiedler an Gisa D., o. O., 6.12.1976, S. 1, ABAG, Bestand Fiedler.
72 Vgl. Ekkehard Launer / Eckhart Pohl / Eckhard Stengel (Hg.), Rechtsum zum Abitur oder: wie braun dürfen Lehrer sein?, Göttingen 1979, S. 128.
73 Deutscher Hochschul-Anzeiger 1. Jahrgang/Nr. 2, Oktober 1978, Apabiz, S. 2. Fiedler war zwischen 1978 und 1981 verantwortlicher Redakteur der in diesem Zeitraum erscheinenden Zeitschrift. Vgl. Apabiz, Bestand Deutscher Hochschul-Anzeiger.
74 Vgl. Launer/Pohl/Stengel, Abitur, S. 64.
75 Vgl. Art. Nationale Liste, in: Mecklenburg (Hg.), Handbuch, S. 287–288, hier S. 288.
76 Vgl. Art. Fiedler, Hans-Michael, in: Mecklenburg (Hg.), Handbuch, S. 457–458, hier S. 457.
77 Nachdem versucht worden war, den SBS in die *Anti-Antifa*-Kampagne einzubeziehen, sprach sich Fiedler im Gegenteil dafür aus, „keinerlei Kooperation" mit dem „Drecksack Worch" [gemeint ist Christian Worch, d. V.] und „NS-Gruppen" einzugehen. Vgl. Hans-Michael Fiedler an Peter D., 4.3.1992, Apabiz, Bestand Fiedler.
78 Ein weiteres prägnantes Beispiel für Fiedlers Eifer gerade in jenen Jahren ist seine Mitwirkung bei der Gründung des *Hilfskomitees Südliches Afrika*, dessen Erster Vorsitzender er bis 1979 war. Vgl. Auszug aus dem Vereinsregister Coburg, o. J., Apabiz, Bestand Südafrika.

sungsschutz.⁷⁹ Dennoch blieb ihm eine wirklich führende Rolle im eigenen Lager verwehrt. Ein relevanter Grund hierfür dürfte sein narzisstischer und cholerischer Charakter gewesen sein. In persönlichen Beziehungen führte man ihm seine angeblich extreme „Ich-Bezogenheit" vor Augen, die sich in einem „stetige[n] Wechsel zwischen mimosenhafter Überempfindlichkeit und ätzender Schärfe" gegen seine „menschliche Umgebung" ausgedrückt haben soll.⁸⁰ Auch Rieger kritisierte seinen Weggefährten bereits 1975 scharf. Fiedler arbeite „nur ungern" mit anderen zusammen, sobald diese „eigene Ideen entwickeln".⁸¹ Die *Göttinger Runde* sei „keine Erfolgsbilanz" hinsichtlich der „erkleckliche[n] Liste" jener, die „jetzt nicht mehr" an ihr teilnähmen.⁸²

Des Weiteren schränkten antifaschistische Aktivitäten Fiedlers Handlungsspielräume immer wieder ein. Bereits 1976 kündigte das Göttinger Studentenwerk nach linken Protesten die Mietverträge mit den örtlichen ODS-Gruppen.⁸³ Die nachfolgende „Nazi-Zentrale", so die Bezeichnung durch lokale Antifaschist*innen,⁸⁴ in der Göttinger Innenstadt griffen wiederum zehn Jahre später Autonome im Kontext einer nahe gelegenen Hausbesetzung an, wobei Teile der Einrichtung auf die Straße gestellt und in Brand gesetzt wurden.⁸⁵ Das in der Folge von Fiedler initiierte Schulungszentrum im südniedersächsischen Adelebsen⁸⁶ war schließlich 1993 Ziel einer breiten Bündnisdemonstration unter Federführung der Göttinger *Autonomen Antifa (M)*.⁸⁷ Auch innerhalb des ODS kam Unruhe wegen der vermehrten Schlagzeilen über extrem rechte Akteure in den eigenen Reihen auf. Der SAP schloss Fiedler und seinen politischen Zögling Christian Heck 1979 wegen Beschädigung des „öffentlichen Ansehen[s]" aus.⁸⁸ Da beide zu diesem Zeitpunkt jedoch noch führende ODS-Mitglieder waren – Heck amtierte sogar als Bundesvor-

---

79 Vgl. Bundesinnenministerium, Betrifft: Verfassungsschutz 1976, Bonn 1977, S. 42–44.
80 Uta T. an Hans-Michael Fiedler, Alfeld, 8.1.1969, Apabiz, Bestand Fiedler.
81 Zit. n. Volkmar Wölk, Weltanschauliche Schulung in der NPD. Mit der „Dresdner Schule" in Meerane versuchte die NPD ihr Klientel zu intellektualisieren, in: Der rechte Rand 151 (2014), S. 22–23, hier S. 23.
82 Ebd.
83 Vgl. 25 Jahre Hochschulgruppe Pommern 19.12.1951–11.12.1976. Ein Leistungsbericht junger Deutscher, Göttingen, S. 16, ABAG, Bestand Fiedler.
84 Vgl. Antifaschistische Aktion Göttingen, Nazi-Zentrale Burgstraße. Eine Dokumentation der bundesweiten Aktivitäten der Nazi-Zentrale, Göttingen 1986.
85 Vgl. Bernd Langer, „Nie wieder Deutschland", in: Junge Welt v. 14.11.2019, S. 12.
86 Vgl. Beurkundung des Grundstückskaufvertrages mit Auflassung, Göttingen, 23.10.1990, Apabiz, Bestand Fiedler.
87 Vgl. Autonome Antifa (M), Demonstration in Adelebsen/Göttingen, 20.3.1993, ABAG.
88 Christian Luther, Bundesvorsitzender des Studentischen Arbeitskreises Pommern, an Hans-Michael Fiedler und Christian Heck, 30.11.1979, Apabiz, Bestand Fiedler.

sitzender[89] –, verließ letztendlich der SAP 1981 den ODS, dessen BdV-Mitgliedschaft im selben Jahr aufgrund mehrerer Vorfälle mit extrem rechten Hintergrund ruhen musste.[90] Nachdem wenige Jahre später nun die Gefahr drohte, die Förderung aus Bundesmitteln zu verlieren, verließ der SBS schließlich den inzwischen in *Gesamtdeutscher Studentenverband* (GDS) umbenannten Dachverband.[91]

Eine nicht völlig unbedeutende Rolle in diesen Entwicklungen nahm sicherlich auch Fiedlers NPD-Engagement ein, welches er ab dem Beginn der achtziger Jahre wieder verstärkte. So kandidierte er bereits 1972 und 1980 für die NPD bei Bundestagswahlen[92] und war gern gesehener Referent bei Parteiveranstaltungen.[93] Ab 1981 ließ er sich zudem in niedersächsische NPD-Gremien wählen.[94] Wenig überraschend war Fiedler auch in diesem Rahmen als Schriftleiter des Parteiorgans *Niedersachsenspiegel* zwischen 1989 und 2000 publizistisch tätig.[95]

Trotz der gelisteten Rückschläge behielt Fiedler bis in die neunziger Jahre hinein eine relevante Rolle in den von ihm bespielten Praxisfeldern. Zwar sank die Zahl der Mitglieder in den inzwischen autonom agierenden Gruppierungen HGP und SBS stetig[96] und ihr öffentliches Auftreten bestimmte beinahe ausnahms-

---

89 Vgl. Einberufung der Mitgliederversammlung der ODS-Gruppe Köln, 24.1.1980, ABAG, Bestand Fiedler.
90 Vgl. Protokoll der 28. Jahreshauptversammlung des ODS, Bonn, 26.4.1981, Apabiz, Bestand ODS. Vgl. auch: Art. Gesamtdeutscher Studentenverband, S. 332.
91 Vgl. Protokoll der 33. ordentlichen Hauptversammlung des GDS, Nieheim-Himminghausen, 8.6.1986, Apabiz, Bestand ODS. Ende der achtziger Jahre stellten Ministerien die finanzielle Förderung des nun auch staatlicherseits als rechtsextrem deklarierten GDS ein. Vgl. Innere Sicherheit 3/1989, S. 20, ABAG, Bestand Fiedler. Mitte der neunziger Jahre zählte der GDS nur noch 50 Mitglieder, galt aber weiterhin als „rechte Kaderschmiede". Vgl. Art. Gesamtdeutscher Studentenverband. Noch im Jahre 2000 war der GDS außerordentliches Mitglied des BdV. Vgl. Samuel Salzborn, Grenzenlose Heimat. Geschichte, Gegenwart und Zukunft der Vertriebenenverbände, Berlin 2000, S. 83.
92 Vgl. Art. Fiedler, Hans-Michael, S. 457.
93 Als Beispiel referierte Fiedler im April und Mai 1975 für NPD- und JN-Gliederungen in Lübeck, Celle, Nordhorn, Braunlage und Itzehoe. Vgl. Missus 42/43, Juli 1975, S. 5, Apabiz.
94 Ab 1981 war Fiedler Vorsitzender des NPD-Kreisverbands Hildesheim-Alfeld (Vgl. Pressemitteilung des NPD-Kreisverbands Hildesheim-Alfeld, 12.6.1981, Apabiz, Bestand Fiedler) und bis in die neunziger Jahre Mitglied des niedersächsischen Landesvorstands. Vgl. Art. Fiedler, Hans-Michael, S. 457. Auch zu den Bundestagswahlen 1983 (Vgl. An die Wähler im Wahlkreis 43, Hildesheim, 28.2.1983, Apabiz, Bestand Fiedler) und 1987 (Vgl. Rundbrief des NPD-Kreisverbands Hildesheim-Alfeld, 31.3.1986, Apabiz, Bestand Fiedler) trat er als NPD-Direktkandidat an.
95 Vgl. Niedersachsenspiegel 3/1989, S. 6, ABAG; Niedersachsenspiegel 4/2000, S. 2, ABAG.
96 Das Bundesministerium des Innern schätzte die Mitgliederzahl des SBS und der HGP 1995 jeweils auf knapp zehn Personen. Vgl. Deutscher Bundestag, Drucksache 13/1518: Antwort der Bundesregierung auf die Kleine Anfrage der Abgeordneten Ulla Jelpke und der Gruppe der

los Fiedler. Dennoch war vor allem der SBS weiterhin ein Anlaufpunkt für einige, später führende Protagonisten der NPD, die eher auf Seriosität im Auftreten bedacht waren oder sich als neue Generation erneut um eine Intellektualisierung der Partei bemühten.[97] Dazu gehörten beispielsweise Holger Apfel,[98] Jörg Hähnel[99] oder Arne Schimmer.[100] Ferner war Fiedler in den neunziger Jahren ständiger Mitarbeiter der von Hans-Dietrich Sander herausgegebenen *Staatsbriefe*.[101]

Das letzte Projekt: die *Bildungsstätte Mitteldeutschland*

Das letzte Lebensdrittel Fiedlers war bestimmt von seinem Ehrgeiz, einen Schulungsort passabler Größe für die angedachte „nationale Bildungsarbeit" in politisch ruhigeren Gefilden zu etablieren. Hierfür erwählte er das westsächsische Meerane, in dem ab Mitte des Jahres 1993 der „Aufbau einer kleinen Bildungsstätte" mitsamt „Tagungsstätte, Dokumentationszentrum, Bibliothek [...], Unterbringung und [...] Archiv" in einem sanierungswürdigen Anwesen begann.[102] Nach juristischen Querelen konnte Fiedler aufgrund einer Zwangsversteigerung im Jahr 2000 das Haus vollends für seine Zwecke nutzen. Dies gelang jedoch nur dank der finanziellen Unterstützung des NPD-Funktionärs und Unternehmers Manfred

---

PDS – Drucksache 13/1329 – Der Studentenbund Schlesien (SBS), die „Hochschulgruppe Pommern" und der Rechtsextremismus, 30.5.1995, S. 5 u. 8.
97 Fiedler selbst grenzte sich in den neunziger Jahren verstärkt distinktiv von subkulturell geprägten „Brüllaffen" ab. Vgl. Hans-Michael Fiedler an Jörg Hähnel, Adelebsen, 20.6.1995, S. 2, Bestand Fiedler, Apabiz.
98 Noch 1996 war Apfel Mitglied im SBS-Vorstand, vgl. Rundschreiben 2/96 des Studentenbundes Schlesien, o. O., 4.4.1996, Apabiz, Bestand Fiedler.
99 Auch Hähnel saß mehrere Jahre im SBS-Bundesvorstand. Vgl. Rundschreiben 3/97 des Studentenbundes Schlesien, o. O., 3.8.1997, Apabiz, Bestand Fiedler. Er war ab Mitte der neunziger Jahre eng mit Fiedler befreundet und teilte mit ihm eine Passion für Lyrik. So gab Hähnel einen Band mit Gedichten Fiedlers heraus. Vgl. Jörg Hähnel (Hg.), Michael Fiedler, Wächter am Tor – Gedichte, Riesa 2009.
100 Vgl. Hausbrief 14 der Bildungsstätte Mitteldeutschland, Meerane, 27.7.2005, S. 1, Apabiz, Bestand Fiedler.
101 So zumindest laut Schimmer in seinem Nachruf auf Fiedler. Vgl. Arne Schimmer, Politischer Idealist und unzeitgemäßer Lyriker. Zum Tode von Hans-Michael Fiedler, in: Deutsche Stimme 4/2019, S. 14, Apabiz.
102 Betr.: Bildungsstätte Mitteldeutschland, Rundbrief des SBS, Adelebsen, 8.4.1994, Bestand Fiedler, Apabiz.

Aengenvoort und seines langjährigen Bekannten Winfried Stannieder,[103] denn Fiedler selbst verfügte über kein Vermögen.[104]

Seine fortwährend finanziell prekäre Lage, sich häufende gesundheitliche Probleme[105] sowie anderweitige Rückschläge[106] führten letztendlich zum allmählichen Scheitern des Projektes. Zu Fiedlers 65. Geburtstagsfeier erschienen zwar noch getreue Weggefährten wie Sander, Hähnel und Frank Rennicke.[107] Doch die Anzahl der Veranstaltungen nahm genauso ab wie die Summe der eingehenden Spenden. Der inzwischen in Meerane wohnhafte und vollends verarmte Fiedler beschwerte sich immer häufiger über seinen Zustand und die Lage des Hauses.[108] Als Ende 2013 der eigentliche Hauseigentümer Stannieder das Haus zum Verkauf stellte, verkündete Fiedler im letzten Hausbrief der Bildungsstätte obschon des „mieseste[n] Jahr[s] meiner Arbeit der letzten 50 Jahre" obsessiv erscheinende Durchhalteparolen: „Aufgeben werden wir nie".[109] In einer Mischung aus Trotz und fehlendem Realitätssinn unterschrieb er diese letzte Verlautbarung seiner selbst als „Studienleiter der Nationalen Bildungsarbeit",[110] die als Fiedlers Lebensprojekt zu diesem Zeitpunkt jedoch längst passé war. Nur wenige Monate später fand man das heruntergekommene Haus verlassen vor.[111] Hans-Michael Fiedler verstarb am 3. Februar 2019 beinahe vergessen in Göttingen.[112]

Mit Fiedler starb einer der wenigen Protagonist*innen, die sich im Umfeld der NPD um eine Intellektualisierung der „nationalen Opposition" bemühten. Mit

---

103 Stannieder schrieb bereits 1963 für den *Missus*. Vgl. Winfried Stannieder, Zwei-Parteien-System?, in: Missus 5, Dezember 1963, S. 7, ABAG, Bestand Fiedler.
104 Vgl. Grundstückskaufvertrag, Meerane, 18.12.2000, Apabiz, Bestand Fiedler.
105 Vgl. u. a. Hausbrief 14 der Bildungsstätte Mitteldeutschland, 27.7.2005, S. 1, Apabiz, Bestand Fiedler.
106 So musste zweieinhalb Jahre lang die Bildungsstätte „durch die Übeltaten einiger weniger Proleten, die sich als „rechts" mißverstanden haben", instandgesetzt werden. Vgl. Einladung zur Wiedereröffnung der Bildungsstätte Mitteldeutschland, Meerane, 2.-3.7.2005, Apabiz, Bestand Fiedler.
107 Vgl. Bericht über die Veranstaltung zum 65. Geburtstag unseres Studienleiters, Meerane, 17.11.2008, S. 1–2, Apabiz, Bestand Fiedler.
108 So ließ er u. a. verlautbaren: „Der Studienleiter hat seit 4 Monaten sein gesamtes „Elendsgeld" in Haus und Nebenkosten gesteckt. [...] Kein Obst, keine Milch, kein „bürgerliches" Essen, und selbst fehlende Glühbirnen konnten nicht ersetzt werden." Vgl. Hausbrief 29 der Bildungsstätte Mitteldeutschland, Meerane, 1.10.2009, S. 1, Apabiz, Bestand Fiedler.
109 Hausbrief 40 der Bildungsstätte Mitteldeutschland, Meerane, 23.12.2013, S. 1, Apabiz, Bestand Fiedler.
110 Ebd. S. 2.
111 Vgl. Eumann, Neonazi-Bibliothek.
112 Vgl. Arne Schimmer, Politischer Idealist und unzeitgemäßer Lyriker. Zum Tode von Hans-Michael Fiedler, in Deutsche Stimme 4/2019, S. 14, Apabiz.

seiner jahrzehntelangen Bildungsarbeit war er hier eine Ausnahmeerscheinung und baute zumindest während seiner ODS-Mitgliedschaft ein über die NPD hinausreichendes Netzwerk auf. Auch als früher Wegbereiter der *Anti-Antifa* wurde er innerhalb des rechten Lagers bekannt. Spätestens ab Mitte der neunziger Jahre verlor Fiedler jedoch in den eigenen politischen Kreisen stetig an Bedeutung, so dass er in der jüngeren Vergangenheit in der NPD keine relevante Rolle mehr spielte.

Notiz: Dieser Beitrag wurde bereits 2020 und damit vor der Veröffentlichung der folgenden Studie verfasst: Katharina Trittel/Sören Isele/Florian Finkbeiner, Vom „Wächter am Tor" zum „einsamen Wolf". Der Multifunktionär Hans-Michael Fiedler und die Transformation der radikalen Rechten in Südniedersachsen, Göttingen 2022. Diese Studie basiert auf einem weiteren Teilnachlass Hans-Michael Fiedlers, der dem Autor dieses Beitrags zuvor nicht bekannt war. Im Gegenzug fußt der vorliegende Text auf Beständen des Nachlasses, die vorrangig im Antifaschistischen Pressearchiv und Bildungszentrum Berlin (Apabiz) sowie im Antifaschistischen Bildungszentrum und Archiv Göttingen (ABAG) verwahrt sind und wiederum keine Berücksichtigung bei der eingangs zitierten Studie fanden.

Viktor Fichtenau
Karl Theodor Förster (1912–1993)

Badischer SRP-Vorsitzender und Holocaustleugner

Abb. 5: Karl Theodor Förster um 1990. Quelle: *Generallandesarchiv Karlsruhe (GLAK) 309 Zugang 2013–44 Nr. 132 (Paket 45).*

Der Eintritt in die SA und NSDAP

Karl Theodor Förster wurde am 8. Februar 1912 als Sohn des Kutschers Friedrich Förster (1880–1945) und seiner Ehefrau Anna Margaretha (*1879) in Heidelberg geboren. Die Familie unterhielt ein Fuhrgeschäft, welches später von Karl Friedrich (*1905), dem ältesten Bruder Karl Theodors, übernommen wurde. Friedrich Förster entstammte einer Heidelberger Kaufmannsfamilie; sein Vater Wendelin Förster (1853–1901) hatte bis zu seinem Tod ein Holz- und Kohlegeschäft in Neuenheim unterhalten, welches die Witwe Katharina Förster (1857–1932), geb. Voth, anschließend in ein Obst- und Gemüsehandel umwandelte. Über die Kindheit sowie die Jugend von Karl Theodor Förster, die er im Familienhaus in der Rahmengasse 18 verbrachte, ist darüber hinaus nichts bekannt. Bereits 1929 trat er im Alter von 17 Jahren der *Sturmabteilung* (SA) bei, wo er zwischen Mai 1932 und Juli 1933

Scharführer war.¹ Am 1. August 1930 wurde er unter der Mitgliedsnummer 288.014 in die *Nationalsozialistische Deutsche Arbeiterpartei* (NSDAP) aufgenommen. Karl Friedrich Förster erklärte den Eintritt seines jüngsten Bruders in die NSDAP in einem Entlastungszeugnis mit der herrschenden Perspektivlosigkeit während der Krisenjahre der Weimarer Republik:

> Mein Bruder Karl Theodor, der Einzige unserer Familie, der diesen Weg ging, wäre bestimmt niemals der SA und NSDAP beigetreten, wenn er nur Arbeit und die Hoffnung auf ein Fortkommen gehabt und das Elend in der siebenköpfigen Familie nicht so krass kennengelernt hätte.²

Der ehemalige Führer des SA-Trupps Neuenheim gab in Försters Spruchkammerverfahren zu Protokoll, dass er „seinem SA-Dienst unlustig und jedenfalls unregelmässig nachkam. [...] Jedenfalls hat er ab 1933 überhaupt keinen SA-Dienst mehr gemacht, weshalb er im Sommer 1933 von der sogenannten Sturmliste gestrichen worden ist."³ Die Spruchkammer Heidelberg wertete den Eintritt in die NSDAP und die SA „im sehr jugendlichen Alter"⁴ zwar strafmildernd, sie glaubte jedoch auch unreflektiert der alleinig vom SA-Truppführer Schulz bezeugten „negativen Einstellung"⁵ Försters zur SA. Während die Spruchkammern in der amerikanischen Besatzungszone in den ersten Monaten noch vergleichsweise härtere Urteile fällten, entwickelte sich das gesamte Spruchkammerverfahren zu einer „Mitläuferfabrik", wie es Lutz Niethammer prägnant mit seiner wegweisenden Studie festgestellt hatte.⁶

Nach dem Besuch der Volksschule und der Beendigung seiner Lehre zum Kaufmann im Jahr 1929 blieb Förster zunächst arbeitslos, bevor er im Familienbetrieb eingestellt wurde. Im Frühjahr 1935 wechselte er als kaufmännischer Angestellter zur Reichsbahn nach Karlsruhe, wo ihm allerdings aufgrund seiner Farbenblindheit eine Verbeamtung verwehrt wurde.⁷ Im Jahre 1938 wechselte er des-

---

1 Vgl. Försters NSDAP-Mitgliederkartei in Bundesarchiv (BArch), R 9361-IX KARTEI/9210300-301. Vgl. zu seiner SA-Mitgliedschaft die Angaben in Försters Entnazifizierungsakte, Generallandesarchiv Karlsruhe (GLAK), 465q Nr. 21916.
2 Eidesstaatliche Bestätigung von Fritz Förster v. 30.9.1949, GLAK 465q Nr. 21916.
3 Eidesstaatliche Erklärung von Walter Schulz v. 6.10.1947, GLAK 465q Nr. 21916.
4 Spruchkammerurteil der Kammer Heidelberg v. 3.11.1947, GLAK 465q Nr. 21916.
5 Ebd.
6 Vgl. Lutz Niethammer, Die Mitläuferfabrik. Die Entnazifizierung am Beispiel Bayerns, Berlin 1982. Vgl. zur Entnazifizierung auch Clemens Vollnhals (Hg.), Entnazifizierung. Politische Säuberung und Rehabilitierung in den vier Besatzungszonen 1945–1949, München 1991.
7 Vgl. Eidesstaatliche Erklärung von Fritz Schille v. 25.9.1947, GLAK 465q Nr. 21916; Rechtsanwalt Dr. Philipp Krämer an die Spruchkammer Heidelberg, 2.10.1947, GLAK 465q Nr. 21916.

halb als Angestellter zur Nationalsozialistischen Volkswohlfahrt (NSV).[8] Dort leitete er zuletzt die Unterabteilung für Statistik. Aus späteren Ermittlungen der Heidelberger Staatsanwaltschaft geht zudem hervor, dass er nach seinem Umzug nach Karlsruhe dort stellvertretender Kreisleiter und Hauptstellenleiter der NSDAP war.[9] Zwei Jahre später wurde Förster zum Kreisamtsleiter der NSV in Bühl ernannt, wohin er mit seinen drei Kindern und der Ehefrau zog.[10] 1942 wurde Förster in die schwere Flak-Abteilung 701 eingezogen, wo er als Unteroffizier bis Kriegsende diente. Schließlich geriet er in französische Kriegsgefangenschaft, aus der er aber aufgrund einer Tuberkuloseerkrankung bald wieder entlassen wurde. Unter einem Tarnnamen tauchte Förster zunächst für längere Zeit im Odenwald unter, ehe er im Herbst 1946 nach Heidelberg zurückkehrte.[11] Das Versorgungsamt Bühl stufte ihn Mitte Februar 1947 aufgrund der Tbc-Erkrankung als 100 Prozent kriegsbeschädigt ein.[12]

Am 16. September 1947 eröffnete die Spruchkammer Heidelberg ein Verfahren gegen Förster und beantragte seine Einstufung in die Gruppe der Belasteten aufgrund seiner Mitgliedschaften in der NSDAP, der SA und der NSV.[13] Weitere Tatbestände wurden ihm nicht vorgeworfen. Vertreten wurde er von dem Rechtsanwalt Philipp Krämer, der angesichts zahlreicher Entlastungszeugnisse eine Einreihung in die Kategorie der „Mitläufer" forderte.[14] Am 3. November 1947 wurde Förster von der Spruchkammer Heidelberg schließlich als „Minderbelasteter" entnazifiziert; das Urteil wurde allerdings im Juli 1948 nach dem Ablauf der angesetz-

---

[8] Zur Geschichte der NSV vgl. Eckhard Hansen, Wohlfahrtspolitik im NS-Staat: Motivationen, Konflikte und Machtstrukturen im „Sozialismus der Tat" des Dritten Reiches, Augsburg 1991; Herwart Vorländer, Die NSV. Darstellung und Dokumentation einer nationalsozialistischen Organisation, Boppard am Rhein 1988.
[9] Vgl. Urteil in Strafsachen gegen Karl Theodor Förster v. 24.7.1953, GLAK, 309 Zugang 1994–53 Nr. 132, S. 2.
[10] Vgl. Rechtsanwalt Dr. Philipp Krämer an die Spruchkammer Heidelberg, 2.10.1947, GLAK, 465q Nr. 21916.
[11] Vgl. Urteil in Strafsachen gegen Karl Theodor Förster v. 24.7.1953, GLAK, 309 Zugang 1994–53 Nr. 132.
[12] Zur Versorgung der Kriegsbeschädigten in den Nachkriegsjahren und in der frühen Bundesrepublik vgl. Sabine Schleiermacher, Restauration von Männlichkeit? Zum Umgang mit Kriegsgeschädigten in der frühen Bundesrepublik, in: Bernhard Gotto / Elke Seefried (Hg.), Männer mit „Makel". Männlichkeiten und gesellschaftlicher Wandel in der frühen Bundesrepublik, Oldenbourg 2017, S. 24–36; Chrsistine Wolters, Ärzte als Experten bei der Integration Kriegsbeschädigter und Kriegsversehrter nach dem Ersten und Zweiten Weltkrieg, in: Zeitschrift für Geschichte der Wissenschaften, Technik und Medizin (NTM) 23 (2015), S. 143–176.
[13] Vgl. Klageschrift der Spruchkammer Heidelberg v. 16.9.1947, GLAK, 465q Nr. 21916.
[14] Vgl. Rechtsanwalt Dr. Philipp Krämer an die Spruchkammer Heidelberg, 2.10.1947, GLAK, 465q Nr. 21916.

ten Bewährungsfrist gemäß der Amnestieverordnung vom 5. Februar 1947 (sogenannte Weihnachtsamnestie)[15] aufgehoben. Bis zur Gründung der *Sozialistischen Reichspartei* (SRP) blieb Förster politisch inaktiv und widmete sich seiner im Sommer 1948 gegründeten Baustoffgroßhandlung.

„Wir wollen doch süddeutsche Bastion werden"[16]: Försters Tätigkeit in der SRP

Ende April 1950 formierte sich in Stuttgart ein vorbereitender Ausschuss zur Gründung des Landesverbandes Württemberg-Baden der SRP. Bis zur Teilung des Landesverbandes im Juli 1951 war Förster Stellvertreter des Landesvorsitzenden Willi Mellin und gehörte dem politischen Ausschuss des Landesverbandes an, in dem er für die Landespolitik, den Bereich Wahlen, die Zusammenarbeit und die Beobachtung der anderen „nationalen Organisationen" sowie die Beobachtung der politischen „Gegner" zuständig war.[17] Förster wollte zudem in Heidelberg „so bald als möglich mit den um mich gesammelten Männern zur Gründung des hiesigen Kreisverbandes schreiten".[18] Der Kreisverein wurde unter seinem Vorsitz am 8. September 1950 nach einer Kundgebung mit Mellin gegründet.[19] Förster hatte als Kreisvorsitzender vor allem die Aufgabe, neue Mitglieder in seinem Einflussbereich anzuwerben, die sich in Ortsverbänden zusammenschließen sollten. Vor allem in seiner Heimatstadt Heidelberg konnte Förster aufgrund einer massiven Propaganda u.a durch „nächtliche Mal- und Klebeaktionen" sowie zum Teil eigenfinanzierte Kundgebungen und Versammlungen die Mitgliederzahl der SRP steigern.[20] Zudem gelangte er als Baustoffhändler „sehr oft über Karlsruhe hinaus"[21] und konnte so während seiner Geschäftsbesuche neue Mitglieder anwerben. Dies bestätigte auch der niedersächsische Landtagsabgeordnete Kurt Matthaei nach seinem Besuch in Heidelberg im November 1950: „Dem Parteivorstand habe ich nach meiner Rückkehr von Heidelberg berichtet, dass ich in Heidelberg den An-

---

15 Vgl. Verordnung Nr. 132 zur Durchführung der Weihnachts-Amnestie zum Gesetz Nr. 104 zur Befreiung von Nationalsozialismus und Militarismus vom 5. Februar 1947, in: Regierungsblatt der Regierung Württemberg-Baden 5 (1947), S. 31 f.
16 Karl Theodor Förster an Otto Ernst Remer, 14.9.1951, BArch, B 104/13.
17 Vgl. Persönliche Aufzeichnungen von Willi Mellin, Antifaschistisches Pressearchiv und Bildungszentrum e. V. Berlin (Apabiz), SRP 2.3.3, 224/12921.
18 Karl Theodor Förster an Willi Mellin, 26.8.1950, BArch, B 104 Nr. 381.
19 Vgl. Mitteilungsblatt der SRP Nr. 2 v. 18.9.1950, BArch, B 104 Nr. 26.
20 Karl Theodor Förster an Fritz Dorls, 15.2.1951, BArch, B 104 Nr. 24.
21 Ebd.

satzpunkt zur Eroberung des süddeutschen Raumes sehe."[22] Die Informationsabstimmung bzw. Probeabstimmung über den Zusammenschluss der Länder Württemberg-Baden, Württemberg-Hohenzollern sowie Südbaden zum Südweststaat am 24. September 1950 nutzte Förster, um in seiner Heimatstadt „öffentlich auf das Bestehen der SRP [...] hinzuweisen, ohne für die eine oder andere Seite Stellung zu nehmen".[23] Mit seinem Lastwagen, der mit dem Schriftzug „Ob Südweststaat oder Baden ist uns gleich – über allem steht das Reich" versehen worden war, fuhr Förster in zeitlicher Nähe zum Abstimmungstag durch Heidelberg.[24] Knapp zwei Monate später nutzten die Heidelberger Mitglieder der SRP am 26. November den Totensonntag als Anlass für eine weitere öffentlichkeitswirksame Parteiveranstaltung: Im Namen des Kreisverbands legten sie „auf dem Ehrenfriedhof in einer kurzen Feier einen Kranz für die gefallenen deutschen Helden nieder".[25] Damit knüpften sie konsensfähig an die in Westdeutschland verbreitete Kultur der Viktimisierung der Deutschen in der Nachkriegsgesellschaft an. Solche öffentlichen „Akte des Gedenkens und Klagen über erlittene Verluste und Leiden"[26] der Deutschen selbst während des Nationalsozialismus und vor allem während der Nachkriegszeit dienten der Aufrechnung der deutschen Verbrechen an den Juden und anderen Opfern des Nationalsozialismus.

Förster wollte zudem im Februar 1951 – zu diesem Zeitpunkt hatte seine Ortsgruppe etwa 50 Mitglieder[27] – das Amt des Kreisverbandsvorsitzenden aufgeben, um sich als Stellvertreter Mellins auf die Propaganda im gesamten badischen Raum konzentrieren zu können.[28] „Ich brauche jedoch für diese Funktion eine entsprechende Vollmacht durch Sie", so Förster in einem Brief an Mellin.[29]

Seit Mai 1951 stand in Hannover die Neuordnung der Landesverbände zur Debatte; vor allem wollte man im Hinblick auf die Wahlen zur Verfassungsgebenden Landesversammlung die Parteistruktur im Südwesten stärken, da Südbaden sowie Württemberg-Hohenzollern kaum erschlossen worden waren.[30] Deshalb wur-

---

22 Kurt Matthaei an Martin Retzlaff,14.11.1950, BArch, B 104 Nr. 24.
23 Geschäftsführer des Kreisverbands Heidelberg an Parteileitung der SRP, 10.10.1950, BArch, B 104 Nr. 24.
24 Vgl. ebd. sowie die enthaltene Fotografie in BArch, B 104 Nr. 31.
25 Kreisverband Heidelberg der SRP an die Redaktion der Rhein-Neckar-Zeitung, 26.11.1950, BArch, B 104 Nr. 24.
26 Vgl. Robert G. Moeller, Deutsche Opfer, Opfer der Deutschen. Kriegsgefangene, Vertriebene, NS-Verfolgte: Opferausgleich als Identitätspolitik, in: Klaus Naumann (Hg.), Nachkrieg in Deutschland, Hamburg 2001, S. 29–58, hier S. 50.
27 Vgl. Karl Theodor Förster an Willi Mellin, 26.2.1951, BArch, B 104 Nr. 26.
28 Vgl. ebd.
29 Ebd.
30 Vgl. Gerhard Krüger an Willi Mellin, 2.6.1951, BArch, B 104 Nr. 375.

de in der Sitzung des Parteirates am 1. Juli 1951 die Teilung des Landesverbands Württemberg-Baden beschlossen.[31] Förster wurde so zum Landesvorsitzenden in Baden und führte die Geschäfte des Landesverbands in den Räumen seines Unternehmens in der Zeppelinstraße 187 im Heidelberger Stadtteil Handschuhsheim. Trotz der aus der Teilung des Landesverbands erwachsenen Spannungen zwischen den beiden Landesvorsitzenden, sicherte Förster dem württembergischen Parteikollegen Mellin seine Unterstützung zu.[32] Während einer Mitgliederversammlung am 5. September 1951 gab Förster, bis dahin Kreis- und Landesvorsitzender in Personalunion, den Posten des Kreisvorsitzenden an Georg Gebhard ab.[33]

Mit der Unterstützung des Bundesverbandes sowie in enger Zusammenarbeit mit Max Nagel aus Karlsruhe[34] wollte Förster die SRP in Baden zur „süddeutsche[n] Bastion"[35] ausbauen. Insbesondere wollte er über das bereits organisatorisch gut erschlossene Nordbaden auch den südlichen Teil des von den Militärregierungen geteilten Landes mit seiner Propaganda erreichen und veranstaltete beispielsweise am 22./23. September 1951 Kundgebungen in Freiburg, Müllheim und Säckingen. Zuversichtlich berichtete Förster anschließend in einem Schreiben an den Bundestagsabgeordneten Fritz Dorls von seiner „Überzeugung [...], daß Südbaden zumindest so schnell zu erschließen ist wie das nordbadische Gebiet".[36]

Nach dem Verbot der SRP-Parteizeitung *Reichszeitung für nationale Opposition und deutsche Selbstbehauptung* im Juli 1951[37] planten Förster und der rheinland-pfälzische Landesvorsitzende Werner Körper die Herausgabe eines eigenen südwestdeutschen Mitteilungsblattes mit dem Titel *Die Marschrichtung*.[38] Der ehemalige Hauptschriftleiter des in Mannheim von 1931 bis 1945 herausgegebenen *Hakenkreuzbanners* Friedrich Haas sicherte Förster für das geplante Parteiblatt

---

31 Vgl. Einladung des Hauptgeschäftsführers Fritz Heller v. 27.6.1951, BArch, B 104 Nr. 375. Vgl. hierzu auch Otto Büsch / Peter Furth: Rechtsradikalismus im Nachkriegsdeutschland. Studien über die „Sozialistische Reichspartei" (SRP), Wiesbaden 1967, S. 65 u. 89.
32 Vgl. Karl Theodor Förster an Willi Mellin, 27.6.1951, BArch, B 104 Nr. 15.
33 Vgl. Karl Theodor Förster an den Kreisverband der SRP Heidelberg, 6.9.1951, BArch, B 104 Nr. 16.
34 Vgl. Karl Theodor Förster an Max Nagel, 5.5.1951, BArch, B 104 Nr. 16.
35 Karl Theodor Förster an Otto Ernst Remer, 14.9.1951, BArch, B 104/13.
36 Karl Theodor Förster an Fritz Dorls, 3.10.1951, BArch, B 104/13.
37 Vgl. Deutsches Institut für Zeitgeschichte Berlin (Hg.), Die westdeutschen Parteien 1945–1965. Ein Handbuch, Berlin 1966, S. 504.
38 Vgl. Werner Körper an Karl Theodor Förster, 26.7.1951, BArch, B 104 Nr. 15; Karl Theodor Förster an Werner Körper, 3.8.1951, BArch, B 104 Nr. 15.

seine Mitarbeit zu.³⁹ Die Pläne der beiden Landesvorsitzenden konnten jedoch nicht in die Realität umgesetzt werden.

Am 24. August 1951 wurden vom Innenministerium sämtliche Versammlungen, Kundgebungen und sonstige Veranstaltungen der SRP in Württemberg-Baden verboten, weil die bislang abgehaltenen öffentlichen Veranstaltungen der Partei gezeigt hatten, dass „die SRP für ihre verfassungsfeindlichen Ziele offen oder in kaum verhüllter Weise [...] wirbt".⁴⁰ Diesen Schritt stellte Förster in einem Rundschreiben als einen Kampf der „Feinde einer wahren Demokratie" gegen die „aufrechten und kämpferischen Vertreter nationalen Selbstbewusstseins mit ungesetzlichem Polizeiterror" dar.⁴¹ Nötigenfalls wolle man „[i]n die Katakomben" gehen für ein „geeintes, vom Osten und Westen freies sozialistisches Deutsches Reich in einem friedlichen Europa".⁴² In einem Schreiben an den Präsidenten des Landesbezirks Baden Hans Unser echauffierte sich Förster wie folgt über diese Verbotsverfügung:

> Es ist wohl kein Zweifel, daß mit dieser Unterdrückungsmaßnahme des nationalen Widerstandswillens des Volkes in eindeutiger Weise gegen das Grundgesetz verstoßen wird. [...] Jeder politisch weitsichtige Mensch muß doch einsehen, daß nur die Stärkung der nationalen Widerstandskräfte ein wirksames Gegengewicht gegen diese getarnten Kräfte des Ostens bilden.⁴³

Trotz des bestehenden Versammlungs- und drohenden Parteiverbots entschied sich die SRP dazu, an der Wahl zur verfassungsgebenden Landesversammlung am 9. März 1952 teilzunehmen.⁴⁴ Da der organisatorische Aufbau der SRP in Südbaden sowie in Württemberg-Hohenzollern nach wie vor nicht weit fortgeschritten war, trat die Partei nur in Württemberg-Baden zur Wahl an. Förster forderte in einem Schreiben an den Ministerpräsidenten Reinhold Maier die Aufhebung des bestehenden Versammlungsverbots, das er als unzulässige Wahlhinderung bezeichnete.⁴⁵ Im Vorfeld der bevorstehenden Wahl hielten die Landesverbände von Baden und Württemberg in den ersten Februartagen 1952 in Pforzheim eine gemeinsame Landesdelegiertentagung ab. Die 70 Delegierten wählten die Kandi-

---

39 Vgl. ebd.
40 Mitteilung des Innenministeriums Nr. 33 v. 25.8.1951, Hauptstaatsarchiv Stuttgart (HStAS), EA 1/106 Bü 86. Hierzu vgl. Art. Sämtliche öffentliche Veranstaltungen der SRP verboten, in: Staatsanzeiger für Württemberg-Baden Nr. 66 v. 29.8.1951.
41 Rundschreiben Karl Theodor Försters Nr. 6/51 v. 28.10.1951, BArch, B 104 Nr. 14.
42 Ebd.
43 Karl-Theodor Förster an den Präsidenten des Landesbezirks Baden Hans Unser, 26.10.1951, GLAK, 481 Nr. 816.
44 Vgl. Art. SRP will an Südweststaats-Wahlen teilnehmen, in: Stuttgarter Zeitung v. 21.1.1952.
45 Vgl. ebd.

daten für die Kreiswahlvorschläge sowie die Landesergänzungsliste zur Wahl der Landesversammlung am 9. März.[46] Nachdem das Innenministerium von Württemberg-Baden das Versammlungsverbot am 23. Februar 1952 aufgehoben hatte, eröffnete die SRP am darauffolgenden Tag ihren Wahlkampf in Ludwigsburg.[47] Mit 65.766 erreichten Stimmen (3,9 Prozent) verfehlte die SRP allerdings die Fünf-Prozent-Hürde.[48]

Infolge des staatlichen Verbots vom 24. August 1951 konnten sich die SRP-Mitglieder, bei denen es sich zudem größtenteils um ehemalige Nationalsozialisten handelte, nicht mehr öffentlich versammeln und trafen sich deshalb in Privathäusern, wodurch der Polizei jegliche Handhabe gegen die illegalen Zusammenkünfte entzogen wurde.[49] Vor allem im Kreis Mosbach war die Partei trotz des Versammlungsverbots sehr aktiv. Der nordbadische Verfassungsschutz beobachtete beispielsweise Anfang 1952, dass sich die SRP-Anhänger zunehmend konspirativ in einem Lindacher Gasthaus trafen. Dieses Gasthaus gehörte Alfred Backfisch, dem Bruder des früheren badischen Reichsstatthalters Robert Wagner (geb. Backfisch).[50] Während sich Backfisch öffentlich von der SRP distanzierte, war sein Sohn – Alfred Backfisch (jun.) – umso aktiver in der SRP tätig.[51] Im Kreis Mosbach traten vor allem die ehemaligen Nationalsozialisten Wilhelm Mangold (*1894) und Oskar Dexheimer (*1910) sowie Theodor Dollinger (*1902) und dessen Sohn Heinrich (*1926) als Hauptagitatoren auf. Der Landwirt Theodor Dollinger war seit 1933 Mitglied der NSDAP, seit 1934 Ortsbauernführer sowie ab 1937 Bürgermeister von Guttenbach. Sein Sohn Heinrich galt als Kreisvorsitzender der SRP in Mosbach.[52] Bei den zahlreichen illegal organisierten Versammlungen, die häufig von der Polizei aufgelöst wurden, trat Förster mehrmals als Redner auf.

Henning Hansen behauptet in seiner Monographie zur SRP, dass Förster im Laufe des Jahres 1952 ohne sich mit der Parteiführung abzusprechen den Aufbau der *Nationalen Sammlungsbewegung* (NSB) vorantrieb, in die er ehemalige Mitglieder der badischen SRP nach dem absehbaren Parteiverbot überführen woll-

---

46 Vgl. Art. SRP-Landes-Delegiertentagung, in: Heidelberger Tageblatt v. 12.2.1952.
47 Vgl. Art. Die SRP eröffnet den Wahlkampf, in: Ludwigsburger Kreiszeitung v. 25.2.1952.
48 Vgl. Vorläufiges Gesamtergebnis der Wahl zur Verfassungsgebenden Landesversammlung am 9.3.1952, Staatsarchiv Freiburg (StAF), C 5/1 Nr. 6549, S. 2.
49 Vgl. Bericht des Landesamts für Verfassungsschutz (Außenstelle Karlsruhe) über die Tätigkeit der SRP in Nordbaden v. 7.2.1952, GLAK, 481 Nr. 816.
50 Vgl. ebd.
51 Vgl. ebd.
52 Vgl. Bericht des Landesamts für Verfassungsschutz (Außenstelle Karlsruhe) über die Tätigkeit der SRP in Nordbaden v. 7.2.1952, GLAK, 481 Nr. 816.

te.⁵³ Hansen zufolge habe der Parteirat diesen Alleingang als Verrat gewertet, woraufhin Förster zum Rücktritt als Landesvorsitzender gedrängt worden sei. Hansen scheint hier der irreführenden Argumentation Försters gefolgt zu sein, der nach dem Parteiverbot von seinem ungebrochenen Festhalten an der Linie der SRP ablenken wollte. Es kam nie zu einem inhaltlichen Bruch zwischen der Bundesparteispitze und Förster, der Konflikt eskalierte schließlich an der Frage der beabsichtigten Selbstauflösung der Partei. Förster lehnte diese kategorisch ab und wertete sie als Schwäche gegenüber den sogenannten „Lizenzparteien". Nach der Selbstauflösung des Bundesverbandes überwarf er sich daher mit dem Parteivorstand und gründete daraufhin die NSB.⁵⁴ Nach dem Verbot der SRP durch das Bundesverfassungsgericht am 23. Oktober 1952⁵⁵ meldete Förster im Dezember 1952 dem ehemaligen Bundesgeschäftsführer Fritz Heller, dass sich in Baden nunmehr zwei Gruppen gegenüber stünden: „[E]inmal die von [Werner] Körper gegen mich ausgespielte Gruppe Köhler-Rupp-Pflaumer ehemaliger Grössen, zum andern meine Gruppe, der alle ehemaligen Kameraden angehören und [die] sich nun unter dem Namen NSB organisiert hat".⁵⁶ Dies ist einer der wenigen Hinweise darauf, dass sich ehemalige nationalsozialistische Spitzenpolitiker Badens in der Nachkriegszeit politisch betätigten. Walter Köhler war in der Zeit des Nationalsozialismus badischer Ministerpräsident.⁵⁷ Johannes Rupp wurde am 11. März 1933 zum „Beauftragten des Reichskommissars für die Justiz" bestellt und blieb somit de facto Justizminister bis Juni 1933.⁵⁸ Karl Pflaumer war zwischen 1933 und 1945 badischer Innenminister.⁵⁹ Förster bemühte sich als Landesvorsitzender mit

---

53 Vgl. Henning Hansen, Die Sozialistische Reichspartei (SRP). Aufstieg und Scheitern einer rechtsextremen Partei, Düsseldorf 2007, S. 260.
54 Vgl. Urteil in Strafsachen gegen Karl Theodor Förster v. 24.7.1953, GLAK, 309 Zugang 1994–53 Nr. 132.
55 Allgemein zum Verbot der SRP vgl. HStAS, EA 2/303 Bü 709.
56 Abschrift: Karl Theodor Förster an Fritz Heller, 5.12.1952, HStAS, EA 2/303 Bü 709.
57 Vgl. Horst Ferdinand: Art. Köhler, Walter Friedrich Julius, NS-Politiker, Kaufmann, in: Baden-Württembergische Biographien 2 (1999), S. 276–280; Ernst Otto Bräunche, Ein „anständiger" und „moralisch integrer" Nationalsozialist? Walter Köhler, Badischer Ministerpräsident, Finanz- und Wirtschaftsminister, in: Michael Kissener / Joachim Scholtyseck, Die Führer der Provinz. NS-Biographien aus Baden und Württemberg, Konstanz 1997, S. 289–310.
58 Vgl. Horst Ferdinand, Art. Rupp, Johannes Ludwig, in: Baden-Württembergische Biographien 2 (1999), S. 374–377.
59 Vgl. Horst Ferdinand, Art. Pflaumer, Karl, NS-Politiker, bad. NS-Innenminister, in: Baden-Württembergische Biographien 1 (1994), S. 266–271; Norma Pralle, Zwischen Partei, Amt und persönlichen Interessen. Karl Pflaumer, Badischer Innenminister, in: Kissener/Scholtyseck, Führer, S. 539–566.

Nachdruck um die Eingliederung ehemaliger NS-Größen in die SRP.[60] In seinen Handakten, die sich heute im Bundesarchiv Koblenz befinden, sind Hinweise auf einen regen Austausch mit Köhler und Pflaumer enthalten. So berichtete Förster beispielsweise am 4. Juni 1951 an den ehemaligen Oberpostdirektor Wilhelm Helmle,[61] dass Köhler und Pflaumer Helmles Ernennung zum Ortsgruppenleiter von Mannheim sehr begrüßt hätten.[62] Überdies war er später zwischen 1951 und 1956 Mitglied im Mannheimer Gemeinderat für die rechtsextreme *Deutsche Gemeinschaft* (DG).[63] Ferner legt Försters Korrespondenz nahe, dass Köhler ihm weitere Mitglieder vermittelte.[64]

Förster Zerwürfnis mit der Parteileitung und seinem rheinland-pfälzischen Kollegen Körper hatte auch dazu geführt, dass er nicht zur Versammlung ehemaliger SRP-Funktionäre am 19. Oktober 1952 in Stuttgart eingeladen worden war, bei der Körper über die Zukunft der zu diesem Zeitpunkt bereits verbotenen SRP sprach.[65]

Försters politische Betätigung nach dem Verbot der SRP

Nach dem Verbot der SRP gründete Förster in Karlsruhe den badischen Landesverband der in Detmold gebildeten NSB, in den er die Mitglieder der verbotenen SRP überführen wollte. Laut Staatsanwaltschaft setzten sich die Vorstandsmitglieder „großenteils aus führenden SRP-Funktionären und einem früheren NSDAP-Funktionär [...] zusammen".[66] Hierbei handelte es sich um den ehemaligen Reichstagsabgeordneten aus Liedolsheim Robert Roth.[67] Am 16. November 1952 sollte zu-

---

60 Vgl. Urteil in Strafsachen gegen Karl Theodor Förster v. 24.7.1952, GLAK, 309 Zugang 1994–53 Nr. 132, S. 3.
61 Zu Wilhelm Helmle vgl. Art. Brotlose a. D.'s, in: Der Spiegel v. 29.9.1949, S. 10–12.
62 Vgl. Karl Theodor Förster an Wilhelm Helmle, 4.6.1951, BArch, B 104 Nr. 16, Bl. 100.
63 Zur Deutschen Gemeinschaft (DG) vgl. Richard Stöss, Die Deutsche Gemeinschaft, in: ders. (Hg.), Parteien-Handbuch. Die Parteien der Bundesrepublik Deutschland 1945–1980, Bd. 2, CSU–DSU, Opladen 1986, S. 877–900.
64 Vgl. Karl Theodor Förster an Eberhard Sedlmaier, 16.10.1951, BArch, B 104 Nr. 18, Bl. 14.
65 Vgl. Abschrift Landes-Delegiertentagung der ehemaligen SRP-Funktionäre v. 20.10.1952, HStAS, EA 1/922 Bü 67.
66 Staatsanwaltschaft Heidelberg an das Landgericht Heidelberg, 18.2.1953, GLAK, 309 Zugang 1994–53 Nr. 132.
67 Vgl. Konrad Dussel, Albert und Robert Roth. Zwei nationalsozialistische Reichstagsabgeordnete aus dem nordbadischen Liedolsheim, Ubstadt-Weiher 2016.

dem in einem Heidelberger Gasthaus ein vorläufiger Führungsausschuss der NSB gewählt werden, was allerdings von der eingetroffenen Polizei unterbunden wurde.[68] Der Landesverband der NSB wurde daraufhin im Januar 1953 vom baden-württembergischen Innenministerium als Nachfolgeorganisation der SRP aufgelöst und verboten.[69] Ende Januar 1953 reichte der sozialdemokratische Innenminister Baden-Württembergs Fritz Ulrich eine Strafanzeige gegen Förster wegen Gründung einer Nachfolgeorganisation der SRP ein.[70] Am 18. Februar wurde von der Staatsanwaltschaft Heidelberg schließlich Anklage gegen Förster erhoben.[71] Unbeeindruckt von den Verbotsbestimmungen und der erhobenen Anklage versuchte er in der Folgezeit die NSB als einen Landesverband des *Deutschen Blocks* (DB) zu tarnen, der Ende Februar 1952 jedoch ebenfalls vom Innenministerium verboten wurde.[72] Der Vorsitzende des DB Karl Meißner reagierte in den ersten Märztagen auf diese Entwicklung und löste den in Mannheim ansässigen Landesverband Baden auf: „Sämtlich Stützpunkte, Ortsverbände und Kreisverbände werden jetzt ausschliesslich durch den Reichsverband gegründet."[73] Die Verhandlung gegen Förster fand am 24. Juli 1953 vor der großen Strafkammer des Landgerichts Heidelberg statt.[74] Förster bestritt, eine Ersatzorganisation der SRP gegründet zu haben; er habe sich ohnehin „mit der Führung der SRP überworfen [...] und sein Bestreben sei nur darauf gerichtet gewesen, den ihm gegenüber in einem ‚Treueverhältnis' stehenden Personen eine ‚politische Heimat' zu geben".[75] Förster wurde schließlich zu einer Gefängnisstrafe von sechs Monaten verurteilt. In seinem Schlusswort bemerkte er, dass „[n]ur Patrioten, nicht aber deren Richter [...] die Geschichte überdauern [werden]".[76] Das Urteil schreckte Förster nicht davon ab, sich weiterhin politisch zu betätigen. Aus dem Aktenmaterial des baden-württembergischen Landesamtes für Verfassungsschutz lässt sich eine umfangreiche Red-

---

68 Vgl. Staatsanwaltschaft Heidelberg an das Landgericht Heidelberg, 18.2.1953, GLAK, 309 Zugang 1994–53 Nr. 132.
69 Vgl. Martin Will, Ephorale Verfassung. Das Parteiverbot der rechtsextremen SRP von 1952, Thomas Dehlers Rosenburg und die Konstituierung der Bundesrepublik Deutschland, Tübingen 2017, S. 384.
70 Vgl. Art. Strafanzeige gegen Gründer einer SRP-Nachfolgeorganisation, in: Frankfurter Rundschau v. 31.1/1.2.1953.
71 Vgl. GLAK, 309 Zugang 1994–53 Nr. 132.
72 Vgl. Innenminister Ulrich an die Regierungspräsidien Nord- und Südbaden, 25.2.1953, HStAS, EA 1/922 Bü 67. Zum Deutschen Block (DB) vgl. Horst W. Schmollinger, Der Deutsche Block, in: Stöss (Hg.), Parteien-Handbuch, Bd. 2, S. 807–847.
73 Karl Meißner an Fritz Ulrich, 6.3.1953, HStAS, EA 1/922 Bü 67.
74 Vgl. Urteil in Strafsachen gegen Karl Theodor Förster v. 24.7.1953, GLAK, 309 Zugang 1994–53 Nr. 132.
75 Art. Er gründete SRP-Ersatzorganisation, in: Heidelberger Tageblatt v. 25./26.7.1953.
76 Ebd.

nertätigkeit Försters über „Deutschlands Weg in die Freiheit" im Vorfeld der Bundestagswahl 1953 für die *Nationale Sammlung* rekonstruieren, der sich Förster nach dem Verbot der NSB zuwandte.

Während der Gründungsversammlung des Kreisverbands Heidelberg der *Deutschen Reichspartei* (DRP) am 18. Oktober 1953 wurde betont, dass man auf „leitende Persönlichkeiten der früheren SRP, des Deutschen Blocks und der DG verzichtet [...], um einem etwaigen Verbot als Nachfolgeorganisation der SRP zu entgehen".[77] Zugleich wurde festgehalten, dass die „Bemühungen von Karl Theodor Förster und Joachim van der Bosch, Teile der DNS bzw. des DDB kooperativ in die DRP zu überführen (vermutlich um dort die Schlüsselpositionen zu besetzen), [...] eindeutig zurückgewiesen [werden]".[78] Förster und van der Bosch wurden zudem als „wirtschaftliche und politische Bankrotteure" bezeichnet.[79]

Nach den Bundestagswahlen im September 1953 gründete Förster gemeinsam mit Joachim van der Bosch sowie seinem ehemaligen Stellvertreter Oskar Dexheimer aus Eberbach den *Nationalen Kameradschaftsring*,[80] um sich „aus dem Parteiensumpf der heute bestehenden nationalen Gruppen herauszuhalten, bis eine wirkliche nationale Führungskraft vorhanden ist".[81] Primäres Ziel sah der Kameradschaftsring deshalb nicht in der Erlangung politischer Bedeutung innerhalb der „nationalen Opposition", sondern die „Wiedererweckung des nationalen Bewußtseins unseres deutschen Volkes"[82] unter anderem durch die Veranstaltung von Heldengedenkfeiern sowie Kundgebungen für die Freilassung der Kriegsgefangenen, die „Wiedererrichtung symbolhafter nationaler Gedenkstätten",[83] wie etwa Schlageter-Ehrenmale, und die Zurschaustellung alter Reichssymbole. Nach seinem Misserfolg in der rechtsextremen Parteipolitik plädierte Förster nunmehr für eine aktionsorientierte Vorgehensweise, wovon er sich eine erhöhte Aufmerksamkeit versprach.[84]

In den folgenden Jahren wurde Förster sorgfältig vom baden-württembergischen Verfassungsschutz beobachtet. Am 14. Mai 1954 meldete das Landesamt für Verfassungsschutz alle politischen Auftritte Försters im *Dachverband der Nationalen Sammlung* (DNS) vom Zeitpunkt seiner Verurteilung im Juli 1953 bis Ende Sep-

---

77 Landesamt für Verfassungsschutz an das Innenministerium Baden-Württemberg, 30.10.1953, HStAS, EA 2/303 Bü 725.
78 Ebd.
79 Ebd.
80 Vgl. Nationaler Kameradschaftsring (NKR) (1953), HStAS, EA 2/303 Bü 770.
81 Rundschreiben des Nationalen Kameradschaftsrings v. 8.11.1953, HStAS, EA 2/303 Bü 770.
82 Ebd.
83 Ebd.
84 Vgl. Armin Pfahl-Traughber, Rechtsextremismus in der Bundesrepublik, München 1999, S. 11–20.

tember des Jahres. Zugleich berichtete der Verfassungsschutz, dass sich Förster seit Ende März 1954 „nach zuverlässigen Beobachtungen völlig von der politischen Arbeit zurückgezogen" habe,[85] und prognostizierte, dass er sich aufgrund seiner gesundheitlichen Verfassung und der „Aussichtslosigkeit seiner politischen Zielsetzung"[86] politisch nicht mehr betätigen werde. In seinem Bericht vom Mai 1955 konnte der Verfassungsschutz erneut keine aktive politische Tätigkeit Försters feststellten,[87] weil er „wegen seiner Eigenwilligkeit in politischen Fragen bei den rechtsradikalen Parteien an Ansehen verloren" habe.[88] Auch der *Nationale Kameradschaftsring* trat ab 1954 nicht mehr in Erscheinung. Seit August 1954 war Förster allerdings Mitglied in der *Europäischen Volksbewegung*, ohne jedoch aktiv hervorzutreten.[89] In der Folgezeit unterhielt Förster allerdings Kontakte zu zahlreichen rechtsextremistischen Organisationen im gesamten Bundesgebiet.[90]

Försters „Revisionistische Kampfschrift"

Erst Ende der achtziger Jahre trat Förster politisch und propagandistisch erneut in Erscheinung. Seit 1988 vertrieb er rechtsextremistische Flugblätter und schrieb gelegentlich für den 1989 gegründeten *Freundeskreis Freiheit für Deutschland* (FFD), der am 2. September 1993 verboten wurde.[91] Zudem vertrieb Förster seit August 1988 aus dem badischen Waldbrunn seine Flugschrift *Die verleumdete Generation – Revisionistische Kampfschrift*, die er nicht nur kostenlos an Interessenten verschickte, sondern auch bei Veranstaltungen rechtsextremistischer Organisationen verteilte.[92] Weil nur die zwölfte Ausgabe der *Kampfschrift* in der Deutschen Nationalbibliothek in Frankfurt nachgewiesen ist, können keine verlässlichen Aussagen bezüglich des Inhalts und des Aufbaus der übrigen Nummern getroffen werden. Die zwölfte Ausgabe besteht aus insgesamt sechs Seiten

---

85 Landesamt für Verfassungsschutz an das Innenministerium Baden-Württemberg, 14.5.1954, HStAS, EA 2/303 Bü 709.
86 Ebd.
87 Vgl. Landesamt für Verfassungsschutz an das Innenministerium Baden-Württemberg vom 7.4.1955, HStAS, EA 2/303 Bü 709.
88 Ebd.
89 Vgl. ebd.
90 Vgl. Staatsanwaltschaft Mosbach an das Amtsgericht Mosbach (Anklageschrift) v. 12.10.1989, GLAK, 309 Zugang 2013–44 Nr. 132 (Paket 45, Bd. 1), S. 4.
91 Vgl. Art. Freundeskreis Freiheit für Deutschland, in: Jens Mecklenburg (Hg.), Handbuch Deutscher Rechtsextremismus, Berlin 1996, S. 262–263.
92 Vgl. Deutscher Bundestag, 12. Wahlperiode, Drucksacke 12/2353, Antwort der Bundesregierung auf die kleine Anfrage Nr. 12/2241 v. 27. März 1992.

mit einem Zickzackfalz. Förster verteilte seine *Kampfschrift*, die zuletzt in einer Auflage von ungefähr 10.000 Exemplaren hergestellt wurde, bundesweit an Polizeidienststellen, öffentliche Einrichtungen sowie gezielt auch an jüdische Einrichtungen, was ein breites rechtsextremistisches Netzwerk hinter Förster vermuten lässt.[93] In dieser Veröffentlichung leugnete Förster offen die Vernichtung europäischer Juden in den Konzentrationslagern sowie allgemein die Existenz der Gaskammern. Bereits am 2. Juni 1989 erhob die Staatsanwaltschaft Mosbach daher eine Anklage mit dem Vorwurf der üblen Nachrede und der Verunglimpfung,[94] die am 12. Oktober um den Tatbestand der Volksverhetzung erweitert wurde.[95] Am 28. Februar 1990 wurde Förster vom Amtsgericht in Mosbach in allen Anklagepunkten schuldig gesprochen und zu einer Geldstrafe von 30.600 DM verurteilt.[96] Die sich anschließenden Revisionsanträge Försters blieben erfolglos.

Die Verurteilung hielt Förster allerdings nicht davon ab, seine „Kampfschrift" weiterhin zu verbreiten. Im Mai 1991 verteilte er die zwölfte und zugleich letzte Ausgabe der *Verleumdeten Generation* mit dem Titel „Auschwitz Wahrheit". Darin führte Förster aus, dass „die teuflische Propagandazahl von 6 Millionen in deutschen Konzentrationslagern durch Giftgas ermordeter europäischer Juden [...] 1945, kurz nach Kriegsende in Umlauf gesetzt [wurde]".[97] Zudem beruhe dieser „Jahrhundert-Betrug" laut Förster lediglich auf einem Geständnis von Rudolf Höß, der „monatelang von ‚deutschsprachigen Amerikanern' zur Geständnisaussage geprügelt" worden sei.[98] Am 25. November 1991 erhob die Staatsanwaltschaft Mosbach erneut Anklage gegen Förster.[99] Das Verfahren wurde allerding aufgrund seines Versterbens am 10. Februar 1993 später eingestellt.[100]

---

93 Vgl. GLAK, 309 Zugang 2013–44 Nr. 132 (Paket 45), Bde. 1–3.
94 Vgl. GLAK, 309-2 Karlsruhe Nr. 3596.
95 Vgl. Staatsanwaltschaft Mosbach an das Amtsgericht Mosbach, 12.10.1989, GLAK, 309 Zugang 2013–44 Nr. 132 (Paket 45, Band 1).
96 Vgl. Urteil des Amtsgerichts Mosbach v. 28.2.1990, GLAK, 309 Zugang 2013–44 Nr. 132 (Paket 45, Band 1).
97 Flugschrift, Die verleumdete Generation. Revisionistische Kampfschrift Nr. 12 vom Mai 1991.
98 Vgl. ebd.
99 Vgl. Staatsanwaltschaft Mosbach an das Amtsgericht Mosbach, 25.11.1991, GLAK, 309 Zugang 2013–44 Nr. 132 (Paket 45, Band 2).
100 Vgl. die Todesanzeige von Förster in der Rhein-Neckar-Zeitung v. 17. Februar 1993, S. 31.

Quellenlage

Nach dem Verbot der SRP wurden im Zuge der Urteilsvollstreckung bei Förster laut Regierungspräsidium Nordbaden insgesamt sieben Mappen mit Schriftverkehr sichergestellt. Dieses Aktenmaterial wurde bereits im Juli 1953 an das Bundesarchiv Koblenz übersandt.[101] Heute sind die Handakten von Förster im Bestand zur SRP (Bundesarchiv, B 104) enthalten. Anhand dieser Handakten sowie weiterer im Bestand B 104 enthaltener Dokumente zum badischen Landesverband ließ sich Försters Tätigkeit in der SRP rekonstruieren. Aussagen zu seiner Kindheit und Jugend sowie seinem Leben während des Nationalsozialismus können darüber hinaus anhand seiner Spruchkammerakte gemacht werden. Diese wird im Generallandesarchiv Karlsruhe verwahrt (465q Nr. 21916). Försters NSDAP-Karteikarte befindet sich im Bundesarchiv (R 9361-IX KARTEI/9210300, R 9361-IX KARTEI/9210301). Im Generallandesarchiv Karlsruhe werden zudem die Verfahrensakten gegen Förster aus den Jahren 1953 (309 Zugang 1994–53 Nr. 132), 1989 (309–2 Nr. 3596, 309–2 Nr. 3597) und 1991 (309 Zugang 2013–44 Nr. 132, Paket 45) aufbewahrt. Diese enthalten vor allem in den Ermittlungsdokumenten wertvolle Hinweise auf Försters politische Tätigkeit. Darüber hinaus ließen sich in den Akten des Hauptstaatsarchivs Stuttgart zur SRP (EA 1/106 Bü 86, EA 2/303 Bü 709), der DRP (EA 1/922 Bü 67), der *Nationalen Sammlung* (EA 2/303 Bü 727) sowie dem *Nationalen Kameradschaftsring* (EA 2/303 Bü 770) weitere Informationen über Förster eruieren. Daneben war vor allem das *Antifaschistische Pressearchiv und Bildungszentrum* (apabiz) in Berlin eine wertvolle Unterstützung bei der Recherche. Neben zahlreichen extrem rechten Zeitungen sowie weiteren Dokumenten zur SRP sowie anderen rechten Parteien enthielt das für Förster angelegte Dossier bislang unbekannte Informationen, die anhand der oben erwähnten Quellen bestätigt und detaillierter ausgeführt werden konnten.

---

101 Vgl. Landesamt für Verfassungsschutz an das Innenministerium, 3.1.1956, HStAS, EA 2/303 Bü 709; Regierungspräsidium Nordbaden über die Vollstreckung des Urteils im Verfahren gegen die SRP v. 22.1.1953, ebd.

Martin Finkenberger
Herbert Grabert (1901–1978)

„Voll und ganz auf dem Boden der rassischen Weltanschauung"

Einleitung

Der *Grabert-Verlag* mit Sitz in Tübingen, 1953 als *Verlag der deutschen Hochschullehrer-Zeitung* gegründet, zählte über mehrere Jahrzehnte hinweg zu den marktführenden Unternehmungen der extremen Rechten in der Bundesrepublik Deutschland. Er überdauerte alle Konjunkturen der extrem rechten Wahlparteien, die in den sechziger und neunziger Jahren zeitweise beachtliche Ergebnisse erzielten, und publizierte bis Anfang der zehner Jahre ein umfangreiches Programm zu zeitgeschichtlichen und aktuellen politischen Themen. Dabei bot er insbesondere Geschichtsrevisionisten ein Forum, die Führungspersonen des „Dritten Reichs" verklärten und Verbrechen des Nationalsozialismus relativierten oder sogar leugneten. Verlagsgründer Herbert Grabert, ein promovierter protestantischer Theologe, steht dabei exemplarisch für jene Protagonisten der extremen Rechten, die ihre Hochschullaufbahn vor 1945 genuin nationalsozialistischen Wissenschaftsorganisationen verdankten, die aber, derart kompromittiert, nach ihrer Entnazifizierung keinen Anschluss mehr an ihre frühere Stellung fanden und sich deshalb auf anderen Tätigkeiten verlegen mussten.[1] Quellen zu seiner Biografie in der NS-Zeit sind in den Beständen verschiedener Universitätsarchive sowie im Bundesarchiv und im Institut für Zeitgeschichte überliefert.[2] Aufschlussreiche Hinweise zum Lebensweg nach 1945 finden sich zudem in den Unterlagen der Spruchkammer für die politische Säuberung im Staatsarchiv Sigmaringen.[3] Darüber hinaus ist auf die umfangreiche Presseberichterstattung vor allem zu Gra-

---

1 Zur Biografie und zum Verlag vgl. die Handbuchartikel: Martin Finkenberger, Art. Herbert Grabert, in: Handbuch des Antisemitismus, Bd. 2/1, Berlin 2009, S. 303–304; Horst Junginger, Herbert Grabert, in: Michael Fahlbusch / Ingo Haar / Alexander Pinwinkler (Hg.), Handbuch der völkischen Wissenschaften. Akteure, Netzwerke, Forschungsprogramme, Bd. 1, 2. Aufl., Berlin/Boston 2017, S. 216–223, sowie zusammenfassend Martin Finkenberger / Horst Junginger (Hg.), Im Dienste der Lügen. Herbert Grabert (1901–1978) und seine Verlage, Aschaffenburg 2004.
2 Vgl. Universitätsarchiv Tübingen (UAT), 117/1863, 126a/156a, 131/1122; Universitätsarchiv Würzburg (UAWü), Personalunterlagen Grabert; Universität Halle (UAH), Rep. 21 III/54; Bundesarchiv (BArch), R 21 Anh./10.006, NS 15/205 u. NS 21/1360; Institut für Zeitgeschichte (IfZ), MA 141/5.
3 Vgl. Staatsarchiv Sigmaringen (StABWSi), Spruchkammerakte Wü. 13 Nr. 2134 (Az: 15/T/E5302).

∂ Open Access. © 2023 Martin Finkenberger, publiziert von De Gruyter. [cc BY-NC-ND] Dieses Werk ist lizenziert unter der Creative Commons Attribution-NonCommercial-NoDerivatives 4.0 Lizenz.
https://doi.org/10.1515/9783111010991-008

berts Wirken seit Beginn der fünfziger Jahre als Verbandslobbyist und Verleger sowie auf die von ihm selbst publizierten Schriften zu verweisen.[4]

Familiäre Herkunft und Sozialisation

Herbert Grabert wurde am 17. Juli 1901 in Lichtenberg bei Berlin als Sohn eines Lehrers geboren. Die Familie entstammte, wie Grabert später stolz erwähnen sollte, „aus märkischem Bauerngeschlecht", das „heute noch nach fast 500 Jahren auf demselben Erbhof ansässig ist".[5] Im Frühjahr 1922 legte er in Berlin am Gymnasium zum Grauen Kloster das Abitur ab. Anschließend nahm er, einem Wunsch des Vaters entsprechend, ein Studium der Theologie auf.[6] Die verspätete Reifeprüfung ist den Zeitumständen geschuldet, die auf einen markanten Bruch in seiner Biografie hinweisen. In den Wirren der Nachkriegszeit schloss Grabert sich zeitweise einem Freikorps an.[7] Über den Einsatz, für den er zwanzig Jahre später durch die NSDAP mit einer Ehrenurkunde ausgezeichnet werden sollte, hat er sich später jedoch allenfalls knapp geäußert.[8]

Von 1922 bis 1926 studierte Grabert in Tübingen und Berlin.[9] An der Universität Tübingen wurde er Schüler des Religionswissenschaftlers und Indologen Jakob Wilhelm Hauer (1881–1962).[10] Über seinen Mentor fand er 1924 vermutlich auch

---

4 Vgl. Herbert Grabert, Hochschullehrer klagen an. Von der Demontage deutscher Wissenschaft, Göttingen 1952; ders., Volk ohne Führung, Göttingen 1955; ders., Sieger und Besiegte. Der deutsche Nationalismus nach 1945, Tübingen 1966.
5 Lebenslauf Herbert Grabert, 25.3.1939, UAWü, Personalunterlagen Grabert. Ebenso vgl. Grabert an Himmler, 4.3.1937, BArch, NS 21/1360, Bl. 247, sowie Lebenslauf Herbert Grabert, o. D. [nach 1945], StABWSi, Spruchkammerverfahren Grabert, Spruchkammerakte Wü. 13 Nr. 2134 (Az: 15/T/E5302).
6 Vgl. Lebenslauf Herbert Grabert, 25.3.1939, UAWü, Personalunterlagen Grabert.
7 Vgl. ebd.
8 1938 ehrte die NSDAP zahlreiche Freikorpskämpfer aus dem Kreis Tübingen als Väter der Bewegung, darunter Grabert. Vgl. Benigna Schönhagen, Tübingen unterm Hakenkreuz, Tübingen 1991, S. 51, sowie Lebenslauf Herbert Grabert, 25.3.1939, UAWü, Personalunterlagen Grabert. In einem zu seiner Dissertation 1928 verfassten Lebenslauf fehlt ein Hinweis darauf, ebenso in einer autobiografischen Skizze, die Grabert nach 1945 für sein Entnazifizierungsverfahren angefertigt hat. Vgl. Herbert Grabert, Eine vergleichende Studie zur Psychologie der Mystiker und Psychopathen (Diss. phil. 1928), Stuttgart 1929, S. 55, sowie Lebenslauf Herbert Grabert, o. D. [nach 1945], StABWSi, Spruchkammerverfahren Grabert, Spruchkammerakte Wü. 13 Nr. 2134 (Az: 15/T/E5302).
9 Zum Studienverlauf vgl. Promotionsakte Grabert, UAT 131/1122.
10 Zu Hauer vgl. Horst Junginger, Von der philologischen zur völkischen Religionswissenschaft. Das Fach Religionswissenschaft an der Universität Tübingen von der Mitte des 19. Jahrhunderts bis zum Ende des Dritten Reiches, Stuttgart 1999.

zum *Bund der Köngener*. Hauer hatte diese Bewegung, die in der Tradition der bündischen Jugend stand und sich die Aufgabe stellte, „mit jungen Menschen, die der Kirche entfremdet, aber religiös Suchende waren, ein Neues zu bauen",[11] mitbegründet und war ihr unangefochtener Führer. Einige Zeit gehörte Grabert der „Kanzlei" der Köngener an. Daneben besuchte er eine Hochschule für Leibesübungen, wo er 1926 eine Ausbildung zum Turn- und Sportlehrer abschloss. Ein Jahr später folgte das erste theologische Examen. Nach weiteren Semestern in Tübingen und Marburg wurde Grabert schließlich im Juni 1928 an der Philosophischen Fakultät der Universität Tübingen mit einer religionspsychologischen Arbeit bei Hauer promoviert.[12] Die Arbeit lag ganz auf der Linie seines Lehrers, indem sie die ekstatischen Erlebnisse der Mystiker durch echte Religiosität erklärte, während die Befunde psychiatrischer Krankheiten allenfalls Pseudoreligiosität darstellten.[13]

Pfarrer, wie von seinem Vater vorgesehen, mochte Grabert allerdings nicht werden. Zwar befand er sich seit April 1928 im Evangelischen Predigerseminar zu Soest (Westfalen), „um nach Ablauf eines Jahres das zweite theologische Examen abzulegen und danach zunächst ins Pfarramt zu gehen".[14] Doch aus „inneren Gründen"[15] sah er sich nicht in der Lage, das Ordinationsgelübde abzulegen. Äußerer Anlass sei, wie er 1945 schrieb, ein „Lehrverfahren" gegen ihn gewesen, weil seine Predigten „wohl aus dem Geiste der deutschen Aufklärung und des deutschen Idealismus konzipiert" gewesen seien, „aber jede Christlichkeit" hätten vermissen lassen.[16] Hauer berichtete er damals, er habe den Standpunkt der Köngener gegen die dortigen Barthianer verteidigt. Als er das Predigerseminar einmal unerlaubt verließ und dafür gemaßregelt werden sollte, kam es zum Bruch mit der Kirche.[17] Im Frühjahr 1929 verzichtete Grabert, nachdem er sich „von Kirche

---

11 Herbert Grabert, Der protestantische Auftrag des deutschen Volkes. Grundzüge der deutschen Glaubensgeschichte von Luther bis Hauer, Stuttgart 1936, S. 276.
12 Zur Veröffentlichung als Teildruck vgl. Herbert Grabert, Die ekstatischen Erlebnisse der Mystiker und Psychopathen, Stuttgart 1928.
13 Vgl. Junginger, Religionswissenschaft, S. 114.
14 Grabert, Eine vergleichende Studie zur Psychologie der Mystiker und Psychopathen (Diss. phil. 1928).
15 Lebenslauf Herbert Grabert, 25.3.1939, UAWü, Personalunterlagen Grabert.
16 Lebenslauf Herbert Grabert, o. D. [nach 1945], StABWSi, Spruchkammerverfahren Grabert, Spruchkammerakte Wü. 13 Nr. 2134 (Az: 15/T/E5302).
17 Ausführlich dazu vgl. Junginger, Religionswissenschaft, S. 115.

und Christentum"[18] gelöst hatte, „endgültig" auf den Kirchendienst. Stattdessen zeigte er sich „fest entschlossen" zu einer „wissenschaftlichen Lehrtätigkeit"[19] und strebte eine Hochschullaufbahn an. Seinen Lebensunterhalt verdiente er mit „nebenberuflicher Tätigkeit". Ein halbes Jahr war er als Religions-, Turn- und Sportlehrer in Lübeck tätig. Um seine kinderreiche Familie versorgen zu können, sah er sich „aus wirtschaftlichen Gründen zu schriftstellerischer Tätigkeit gezwungen".[20] Zwischen 1928 und 1933 betätigte er sich deshalb als Mitarbeiter der protestantischen Halbmonatsschrift *Die Christliche Welt*.[21] Grabert gehörte erst als „Lektor", dann als „Mitredakteur" zeitweise der „Schriftleitung"[22] an. Der Kontakt zur *Christlichen Welt* war über den Marburger Theologen Rudolf Otto (1869–1937) zustande gekommen. Dieser regte Grabert auch zu einer Untersuchung über die geistigen und religiösen Strukturen bei Nikolaus von Kues (Cusanus), Friedrich Schleiermacher sowie der neuesten Theologie an, aus der eine eigenständige Veröffentlichung in der Buchreihe der „Bücher der Kommenden Gemeinde" hervorging.[23]

Graberts Veröffentlichungen in der *Christlichen Welt* bewegten sich ganz in der liberalen Tradition der Zeitschrift, wie sie der Theologe Martin Rade (1857–1940) begründet hatte. Seit er 1925 mit Hauer erstmals an der Weltkirchenkonferenz in Stockholm teilgenommen hatte, habe sich ihm „wieder und wieder" die Frage aufgedrängt, ob „die Menschen der verschiedenen Religionen weiterhin einander verachten, bekämpfen und bekehren" sollten oder einander so begegnen könnten, „dass sie sich als ‚Kinder Gottes' bei aller Unterschiedlichkeit in einer erlebbaren Gemeinschaft zueinander finden?"[24] Die „Zeit der Verständigung zwischen den Menschen" setze demnach eine religiöse Verständigung voraus, die die christlichen Konfessionen zur Aufgabe ihres Absolutheitsanspruches zwingen würde. „Wahrhafte Friedensstiftung", so Grabert, „kann erst da anheben, wo der Geist der Verständigung und der Freundschaft lebt". Dieser Gedanke der religiö-

---

18 Lebenslauf Herbert Grabert, o. D. [nach 1945], StABWSi, Spruchkammerverfahren Grabert, Spruchkammerakte Wü. 13 Nr. 2134 (Az: 15/T/E5302).
19 Lebenslauf Herbert Grabert, 25.3.1939, UAWü, Personalunterlagen Grabert.
20 Ebd.
21 Zu der Zeitschrift vgl. Hans Manfred Bock, „Die christliche Welt" 1919–1933. Organisierte Akteure und diskursive Aktivitäten in der kulturprotestantischen Zeitschrift, in: Michael Grunewald / Uwe Puschner (Hg.), Das evangelische Intellektuellenmilieu in Deutschland, seine Presse und seine Netzwerke (1871–1963), Bern 2008, S. 341–382; Ulrich Nanko, Die Deutsche Glaubensbewegung. Eine historische und soziologische Untersuchung, Marburg 1993. S. 53 ff.
22 Lebenslauf Herbert Grabert, 25.3.1939, UAWü, Personalunterlagen Grabert.
23 Vgl. Herbert Grabert, Religiöse Verständigung. Wege zur Begegnung der Religionen bei Nicolaus Cusanus, Schleiermacher, Rudolf Otto und J. W. Hauer, Leipzig 1932.
24 Ebd., S. V.

sen Verständigung habe mit Cusanus im 15. Jahrhundert eingesetzt, im 19. Jahrhundert eine „geistige Vertiefung" bei Schleiermacher erfahren, um bei Rudolf Otto und seinem wissenschaftlichen Mentor Hauer „konkret gestaltende[r] Wille" zu werden.[25] Das Ziel der „religiösen Tatgemeinschaft" der Weltkirchen- und Friedenskonferenzen bestehe deshalb im Unterschied zu „allem bloßen Pazifismus, von allem politischen, juristisch fundierten Friedensstreben" darin, „als Menschen so verschiedener religiöser Überzeugungen einen Weg zum Weltfrieden zu finden und zu gehen".[26]

Deutschgläubiger Aktivismus

Diese Beiträge in der *Christlichen Welt* dienten Grabert nach 1945 als Beleg einer distanzierten Haltung dem Nationalsozialismus gegenüber. „Der Tag der Machtübernahme", behauptete er, sei für ihn „der Beginn eines langen Tunnels" gewesen, „in dem mir politisches Misstrauen, Glaubens- und Gewissenszwang die Existenz meiner Familie und meiner wissenschaftlichen Forschung, mithin meine Lebensaufgabe immer wieder in Frage stellten".[27] Schwierigkeiten bei seinem Versuch, sich in Halle zu habilitieren, führte er auf seine „politische Belastung" aus der Weimarer Republik zurück. Den Beitritt zur NSDAP wollte er 1939 „unter größten Schwierigkeiten" als Ausweg aus seiner „Existenznot"[28] vollzogen haben. Tatsächlich war es aber nicht die Tätigkeit für die *Christliche Welt*, die seine Karriere im „Dritten Reich" behinderte. Dass Grabert die angestrebte Professur trotz seiner späteren Veröffentlichungen, die ihn als Vertreter einer völkischen und rassistischen Ideologie ausweisen, unerreichbar blieb, lag stattdessen an den religionspolitischen Streitigkeiten verschiedener Ämter und Behörden. Gemeinsam mit Hauer nämlich hatte er sich zunächst der *Arbeitsgemeinschaft Deutsche Glaubensbewegung* (ADG) angeschlossen, eine Sammlung völkisch-religiöser, nichtchristlicher Verbände, die mit der Machtübertragung an Hitler auf eine „religiöse Volksgemeinschaft protestantischer Grundhaltung"[29] hofften. Nachdem sie sich

---

25 Ebd., S. 24.
26 Herbert Grabert, Zum Weltfrieden durch die Religionen, in: Christliche Welt 44 (1930), Sp. 916–919, hier Sp. 916.
27 Lebenslauf Herbert Grabert, o. D. [nach 1945], StABWSi, Spruchkammerverfahren Grabert, Spruchkammerakte Wü. 13 Nr. 2134 (Az: 15/T/E5302).
28 Ebd. Grabert war seit 1. Dezember 1939 Mitglied der NSDAP (Mitgliedsnummer 7291699).
29 Hans Buchheim, Glaubenskrise im Dritten Reich. Stuttgart 1953, S. 164.

im Juli 1933 auf der Wartburg bei Eisenach zusammenschlossen hatten, ging ein knappes Jahr später daraus die *Deutsche Glaubensbewegung* (DG) hervor.[30]

Vor diesem Hintergrund markierten die Jahre bis 1936 einen wichtigen Abschnitt in Graberts Biografie. In dieser Zeit war er an maßgeblicher Stelle für die DG tätig. Er verlegte seinen Wohnsitz nach Tübingen und übernahm zunächst die Stelle des „Schriftleiters" der monatlich erscheinenden Zeitschrift *Deutscher Glaube*, die Hauer herausgab.[31] In der Wochenzeitung *Durchbruch*, die ein breiteres Publikum ansprechen sollte, trat er als Autor zahlreicher Beiträge hervor. Daneben verfasste er verschiedene Werbeschriften für die DG und betreute deren Amt Hochschulgruppen.[32] Im Sommersemester 1934 betraute Hauer ihn mit der Abhaltung einer religionswissenschaftlichen Übung über „Die Mystik der primitiven Völker".[33] Zudem stellte er Grabert die Habilitation in Aussicht.[34]

Dazu kam es indessen es nicht.[35] Ausschlaggebend dafür war, dass es zwischen Hauer und Grabert, der dem radikalen Flügel der Deutschgläubigen angehörte, schon bald zum Bruch kam. Grabert hielt Hauer zudem vor, auf dessen Drängen hin die Mitarbeit an der *Christlichen Welt* abgebrochen und der Kirche den Rücken gekehrt zu haben, ohne dass ihm ein angemessener Ausgleich zuteil geworden sei.[36] Das Vertrauensverhältnis wurde dadurch nachhaltig gestört.[37] Nachdem Hauer ihn als Schriftleiter abgesetzt hatte, verließ Grabert die *Deutsche Glaubensbewegung*. Gemeinsam mit einigen Mitstreitern rief er im Oktober 1936

---

30 Vgl. Nanko, Glaubensbewegung, S. 237–241; Buchheim, Glaubenskrise, S. 186. Vgl. auch Herbert Grabert, Die Wende zur Einheit. Zur Scharzfelder Tagung der Deutschen Glaubensbewegung, in: Deutscher Glaube 1934, S. 243–251.
31 Zur Zeitschrift vgl. Clemens Vollnhals, „Deutscher Glaube". Eine Zeitschrift für den gebildeten NS-Glaubenskrieger, in: Grunewald/Puschner (Hg.), Intellektuellenmilieu, S. 483–502.
32 Vgl. Herbert Grabert, Die Kirche im Jahr der Erhebung. Dokumente zur innerkirchlichen Auseinandersetzung, Stuttgart 1934; ders., Was will die Deutsche Glaubensbewegung?, Stuttgart 1935. Letztere erschien in mindestens vier Auflagen mit einer Gesamtzahl von 40.000 Exemplaren. Vgl. auch Nanko, Glaubensbewegung, S. 179 f.
33 Vgl. Grabert an Dekan der Philosophischen Fakultät der Universität Tübingen, 29.5.1934, UAT 131/363.
34 Vgl. Hauer an Kultusministerium, UAT 126a/156a.
35 Im seinem für das Entnazifizierungsverfahren nach 1945 verfassten Lebenslauf sprach Grabert davon, dass sein „erster Habilitationsversuch im Jahre 1934" an seiner „politischen Belastung scheiterte". Das entspricht nicht den Tatsachen, weil 1934 eine Habilitation allenfalls als Möglichkeit in Aussicht stand. Vgl. Dekan der Philosophischen Fakultät der Universität Tübingen an Dekan der Philosophischen Fakultät der Universität Halle, 10.3.1937, UAT 131/363.
36 Vgl. Junginger, Religionswissenschaft, S. 120.
37 Vgl. Hubert Cancik, „Neuheiden" und totaler Staat. Völkische Religion am Ende der Weimarer Republik, in: ders. (Hg.), Religions- und Geistesgeschichte der Weimarer Republik, Düsseldorf 1982, S. 176–212, hier S. 199.

eine *Deutschgläubige Bewegung* ins Leben,[38] für die er unter anderem eine Halbmonatsschrift plante. Allerdings scheint ihm schnell die Erfolglosigkeit des Unterfangens deutlich geworden zu sein. Spätestens Ende 1936 endete Graberts Phase als deutschgläubiger Aktivist. Die Radikalisierung seiner Ansichten, die nunmehr den Nationalsozialismus selbst als Gestalt der religiösen Bestimmung Deutschlands interpretierten,[39] wurde damit aber nicht in Frage gestellt. „Für uns ist, wie für unzählige Deutsche, Nationalsozialismus der neue Glaube, der jede Konfession und Weltanschauungsgruppe überflüssig macht", hatte er bereits im *Durchbruch* bekannt.[40] Daran halte er fest, wenngleich er „auf einen organisatorischen Apparat mit seinen Amtsträgerschwierigkeiten"[41] verzichte.

Völkischer Radikalismus

In einem nach 1945 verfassten Lebenslauf versuchte Grabert einen anderen Eindruck zu erwecken. Demnach habe er seine Tätigkeit als Schriftleiter wegen seiner „politischen Belastung" verloren. Dies aber will ihn nicht daran gehindert haben, dass er „befreit aufatmete, weil ich nun wieder von der [...] aufreibenden publizistischen Tätigkeit mit ihrem Zwang zum Schreiben aus Geldgründen zu meiner wissenschaftlichen Tätigkeit zurückkehren konnte." Es sei ihm gelungen, seine inzwischen begonnenen „Forschungen zum Bauernglauben" fortzusetzen.[42] Als Ergebnis legte er eine umfassende Abhandlung über den „deutschen Bauernglauben"[43] vor, die ihm dem Ziel einer „akademischen Lehrtätigkeit im Sinne theologiefreier Religionswissenschaft" näher bringen sollte. Zugleich betrachtete er die Arbeit als Grundlage einer „deutschen Weltanschauungskunde und Glaubensgeschichte als den Hauptgebieten einer völkisch verstandenen Religionswissenschaft".[44] Anregung zu seinem Forschungsprogramm habe ihm „eine längere wissenschaftliche Aussprache mit dem Rasseforscher Hans F. K. Günther" gege-

---

38 Vgl. Junge Kirche 1936, S. 899. Nach einem Bericht der „Frankfurter Zeitung" vom 4.10.1936 trat die *Deutschgläubige Bewegung* erstmals Anfang Oktober mit einem Flugblatt unter der Überschrift „Entspricht das Christentum dem germanischen Sittlichkeits- und Moralgefühl" an die Öffentlichkeit.
39 Vgl. Junginger, Religionswissenschaft, S. 121.
40 Zit. nach: Junge Kirche 1937, S. 742.
41 Herbert Grabert, Krise und Aufgabe des völkischen Glaubens, Berlin 1937, S. 13.
42 Lebenslauf Herbert Grabert, o. D. [nach 1945], StABWSi, Spruchkammerverfahren Grabert, Spruchkammerakte Wü. 13 Nr. 2134 (Az: 15/T/E5302).
43 Lebenslauf Herbert Grabert, 25.3.1939, UAWü, Personalunterlagen Grabert.
44 Ebd.

ben, der der „Erforschung des deutschen Bauernglaubens" ebenfalls hohen Stellenwert einräumte.⁴⁵ Seinem Vorhaben seien allerdings Steine in den Weg gelegt worden. Den Anlass dazu soll ein „von der Geheimen Staatspolizei eingeholtes Gutachten" gegeben haben, das auf seine „politische Belastung" verwies. Dazu zählten angeblich „Aufsätze gegen Nationalsozialismus, Teilnahme an Internationalen Friedenskonferenzen, angebliches Eintreten für die Freudsche Psychologie" sowie die „Darstellung des Bolschewismus als einer Glaubensform".⁴⁶

Konfrontiert man diese Darstellung mit den Quellen und den seit 1937 von Grabert publizierten Schriften, ergibt sich ein anderes Bild. Um seine Existenz zu sichern, bemühte er sich nach dem Bruch mit Hauer um eine Integration in den nationalsozialistischen Wissenschaftsbetrieb. Seine Aufgabe sah Grabert darin, die von ihm propagierte „theologiefreie Religionswissenschaft" für den Nationalsozialismus nutzbar zu machen. Dass er die erstrebte Hochschulprofessur nicht erreichte, lag keineswegs an seiner vermeintlichen politischen Belastung.

Graberts Radikalisierung lässt sich durch die seit 1936/37 erschienenen Veröffentlichungen belegen. Programmatischer Charakter kam den Schriften „Krise und Aufgabe des völkischen Glaubens" und „Die völkische Aufgabe der Religionswissenschaft"⁴⁷ zu. Sie legten in ihrer Beschwörung des Mythos von „Blut" und „Rasse" die rassistischen, antichristlichen und antisemitischen Elemente dieser Weltanschauung offen. Unglaubwürdig wirkten deshalb Graberts Ausführungen im Spruchkammerverfahren nach 1945, er habe „mehr Divergenzen als Konvergenzen zum [...] Nationalsozialismus" gehabt.⁴⁸ Die Veröffentlichungen bestätigen stattdessen, was der Leiter des Amtes Weltanschauliche Informationen beim Amt Rosenberg im Herbst 1937 notiert hatte: Demnach solle Grabert sich zwar „vor der Machtübernahme [...] verschiedentlich in Zeitschriften ablehnend über den Nationalsozialismus geäußert" haben. Nach einer inneren Wandlung stehe er jetzt aber

---

45 Herbert Grabert, Der Glaube des deutschen Bauerntums. Eine weltanschauungskundliche und glaubensgeschichtliche Untersuchung. Bauerntum und Christentum, Bd. 1, Stuttgart 1939, S. XIV.
46 Lebenslauf Herbert Grabert, o. D. [nach 1945], StABWSi, Spruchkammerverfahren Grabert, Spruchkammerakte Wü. 13 Nr. 2134 (Az: 15/T/E5302). Ob eine in diesem Zusammenhang gewährte Forschungsbeihilfe tatsächlich gesperrt wurde, ist fraglich. Sie war von vornherein befristet und lief im Herbst 1938 aus. Vgl. Anstalt für Rassenkunde, Völkerbiologie und Ländliche Soziologe, 7.9.1938, BArch, NS 15/205, Bl. 109.
47 Grabert, Krise; ders., Die völkische Aufgabe der Religionswissenschaft. Eine Zielsetzung, Stuttgart 1938.
48 Lebenslauf Herbert Grabert, o. D. [nach 1945], StABWSi, Spruchkammerverfahren Grabert, Spruchkammerakte Wü. 13 Nr. 2134 (Az: 15/T/E5302).

„voll und ganz auf dem Boden der rassischen Weltanschauung".⁴⁹ So überrascht es nicht, dass Grabert nach seiner Phase des deutschgläubigen Aktivismus im Umfeld sowohl Alfred Rosenbergs als auch Heinrich Himmlers, die derartige Ansichten schätzten und mit großem Aufwand förderten, nach wissenschaftlicher Anerkennung strebte. Im Mai 1938 stellte er einen Antrag zur Aufnahme in die *Forschungsgemeinschaft Deutsches Ahnenerbe e. V.*, die sich als Forschungsamt der SS um die wissenschaftliche Legitimation und Verbrämung der nationalsozialistischen Weltanschauung bemühte.⁵⁰ Außerdem bot er seine Mitarbeit an der Ahnenerbe-Zeitschrift *Germanien* an, weil er hier „Kraft [...] und Können an der richtigen Stelle praktisch wirksam einzusetzen" glaubte.⁵¹ Daneben trat er als Herausgeber der Buchreihe „Forschungen zur deutschen Weltanschauungskunde und Glaubensgeschichte" auf, als deren erster Band Graberts Schrift über „Die völkische Aufgabe der Religionswissenschaft" erschien. Von Oktober 1938 bis September 1939 wurde Grabert zudem aus Mitteln der *Alfred Rosenberg-Stiftung* der Universität Halle gefördert, um „ein umfassendes Werk über deutschen Bauernglauben abzuschließen", das er „als religionswissenschaftliche Habilitationsschrift" vorlegen wollte.⁵² Im Wintersemester 1940/41 schließlich erhielt er eine „Forschungsbeihilfe vom Reichsbauernführer Darré".⁵³ Gegen Widerstände der zuständigen Fakultät gelang es ihm schließlich auch, sich an der Universität Würzburg zu habilitieren. Eine geplante Lehrtätigkeit nahm Grabert allerdings nicht auf. Stattdessen wurde er zur Wehrmacht einberufen, wo er zunächst mit dem „Eignungsprüfungswesen" für den Offiziersnachwuchs der Luftwaffe befasst war. Anschließend übernahm ihn kurzzeitig die Kriegsgeschichtliche Abteilung im Oberkommando der Wehrmacht, für die er, wie er später ausführte, „Forschungen zur religiösen Mentalität der Großmächte" betrieb.⁵⁴ Im Jahr 1942 hielt er sich auf Anordnung des Reichsministeriums für die besetzten Ostgebiete län-

---

49 Amt Rosenberg (Ziegler) an Reichsministerium für die kirchlichen Angelegenheiten, 11.10.1937, IfZ, MA 141/5, Bl. 0345963.
50 Vgl. Grabert an SS-Ahnenerbe (Plassmann), 29.5.1938, BArch, NS 21/1360, Bl. 253.
51 Grabert an Himmler, 4.3.1937, BArch, NS 21/1360, Bl. 247. Himmler hatte an Graberts Mitarbeit bei „Germanien", die populärwissenschaftliche Beiträge enthielt, wie auch bei der für weltanschauliche Kampfartikel bestimmten Ahnenerbe-Zeitschrift „Nordland" nichts einzuwenden. Vgl. RFSS (Wolff) an Grabert, 21.4.1937, BArch, NS 21/1360, Bl. 249.
52 Vermerk Alfred-Rosenberg-Stiftung, 7.10.1938, BArch, NS 15/205, Bl. 100, 107. Grabert war der erste Stipendiat der als „Zelle unserer jungen Wissenschaft" gegründeten und unter der Schirmherrschaft Rosenbergs stehenden Stiftung. Vgl. auch Helmut Heiber, Universität unterm Hakenkreuz. Die Kapitulation der Hohen Schulen, Teil II, Bd. 2, München 1992, S. 472 f.
53 Einkommens- und Vermögenserklärung o. D., UAWü, Personalunterlagen Grabert.
54 Lebenslauf Herbert Grabert, o. D. [nach 1945], StABWSi, Spruchkammerverfahren Grabert, Spruchkammerakte Wü. 13 Nr. 2134 (Az: 15/T/E5302).

gere Zeit als Referent für Wissenschafts- und Hochschulfragen beim Generalkommissar in Riga auf.[55] Worin seine Tätigkeit dort bestand, ist unklar. Die „nur geringe Problemkenntnis hinsichtlich der Mentalität der Ostvölker in den leitenden Stellen der dortigen Civilverwaltung" und „allerlei Verstimmungen" mit seinen Vorgesetzten führten allerdings zur Beendigung dieser Tätigkeit.[56] Ende Mai 1943 wurde er aus der Wehrmacht entlassen. Gleichzeitig bat er um Beurlaubung von seinen Lehrverpflichtungen im Sommersemester, die er damit begründete, ihm stehe die Berufung in das Reichsministerium für die besetzten Ostgebiete in Aussicht.[57] Doch dazu kam es nicht. Nachdem ein „schwerer Unfall" ihn „längere Zeit ans Krankenlager" gefesselt hatte und „eine bald darauffolgende militärärztliche Untersuchung" zur „Feststellung eines aktiven Lungenprozesses"[58] führte, wurde er offensichtlich nicht weiter eingesetzt.

Entnazifizierung

Das Ende des Krieges erlebte Grabert in Tübingen. Eine Denunziation führte zu seiner Verhaftung und einer mehrmonatigen Internierung. Das Verfahren vor der Spruchkammer, vor der Grabert sich schließlich verantworten musste, fand im Oktober 1949 seinen Abschluss. Dort wurde er zwar als „Mitläufer ohne Maßnahmen" eingestuft.[59] Die Rückkehr an die Hochschule war ihm jedoch verbaut. Die soziale Deklassierung und wissenschaftliche Ausgrenzung, die daraus resultierte, erschien ihm überzogen und ungerechtfertigt. Als Reaktion auf diese in seinen Augen unbegründete „Verfolgung" und „Entrechtung" begann er Anfang der fünfziger Jahre damit, Schicksalsgenossen im *Verband der nichtamtierenden (amtsverdrängten) Hochschullehrer* zu sammeln. Grabert übernahm das Amt des geschäftsführenden Vorsitzenden und verfasste zahlreiche Stellungnahmen und Denk-

---

55 Vgl. BArch, NS 15/120, Bl. 202. Vgl. auch Reichsministerium für die besetzten Ostgebiete (Milve-Schrödens) an Grabert, 3.8.1942, dokumentiert bei Rolf Seeliger (Hg.), Braune Universität, Bd. 1, München 1964, S. 20 f.
56 Lebenslauf Herbert Grabert, o. D. [nach 1945], StABWSi, Spruchkammerverfahren Grabert, Spruchkammerakte Wü. 13 Nr. 2134 (Az: 15/T/E5302). Gründe für die Verstimmungen wurden nicht genannt.
57 Vgl. Grabert an Dekan der Philosophischen Fakultät der Universität Würzburg, 31.5.1943, UAWü, Personalunterlagen Grabert.
58 Lebenslauf Herbert Grabert, o. D. [nach 1945], StABWSi, Spruchkammerverfahren Grabert, Spruchkammerakte Wü. 13 Nr. 2134 (Az: 15/T/E5302).
59 Niederschrift Sitzung der Spruchkammer für den Lehrkörper der Universität, 29.9.1949, StABWSi, Spruchkammerverfahren Grabert, Spruchkammerakte Wü. 13 Nr. 2134 (Az: 15/T/E5302).

schriften, die sich an die Parteien im Bundestag, (Kultus-) Ministerien sowie universitäre Institutionen (Westdeutsche Rektorenkonferenz, Hochschulen) richteten.[60] Sie zielten vor allem darauf ab, die Entnazifizierung als Unrechtsmaßnahme der Siegermächte zu diskreditieren, um daraus die Forderung nach Weiterbeschäftigung, wenigstens aber einer angemessenen Altersversorgung abzuleiten.[61] Als Organ veröffentlichte der Verband seit 1953, in Anspielung auf den einschlägigen Artikel 131 im Grundgesetz, der die Rehabilitierung und Versorgung 1945 stellungslos gewordener Staatsbediensteter regeln sollte,[62] alle zwei Monate die *Mitteilungen für den 131er-Hochschullehrer*. Aus ihnen ging 1956 die *Deutsche Hochschullehrer-Zeitung* (DHLZ) hervor, die 1972 in *Deutschland in Geschichte und Gegenwart* umbenannt wurde und bis 2017 erschien. Daneben führte Grabert den Vorsitz des Vereins *Forschungshilfe e. V.*, der 1952 als „wissenschaftliche Selbsthilfeorganisation" gegründet worden war und ihres Amtes enthobene Wissenschaftler unterstützen sollte. In der Göttinger *Verlagsanstalt für Wissenschaft und Politik* von Leonhard Schlüter (1921–1981), der 1955 kurzzeitig in Niedersachsen als Kultusminister amtierte, verlegte der Verein hierzu eine Schriftenreihe.[63] In dieser erschien auch Graberts Schrift „Hochschullehrer klagen an", in der er gegen die von ihm als „Rachejustiz" bezeichnete Politik der Alliierten polemisierte.[64]

Vom Interessenvertreter zum Geschichtsrevisionisten

Bereits in dieser Schrift deutete sich Graberts geschichtsrevisionistische Wende an. Offenkundig wurde diese spätestens 1958, als auf seine Initiative hin die Grün-

---

60 Ausführlich dazu vgl. Oliver Schael, Die Grenzen der akademischen Vergangenheitspolitik. Der Verband der nicht-amtierenden (amtsverdrängten) Hochschullehrer und die Göttinger Universität, in: Bernd Weisbrod (Hg.), Akademische Vergangenheitspolitik. Beiträge zur Wissenschaftskultur der Nachkriegszeit, Göttingen 2002, S. 53–72.
61 Zur Dokumentation einiger dieser Schriften vgl. Grabert, Hochschullehrer klagen an, S. 76–88.
62 Vgl. Norbert Frei, Vergangenheitspolitik. Die Anfänge der Bundesrepublik und die NS-Vergangenheit, 2. Aufl., München 1997, S. 69–100.
63 Bis Ende 1955 erschienen elf Publikationen, teils zu unverfänglichen Themen (vgl. „Der Begriff des Unendlichen im astrophysikalischen Weltbild der Gegenwart" von Werner Schaub; „Moderne Methoden der Schmerzbekämpfung zu operativen Zwecken" von Hans Kilian), teils aber auch mit klaren politischen Absichten (vgl. „Das Wesen der Spruchkammern und der durch sie durchgeführten Entnazifizierung" von Otto Koellreutter; „Repressalie, Requisition und Höherer Befehl" von Karl Siegert). Vgl. DHLZ 4 (1956) 1, Umschlagseite 2.
64 Vgl. Grabert, Hochschullehrer klagen an.

dung des *Instituts für deutsche Nachkriegsgeschichte* (IdN) erfolgt. Der Name der Einrichtung, die angeblich in „Verbindung mit zahlreichen Gelehrten des In- und Auslands" stand, sich tatsächlich aber vor allem auf Grabert und seine Kreise stützte, lehnte sich bewusst an das von Bund und Ländern getragene *Institut für Zeitgeschichte* (IfZ) in München[65] an, dem vorgeworfen wurde, „ausschließlich belastendes Material" zur „Entstellung der geschichtlichen Wirklichkeit"[66] zu sammeln. Im Gegensatz dazu sah das IdN seine Aufgabe darin, das angeblich „von der Kriegs- und Nachkriegspropaganda in bewusster Wahrheitsbeugung der Völkerwelt aufgezwungene Geschichtsbild der jüngsten Vergangenheit durch eine der Tatsachen gerecht werdende und der historischen Wahrheit entsprechende Geschichtsforschung zu überprüfen."[67] Wie es um dieses Anliegen tatsächlich stand, zeigte der erste Band der Schriftenreihe des IdN, der Ende 1961 erschien. Dabei handelte es sich um den Titel „Der erzwungene Krieg" des amerikanischen Historikers David L. Hoggan (1923–1988), den Grabert übersetzt hatte. Hoggan sprach Hitler von jeglicher Schuld am Ausbruch des Zweiten Weltkrieges frei und „entlarvte" als eigentlichen Kriegstreiber den britischen Außenminister Halifax.[68] Die Publikation löste seinerzeit eine kontroverse Debatte in der Öffentlichkeit aus und beschäftigte 1962 selbst den Kongress des *Verbandes Deutscher Historiker*. Ihre Bedeutung ist vor allem darin zu sehen, dass sie trotz ihres „miserablen Stils" und ihrer „wirren Argumentation", wie der Historiker Hermann Graml (1928–2019) vom IfZ urteilte,[69] doch auch zu einer Weiterentwicklung des Geschichtsrevisionismus führte: Zur Anklage gegen die Politik der Westmächte, die schon immer zum Repertoire rechtsextremer Apologeten gehört hatte, kam bei Hoggan die Charakterisierung Hitlers als Staatsmann mit politischem Weitblick, der nichts sehnlicher als Frieden wünschte.[70] Hoggan versuchte zudem den Eindruck zu erwecken, seine Thesen durch einen umfangreichen Apparat an Quellen und wissenschaftlicher Literatur belegen zu können. Hinzu kam schließlich, dass mit Hoggan ein promovierter Historiker und amerikanische Staatsbürger auftrat, der – im Gegensatz zu der in ihren Absichten leicht durchschaubaren Rechtfertigungsli-

---

65 Zur Vorgeschichte und Gründung des IfZ vgl. Horst Möller / Udo Wengst, 60 Jahre Institut für Zeitgeschichte München – Berlin. Geschichte, Veröffentlichungen, Personalien, München 2009, S. 15 f.
66 Grabert, Sieger und Besiegte, S. 387 f.
67 Zit. nach David L. Hoggan, Der erzwungene Krieg. Die Ursachen und Urheber des 2. Weltkrieges, 5. Aufl., Tübingen 1965, S. 5.
68 Vgl. ebd., S. 753.
69 Hermann Graml, Alte und neue Apologeten Hitlers, in: Wolfgang Benz (Hg.), Rechtsextremismus in der Bundesrepublik, Frankfurt am Main 1989, S. 63–92, hier S. 70.
70 Gotthard Jasper, Über die Ursachen des Zweiten Weltkrieges, in: Vierteljahrshefte für Zeitgeschichte (VfZ) 10 (1962), H. 3, S. 311–340, hier S. 324 f.

teratur NS-belasteter Autoren – auf den ersten Blick für Unabhängigkeit und Objektivität bürgte. Nicht unberücksichtigt bleiben darf schließlich, dass zeitgleich mit Hoggans Buch weitere Veröffentlichungen amerikanischer Historiker erschienen, die ein ähnliches Anliegen verfolgten.[71] Eine besondere Rolle spielte das Werk des britischen Historikers Austin J. P. Taylor (1906–1990), der die allgemeine europäische Entwicklung und die Schwächen und Fehler der auf der politischen Bühne Europas agierenden Politiker für den Beginn des Krieges verantwortlich machte. Taylors Veröffentlichung wurde nicht als rechtsextremes Machwerk angesehen, sondern als diskussionswürdiger Beitrag zur „Kriegsschuldfrage" aufgenommen. So kam es, dass Hoggans Buch in mehreren ausführlichen Rezensionen neben dem Taylor-Werk besprochen wurde.[72] In einer Titelgeschichte setzte sich sogar die Zeitschrift *Der Spiegel* in anerkennender Weise mit Hoggan auseinander, der als „historiographische[r] Meisterdetektiv" bezeichnet wurde und in einem mehrseitigen Interview seine Thesen ausbreiten durfte.[73] Selbst im Deutschen Bundestag kam das Buch Ende April 1964 zur Sprache, als Hoggan sein Ansichten auf zahlreichen Veranstaltungen während einer Rundreise durch die Bundesrepublik präsentierte.[74] Es verwundert nicht, dass rechtsextreme Publikationen und Kulturorganisationen wie die 1960 gegründete *Gesellschaft für freie Publizistik* (GfP)[75] das Buch in höchsten Tönen lobten und Graberts Ansehen in diesen Kreisen mehrten: „Der erzwungene Krieg ist das bedeutendste Geschichtswerk unserer Zeit. Prof. Hoggan brach der Lüge das Genick und führte die versöhnende Wahrheit zum Siege", urteilte etwa die *Deutsche Wochen-Zeitung*.[76] „Das Buch muss gelesen werden! Es gehört in die Hand eines jeden Deutschen, eines jeden Lehrers insbesondere!", schrieb der Herausgeber der Monatszeitschrift *Nation Europa*, Arthur Ehrhardt, in einer Rezension angesichts dieses

---

71 Vgl. etwa Charles C. Tansill, Die Hintertür zum Krieg. Das Drama der internationalen Diplomatie von Versailles bis Pearl Harbor, Düsseldorf 1957; Harry E. Barnes, Entlarvte Heuchelei, Wiesbaden 1961; Austin J. P. Taylor, Die Ursprünge des Zweiten Weltkrieges, Gütersloh 1962.
72 Vgl. Gotthard Jasper, Über die Ursachen des Zweiten Weltkrieges, in: VfZ 10 (1962), H. 3, S. 311–340; Hans-Günther Seraphim, Zur Vorgeschichte des 2. Weltkrieges, in: Das Historisch-Politische Buch 10/1963, S. 161–164; Hermann Graml, Zur Diskussion über die Schuld am Zweiten Weltkrieg, in: Aus Politik und Zeitgeschichte (APZG) 14 (1964), H. 27, S. 3–23.
73 Art. Zwei Schnipser – und Polen war verloren, in: Der Spiegel 14 (1962), H. 24 v. 13.6.1962.
74 Vgl. Deutscher Bundestag, 4. Wahlperiode, 125. Sitzung vom 30.4.1964, S. 6067f. Zur zeitgenössischen Berichterstattung vgl. Lutz Niethammer, Hoggan auf Deutschlandfahrt, in: Der Monat 16 (1964), H. 190, S. 81–90.
75 Zur GfP vgl. Thomas Grumke / Bernd Wagner (Hg.), Handbuch Rechtsradikalismus. Personen – Organisationen – Netzwerke vom Neonazismus bis in die Mitte der Gesellschaft, Opladen 2002, S. 379f.
76 Zit. nach einer Verlagsanzeige in Nation Europa 12 (1962), H. 5, S. 40.

„großartigen Durchbruchs der historischen Wahrheit".[77] Die daraus resultierende Resonanz für Hoggans Werk verschaffte Graberts Verlag zweifelsohne auch eine vorzügliche finanzielle Basis, die vorher nicht gegeben war. Das Buch hatte schon 1961 den verhältnismäßig hohen Einzelpreis von 48 DM und verkaufte sich bis 1964 rund sechstausendmal. Bis Anfang der neunziger Jahre wurde es immer wieder neu aufgelegt und gehörte damit zu den Bestsellern des Verlags. Zu konstatieren ist allerdings auch, dass Hoggans Buch der seriösen historischen Forschung Impulse verliehen hat. Vor allem Mitarbeiter des IfZ unternahmen seit Anfang der sechziger Jahre erhebliche Anstrengungen, Hoggans leichtfertigen und sinnentstellenden Umgang mit Quellen nachzuweisen. Sie machten zudem darauf aufmerksam, dass der Verfasser sich auf zweifelhafte Sekundärliteratur und längst ihrer Stichhaltigkeit widerlegte Propagandathesen stützte. So berief sich Hoggan in Graberts Übersetzung bezeichnenderweise auch auf den völkischen Schriftsteller Hans Grimm (1875–1959).[78] Völlig disqualifiziert hatte sich Hoggan aber durch seinen manipulativen Umgang mit Quellen, die er teilweise entweder nicht zur Kenntnis nahm oder umdeutete, wenn sie seinen Thesen entgegenstanden.[79] Selbst vor Fälschungen von Quellen soll er nicht zurückgeschreckt haben.[80]

---

[77] Rez. A[rthur] E[hrhardt], Das Kriegsschuld-Sachgutachten, in: Nation Europa 12 (1962), H. 2, S. 62.
[78] Zu Grimm vgl. Annette Gümbel, „Volk ohne Raum". Der Schriftsteller Hans Grimm zwischen nationalkonservativem Denken und völkischer Ideologie, Darmstadt 2003.
[79] Vgl. dazu die Rezension von Gerhard Weinberg in: American Historical Review 68 (1962), H. 1, S. 104 f. Beispielhaft genannt seien Hoggans Ausführungen über die Authentizität der sog. Hoßbach-Niederschrift vom 10. November 1937, die unter der Bezeichnung PS-386 im Nürnberger Hauptkriegsverbrecherprozess von der Anklagevertretung als Beleg für die expansiven Absichten Hitlers eine wichtige Rolle spielte. Die Echtheit des Dokuments wurde von Rechtsextremisten immer wieder angezweifelt, nicht zuletzt deshalb, weil das Original der Niederschrift verschollen ist. Vgl. Hoggan, Der erzwungene Krieg, S. 117. Grabert selbst sprach von einer „Verfälschung". Spätere Quellenfunde haben die Authentizität bestätigt, von der Anfang der sechziger Jahre bereits auszugehen war. Das Dokument ist dokumentiert in: Der Prozess gegen die Hauptkriegsverbrecher vor dem Internationalen Militärgerichtshof. Nürnberg 14. November 1945 – 1. Oktober 1946, Amtlicher Text, Deutsche Ausgabe, Bd. XXV, Nürnberg 1947, S. 402–413.
[80] Vgl. dazu die einleitende Bemerkung von Helmut Krausnick zu: Hermann Graml, David L. Hoggan und die Dokumente, in: Geschichte in Wissenschaft und Unterricht (GWU) 14 (1963), H. 8, S. 492–514, hier S. 493.

Herbert Grabert als Geschichtsrevisionist

Mit Hoggans Buch und dessen öffentlicher Skandalisierung gelang es Grabert allerdings nicht nur, sich als Verleger geschichtsrevisionistischer Literatur zu etablieren. In seinen eigenen Veröffentlichungen ließ auch er selbst es nicht an Bemühungen fehlen, die Herrschaftspraxis des Nationalsozialismus zu bagatellisieren und insbesondere die Vernichtung der europäischen Juden zu relativieren oder sogar zu leugnen. Schon in der Erstauflage seines Buches „Volk ohne Führung", die 1955 bei Schlüter unter Pseudonym erschienen war und für die er 1960 vom Bundesgerichtshof zu einer Gefängnisstrafe von neun Monaten auf Bewährung verurteilt wurde, hatte er vieldeutig behauptete, es werde „der Wahrheitsforschung überlassen werden müssen, ob die KZ-Greuel und die ‚sechs Millionen Juden' den dann äußerst beklagenswerten Tatsachen oder den Propagandazielen der Feindmächte entsprechen".[81] Dass ihn bessere Einichten dazu veranlasst haben könnten, verschiedene Formulierungen in späteren Auflagen abzuschwächen, erscheint deshalb fraglich. Wahrscheinlicher ist, dass er weiteren Verurteilungen zu entgehen suchte. In einer Veröffentlichung 1966, die ältere Aufsätze zusammenfasste, wies Grabert ausdrücklich darauf hin, dass er sich „auf Grund strafrechtlicher Erfahrungen" gezwungen gesehen habe, einzelne Passagen dieser Texte für die Neuauflage zu ändern.[82]

Würdigung

Herbert Grabert profilierte sich in den dreißiger Jahren mit völkischem, antichristlichem sowie in seinem Kern antisemitischem Gedankengut und blieb ausweislich seiner eigenen Veröffentlichungen in den sechziger und siebziger Jahren ein überzeugter Antidemokrat. Seine Behauptung, stets nach „Erkenntnis" gestrebt zu haben, niemals aber „Propagandist" oder „Systemdiener" gewesen zu sein, trifft deshalb nicht zu. Ebenso wenig kann der späte Eintritt in die NSDAP als entlastendes Moment bewertet werden. Dass er diesen Schritt erst 1939 unternahm, dürfte weniger auf die Aufnahmesperre im Frühjahr 1933 zurückzuführen sein,[83] sondern eher darauf, dass Grabert sich, vergleichbar anderen Völkischen, den Prinzipien von Parlamentarismus und politischen Parteien gegenüber reser-

---

81 Grabert, Volk ohne Führung, S. 233.
82 Grabert, Sieger und Besiegte, S. 219.
83 Vgl. Wolfgang Benz, Wie wurde man Parteigenosse? Die NSDAP und ihre Mitglieder, Frankfurt am Main 2009.

viert verhielt. Das erklärt vermutlich auch, weshalb er nach 1945 nicht den Weg als Politiker in einer der sich formierenden Wahlparteien und Vereinigungen der „nationalen Opposition" beschritten hat. An einer Hochschule konnte Grabert allerdings ebenfalls nicht mehr Fuß fassen. Stattdessen begann er damit, jene früheren Kollegen um sich zu sammeln, die, wie er, ihren Ausschluss aus dem Hochschulbetrieb als „Amtsverdrängung" empfanden und ihre Rehabilitierung anstrebten. Nachdem er damit gescheitert war, verlegte Grabert sich Ende der fünfziger Jahre auf ein neues Gebiet: Er wurde Verleger rechtsextremer und geschichtsrevisionistischer Literatur, die die Verbrechen der Nationalsozialisten relativierte oder sogar in Frage stellte. Spätestens seit Mitte der sechziger Jahre hatte er seinen Verlag als florierendes Unternehmen etabliert. Die Publikationen erreichten zwar nur selten die Resonanz des Hoggan-Buchs.[84] Gleichwohl kam ihnen eine wichtige Rolle zu. Sie beeinflussten die Meinungsbildung im Milieu der extremen Rechten, förderten die Herausbildung einer Lagermentalität und trugen dazu bei, dass diese sich jenseits aller Wahlkonjunkturen der extrem rechten Parteien reproduzieren und selbst vergewissern konnte. Grabert wiederum verhalfen sie dazu, ein erfolgreicher und in seinen Kreisen angesehener Verlagsleiter und Geschäftsmann zu werden. Eben darin liegt seine Bedeutung für die extreme Rechte in der Bundesrepublik Deutschland.

---

84 Die Schrift „Der Auschwitz-Mythos" von Wilhelm Stäglich (1916–2006), die bis heute als Schlüsseltext unter Holocaust-Leugnern zirkuliert, erschien erst 1979 und damit nach dem Tod Herbert Graberts. Vgl. Wilhelm Stäglich, Der Auschwitz-Mythos. Legende oder Wirklichkeit? Eine kritische Bestandsaufnahme, Tübingen 1979. Zur Person vgl. Christian Mentel, Art. Wilhelm Stäglich, in: Handbuch des Antisemitismus, Bd. 2/2, Berlin 2009, S. 786–788.

Peter Bierl
August Haußleiter (1905–1989)

Der grüne Gründervater

Abb. 6: August Haußleiter, Parteikongress der Deutschen Gemeinschaft, November 1956, *Antifaschistisches Pressearchiv und Bildungszentrum Berlin (apabiz)*.

Einleitung

Die Enttäuschung saß tief. An August Haußleiter, mit dem zusammen er die Partei *Die Grünen* gegründet hatte, ließ Baldur Springmann später kein gutes Haar. Er schmähte ihn als „großmäuligen Wendehals".[1] Grund für das Zerwürfnis war, dass Haußleiter dafür eingetreten war, die *Grünen* für die Linke zu öffnen. Nicht nur für undogmatische Gruppen, sondern sogar für Kommunist*innen, was auch Rudi Dutschke missfiel, den Springmann wiederum wegen seines Idealismus schätzte.[2] Die Ikone der Studentenbewegung und der rechte Ökobauer kämpften

---

1 Baldur Springmann, Heimat aus Licht. Autobiographie, Teil 2, Koblenz 1995, S. 238. Zur Geschichte der Partei *Die Grünen* vgl. Joachim Raschke, Die Grünen. Wie sie wurden, was sie sind, Köln 1993.
2 Vgl. Springmann, Heimat, Teil 2, S. 239 f.

∂ Open Access. © 2023 Peter Bierl, publiziert von De Gruyter. [CC BY-NC-ND] Dieses Werk ist lizenziert unter der Creative Commons Attribution-NonCommercial-NoDerivatives 4.0 Lizenz.
https://doi.org/10.1515/9783111010991-009

gemeinsam für einen Unvereinbarkeitsbeschluss mit kommunistischen Organisationen.³

Manche betrachteten Haußleiter als politisches Chamäleon. Er hatte die CSU mitgegründet und war einer ihrer führenden Politiker gewesen, bevor er die extrem rechte Splitterpartei *Deutsche Gemeinschaft* (DG) formierte, die später zur *Aktionsgemeinschaft Unabhängiger Deutscher* (AUD) mutierte und eine der Gründungsorganisationen der *Grünen* wurde. Was Springmann, der selbst kurze Zeit der AUD angehörte, so erboste, war die größte politische Leistung Haußleiters. Er spaltete die Front der rechten Gruppen, die die Anfänge der Umweltpartei zwischen 1977 und 1980 dominiert hatten, und vermittelte die Zusammenarbeit mit feministischen und linken Strömungen, die die Gründung der *Grünen* erst ermöglichte. Der ökofaschistische Flügel um Springmann und Herbert Gruhl, die Dutschke unbedingt dabei haben wollten, verließ die Partei.⁴

Trotz Haußleiters Bedeutung für die CSU, die *Grünen* sowie auch für die Geschichte des Neofaschismus in der Bundesrepublik gibt es bis heute keine Biografie über ihn. Richard Stöss präsentiert wichtige Angaben im Rahmen der Darstellung von Haußleiters Kleinparteien.⁵ Silke Mende widmete ihm und der AUD ein Kapitel in ihrer Studie über die Gründungsphase der *Grünen*.⁶ Ansonsten finden sich Hinweise etwa in Wolfgang Kraushaars Protestchronik 1949–1959⁷ oder Peter Jakob Kocks Chronik des bayerischen Landtages, dem Haußleiter von 1947 bis 1954 zunächst für die CSU, dann die DG und 1986/1987 für die *Grünen* angehörte.⁸ Unterlagen zu Leben und Werken finden sich in vielen Archiven verstreut.⁹

Im Rahmen dieses Beitrages können das Fehlen einer Biografie nicht einmal ansatzweise ausgeglichen, geschweige denn alle Archivalien recherchiert werden. Stattdessen habe ich mich darauf beschränkt, die politische Entwicklung Haußleiters zu skizzieren, und zwar für jenen Zeitraum, in dem sein Wirken für die Ge-

---

3 Vgl. Gretchen Dutschke, Wir hatten ein barbarisch schönes Leben. Rudi Dutschke. Eine Biographie, 4. Aufl., Köln 1996, S. 465 f. u. S. 473.
4 Vgl. ebd., S. 470; Rudolf van Hüllen, Ideologie und Machtkampf bei den Grünen. Bonn 1990, S. 235 f. u. S. 309 f.
5 Vgl. Richard Stöss, Die Aktionsgemeinschaft Unabhängiger Deutscher, in: ders. (Hg.), Parteien-Handbuch. Die Parteien der Bundesrepublik Deutschland 1945–1980, Bd. 1, AUD–CDU, Opladen 1986, S. 310–335; Richard Stöss, Die Deutsche Gemeinschaft, in: ders. (Hg.), Parteien-Handbuch. Die Parteien der Bundesrepublik Deutschland 1945–1980, Bd. 2, CSU–DSU, Opladen 1986, S. 877–900.
6 Vgl. Silke Mende, „Nicht rechts, nicht links, sondern vorn". Eine Geschichte der Gründungsgrünen. München 2011, S. 94–134.
7 Vgl. Wolfgang Kraushaar, Die Protestchronik, Bd. 1, 1949–1952, Frankfurt am Main 1996.
8 Vgl. Peter Jakob Kock, Der Bayerische Landtag. Eine Chronik, 5. Aufl., München 2006.
9 Wichtige Dokumente finden sich im Bayerisches Hauptstaatsarchiv München, im Staatsarchiv Coburg sowie im Archiv Grünes Gedächtnis der Heinrich-Böll-Stiftung, Berlin.

schichte Westdeutschlands relevant war, also von seiner Zeit in der Führung der CSU (1947) bis zum Rücktritt als erster Vorsitzender der *Grünen* (1980). Zu diesem Zweck habe ich seine Veröffentlichungen ausgewertet, insbesondere die von ihm herausgegebene Parteizeitung. Die spannende Frage in diesem Zusammenhang lautet: Wie konnte ein Politiker, dessen Äußerungen die Titulierung „Nazi" zulassen würden, zum Gründervater einer Partei werden, die bis heute als irgendwie „links" gilt?

Eine Antwort muss den individuellen Beitrag des Protagonisten wie allgemeine politische und gesellschaftliche Entwicklungen erfassen. Dazu gehört, dass zwischen Linken und Rechten, die sich um 1980 zur Partei *Die Grünen* formierten, ideologische Schnittmengen existierten. Eine Kooperation zwischen verschiedenen linken und rechten politischen Spektren gab es schon seit dem Kampf gegen die Atombewaffnung der Bundeswehr.[10] Vor allem aber wurde vielen Beteiligten nach ersten Niederlagen von grünen, bunten und alternativen Listen klar, dass die Fünf-Prozent-Hürde bei Landtags- und Bundestagswahlen nur vereint zu überwinden war.

Biografisches

Die biographischen Angaben in der Literatur stammen im Wesentlichen von Haußleiter selbst oder aus Darstellungen, die als von ihm autorisiert gelten dürfen. Demnach wurde Haußleiter am 5. Februar 1905 in Nürnberg in einer protestantischen Pfarrersfamilie geboren. Nach dem Abitur studierte er in Erlangen Theologie und Philosophie.[11] Angeblich musste er als Vollwaise selbst für seinen Unterhalt aufkommen. Ende 1931 heiratete er Elisabeth Witte, aus dieser Verbindung gingen vier Söhne hervor.[12] Im Jahre 1963 wurde er in zweiter Ehe mit Renate Malluche getraut, die seine engste politische Vertraute war. Die Medizinerin war 1917 in Breslau geboren und Untergauführerin im BDM gewesen.[13]

---

10 Vgl. Wolfgang Kraushaar, Die Protestchronik, Bd. 3, 1957–1959, Frankfurt am Main 1996.
11 Vgl. Matrikelkarteikarte, Universitätsarchiv Erlangen F1, 5a Haußleiter August.
12 Vgl. Einwohnermeldekarte August Haußleiter, Stadtarchiv Nürnberg, Signatur C 21/IX Nr. 109.
13 Renate Malluche hatte Medizin studiert, 1941 ihr Examen abgelegt und Harald Malluche geheiratet. Sie praktizierte als Ärztin in Breslau, dann auf dem Land und in den letzten Kriegsjahren bei der Wehrmacht. Nach 1945 hatte Renate Malluche eine Kassenpraxis in Oberfranken und war in der *Notgemeinschaft* aktiv, einer politischen Organisation von deutschen Flüchtlingen. 1949 zählte sie zu den Gründern der DG und zog 1950 für die Partei in den bayerischen Landtag ein. Vgl. Stöss, Deutsche Gemeinschaft, S. 881.

Von 1928 bis 1939 arbeitete Haußleiter als Redakteur für den *Fränkischen Kurier* in Nürnberg. 1940 wurde er zur Wehrmacht eingezogen und beim Überfall auf die Sowjetunion, später an der Westfront eingesetzt.[14] Zunächst war er im Stab des XIII. Armeekorps, dann in der 11. Panzerdivision, am 28. Juni 1942 wurde er schwer verwundet.[15] Angeblich diente Haußleiter anfangs als Gefreiter und Unteroffizier auf einer Dolmetscherstelle und wurde am 1. Januar 1944 zum Leutnant befördert, was er zunächst abgelehnt haben will.[16] Nach dem Krieg wurde Haußleiter Hilfslehrer und wohnte in Neudrossenfeld im Landkreis Kulmbach in Oberfranken.[17]

Politisches Engagement im Nationalsozialismus und in der Nachkriegszeit

Zu Haußleiters politischer Entwicklung in jungen Jahren gibt es unterschiedliche Versionen. Als 1947 sein Landtagsmandat wegen militaristischer Propaganda zugunsten der Nationalsozialisten auf dem Spiel stand, erklärte Haußleiter, er habe als Student an der Universität gegen völkische Gruppen gekämpft und sei Anhänger des Außenministers Gustav Stresemann gewesen.[18] Später sei Haußleiter Stresemanns Partei beigetreten, der nationalliberalen *Deutschen Volkspartei* (DVP), schreibt Mende, während er laut Stöss zwar mit der DVP sympathisierte, aber nicht Mitglied war.[19] Haußleiter behauptete eine prinzipielle Gegnerschaft zum Nationalsozialismus und einen Konflikt mit Julius Streicher, dem berüchtigten Herausgeber des *Stürmer* und Gauleiter von Mittelfranken.[20] Im *Fränkischen Kurier* habe er zu Ostern und Pfingsten 1940 christlich inspirierte Artikel gegen den Nationalsozialismus veröffentlicht. Die NSDAP-Gauleitung habe ihn von dem Re-

---

14 Vgl. Mende, Geschichte, S. 95 f.; Stöss, Deutsche Gemeinschaft, S. 877 f.; ders., Vom Nationalismus zum Umweltschutz. Die Deutsche Gemeinschaft/Aktionsgemeinschaft Unabhängiger Deutscher im Parteiensystem der Bundesrepublik. Opladen 1980, S. 63 f.
15 Vgl. Rede Haußleiters im bayerischen Landtag, Stenographischer Bericht über die Verhandlungen des Bayerischen Landtags, 21. Sitzung, 25.6.1947, Bl. 52–100, hier Bl. 60 (S. 9) u. Bl. 62 (S. 11).
16 Vgl. Gutachten Friedrich Prittwitz von Gaffron, Bayerisches Staatsarchiv Coburg, Akten der Spruchkammer Kulmbach-Land, H-214 (StaC), Akte Haußleiter August, Bl. 141.
17 Vgl. Meldebogen August Haußleiter, 6.5.1946, StaC, Blatt 6.
18 Vgl. Rede Haußleiters im bayerischen Landtag, 21. Sitzung, 25.6.1947, S. 9.
19 Vgl. Mende, Geschichte, S. 95; Stöss, Deutsche Gemeinschaft, S. 878
20 Daniel Roos, Julius Streicher und „Der Stürmer" 1923–1945, Paderborn 2014; Franco Ruault, Tödliche Maskeraden. Julius Streicher und die Lösung der Judenfrage, Frankfurt am Main 2009.

dakteursposten entfernen wollen, deshalb sei er zur Wehrmacht eingezogen worden.[21]

Einer der Beiträge ist in der Entnazifizierungsakte enthalten. Der Artikel handelt von der Christianisierung der Sachsen, die als Synthese von Germanentum und Christentum gefeiert wird. Das Symbol des Gekreuzigten bedeute nicht Leid, sondern Opfertod, Sieg und Auferstehung, betont Haußleiter.[22] Er argumentiert wie die nazistischen Deutschen Christen, die ein heroisches arisches Christentum predigten.[23] Das mochte der neuheidnischen Fraktion oder Streicher missfallen haben, belegt aber mitnichten eine Ablehnung des Nationalsozialismus, denn das NS-Regime favorisierte keineswegs völkisches Heidentum, sondern setzte auf Kooperation mit den Kirchen, die heidnisch gesinnte Richtung wurde sogar kaltgestellt.[24]

Ganz anders liest sich eine Darstellung seiner politischen Anfänge aus der Zeit des Bundestagswahlkampfs 1953. So soll der Halbwüchsige bei Kriegsende 1918 die heimkehrenden Soldaten mit schwarz-weiß-roten Fähnchen begrüßt haben und dafür vom „Revolutionsmob" überfallen worden sein. Später sei er in Nordbayern „einer der jungen Vorkämpfer der Nationalen Bewegung" gewesen, was mit einer schweren Enttäuschung über den „Zusammenbruch des 9. November 1923" endete. Demnach dürfte der Teenager zumindest bis zum gescheiterten Hitlerputsch ein Anhänger der NSDAP gewesen sein. Zur Machtübergabe an die Nationalsozialisten heißt es: „Mit Verachtung betrachtete der nationale Vorkämpfer und deutsche Sozialist August Haußleiter die Konjunkturritter des Jahres 1933." Von Stresemann, der DVP oder einer christlich motivierten Ablehnung des Nationalsozialismus ist nicht die Rede.[25]

Fest steht, dass Haußleiter an der Gründung der CSU in Oberfranken beteiligt war. Im Jahre 1946 zog er in die Verfassunggebende Versammlung Bayerns ein und wurde als Abgeordneter in den Landtag gewählt. Er galt als Anhänger des liberalen Flügels um den Vorsitzenden Josef Müller, der unter dem Spitznamen

---

21 Vgl. Rede Haußleiters im bayerischen Landtag, 21. Sitzung, 25.6.1947, S. 9.
22 Vgl. A. H., Karfreitag, in: Fränkischer Kurier, 107. Jg., 1940, Heft 80/81, StaC, Blatt 220.
23 Vgl. Kurt Meier, Die Deutschen Christen. Das Bild einer Bewegung im Kirchenkampf des Dritten Reiches, 3. Aufl., Göttingen 1967; ders., Kreuz und Hakenkreuz. Die evangelische Kirche im Dritten Reich, 2. Aufl., München 1992, S. 22–58; Manfred Gailus, Die kirchliche Machtergreifung der „Glaubensbewegung Deutsche Christen" im Jahr 1933, in: ders. (Hg.), Täter und Komplizen in Theologie und Kirche 1933–1945, Göttingen 2015, S. 62–80.
24 Vgl. Uwe Puschner / Clemens Vollnhals (Hg.), Die völkisch-religiöse Bewegung im Nationalsozialismus. Eine Beziehungs- und Konfliktgeschichte, Göttingen 2012; Schaul Baumann, Die deutsche Glaubensbewegung und ihr Gründer Jakob Wilhelm Hauer (1881–1962), Marburg 2005.
25 R. v. Massow, Wer ist August Haußleiter, in: Deutsche Gemeinschaft (DG) 4 (1953), H. 14/15, Beilage, S. 1.

„Ochsensepp" bekannt wurde. In dieser Phase vertrat Haußleiter nationalliberale Positionen. Er beklagte, dass die Deutschen in der Politik einem „Trägheitsgesetz" folgten, das sei ein „Fehler im Nationalcharakter", weshalb es nie zu einer Revolution gekommen sei. Es brauche nun aber einen kompletten Neuanfang. Dazu sei eine „grundsätzliche Umerziehung unseres Volkes und vor allem unserer Jugend" notwendig. Haußleiter bekannte sich zu einer „stark geführten Demokratie", zu „einer echten Demokratie nach angelsächsischem Muster". Er plädierte für eine „freie Wirtschaft", lediglich für die Flüchtlinge forderte er eine gezielte Siedlungspolitik und kritisierte, dass der klerikal-konservative Flügel der CSU eine Bodenreform ablehnte. Deutlich war seine antisowjetische Position: Russland müsse Paroli geboten werden durch ein starkes Europa mit amerikanischer Rückendeckung.[26]

Auseinandersetzungen mit der NS-Vergangenheit

Im Frühjahr 1947 durchleuchtete der Wahlprüfungsausschuss des Landtags die Vergangenheit aller Abgeordneten und stieß auf ein Buch, das Haußleiter 1942 im Auftrag der Wehrmacht veröffentlicht hatte. Die meisten Beiträge stammten von ihm. Es handelte vom Überfall auf die Sowjetunion und den ersten Monate des Feldzugs, Haußleiter schrieb über die „kämpferische Zucht der deutschen Wehrmacht und die entfesselte Bestialität der Bolschewiken".[27] Für ihn galt es, „diese Mörderbanden mitleidlos auszubrennen aus der Gemeinschaft der Völker".[28] Haußleiter pries die „wunderbare Spannkraft, die der deutsche Soldat gerade hier im Osten bewies",[29] und er verherrlichte den „rücksichtslose(n) Einsatz aller Kraft" sowie den „bedingungslose(n) Einsatz für die größere Gemeinschaft".[30]

Der Ausschuss befasste sich in mehreren Sitzungen kontrovers mit dem Fall. Für Berichterstatter Franz Op den Orth (SPD) stand fest, dass ein solches Buch

---

26 Protokoll einer Rede Haußleiters zu den Positionen des fortschrittlichen Flügels der CSU, undatiert, Bayerisches Hauptstaatsarchiv München (HStAM), NL Ehard 1190, S. 5 f. Die Aufzeichnung dürfte authentisch und die Rede auf 1947 zu datieren sein. Dafür sprechen ein Interview Haußleiters mit einem Offizier der US-Regierung sowie ein Beitrag Haußleiters für die Zeitschrift *Der Spiegel* mit ähnlichen Positionen. Vgl. Interview mit Haußleiter, 23.12.1947, HStAM, OMGB 15/102–2/1, S. 1–4; Haußleiter, Bayerische Rätsel, in: Der Spiegel v. 11.10.1947.
27 Haußleiter, An der mittleren Ostfront. Ein deutsches Korps im Kampf gegen die Sowjets. Herausgegeben vom stellvertretenden Generalkommando des XIII. Armeekorps im Auftrag des fränkischen Armeekorps. Nürnberg 1942, S. 68.
28 Ebd., S. 70.
29 Ebd., S. 227.
30 Ebd., S. 228.

nicht durch militärischen Befehl erzwungen worden sein konnte. Vielmehr sei eine „freudige Freiwilligkeit" erforderlich gewesen, „die nur aus einem inneren Bedürfnis entsteht". Die Schrift enthalte zwar nicht die übliche Nazipropaganda, aber „es geht doch klipp und klar daraus hervor, dass August Haußleiter ein überzeugter konsequenter Militarist ist, der den Nationalsozialismus bedingungslos anerkannt hat".[31] Der zweite Berichterstatter, Friedrich Prittwitz von Gaffron (CSU), folgte hingegen Haußleiters Darstellung. Dieser habe „immer eine antinationalsozialistische Einstellung gehabt" und geglaubt, „durch die gewählte Form des Kriegstagebuchs gewisse antinationalsozialistische Ideen am besten an die Landser" heranbringen zu können.[32] Prittwitz legte sieben eidesstattliche Erklärungen vor, die Haußleiter entlasten sollten und zeichnete das Bild „eines überzeugten Gegners des Nationalsozialismus, welcher sich nicht gescheut hat, seine Gegnerschaft offen an den Tag zu legen und deswegen sowohl mit Streicher als auch mit Goebbels in Konflikt geraten ist".[33]

Zwei Zeugen behaupteten in eidesstaatlichen Erklärungen, Haußleiter habe sich 1935 in einem Scheidungsverfahren gegen eine jüdische Frau als „ausgesprochener Antisemit" erwiesen. Er räumte ein, die Frau vor Gericht möglicherweise als Jüdin bezeichnet zu haben, aber nur aus Angst, denn sie sei eine Deutschnationale gewesen, die für Streicher geschwärmt und gedroht habe, ihn zu denunzieren.[34] Streicher wiederum habe seit 1932 einen „sehr bösartigen Kampf" gegen den *Fränkischen Kurier* geführt, er habe mit ihm „eine Reihe von persönlichen Zusammenstößen" gehabt.[35] Mit dem Kriegstagebuch habe er seine Gegnerschaft zum Nationalsozialismus ausdrücken wollen, erklärte Haußleiter.[36]

Die Kollegen waren uneins. Fest stand für sie, dass Haußleiter kein überzeugter Nationalsozialist war, allerdings wurden das Buch und seine Wirkung unterschiedlich bewertet. Einige hielten es für kriegsverherrlichend, sie verwiesen darauf, dass der *Fränkische Kurier* eine Wiege des Militarismus gewesen sei und Haußleiter einem völkischen Studentenverband angehört habe, andere verteidigten ihn mit dem Argument, Soldatentum sei nicht Militarismus.[37] Am 24. April 1947 erklärte das Gremium sein Mandat mit sechs gegen fünf Stimmen für ungül-

---

31 Franz Op den Orth, Stellungnahme, Wahlprüfungsausschuss des Bayerischen Landtags, Sitzung vom 21.3.1947, StaC, Bl. 137.
32 Ebd., Bl. 141.
33 Friedrich Prittwitz von Gaffron, Stellungnahme, Wahlprüfungsausschuss, 21.3.1947, StaC, Bl. 143.
34 Vgl. Haußleiter, Wahlprüfungsausschuss, 8. Sitzung vom 1.4.1947, Auszugsweise Abschrift, StaC, Bl. 178 ff.
35 Ebd., Bl. 180.
36 Vgl. ebd., Bl. 181.
37 Vgl. ebd., Bl. 181 f.

tig. In der Begründung heißt es, wenn er die „Kriegsmaschine" wirklich hätte stören wollen, hätte er anders schreiben müssen. Bei der umstrittenen Publikation handele sich um ein „Machwerk" wie viele andere zu dem „eindeutigen Zweck", die Soldaten zu bewegen, weiter für den Diktator zu kämpfen.[38] Der Ausschuss stufte das Buch als militaristische Propaganda ein und disqualifizierte Haußleiter als Abgeordneten für „nicht tragbar".[39]

Bemerkenswert ist, dass die CSU an diesem Tag eine satte Mehrheit von acht gegen drei Stimmen in dem Gremium hatte, aber drei ihrer Abgeordneten gegen Haußleiter votierten.[40] Vermutlich spielten innerparteiliche Kämpfe eine Rolle. Prittwitz, sein Fürsprecher, zählte wie Haußleiter zur Müller-Fraktion, während Wolfgang Prechtl und Josef Schwalber, die sich gegen ihn äußerten, dem katholisch-konservativen Lager zuzuordnen sind.[41] Am 25. Juni folgte das Plenum dem Votum des Wahlprüfungsausschusses und erklärte Haußleiters Mandat mit 83: 69 Stimmen für ungültig. Schwalber wies die Schutzbehauptung zurück, NSDAP und Wehrmacht hätten nichts miteinander zu tun gehabt. Die Armee sei das Instrument der Partei gewesen.[42]

Haußleiter gab sich nicht geschlagen. Er beauftragte den Rechtsanwalt Franz Liedig, zugleich CSU-Landesgeschäftsführer, ihn zu vertreten. Liedig beantragte beim Bayerischen Verfassungsgerichtshof, die Entscheidung des Landtages für ungültig zu erklären. Die Richter hoben zwar den Beschluss am 24. September auf, ordneten aber an, dass Haußleiter aus dem Landtag ausscheiden müsse. Sie setzten das Verfahren aus mit dem Argument, weder das Gericht noch der Landtag könnten klären, ob Haußleiter aufgrund des Buches ein Militarist und deshalb nach dem „Gesetz zur Befreiung von Nationalsozialismus und Militarismus" vom 5. März 1946 in die Gruppe 2 der „Belasteten" einzuordnen sei. Sein Fall müsse vor der Spruchkammer Kulmbach-Land neu verhandelt werden.[43]

---

38 Wahlprüfungsausschuss, 11. Sitzung vom 24.4.1947, StaC, Bl. 165.
39 Ebd., Bl. 168.
40 Vgl. ebd., Bl. 157.
41 Prechtl erklärte, das Buch Haußleiters zeige eine „stark nationalistischen Geist und einen militaristischen Einschlag", woraufhin Prittwitz bemerkte, es handele sich nur um ein paar Stellen. Vgl. Wahlprüfungsausschuss, 7. Sitzung vom 25.3.1947, StaC, Blatt 146.
42 Vgl. Stenographischer Bericht über die Verhandlungen des Bayerischen Landtags, 21. Sitzung, 25.6.1947, StaC, Bl. 310.
43 Vgl. Entscheidung des Bayerischen Verwaltungsgerichtshofes vom 24.9.1947, HStaM, StK 10937, S. 1 f. u. S. 11 f. Das „Gesetz zur Befreiung von Nationalsozialismus und Militarismus" vom 5. März 1946 formulierte fünf Gruppen, in die die über 18-jährigen Deutschen eingestuft wurden. Es handelte sich um: 1. Hauptschuldige, 2. Belastete, 3. Minderbelastete, 4. Mitläufer, 5. Entlastete. Vgl. Angelika Königseder, Das Ende der NSDAP. Die Entnazifizierung, in: Wolfgang Benz (Hg.), Wie wurde man Parteigenosse? Die NSDAP und ihre Mitglieder, Frankfurt am Main 2009, S. 151–166, hier S. 153.

Das erste Verfahren hatte damit geendet, dass der Kläger Anfang Februar 1947 erklärte, Haußleiter sei nicht betroffen, was die örtliche US-Militärregierung nach einer Abfrage beim Document Center in Berlin bestätigte. Der Kläger hatte sich auf Auskünfte von Bürgermeistern und Gemeinderäten sowie des Arbeitsamts gestützt.[44] Haußleiter selbst hatte sich als politisch unbelastet bezeichnet.[45]

Haußleiters Engagement in der CSU

Am 13. November drängte Josef Müller, Haußleiters Mentor und bayerischer Justizminister, in einem Schreiben mit dem Briefkopf des CSU-Landesvorsitzenden den Kläger, das Verfahren innerhalb der nächsten Tage abzuschließen.[46] Eine Woche später lag der Einstellungsbeschluss vor. Die Spruchkammer verwies auf diverse Erklärungen zugunsten Haußleiters sowie den Konflikt mit Streicher und urteilte, er sei Gegner des Nationalsozialismus gewesen. Haußleiter habe auch nicht die Absicht gehabt, mit dem Buch den Militarismus oder den Nationalsozialismus zu fördern.[47] Der Kläger hatte argumentiert, das Propagandaministerium habe eine Fortsetzung des Tagebuches verhindert und Haußleiter an die Front geschickt.[48] Solche Behauptungen stützten sich auf eine Erklärung des Verlages sowie auf ein Gutachten der Kommission für Kulturschaffende beim Kultusministerium.[49]

Das Gremium entlastete ihn mit dem Argument, das Buch zum Überfall auf die Sowjetunion sei nicht als NS-Propaganda zu werten. Solche Ansichten seien zwar von Nationalsozialisten vertreten worden, die Wurzeln lägen aber tiefer. Es seien „deutschnationale bzw. alldeutsche Gedankengänge, wie sie schon lange vor 1914, namentlich in militärischen Kreisen, gepflegt wurden".[50] Das ist eine treffende Beschreibung und belegt zugleich die Ignoranz der Kommission. Denn aus dieser Ideologie, der Haußleiter anhing, speiste sich der deutsche Faschismus.[51]

---

44 Vgl. Öffentlicher Kläger, 11.2.1947, StaC, Bl. 8 u. Bl. 10 f.; Schreiben Militärregierung Kulmbach, 25.4.1947, StaC, Bl. 113.
45 Vgl. Meldebogen Haußleiter, 6.5.1946, StaC, Bl. 7.
46 Vgl. Schreiben Josef Müller, 13.11.1947, StaC, Bl. 123.
47 Vgl. Einstellungsbeschluss der Spruchkammer Kulmbach-Land, 20.11.1947, StaC, Bl. 206 f.
48 Vgl. Antrag des öffentlichen Klägers auf Einstellung, 20.11.1947, StaC, Bl. 121 f.
49 Vgl. Eidesstattliche Erklärung von Arthur Weller und Hannes Schneider, 2.7.1947, StaC, Bl. 63 f.; Gutachten der Kommission für Kulturschaffende, 12.11.1947, StaC, Bl. 39–43.
50 Ebd., Bl. 42.
51 Stöss ordnet Haußleiter der sogenannten „Konservativen Revolution" der Weimarer Republik zu, die eine Wegbereiterin des Nationalsozialismus war. Vgl. Stöss, Nationalismus, S. 66 f.

Haußleiters Spruchkammerakte ist zwar 300 Seiten stark, besteht aber vor allem aus Kopien von Landtagsprotokollen. Es finden sich weder Dokumente noch Zeugenvernehmungen zu seinem Verhalten währen der NS-Zeit, seiner Tätigkeit beim *Fränkischen Kurier*, einem Streit mit Streicher oder seinem Einsatz bei der Wehrmacht. Das Verfahren war wie in vielen solchen Fällen eine Farce.[52]

Haußleiter war nicht Mitglied der NSDAP oder einer Nebenorganisation. Im ehemaligen Berlin Document Center im Bundesarchiv, ist lediglich ein Schreiben der Parteiamtlichen Prüfungskommission zum Schutze des NS-Schrifttums vom November 1942 zu finden, in dem es um das Buch ging.[53] In seinem Meldebogen vermerkte er eine Mitgliedschaft in der Reichspressekammer ab 1937.

Jedenfalls konnte Haußleiter sein Landtagsmandat wieder wahrnehmen. Im Februar 1948 stieg er zum stellvertretenden Parteivorsitzenden der CSU auf, die sich in einer Zerreißprobe befand. Müller und seine Anhänger wollten eine bürgerliche und im Gegensatz zu ihrer Vorgängerin, der *Bayerischen Volkspartei* (BVP), die nur in den katholischen Gebieten dominierte, in ganz Bayern mehrheitsfähige Massenpartei aufbauen. Dazu mussten die Kluft zwischen Katholiken und Protestanten sowie Altbayern und Franken geschlossen und die Flüchtlinge gewonnen werden, die die CSU-Basis jedoch ablehnte.[54] Gegen diesen Kurs stand die katholisch-konservative Fraktion um Alois Hundhammer. Die verfeindeten Gruppen bekämpften sich „in aller Schärfe", der Partei liefen die Mitglieder davon.[55]

Müller und Haußleiter schwärzten ihre Kontrahenten bei der Militärregierung an. Haußleiter hatte sich schon vorher als Informant betätigt, sicher mit dem Hintergedanken, die Besatzungsmacht für eigene Zwecke zu instrumentalisieren.[56] Um die Jahreswende 1948/1949 zeichneten Müller und Haußleiter eine absurde Verschwörungszenerie, in der sie die Gruppe um Hundhammer, die *Bay-*

---

52 Vgl. Lutz Niethammer, Die Mitläuferfabrik. Die Entnazifizierung am Beispiel Bayerns, Berlin/Bonn 1982.

53 Vgl. Schreiben der Parteiamtlichen Prüfungskommission zum Schutze des NS-Schrifttums, 5.11.1942, Bundesarchiv Berlin (BArch), RK/RSK I B66, Bl. 2774.

54 Allein bis Dezember 1945 waren 510.000 Menschen nach Bayern geflohen. Vgl. Franz J. Bauer, Flüchtlinge und Flüchtlingspolitik in Bayern 1945–1950, Stuttgart 1982, S. 22.

55 Vgl. Jaromir Balcar / Thomas Schlemmer (Hg.), An der Spitze der CSU. Die Führungsgremien der Christlich-Sozialen Union 1946 bis 1955, München 2007, S. 4–8; Thomas Schlemmer, Aufbruch, Krise und Erneuerung. Die Christlich-Soziale Union 1945–1955, München 1998, S. 168–204 u. S. 292–231; Alf Mintzel, Die Christlich-Soziale Union in Bayern, in: Richard Stöss (Hg.), Parteien-Handbuch, Bd. 2, CSU–DSU, S. 661–718, hier S. 666–689.

56 Vgl. Haußleiter, Die Wahrheit über den Fall Schäffer. Persönliche und politische Hintergründe seines Austritts aus der CSU, 17.9.1948. HStaM, OMGB 13/150–3/13, S. 3–7; Interview mit Haußleiter, 10.12.1947, HStaM, OMGB 15/102-2/1, S. 1–4.

ernpartei sowie den SPD-Chef Wilhelm Hoegner bezichtigten, gemeinsame Sache mit Anhängern de Gaulles in Frankreich zu machen. Das Ziel bestehe darin, im Bündnis mit französischen Kräften eine Abspaltung und Eigenstaatlichkeit Bayerns herbeizuführen sowie eine süddeutsche bzw. eine Alpenföderation mit Österreich zu bilden. Zeitgleich würden die Gaullisten in Paris und die Separatisten in München putschen.[57]

Wenn Müller und Haußleiter gehofft hatten, die Besatzungsmacht würde aufgrund dieser Räuberpistole zu ihren Gunsten eingreifen, so erwies sich das als Illusion. Der konservative Flügel um Alois Hundhammer bekam Oberwasser. Auf dem Parteitag in Straubing im Mai 1949 wurde Müller als Vorsitzender abgewählt. In der Landtagsfraktion kämpfte Haußleiter seitdem auf verlorenem Posten und forderte Hundhammers Rücktritt als Fraktionschef.[58] Dieser schimpfte, Haußleiter habe „saudumme Erklärungen abgegeben".[59]

Politisches Engagement in Splitterperteien

Wenige Tage später trat Haußleiter als stellvertretender CSU-Vorsitzender zurück. Er war längst auf dem Absprung. Im Dezember 1948 hatte er den Amerikanern bereits die Gründung einer *Deutschen Union* (DU) vorgeschlagen, als überparteiliche Plattform.[60] Diese DU wurde im Januar 1949 gegründet. Ihr gehörten Angehörige verschiedener Parteien an. Sie verstand sich als nationale Sammlungsbewegung mit dem Ziel, einen gesamtdeutschen Bundesstaat im Rahmen einer europäischen Föderation zu schaffen. Die DU entwickelte sich nach rechts, forderte die Begnadigung von Kriegsverbrechern und löste antifaschistische Proteste aus.[61]

Mitte Juni 1949 kam den Offizieren der US-Militärregierung, die die politischen Parteien in Bayern beobachteten, zu Ohren, Haußleiter verhandele mit der FDP über Wahlabsprachen, eventuell über eine gemeinsame Kandidatur unter dem Namen Deutsche Wählergemeinschaft. Die Amerikaner bezweifelten diese Angaben: Die FDP hege gegen Haußleiter großes Misstrauen, Thomas Dehler habe

---

57 Vgl. Civil Administration Division (CAD), Alleged Franco-Bavarian Conspiracies, München, 12.1.49, HStaM, OMGB 15/102-2/4, S. 1–5; CAD, German Negotiations with the French, München, 5.1.1949, HStaM, OMGB 15/102-2/4, S. 1–3; CAD, Memorandum, München, 29.12.1948, HStaM, OMGB 15/102-2/4, S. 1.
58 Vgl. Schreiben Haußleiters an Hundhammer, 8.6.1949, HStaM, NL Erhard.
59 Aktenvermerk über die Fraktionssitzung am 30.5.1949, HStaM, NL Erhard.
60 Vgl. CAD, Memorandum, 29.12.1948, S. 1.
61 Vgl. Kraushaar, Protest-Chronik, Bd. 1, S. 32, 216, 374; Kraushaar, Protest-Chronik, Bd. 2, S. 774; Stöss, Nationalismus, S. 70 f., Stöss, Deutsche Gemeinschaft, S. 880 f.

ihn als „Strauchdieb" bezeichnet und man sei sich darüber klar, dass die DU von Agenten durchsetzt sei. Aber in der FDP herrsche „Torschlusspanik", deswegen könnte die Parteispitze „den anti-amerikanischen Einflüsterungen Haußleiters bis zu einem gewissen Grade zugänglich geworden sein."[62]

Haußleiter schwenkte von einer zumindest öffentlich bekundeten nationalliberalen zu einer extrem rechten Position. Er kündigte eine Kandidatur der DU zu den ersten Bundestagswahlen im August 1949 an, die jedoch unterblieb. Am 20. September trat er aus der CSU aus, mit der Begründung, der linke Flügel, der eine gesamtdeutsche Konzeption vertrete, habe den innerparteilichen Kampf verloren.[63] Wenige Tage später begannen Haußleiter und seine Getreuen auf einer Tagung der DU den Aufbau einer eigenen Partei vorzubereiten, der *Deutsche Gemeinschaft* (DG), die im Dezember ins Vereinsregister eingetragen wurde.[64]

Er konnte sich durchaus Chancen ausrechnen. Die Bundestagswahl hatte gezeigt, dass das Parteiensystem nicht gefestigt war. Fast zwei Millionen Bürger*innen, etwa zwölf Prozent, votierten für diverse Rechtsparteien, parteilose Kandidat*innen errangen 1,1 Millionen Stimmen und die Nichtwähler*innen stellten ein Reservoir von fast sieben Millionen dar. Außerdem bildeten sich in verschiedenen Bundesländern parteiähnliche Notgemeinschaften von Flüchtlingen, in Bayern war Malluche beteiligt.

Die Kalkulation schien zunächst aufzugehen. Bei den Landtagswahlen 1950 erzielte die DG in Baden-Württemberg mehr als 14 Prozent und in Bayern im Bündnis mit dem *Bund der Heimatvertriebenen und Entrechteten* (BHE) rund zwölf Prozent. Die CSU wurde mit 27,4 Prozent gegenüber 1946 fast halbiert. Der BHE profilierte sich als Partei der Flüchtlinge und war in den fünfziger Jahren an etlichen Koalitionen auf Bundes- und Landesebene beteiligt, seine Führungsriege war gespickt mit ehemaligen Nationalsozialisten. Die Zusammenarbeit zwischen BHE und Haußleiters DG endete jedoch 1952. Von Anfang an gab es Querelen, etwa weil die BHE-Funktionäre aus Sicht der DG reine Interessenvertretung zugunsten der Flüchtlinge betrieben, was von der DG als Klassenkampf abgetan wurde.[65]

In der Folge waren weder der DG noch später der AUD irgendwelche Wahlerfolge jenseits kommunaler Hochburgen beschieden.[66] In einigen Bundesländern

---

62 Vertraulicher Bericht, 23.6.1949, HStaM, OMGB 10/090-3/009, S. 1f.
63 Vgl. Kraushaar, Protestchronik, Bd. 1, S. 119.
64 Vgl. Stöss, Deutsche Gemeinschaft, S. 880 f.; Massow, Haußleiter.
65 Vgl. Stöss, Deutsche Gemeinschaft, S. 891 ff.; Einigung Deutsche Gemeinschaft – BHE und Block der Heimatvertriebenen und Entrechteten, in: DG 1 (1950), H. 5, S. 2.
66 Vgl. Wolf Stegemann, Deutsche Gemeinschaft: Rechtsradikale Partei nach dem Krieg im Stadtrat stark vertreten. Parteigründer Haußleiter gründete immer wieder neue Parteien – von rechts

versuchte die DG die Nachfolge der 1952 verbotenen neonazistischen *Sozialistischen Reichspartei* (SRP) anzutreten, was dazu führte, dass DG-Landesverbände von den Behörden aufgelöst wurden.[67] Gegenüber der *Deutschen Reichspartei* (DRP), später der *Nationaldemokratischen Partei Deutschlands* (NPD), hatte Haußleiter im Lager der extremen Rechten stets das Nachsehen. Die DG hatte maximal 2.000 Mitglieder, die AUD startete mit etwa 2.500 Angehörigen, schrumpfte aufgrund ihrer Unterstützung einer Entspannungspolitik gegenüber osteuropäischen Staaten auf 500 Personen und legte nach der Öffnung gegenüber jüngeren Umweltaktivist*innen bis 1978 wieder auf etwa 2.000 Mitglieder zu.[68] In beiden Parteien hatten Haußleiter und seine Frau das unumschränkte Sagen.[69] Stöss schreibt von „Haußleiter-Parteien", während Mende sektenhafte Züge und ein Führer- und Gefolgschaftsverhältnis attestiert.[70]

Extrem rechte Agitation

Was Haußleiter 1947 den Amerikanern als Gefahr prognostiziert hatte, das Wiederaufleben faschistischer Tendenzen, schürte er nunmehr mit seinen Kleinstparteien.[71] Dabei war die ideologische Kontinuität hoch, bloß der radikale Antikommunismus schwächte sich ab. Die DG wie später die AUD vertraten eine völkische Ideologie mit antisemitischen und rassistischen Motiven und relativierten die NS-Verbrechen. Verdrängung, Projektion und Schuldumkehr waren die Regel. Die Verantwortung für die deutschen Verbrechen wurde auf die Alliierten abgewälzt.[72] So bezeichnete Haußleiter den Nationalsozialismus als „Volksaufstand gegen den Wahnsinn des Versailler Vertrages".[73] Zwar räumte er unspezifizierte „Fehler" der Nationalsozialist*innen ein, rechtfertigte aber die NS-Diktatur insge-

---

bis zu den Grünen, 19.1.2014, in: Rothenburg unterm Hakenkreuz und die Jahre danach, unter: http://www.rothenburg-unterm-hakenkreuz.de/deutsche-gemeinschaft-rechtsradikale-partei-nach-dem-krieg-im-stadtrat-stark-vertreten-parteigruender-haussleiter-gruendete-immer-wieder-neue-parteien-von-rechts-bis-zu-den-gruenen/ [Zuletzt aufgerufen am 13.1.2021].

67 Vgl. Stöss, Deutsche Gemeinschaft, S. 882 u. S. 888.
68 Vgl. Mende, Geschichte, S. 100; Stöss, Aktionsgemeinschaft, S. 322 f. u. S. 329.
69 Malluche war von 1952 bis 1965 Generalsekretärin der DG, später saß sie im Vorstand der bayerischen *Grünen*. Vgl. Stöss, Deutsche Gemeinschaft, S. 881.
70 Vgl. Mende, Geschichte, S. 129; Stöss, Aktionsgemeinschaft, S. 332.
71 Vgl. Interview mit Haußleiter, 23.12.47, HStaM, OMGB 15/102-2/1, S. 2.
72 Das nationale Manifest, in: DG 2 (1951), H. 19, S. 1; Renate Malluche, Was unserem Volk fehlt, in: DG 15 (1964), H. 44, S. 1–2.
73 Art. Haußleiter entschuldigt den Nationalsozialismus, in: Fürstenfeldbrucker Tagblatt v. 26.7.1952.

samt als Rettung vor dem Kommunismus.[74] Haußleiter und seine Partei hetzten gegen eine angebliche „Siegerjustiz", die „Justizmorde" der Nachkriegszeit, gegen „Umerziehung" und „Berufsverbote", gegen einen „Sumpf von neuzeitlicher Inquisition und Hexenverfolgung".[75] In der von ihm herausgegebenen Parteizeitung war beispielsweise zu lesen, dass „feige geflüchtete Emigranten" an „Hetzsendern" für das Massaker der Waffen SS in Oradour 1944 verantwortlich gewesen seien.[76] Dazu agitierte die DG für die Ehre des deutschen Soldaten und pflegte die Legende der anständig gebliebenen Wehrmacht.[77]

Die Partei bekämpfte die ohnehin spärlichen Maßnahmen gegen Nationalsozialist*innen und forderte, Kriegsverbrecher freizulassen. Im bayerischen Landtag beantragten ihre Abgeordneten, die Entnazifizierung einzustellen.[78] Im Jahre 1952 legten Haußleiter, Malluche, Walter Becher, der später zum BHE wechselte, sowie zwei weitere DG-Parlamentarier Verfassungsbeschwerde gegen das bayerische Landkreis- und Gemeindewahlgesetz ein. Demnach war die Kandidatur von mittleren und höheren Führern von NSDAP und SS untersagt, was die DG als Einschränkung der Grundrechte angriff.[79] Noch Anfang 1979, in der Gründungsphase der *Grünen*, wurde in Haußleiters Blatt die Freilassung von Rudolf Heß gefordert, er bekrittelte die Filmserie „Holocaust" und verglich Hitler mit dem US-Präsidenten Franklin D. Roosevelt. In der Friedensbewegung damals gängig war seine unzulässige Gleichsetzung der Shoah mit der Gefahr eines Nuklearkrieges.[80]

---

74 Vgl. Haußleiter, Bonn macht amerikanische Innenpolitik, in: DG 4 (1953), H. 14/15, S. 1.
75 Vgl. Broschüre, Die Wahrheit über Landsberg. Sonderdruck aus dem Informationsdienst Deutsche Gemeinschaft, 1951, S. 1–8; Art. Das unabänderliche Programm, in: DG 3 (1952), H. 31, S. 1; Art. Die große Krise der Gerechtigkeit, in: DG 3 (1952), H. 27, S. 1; Art. Jochen Peiper schreibt aus Landsberg, in: DG 4 (1953), H. 1, S. 2; Art. Deutsche sind Freiwild, in: DG 4 (1953), H. 2, S. 1–2; Mahmoud Heitman, Eine Abrechnung, in: DG 14 (1963), H. 29, S. 1; Art. Für verbindliches internationales Recht, in: DG 25 (1974), H. 42, S. 3.
76 Vgl. Art. Das nationale Manifest, in: DG 2 (1951), H. 19, S. 1; Art. Grundsätzliches zu Oradour, in: DG 4 (1953), H. 1, S. 3. Hierzu vgl. Lea Rosh / Günther Schwarberg, Der letzte Tag von Oradour, Göttingen 1988.
77 Vgl. Art. Gesamtdeutscher Planungstag, DG 1 (1950), H. 5, S. 4; Haußleiter, Anwort an Herrn von Cube, in: DG 1 (1950), H. 6, S. 1. Allgemein zur „Legende von der sauberen Wehrmacht" vgl. Wolfram Wette, Die Wehrmacht. Feindbilder, Vernichtungskrieg, Legenden, Frankfurt am Main 2002, S. 195–244.
78 Vgl. Haußleiter u. a., Entwurf eines Gesetzes zum endgültigen Abschluss der Entnazifizierung. Bayerischer Landtag. 2. Legislaturperiode, Tagung 1950/51, Beilage 323; Haußleiter u. a., Entwurf eines Gesetzes zum endgültigen Abschluss der Entnazifizierung. Bayerischer Landtag. 2. Legislaturperiode, Tagung 1953/54, Beilage 5019.
79 Vgl. Haußleiter u. a., Verfassungsbeschwerde, 3.3.1952; Entscheidung des Bayerischen Verfassungsgerichtshofes, 27.3.1953, HStaM, StK 11058.
80 Vgl. Art. Freiheit für Rudolf Hess, in: DG 30 (1979), H. 4, S. 2; Haußleiter, Der nächste Holocaust, in: DG 30 (1979), H. 5, S. 1.

Die Parteifarben waren schwarz-weiß-rot wie die Fahne des Kaiserreichs und der NS-Diktatur. Die DG bezog sich auf das Deutsche Reich als wiederherzustellende Einheit.[81] Eine pluralistische Gesellschaft, in der unterschiedliche Interessen, organisiert in widerstreitenden Parteien und Verbänden, um Macht und Einfluss ringen, lehnte die DG zugunsten der Vorstellung eines einheitlichen Volkswillens ab, den sie zu vertreten glaubte.[82] Das entspricht der faschistischen Idee der Volksgemeinschaft, weshalb es verharmlosend ist, wenn Mende Haußleiter und seinen Kreis als „Gemeinschaftsdenker"[83] würdigt und von „harmonistischen Gemeinschaftsvorstellungen" [84] schreibt. Für Stöss war die DG hingegen ein „Häuflein überzeugter Rechtsextremisten".[85]

Die DG behauptete, Kommunismus wie Kapitalismus abzulehnen. Letzterer wurde als „Hochkapitalismus" oder „Liberalkapitalismus" bezeichnet und mit der Herrschaft ausländischer Großkonzerne oder der Wallstreet identifiziert, was auf einen ausgeprägten Nationalismus verweist und eine antisemische Konnotation beinhaltet. Betont wurde die Leistung des „deutschen Arbeiters", der als „Mitunternehmer" zu betrachten sei, ohne dass die DG jedoch eine Änderung der Eigentumsverhältnisse verlangte.[86] Solche Vorstellungen verwiesen auf jenen „deutschen Sozialismus" sowie eine Betriebsgemeinschaft mit Treue- und Gefolgschaftsverhältnis, wie sie die völkische Bewegung und die NSDAP vertreten hatten.[87]

Im Mittelpunkt stand die Agitation gegen die Westorientierung der Bundesrepublik, die deutsche Teilung und das Besatzungsstatut. Unter dem Motto „Deutschland den Deutschen" forderte die Splitterpartei einen Friedensvertrag, einen gesamtdeutschen Staat und nationale Souveränität und schmähte die Bundesregierung als Erfüllungsgehilfen der Westalliierten. In dieser Hinsicht unterschied sich die DG kaum von KPD und SPD. Deren Vorsitzender Kurt Schumacher beschimpfte Konrad Adenauer (CDU) im Bundestag als „Kanzler der Alliierten" und wurde

---

81 Vgl. Art. Der beginnende Wahlkampf, in: DG 4 (1953), H. 14/15, S. 4; Haußleiter, Zum Angriff angetreten. Die Nationale Sammlung im Kampf um Deutschlands Freiheit, in: DG 4 (1953), H. 18, S. 1
82 Vgl. Art. Das unabänderliche Programm, in: DG 2 (1951), H. 19, S. 1–2, hier S. 1.
83 Mende, Geschichte, S. 94.
84 Ebd., S. 97, 105.
85 Stöss, Nationalismus, S. 140.
86 Haußleiter, Der deutsche Arbeiter in der Gemeinschaft seines Volkes, in: DG 2 (1951), H. 2, S. 1; Vgl. Art. Das unabänderliche Programm, S. 2; Art. Das Zwölf-Punkte-Programm, in: DG 15 (1964), H. 43, S. 3; Art. Drei Nürnberger Entschließungen, in: DG 16 (1965), H. 24, S. 1.
87 Vgl. Peter Bierl, Einmaleins der Kapitalismuskritik, Münster 2018, S. 25–37; Heike Hoffmann, Völkische Kapitalismuskritik: Das Beispiel Warenhaus, in: Uwe Puschner / Walter Schmitz / Justus H. Ulbricht (Hg.), Handbuch zur „Völkischen Bewegung" 1871–1918, München 1999, S. 558–571.

deshalb für 20 Sitzungstage ausgeschlossen.[88] Allerdings waren viele Sozialdemokrat*innen und Kommunist*innen konsequente Antifaschisten. Sie mochten Adenauer schmähen und gegen die Demontage von Industrieanlagen durch die Briten demonstrieren, aber sie bekämpften alte und neue Nazis.[89]

Die Oder-Neiße-Grenze zu Polen wurde damals weder von der Bürgerblock-Regierung noch von der SPD akzeptiert, aber Haußleiter forderte, darüber hinaus, das sogenannte Sudetenland – die westlichen Gebiete der Tschechoslowakei – müsse „wieder deutsch" werden.[90] Später rühmte sich die DG, als erste Partei in der Bundesrepublik den Kampf der Südtiroler „um ihr Volkstum" unterstützt zu haben. Dieser Kampf der Südtiroler*innen schloss ein, dass rechte Terroristen Bomben legten. Die rassistische Begründung der DG lautete, das Recht auf Freiheit und Menschenwürde, „das man heute jedem Negerstamm im Inneren Afrikas so bereitwillig zubilligt, muß auch für uns Deutsche gelten".[91] Haußleiter bekämpfte die Europapolitik der Bundesrepublik und die *Europäische Wirtschaftsgemeinschaft* (EWG) als Neuauflage eines Karolingerreichs, das Deutschland spalte.[92] Er knüpfte an Vorstellungen der SS für ein Europa unter deutscher Führung an. Einer seiner Beiträge erschien 1952 in der Zeitschrift *Nation Europa*, die der ehemalige SS-Sturmbannführer Arthur Ehrhardt herausgab.[93]

Die Bundesregierung wurde von der DG als „Morgenthau-Boys" geschmäht, in Anspielung auf den US-Finanzministers Henry Morgenthau, der 1944 eine Denkschrift über ein deindustrialisiertes Nachkriegsdeutschland verfasst hatte. Das Konzept war nie Grundlage praktischer Politik, wurde aber schon von der NS-Propaganda als Schreckgespenst aufgegriffen.[94] Renate Malluche tat sich hervor, indem sie über angebliche „Konzentrationslager Morgenthaus" fabulierte, ein Hirngespinst, denn solche gab es nicht.[95] Scharf attackierte sie Wiedergutmachungsversuche der Bundesregierung gegenüber Israel. Malluche forderte, das Unrecht, das den Juden angetan worden sei, mit der Vertreibung und Ermordung von Deutschen sowie der Kriegsgefangenschaft aufzurechnen. Diese Argumentation erfüllt das Merkmal des sekundären Antisemitismus, der die deutschen Verbrechen rela-

---

88 Vgl. Kraushaar, Protestchronik, Bd. 1, S. 144.
89 Vgl. ebd., S. 216.
90 Haußleiter, Antwort an Herrn von Cube, in: DG (1950), H. 6, S. 1.
91 Karl Konstantin, Das Gefecht im Pustertal, in: DG 14 (1963), H. 44, S. 3.
92 Vgl. Haußleiter, Austritt aus der Nation?, in: DG 25 (1974), H. 40, S. 1.
93 Vgl. Haußleiter, Entscheidung?, in: Nation Europa 2 (1952), H. 5, S. 53–57; Haußleiter, Bonn macht amerikanische Innenpolitik, in: DG 4 (1953), H. 14/15, S. 2
94 Vgl. Haußleiter, Antwort an Herrn von Cube; Art. Die große Krise der Gerechtigkeit, in: DG 3 (1952), H. 31, S. 1; Art. Deutsche sind Freiwild, in: DG 4 (1953), H. 2, S. 1–2.
95 Renate Malluche, Vergebliches Liebeswerben um Israel, in: DG 3 (1952), H. 27, Beilage, S. 1–2, hier S. 1.

tiviert, in dem sie verrechnet werden, und war verknüpft mit Verschwörungsideologien.[96] So unterstellte Malluche, das „Luxemburger Abkommen" zwischen BRD und Israel von 1951 diene einer „hochkapitalistischen Bonner Gruppe" dazu, „das Wohlwollen der Wallstreet zu gewinnen", das ihnen so wichtig sei, „weil sie genauso international sind wie die Wallstreet selbst".[97] Zu Zeiten der AUD wurde in Haußleiters Blatt auf eine „Israel-Lobby in den USA" und eine Weltherrschaft der Bilderberger hingewiesen, um Deutschland niederzuhalten. Beides sind typische verschwörungsideologische Vorstellungen.[98]

Abgrenzung zum Neofaschismus und Kooperation mit der politischen Linken

Der Unterschied zu neofaschistischen Gruppen wie der DRP oder der NPD war, dass die Haußleiter-Parteien forderten, Vorschläge der Sowjetunion zu Wiedervereinigung und Neutralität ernsthaft zu prüfen, und einen bewaffneten Rollback stets ablehnten.[99] Eine Remilitarisierung lehnte Haußleiter ab, nicht jedoch aus pazifistischen Gründen. Solange Deutschland nicht souverän sei, seien deutsche Soldaten bloß Fremdenlegionäre unter ausländischem Oberbefehl, lautete die Begründung.[100] Erst in einem wiedervereinigten Deutschland würden „freie Deutsche ihre historische Aufgabe wieder wahrnehmen" und „den starken Wall des Abendlandes gegen Asien bilden".[101]

Die DG nahm bereits jenen „Befreiungsnationalismus" vorweg, der später der sogenannten Neuen Rechten zugeschrieben wurde, die sich um eine in erster Li-

---

96 Vgl. Art. Dreifach bezahlen, in: DG 24 (1973), H. 6, S. 3. Hierzu vgl. Philipp Gessler, Sekundärer Antisemitismus. Argumentationsmuster im rechtsextremistischen Antisemitismus, 21.11.2006, Bundeszentrale für politische Bildung, unter: https://www.bpb.de/politik/extremismus/antisemitismus/37962/sekundaerer-antisemitismus [Zuletzt aufgerufen am 25.2.2021].
97 Malluche, Liebeswerben, S. 2. Im „Luxemburger Abkommen" vom September 1952 verpflichtete sich die Bundesrepublik gegenüber Israel zu Zahlungen, dem Export von Gütern und Dienstleistungen im Gesamtwert von 3,5 Milliarden DM, um die Eingliederung mitteloser jüdischer Flüchtlinge zu unterstützen, sowie zur Rückerstattung von Vermögenswerten. Vgl. Constantin Goschler, Luxemburger Abkommen, in: Dan Diner (Hg.), Enzyklopädie jüdischer Geschichte und Kultur (EJGK), Bd. 3: He–Lu., Stuttgart/Weimar 2012, S. 576–583.
98 Art. Israel verliert Menschen, in: DG 26 (1975), H. 28, S. 3; Art. Abgesagt, in: DG 27 (1976), H. 11, S. 1.
99 Vgl. Haußleiter, Entscheidung?, S. 54 f.
100 Vgl. Art. Das Zwölf-Punkte-Programm.
101 Broschüre, Die Wahrheit über Landsberg, S. 8.

nie sprachliche Modernisierung faschistischer Ideologie bemühte.[102] Koloniale Unterdrückung in Afrika und Asien wurde mit einer vermeintlichen Besatzung und Entrechtung Deutschlands gleichgesetzt, antikoloniale Kämpfe oder der panarabische Nationalismus wurden als Vorbild für die „deutsche Freiheitsbewegung" präsentiert, wie eine Selbstbezeichnung der DG lautete. Der rassistische Kern zeigte sich, indem Bundesrepublik und DDR als überfremdet, „amerikanisiert" und „asiatisiert", hingestellt wurden.[103] Den antisemitischen Gehalt enthüllten Beiträge, in denen Israel diskreditiert und der „nationale Sozialist" Gamal Abdel Nasser, der ägyptische Präsident, gefeiert wurde. DG wie AUD präsentierten sich als Freunde der Araber und insbesondere der Palästinenser.[104]

Dennoch kooperierten Teile der Linken mit der DG und später der AUD, zunächst im Rahmen der Friedens- später der Umweltbewegung. Dabei wandelte sich der Opferdiskurs. Nach der Debatte über die Atombewaffnung der Bundeswehr und dem Aufkommen der Ostermarschbewegung standen die Deutschen nicht mehr als Opfer der Weltkriege, sondern eines Atomkriegs im Mittelpunkt. Die Politik der Supermächte würde, wie Hermann Schwann, der erste Vorsitzende der AUD, erklärte, „unweigerlich zum Krieg und zur Auslöschung der Deutschen führen". Für ihn stand fest: „Das einzige Mittel Probleme zu lösen, ist die Politik und nicht der Krieg oder die Gewalt oder die Erpressung."[105] Die AUD unterstützte ab 1969 die Entspannungspolitik der sozialliberalen Koalition und verzichtete zu deren Gunsten 1973 sogar auf die Teilnahme an der Bundestagswahl.[106] Im Gegensatz dazu protestierten CDU/CSU, NPD und andere Neofaschisten gegen die neue Ostpolitik, mit Parolen wie „Willy Brandt an die Wand!"[107]

Dabei blieb die Ablehnung von NATO, Bundeswehr und Atomwaffen bei DG und AUD national und antiamerikanisch begründet.[108] Haußleiter schrieb im Juni 1977 über eine „dritte Einkreisung der Deutschen", die zur „Selbstausrottung" füh-

---

102 Vgl. Volker Weiß, Die autoritäre Revolte. Die Neue Rechte und der Untergang des Abendlandes, Stuttgart 2017; Margret Feit, Die ‚Neue Rechte' in der Bundesrepublik. Organisation – Ideologie – Strategie, Frankfurt am Main/New York 1987.
103 Art. Parteitag der Nationalen Sammlung, in: DG 3 (1952), H. 27, S. 2; Haußleiter, Austritt aus der Nation?, in: DG 25 (1974), H. 40, S. 1.
104 Vgl. Haußleiter, Das große Beispiel, in: DG 14 (1963), H. 17, S. 1; Art. Grußwort von A. M. Younes, Präsident der Deutsch-Arabischen Gesellschaft zum AUD-Parteitag, in: DG 25 (1974), H. 42, S. 2.
105 Hermann Schwann, Wir Deutschen sollten umdenken, in: DG 17 (1966), H. 1, S. 3.
106 Vgl. Haußleiter, Der nächste Schritt, in: DG 24 (1973), H. 1, S. 1.
107 Zu den Diffamierungen gegen Willy Brandt vgl. Daniela Münkel, Zwischen Diffamierung und Verehrung. Das Bild Willy Brandts in der bundesdeutschen Öffentlichkeit bis 1974, in: Carsten Tessmer (Hg.), Das Willy-Brandt-Bild in Deutschland und Polen, Berlin 2000, S. 23–40, hier S. 39 f.
108 Schwann begründete die Ablehnung des Krieges rassenhygienisch: die biologische Substanz des deutschen Volkes werde zerstört. Er war vor 1945 Mitglied der NSDAP gewesen und hatte für

ren werde, womit er die Schuld an zwei Weltkriegen und Shoah beiläufig auf die von Deutschland überfallen Nachbarn verschob.[109] Er hielt stets an der Wiedervereinigung fest und trug diese Position in die grüne Partei, in der diese Forderung bis zum Ende der DDR 1989/1990 jedoch marginal blieb. Allerdings finden sich Anklänge an Haußleiters Positionen im Bundesprogramm von 1980. Dort heißt es, die Forderung, Recht müsse anstelle von Gewalt treten, müssten gerade „wir Deutschen" erheben, weil die Gefahr des Untergangs bestehe. Konkret wurden der „Abzug aller fremden Truppen von fremden Territorien" sowie der Austritt aus der NATO gefordert, was die radikale Linke innerhalb der Partei aus einer antiimperialistischen Sicht teilte.[110]

Anfang hatte Haußleiter versucht, mit anderen Gruppen der extremen Rechten, wobei ihm keine Erfolge beschieden waren.[111] In den sechziger Jahren tat er sich mit solchen Gruppen zusammen, die seinen Nationalneutralismus teilten. 1965 fusionierte die DG mit der *Deutschen Freiheitspartei* (DFP), einer Abspaltung der DRP, und der *Vereinigung Deutsche Nationalversammlung* (VDNV) um Wolf Schenke, Bodo Manstein und Hermann Schwann zur AUD. Die Wahlergebnisse blieben gleichwohl bescheiden.[112]

Manstein war 1930 in die NSDAP eingetreten, er war Kurator in der Ostermarschbewegung sowie im *Collegium Humanum* in Vlotho und fungierte später als erster Vorsitzender des *Bundes für Umwelt- und Naturschutz Deutschland* (BUND).[113] Schenke hatte der Reichsjugendführung bis 1936 angehört und war anschließend China-Korrespondent des NSDAP-Organs *Völkischen Beobachter*. Er vertrat ähnliche deutschlandpolitische Konzepte wie Haußleiter und gründete dafür Organisationen wie die *Dritte Front* (1951) und die *Vereinigung Deutsche Nationalversammlung* im Jahre 1961.[114] Seine Zeitschrift *Neue Politik* war seit 1956 eine Plattform für frühere NSDAP- und SS-Angehörige oder Wehrmachtsoffiziere, in der im Lauf der Jahre jedoch auch Beiträge von Linken wie Andreas Buro, Rudi Dutschke, Bernt Engelmann oder Ossip K. Flechtheim erschienen. Antikolonialis-

---

die FDP im Bundestag gesessen. Vgl. Schwann, Wir Deutschen sollen umdenken, S. 3. Informationen zu Schwann finden sich in: Stöss, Deutsche Gemeinschaft, S. 313.
109 Haußleiter, Tabu: Die deutsche Einheit, in: DG 28 (1977), Heft 24, S. 1.
110 Die Grünen (Hg.), Das Bundesprogramm, Bonn 1980, S. 19.
111 Vgl. Kraushaar, Protest-Chronik, Bd. 2, S. 717; Stöss, Deutsche Gemeinschaft, S. 889.
112 Art. Die Überwindung der Fünfprozentklausel: in: DG 16 (1965), H. 18, S. 4; Art. Aufbruch aus der Mitte. Aktionsgemeinschaft Unabhängiger Deutscher, in: Neue Politik 10 (1965), H. 21, S. 8–9.
113 Vgl. Liste AUD zur Bundestagswahl, in: DG 16 (1965), H. 36, S. 5; Stöss, Nationalismus, S. 251.
114 Vgl. Art. Auftakt für 1960, in: Neue Politik 4 (1959), H. 50, S. 7–8; Deutschland-Treffen der VDNV, in: Neue Politik 6 (1961), H. 46, S. 9; Ferdinand Tendam, Vereinigung Deutsche Nationalversammlung, in: Neue Politik 11 (1966), H. 18, S. 10–11; Kraushaar, Protest-Chronik, Bd. 1, S. 319 u. S. 325; Stöss, Aktionsgemeinschaft, S. 310 f.

mus und Antiamerikanismus bildeten die gemeinsame Grundlage, Franz-Josef Strauß war in beiden Lagern verhasst. Aus befreiungsnationalistischer Perspektive wurde in der *Neuen Politik* wie in Haußleiters Blatt *Deutsche Gemeinschaft* gegen den Vietnamkrieg protestiert oder Che Guevara als Märtyrer gepriesen.[115] Dabei konnte an der Ausrichtung Schenkes kein Zweifel bestehen. Auch in seinem Blatt wurden NS-Verbrechen relativiert, die Wehrmacht glorifiziert, Juden geschmäht und Israel diskreditiert.[116]

Ökologie von rechtsaußen

Schenke zog sich bald vom aktiven AUD-Engagement zurück. Die Zusammenarbeit mit dem Altnazi Werner Georg Haverbeck und dessen Frau Ursula Haverbeck-Wetzel währte länger. Haverbeck wurde 1974 Präsident der deutschen Sektion des *Weltbundes zum Schutz des Lebens* (WSL), der Atomenergie und Pestizide aus Gründen der Rassenhygiene bekämpfte.[117] Das Ehepaar Haverbeck vertrat damals einen anthroposophisch fundierten Kulturpessimismus: Die Moderne, Technik und materialistische Denkweise seien schuld an der Umweltzerstörung.[118] Der WSL spielte eine wichtige Rolle in der Anti-Akw-Bewegung und beim *Bundesverband Bürgerinitiativen Umweltschutz* (BBU). In Haverbecks Schulungszentrum *Collegium Humanum* in Vlotho fanden wichtige Treffen statt, die zur Europakandidatur der *Sonstigen Politischen Vereinigung Die Grünen* 1979 führten.[119]

Die AUD übernahm den Begriff „Lebensschutz" und näherte sich der Umweltbewegung. AUD und WSL griffen dabei vor allem auf das Schlagwort „Bevölkerungsexplosion" zurück.[120] Diese Form des Malthusianismus, der eine vermeintliche Überbevölkerung zur wesentlichen Ursache von Umweltzerstörung erklärte, war in der Umweltbewegung damals Konsens. Haußleiter und Haverbeck wollten eine „Umweltgewerkschaft" gründen, herauskam 1974 die *Deutsche Lebensschutz-*

---

115 Vgl. Autorenliste, in: Neue Politik 25 (1980), H. 4, S. 26–28; Per Svenssson, Es steht schlecht in Vietnam, in: Neue Politik 13, H. 6; Wolf Schenke, Zum Geleit, in: Neue Politik 18 (1973), H. 4, S. 1.
116 Vgl. Hans Aburi, Auschwitz und die Kehrseite, in: Neue Politik 9 (1964), H. 7, S. 7 f.; Art. Zur Frage der Verjährungsfrist, in: Neue Politik 10 (1965), H. 7, S. 6. Schenke, Zionismus – Rassismus – Antisemitismus, in: Neue Politik 21 (1976), H. 1, S. 8–12.
117 Vgl. Peter Bierl, Grüne Braune, Münster 2014, S. 44 ff., S. 55
118 Beispielhaft vgl. Werner Georg Haverbeck, Das verlorene Maß, in: DG 26 (1975), H. 3, S. 3; ders., Die andere Schöpfung, in: DG 30 (1979), H. 4, S. 5.
119 Vgl. Art. Eine Gesamtalternative, in: DG 30 (1979), H. 9, S. 1–3.
120 Z. B. vgl. Malluche, Vorwärts zur Natur, in: DG 24 (1973), H. 42, S. 2; Walter Harleß, Die unmenschlichen Zentralen, in: DG 29 (1978), H. 7, S. 5.

bewegung (DLB).[121] Die AUD entwickelte ihren „Sozialismus der Zukunft" (1971) zum „ökologischen Sozialismus" weiter. Sie forderte nun, Großbetriebe in die Arbeiterselbstverwaltung zu übergeben sowie Wirtschafts- und Sozialräte einzuführen. Sie nahm eine antimonopolistische Haltung ein und setzte auf eine „Selbstregulationsfähigkeit kleiner Einheiten", worunter Genossenschaften, handwerkliche und mittelständische Betriebe sowie die kommunale Selbstverwaltung aufgefasst wurden.[122] Die umweltpolitischen Vorstellungen blieben dürftig und reduziert auf Schlagworte wie beispielsweise „Grenzen des Wachstums" und „Wegwerfgesellschaft". Haußleiter forderte eine „kopernikanische Wende" hin zu einer „Gleichgewichtsgesellschaft". Der Autoverkehr sowie der Rohstoff- und Energieverbrauch sollten beschränkt werden.[123] Jedoch blieb auch der Strategie, sich als Umweltpartei anzudienen, der Erfolg versagt. Wegen seiner ständigen Niederlagen wurde Haußleiter später als „Mister 0,1 Prozent" verspottet.[124]

Der Rassismus zeigte sich in Beiträgen gegen „Gastarbeiter" und „Fremdarbeiter" im Parteiblatt, die als „Kriminelle" und „Rauschgiftdealer" verunglimpft wurden. Aus Geburtenrückgang und Einwanderung ergab sich für die Haußleiter-Partei ein Horrorszenario, dass die extreme Rechte heute als „Volkstod" und „Umvolkung" bekämpft.[125] Haußleiter nannte die Bundesrepublik „überamerikanisiert", eine „weltzerstörende(n) Industriemacht" und „hochvergiftete(n) Gastarbeiterstaat mit unerträglichen Ballungsgebieten".[126]

Seit Ende der sechziger Jahre stand Haußleiter in Kontakt mit Anthroposoph*innen um das Achberger Kulturzentrum, einer Tagungsstätte im Allgäu, sowie später Joseph Beuys, die gleichfalls einen „Dritten Weg" zwischen Kapitalismus und Kommunismus vertraten.[127] Aufgrund von Rudolf Steiners Lehre von der be-

---

121 Vgl. Notwendiger Wandel. Bericht über den AUD-Kongress „Gesellschaft der Zukunft" in Kassel, in: DG 24 (1973), H. 42, S. 1; Manifest des Lebensschutzes. Verabschiedet von der Deutschen Lebensschutzbewegung, in: DG 25 (1974), H. 22, S. 5.
122 Vgl. Freiheit und Sozialismus, in: DG 24 (1973), H. 42, S. 5; Ökologische Grundsatzerklärung, in: DG 28 (1977), H. 43, S. 3.
123 Vgl. Haußleiter, Was heißt „Qualität des Lebens"? in: DG 24 (1973), H. 39, S. 3; Manifest des Lebensschutzes, in: DG 24 (1973), H. 39, S. 1–2; Art. Der Kurs der AUD, in: DG 24 (1973), H. 39, S. 2; Haußleiter, Der andere Weg. Zum Kongreß von Gießen, in: DG 27 (1976), H. 48, S. 1; Art. Aufstand für das Leben, in: DG 27 (1976), H. 49, S. 1; Haußleiter, Chaos oder Koordination, in: DG 29 (1978), H. 28, S. 1.
124 Vgl. Art. Warm und ehrlich, in: Der Spiegel v. 30.6.1980, S. 85 ff.
125 Vgl. Art. Soll unser Volk sterben?, in: DG 16 (1965), H. 37, S. 4; Art. Jetzt erschrickt man, in: DG 24 (1973), H. 36, S. 5; Art. Bischöfe und Ausländer, in: DG 27 (1976), H. 28, S. 3. Zur Terminologie der extremen Rechten vgl. Bente Gießelmann / Robin Heun / Benjamin Kerst / Lenard Suermann / Fabian Virchow (Hg.), Handwörterbuch rechtsextremer Kampfbegriffe, Schwalbach/Ts. 2016.
126 Haußleiter, Tabu: die deutsche Einheit, in: DG 28 (1977), H. 24, S. 1.
127 Vgl. Stöss, Aktionsgemeinschaft, S. 329.

sonderen Mission der Deutschen neigten Anthroposophen gleichfalls völkischen Ideen zu. Insgesamt schaffte es Haußleiter, eine mehr oder weniger intensive Zusammenarbeit zwischen extrem rechten Nationalneutralisten, Anthroposophen und bestimmten Linken einzufädeln. 1973 trat der Sozialist Flechtheim auf einem AUD-Kongress auf, bei dem Haverbeck gegen Überfremdung und Umerziehung hetzte. Beuys und Petra Kelly sprachen im Folgejahr auf dem AUD-Kongress und der umstrittene Kunstprofessor bewarb sich 1976 für die AUD um ein Bundestagsmandat.[128] Auf dem Achberger Jahreskongress „Dritter Weg" 1977 wiederum sprachen Dutschke und Haverbeck.[129] Die Kooperation zwischen Haußleiter, den Linken und den Anthroposophen blieb bestehen, der gemeinsame Weg mit den Eheleuten Haverbeck endete, als diese an der Seite von Gruhl und Springmann die *Grünen* verließen.

Engagement bei den Grünen

Nachdem Haußleiter im März 1980 in den dreiköpfigen Vorstand der *Grünen* gewählt worden war, musste er sich erneut für seine Wehrmachtspropaganda rechtfertigen.[130] Er wies alle Vorwürfe zurück. Die Zitate seien aus dem Zusammenhang gerissen, er habe stets „im schweren Konflikt mit der NSDAP" gestanden und „eben deshalb als überzeugter Demokrat auch nach 1945 an falschen Maßnahmen der Besatzungsmacht harte Kritik geübt".[131] Vier Monate später trat Haußleiter zurück.

Im November 1984 hielt er dennoch das Eröffnungsreferat auf einem „Deutschlandkongress der Grünen" in München mit angeblich 200 Teilnehmer*innen. Er rügte Adenauers Politik, die eine Konfrontation geschaffen und Westdeutschland einer Selbstmordstrategie unterworfen habe. Haußleiter beharrte darauf, die Bundesrepublik sei nicht souverän.[132] Tatsächlich hatte Westdeutschland mit dem Ende des Besatzungsstatuts 1952 die staatliche Souveränität erlangt und entwickelte sich in der Folgezeit zur ökonomischen und politischen Großmacht. Was Haußleiter vortrug, war wahrheitswidrig, markierte aber seine un-

---

128 Vgl. Mende, Geschichte, S. 114–117.
129 Vgl. Art. V. Achberger Jahreskongreß Dritter Weg, in: Neue Politik 22 (1977), H. 9, S. 62–66.
130 Vgl. Jens Fischer, Vom Braunen zum Grünen, in: Vorwärts v. 17.4.1980; Art. Warm und ehrlich, in: Der Spiegel v. 30.6.1980, S. 85 ff.
131 Haußleiter, Presseerklärung, Bonn, 28.4.1980, Heinrich-Böll-Stiftung, Archiv Grünes Gedächtnis (AGG). Bestand B.I.1, Die Grünen 1980–1993, Sign. 292.
132 Vgl. Walter Harleß, Die Deutschen und der Frieden. Bericht vom 3. Deutschlandkongress der Grünen, in: Grüne Zeiten, H. 42, Januar 1985, S. 29.

verändert nationalistische Gesinnung. Dennoch zog er 1986 für die bayerischen *Grünen* wieder in den Landtag ein und hätte die Wahlperiode als Alterspräsident eröffnet, wäre er nicht gesundheitlich angeschlagen gewesen.

In einem Nachruf anlässlich seines Todes am 8. Juli 1989 schrieb der Bundesvorstand, für das Machwerk von 1942 sei Haußleiter bloß „formal verantwortlich" und „ohne besonderen Einfluß auf den Inhalt" gewesen.[133] Eine kritische Auseinandersetzung mit Haußleiter oder ihrer braun-grünen Vor- und Frühgeschichte hat die grüne Partei bis heute nicht geleistet.

---

133 Bundesvorstand der Grünen. In memoriam August Haußleiter, 10.7.1989. AGG, B.I.1. Sign 320. In einer Würdigung zum 80. Geburtstag im bayerischen Parteiblatt war allgemein von Vorwürfen zu seiner Vergangenheit die Rede und Haußleiter wurde gelobt, weil er zum Wohle der Partei sein Vorstandsamt zur Verfügung gestellt hatte. Vgl. Horst Hetzler, Herzliche Glückwünsche, August Haußleiter, in: Grüne Zeiten, H. 43, Februar 1985, S. 18.

Gunnar Mertz
Erich Johann Kernmayr (1906–1991)

Vom Kommunisten zu einem der führenden rechtsextremen Publizisten in der Bundesrepublik

Abb. 7: Erich Kernmayr, nach 1945, *Antifaschistisches Pressearchiv und Bildungszentrum Berlin (apabiz).*

Vorbemerkung

Erich Kernmayr zählte zu den führenden rechtsextremen Publizisten in Österreich und Deutschland. Eine umfassende Biografie liegt noch nicht vor. Die Arbeit der Literaturwissenschaftlerin Karin Gradwohl-Schlacher aus dem Jahr 1989 ist die einzige bisher veröffentlichte eigenständige biografische Studie. Sie wurde 2008 in überarbeiteter Form veröffentlicht.[1] Als exponierter Akteur der „nationalen Opposition" wird Kernmayr in der Literatur häufig erwähnt, zuletzt im Bericht der „Historikerkommission" zur Geschichte der *Freiheitlichen Partei Öster-*

---

1 Vgl. Karin Gradwohl-Schlacher, Der Grazer Journalist und Schriftsteller Erich Knud Kernmayr. Ein biographischer Versuch, in: Historisches Jahrbuch der Stadt Graz 20 (1989), S. 111–125; Uwe Baur / Karin Gradwohl-Schlacher, Literatur in Österreich 1938–1945. Handbuch eines literarischen Systems, Bd. 1, Steiermark, Wien u. a. 2008, S. 164–169.

Open Access. © 2023 Gunnar Mertz, publiziert von De Gruyter. Dieses Werk ist lizenziert unter der Creative Commons Attribution-NonCommercial-NoDerivatives 4.0 Lizenz.
https://doi.org/10.1515/9783111010991-010

reichs (FPÖ). Dieser Bericht ist nur ein Beispiel dafür, dass bei den zahlreichen Erwähnungen in der Literatur unterschiedlichste inkorrekte Detailangaben zu Kernmayrs Biografie tradiert werden. So wird er dort fälschlicherweise als Chef des Presseamtes der NSDAP in Wien, SD-Mitglied oder SS-Hauptsturmführer bezeichnet.[2]

Der vorliegende Beitrag untersucht Kernmayrs Biografie anhand der Literatur sowie bekannter und neu aufgefundener Archivquellen. Neben Egodokumenten und der Quellenüberlieferungen der NSDAP, der SA und SS sowie staatlicher Gerichte sind dies vor allem die personenbezogenen Akten von Sicherheitsbehörden und Nachrichtendiensten aus der Nachkriegszeit, wie der österreichischen *Staatspolizei*, dem deutschen *Bundesamt für Verfassungsschutz* (BfV), dem deutschen *Bundesnachrichtendienst* (BND), dem *Ministerium für Staatssicherheit* der Deutschen Demokratischen Republik (MfS), dem *Counter Intelligence Corps* (CIC) der USA und der französischen *Sûreté*. Methodisch verschanzt sich der Beitrag nicht hinter positivistischen Positionen, um sich, wie Wolfram Pyta es ausdrückte, von der Illusion leiten zu lassen, „die Evidenz der mit Fleiß zusammengetragenen historischen Quellen verbürge geschichtswissenschaftlich gewonnene Erkenntnis."[3] Neben innerer und äußerer Quellenkritik sowie der Grounded Theory als Organisationsverfahren orientiert sich die Forschungsarbeit zur De- und Rekonstruktion von Selbst- und Fremdentwürfen bei der hermeneutischen Textanalyse an den von Ruth Wodak formulierten diskursiven Strategien.[4]

Jugend und die Zeit vor dem „Anschluss" Österreichs

Erich Johann Kernmayr wurde am 27. Februar 1906 in Graz geboren. Er war der Sohn von Hedwig Maria Leopoldine Elsnegg (*1883) und Johann Carl Kernmayr (*1879), die 1902 geheiratet hatten. Sein Vater war Beamter in der Grazer Glasfabrik und verstarb bereits 1907 an Tuberkulose. Die Familie verarmte und Kern-

---

[2] Vgl. Stefan Karner, Das „Dritte Lager" aus der Sicht der Sowjetunion, in: Freiheitliches Bildungsinstitut Gesellschaft für Politik, Kultur und Meinungsfreiheit (Hg.), Bericht der Historikerkommission. Analysen und Materialien zur Geschichte des Dritten Lagers und der FPÖ, Wien 2019, S. 285–322, hier S. 305, 312 f.
[3] Wolfram Pyta, Biographisches Arbeiten als Methode: Geschichtswissenschaft, in: Christian Klein (Hg.), Handbuch Biographie: Methoden, Traditionen, Theorien, Stuttgart 2011, S. 331 f.
[4] Vgl. Ruth Wodak, The Discourse-Historical Approach, in: Ruth Wodak / Michael Meyer (Hg.), Methods of Critical Discourse Analysis, London u. a. 2001, S. 63–94, hier S. 73.

mayr wuchs betreut von Mutter und Großmutter in bescheidenen Verhältnissen auf. Er brach nach der fünften oder sechsten Klasse des Gymnasiums die Schulbildung ab.[5] Aus der *Sozialistischen Arbeiterjugend* kommend trat er 1923 dem *Kommunistischen Jugendverband* (KJV) bei, wurde jedoch 1925 wegen Unterschlagungen ausgeschlossen, möglicherweise aber auch nur suspendiert, denn einem Informanten der Polizei zufolge soll Kernmayr noch 1927 der steirischen Landesleitung des KJV angehört haben. Kernmayr erwarb sich in Graz, so der Historiker Hans Schafranek, „einen Ruf als Zuhälter und Organisator einer lumpenproletarischen ‚Platte'". Um 1930 kooperierte Kernmayr eng mit der Gruppe um die Zeitschrift „Mahnruf" der trotzkistischen KPÖ(O), der *Kommunistischen Partei Österreichs (Opposition)*, schlug sich dann aber zur konkurrierenden Gruppe von Josef Frey. Von der „Mahnruf"-Gruppe wurde Kernmayr bezichtigt, ein Spitzel und Korrespondent der Heimwehr zu sein und Parteigelder unterschlagen zu haben. Eine eingesetzte Kommission rehabilitierte ihn jedoch. Im Mai 1932 trat er aus der KPÖ-Opposition aus, zog sich aber nicht aus der trotzkistischen Bewegung zurück, sondern war an der Gründung einer unbedeutenden Splittergruppe beteiligt.[6]

Zwischen 1925 und 1935 war Kernmayr mehrmals straffällig geworden und wurde elf Mal gerichtlich verurteilt, etwa wegen Veruntreuung, Betrug, Gewalttätigkeit oder Ehrenbeleidigung. Im Jahr 1934 wurde er wegen kommunistischer Betätigung im Lager Messendorf bei Graz interniert. Bereits 1931 soll er versucht haben, sich in die NSDAP einzuschleichen und die Landesleitung Österreich der NSDAP stellte am 26. Juli 1932 in der Reichskartei eine sogenannte Warnungskarte aus. Diese vermerkte, Kernmayr gebe „sich bald als Student, Kaufmann oder Hilfsarbeiter aus", er behaupte der NSDAP anzugehören, sei aber ein „polizeibekannter Kommunistenführer und ist KPD-Spitzel."[7] Im Jahr 1934 wechselte Kernmayr endgültig die Seite und schwenkte zum Nationalsozialismus um. Er wurde, so ein Polizeibericht, „einer der radikalsten Anhänger dieser Bewegung" und sein Seitenwechsel habe das Tagesgespräch in Graz-Eggenberg gebildet.[8] Der in Österreich illegalen SA trat Kernmayr, nun in Wien lebend, im Februar 1936 bei, führte ein Jahr später bereits einen Trupp und war Sturmschuler. Seine Broschüren „Spanien in Flammen!"[9] und „Genosse, Du hast das Wort"[10] sollen von der illega-

---

5 Vgl. Gradwohl-Schlacher, Kernmayr, S. 112; Baur/Gradwohl-Schlacher, Literatur, S. 164–169.
6 Vgl. Hans Schafranek, Das kurze Leben des Kurt Landau. Ein österreichischer Kommunist als Opfer der stalinistischen Geheimpolizei, Wien 1988, S. 252–257, 328.
7 Gradwohl-Schlacher, Kernmayr, S. 116.
8 Vgl. Polizeidirektion Graz, Staatspolizeiliches Büro an Bundesministerium für Inneres (BMI), 10.2.1950, GZ. 101.535/1-17/72, Österreichisches Staatsarchiv, Archiv der Republik (ÖStA, AdR), BMI.
9 Vgl. Erich Knud Kernmayr, Spanien in Flammen!, Wien 1936.
10 Vgl. Erich Knud Kernmayr, „Genosse, Du hast das Wort …!", Wien 1937.

len SS und „zu tausenden" von den Schulungsleitern der SA-Stürme verwendet worden sein. Kernmayr arbeitete für verschiedene national und nationalsozialistisch ausgerichtete Zeitschriften und Zeitungen, etwa für die Untergrundzeitung *Österreichischer Beobachter*, den *Völkischen Beobachter* in München oder die *Nationalzeitung* in Essen. Wegen nationalsozialistischer Betätigung wurde er kurzzeitig verhaftet und seine Schreibmaschine konfisziert.[11]

NS-Zeit

Nach dem „Anschluss" Österreichs suchte Kernmayr am 1. Juni 1938 im Erfassungsverfahren um Aufnahme in die NSDAP an. Rückwirkend zum 1. Mai 1938 wurde er als Mitglied mit der Nummer 6.220.362 aufgenommen und erhielt die Anerkennung als „Altparteigenosse". Für seine Verdienste für die NS-Bewegung und um den „Anschluss" Österreichs erhielt er 1940 die „Ostmarkmedaille".[12] In der NS-Zeit ging Kernmayrs Karriere steil bergauf. Ab Dezember 1938 bis Ende März 1939 war er in der Gauwerke-Druckerei St. Pölten (Niederdonau/Niederösterreich) tätig, anfänglich als Schriftleiter, dann als Hauptschriftleiter.[13] Eigenen Angaben zufolge schaltete er im Jahr 1938 im Auftrag der Partei jüdische Blätter in Wien und die klerikale Presse in Niederdonau gleich.[14] In Hinblick auf die Verfolgung und Vertreibung von JüdInnen trat er kompromisslos auf. So polemisierte er im „NS-Telegraf" gegen ein anderes NSDAP-Mitglied, den Vorsitzenden des Versicherungsverbandes für Papierindustrie, nur weil dieser in der Generalversammlung bei Ausgeschlossenen und Verfolgten für „die jahrelange kollegiale Mitarbeit den besten Dank ausdrückte."[15]

Ab April 1939 avancierte er unter dem aus dem Saarland nach Wien berufenen ehemaligen Reichskommissar für die Wiedervereinigung Österreichs mit dem Deutschen Reich und nunmehrigen Gauleiter von Wien, Josef Bürckel, zum Leiter der Hauptstelle Pressebetreuung im Gaupresseamt Wien. In dieser Stellung

---

11 Vgl. Personal-Fragebogen, 1.6.1938, BArch, R 9361-II/508436; Führer des Sturmes 23/4 an SA-Standarte 4, 24.3.1939, Wiener Stadt- und Landesarchiv (WStLA), Gauakt 40.526.
12 Vgl. Personal-Fragebogen, 1.6.1938, BArch, R 9361-II/508436; Antrag für die Verleihung der Medaille zur Erinnerung an den 13.3.1938, ÖStA, AdR, BMI, Gauakt 254.691.
13 Vgl. Strafanzeige des Landespolizeikommissariates St. Pölten, 26.2.1947, Oberösterreichisches Landesarchiv (OÖLA), Sondergericht (SG) Linz, Vg 11 Vr 3263/48.
14 Vgl. R. u. S.-Fragebogen, 21.6.1942, BArch, R 9361-III/94002.
15 NS-Telegraf, 30.8.1938, S. 5; Kernmayr an Berner, 5.9.1938, ÖStA, AdR, BMI, Gauakt 254.691.

führte er „vor allem die kriegswirtschaftlichen Maßnahmen in Wien" durch.[16] Durch sein rücksichtsloses Vorgehen in seinem Machtbereich hatte sich Kernmayr nach Karin Gradwohl-Schlacher eine stattliche Anzahl von GegnerInnen geschaffen. Seine neu erlangte Position nützte er auch, um die Entlassung Max Stebichs als Geschäftsführer der Reichsschrifttumskammer Landesleitung Wien zu betreiben. Stebich rächte sich, indem er dem Präsidenten der Reichsschrifttumskammer, Hanns Johst, das Vorstrafenregister Kernmayrs zur Kenntnis brachte. Obwohl Kermayrs Vorstrafen nach einem Gnadenerlass Adolf Hitlers offiziell als getilgt galten, betrachtete die SA-Führung sie als groben Verstoß gegen ihren Ehrenkodex. Am 15. Mai 1941 wurde er nach einem SA-Gerichtsverfahren aus der SA ausgeschlossen. Ein parallel dazu eingeleitetes Parteigerichtsverfahren war wegen des Gnadenerlasses eingestellt worden.[17]

Im Juni 1940 folgte Kernmayr dem zum Chef der Zivilverwaltung im besetzten Lothringen ernannten und seine Funktion als Gauleiter wieder aufnehmenden Josef Bürckel in die Saarpfalz (ab Ende 1940 Gau Westmark). Kernmayr übernahm hier die Funktion des Gaupresseamtsleiters. Noch vor seinem Ausschluss aus der SA trat er im Jänner 1941 in die Waffen-SS ein. Er machte ab April als Kriegsberichterstatter in der *SS-Leibstandarte „Adolf Hitler"* die Kämpfe in Südserbien, Griechenland, der Ukraine sowie am Schwarzen- und Asowschen Meer mit. Bereits im Jänner 1942 holte ihn Bürckel wieder in die Westmark zurück.[18] Zumindest bis August 1943 war er in der Westmark tätig, danach verliert sich seine aktive Spur in der Zivilverwaltung.[19] In der Nachkriegszeit hieß es über Kernmayr, er versuche nun die „Ehrenrettung der Waffen-SS" und trete als Sprecher der Frontsoldaten und ihrer Solidarität auf. In Wirklichkeit soll er an der Front nur „Gastrollen" gespielt und sich als wenig wagemutig erwiesen haben. So habe er es im Mai 1944 beispielsweise abgelehnt, als Berichter am Angriff auf das Hauptquartier Titos in Drvar teilzunehmen.[20] Nach dem August 1944 kam Kernmayr nach Ungarn. Dort leitete er im Zusammenhang mit der militärischen Besetzung Ungarns,

---

16 Vgl. Baur/Gradwohl-Schlacher, Literatur, S. 167; Karteikarte Kernmayr, WStLA, Bundespolizeidirektion Wien, A1 – Polizeiliche Erhebungen: 507; R. u. S.-Fragebogen, 21.6.1942, BArch, R 9361-III/94002.
17 Vgl. Gradwohl-Schlacher, Kernmayr, S. 122.
18 Vgl. Baur/Gradwohl-Schlacher, Literatur, S. 167; Karteikarte Kernmayr, WStLA, Bundespolizeidirektion Wien, A1 – Polizeiliche Erhebungen: 507; R. u. S.-Fragebogen, 21.6.1942, BArch, R 9361-III/94002.
19 Vgl. Notiz für Parteigenossen Hudolin, 26.8.1943, BArch, NS 18/77; Gradwohl-Schlacher, Kernmayr, S. 123.
20 Vgl. Die Nachrichtenorganisation Dr. Wilhelm Höttls in der vertraulichen Berichterstattung einer österreichischen Sicherheitsdirektion, 9.3.1949, National Archives and Records Administration (NARA), RG 263, CIA Name File (in Folge zit. als CIA Name Files) Höttl, Vol. 3.

nun in der *SS-Standarte „Kurt Eggers"*, die Propagandaabteilung Otto Winkelmanns.[21] Kernmayr hob voll des Eigenlobs hervor, dass die Pfeilkreuzler im Zuge der Absetzung von Miklós Horthy im Oktober 1944 ohne die Hilfe seiner Abteilung „nie die Möglichkeit gehabt hätten, die Machtübernahme mit der notwendigen Propaganda zu unterstützen."[22] Noch kurz vor Kriegsende, am 20. April 1945, wurde er zum SS-Obersturmführer befördert.[23]

Entnazifizierung

Bei Kriegsende war Kernmayr in Ungarn, von wo aus es ihm gelang, sich in das von der US-Armee besetzte Gebiet in Bayern durchzuschlagen. Am 19. Juli 1945 wurde er von US-Einheiten verhaftet und im Lager Bad Aibling interniert, dann in das Kriegsgefangenenlazarett Rosenheim und das SS-Sonderlager Garmisch verlegt. Schließlich kam er in das Camp Marcus W. Orr in Glasenbach in Salzburg, wo er eine der bekanntesten Persönlichkeiten war.[24] Ein Agent des CIC im Lager vermutete, dass Kernmayr hinter der Ermordung von Professor Alois Koch stand, wegen dessen Kollaboration mit den US-Amerikanern.[25] Kernmayr war einer der Rädelsführer beim sogenannten „Josefitag-Aufstand" im Lager im März 1947, bei dem 18 Internierte flüchten konnten. Der Aufstand wurde auch dazu benutzt, unliebsame Mitinternierte „abzustrafen" und den Professor mit einer Eisenstange zu erschlagen.[26] Die US-Lagerführung entließ Kernmayr am 15. Mai 1947 und überstellte ihn in die Haftanstalt Garsten zur Verfügung österreichischer Behörden.

---

21 Vgl. Winkelmann an Himmler, 25.10.1944, abgedruckt in: Hans Georg Lehmann, Unternehmen Panzerfaust. Der Putsch der SS in Budapest am 15. Oktober 1944, in: Georg Stadtmüller (Hg.), Ungarn-Jahrbuch, Bd. 5, Mainz 1973, S. 215–231.
22 Auszug aus dem Zeugenvernehmungs-Protokoll des ehemaligen Journalisten Vince Görgey, aufgenommen am 29.5.1946, Behörde des Bundesbeauftragten für die Stasi-Unterlagen (BStU), MfS HA IX/11 RHE 36/67.
23 Vgl. Gendarmeriepostenkommando Altmünster an Bezirkshauptmannschaft Gmunden, 6.6.1950, BMI GZ. 136.200-2/50 in GZ. 101.535/1-17/72, ÖStA, AdR, BMI.
24 Vgl. Lagerkarteikarte, ÖStA, AdR, BMI, Gauakt 254.691; Erich Kernmayr, Hintermann des VdU, o. D. [1949], GZ. 101.535/1-17/72, ÖStA, AdR, BMI; Gradwohl-Schlacher, Kernmayr, S. 123.
25 Vgl. Richard Breitman / Norman J. W. Goda, Hitler's Shadow: Nazi War Criminals, US Intelligence, and the Cold War, Cambridge u. a. 2010, S. 62.
26 Vgl. Oskar Dohle / Peter Eigelsberger, Camp Marcus W. Orr. „Glasenbach" als Internierungslager nach 1945, Linz/Salzburg 2009, S. 65–70.

Schon fünf Tage später wurde er nach Haag am Hausruck entlassen.[27] In der Folge hielt er sich in Salzburg auf und bezog dann eine Villa in Altmünster bei Gmunden in Oberösterreich.

Noch in Haag am Hausruck registrierte er sich nach dem Verbotsgesetz und wurde als „Belasteter" in den NS-Registrierungslisten verzeichnet.[28] Sein Gesuch um Ausnahme von der Registrierung wurde 1950 abgelehnt, weil durch sein Verhalten „jede Gnadenwürdigkeit" fehlen und ein solcher Akt von der Bevölkerung „mit Recht nicht verstanden würde." Zudem befürchtete das Justizministerium ein Einschreiten einer Besatzungsmacht.[29] Bereits während seiner Inhaftierung in Glasenbach hatten österreichische Behörden 1947 Ermittlungen gegen Kernmayr eingeleitet. Unabhängig voneinander waren bei den Volksgerichten Wien und Graz Verfahren anhängig, die beim Volksgericht Linz zusammengeführt wurden. Zweimal, im Oktober 1947 und im März 1948, verhafteten ihn österreichische Polizeibehörden. Doch Kernmayr arbeitete nun selbst für das CIC und stand wegen dieser Tätigkeit, die unten weiter thematisiert wird, unter dem Schutz der US-Besatzungsmacht. Er musste auf Geheiß der US-Militärregierung jeweils nach wenigen Tagen auf freien Fuß gesetzt werden. Beamte des CIC wiesen österreichische Justizbehörden zunächst an, im laufenden Verfahren keine weiteren Maßnahmen zu ergreifen und verlangten später, die Strafverfolgung gänzlich einzustellen.[30] Erst nach Beendigung Kernmayrs hauptamtlicher Tätigkeit für das CIC konnte er im Oktober 1949 erneut verhaftet und im November nach § 7 Kriegsverbrechergesetz (Denunziation) und nach §§ 10 und 11 Verbotsgesetz (Hochverrat) angeklagt werden. Er habe, so die Anklage, 1941 in Wien einen ehemaligen österreichischen Reserveoffizier durch Denunziation bewusst geschädigt, da er ihn wegen abfälliger Äußerungen über die NSDAP beim Kreisleiter angezeigt habe. Zudem warf ihm die Anklage seine NS-Betätigung vor dem „Anschluss" und seine Stellung als Gauhauptstellenleiter in Wien und Gaupresseamtsleiter in der Westmark nach 1938 vor. Er habe somit „Handlungen aus besonders verwerflicher Gesinnung" begangen. Der Beschuldigte gab seine illegale NS-Betätigung zu, leugnete aber weitere Vorwürfe. Erst am 18. April 1951 kam es zur Hauptverhandlung. Das Gericht sprach ihn frei, wobei unter anderem die während der Entnazifizierung weitläu-

---

27 Vgl. Kriminalstelle des BMI im Internierungslager Marcus W. Orr an Bundespolizeidirektion Graz, 26.7.1947, Abschrift, Zl. 2747/1/47 und Sicherheitsdirektion für Oberösterreich an Landesgericht für Strafsachen Wien, Zl. sid. 267/48, 7.1.1948, OÖLA, SG Linz, Vg 11 Vr 3263/48.
28 Vgl. Meldeblatt zur Registrierung der Nationalsozialisten, Abschrift, ebd.
29 Bundesministerium für Justiz an BMI, 19.8.1950, GZ. 62.597/50 in GZ. 101.535/17/72, ÖStA, AdR, BMI.
30 Vgl. Sicherheitsdirektion für Oberösterreich an Landesgericht für Strafsachen Graz, 2.2.1948 und Bundespolizeidirektion Salzburg an Bezirksgericht Salzburg, 30.3.1948, OÖLA, SG Linz, Vg 11 Vr 3263/48; Breitman/Goda, Hitler's Shadow, S. 63.

fig verbreite Verteidigungsstrategie Erfolg hatte, zu seinen Parteifunktionen nicht ordnungsgemäß berufen worden zu sein.[31] Die kommunistische Zeitung *Der Abend* kritisierte das Urteil, es sei ein „provozierender Freispruch" und bemerkte: „Das CIC hat ihn nun wieder."[32]

Im Zuge der „Reinigung" der Literatur führte das österreichische Unterrichtsministerium 1946 alle Werke Kernmayrs in der ersten Liste gesperrter AutorInnen.[33] Die nach dem Verbotsgesetz 1947 gebildete Zentralkommission zur Bekämpfung der NS-Literatur erhielt 14 seiner Bücher zur Beurteilung vorgelegt. Ihr berichtete ein Mitglied, die Lektüre dieser Bücher habe „unschwer die Tendenz der Verbreitung großdeutschen Gedankengutes und national-sozialistischer Ideologie erkennen" lassen.[34] Sie setzte Kernmayr mit vier seiner Werke „Spanien in Flammen" (1936), „Genosse, Du hast das Wort!" (1937), „Der Tag unseres Lebens" (1938) und „Fahne im Sturm" (1940) als einen von 13 Autoren auf die Verbotsliste.[35] Er gehörte daher schon alleine wegen seiner Veröffentlichungen zum Personenkreis der „belasteten" Personen im Sinne des Verbotsgesetzes. Seine Werke „Wien" (1940), „Das goldene Tor" (1941), „Johannisnacht" (1942) und „Lothringen" (1942) setzte die Kommission ohne weitere Auswirkungen auf den Belastungsgrad Kernmayrs auf die Ablieferungsliste.[36] Freigegeben wurden die Bücher „Der Marsch ins Nichts" (1938), „Die steinerne Leiten" (1938), „Steirische Novellen" (1939) und dessen zweite Auflage „Der verratene Berg" (1943) sowie „Feuer im Westen" (1943).[37] Als Belasteter war es Kernmayr nach dem Verbotsgesetz nicht erlaubt, sich an der Gestaltung des Inhaltes einer Zeitung in irgendeiner Weise zu beteiligen oder eines seiner Werke der Öffentlichkeit zugänglich zu machen. Er versuchte dies mit dem Pseudonym Erich Kern zu umgehen, dennoch untersagte die Bun-

---

31 Vgl. Urteil des Volksgerichtes Linz, 18.4.1951, OÖLA, SG Linz, Vg 11 Vr 3263/48.
32 Vgl. Ein provozierender Freispruch, Der Abend, 19.4.1951, GZ. 89.062-2/51, in GZ. 101.535/17/72, ÖStA, AdR, BMI.
33 Vgl. Bundesministerium für Unterricht (Hg.), Liste der gesperrten Autoren und Bücher. Maßgeblich für Buchhandel und Büchereien, Wien 1946, S. 33.
34 Claudia Wagner, Die Zentralkommission zur Bekämpfung der NS-Literatur. Literaturreinigung auf Österreichisch, Univ.-Dipl., Wien 2005, S. 48.
35 Vgl. Kernmayr, Spanien; ders., Genosse; ders., Der Tag unseres Lebens. Roman eines österreichischen Arbeiters, Berlin u. a. 1938; ders., Fahne im Sturm, Wien 1940; Wagner, Zentralkommission, S. 21–22, 48–49, 92.
36 Vgl. ebd.; Erich Kernmayr, Wien, Wien 1940; ders., Das goldene Tor. Novellen aus Metz, Saarbrücken 1941; ders., Johannisnacht, Wien 1942; ders., Lothringen, Metz 1942.
37 Vgl. Erich Kernmayr, Der Marsch ins Nichts. Roman, Berlin/Wien 1938; ders., Die steinerne Leiten, Reutlingen 1938; ders., Steirische Novellen, Berlin 1939, Neuauflage als: Der verratene Berg. Steirische Novellen, Wien 1943; ders., Feuer im Westen. Novellen vom Rhein und von der Mosel, Ludwigshafen 1943. Vgl. Wagner, Zentralkommission, S. 48 f.

despolizeidirektion Linz wenige Wochen nach seinem Freispruch durch das Volksgericht eine für 1. Juni 1951 angesetzte Lesung aus eigenen Werken.³⁸

Tätigkeit für Nachrichtendienste

Die nachrichtendienstliche Tätigkeit Kernmayrs für das CIC wurde bereits um 1950 öffentlich diskutiert und in der österreichischen Historiografie erstmals 1990 von Oliver Rathkolb unter Einbeziehung von US-Quellen behandelt.³⁹ Sie kann anhand weiterer mittlerweile freigegebener Unterlagen noch detaillierter beleuchtet werden. Ausschlaggebend für seine Hinwendung zum US-Militärgeheimdienst, dürfte dessen Sorge gewesen sein, in sowjetische Hände zu fallen, denn es sollen sowjetische Ermittlungen wegen Kriegsverbrechen eingeleitet und auch ein Auslieferungsbegehren eingebracht worden sein.⁴⁰ Bald nach seiner Entlassung aus Glasenbach beschäftigte ihn das CIC ab Sommer 1947 als Informanten. Er stand mit der im Laufe des Jahres aufgedeckten „NS-Untergrundbewegung" um Theodor Soucek in Verbindung, ohne sich mit ihr zu stark einzulassen, und er berichtete über diese an das CIC.⁴¹ Aus den Akten der österreichischen Staatspolizei zu dieser „NS-Untergrundbewegung" geht wiederum hervor, dass Kernmayr Ende 1947 den geflüchteten ehemaligen Gauleiter und Reichsstatthalter in der Steiermark, Siegfried Uiberreither, in der Gegend von Mondsee verborgen gehalten haben soll.⁴² Während Kernmayr offenbar als Fluchthelfer auftrat, verdichteten sich seine Beziehungen zum US-Militärgeheimdienst. Unter Führung des ehemaligen SS-Obersturmbannführers und Referenten des Reichssicherheitshauptamtes Wilhelm Höttl, den Kernmayr aus seiner Zeit in Ungarn kannte, baute das CIC ab Juni 1948 zwei Netze auf: Das Netz *Montgomery* hatte die Spionage gegen die ungarischen

---

38 Vgl. Kernmayer [sic!], Erich (Erich Kern), Vorlesung aus eigenen Werken, GZ. 89.062-2/51 in GZ. 101.535/1-17/72, ÖStA, AdR, BMI.
39 Vgl. Bruno Frei, Der Steckbrief, Tagebuch, 5.1.1950, S. 3; Oliver Rathkolb, Dritte Männer. Ex-Nazis als Agenten, in: Das jüdische Echo 39 (1990), H. 1, S. 85–89.
40 Memorandum for the Officer in Charge, The League of Independents, Report No. 2, Appendix J, 13.2.1949, NARA, RG 319, XA000902.
41 Vgl. Die Nachrichtenorganisation Dr. Wilhelm Höttls in der vertraulichen Berichterstattung einer österreichischen Sicherheitsdirektion, 9. 3. 1949, CIA Name File Höttl, Vol. 3, 41. Zur „NS-Untergrundbewegung" vgl. Martin F. Polaschek, Im Namen der Republik Österreich! Die Volksgerichte in der Steiermark 1945 bis 1955, Graz 1998, S. 205–231; Thomas Riegler, Die „Rößner-Soucek-Verschwörung": NS-Untergrundbewegungen, Geheimdienste und Parteien im Nachkriegsösterreich, in: Journal for Intelligence, Propaganda and Security Studies 9 (2015), H. 1, S. 44–75.
42 Vgl. Sicherheitsdirektion für Steiermark an BMI, 15.2.1950, Sd.Vst.Zl.34/1/50, in GZ. 101.535/1-17/72, ÖStA, AdR, BMI.

und sowjetischen Truppen in Ungarn zum Ziel und *Mount Vernon* war auf die sowjetische Besatzungszone Österreichs und die KPÖ ausgerichtet. Die beiden Netze wurden vom „Gmunden Center" in Kernmayrs Villa „Marie Louise" in Altmünster und von einer weiteren Villa in Gmunden aus geführt. Weitere Gehilfen Höttls waren der ehemalige Gebietsführer der *Hitlerjugend* in Wien Karl Kowarik, der ehemalige Gauinspektor von Oberdonau Stefan Schachermayr, der ehemalige SS-Hauptsturmführer Károly Ney und andere. Letztgenannter hatte 1944 in Ungarn Jagd auf „Juden, Defätisten und Saboteure" gemacht, wurde von einem US-Tribunal zum Tode verurteilt, doch rasch begnadigt. Nachdem der schwerbelastete Ney wegen nachrichtendienstlicher Fehler bei den US-Amerikanern im November 1948 in Ungnade gefallen war, übernahm Kernmayr seinen Posten als „Operations Chief" von *Montgomery*.[43]

Aus der Sicht österreichischer Sicherheitsbehörden war Kernmayr „mehr Propagandist als nachrichtendienstlicher Fachmann", man könne ihn aber „immer noch als talentierten Laien bezeichnen." Er habe bei Höttl zum Teil die Rolle eines „Lockvogels für ehemalige Nationalsozialisten" gespielt, „der nach aussenhin starke nationale Worte gebrauchte, die Leute, an die er sie richtet, aber im internen Verkehr als Vollidioten" bezeichne. Auf seine nachrichtendienstliche Unerfahrenheit sei, so der Bericht weiter, die „Katastrophe" mit den 1948 in Zagreb verurteilten kroatischen Agenten zurückzuführen. Kernmayr habe es unterlassen, „ihnen, die ohnedies stark fanatisiert waren, die nötige Vorsicht einzuschärfen und das erforderliche systematische Misstrauen einzuschärfen."[44] Diese Ausführungen lassen darauf schließen, dass Teile der Gruppe um Höttl mit den führenden Ustascha-Faschisten Vjekoslav Blaškov und Vladimir Sabolić in Kontakt standen, die versucht hatten, von Österreich aus mit Hilfe des US-Geheimdienstes Jugoslawien zu Sabotagezwecken zu infiltrieren. Beide wurden 1948 hingerichtet, nachdem sie vom jugoslawischen Geheimdienst UDBA, gemeinsam mit 94 weite-

---

43 Vgl. Net Project „Montgomery", NARA, RG 263, Army/CIC Nets in Eastern Europe; Norman J. W. Goda, The Nazi Peddler: Wilhelm Höttl and Allied Intelligence, in: Richard Breitman / ders. / Timothy Naftali (Hg.), U. S. Intelligence and the Nazis, New York 2005, S. 265–292; Thomas Riegler, Strukturen für den geheimen Krieg: Die CIA-Waffenlager, die Netzwerke des Dr. Höttl und das „Sonderprojekt", in: Lucile Dreidemy / Richard Hufschmied / Agnes Meisinger / Berthold Molden / Eugen Pfister / Katharina Prager / Elisabeth Röhrlich / Florian Wenninger / Maria Wirth (Hg.), Bananen, Cola, Zeitgeschichte: Oliver Rathkolb und das lange 20. Jahrhundert, Bd. 2, Wien u. a. 2015, S. 665–680.
44 Die Nachrichtenorganisation Dr. Wilhelm Höttls in der vertraulichen Berichterstattung einer österreichischen Sicherheitsdirektion, 9.3.1949, CIA Name File Höttl, Vol. 3.

ren Ustaschen, festgenommen worden waren.[45] Das CIC war ohnehin mit der Qualität der Informationen unzufrieden. Nach Thomas Riegler habe „Mount Vernon" Kennzeichen-Beobachtungen aus der sowjetischen Zone übermittelt, die sich immer als falsch herausgestellt hätten. Über Monate seien keine Informationen übermittelt worden, die sich nicht als unrichtig, als Gerücht oder als aus Zeitungen abgeschrieben erwiesen. Dementsprechend wurden Höttls Netzwerke am 1. September 1949 aufgelöst.[46] Nach der Abschaltung der CIC-Netzwerke blieb Kernmayr im Nachrichtendienst-Geschäft und verkaufte seine fabrizierten Berichte an verschiedene andere Dienste in Österreich.[47]

Kowarik, der seit 1948 auch Mitarbeiter des deutschen Nachrichtendienstes *Organisation Gehlen* (OG) war, tauchte Anfang 1949 in Wien mit viel Geld aus bisher unbekannter Quelle auf und bot an, hilfsbedürftige ehemalige HJ-Führer finanziell zu unterstützen.[48] Erkenntnissen der OG zufolge habe er Kernmayr 100.000 Schilling angeboten und ihn dadurch instand gesetzt, den Druck des Buches „Herz im Stacheldraht" (1950) über die Inhaftierung in Glasenbach in Auftrag zu geben.[49] Auch Kernmayr arbeitete für deutsche Dienste. In den Jahren 1952 und 1953 war er zeitweise V-Mann des mit der OG konkurrierenden *Friedrich-Wilhelm-Heinz-Dienstes* des *Amtes Blank*.[50] In der OG bzw. dem BND waren nicht alle von Kernmayrs nachrichtendienstlicher Qualifikation überzeugt. Er habe seiner „gläubigen Anhängerschar", hieß es in einer Analyse, einerseits einen „revolutionären Nationalsozialismus" gepredigt, sei andererseits aber für das CIC „auf dilettantische Weise" im Nachrichtendienst tätig gewesen, „wobei er Konkurrenten und persönliche Gegner wahllos verleumdete."[51] Entgegen dieser Einschätzung und trotz einer Warnung der CIA habe der Nachrichtendienstchef Reinhard Gehlen, der Forschung von Thomas Riegler und Gerhard Sälter zufolge, keine Bedenken gegen eine Anwerbung von Kernmayr gehabt. Der Rechtsextremist sei von

---

45 Vgl. Kernmayr, Erich, 2.7.1953, CIA Name File Höttl, Vol. 6; Pino Adriano / Giorgio Cingolani, Nationalism and Terror. Ante Pavelić and Ustasha Terrorism from Fascism to the Cold War, Budapest/New York 2018, S. 347 f.
46 Vgl. Riegler, Strukturen, S. 674.
47 Vgl. Breitman/Goda, Hitler's Shadow, S. 66.
48 Thomas Riegler / Gerhard Sälter, Nachkriegsorganisationen der Nationalsozialisten in Österreich und die Geheimdienste: NS-Netzwerke im Untergrund, im Verband der Unabhängigen, in der Organisation Gehlen und im BND, in: Journal for Intelligence, Propaganda and Security Studies 14 (2020), H. 1, S. 13–33, hier S. 19, 23.
49 Vgl. Verbindung Kowarik-Rafael, P/01283, 11.4.1950, CIA, Name File Karl Kowarik; Erich Kern, Herz im Stacheldraht, Salzburg/Wien 1950.
50 Vgl. Bevollmächtigter des Bundeskanzlers für die mit der Vermehrung der alliierten Truppen zusammenhängenden Fragen an Bundesamt für Verfassungsschutz, I/2/11-Tgb. Nr. 68II/55 gen., 30.3.1955, BArch, B443/3043.
51 Memo Josef Urban, o. D. [1954], BArch, B206/1985/2, fol. 137.

September 1954 bis zu seiner Abschaltung im Mai 1955 als Agent für den deutschen Auslandsnachrichtendienst tätig gewesen. Genauere Erkenntnisse zu dieser Tätigkeit liegen bisher jedoch nicht vor. Außerdem habe das *Landesamt für Verfassungsschutz Bayern* 1960 Interesse an einer Mitarbeit Kernmayrs bekundet, zu der es aber nicht gekommen sei.[52] Kowarik, der von 1957 bis 1960 Generalsekretär der FPÖ war, lieferte hingegen im April 1960 im Zuge einer Überprüfung der Kontakte Kernmayrs durch das BfV zu einem ehemaligen Mitarbeiter der DDR-Nachrichtenagentur ADN in Wien Informationen über Kernmayr sowie den Journalisten an einen V-Mann und trug somit zur Berichterstattung des BfV über Kernmayr bei.[53]

Die nachrichtendienstliche Tätigkeit Kernmayrs war von Anfang an durch Intrigen und Rivalitäten geprägt. Er soll Kowarik zeitweise beschuldigt haben, dieser sei ein „KP-Agent" und nachrichtendienstlich „talentlos".[54] Mit einer bei der österreichischen Staatspolizei eingelangten Meldung wurde Kernmayr hingegen selbst denunziert, er würde für den NKWD, also den sowjetischen Geheimdienst, arbeiten.[55] Kernmayr wiederum soll Informationen an den Nachrichtendienst der *Sozialistischen Partei Österreichs* (SPÖ) und hinter dem Rücken Höttls auch an die Staatspolizei geliefert haben.[56] Die beiden überwarfen sich. Höttl habe, so Kernmayr, mit seiner Zeugenaussage in Nürnberg seine früheren Kameraden verraten, er arbeite für den israelischen Nachrichtendienst, habe Gold des SD irgendwo im Salzkammergut versteckt und würde ihn, Kernmayr, in deutschen Zeitungen als linkslastig und sozialistischen Kollaborateur bloßstellen.[57] Zum Eklat war es bereits 1953 gekommen, als Höttl in einem Artikel in der deutschen Wochenzeitschrift *Der Spiegel* enttarnt wurde. Es wird vermutet, dass Kernmayr hinter dem Artikel stand.[58] Der Nachrichtendienst stellte für Kernmayr nicht nur eine Möglichkeit der Existenzsicherung dar, sondern auch eine Möglichkeit zur Durchsetzung seiner politischen Bestrebungen, denn der „Dritte Mann" Kernmayr strebte in die „Vierte Partei".

---

52 Vgl. Riegler Sälter, Nachkriegsorganisationen, S. 13–33, hier S. 28.
53 Vgl. Erich Kernmayr, Verbindungen nach Österreich, 11.5.1960, II/B 2-067-10002-64/60, BArch, B443/3044.
54 Agilolf Keßelring, Die Organisation Gehlen und die Neuformierung des Militärs in der Bundesrepublik, Berlin 2017, S. 354.
55 Vgl. Polizeidirektion Graz, Staatspolizeiliches Büro an BMI, 10.2.1950, GZ. 101.535/1-17/72, ÖStA, AdR, BMI.
56 Vgl. Besprechung des Kernmayer[sic!]-Kreises mit Nationalrat Dr. Bruno Pittermann, 6.2.1950, P/01053, CIA Name File Karl Kowarik.
57 Vgl. CIC-Memo P/23612, 4.3.1952, CIA Name File Höttl Vol. 5.
58 Vgl. Intermezzo in Salzburg, in: Der Spiegel, 22.4.1953, S. 15–18; Anton Fellner an Anton Boehm, 15.5.1953, CIA Name File Höttl Vol. 6; Keßelring, Organisation Gehlen, S. 356.

Neuformierung der „nationalen Opposition" in Österreich

Unter ehemaligen NS-Angehörigen hatte sich Kernmayr bereits während der Internierung einen Namen gemacht und mit seinem bereits in Glasenbach geschriebenen Buch „Der große Rausch" (1948) punkten können. Darin schilderte er in Romanform den Kampfeinsatz der SS, rechtfertigte den Russlandfeldzug und führte die Niederlage auf Fehler in der Ostpolitik zurück. Die Wochenzeitschrift des *Verbandes der Unabhängigen* (VdU), der *Alpenruf*, veröffentlichte Ausschnitte des Buches und wurde daraufhin, so wie das Buch selbst, verboten.[59] In rechtsextremen Kreisen wurde das Buch noch Jahrzehnte später als „das Schlüsseldokument des Nachkriegs-Revisionismus" gehuldigt.[60] Nachdem ehemalige NationalsozialistInnen in den ersten Jahren der Zweiten Republik durch alliierten Druck sowie einen Konsens der drei Gründungsparteien SPÖ, *Österreichische Volkspartei* (ÖVP), und *Kommunistische Partei* (KPÖ) im Rahmen von Entnazifizierung, justizieller Aufarbeitung und Demokratisierung überwiegend vom politischen Leben ausgeschlossen worden waren, kam es ab 1947/1948 zu einer zunehmenden Reintegration. Diese zeigte sich einerseits in der „Integration der rechtsextremen Elemente" in die Großparteien und andererseits in vielfältigen Versuchen der (politischen) Reorganisierung in einer „Vierten Partei", wie am erfolgreichsten im VdU, der im März 1949 von den beiden Journalisten Herbert Alois Kraus und Viktor Reimann gegründet wurde.[61] Bei der Nationalratswahl am 9. Oktober 1949 durften ehemalige NS-Angehörige wieder wählen, nachdem sie bei der Wahl 1945 noch ausgeschlossen worden waren. In Hinblick auf das große Potential dieser WählerInnen und das erstmalige Antreten des VdU bei dieser Wahl soll Kraus überzeugt gewesen sein: „Unsere Stütze sind einzig und allein die Nationalsozialisten."[62]

Die Gruppe um Höttl-Kernmayr-Kowarik hatte bei der Neuformierung der „nationalen Opposition" und der politischen Reintegration ehemaliger NS-Angehöriger in Österreich eine Scharnierfunktion. Einerseits versuchten sie durch den VdU politischen Einfluss zu erlangen, andererseits war der VdU auf die gut vernetzten NationalsozialistInnen angewiesen. In diesem Sinne soll der von Kern-

---

59 Vgl. Erich Kern, Der große Rausch. Rußlandfeldzug 1941–1945, Zürich 1948; Aktenvermerk 19.10.1954, GZ. 101.535/1-17/72, ÖStA, AdR, BMI.
60 Art. Der Fakelträger der Wahrheit, Deutsche Nationalzeitung, 21.2.1986, Zeitungsschnitt in Wienbibliothek, Dokumentation, Kernmayr.
61 Vgl. Matthias Falter, Zwischen Kooperation und Konkurrenz. Die „Ehemaligen" und die Österreichische Volkspartei, in: Zeitgeschichte 44 (2017), H. 3, S. 160–174; Margit Reiter, Die Ehemaligen. Der Nationalsozialismus und die Anfänge der FPÖ, Göttingen 2019.
62 Kernmayr, Erich, 2.7.1953, CIA Name File Höttl, Vol. 6.

mayr geleitete Nachrichtendienst Höttls ein Mittel „zu einem Zweck politischer Natur" gewesen sein. Als politisches Ziel habe Höttl die Herstellung eines „tragbaren Verhältnisses" zwischen der österreichischen Regierung und der „nationalen Opposition" sowie zwischen Österreich und dem „deutschen Raum" gehabt. Ein „Anschluss" nach der „Art des März 1938" schwebe ihm nicht vor.[63] Anders war dies bei Kernmayr und Kowarik. Sie sollen, so eine Strafanzeige vom Herbst 1949, bereits im Lager Glasenbach eine „faschistische Gruppe" gebildet haben, deren Hauptziel neben der „Wiedergutmachung an den ehemaligen Nazis für erlittene Strafen" der „Anschluss an Deutschland" gewesen sei. Die Gruppe habe den Namen *Spinne* oder *Organisation KO* (Kowarik) erhalten, wobei der Zwiespalt bei der Namensgebung „lediglich der Eitelkeit und dem Geltungsbedürfnis Kernmayrs wie Kowariks" entsprungen sei.[64] Über die *Spinne* berichteten der stellvertretende Bundesobmann des VdU, Karl Winkler, der ehemalige Sekretär von Kraus, Hans Georg Schwarzkopf sowie Fritjof Riedl an CIC und österreichische Sicherheitsbehörden.[65] Der Darstellung von Schwarzkopf und Riedl zufolge, die auch die Berichterstattung des CIC wesentlich prägen sollte, habe die Gruppe einerseits ab Oktober 1948 ihren Einfluss auf Kraus und Reimann ausgeübt und das VdU-Parteiprogramm sei durch direkten Einfluss Kernmayrs zustande gekommen. Kernmayr sei „fast bei allen Sitzungen des VdU zugegen" gewesen. Mit Franz Pesendorfer, einem ehemaligen Angehörigen der Wiener *SS-Standarte 89*, sei ein Vertrauter Kernmayrs Leiter der Pressestelle und erster Parteiangestellter des VdU geworden. Andererseits habe die Gruppe dann „wie eine Spinne ihre Fühler über ganz Österreich" ausgestreckt, um „alle ehemaligen führenden Nazi für den VdU zu erfassen".[66] Kurz vor der Nationalratswahl 1949 leitete das Volksgericht Linz ein Verfahren gegen Kraus, Reimann, Kernmayr und 24 weitere Beschuldigte wegen nationalsozialistischer Wiederbetätigung ein, welches erst 1952 eingestellt

---

[63] Die Nachrichtenorganisation Dr. Wilhelm Höttls in der vertraulichen Berichterstattung einer österreichischen Sicherheitsdirektion, 9.3.1949, CIA Name File Höttl, Vol. 3.
[64] Anzeige von Hans Georg Schwarzkopf und Fritjof Riedl, nicht nach 4.10.1949, OÖLA, SG Linz, Vg 11 Vr 2104/49.
[65] Vgl. div. Materialien in NARA, RG 319, XA000902; Breitman Goda, Hitler's Shadow, S. 59–66.
[66] Anzeige von Hans Georg Schwarzkopf und Fritjof Riedl, nicht nach 4.10.1949, OÖLA, SG Linz, Vg 11 Vr 2104/49.

wurde.⁶⁷ Die Verbindungen der Kernmayr-Gruppe reichten nicht nur bis in die französische Besatzungszone in Westösterreich, sondern auch nach Deutschland.⁶⁸ Selbst der FPÖ-nahe Historiker Lothar Höbelt stellt die Existenz der Organisation *Spinne*, auch bekannt als *Gmundner Kreis*, nicht in Frage und hielt fest, dass im VdU die Verbindungen zu Kernmayr kritisch gesehen wurden.⁶⁹ Die Presse machte im Herbst 1949 die *Spinne* und ihre Verbindungen zum VdU bekannt und stellte sie, stark übertrieben, als eine von Otto Skorzeny geleitete NS-Fluchthilfeorganisation dar. Diese Darstellung wurde teilweise in der Forschungsliteratur übernommen und die *Spinne* gar zum Vorgänger von „Odessa" stilisiert, der *Organisation der ehemaligen SS-Angehörigen*.⁷⁰ In der neueren Forschung wird Odessa jedoch als Mythos dekonstruiert.⁷¹

Neben seiner Rolle im VdU vermittelte der *Gmundner Kreis* zwischen der „nationalen Opposition" und den beiden Großparteien ÖVP und SPÖ. Die Kontakte zwischen ehemaligen NationalsozialistInnen und der ÖVP lagen, so die Historikerin Margit Reiter, im beiderseitigen Interesse. Für die ÖVP ging es um die Stimmen der „Ehemaligen" und ihrer Angehörigen sowie um die Verhinderung einer weiteren bürgerlichen Partei. Die ehemaligen NS-Angehörigen wiederum erhofften sich von der ÖVP politische Einflussnahme und Unterstützung bei ihrem Kampf gegen die Entnazifizierung. Im Zuge der Vorbereitungen für den Nationalratswahlkampf 1949 intensivierten sich diese Kontakte. Das bekannteste und in den zeitgenössischen Medien breit skandalisierte Treffen zwischen „Ehemaligen" und Vertretern der ÖVP, darunter etwa Nationalrat Alfred Maleta, fand am 28. Mai 1949 in Oberweis bei Gmunden statt. Zu einem ersten Treffen zwischen Kernmayr, Reimann, Kraus und dem SPÖ-Parteivorsitzenden Adolf Schärf kam es am 8. April in Salzburg. Laut Kraus sei ihm Kernmayr vom CIC aufgedrängt worden.

---

67 Antrags- und Verfügungsbogen, OÖLA, SG Linz, Vg 11 Vr 2104/49.
68 Vgl. Haut-Commissariat de la République française en Allemagne (HCRFA), Service de la Sûreté à l'Ambassadeur de France, HCRFA, 2.3.1950, No. 54507 HC/SUR/SDT/RG, Beilage: Le réseau néo-nazi „Braune Spinne", Ministère de l'Europe et des Affaires étrangères, Archives Diplomatiques, 1AUT/3925.
69 Vgl. Lothar Höbelt, Aufstieg und Fall des VdU. Briefe und Protokolle aus privaten Nachlässen 1948–1955, Wien u. a. 2015, S. 83.
70 Vgl. Wilhelm Lasek, Internationale Verbindungen und Zusammenhänge, in: Dokumentationsarchiv des österreichischen Widerstandes (Hg.), Handbuch des österreichischen Rechtsextremismus, 2. Aufl., Wien 1996, S. 515–529, hier S. 515; Art. Organisation der ehemaligen SS-Angehörigen (ODESSA), in: Jens Mecklenburg (Hg.), Handbuch deutscher Rechtsextremismus, Berlin 1996, S. 171–172; Baur Gradwohl-Schlacher, Literatur, S. 168.
71 Vgl. Heinz Schneppen, Odessa und das Vierte Reich: Mythen der Zeitgeschichte, Berlin 2007; Gerald Steinacher, Nazis auf der Flucht. Wie Kriegsverbrecher über Italien nach Übersee entkamen, Innsbruck 2008; Bettina Stangneth, Eichmann vor Jerusalem. Das unbehelligte Leben eines Massenmörders, 2. Aufl., Zürich/Hamburg 2011.

Die SPÖ stellte dem VdU in Folge das Papier für ihre Wahlplakate zur Verfügung. Im August kam es zu einem weiteren Treffen in der Gmundner Villa Kernmayrs zwischen Kraus und Reimann und dem *Gmundner Kreis*, bei dem im Nebenhaus auch SPÖ-Innenminister Oskar Helmer anwesend war. Ein oft zitierter Ausspruch Helmers in diesem Zusammenhang lautete: „Wenn ich diese Nazi net betreu, betreut sie der Maleta in Oberweis".[72] Mit Hilfe des *Gmundner Kreises* konnte der VdU bei der Nationalratswahl 11,7 Prozent der Stimmen erreichen.

Nach der Wahl distanzierte sich Kraus von Kernmayr, der sich nun verraten fühlte.[73] In Folge versuchte Kernmayr, der keine klare politische Linie verfolgte, an die SPÖ anzudocken und am 29. Jänner 1950 fand in Linz eine Konferenz mit den SPÖ-Vertretern Bruno Pittermann und Josef Krammer statt. Kernmayr verglich sie mit der Konferenz von Oberweis. Einer Meldungen der OG zufolge habe Kernmayr dem Nationalrat Pittermann dort die „Bildung einer SPÖ-freundlichen Gruppe ehemaliger Nationalsozialisten" angeboten und eine SPÖ-Finanzierung seines „Apparates" erhofft, der nach der Abschaltung durch das CIC in finanzielle Schwierigkeiten geraten war. Die Bindung Kernmayr an die SPÖ scheiterte. Laut Pittermann sei das Hauptthemmnis gewesen, so die CIC-Meldung, dass die Aufnahme von Besprechungen irgendeiner Art mit früheren NS-Angehörigen in weiten Kreisen der SPÖ keine Billigung fand. Das Problem in der SPÖ sei umgekehrt zu jenem in der ÖVP. In der ÖVP wolle die überwiegende Mehrzahl der AnhängerInnen die Aufhebung der Entnazifizierungsgesetzgebung, aber die oberste Parteiführung sabotiere eine Lösung. In der SPÖ sei dies gerade umgekehrt und die mittlere und untere Schicht der FunktionärInnen strikt dagegen.[74]

Nach dem Scheitern seiner Ambitionen zur Bindung an eine etablierte politische Partei verlegte Kernmayr seine Aktivitäten auf das Vereinswesen. So wurde 1951 seine „Rendulic-Aktion" zur Sammlung von Unterschriften für eine Petition an US-Präsident Truman für die Freilassung des im sogenannten „Geiselmord-Prozess" verurteilten Generals Lothar Rendulic unter anderem in Sektionen des Österreichischen Alpenvereins betrieben.[75] Die Berichterstattung im deutschen *Amt Blank* hielt 1953 fest, Kernmayr habe bis 1945 „trotz seines Hanges zur Überheblichkeit durchaus seine Grenzen" gekannt, diese aber während seiner führenden Stellung in Glasenbach verloren. Er habe sich berufen geglaubt, in der österreichi-

---

[72] Vgl. Reiter, Die Ehemaligen, S. 105; Zusammenstellung der CIC-Aktenlage 6.9.1948–19.4.1949, CIA Name File Höttl, Vol. 3.
[73] Vgl. Reiter, Die Ehemaligen, S. 105 f.
[74] Vgl. Besprechung des Kernmayer-Kreises [sic!] mit Nationalrat Dr. Bruno Pittermann, 6.2.1950, P/01053, CIA Name File Karl Kowarik.
[75] Vgl. Bundespolizeidirektion Wien, Abteilung I, „Rendulic-Aktion", Erhebung, 1.11.1951 und Beilagen, CIA Name File Lothar Greil.

schen Politik eine entscheidende Rolle spielen zu können, sein Ziel jedoch „ziemlich rücksichtslos und geschmacklos" verfolgt. Da der VdU „ständig durch die neonazistischen Machenschaften Kernmayrs belastet wurde", sei er schließlich aus den Reihen des VdU entfernt worden. Sein Versuch bei der ÖVP sei bereits nach einem kurzen Gastspiel gescheitert und er habe sich schließlich bemüht in der SPÖ Fuß zu fassen. Aber auch hier sei seine „hochtrabende und masslose Art bald durchschaut und er selbst aus der SPÖ entfernt" worden. Sein ursprünglich aus Glasenbach stammender großer Freundeskreis sei inzwischen ganz zusammengeschmolzen, von allen „ernst zu nehmenden ehemaligen Nationalsozialisten" sei Kernmayr nun völlig abgelehnt worden. Sein letzter Versuch, über die Soldatenbünde und Kameradschaftsverbände zur Geltung zu kommen, sei gänzlich gescheitert.[76]

Neuformierung und Desintegration der „nationalen Opposition" in Deutschland

Spätestens ab 1952 hatte Kernmayr zeitweise in München für den *Schild-Verlag* gearbeitet und wurde Schriftleiter der *Deutschen Soldatenzeitung* des Verlags.[77] Zur Gänze nach München verlegte er seinen Lebensmittelpunkt 1954 aber nicht nur wegen der erwähnten Ablehnung bei vielen ehemaligen NS-Angehörigen in Österreich, sondern auch weil er aus dem Land flüchtete. Sein 1953 veröffentlichtes Buch „Die Uhr blieb stehen", in dem er sich mit den militärischen Vorgängen in der Endphase des Zweiten Weltkrieges befasste,[78] war vom Landesgericht Linz beschlagnahmt und für verfallen erklärt worden. Ohne Adolf Hitler oder das NS-Regime zu erwähnen oder hervorzuheben, so das Urteil, „brandmarkte" Kernmayr mit dem Buch die Widerstandsbewegung in Wien um Oberfeldwebel Ferdinand Käs und Major Carl Szokoll. Er konnte damit „nichts anderes verfolgen, als die Einrichtungen und Ziele des Nationalsozialismus neuerdings als Vorbild für den künftigen deutschen Soldaten hinzustellen und damit den Nationalsozialismus als solchen zu verherrlichen."[79] Ein wegen nationalsozialistischer Wiederbe-

---

76 Bevollmächtigter des Bundeskanzlers für die mit der Vermehrung der alliierten Truppen zusammenhängenden Fragen an Bundesamt für Verfassungsschutz, I/2/11-Tgb. Nr. 68II/55 gen., 30.3.1955, BArch, B443/3043.
77 Vgl. Ex-GIS Personalities in Austria and Germany, 30.12.1952, EASA-459, CIA, Name File Karl Hass.
78 Erich Kern, Die Uhr blieb stehen, Wels Starnberg 1953.
79 Urteil des Landesgerichts Linz, 9.9.1954, OÖLA, Bezirks-/Landesgericht Linz, 6 Vr 1160/54.

tätigung eingeleitetes Strafverfahren musste wegen Kernmayrs Aufenthalt in Deutschland abgebrochen werden und der österreichische Bundespräsident begnadigte ihn 1957 im Zuge der NS-Amnestie.[80]

Nachweislich 1953 hatte Kernmayr die Aufmerksamkeit des deutschen Bundesamtes für Verfassungsschutz erlangt.[81] Von München aus knüpfte er weitere Kontakte zu führenden NationalsozialistInnen in der Bundesrepublik. So besuchte er beispielsweise Werner Naumann (*Naumann-Kreis*) Ende Jänner 1954 in Büderich.[82] Wegen seiner österreichischen Staatsbürgerschaft blieb ihm das aktive und passive Wahlrecht in Deutschland verwehrt. Für sein Ziel, politischen Einfluss zu erreichen, konzentrierte er sich in Folge auf seine Tätigkeit als Schriftsteller sowie Redner und engagierte sich in Traditions- und Soldatenverbänden. Ab 1955 war er in der *Hilfsgemeinschaft auf Gegenseitigkeit* (HIAG) tätig und stieg zu ihrem Bundespressereferenten und ehrenamtlichen Schriftleiter des Organs *Der Freiwillige* auf. Für die HIAG war Kernmayr bald eine Belastung. Es war jedoch schwierig, so ein V-Mann des Verfassungsschutzes, für ihn einen Ersatz zu bekommen, denn er koste der HIAG praktisch nichts, im Gegenteil, er nehme dem Vorstand viele Arbeiten ab. Paul Hausser, ehemaliger Generaloberst der Waffen-SS, habe ihm „zu verstehen gegeben, er solle sich in seinen Worten mäßigen und nicht so viel reden."[83] Es hatte nicht lange gedauert bis Kernmayr auch in Deutschland in juristische Auseinandersetzungen geriet. Bei einer Veranstaltung der Landshuter Ortsgruppe der HIAG soll er am 13. Oktober 1956 nicht nur die „20.-Juli-Leute" als Feiglinge diffamiert haben, sondern auch gesagt haben: „Es gibt im Bundesverteidigungsministerium keine neue Entschliessung oder sonst was, und sei es noch so geheim, und die HIAG wüßte nicht spätestens vierundzwanzig Stunden darauf genauestens darüber Bescheid. Dafür sorgen schon unsere Freunde des Heeres." Der bayerische SPD-Landtagsabgeordnete Erwin Essl war der Auffassung, dass die in den Ausführungen „zum Ausdruck kommende Tendenz und Absicht eine Bedrohung für unsere junge Demokratie darstellen" und zeigte Kernmayr an.[84] Dieser bestritt die Aussagen und konnte dadurch ein Verfahren wegen des vermuteten Geheimnisverrates abwenden. In einer Tagung der Rechtsextremismus-Auswertung der Verfassungsschutzämter im März 1958 wurde die Frage erörtert, ob

---

80 Vgl. Beschluss des Landesgerichts Linz, 28.10.1957, OÖLA, SG Linz, Vg 11 Vr 531/54.
81 Vgl. Auszug aus PA 34694, 3.7.1953, BArch B443/3043.
82 Vgl. Kartei-Eintrag PA 10220: VM Offer, 26.1.1954, BArch, B443/3045; Beate Baldow, Episode oder Gefahr? Die Naumann-Affäre, phil. Diss., Freie Universität Berlin 2012, S. 322.
83 Stellung Kernmeyer's [sic!] in der HIAG, 22.5.1957, BArch, B443/3043; zur HIAG vgl. Karsten Wilke, Die „Hilfsgemeinschaft auf Gegenseitigkeit" (HIAG) 1950–1990. Veteranen der Waffen-SS in der Bundesrepublik, Paderborn u. a. 2011.
84 Essl an Oberbundesanwalt des Bundesverfassungsgerichtshofes, 6.11.1956, BArch, B443/3043.

gegen Kernmayr ein Verfahren nach Artikel 18 Grundgesetz (Grundrechtsverwirkung) möglich wäre. Die einzelnen Landesämter konnten oder wollten dazu aber keine gerichtlich verwertbaren Erkenntnisse einbringen.[85] Schon im August 1957 hatte er sich aus der aktiven Tätigkeit in der HIAG auf Bundesebene zurückgezogen, war aber weiter als Pressereferent des HIAG-Landesverbandes Bayern tätig. In Folge war er häufig Redner bei Veranstaltungen der *Deutschen Reichspartei* (DRP) und trat in den Redaktionsstab ihres Blattes *Reichsruf* ein.[86]

Ein persönlicher Erfolg war die Verfilmung seines Agentenromans „Menschen im Netz" im Jahr 1959.[87] Den Höhepunkt seiner publizistischen Karriere erreichte er in der ersten Hälfte der sechziger Jahre mit „Verrat an Deutschland" (1963), „Verbrechen am deutschen Volk" (1964), „Weder Frieden noch Freiheit" (1965) und den drei Bänden der „Deutschen Trilogie": „Von Versailles zu Adolf Hitler" (1961), „Opfergang eines Volkes" (1962) und „Deutschland im Abgrund" (1963).[88] Kernmayr schrieb für viele Publikationen der „nationalen Opposition" in Deutschland und Österreich und engagierte sich für zahlreiche rechtsextreme Organisationen, Bündnisse und Veranstaltungen. Neben den bereits erwähnten etwa in der *Gesellschaft für freie Publizistik*, als erster Vorsitzender in der *Kameradschaft Nürnberg der Soldaten der ehemaligen Waffen-SS*, im *Arbeitskreis Volkstreuer Verbände*, im *Deutschen Kulturwerk europäischen Geistes*, im *Arbeitskreis Kriegsschuldfrage*, bei den *Lippoldsberger Dichtertagen*, bei der *Aktion Oder-Neiße* oder der *Nationaldemokratischen Partei Deutschlands* (NPD).[89]

Im Jahre 1963 geriet er in Verdacht der Unterstützung des Südtirol-Terroristen Norbert Burger bei der Beschaffung von Sprengstoffen, denn Burger hatte sich in Kernmayrs Wohnung aufgehalten. Die Polizei konnte jedoch in Folge keine weiteren Anhaltspunkte gegen Kernmayr finden.[90] Burger wurde zwar in München festgenommen, konnte sich aber einer vom bayerischen Innenministerium ver-

---

85 Vgl. div. Schreiben der Landesämter in BArch, B443/3943 und B443/3944.
86 Vgl. Karteikartenvermerke, BArch, R443/3045.
87 Vgl. Erich Kern, Menschen im Netz, Wels 1957; Menschen im Netz, Regie: Franz Peter Wirth, Deutschland 1959.
88 Vgl. Erich Kern, Verrat an Deutschland. Spione und Saboteure gegen das eigene Vaterland, Göttingen 1963; ders., Verbrechen am deutschen Volk. Eine Dokumentation alliierter Grausamkeiten, Göttingen 1964; ders., Weder Frieden noch Freiheit. Deutsches Schicksal unserer Zeit, Göttingen 1965; ders., Von Versailles zu Adolf Hitler. Der schreckliche Friede, Göttingen 1961; ders., Opfergang eines Volkes. Der totale Krieg, Göttingen 1962; ders., Deutschland im Abgrund. Das falsche Gericht, Göttingen 1963.
89 Vgl. die einzelnen Karteikarten, in: BArch, B443/3045.
90 Vgl. LfV Bayern vom 22.10.1963, ebd.

fügten Abschiebung im Dezember 1963 durch Flucht entziehen.[91] Im selben Jahr geriet Kernmayr im Zusammenhang mit einem Sprengstoffanschlag auf das sowjetische Reisebüro *Intourist* in Berlin am 5. März in den Fokus polizeilicher Ermittlungen. Der bayerische Verfassungsschutz hielt eine Beteiligung Kernmayrs auch als Hintermann aber für unwahrscheinlich, da in „gut informierten Kreisen" die Meinung gelte, Kernmayr sei „ein Gegner von Terrormaßnahmen".[92] Außer zu Verboten seiner Werke führten die strafrechtlichen Ermittlungen gegen Kernmayr in der Bundesrepublik, soweit bekannt, nicht zu einer Verurteilung. So wurde etwa 1964 ein Ermittlungsverfahren nach § 91 (Anleitung zur Begehung einer schweren staatsgefährdenden Gewalttat) wegen eines Artikels in der *Deutschen Wochen-Zeitung* eingestellt.[93] Zivilrechtlich war etwa Simon Wiesenthal gegen die *National-Zeitung* erfolgreich. Er komme, so kommentierte Wiesenthal Ende der sechziger Jahre, in fast jeder Nummer vor und habe sogar einen Prozess gegen die Zeitung gewonnen, der sie 80.000 DM kosten werde. Süffisant merkte er an, dass Kernmayr eine gute Mitarbeiterin haben dürfte, da ihm „gewisse Formen des Rechtschreibens fremd" seien.[94]

Kernmayr war beim letzten Versuch der Sammlung der „nationalen Opposition" vor ihrer erneuten Aufsplitterung in den siebziger Jahren im Rahmen der von der NPD angeschobenen *Aktion Widerstand* als Mitbegründer maßgeblich beteiligt. Bei der Gründungsversammlung am 31. Oktober 1970 in Würzburg war er Versammlungsleiter und sprach – hinter sich eine Karte des „Großdeutschen Reiches" – die Begrüßungs- und Schlussworte.[95] Einen nach derzeitiger Aktenlage letzten organisatorischen Beitrag leistete Kernmayr bei der am 31. Juli 1972 in München gegründeten *Einheitsfront der nationalen Publizistik*. Gemeinsam mit Peter Dehoust (*Nation Europa*), Henning Jäde (*Deutscher Studentenanzeiger*) und anderen beschloss er, „unter Wahrung der Eigenständigkeit ihrer Organe in Zukunft allen Volksfrontbestrebungen entgegenzuwirken und in ständiger Zusammenar-

---

91 Vgl. Hartmund Weber (Hg.), Die Kabinettsprotokolle der Bundesregierung, Bd. 17 (1964), bearbeitet von Josef Henke u. Uta Rössel, München 2007, S. 181.
92 Information, 10.4.1963, BStU, MfS AP 8993/82, Bd. 7, fol. 92–98.
93 Vgl. Staatsanwaltschaft Lüneburg, Einstellungsverfügung, 2 Js 688/63, 11.6.1964, BArch, B443/3045.
94 Wiesenthal an Will Gorzel, 9.1.1969, Archiv des Wiener Wiesenthal Instituts für Holocaust-Studien, Mappe Erich Kern.
95 Vgl. Oberstaatsanwalt bei dem Landgericht Würzburg an Generalstaatsanwalt Bamberg, 2.12.1970, 1 AR 160/70, BArch, B136/3945; Christoph Kopke, Die Aktion Widerstand 1970/71: Die „nationale Opposition" zwischen Sammlung und Zersplitterung, in: Massimiliano Livi / Daniel Schmidt / Michael Sturm (Hg.), Die 1970er Jahre als schwarzes Jahrzehnt. Politisierung und Mobilisierung zwischen christlicher Demokratie und extremer Rechter, Frankfurt am Main/New York 2010, S. 249–262.

beit über ihren bisherigen Wirkungskreis hinaus Aufklärungsarbeit zu leisten", um eine „richtungweisende Solidarisierung der deutschen Rechten" zu erreichen.[96] Krankheitsbedingt musste er in den siebziger Jahren zunehmend von seinem Engagement für die „nationale Opposition" zurücktreten, etwa als Chefredakteur der *Deutschen Wochenzeitung*. Zuletzt wurde er 1982 im deutschen Verfassungsschutzbericht genannt, als er auf dem Jahreskongress der *Gesellschaft für freie Publizistik* in Kassel den mit 15.000 DM dotierten „Hutten-Preis" erhielt.[97] Seinen Lebensabend verbrachte er wieder in Österreich. Gerhard Frey, der Vorsitzende der *Deutschen Volksunion* und langjähriger Weggefährte Kernmayrs, brachte 1991 eine Ehrenmedaille zu seinem 85. Geburtstag heraus. Kernmayr litt an den Folgen eines Schlaganfalles und verstarb am 13. Oktober 1991 in Schörfling am Attersee.[98]

In einem Nachruf hielt die rechtsextreme *National-Zeitung* fest, es gebe „im nationalen Lager keinen Autor, dessen Bücher solche Auflagenziffern erreichen konnten und der so eindringlich und überzeugt seine Gesinnung zum Ausdruck bringen konnte wie er."[99]

---

96 Bundesminister des Innern (Hg.), Betrifft: Verfassungsschutz 1972, Bonn 1972, S. 28 f.
97 Vgl. Bundesminister des Innern (Hg.), Betrifft: Verfassungsschutz 1982, Bonn 1983, S. 144.
98 Vgl. Baur Gradwohl-Schlacher, Literatur, S. 168.
99 Reinhard Pozorny, Ein großer Kämpfer und Poet hat uns verlassen, Nationalzeitung, 27.9.1991, Zeitungsausschnitt in Wienbibliothek, Dokumentation, Kernmayr.

Ann-Kathrin Mogge
Michael Kühnen (1955–1991)

„Ich bin die Wand!"

Abb. 8: Michael Kühnen, 1988, *Hessisches Staatsarchiv Darmstadt, R 4 Nr. 36740* https://arcinsys.hessen.de/arcinsys/digitalisatViewer.action?detailid=v2635026.

Am 3. Januar 1992 um 12 Uhr mittags wurde die Asche des im Jahr zuvor verstorbenen Neonazis Michael Kühnen bei klirrend kaltem Wetter auf dem Kasseler Westfriedhof beigesetzt. Zahlreiche Weggefährt*innen der „nationalen Opposition" – unter ihnen Heinz Reisz, Thomas Brehl, Thomas Wulff, Christian Worch und der illegal aus Österreich eingereiste Gottfried Küssel – gaben Kühnen das letzte Geleit. Gegen diesen Aufmarsch protestierten vor dem Friedhof hunderte Antifaschist*innen aus Nordhessen und dem gesamten Bundesgebiet, Hundertschaften der Polizei waren im Einsatz. Dieser letzte große, gegen Kühnen gerichtete Protest riss – zumindest kurzfristig – einen Konflikt in der linken Szene in Kassel auf, wie ihn das neonazistische Lager schon Mitte der achtziger Jahre erlebt hatte: Unter einigem Gelächter wurden dort von Gegendemonstrant*innen homophobe Beschimpfungen skandiert,[1] die Vorstellungen von revolutionärer Männlichkeit offenbarten, die nicht so weit von jenen entfernt lagen, die auch in der extremen Rechten zeitgenössisch virulent waren und einige Jahre zuvor dort zum Bruch geführt hatten.

---

[1] Vgl. Art., An die DemonstrationsteilnehmerInnen am Westfriedhof, in: StattZeitung 194 (1992).

Trotzdem, das von der Lokalpresse imaginierte „High noon der deutschen Extremisten"[2] wurde das Begräbnis nicht – stattdessen ein beinahe trister Abschied des bis zu seinem Tod medial sichtbarsten Neonazis, dessen letzte große – postume – Presseauftritte Tabubrüche wurden, wie er selbst sie jahrelang forciert hatte: ein Urnendiebstahl und ein gefälschter TV-Beitrag.[3]

Mit seinem Erscheinen in der Öffentlichkeit Ende der siebziger Jahre wurde Michael Kühnen durch gezielte Provokationen rasch zum berüchtigtsten Neonazi in der Bundesrepublik.[4] Als Vertreter der „Bekenntnisgeneration" führte er einen auffällig-provozierenden, neuen Stil in die rechtsextreme Politik[5] und leitete einen Generationswechsel ein. Die affirmative Nutzung nationalsozialistischer Symboliken und Formen verbanden Kühnen und seine Anhänger mit Protestformen, die der Neuen Linken entliehen waren. Aktionsformen und Erscheinungsbild des westdeutschen Neonazismus wurden so nachhaltig durch Kühnen als Anführer politischer Organisationen und als ideologischer Stichwortgeber modernisiert und geprägt. Gleichzeitig hat Kühnen dabei auch die Grenzen „innerrechter" Diskurse ausgelotet. Ihm fiel die Rolle eines Mittlers zwischen Militanz und Foren extrem rechter Parteipolitik jenseits von *Nationaldemokratischer Partei Deutschlands* (NPD), *Deutscher Volksunion* (DVU) und *Republikanern* zu. „Kühnen ist der Interpret einer zeitgemäßen nationalsozialistischen Ideologie", merkte Werner Graf dazu nach einem Gespräch an.[6] Bis zu seinem Tod war Kühnen der bekannteste Neonazi-Anführer in Deutschland – nach seinem Tod hat keine neonazistische Führungspersönlichkeit mehr seine Prominenz erreicht. Allerdings prägten mit Christian Worch und Thomas Wulff in den neunziger Jahren Weggefährten die extreme Rechte entscheidend mit.

---

2 Hessisch-Niedersächsische Allgemeine (HNA), o. T., o. D., zit. nach: Art., Rendevouz am Kühnen-Grab, StattZeitung 194 (1992).
3 Vgl. Wolfgang Gast, Wenn die Wirklichkeit nicht real ist, in: Taz v. 19.6.2001. Der TV-Journalist Michael Born wurde 1996 zu vier Jahren Haft verurteilt. Er hatte verschiedenen Sendern gefälschtes Bildmaterial verkauft, u. a. auch vom Urnendiebstahl auf dem Kasseler Friedhof.
4 Pfahl-Traughber bezeichnet Kühnen als den zentralen neonazistischen Akteur bis zur Wiedervereinigung. Vgl. Armin Pfahl-Traughber, Rechtsextremismus in Deutschland. Eine kritische Bestandsaufnahme, Wiesbaden 2019, S. 141.
5 Vgl. Gideon Botsch, „Nationale Opposition" in der demokratischen Gesellschaft. Zur Geschichte der extremen Rechten in der Bundesrepublik Deutschland, in: Fabian Virchow / Martin Langebach / Alexander Häusler (Hg.), Handbuch Rechtsextremismus, Wiesbaden 2016, S. 43–82, hier S. 56. Kühnen und das Gros seiner Weggefährt*innen waren in der Bundesrepublik geboren worden und wendeten sich vor diesem Hintergrund nationalsozialistischer Ideologie zu. Sie lösten ältere Akteur*innen der „Erlebnisgeneration" seit den frühen siebziger Jahren sukzessive ab.
6 Werner Graf, „Wir hatten nur sechs Jahre Zeit." Michael Kühnens Nationaler Sozialismus, in: ders. (Hg.), „Wenn ich die Regierung wäre...". Die rechtsradikale Bedrohung, Berlin u. a. 1984, S. 38–54, hier S. 49.

Während Kühnen und die Organisationen in seinem Umfeld in den achtziger und frühen neunziger Jahren in zahlreichen politikwissenschaftlichen, soziologischen und pädagogischen Untersuchungen zur extremen Rechten und dem Teilbereich Neonazismus[7] untersucht wurden, nahm die Zahl der nach seinem Tod publizierten Arbeiten rapide ab, was auch dem starken Gegenwartsbezug dieser Wissenschaftsdisziplinen geschuldet ist. Neben der ausführlichen Arbeit Karl Kniests[8], die auf die Organisationsgeschichte in den achtziger Jahren fokussiert, widmete sich in jüngerer Zeit auch Clemens Gussone[9] den öffentlichen Auseinandersetzungen um Michael Kühnen. Detailliert publizierten aber extrem rechte Autoren wie Werner Bräuninger[10] zu Kühnen. Fragen nach dem Verhältnis von politischer Kultur der Bundesrepublik und der medialen Verwertung Kühnens oder nach dem Verhältnis zwischen Staatsschutz und den unten genannten neonazistischen Organisationen und Akteur*innen bleiben weiterhin Forschungsdesiderate. Ziel dieses Artikels ist ein detaillierter Überblick über Michael Kühnens Biografie, die als Ausgangspunkt weiterer Untersuchungen dienen kann. Der Fokus liegt auf den Jahren von 1977 bis 1990. Diese zeitliche Rahmung ergibt sich aus Kühnens politischem Engagement, das in der zweiten Hälfte der siebziger Jahre stetig intensiver wurde und an die bundesrepublikanische Öffentlichkeit drang.

Politische Suche zwischen Rebellion und Ordnung

Geboren wurde Michael Kühnen 1955 in Bonn-Beuel. Er wuchs als Einzelkind in einem konservativen, katholischen Haushalt der rheinischen Mittelschicht auf. Seine Eltern hatten den Nationalsozialismus entschieden abgelehnt. Seine Kindheit und Jugend verbrachte er in Düsseldorf und Bonn, wo er 1974 das Abitur an einem katholischen Privatgymnasium ablegte. Im letzten Schuljahr war er „natio-

---

[7] Exemplarisch seien hier aufgeführt: Peter Dudek / Hans-Gerd Jaschke, Entstehung und Entwicklung des Rechtsextremismus in der Bundesrepublik. Zur Tradition einer besonderen politischen Kultur, 2 Bde., Opladen 1984; Peter Dudek, Jugendliche Rechtsextremisten. Zwischen Hakenkreuz und Odalsrune 1945 bis heute, Köln 1985; Wolfgang Benz (Hg.), Rechtsextremismus in der Bundesrepublik. Voraussetzungen, Zusammenhänge, Wirkungen, Frankfurt am Main 1991; Wolfgang Kowalsky / Wolfgang Schroeder (Hg.), Rechtsextremismus. Einführung und Forschungsbilanz, Opladen 1994.
[8] Vgl. Karl Kniest, Die „Kühnen-Bewegung" – Darstellung, Analyse und Einordnung. Ein Beitrag zur deutschen und europäischen Geschichte des Rechtsextremismus, Frankfurt am Main, 2000.
[9] Vgl. Clemens Gussone, Reden über Rechtsradikalismus. Nicht-staatliche Perspektiven zwischen Sicherheit und Freiheit (1951–1989), Göttingen 2020.
[10] Vgl. Werner Bräuninger, Kühnen. Porträt einer deutschen Karriere. Die Biografie, Bad Schussenried 2016.

naldemokratischer Schülersprecher".[11] Initial für Kühnens Beschäftigung mit Politik – so beschrieb er es selbst in zahlreichen Interviews[12] – war der gescheiterte Bundestagseinzug der NPD 1969. Er hatte während des Wahlkampfs die Partei ideell unterstützt und nach der Wahlniederlage nahm er Kontakt mit lokalen NPD-Anhänger*innen auf, die deutlich älter waren und dem Vierzehnjährigen wenig anzubieten wussten. Trotzdem habe er sich diesem rechten Milieu gleich emotional verbundener gefühlt als der Neuen Linken,[13] die ihm auf seiner jugendlichen Suche nach politischer Orientierung nicht weitergeholfen habe. Form und Ästhetik rechter Politik hingegen hätten ihn „gefühlsmäßig" einfach stärker erreicht.[14] Späteren Schilderungen nach war er zu diesem Zeitpunkt auch im Freundeskreis nicht mit jungen Rechten in Kontakt, sondern „vollkommen allein" auf sich gestellt.[15]

Da es in Bonn an rechten Angeboten für Jugendliche gänzlich fehlte, bei denen er Anschluss hätte knüpfen können, wirkte Kühnen stattdessen bis zum Abitur als nationalistischer „Wanderprediger" auf dem Bonner Marktplatz. Dort habe er agitiert, Diskussionen gesucht und auch das freie Reden erlernt[16] – eine Fähigkeit, die ihm später dabei half, im neonazistischen Lager seinen Führungsanspruch durchzusetzen und zu konsolidieren. In die Jugendjahre fallen auch lose Engagements bei den *Jungen Nationaldemokraten* (JN), der *Aktion Widerstand* und der *Aktion Neue Rechte* (ANR) – gegen den ausdrücklichen Willen des Vaters.[17] Kurzzeitig wurde Kühnen daher Mitglied der *Jungen Union* (JU). Innerrechte Konflikte erinnerte Kühnen in einem Gespräch mit den Journalisten Alwin Meyer und Karl-Klaus Rabe als frustrierende Erlebnisse: Auseinandersetzungen zwi-

---

11 Alwin Meyer / Karl-Klaus Rabe, „Ohne daß ich sagen würde, ich bin der neue Führer". Gespräch mit einem jungen Nationalsozialisten, in: Kursbuch 54 (1978), S. 127–141, hier S. 128.
12 Informationen zu Kühnens Kindheit und Jugend stammen vor allem von diesem selbst, hier: Michael Kühnen, Die Zweite Revolution, Bd. 1: Glaube und Kampf, unv. Manuskript, 1979, unpaginiert [S. 3], unter: https://archive.org/details/Kuehnen-Michael-Die-zweite-Revolution-Band-1 [Zuletzt aufgerufen am 21.12.2020].
13 Zur Neuen Linken und der Zäsur um 1968 vgl. Detlef Siegfried, 1968. Protest, Revolte, Gegenkultur, Ditzingen 2018; Katharina Rauschenberger / Sybille Steinbacher (Hg.), Fritz Bauer und „Achtundsechzig". Positionen zu den Umbrüchen in Justiz, Politik und Gesellschaft, Göttingen 2020; zur Vorgeschichte vgl. Michael Frey, Vor Achtundsechzig. Der Kalte Krieg und die Neue Linke in der Bundesrepublik und in den USA, Göttingen 2020; zur Verknüpfung von Marxismus und Psychoanalyse vgl. Maik Tändler, Das therapeutische Jahrzehnt. Der Psychoboom in den siebziger Jahren, Göttingen 2016.
14 Graf, Jahre, S. 50.
15 Ebd., S. 51.
16 Ebd.
17 Vgl. Christa Ritter, Ich, Kühnen – Deutschlands gefürchtetster Nazi erklärt sich, in: Tempo 2 (1989).

schen der NPD und der AW hätten für ihn zu einem „kurze[n] ‚black out'" bei der KPD-nahen *Liga gegen den Imperialismus*, „jener maoistischen Gruppe, die am meisten national eingestellt ist"[18], geführt.

Nach dem Schulabschluss verpflichtete Kühnen sich als Zeitsoldat[19] bei der Bundeswehr und zog nach Hamburg, um dort an der Hochschule der Bundeswehr Wirtschafts- und Sozialwissenschaften sowie später Pädagogik zu studieren. Seine seit dem Ende der sechziger Jahre entwickelte Rechtsorientierung vertiefte sich in Hamburg und Kühnen begann sein politisches Engagement in extrem rechten Strukturen. Zunächst setzte er sich bei der rechtskonservativen *Aktionsgemeinschaft Vierte Partei* (AVP)[20] anlässlich der Bundestagswahl 1976 ein, die mit ihrem Ansinnen, das Parteienspektrum nach rechts zu erweitern – deutlich krachender als die NPD sieben Jahre zuvor – scheiterte. Zwei Jahre später beschrieb Kühnen diese Erfahrung als Verlust des Glaubens an politische Gestaltungsmöglichkeiten auf legalem, demokratischem Weg.[21] Obgleich das Projekt AVP ihn also ernüchterte, konnte er es auf persönlicher Ebene nutzen, um sein Netzwerk zu erweitern und mit Nationalsozialist*innen in Kontakt zu kommen. Über die AVP lernte er Wolf-Dieter Eckart kennen, der 1968 den rasch verbotenen *Bund Deutscher Nationalsozialisten* (BDNS)[22] gegründet hatte – eine der frühesten Gruppen, die sich nach dem Verbot der *Sozialistischen Reichspartei* (SRP) 1952 öffentlich zum Nationalsozialismus bekannte.[23] Für Kühnen war der BDNS die „erste nationalsozialistische Organisation der neuen Generation", deren weltanschauliche Überzeugung sich nicht mehr aus dem eigenen Erleben des „Dritten Reiches" speiste, sondern „aus der abstoßenden Wirklichkeit dieser BRD und der Sehnsucht nach einem wirklichen Lebenssinn, die von dem herrschenden System niemals erfüllt werden

---

18 Meyer/Rabe, Gespräch, S. 128.
19 Am 26. November 1977 beschrieb Kühnen im Gespräch mit Warner Poelchau die Bundeswehr als Institution, in der zahlreiche Sympathisanten zu finden seien. Vgl. Warner Poelchau, o. T. [Gesprächstranskription]. Antifaschistisches Pressearchiv und Bildungszentrum Berlin (apabiz), Sammlung ANS 1.
20 Zur AVP vgl. Richard Stöss, Die Aktionsgemeinschaft Vierte Partei, in: ders. (Hg.), Parteien-Handbuch. Die Parteien der Bundesrepublik Deutschland 1945–1980, Bd. 1, AUD–CDU, S. 336–366.
21 Vgl. Meyer/Rabe, Gespräch, S. 128.
22 Der BDNS wurde bisher noch nicht beforscht. Knappe Informationen finden sich im gleichnamigen Artikel in: Jens Mecklenburg (Hg.), Handbuch Deutscher Rechtsextremismus, Berlin 1996, S. 154–155.
23 Vgl. Hans-Gerd Jaschke, Biographisches Portrait. Michael Kühnen, in: Jahrbuch Extremismus & Demokratie 4 (1992), S. 168–180, hier S. 171. Grundlegend zur SRP vgl. Henning Hansen, Die Sozialistische Reichspartei (SRP). Aufstieg und Scheitern einer rechtsextremen Partei, Düsseldorf 2007. Zur Bedeutung des SRP-Parteiverbots bei der Herausbildung der FdGo als überpositivem Rechtsgut vgl. Sarah Schulz, Die freiheitlich-demokratische Grundordnung. Ergebnis und Folgen eines historisch-politischen Prozesses, Weilerswist 2019.

kann".[24] Kühnen schloss sich Mitte 1976 der ebenfalls von Eckart gegründeten Nachfolgeorganisation, dem *Freundeskreis der NSDAP*, an und schrieb in seiner Abhandlung „Die Zweite Revolution" 1979 über Eckart, „[d]ieser Mann bestärkte mich in der Überzeugung, auf dem richtigen Weg zu sein. Hatte ich bis dahin noch sagen können: ‚*rechts von mir ist die Wand*‘, so gilt heute der Satz: ‚*Ich bin die Wand!*‘".[25] Eckart hatte seit Mitte der siebziger Jahre auch Kontakt zu Gerhard Laucks NSDAP/AO (Auslands- und Aufbauorganisation), nachdem Lauck für ein NSDAP-Treffen im November 1974 in Hamburg gewesen war.[26] Kühnens spätere Kontakte zu Lauck könnten über seinen politischen Mentor Eckart vermittelt worden sein[27], denn ab 1977 baute Kühnen nach eigenen Schilderungen im Auftrag der NSDAP/AO in Hamburg neonazistische Strukturen auf und am 8. Mai des Jahres gründete er am Jahrestag des Inkrafttreten der bedingungslosen Kapitulation der Wehrmacht den „SA-Sturm 8. Mai" (Tarnname: *Freizeitverein Hansa*).

Als in seinem PKW „große Mengen NSDAP-Material"[28] entdeckt wurden, wurde er im Juni zu Ende August 1977 – bereits im Rang des Leutnants – wegen „Verletzung seiner Dienstpflichten und ernstlicher Gefährdung des Ansehens der Bundeswehr"[29] entlassen. Sechs Jahre später beschrieb Kühnen diese Zäsur in seiner beruflichen Laufbahn als „richtige[n] Startschuß"[30] – schon am 1. September wurde er mit Lutz Wegener und Tibor Schwarz bei einer Schmieraktion des „SA-Sturm" zum ersten Mal verhaftet. Obwohl bei anschließenden Wohnungsdurchsuchungen Munition, Uniformen, Waffen und Propagandamaterial gefunden worden war, wurden die drei Tatbeteiligten am nächsten Tag wieder entlassen.[31]

---

[24] Michael Kühnen, Unser Weg. Geschichte des Nationalsozialismus. Teil V, in: Neue Front [NF] 7 (1988). Die „Neue Front" war eine Publikation im Fanzine-Format.
[25] Kühnen, Zweite Revolution: 1, S. 4, Hervorhebungen im Original.
[26] Ab 1972 reiste Lauck regelmäßig in die Bundesrepublik und Westeuropa, um bei Veranstaltungen aufzutreten und sein Netzwerk auszubauen. Vgl. Art. Lauck, Gerhard (Gary), in: Mecklenburg (Hg.), Handbuch, S. 486–487; Juliane Wetzel, Art. Lauck, Gary (Gerhard) Rex, in: Wolfgang Benz (Hg.), Handbuch des Antisemitismus. Judenfeindschaft in Geschichte und Gegenwart, Bd. 2/2, Berlin 2009, S. 458–459.
[27] Werner Bräuninger berichtet – ohne Quellenangaben – dass Kühnen schon 1973 Laucks „NS-Kampfruf" las, ggf. also selbst mit Lauck Kontakt aufgenommen hatte. Vgl. Bräuninger, Kühnen, S. 55.
[28] Warner J. Poelchau, Die Hamburger Szene, in: Henryk M. Broder (Hg.), Deutschland erwacht. Die neuen Nazis – Aktionen und Provokationen, Göttingen 1978, S. 29–33, hier S. 30.
[29] Kniest, „Kühnen-Bewegung", S. 17.
[30] Graf, Jahre, S. 50.
[31] Vgl. Jürgen Pomorin, Die schwarzen Jungs vom „Egerländer", in: ders. / Reinhard Junge, Die Neonazis und wie man sie bekämpfen kann, Dortmund 1978, S. 9–86, hier S. 10.

Coming Out: der Schritt in die Öffentlichkeit

Nachdem Kühnen am 15. November 1977 an der Gründung der Kühnen-Schulte-Wegener-Gruppe (KSWG) beteiligt war,[32] gründete er knapp zwei Wochen später, am 26. November, mit circa 30 Gesinnungsgenoss*innen die *Aktionsfront Nationaler Sozialisten* (ANS) unter dem Motto „Ein Volk, ein Reich... – Nationale Sozialisten greifen an"[33] als legalen Arm der NSDAP/AO.[34] Beobachtet wurde die Veranstaltung von Polizei und eingeladener Presse, erste Zielsetzung der Gruppe war die Aufhebung des NSDAP-Verbots und die Wiederzulassung der Partei.[35] Obwohl diese Absicht auf die Abschaffung der demokratischen Ordnung zielte, bezog sich Kühnen in seiner Argumentation auf demokratische Freiheitsrechte und sah erst in der Aufhebung des „NS-Verbots"[36] demokratischen Anspruch verwirklicht.[37] Die ANS plante an der Hamburger Bürgerschaftswahl 1978 teilzunehmen, scheiterte jedoch mit diesem Vorhaben, da sie nicht die zur Zulassung benötigten Unterschriften beibringen konnte.

War Kühnen auf dem Radar der Hamburger Polizei zu diesem Zeitpunkt bereits aufgetaucht, so war es für viele Pressevertreter*innen die erste Begegnung mit diesem jungen Mann, der sich in unmissverständlichen Worten zum Nationalsozialismus bekannte. Michael Kühnen und seine ANS gaben den Vertreter*innen nationalsozialistischer Ideologie ein jugendliches, modernes und aktionsorientiertes Antlitz und befriedigten zugleich das Unterhaltungsbedürfnis des bundesrepublikanischen Publikums mit ihrem transgressiven Auftreten in schwarzer Kluft und Knobelbechern. Gleichzeitig widerlegten die jungen Neonazis die lange in der Bundesrepublik kolportierte Annahme von ewiggestrigen, langsam überalternden Milieus der extremen Rechten, deren Aussterben nur abzuwarten sei. Kühnen und seine vornehmlich jugendlichen Anhänger*innen waren in die demokrati-

---

32 Zur Gründung der KSWG, von den Akteur*innen selbst Werwolf-Gruppe genannt, siehe Barbara Manthe, Rechtsterroristische Gewalt in den 1970er Jahren. Die Kühnen-Schulte-Wegener-Gruppe und der Bückeburger Prozess 1979, in: Vierteljahrshefte für Zeitgeschichte (VfZ) 68 (2020), H. 1, S. 63–93, hier S. 72 ff.
33 Poelchau, Hamburger Szene, S. 29.
34 Vgl. ebd.; Michael Kühnen, Führertum. Zwischen Volksgemeinschaft und Elitedenken, Lincoln 1985, S. 44 ff., unter: https://archive.org/details/Kuehnen-Michael-Fuehrertum-zwischen-Volksgemeinschaft-und-Elitedenken [Zuletzt aufgerufen am 21.12.2020].
35 Vgl. ANS-Satzung (Auszüge), in: Peter Dudek / Hans-Gerd Jaschke, Entstehung und Entwicklung des Rechtsextremismus in der Bundesrepublik. Bd. 2. Dokumente und Materialien, Opladen 1984, S. 340 ff.
36 Vgl. Meyer/Rabe, Gespräch, S. 130.
37 Vgl. Gideon Botsch, Wahre Demokratie und Volksgemeinschaft. Ideologie und Programmatik der NPD und ihres rechtsextremen Umfelds, Wiesbaden 2017, S. 105 f.

sche Ordnung der Bundesrepublik hineingeboren worden und erklärten ihr nun den Kampf. Ihre massenmedial verbreitete Message: „Wir sind wieder da!"[38]

Kühnens Auftreten auf der politischen Bühne ab 1977 illustrierte auch einen „Taktikwechsel" jüngerer Neonazis, die offensiv die diskursiven Regeln der Bundesrepublik missachteten und dafür auch Strafverfolgung in Kauf nahmen.[39] Über diese neue Vehemenz funktionierte auch die scharfe Abgrenzung zu den „nationalen Spießern"[40] der NPD, die sich um Respektabilität und demokratischen Auftritt bemühten und größtmögliche Distanz zum Nationalsozialismus suchten. Ob dieser neuen Töne stieg das mediale Interesse an Kühnen, seiner Truppe und dem politischen Phänomen des Neonazismus in Westdeutschland rasant an – Kamerateams filmten Aufmärsche und Ansprachen des „Organisationsleiters" Kühnen, Journalist*innen befragten ihn ausführlich nach seinen ideologischen Überzeugungen, politischen Zielen und privaten Hintergründen. Michael Kühnen beteiligte sich gerne an dieser medialen Inszenierung der ANS und seiner Person, die ihn und seine Bewegung bundesweit bekannt machte und den „Kampf" in die Wohnzimmer trug. Immer wieder suchte er die Nähe zur Presse, lud Vertreter*innen zu Aufmärschen oder in seine Wohnung ein. Regelmäßig flossen dafür auch Honorare. Die Ende der siebziger Jahre „konkurrenzlose Radikalität"[41] im Auftreten der Gruppe – nicht etwa im Tarndress zurückgezogen in Wäldern, wie etwa bei der *Wehrsportgruppe Hoffmann* (WSGH),[42] sondern in uniformer Aufmachung öffentlich präsent durch die Hamburger Innenstadt marschierend – und die Besetzung jener „Leerstelle am äußersten rechten Rand"[43] machten die ANS unter ihrem „Chef" Michael Kühnen zum Medienphänomen. Kühnen stach in den performativen Inszenierungen der ANS als Macher und Redner hervor, wurde von seinen Gesprächspartner*innen aber auch abseits dieser Spektakel als intelligenter und ehrlich an der politischen Sache interessierter Mensch beschrieben: Dies falle besonders neben den sehr jungen und tumben ANS-Mitgliedern auf, die neben ihm wie „Staffage" wirkten.[44]

---

38 Poelchau, apabiz, Sammlung ANS 1.
39 Vgl. Gussone, Reden, S. 337.
40 Flugblatt „Frankfurter Front", apabiz, Sammlung ANS 1.1.
41 Graf, Jahre, S. 38.
42 Hierzu vgl. Rainer Fromm, Die „Wehrsportgruppe Hoffmann": Darstellung, Analyse und Einordnung. Ein Beitrag zur Geschichte des deutschen und europäischen Rechtsextremismus, Frankfurt am Main u. a. 1998.
43 Graf, Jahre, S. 38.
44 Karl Klaus Rabe, „Gut ich gehe ins Gefängnis". Begegnungen mit einem 23-jährigen Nationalsozialisten, in: ders. (Hg.), Rechtsextreme Jugendliche. Gespräche mit Verführern und Verführten, Bornheim-Merten 1980, S. 143–192, hier S. 147–153. Grundlegend zu Performanz als soziale Praxis vgl. Erika Fischer-Lichte, Ästhetik des Performativen, Frankfurt am Main 2004. Grundlegend zur

Der größte mediale Coup gelang der ANS am 20. Mai 1978 mit einem später als „Eselmasken-Aktion" bezeichneten Auftritt in Hamburg-St. Georg. Unter der Führung von Kühnen und Christian Worch marschierten ANS-Mitglieder mit Eselsmasken verkleidet durch die Stadt und trugen Schilder mit der Aufschrift „Ich Esel glaube noch, daß in deutschen KZs Juden vergast wurden".[45] Die Aktion konnte an Momente in der politischen Kultur der Bundesrepublik anknüpfen, die in Teilen Ende der siebziger Jahre auf der „Hitler-Welle" schwamm,[46] und produzierte Pressebilder, die auch im Ausland wahrgenommen wurden. Das Ereignis wurde zum Happening, Kühnen hatte erfolgreich Protestformen der Neuen Linken für seine Sache nutzen können. Rainer Erb hat in seinem Kühnen-Portrait denn auch beschrieben, dass das „konspirativ-aktivistische Verhalten" von K-Gruppen ihn mehr begeistern konnte als Traditionsabende.[47] Es scheinen aber vor allem Einflüsse aus der Sponti- und später der Autonomenbewegung zu sein,[48] die Kühnen zu relativ einfachen, aber aufmerksamkeitswirksamen Aktionen inspirierten – er selbst äußerte 1989 dazu, er sehe im autonomen Milieu die „größte[n] Gegner", weil „sie Aktionsformen [starten], die wir am liebsten selber machen würden."[49]

Allein im ersten Halbjahr 1978 wurde Kühnen achtzehn Mal[50] festgenommen. Im Sommer wurde er dann in Untersuchungshaft überstellt, der Vorwurf lautete: Rechtsterrorismus. Im Bückeburger Prozess gegen die KSWG, der von Mai bis September 1979 durch das Oberlandesgericht Celle geführt wurde, waren zum ersten

---

poltischen Praxis der „Agitation und Propaganda" (Agitprop) vgl. Ingo Grabowsky, Agitprop in der Sowjetunion. Die Abteilung für Agitation und Propaganda 1920–1928, Bochum/Freiburg 2004; Richard Bodek, Proletarian Performance in Weimar Berlin. Agitprop. Chorus and Brecht, Columbia 1997.

45 Vgl. Fabian Virchow, Eselmasken-Aktion (1978), in: Wolfgang Benz (Hg.), Handbuch des Antisemitismus. Judenfeindschaft in Geschichte und Gegenwart, Bd. 4, Berlin 2011, S. 107–109.
46 Vgl. Gideon Botsch, Die extreme Rechte in der Bundesrepublik Deutschland 1949 bis heute, Darmstadt 2012, S. 75. Zur so genannten „Hitler-Welle" während der siebziger Jahre vgl. Bernd Weber, Zur Aufklärung über Neonazismus und ‚Hitlerwelle'. Materialien, in: Anneliese Mannzmann (Hg.), Hitlerwelle und historische Fakten, Königstein 1979, S. 105–179; Art. Hitler-Welle, in: Torben Fischer / Matthias N. Lorenz (Hg.), Lexikon der „Vergangenheitsbewältigung" in Deutschland. Debatten- und Diskursgeschichte des Nationalsozialismus nach 1945, Bielefeld 2015, S. 237–238.
47 Rainer Erb, Michael Kühnen, in: Wolfgang Benz (Hg.), Handbuch des Antisemitismus. Judenfeindschaft in Geschichte und Gegenwart, Bd. 8, Berlin 2015, S. 89–92, hier S. 90.
48 Vgl. zur Sponti- bzw. Autonomenbewegung Sebastian Kasper, Spontis. Eine Geschichte antiautoritärer Linker im roten Jahrzehnt, Münster 2019; AG Grauwacke (Hg.), Autonome in Bewegung. Aus den ersten 23 Jahren, 5. Aufl., Berlin/Hamburg 2020.
49 Zit. n. Ritter, Kühnen.
50 Vgl. Jaschke, Porträt, S. 171.

Mal in der Geschichte der Bundesrepublik Rechtsextremisten nach § 129a StGB angeklagt. Kühnen und den seit Frühjahr 1978 inhaftierten Mitangeklagten Lutz Wegener, Lothar Schulte, Uwe Rohwer, Manfred Börm und Klaus-Dieter Puls wurde neben Einbrüchen, Bank- und Raubüberfällen daher auch vorgeworfen, eine terroristische Vereinigung gegründet zu haben. Bei den Überfällen und Einbrüchen wurden insgesamt 126.000 DM sowie Munition und Waffen erbeutet, die nach Ansicht der Staatsanwaltschaft dazu genutzt werden sollten, Rudolf Heß zu befreien, das Ehepaar Klarsfeld zu ermorden und einen Anschlag auf die Gedenkstätte Bergen-Belsen zu verüben.[51] Insbesondere Michael Kühnen konnte die Verhandlung wiederholt als politische Bühne nutzen, da der Vorsitzende Richter durch seine Verhandlungsführung große Spielräume eröffnete. Den Angeklagten gelang es somit, aus dem Prozess auch eine propagandistische Inszenierung zu machen.[52] Rückendeckung erhielt Kühnen dabei von seinen Anwälten, unter ihnen der ehemalige NPD-Landtagsabgeordnete aus Baden-Württemberg, Peter Stöckicht,[53] und von seinem „Starzeugen" Gerhard Lauck.

Bei der Begehung von Gewalt- und Eigentumsdelikten hatte sich Kühnen nach Ansicht des Gerichts weitgehend zurückgehalten,[54] und auch die Rädelsführerschaft in einer terroristischen Vereinigung konnte ihm nicht nachgewiesen werden. Er erhielt wegen Verwendung von Kennzeichen verfassungswidriger Organisationen nach § 86a StGB, Volksverhetzung und Verbreitung von Propagandamaterialien eine Freiheitsstrafe von vier Jahren, seine Mitangeklagten wurden zu Strafen zwischen sieben und elf Jahren verurteilt. Kühnen interpretierte diese Verurteilung, ebenso wie die darauffolgenden, als „Anerkennung" der Gefährlichkeit seiner Ideen seitens des Staates; die Haft sei „Gesinnungshaft"[55] und ihre schiere Höhe – ein „Rekord", wie er selbst sich ausdrückte[56] – ließ ihn innerhalb der Szene zum *heros* werden.

---

[51] Vgl. Manthe, Gewalt, S. 63 f.; Kniest, „Kühnen-Bewegung", S. 43. Kühnen war bereits 1977 im Umfeld der rechtsterroristischen Otte-Gruppe aufgetaucht, vgl. ebd., S. 41.
[52] Vgl. ebd., S. 64 f.
[53] Eine zeitgenössische Einschätzung des Prozesses, die sich weiteren Prozessbeteiligten zuwendet, findet sich bei Stefan Klein, Von den Schwierigkeiten der Justiz im Umgang mit KZ-Schergen und Neonazis, in: Wolfgang Benz (Hg.), Rechtsradikalismus. Randerscheinung oder Renaissance?, Frankfurt am Main 1980, S. 60–76. Zu Peter Stöckicht vgl. den Beitrag von Viktor Fichtenau in diesem Band.
[54] Vgl. Manthe, Gewalt, S. 72.
[55] Michael Kühnen, 11. Brief aus der Haft, in: NF 27 (November/Dezember 1985).
[56] Michael Kühnen, 3. Brief aus der Haft, in: NF 20 (Januar 1985).

In der Haft wurde Kühnen von der 1979 gegründeten *Hilfsorganisation für nationale politische Gefangene und deren Angehörige* (HNG) unterstützt.[57] Vermutlich geriet er über dieses Netzwerk um 1980 in Kontakt mit Willi Krämer.[58] Krämer hatte im Ersten Weltkrieg gekämpft, war im rechtsextremen *Stahlhelm-Bund*, trat 1923 dem Wehrverband *Wehrwolf* bei und war seit 1928 in der NSDAP, wo er Parteikarriere machte. Nach 1945 war er in der SRP, der *Deutschen Reichspartei* (DRP) und der NPD aktiv, gab die *Göttinger Briefe* heraus und habe dann, in den Worten Kühnens, zurückgefunden zur „eindeutigen NS-Bewegung, die von der neuen Generation nach 1968 aufgebaut" werde.[59] Krämer wurde zum ANS-Ehrenmitglied ernannt und entwickelte sich zum wichtigen Mentor und Briefpartner[60] Kühnens – Krämers Perspektive auf den Nationalsozialismus, die das soziale Moment betonte, und seine Sprachregelung vom „nationalsozialistisch *werdenden* Deutschland" für die Jahre 1933–1939[61] beeinflussten ihn. Bereits seit 1979 veröffentlichte Ingrid Weckert Auszüge ihres vier Jahre später im *Grabert-Verlag*[62] publizierten Buches „Feuerzeichen"[63] in den *Göttinger Briefen*. Es ist anzunehmen, dass Weckert und Kühnen entweder über Krämer direkt oder über die HNG während seiner ersten Haft in Kontakt kamen – in der zweiten Hälfte der achtziger Jahre gehörte sie zum Flügel der Kühnentreuen und stand den von Kühnen initiierten Vorfeldorganisationen *Aktion Lebensschutz* (AL) und *Antizionistische Aktion* (AZA) vor. Zudem wurde unter ihrer Meldeadresse später die Bundesgeschäftsstelle der *Deutschen Alternative* (DA) eingerichtet.

---

57 Zur HNG vgl. Art. Hilfsorganisation für nationale politische Gefangene und deren Angehörige e. V. (HNG), in: Mecklenburg (Hg.), Handbuch, S. 274–276. Die Vereinigung wurde im Jahre 2011 verboten.
58 Vgl. Bräuninger, Kühnen, S. 111; Kniest, „Kühnen-Bewegung", S. 14.
59 Michael Kühnen, Politisches Soldatentum. Tradition und Geist der SA, Lincoln 1985, S. 25, unter: https://archive.org/details/Kuehnen-Michael-Politisches-Soldatentum [Zuletzt aufgerufen am 21.12.2020]. Die Bedeutung des Kontakts zwischen Kühnen und Krämer wird auch explizit in: Kühnen, Führertum, S. 50.
60 In Haft pflegte Kühnen viele Briefkontakte, meist zu Gesinnungsgenoss*innen. 1981 schrieb und empfing er in der JVA Celle jeweils mehr als 1.000 Briefe. Vgl. Art. Gegner 1, in: Der Spiegel 50 (1983), S. 31–32, hier S. 32.
61 Vgl. Göttinger Briefe, Juli/August 1979, apabiz, Sammlung Willi Krämer, Hervorhebung im Original.
62 Zur Geschichte des *Grabert-Verlags* vgl. den Beitrag von Martin Fingenberger zu Herbert Grabert in diesem Band. Darin finden sich weitere Literaturverweise.
63 Ursula Weckert, Feuerzeichen. Die Reichskristallnacht. Anstifter und Brandstifter – Opfer und Nutznießer, Tübingen 1981. Das Buch wurde 1994 indiziert und 1998 wegen Volksverhetzung und Verunglimpfung des Andenkens Verstorbener verboten.

In der Haft beschäftigte sich Kühnen „in Anlehnung an Adolf Hitler"[64] auch mit dem Verfassen propagandistischer Schriften, wie dem zweibändigen und Ernst Röhm gewidmeten Werk „Die Zweite Revolution", das im April 1982 Anlass zu einem Strafprozess bot, der mit einer neunmonatigen Freiheitsstrafe gegen Kühnen endete.[65] Der zweite Band, „Der Volksstaat", ist die einzige Quelle, in der Kühnen seine politische Vision etwas breiter ausführt. Das angestrebte „Vierte Reich" stellte er sich als eine konstitutionelle Erbmonarchie vor, deren Regierungschef der NSDAP-Parteiführer war. Kühnens „Reich" war eingebettet in einen weltpolitisch neutral orientierten europäischen Großraum unter deutscher Führung, der sich als „erweitertes Imperium Romanum" räumlich bis in den Nahen Osten erstreckte. Zudem müsse die bis 1945 ausgebliebene „zweite Revolution", die sozialistische, nach Innen realisiert werden. Akteur dieses Kampfes sei der „politische Soldat" in der Tradition der SA.[66]

Aber auch in größere Debatten innerhalb der neonazistischen Szene mischte Kühnen sich ein – etwa mit einer Invektive gegen das von Odfried Hepp und Walter Kexel 1982 veröffentlichte Papier „Abschied vom Hitlerismus", in der er sich explizit zu Hitler und dem 25-Punkte-Programm der NSDAP vom 24. Februar 1920 bekannte, aber die Ausschaltung der SA-Spitze 1934 als „Fehler" bezeichnete. In diesem Papier teilte Kühnen auch eine Blaupause seiner Strategie gen politischer Macht: Die besondere Verfasstheit der Bundesrepublik als „außergewöhnlich genormte[r] und kontrollierte[r] Massengesellschaft" – in der „Außenseiter" wie er nur als „Hofnarren" Platz fänden – lasse perspektivisch auf Kumulationen krisenhafter Ereignisse hoffen, in denen der vom gegenwärtigen System als Bedrohung

---

64 Robert Claus / Yves Müller, Männliche Homosexualität und Homophobie im Neonazismus, in: dies. / Esther Lehert (Hg.), „Was ein rechter Mann ist...". Männlichkeit im Rechtsextremismus, Berlin 2010, S. 109–126, hier, S. 117. Kühnen selbst verglich im Interview mit Graf seine „Schulungsschrift" mit *Mein Kampf*. Sein Ziel sei es, den „Kameraden [aufzuzeigen], was Nationalsozialismus heute bedeutet." Graf, Jahre, S. 40.
65 Das Manuskript war 1979 in der Haft entstanden, aus dem Gefängnis geschafft worden und sollte an Thies Christophersen übergeben werden, der es in seinem *Kritik Verlag* veröffentlichen wollte. Dazu kam es allerdings nicht mehr, da das Manuskript beschlagnahmt und das Strafverfahren wegen Herstellung von Propagandamitteln verfassungswidriger Organisationen gegen Kühnen eröffnet wurde. Der Prozess wurde von Kühnen und seiner Verteidigung als Auseinandersetzung um die Meinungsfreiheit inszeniert – Kühnen zog mit der Revision erfolgreich vor den BGH, der das erstinstanzliche Urteil verwarf. Die HNG erklärte Kühnen aus diesem Grund zum „Gefangenen des Jahres". Der Text erschien schließlich ab 1983 im *NS-Kampfruf* Gerhard Laucks und zirkulierte spätestens 1987 als Monografie in der Szene. Vgl. Harry Hugo Kalinowski, Kampfplatz Justiz. Politische Justiz und Rechtsextremismus in der Bundesrepublik Deutschland 1949–1990, Pfaffenweiler 1993, S. 170 ff.; Fromm, „Wehrsportgruppe Hoffmann", S. 253; Kniest, „Kühnen-Bewegung", S. 168 f.
66 Michael Kühnen, Die Zweite Revolution. Bd. 2, Der Volksstaat, unv. Manuskript, 1979.

gezeichnete Nationalsozialismus am ehesten von den Massen als authentische Alternative begriffen würde.[67] Kühnen wollte aus der politischen Agenda der NSDAP einen überzeitlichen ideologischen Kernbestand isolieren, diesen in die Gegenwart übersetzen und daraus eine Strategie für zeitgenössische Auseinandersetzungen entwickeln und nutzbar machen. Mit diesem politischen Ansatz grenzte sich Kühnen von verschiedenen Akteur*innengruppen der „nationalen Opposition" ab, insbesondere von jenen Nachkriegsrechten, die den Weg der Mäßigung und Distanzierung eingeschlagen hatten und keinen ideologischen Schlagabtausch suchten. Mit seiner Kritik an Teilen des historischen Nationalsozialismus, insbesondere an der SS und der Ermordung der SA-Führung, positionierte er sich aber auch im neonazistischen Lager eindeutig.

Am 30. November 1982 wurde Kühnen unter den Augen des MfS[68] aus der JVA Celle entlassen. Mit der Haftentlassung wandelte sich der Ton der Berichterstattung über Kühnen, die nun zunehmend kritischer wurde und Sorge um das internationale Ansehen der Bundesrepublik anmeldete.[69]

Die ANS forcierte nun den Zusammenschluss mit der *Wehrsportgruppe Fulda* um Arnd-Heinz Marx und der *NS-Initiativgruppe Frankfurt am Main*, später *Nationale Aktivisten* (NA) unter der Führung Thomas Brehls.[70] An diesem Prozess, der im „Frankfurter Apell"[71] und der Gründung der ANS/NA am 13. Januar 1983 mündete, waren auch frühere Aktivisten aus der WSGH und der *Volkssozialistischen Bewegung Deutschland/Partei der Arbeit* (VSBD/PdA) beteiligt. Die ANS/NA unter der Führung des 27-jährigen Kühnen sollte die „einzige Vertretungskraft der *deutschen Jugend*" werden. Sie forcierte den Kampf „ums Ganze", um die „neue Ordnung".[72] Eine der zentralen neuen Forderungen im Vergleich zum früheren Programm der ANS wurde die „Ausländerrückführung" – ein diskursives Feld, das seit Ende der siebziger Jahre von der extremen Rechten erschlossen wurde und zu rechtsterroristischen Anschlägen auf migrantisierte Menschen ab 1979/1980 sowie zu publizistischen Vorstößen wie der Veröffentlichung des „Heidelberger Ma-

---

67 Michael Kühnen, Nationalsozialismus oder „Abschied vom Hitlerismus"? Eine notwendige Klarstellung, Manuskript, JVA Celle, 10.8.1986, in: apabiz, Sammlung ANS 1.
68 Das MfS überwachte Kühnen als potentielle Bedrohung für die DDR und legte mindestens enge Kontakte zwischen Kühnen und westdeutschen Staatsschutzkreisen nahe. Vgl. Andreas Förster, Zielobjekt Rechts. Wie die Stasi die westdeutsche Neonaziszene unterwanderte, Berlin 2018, hier S. 165 ff.
69 Vgl. Gussone, Reden, S. 342.
70 Zu Thomas Brehl vgl. den entsprechenden Beitrag von Eric Angermann in diesem Band.
71 Vgl. Verlautbarung, Frankfurter Apell, in: Das Korps 2 (1983).
72 Undatierter Beitrag, in: Der Nationale Aktivist 1 (1983), Hervorhebung im Original.

nifests" im Jahre 1981[73] oder der Gründung der Partei *Die Republikaner* 1983 führte. Kühnen regte die Gründung der Wahlpartei *Aktion Ausländerrückführung* (AAR) an. Bereits in der Schrift „Die zweite Revolution" hatte sich Kühnen der Erzählung vom „großen Austausch" gewidmet, der von „Zionisten" gesteuert werde und dessen „Abwehr [...] eine gemeinsame Aufgabe aller Weißen" sei[74] – fünf Jahre später taugte dieses Ideologem für Kühnen zum Wahlkampf.

Mit dem Zusammenschluss der drei genannten Organisationen vergrößerte sich die Zahl der Anhänger, und so stellte sich Kühnen diesen im ANS/NA-Rundbrief *Die Innere Front* im Januar 1983 vor: Er beanspruchte für sich selbst innerhalb der „nationalen Opposition" die Rolle des Erbauers einer „Brücke zwischen den Generationen". Außerdem inszenierte er sich als selbstloser Kämpfer, der auf persönliche Freiheit, eine bürgerliche Existenz, auf die Hilfe der Eltern „die uns politisch feindlich gegenüberstehen," und auf jeden Wohlstand verzichte, um alles in die politische Arbeit zu stecken. Er rechne mit weiteren Haftstrafen für seine bloßen Überzeugungen, denn „[i]n einem besetzten Land ist das Gefängnis der natürliche Aufenthaltsort für einen freien Mann".[75]

Der Bundesminister des Innern verbot die ANS/NA gemeinsam mit der angegliederten AAR am 7. Dezember 1983.[76] Zu diesem Zeitpunkt umfasste die Organisation etwa 300 Mitglieder,[77] die in 30 Kameradschaften organisiert waren. Damit war ANS/NA die damals größte neonazistische Vereinigung in der Bundesrepu-

---

[73] Vgl. Ingrid Tomkowiak Das „Heidelberger Manifest" und die Volkskunde, in: Zeitschrift für Volkskunde 92 (1996), S. 185–207.

[74] Zit. n. Eike Hennig, „Wert habe ich nur als Kämpfer". Rechtsextremistische Militanz und neonazistischer Terror, in: Reiner Steinweg (Hg.), Faszination der Gewalt. Politische Strategie und Alltagserfahrung, Frankfurt am Main 1983, S. 89–122, hier S. 100. Vgl. auch Walter Schütte, Sie werden immer frecher. Interview mit Michael Kühnen, in: Quick 25 (1983). Der „große Austausch" als Motiv in der extremen Rechten ist gegenwärtig v. a. mit der *Identitären Bewegung* (IB) und dem französischen Autoren Renaud Camus verknüpft. In seinem gleichnamigen Buch, das den Begriff zuletzt popularisierte, bezieht sich Camus auf frühere Werke von Jean Raspail und Maurice Barrès. Vgl. Renaud Camus, Revolte gegen den großen Austausch, Schnellroda 2016. Zur Verwendung des Topos im deutschsprachigen Raum vgl. Volker Weiß, Von der „Deutschenwanderung" zum „großen Austausch" oder „identitäre" Propaganda und ihre völkischen Vorläufer, in: NS-Dokumentationszentrum München / Zentrum für Antisemitismusforschung der TU Berlin / Zentrum Jüdische Studien Berlin-Brandenburg in Zusammenarbeit mit Isabel Enzenbach (Hg.), Angezettelt. Antisemitische und rassistische Aufkleber von 1880 bis heute, Berlin 2017, S. 124–135; Gideon Botsch / Christoph Kopke, „Umvolkung" und „Volkstod". Zur Kontinuität einer extrem rechten Paranoia, Ulm 2019.

[75] Michael Kühnen, Zur Person, in: Die Innere Front 2 (1983).

[76] Vgl. Art. Gegner 1.

[77] Vgl. apabiz, Profil Aktionsfront Nationaler Sozialisten/Nationale Aktivisten, unter: https://www.apabiz.de/archiv/material/Profile/ANSNA.htm [Zuletzt aufgerufen am 21.12.2020].

blik. Bei Hausdurchsuchungen im Zuge des Organisationsverbots wurde auch ein Ordner mit der Aufschrift „Gegner 1" sichergestellt,[78] der persönliche Informationen, Adressen und Fotos von Akteur*innen der politischen Linken enthielt und ein frühes Zeugnis der in den neunziger Jahren verstärkt praktizierten *Anti-Antifa*-Arbeit der neonazistischen Szene darstellt.[79]

Nach dem Verbot der ANS/NA forcierte Kühnen zum einen die Gründung einer immer größer werdenden Zahl von Vorfeldorganisationen, in die Aktivist*innen im Verbotsfall wechseln konnten, zum anderen sollten bereits bestehende Organisationen und legale Parteien infiltriert werden. Im April 1984 wurde beispielsweise die Kühnen-Vertraute Christa Goerth neue Vorsitzende der HNG.[80] Kühnen rief seine Anhänger*innen zudem zum Eintritt in die bis zu diesem Zeitpunkt bedeutungslose Kleinstpartei *Freiheitliche Deutsche Arbeiterpartei* (FAP) auf und intensivierte Bemühungen, eine *Europäische Bewegung* (EB) mit weiteren europäischen Nationalsozialist*innen zu gründen. Ebenfalls entstand die *Gesinnungsgemeinschaft der Neuen Front* (GdNF), die sich um den Informationsbrief der ANS, *Die Neue Front*, gruppierte.[81] Diese Nachfolgestrukturen boten den ANS/NA-Mitgliedern, aber auch jenen der parallel verbotenen VSBD/PdA, Unterschlupf. Kühnen widmete sich nun auch verstärkt der Erschließung neuer Rekrutierungsräume. Bereits seit Ende der siebziger Jahre hatte er versucht, mit der – eher halbherzigen – Besetzung des Themas Umweltschutz neue Kreise anzusprechen. Er sah Verbindungen zwischen der ANS/NA und der Ökologiebewegung, „[d]enn das Grün steht in meinen Augen für dasselbe, für das eben schon in den zwanziger Jahren das Braun stand, nämlich eine Gesellschaftsordnung herbeizuführen, die

---

78 Vgl. Art. Gegner 1.
79 Zum Konzept Anti-Antifa vgl. Christoph Schulze, Etikettenschwindel. Die Autonomen Nationalisten zwischen Pop und Antimoderne, Baden-Baden 2017, S. 150–155.
80 Art. Christa Goerth, in: Mecklenburg (Hg.), Handbuch, S. 462.
81 Der Name des Informationsbriefs rekurriert auf den Titel eines 1922 erschienenen Sammelbandes, der mit Arthur Moeller van den Brocks Aufsatz „An Liberalismus gehen die Völker zugrunde" einen Schlüsseltext der nationalistischen, jungkonservativen Strömung enthielt. Eine Lektüre des Werkes durch Michael Kühnen lässt sich nicht belegen. Antifaschistischen Akteur*innen fiel die namentliche Nähe indes auch auf, und sie versuchten sie vage über den „nationalen Sozialisten" Ernst Niekisch herzuleiten – auch hier lässt sich eine Rezeption nicht belegen. Kühnen selbst setzte die „Neue Front" in Bezug zu vorangegangenen Bemühungen, nach 1945 eine nationalsozialistische Partei wiederaufzubauen und beschrieb den „harten und opferreichen Kampf [...] an diesem Frontabschnitt". Vgl. Arthur Moeller van den Bruck / Heinrich von Gleichen / Max Hildbert Boehm (Hg.), Die Neue Front, Berlin 1922; Gütersloher AntifaschistInnen, GdNF: Die alte „Neue Front" als Vorbild?, in: Antifaschistisches Infoblatt 23 (1993), unter: https://www.antifainfoblatt.de/artikel/gdnf-die-alte-neue-front-als-vorbild [Zuletzt aufgerufen am 3.1.2021]; Kühnen, Soldatentum, S. 52.

unter den Naturgesetzen steht."[82] Zeitgleich wies er seine Anhänger*innen an, verstärkt im Fußballumfeld „Mitkämpfer" zu werben.[83]

Im November 1983 wurde Kühnen zu acht Monaten Haft auf Bewährung wegen einer uneidlichen Falschaussage verurteilt. Um einer erneuten Inhaftierung nach einem Verstoß gegen die Bewährungsauflagen zu entgehen, floh er im März 1984 über die schweizerische Grenze ins französische Exil. Er kam in Chessy in einer konspirativen Wohnung unter, die ihm Marc Fréderiksen (*Faisceaux nationalistes européenne*, FNE) besorgte.[84] In Frankreich wurde er von den Journalisten Gerhard Kromschröder und Warner Poelchau aufgespürt und am 4. Oktober 1984 in die Bundesrepublik abgeschoben. Vor Gericht erläuterte Kühnen seinen bisherigen politischen Werdegang und erkannte drei prägnante Abschnitte: eine erste „ausgesprochene Provokationsphase" (1977/78), gefolgt von einer „Klärungsphase", die er zum politischen Selbststudium und zum Verfassen eigener Schriften genutzt habe (1979–1982). Seit 1982 befinde er sich in der praktischen „Organisationsphase".[85] Kühnen zeichnete sich selbst in diesem autobiografischen Aufriss als einen nunmehr ideologisch gefestigten Akteur, der die Zugriffe seiner Gegner*innen geschickt für sich zu nutzen wisse – etwa indem ihm Gefängnisaufenthalte zum intensiven Eigenstudium und dem Knüpfen von Kontakten dienten.

Im Januar 1985 folgte eine Verurteilung zu drei Jahren und vier Monaten Gefängnisstrafe wegen des Verbreitens von Propagandamitteln und der Verwendung von Kennzeichen verfassungswidriger Organisationen, die er in der JVA Butzbach zeitgleich mit Manfred Roeder absaß. Die Haft nutzte er zur zeitgemäßen Kommentierung des NSDAP-Programms. In diese Zeit fällt auch eine Korrespondenz mit Erich Fried, den er später – auch ob dessen Antizionismus – als „Ausnahmejuden" bezeichnete, der das dominante antisemitische Bild ein wenig korrigiert habe.[86]

---

82 Graf, Jahre, S. 45.
83 Vgl. Art. Über Fans, Hooligans und Neonazis, in: Antifaschistisches Infoblatt 4 (1988), unter: https://www.antifainfoblatt.de/artikel/über-fans-hooligans-und-neonazis [Zuletzt aufgerufen am 28.12.2020].
84 Vgl. Sebastian Gräfe, Rechtsterrorismus in der Bundesrepublik Deutschland. Zwischen erlebnisorientierten Jugendlichen, „Feierabendterroristen" und klandestinen Untergrundzellen, Baden-Baden 2017, S. 95.
85 Vgl. Jaschke, Porträt, S. 173.
86 Vgl. Ritter, Kühnen.

Der „Bewegungsstreit" und Reorganisationsbemühungen als Zäsur im neonazistischen Lager

Während der Haft in Butzbach kam es zum Bruch in der Neonazi-Bewegung. Anlass war das Coming-Out des französischen Kühnen-Vertrauten und GdNF-Ehrenmitglied Michel Caignet im Frühsommer 1986. Dieser in der Szene präzedenzlose Schritt lieferte politischen Rival*innen eine willkommene Steilvorlage. Caignet wurde aus der GdNF ausgeschlossen, in der *Neuen Front* erschien der von Jürgen Mosler, Volker Heidel, Michael Swierczek und Ursula Müller unterzeichnete Aufruf „Der Kampf geht weiter", der Homosexuellen vorwarf „alles Gesunde und Lebensbejahende" zu „verseuchen", und sie als „Verräter am Volk" *per se* aus der nationalsozialistischen Bewegung ausschloss.[87] Kühnen und einige Gesinnungsgenoss*innen traten aus Protest am 1. September 1986 aus der GdNF aus – und kamen so einem drohenden Ausschluss zuvor.

Ende des Jahres 1986 veröffentlichte Caignet Kühnens Streitschrift „Nationalsozialismus und Homosexualität", die dem „Blutzeugen der Bewegung", dem im Mai 1981 von ANS-Angehörigen aus einer Hamburger Schwulenbar entführten und ermordeten ANS-Mitglied Johannes Bügner, gewidmet war. In einem persönlichen Brief Kühnens an Caignet, der mit dem Text veröffentlicht wurde, schilderte Kühnen den Mord als „Schock", denn er habe Homosexualität in der neonazistischen Szene vorher nicht als Problem wahrgenommen. Der „blödsinnige Schwulenhaß", der sichtbar wurde, sei Ausdruck von „Spießer-Moral", denn es sei nicht einzusehen, warum – männliche – Homosexualität als „natürliche, biologische Veranlagung" ein Problem für eine „biologisch fundierte Weltanschauung" darstellen sollte. Kühnen habe den nun veröffentlichten Text bereits während seiner ersten Haft geschrieben, aus Rücksicht auf seine Kameraden aber nicht veröffentlichen wollen. Aus Solidarität mit Michel Caignet tue er dies nun aber doch – zu seiner eigenen Sexualität und den diesbezüglichen Gerüchten äußerte er sich nicht. Bis zu seinem Tod bestand er darauf, dass Sexualität und sexuelle Orientierung als Privatangelegenheiten anzusehen seien.[88] Kühnens Text stellte eine Zäsur in der Auseinandersetzung der extremen Rechten mit Homosexualität dar und lo-

---

87 Jürgen Mosler / Volker Heidel / Ursula Müller / Michael Swierczek, Der Kampf geht weiter, in: NF 8 (1986).
88 Kühnen an Michel Caignet, 11.8.1986, aus der JVA Butzbach, in: Michael Kühnen, Nationalsozialismus und Homosexualität, Paris 1986, apabiz Sammlung GdNF. Die Spekulationen um Kühnens Homosexualität rissen nicht mehr ab und immer wieder wehrte er sich dagegen: So ließ er 1987 im NDR eine Gegendarstellung verlesen und zeigte im Sommer 1990 den FAP-Bundesvorsitzenden Friedhelm Busse an, der ihn in einem Interview als „schwul" bezeichnet hatte. Vgl. Rosa von Praunheim, Männer, Helden, schwule Nazis, Deutschland 2005; Botsch, Rechte, S. 98 f.

tete die Grenzen ideologischer Modernisierungsbemühungen aus.[89] In „Nationalsozialismus und Homosexualität" führte Kühnen aus, dass homosoziale Männerbünde Vorbedingungen jeder Zivilisation und „Artentfaltung" darstellten und durch homosexuelle Beziehungen intensiviert würden. Er versuchte zudem, Homosexualität vom Makel der Unmännlichkeit zu befreien, indem er sie in „natürliche" und „dekadente" Erscheinungsformen schied.[90] Die Schrift verschärfte den Konflikt innerhalb des neonazistischen Lagers. Für kurze Zeit erschien das Mitteilungsblatt *Die Neue Front* doppelt und der Mosler-Flügel drohte den „dreckigen, schwulen Elemente[n]", dass es „im Land genügend Laternen [gebe], um den Leuten, die unsere heilige Idee so in den Dreck ziehen, ihren Platz im neuen Deutschland zuzuweisen."[91]

Auch die FAP geriet als legaler Arm der Bewegung in den Fokus des Konflikts. Der Mosler-Flügel konnte dort seine Linie durchsetzen, nur wenige Landesverbände folgten noch Kühnen. Im Januar 1989 handelten beide Lager ein pragmatisches Stillhalteabkommen aus, das weitere Diffamierungen und interne Verwerfungen beenden sollte. Aus dem Bremer FAP-Verband heraus gründete sich wenige Monate danach, am 5. Mai 1989, die *Deutsche Alternative* (DA), die sich zu Kühnens letztem großen Projekt entwickeln sollte.

Die Debatte um männliche Homosexualität und deren Integration in eine nationalsozialistische „Volksgemeinschaft" stellte eine implizite Revision der historischen NSDAP-Linie dar, die nach Ansicht Kühnens noch von Residuen der „jüdisch-christliche[n] Leibfeindlichkeit"[92] in der europäischen Kultur beeinflusst war. Im folgenden Jahr führte Kühnen im „Politischen Lexikon der Neuen Front", das er in der JVA Butzbach verfasste und als Reihe in der *Neuen Front* publizierte, aus, dass der Nationalsozialismus „kein Dogma,"[93] der jüdisch konnotierte Dogmatismus stattdessen den Ariern „artfremd"[94] sei. Die Rekurse auf Dogmen, Spießig- und Bürgerlichkeit, die Kühnen in die andauernde Debatte um den Platz von Schwulen in der Bewegung hineintrug, korrespondieren mit seinem transgressiven Politikstil Ende der siebziger Jahre.

---

89 Vgl. Robert Claus / Fabian Virchow, The Far Right's Ideological Constructions of „Deviant" Male Sexualities, in: Michaela Köttig / Renate Bitzan / Andrea Pető (Hg.), Gender and Far Right Politics in Europe, Basingstoke 2017, S. 305–319, hier S. 311.
90 Claus/Müller, Homosexualität, S. 121.
91 Art. Zur Beachtung!, in: NF 6 (1987), S. 4.
92 Kühnen, Nationalsozialismus, S. 56.
93 Michael Kühnen, Politisches Lexikon der Neuen Front, unv. Manuskript, Butzbach 1987, S. 4.
94 Ebd., S. 7.

Nach dem „Bewegungsstreit" war Kühnen nicht mehr unangefochtener Anführer der bundesrepublikanischen Neonazis[95] – das war auch der Presse nicht entgangen, die sich an intimen Spekulationen beteiligte und 1987 über Kühnens HIV-Infektion berichtete, die dieser zurückwies.[96] Auch wenn Pressevertreter*innen aufgefallen war, dass Kühnen zahlreiche Gefolgsleute verloren hatte und weitgehend isoliert war, sorgten mit ihm assoziierte und daher massenmedial vermittelte Pläne weiterhin für große Verunsicherung. So hatte die GdNF seit 1984 in einem als Nachfolgestruktur der verbotenen ANS/NA gegründeten *Komitee zur Vorbereitung der Feierlichkeiten zum 100. Geburtstag Adolf Hitlers* (KAH) ebensolche für den 20. April 1989 angekündigt. Entsprechende Berichte von *Bild* und *Hamburger Morgenpost* sorgten dafür, dass zahllose migrantisierte Familien an diesem Tag ihre Kinder aus Furcht vor rassistischen Rollkommandos nicht in die Schulen schickten. Die avisierte Gewalt blieb aus – der Journalist Giovanni di Lorenzo nutzte den Anlass, um kritisch auf das Verhältnis zwischen Kühnen und der Presse zu blicken, für den jede Berichterstattung über seine Pläne schon einen Erfolg darstellte.[97] Peter Graf indessen ließ sich im *Criticón* über Kühnen aus, den er als einen Grund für das Ausbleiben erfolgreicher politischer Organisation der westdeutschen Rechten identifizierte, ihn gar als Gefahr für die Rechte *von rechts* ausmachte: Der „deutsche Rechtsradikalismus" mit ihrem Exponenten Michael Kühnen sei eine funktionale Chimäre, mit der „Mitte" und „multikulturelle Nazijäger" alles Rechte diskreditierten – vielleicht, so raunte Graf, seien diese neuen Nationalsozialist*innen gar Agent*innen der DDR.[98]

---

95 Pfahl-Traughber geht davon aus, dass der Mosler-Flügel Ende der achtziger Jahre mit ca. 350 Personen mehr als doppelt so groß war wie der Kreis der Kühnen-Anhänger*innen. Vgl. Armin Pfahl-Traughber, Rechtsextremismus in der Bundesrepublik Deutschland, München 2006, S. 81.
96 Die Presse berichtete nach Kühnens Tod, dass die Information 1987 über Manfred Roeder aus der JVA Butzbach in die Szene und an die Öffentlichkeit gelangte. Kühnen bestritt seine Erkrankung auch gegenüber engen Vertrauten bis ins Jahr 1991. Lediglich Thomas Brehl war 1987 von Kühnen eingeweiht worden. Kühnen war seit 1984 HIV-positiv. Vgl. Rüdiger Kreissl, Kühnen konnte nur noch flüstern, in: HNA v. 26.4.1991; Thomas Brehl an Christa Goerth, 9.5.1991, Hessisches Staatsarchiv Darmstadt (HStAD), HStAD O 67, 2; Bräuninger, Kühnen, S. 512.
97 Vgl. Giovanni Di Lorenzo, Wer, bitte, ist Michael Kühnen?, in: Wolfgang Benz (Hg.), Rechtsextremismus in der Bundesrepublik. Voraussetzungen, Zusammenhänge, Wirkungen, Frankfurt am Main 1991, S. 232–247.
98 Peter Graf, Neonazismus aus Staatsräson oder: Die Gefahr von „rechts" für rechts, in: Criticón 113 (1989).

Reorganisationsbemühungen nach der Wiedervereinigung

Mit dem Mauerfall orientierte sich der in Westdeutschland in die Defensive geratene Kühnen in die DDR. Kühnen habe „als erster West-Nazi von der neofaschistisch orientierten Jugendbewegung in der DDR profitiert"[99] – in Ostdeutschland war er als „gefährlicher Neonazi" bekannt[100] und das dort von ihm bestehende Bild war weit weniger eingefärbt von Richtungsstreits, die sich um die Frage der Homosexualität drehten. „Bis zum Fall der Mauer hatte unsere Gruppe monatelang stagniert, kaum mehr als hundert Leute kamen zu Kühnen-Veranstaltungen",[101] hieß es 1990 in der *Neuen Front*. Seit Ende 1989 waren in der DDR mithilfe westdeutscher GdNF-Reisekader DA-Ortsgruppen gegründet worden. Die stärksten waren in Dresden und Cottbus, wo die DA 1990 zur drittstärksten Mitgliederpartei vor der SPD wurde.[102] Ein „Arbeitsplan Ost"[103], an dem neben Kühnen Gesinnungsgenoss*innen aus der DDR mitschrieben, wurde im Januar 1990 vorgestellt. Er sah verstärkte Kaderwerbung und -ausbildung in Ostdeutschland vor, die Etablierung einer legalen „Wiedervereinigungspartei" und Beteiligung an Montagsdemonstrationen mit Reichsflaggen.

Auch mit der im Februar 1990 in Ostberlin gegründeten *Nationalen Alternative* (NA) kam es zur Kooperation, sie ging im März in der DA auf. Koordiniert wurde dieser Prozess von den Kadern der ebenfalls 1989 gegründeten *Nationalen Liste* (NL), Christian Worch und Thomas Wulff. Kühnen und Küssel hielten sich 1990 einige Zeit in dem von NA-Skinheads in der Lichtenberger Weitlingstraße 122 besetzten Hausprojekt auf.[104]

Zum 1. Mai 1990 mobilisierten DA und GdNF nach Eisenach, wo der erste größere Aufmarsch mit west- und ostdeutscher Beteiligung stattfand. „Noch hatten sich kein Schönhuber, kein Mussgnug, kein Dr. Frey öffentlich in die DDR getraut. *Kühnen* war der erste [sic]!",[105] jubilierte ein Artikel in der *Neuen Front*.

---

99 ID-Archiv im ISSG (Hg.), Drahtzieher im braunen Netz. Der Wiederaufbau der NSDAP, Berlin 1995, S. 46.
100 Von Praunheim, Männer.
101 Art, Rebellion ist gerechtfertigt!, in: NF 75 (1990).
102 Vgl. Art. Grüne Stadt mit brauner Jugend, in: Der Spiegel 48 (1992), S. 43–49.
103 Vgl. Art. Arbeitsplan Ost, in: NF 101 (1990).
104 Vgl. Jakob Warnecke, Failed Takeover. The Phenomenon of right-wing squatting, in: Udo Grashoff (Hg.), Comparative Approaches to Informal Housing Around the Globe, London 2020, S. 223–237, hier S. 228.
105 Art. Rebellion, Hervorhebung im Original.

Kühnen war wieder obenauf: Beim Gedenkmarsch in Wunsiedel 1990, wo Kühnen den Zug anführte, konnte er sich als zentrale Führungsfigur eines wiedervereinigten neonazistischen Lagers präsentieren. Am 20. Oktober 1990 demonstrierten 500 Neonazis in Dresden – zur Mobilisierung wurden Plakate verbreitet die schlicht kündeten: „Kühnen kommt!"[106] Die Fotos von Kühnen und Küssel mit dem zum „Kühnengruß" gereckten Arm vor der Semperoper trafen auf ein Presseecho, das an die siebziger Jahre anknüpfen konnte. Es wurde der letzte große Auftritt eines zentralen Akteurs der extremen Rechten, der ideologisch und organisatorisch den deutschen Neonazismus zentral mitgeprägt hat. Ein letztes Mal suchte Kühnen Ende Januar 1991 die Öffentlichkeit, als er in einem Interview mit dem *Hessischen Rundfunk* großmäulig verkündete, 500 Mann zur Unterstützung Saddam Husseins zu mobilisieren. Ziel sei ein Bündnis arabischer und europäischer Nationalist*innen gegen Israel.[107] Kamerad*innen zeigten sich entsetzt über diesen Auftritt Kühnens, der bereits stark von seiner AIDS-Erkrankung gezeichnet war – Kühnen sehe aus wie eine Figur aus der „Geisterbahn" und sei in keinem Zustand, in dem „man ihn [...] auf die Menschheit loslassen kann."[108]

Ein letztes Spektakel

Seit 1990 war Kühnen vor allem als Reisekader in den neuen Ländern unterwegs, nirgendwo gemeldet und lebte seit Februar 1991 nicht mehr in Langen, sondern im thüringischen Zimmern. Dort hatte er gemeinsam mit seiner Partnerin Esther („Lisa") Wohlschläger (*Deutsche Frauenfront*, DFF) ein Haus von einem nordhessischen Kameraden gemietet.[109] Der gemeinsame Umzug nach Thüringen kam auch für Kühnens engsten Kreis überraschend – Wohlschläger war vielen eine *Persona non grata*.[110]

---

106 Vgl. ID-Archiv, Drahtzieher, S. 39. Bereits 1983 war für den 60. Jahrestag des „Marschs auf die Feldherrenhalle" mit diesem Slogan geworben worden. Vgl. Bräuninger, Kühnen, S. 248.
107 Vgl. Art. Hey, Saddam, in: Der Spiegel 5 (1991), S. 97.
108 Christa Goerth an Thomas Brehl, 16.2.1991, HStAD O 67, 2.
109 Vgl. Bräuninger, Kühnen, S. 505.
110 So titulierte bspw. Thomas Brehl sie als „abgrundtief blöde Kuh", vgl. Thomas Brehl an Christa Goerth, 9.5.1991, HStAD O 67, 2. Aus demselben Briefverkehr geht aber deutlich hervor, dass die Beziehung kein „Alibi" war, um ein heterosexuelles Statement zu setzen. Solches legten zeitgenössische antifaschistische Artikel implizit immer wieder nahe, vgl. Art. Rudolstadt – Rudolf Heß Marsch 1992, in: Antifaschistisches Infoblatt 20 (1992), unter: https://www.antifainfoblatt.de/artikel/rudolstadt-rudolf-heß-marsch-1992 [Zuletzt aufgerufen am 6.1.2021].

Erst nach diesem Umzug weihte Kühnen Mitglieder seines engsten Kreises in seine Erkrankung ein.[111] In Behandlung hatte er sich bis zu diesem Zeitpunkt nicht begeben, aus Sorge um entsprechende Presseberichte.[112] Seine enge Vertraute Christa Goerth meinte nach Kühnes Tod im Frühjahr 1991, er habe nicht mit allen Mitteln um sein Leben gekämpft, sich stattdessen aufgegeben: „Seine persönlichen Lebensumstände waren nicht geeignet, Freude am Leben zu haben."[113]

In Zimmern wurde Kühnen am 10. April mit einem Haftbefehl der Staatsanwaltschaft Frankfurt am Main festgenommen. Der Vorwurf lautete Führen eines Kraftwagens ohne Pflichtversicherung. Er wurde von Thüringen in die JVA Kassel überstellt – die einzige hessische Haftanstalt mit Gefängniskrankenhaus. In Kassel wurde der Haftbefehl ob des gesundheitlichen Zustands Kühnens aufgehoben – stattdessen fertigte Kühnen mit einem Notar sein Testament an und wurde dann in ein städtisches Krankenhaus verlegt.[114] Testamentarisch bestimmte Kühnen Christian Worch zu seinem Nachlassverwalter, Gottfried Küssel sollte ihm politisch nachfolgen. Zudem legte er fest, im südhessischen Langen beigesetzt zu werden, das nach dem Willen der GdNF die „erste ausländerfreie Stadt Deutschlands"[115] hätte werden sollen. Am 25. April 1991 erlag Michael Kühnen im Städtischen Klinikum Kassel den Folgen seiner AIDS-Erkrankung.

Nach seinem Tod verweigerte die Stadt Langen eine Bestattung ebenso wie weitere von Christian Worch kontaktierte Kommunen aus Sorge, zum Wallfahrtsort der extremen Rechten zu werden.[116] Kühnen, maßgeblich an der Etablierung der Heß-Gedenkmärsche beteiligt, hatte mit diesen ein Szenario geschaffen, dass seine Bestattung für mehrere Monate verunmögliche – bis seine Urnenbeisetzung auf dem weiträumig abgesperrten Kasseler Westfriedhof Anfang 1992 unter Protesten durchgeführt wurde. Bei dieser Begräbnisfeier wiederholte Heinz Reisz eine Ankündigung, die er bereits während der Trauerfeier auf dem Kasseler Hauptfriedhof am 3. Mai des Vorjahres geäußert hatte: Man werde Kühnens

---

111 Worch und andere haben erst am 1.3.1991 von der Erkrankung erfahren. Nach der Einlieferung in die Klinik machte Christian Worch die HIV-Infektion und die daraus resultierende Erkrankung öffentlich und bestätigte somit jahrelange Mutmaßungen, vgl. Bräuninger, Kühnen, S. 509.
112 Vgl. Thomas Brehl an Christa Goerth, 31.5.1991, HStAD O 67, 2.
113 Christa Goerth an Thomas Brehl, 20.5.1991, HStAD O 67, 2.
114 Vgl. Wolfgang Gast, Neonazi Kühnen gestorben, in: Taz v. 26.04.1991.
115 Kniest, „Kühnen-Bewegung", S. 209; Bräuninger, Kühnen, S. 505 f. Der Kreis um Kühnen erwartete 1989 tatsächlich „politischen Erfolg in Langen", in dessen Folge rasch „unser [...] Anspruch als ernsthafte politische Kraft" demonstriert werden müsse, vgl. Art. 1. Arbeitsthing. Arbeitsziele im neuen Jahr, in: NF 60 (Dezember 1988).
116 Vgl. Art. Staub zu Puderzucker, in: Der Spiegel 48 (1991), S. 132–133.

Asche nach Langen bringen – und wenn sie dazu gestohlen werden müsse.[117] Autonome griffen diese Ankündigung prompt auf – noch am Nachmittag postierte die Polizei eine Wache am Friedhof, in den folgenden Monaten wurde das Grab von Polizei und Friedhofsverwaltung täglich kontrolliert.[118]

Nach Kühnens Tod leitete eine Führungsgruppe, bestehend aus Christian Worch, Gottfried Küssel und Arnulf Winfried Priem (*Hauptschulungsamt Wotans Volk*) die GdNF – was ihr ohne den „Chef" zunächst schwerfiel: Nach Kühnens Tod im April 1991 erschien die nächste Ausgabe der *Neuen Front* erst im Sommer 1992. In dieser Ausgabe – einem schmalen Heftchen, das Michael Kühnen nur auf dem Titelblatt gedenkt[119] – fehlt jede Erwähnung des wenige Monate zuvor verübten Urnendiebstahls: In der Nacht auf dem 7. April wurde die Aschekapsel aus dem Grab entwendet – in einem Bekenner*innenschreiben, das auch in der Zeitschrift *interim* veröffentlicht wurde, gab ein *Autonomes Umtopfungskommando* (AUK) in die Kapsel gravierte Ziffern an und bestätigte so, im Besitz der Urne zu sein: „Wir sehen dies nicht als Grabschändung an, haben auch keinerlei Beschädigungen oder Schmierereien am ehemaligen Grab hinterlassen."[120] Kassel, so das Motiv hinter dem Diebstahl, sollte als letzte Ruhestätte Michael Kühnens nicht zum integralen Bezugspunkt der extremen Rechten werden. Stattdessen habe man die Kühnen-Asche mit der Asche einer um die Urne gewickelten Reichskriegsflagge vermischt und in einem „namenlosen Wald und Wiesengrab [sic] beigesetzt".[121] Hans-Dietrich Sander beschrieb diese Aktion als „letzte Ehrung", denn die „Vermischung der verbrannten Reichskriegsflagge mit Kühnens Asche" und seine Bestattung „überall in deutscher Erde" hätte dem Verstorbenen sicher gefallen.[122] Kühnens engstes Umfeld leugnete den Diebstahl durch Autonome und behauptete, selbst im Besitz der Urne zu sein: Im August 1992 trug Wohlschläger beim Rudolf-Heß-Gedenkmarsch in Rudolstadt diese symbolisch vor sich her.[123] Jahre später räumte Christian Worch ein, die Authentizität der AUK-Erklärung

---

117 Vgl. ebd.; Art. Asche bleibt im Stahlschrank, in: HNA v. 19.11.1991.
118 Vgl. Art. 24 Verletzte vor dem Friedhof, in: HNA v. 4.1.1992; vgl. Art. Kühnen-Urne gestohlen, in: HNA v. 4.8.1992.
119 Vgl. NF 77 (Juli 1992). Auffällig ist das Fehlen eines Portraits oder größeren Artikels auch im Vergleich zur Ausgabe nach dem Tod von Gerald Hess, vgl. NF 73 (Sommer 1990).
120 Art. Volxsport, in: interim 190 (1992), S. 24; Art. Kein Reich – Kein Führer – Keine Urne, in: Antifaschistisches Infoblatt 18 (1992), S. 23. In der Lokalzeitung HNA bestätigte der Leiter der Friedhofsverwaltung auf Nachfrage, „[i]n Kassel ist kein Grab Kühnens mehr vorhanden." Vgl. Art. Kühnen-Urne.
121 Art. Volxsport.
122 Hans-Dietrich Sander, Eine letzte Ehrung, in: Staatsbriefe 6/7 (1992), S. 48–49.
123 Vgl. Art. Rudolstadt.

habe stets „außer Zweifel" gestanden.¹²⁴ Dieses letzte Aufsehen nach seinem Tod hätte Kühnen vermutlich gefallen: sowohl der nächtliche Diebstahl als auch ein späteres Gerichtsverfahren gegen den Journalisten Michael Born. Dieser hatte gestellte Bildaufnahmen, welches die „Autonomen" *in flagranti* auf den Friedhof zeigen sollte, an *Spiegel TV* und *Stern TV* verkauft.¹²⁵ Diese provokante Inszenierung konnte anknüpfen an Kühnens eigene Medienstrategie, mit der er ab den siebziger Jahren die „nationale Opposition" in der Bundesrepublik entscheidend mitprägte und modernisierte.

---

124 Christian Worch, Über den Tod hinaus: Hass, Gewalt, Schikane, in: Freundeskreis Michael Kühnen (Hg.), Michael Kühnen. Sein Leben, sein Wirken, sein Kampf, o. O. 2005, S. 54–57, hier S. 56. Zur Motivation Worchs hinter der öffentlichen Leugnung des Diebstahls 1992, vgl. Bräuninger, Kühnen, S. 518.
125 Vgl. Fußnote 3.

Pablo Schmelzer
Heinz Lembke (1937–1981)

Förster und Werwolf

Am 26. September 1980 ereignete sich der bis heute schwerste Terroranschlag in der bundesdeutschen Geschichte. 213 Menschen wurden verletzt, 13 Menschen starben, als am Eingang des Münchner Oktoberfests eine Bombe detonierte. Einen Tag später erfuhren Ermittler von einem Förster, der in der Lüneburger Heide ein Waffen- und Sprengstofflager angelegt hatte, mit dessen Inventar er im rechtsterroristischen Milieu hausieren ging. Die Spur wurde schnell wieder fallen gelassen und Gundolf Köhler, Anhänger der neonazistischen *Wehrsportgruppe Hoffmann*, als unpolitischer „Einzeltäter" des Oktoberfestanschlags identifiziert.

Der erwähnte Förster, Heinz Lembke, ist seither Subjekt zahlloser Spekulationen: Sein Sprengstoff könnte in München zum Einsatz gekommen sein, er sei möglicherweise V-Mann und womöglich Teil einer „außerhalb jeglicher parlamentarischer Kontrolle stehende[n] Geheimarmee"[1] gewesen. In der Forschungsliteratur spiegeln sich diese zuweilen verworrenen Mutmaßungen in kursorischen Erwähnungen von Lembkes Waffendepots in der Heide. Dass die rechtsextreme Biographie des „Heideförsters"[2] dabei fast immer im Dunkeln bleibt, erklärt sich wohl nicht zuletzt durch eine äußerst dürftige Quellenlage; ein Umstand, der durch die nachhaltige Verschwiegenheit staatlicher Stellen noch weiter verschärft wird.[3]

Größtenteils auf Grundlage einer Materialsammlung zu Lembke, angelegt im *Antifaschistischen Pressearchiv und Bildungszentrum* in Berlin (apabiz), soll der „undurchsichtige Lembke"[4] im Folgenden mehr Sichtbarkeit erfahren und als ein

---

[1] Olaf Goebel, Gladio in der Bundesrepublik, in: Jens Mecklenburg (Hg.), Gladio: Die geheime Terrororganisation der Nato, Berlin 1997, S. 48–89, hier S. 49.
[2] Art. Es ist Wolfszeit, in: Der Spiegel, Nr. 46/1981, S. 30–32, hier S. 32.
[3] Ausführlichere biographische Informationen finden sich lediglich in einem umfassenden Blogbeitrag von Tomas Lecorte über Lembkes mögliche Verstrickungen mit Stay-Behind-Strukturen sowie bei Ulrich Chaussy. Vgl. Tomas Lecorte, Heinz Lembke, 1981: „Werwolf" oder „Gladiator"?, November 2014, unter: http://www.lecorte.de/wp/wp-content/uploads/2014/10/2014_Heinz-Lembke.pdf [Zuletzt aufgerufen am 17.1.2021]; Ulrich Chaussy, Oktoberfest – das Attentat. Wie die Verdrängung des Rechtsterrors begann, 2. Aufl., Berlin 2015, S. 213–223.
[4] Thomas Grumke / Bernd Wagner, Art. Peter Naumann, in: dies. (Hg.), Handbuch Rechtsradikalismus. Personen – Organisationen – Netzwerke vom Neonazismus bis in die Mitte der Gesellschaft, Opladen 2002, S. 288–290, hier S. 290.

Open Access. © 2023 Pablo Schmelzer, publiziert von De Gruyter. Dieses Werk ist lizenziert unter der Creative Commons Attribution-NonCommercial-NoDeratives 4.0 Lizenz.
https://doi.org/10.1515/9783111010991-012

zentraler Akteur des „schwarzen Jahrzehnts" der siebziger Jahre beschrieben werden.[5]

Jugend – von Demmin in die Heide

Heinz Hermann Ernst Lembke, am 24. März 1937 in Stralsund geboren, soll als Achtjähriger den Einmarsch der Roten Armee im Mecklenburg-Vorpommerschen Demmin und damit auch den beispiellosen Massenselbstmord der Stadtbevölkerung erlebt haben.[6] Nach dem Besuch der Volksschule und einer Lehre zum Forstfacharbeiter im ostdeutschen Hagenow von 1952 bis 1954 verließ Lembke 1959 die DDR Richtung Bundesrepublik und suchte spätestens ab 1961 die Nähe zum *Bund Vaterländischer Jugend* (BVJ).[7] Vergleichbar dem *Bund Deutscher Jugend* (BDJ), schöpfte auch der im Mai 1960 gegründete BVJ unverblümt aus dem jugenderzieherischen Repertoire der *Hitlerjugend*, verknüpfte „aggressive Gehorsamserziehung mit politischem Aktivismus"[8] und völkisch grundierter Lagerfeuerromantik. Innerhalb kurzer Zeit entwickelte sich der BVJ zu einer der „der best organisiertesten und schlagkräftigsten Jugendgruppen"[9] des rechtsextremen Spektrums in der Bundesrepublik und Lembke zu ihrem hauptamtlichen Bundesgeschäftsführer in Hannover.[10] Dabei soll er eine Namenskartei mit 87 „Nestbeschmutzern" geführt haben, darunter Einträge wie: „Brandt, Willy (richtig Frahm), anti national und dumm. Kommunistisch verseucht ..." und „Brecht, Bertolt, Jude ... war sein Leben lang eine Kommunistenhure".[11] Ob Lembke auch als „Chefideologe"[12] des BVJ bezeichnet werden kann, ist angesichts seiner kaum vorhandenen publizisti-

---

5 Vgl. Massimiliano Livi / Daniel Schmidt / Michael Sturm (Hg.), Die 1970er Jahre als schwarzes Jahrzehnt. Politisierung und Mobilisierung zwischen christlicher Demokratie und extremer Rechter, Frankfurt am Main 2010.
6 Vgl. Einstellungsbeschluss des Generalbundesanwalts, 1 BJs 546/81, v. 2.12.1982, Antifaschistisches Pressearchiv und Bildungszentrum Berlin (apabiz), Sammlung Heinz Lembke, aus Sondersammlung Stöss, S. 4; Zu den Ereignissen in Demmin vgl. Volker Ullrich, Acht Tage im Mai. Die letzte Woche des Dritten Reiches, München 2020, S. 52 f.
7 Vgl. Lembke war den Behörden als Neonazi bekannt, in: Hannoversche Allgemeine Zeitung (HAZ), 11.3.1981.
8 Peter Dudek / Hans-Gerd Jaschke, Entstehung und Entwicklung des Rechtsextremismus in der Bundesrepublik. Zur Tradition einer besonderen politischen Kultur, Bd. 1, Wiesbaden 1984, S. 142.
9 Ebd.
10 Vgl. Art. Es ist Wolfszeit, S. 32.
11 Art. Nationale Jugend. In Firn und Fels, in: Der Spiegel, Nr. 49/1966.
12 So bei Goebel, Gladio, S. 79.

schen Tätigkeit eher zu bezweifeln.[13] Zumindest in einer Spruchsammlung für die Schulungslager des Bundes verewigte sich Lembke in einem holprigen antisemitischen Vers: „Jude ist Jude, man kann ihn lehren, er folgt seinem Blut, folgt seinen Lehren. Aber ein Kerl, wert, dass man ihn hängt, ein Deutscher, der wie ein Jude denkt".[14]

Zwei Jahre nach dem Verbot des BVJ im Juli 1962 zog es Lembke in die Lüneburger Heide, wo er sich in Oechtringen niederließ, einem Dorf in der Nähe von Uelzen, so klein, „dass es nur auf Wanderkarten verzeichnet [war]. Ein Briefkasten, Telefondrähte und ein Kopfsteinpflasterweg"[15] stellten die Verbindung zur Außenwelt her, wie die Neue Presse knapp zwanzig Jahre später konstatierte. Hier, im beschaulichen Hinterland, konnte Lembke trotz seiner Gesinnung im staatlichen Forstdienst tätig werden. Parallel dazu begann sich Lembke im *Bund Heimattreuer Jugend* (BHJ) zu engagieren.[16] Nicht nur das Verbandsabzeichen, die sogenannte Odal-Rune und die Begrüßungsformel „Heil dir" kannte Lembke bereits aus dem BVJ, auch sonst einte beide Verbände die Engführung von „rechtsextremem Kulturrevisionismus und erlebnispädagogischer Erziehungsarbeit".[17] Lembke bewegte sich im „logistischen Mittelbau"[18] des Verbandes und übernahm regelmäßig die Organisation paramilitärischer Trainings- und Ausbildungslager im Oechtringer Forst, aber auch im niedersächsischen Umland. Während die Bundesanwaltschaft diesen „fahrtentechnische[n] Lehrgänge[n]"[19] den Charakter von „Pfadfinderveranstaltungen"[20] bescheinigte, erinnerten sich Anwohner*innen, „Lembke in der Heide vierzehnjährige Pimpfe mit Holzgewehren paramilitärisch trainieren gesehen zu haben".[21]

Nachdem Lembke zuvor bereits Mitglied der *Deutschen Reichspartei* (DRP) gewesen war, trat er Mitte der sechziger Jahre in die *Nationaldemokratische Partei Deutschlands* (NPD) ein, engagierte sich dort zunächst als „Saalschützer" bei Veranstaltungen und ließ sich 1968 – mit enttäuschendem Ergebnis – als Kandidat

---

13 Vgl. Jürgen Willbrand, Kommt Hitler wieder? Rechtsradikalismus in Deutschland, Donauwörth 1964, S. 83 f.
14 Zit. in: Art. Braun ist die Heide, in: Stern v. 11.12.1981.
15 Art. Der Neonazi lebte einsam, in: Neue Presse v. 11.3.1981.
16 Vgl. Einstellungsbeschluss v. 2.12.1982, S. 15. Zum *Bund Heimattreuer Jugend* vgl. Art. Bund Heimattreuer Jugend (BHJ) – der Freibund, in: Jens Mecklenburg (Hg.), Handbuch Deutscher Rechtsextremismus, Berlin 1996, S. 227–229; Dudek/Jaschke, Entstehung, S. 436–480.
17 Ebd., S. 436.
18 Lecorte, Heinz Lembke, S. 10.
19 Einstellungsbeschluss v. 2.12.1982, S. 6.
20 Ebd.
21 Niels von Haken, Buchhalter der Gewalt. Neo-Nazi Heinz Lembke, in: Vorwärts v. 11.5.1981, S. 6.

für die Kommunalwahl in Erbstorf, Kreis Uelzen aufstellen.[22] Das Scheitern der NPD bei der Bundestagswahl 1969 an der Sperrklausel und die im folgenden Jahr von Teilen der Partei ausgerufene *Aktion Widerstand* läuteten eine deutlich stärker außerparlamentarische, aktionistische und bald auch gewalttätigere Phase des Rechtsradikalismus und damit letztlich die „Zersplitterung der extremen Rechten"[23] in den siebziger Jahren ein.[24] Auch Lembke reagierte in dieser Umbruchsphase mit dem formalen Austritt aus der NPD – laut Bundesanwaltschaft mit der Begründung, diese sei ihm „zu lasch"[25] geworden – und verlegte sein politisches Engagement nun zunehmend ins Paramilitärische.

Radikalisierung in der Heide

Obwohl selbst nicht gedient, – eine Bewerbung als Zeitsoldat war abgelehnt worden – hegte Lembke eine „stille Liebe"[26] für die Bundeswehr. Dass diese so still nicht war, zeigte sich 1973, als er Dank der Hilfe eines ihm bekannten Obermaats auch ungedient in den *Verband der Reservisten der Deutschen Bundeswehr e. V.* aufgenommen wurde. Bei den regelmäßig stattfindenden „praktischen Ausbildungsveranstaltungen" der Reservistenkameradschaft 12 Bremen, bestehend aus „Schießen, Funken, Waffenkunde, Verhalten im Gelände", habe Lembke „immer der erste" sein wollen.[27]

Der Forstmeister simulierte jedoch nicht lediglich Gewalt,[28] sondern übte sie auch, gemeinsam mit rechtsextremen Kameraden, aus. So versuchte Lembke

---

22 Vgl. Deutscher Bundestag, Stenographischer Bericht, 9. Wahlperiode, 66. Sitzung am 25.11.1981, S. 3842; Karin Toben, Der „harte Typ" Lembke war der Polizei seit langem bekannt, in: Spandauer Volksblatt v. 3.11.1981. Bei den niedersächsischen Kommunalwahlen fiel die NPD in Uelzen von zuvor 11,1 Prozent auf 5,7 Prozent zurück: Vgl. Art. NPD/Niedersachsen. Wie Zieten, in: Der Spiegel Nr. 41/1968, S. 44.
23 Christoph Kopke, Die *Aktion Widerstand* 1970/71: Die „nationale Opposition" zwischen Sammlung und Zersplitterung, in: Livi/Schmidt/Sturm (Hg.), 1970er Jahre, S. 249–258, hier S. 250.
24 Vgl. Gideon Botsch, „Nationale Opposition" in der demokratischen Gesellschaft. Zur Geschichte der extremen Rechten in der Bundesrepublik Deutschland, in: Fabian Virchow / Martin Langebach / Alexander Häusler (Hg.), Handbuch Rechtsextremismus, Wiesbaden 2016, S. 43–82, hier S. 46.
25 Einstellungsbeschluss v. 2.12.1982, S. 7.
26 Ebd., S. 11.
27 Vgl. ebd.
28 Zur Bedeutung von Gewaltsimulation im Rahmen des „Reenactments" durch extrem Rechte Akteure vgl. Karsten Wilke, Die Apologie der Deutschen Wehrmacht im Internet. Die digitale Repräsentation von „Gegenerzählungen" und rechtsextremer Propaganda, in: Jens Westemeier

etwa im September 1976, zusammen mit Heinrich Becker, einem Bekannten aus der gemeinsamen Zeit in der NPD sowie einem Schlägertrupp aus etwa zwanzig NPD-Mitgliedern und deren Umfeld, den Keller des Jugendzentrums Lüneburg zu stürmen. In einem Zeitungsbericht hieß es dazu: Sie „schlagen die Scheiben ein, sprühen Tränengas in eine Versammlung junger Leute und malen Nazi-Parolen an die Wände".[29] Dabei sollen Sprüche gefallen sein, wie: „Wir dürfen das. Wir sind reinrassig" und „Gleich vergasen!".[30] Angeklagt wegen Körperverletzung und Nötigung, schreckte Lembke selbst vor Gericht nicht davor zurück einer Belastungszeugin mit den Worten zu drohen: „Dich kleine rote Sau, dich kehren wir unter den Teppich".[31] Doch auch trotz dieser Drohung ließ der Richter Lembke mit einer, in der Berufung letztlich aufgehobenen, Geldstrafe davon kommen.[32]

Während Lembke ab Mitte der siebziger Jahre damit begann das bis heute größte zivile Waffen- und Sprengstoffarsenal in der bundesdeutschen Geschichte anzulegen, bezogen sich seine Berührungspunkte mit Strafverfolgungsbehörden auf vergleichsweise kleine Vergehen.[33] So wurde folgenlos gegen Lembke ermittelt, nachdem er 1976 in Lüneburg in einem Fackelzug mitmarschierte, den Manfred Roeder zur „Wiedererrichtung des deutschen Reiches" organisiert hatte und auf dem kollektiv das Horst-Wessel-Lied angestimmt wurde.[34]

Seine Kontakte ins rechtsextreme Milieu baute Lembke im Laufe der siebziger Jahre sukzessive zu einem umfassenden Netzwerk aus, das Anfang der achtziger Jahre in zentrale rechtsterroristische Gruppierungen reichen sollte. Neben Roeder, der Lembke zu seinem „Freundeskreis"[35] zählte und den anderen späteren Mitgliedern der rechtsterroristischen *Deutschen Aktionsgruppen* Heinz Colditz, Raymund Hörnle und Sibylle Vorderbrügge gehörten auch Udo Albrecht und

---

(Hg.), „So war der deutsche Landser ...". Das populäre Bild der Wehrmacht, Paderborn 2019, S. 309–330, hier S. 322 f.
29 Thomas Wolgast, Braun ist die Heide..., in: Neue Rhein/Ruhr Zeitung (NRZ) v. 3.11.1981.
30 Anonymes Flugblatt „Lüneburger Antifaschisten", Steckbrief, Achtung! Gefährlicher Neo Nazi!, o. O., o. J. [1976], apabiz, Sammlung Heinz Lembke, aus Sondersammlung Stöss.
31 Wolgast, Heide.
32 Vgl. ebd.
33 Vgl. Anton Maegerle / Andrea Röpke / Andreas Speit, Der Terror von rechts – 1945 bis 1990, in: Andrea Röpke / Andreas Speit (Hg.), Blut und Ehre? Geschichte und Gegenwart rechter Gewalt in Deutschland, Düsseldorf 2013, S. 23–60, hier S. 54.
34 Vgl. Goebel, Gladio, S. 80; Wolgast, Heide. Lembke partizipierte Ende der siebziger Jahre an zahlreichen Veranstaltungen der *Deutschen Bürgerinitiative* (DBI), die sich 1971 um den Rechtsanwalt Manfred Roeder gruppiert hatte. Hierzu vgl. Rainer Fromm, Die „Wehrsportgruppe Hoffmann". Darstellung, Analyse und Einordnung: Ein Beitrag zur Geschichte des deutschen und europäischen Rechtsextremismus, Frankfurt am Main 1998, S. 242.
35 Art. Auf einem Auge blind?, in: Stern v. 20.1.1983, S. 155.

Uwe Jürgens zu seinem Bekanntenkreis.³⁶ Über seine BHJ-Bekanntschaft zu Odfried Hepp besaß Lembke zudem eine direkte Verbindung zur *Wehrsportgruppe Hoffmann* (WSGH).³⁷ Einige ihrer Mitglieder könnten Stasi-Akten zufolge Lembke 1978 in der Lüneburger Heide besucht haben, um eine Gefangenenbefreiung des in Berlin-Spandau einsitzenden NS-Kriegsverbrechers Rudolf Heß vorzubereiten.³⁸

Im Jahr zuvor hatte Lembke bereits Peter Naumann kennen gelernt. Der Funktionär der *Jungen Nationaldemokraten* (JN) und des *Nationaldemokratischen Hochschulbundes* (NHB) teilte mit Lembke nicht nur die rechtsextreme Gesinnung, sondern auch seine Obsession für Sprengstoff; bereits 1974 hatte Naumann beim Hantieren mit selbst gebastelten Sprengkörpern Teile seiner rechten Hand verloren und galt später als „Bombenhirn"³⁹ der bundesdeutschen extremen Rechten.⁴⁰

Im Jahr nach ihrem mutmaßlich ersten Treffen explodierte am 30. August 1978 südlich von Rom eine Bombe an einem zentralen Erinnerungsort der Italienischen Republik für die Verbrechen der Nationalsozialisten in Italien.⁴¹ Das von dem Anschlag betroffene antifaschistische Denkmal erinnerte an die Opfer des von der SS verübten Massakers in den Ardeatinischen Höhlen („Fosse Ardeatine"), bei dem im März 1944 nachweislich 335 zivile italienische Geiseln ermordet worden waren. Der verantwortliche SS-Offizier Herbert Kappler war 1977 aus italienischer Haft entkommen und hatte sich bis zu seinem Tod im Februar 1978 in der Lüneburger Heide aufgehalten – der Anschlag, ausgeführt ein halbes Jahr nach seiner Beerdigung mit fast 800 Trauergästen, kann somit sowohl als Verhöhnung der Opfer des Massakers wie auch als rechtsextreme Ehrbekundung für den Kriegsverbrecher verstanden werden.⁴² Kein halbes Jahr später, am 18. Januar

---

36 Aus seiner Zeit beim BVJ und später auch aus dem BHJ kannte Lembke den militanten Neonazi Udo Albrecht. Den Arzt Uwe Jürgens, Anführer der paramilitärischen *Nothilfstechnischen Übungs- und Bereitschaftsstaffel* (TeNo) lernte Lembke ebenfalls über den BHJ kennen, vgl. Art. Es ist Wolfszeit, S. 30; Tobias von Heymann, Die Oktoberfest-Bombe. München, 26. September 1980 – die Tat eines Einzelnen oder ein Terror-Anschlag mit politischem Hintergrund?, 2. Aufl., Berlin 2012, S. 436.
37 Vgl. Hajo Funke, Sicherheitsrisiko Verfassungsschutz. Staatsaffäre NSU: Das V-Mann-Desaster und was daraus gelernt werden muss, Hamburg 2018, S. 252.
38 Vgl. Heymann, Oktoberfest-Bombe, S. 442.
39 Gideon Botsch, Die extreme Rechte in der Bundesrepublik Deutschland. 1949 bis heute, Darmstadt 2012, S. 109.
40 Vgl. Erich Schmidt-Eenboom / Ulrich Stoll, Die Partisanen der NATO. Stay-Behind-Organisationen in Deutschland 1946–1991, Berlin 2016, S. 263.
41 Vgl. Felix Bohr, Die Kriegsverbrecherlobby. Bundesdeutsche Hilfe für im Ausland inhaftierte NS-Täter, Berlin 2018, S. 38.
42 Vgl. Fabian Virchow, Nicht nur der NSU. Eine kleine Geschichte des Rechtsterrorismus in Deutschland, Erfurt 2016, S. 15; Art. SRP, DRP, NPD – Rechtsaußen fasste Tritt in Niedersachsen,

1979, explodierte ein zehn Kilogramm schwerer Sprengsatz an einer Rundfunk-Sendeanlage im Raum Koblenz, kurz darauf eine weitere Bombe in einer Rundfunkstelle im Münsterland. Mit den Anschlägen sollte die breitenwirksame Erstausstrahlung der vierteiligen fiktionalen Serie „Holocaust – die Geschichte der Familie Weiss" im deutschen Fernsehen verhindert werden. Auf „Hunderttausenden von Bildschirmen erlosch das Erste Programm, in dem gerade das schlimmste Kapitel deutscher Geschichte noch einmal dokumentarisch durchleuchtet wurde",[43] kommentierte die Zeitschrift *Der Spiegel* die Folgen der Explosionen.[44] Während beide Anschläge mit einiger Sicherheit Naumann zugeordnet werden können, wird auch Lembkes Mittäterschaft in der Forschungsliteratur – wenn auch bei dünner Quellenlage – fast durchgängig angenommen.[45]

Die Bombe auf das Oktoberfest und 30 Erddepots in der Heide

Die achtziger Jahre begannen mit einer „regelrechten Terrorwelle".[46] Die seit 1978 im Untergrund agierenden *Deutschen Aktionsgruppen* verübten zwischen Februar und August 1980 sechs Sprengstoff- und zwei Brandanschläge, beginnend mit einem Anschlag auf das Landratsamt Esslingen, das eine Auschwitz-Ausstellung zeigte.[47] Als am 26. September 1980 in München eine Bombe am Eingang des Oktoberfests detonierte, dabei 13 Menschen in den Tod riss und 213 weitere verletzte, saßen die Anhänger der *Deutschen Aktionsgruppen* jedoch bereits seit mehreren Wochen in Untersuchungshaft; am 22. August hatten sie ihren letzten Brandan-

---

in: Neue Presse v. 11.4.1981; Art. Nach kirchlicher Trauerfeier Hitlergruß an Kapplers Grab, in: Frankfurter Rundschau v. 14.2.1978.
43 Art. „Holocaust". Die Vergangenheit kommt zurück, in: Der Spiegel, Nr. 5/1979, S. 17–28, hier S. 17 f. Anders als vom *Spiegel* suggeriert, handelt es sich bei der US-amerikanischen Produktion um eine fiktionale Serie, die jedoch durchaus als dokumentarisches Zeugnis rezipiert wurde. Auch deshalb erzeugte die Serie eine große Resonanz und prägte damit etwa in Deutschland den Begriff „Holocaust", vgl. Frank Bösch, Zeitenwende 1979. Als die Welt von heute begann, München 2019, S. 376–395.
44 Vgl. Botsch, Rechte, S. 81.
45 Vgl. Virchow, NSU, S. 15; Norbert Frei / Franka Maubach / Christina Morina / Maik Tändler, Zur rechten Zeit. Wider die Rückkehr des Nationalismus, Berlin 2019, S. 142; Maegerle/Röpke/Speit, Terror, S. 55.
46 Frei/Maubach/Morina/Tändler, Zeit, S. 142.
47 Zur Bedeutung von öffentlichen Fotoausstellungen für die Erinnerungspolitik, allerdings für die sechziger Jahre, vgl. Cornelia Brink, „Auschwitz in der Paulskirche". Erinnerungspolitik in Fotoausstellungen der sechziger Jahre, Marburg 2000.

schlag verübt, bei dem in Hamburg-Billbrook die beiden vietnamesischen Boat-People Nguyễn Ngọc Châu und Đỗ Anh Lân ums Leben kamen.[48]

Der mutmaßliche Attentäter auf die Besucher des Münchner Oktoberfests, Gundolf Köhler, Mitglied der *Wehrsportgruppe Hoffmann*, kam bei der Explosion selbst ums Leben, die Bombe zündete vermutlich früher als geplant.[49] Noch in derselben Nacht verhörten Beamte des Bundeskriminalamts Sibylle Vorderbrügge und Raymund Hörnle, die inhaftierten Mitglieder der *Deutschen Aktionsgruppen* und erhielten dabei Hinweise auf die mögliche Herkunft des in München eingesetzten Sprengstoffs. Im August habe Lembke den *Deutschen Aktionsgruppen* bereitwillig „eine Kiste mit militärischem Sprengstoff und Zündmitteln"[50] zur Verfügung stellen wollen und dabei den Terrorist*innen offenbart, er habe im Wald „Depots mit Sprengstoff" angelegt und „Leute in der Handhabung des Sprengstoffs"[51] ausgebildet. Diese Aussagen besaßen einiges an Brisanz, schließlich hatte die Spurensicherung im Keller von Gundolf Köhlers Elternhaus in Donaueschingen zwar diverse Chemikalien aber „keine Spur des in München verwendeten Sprengstoffes gefunden".[52] Drei Tage nach dem Münchner Anschlag durchsuchten Lüneburger Polizisten Lembkes Oechtringer Wohnhaus. Trotz der detaillierten Hinweise der *Deutschen Aktionsgruppen* fanden sie aber kaum mehr als ein Gewehrmagazin und eine Zündschnur. Obwohl zu dieser Zeit bereits „eine dicke Extremisten-Mappe"[53] zu Lembke existierte und dieser zudem über Odfried Hepp eine direkte Verbindung zur *Wehrsportgruppe Hoffmann* hatte, kamen die Beamten nicht auf die Idee, im Wald um das Forsthaus herum nach den Sprengstoff-Depots zu suchen. Weder wurde Lembke einer intensiven Vernehmung unterzogen, noch wurden die Ermittlungen auf sein rechtsterroristisches Umfeld ausgeweitet.[54] Auf der Grundlage zahlreicher weiterer Ermittlungspannen, Widersprüche und weitgehend unaufgeklärter Hintergründe wurde der Anschlag auf der Theresienwiese letztlich als Tat eines von Liebeskummer geplagten Einzeltäters gedeutet – eine Tat für die es laut Generalbundesanwaltschaft kein politisches Motiv gab.[55]

---

48 Vgl. Art. Thusnelda, Heldenweib, in: Der Spiegel, Nr. 8/1982, S. 63–65.
49 Vgl. Ulrich Chaussy, Das Oktoberfestattentat 1980. Der Vorhang wieder auf und alle Fragen offen. Erfahrungen eines Journalisten, in: Sybille Steinbacher (Hg.), Rechte Gewalt in Deutschland. Zum Umgang mit dem Rechtsextremismus in Gesellschaft, Politik und Justiz, Göttingen 2016, S. 93–107, hier S. 94.
50 Einstellungsbeschluss v. 2.12.1982, S. 8.
51 Ebd., S. 9.
52 Chaussy, Oktoberfest, S. 213.
53 Wolgast, Heide.
54 Vgl. Günther Schwarberg, Die Befreiung beginnt, in: Stern v. 21.1.1982, S. 112–114.
55 Vgl. Funke, Sicherheitsrisiko, S. 251.

Anders als seine partiell redseligen Kameraden der sog. „Roeder-Bande", verweigerte Lembke selbst die Aussage über seine Beziehungen zu den Mitgliedern der *Deutschen Aktionsgruppen* und musste hierfür ab April 1981 eine sechsmonatige Beugehaft absitzen. In einem Gefängnis-Tagebuch notierte Lembke über die angeblichen Haftbedingungen in der JVA Karlsruhe, er komme sich vor „wie ein Affe im Käfig, nur schlimmer. Jedes ursprüngliche Vorkriegs-KZ im 3. Reich war menschlicher mit den großen Gemeinschaftsbauten, dem Himmel und der Erde. Diese Käfigbauten muss man kennengelernt haben am eigenen Leib".[56]

Gerade erst wieder auf freiem Fuß, wurde Lembkes neonazistische Laufbahn abrupt beendet – dies nicht etwa durch die Ermittlungen des Generalbundesanwalts Kurt Rebmann, sondern durch einen Holzpfahl. Bei dem Versuch einen solchen als Teil eines Grenzzauns in die Lüneburger Heide zu rammen, stieß ein Waldarbeiter am 26. Oktober auf eine in Plastikfolie gehüllte und mit Draht umwickelte Munitionskiste und förderte damit den bis dahin „größten Waffenfund in der Geschichte der Bundesrepublik"[57] zutage. Die Kiste enthielt nicht nur „Minenzünder, Sprengstoff, panzerbrechende Munition, Schnellfeuergewehre [und] Handgranaten",[58] sondern auch einen von Lembke handgezeichneten Lageplan zahlreicher weiterer im Wald vergrabener Depots, katalogisiert „mit einer Akribie, die es wert wäre, andernorts angewendet zu werden",[59] wie ein Kripobeamter anerkennend bemerkte.[60] Nach dem Fund befragt, bekannte Lembke, Inhaber der gefundenen Kiste zu sein, und führte die Polizisten daraufhin „in einen Wald voll Waffen".[61] Verteilt auf 30 Erddepots und 88 Kisten wurde in den nächsten Wochen ein riesiges Arsenal geborgen, darunter: 156 Kilogramm Sprengstoff, drei Pistolen, neun Gewehre mit über 13.000 Schuss Munition, eine Maschinenpistole der Wehrmacht, 258 Handgranaten und 50 Panzerfaustgranaten.[62] Nur eines, das als „Depot 82" bezeichnete, durch dessen Inhalt angeblich „andere Personen belastet werden könnten",[63] wollte Lembke nicht preisgeben. Gleichzeitig kündigte er gegenüber der Polizei jedoch an, am Folgetag umfangreiche Aussagen, über die Herkunft des Waffenfundus machen zu wollen.[64]

---

56 Tagebuch Heinz Lembke, 15.4.-3.6.1981, S. 4, zit. in: Schmidt-Eenboom/Stoll, Partisanen, S. 264.
57 Art. Heideförster, in: Bild am Sonntag v. 11.1.1981, S. 2.
58 Art. Auf einem Auge blind?, S. 155.
59 Art. Es ist Wolfszeit, S. 30.
60 Vgl. Karin Toben, Bei Lembke zeigten auch die Tassen-Henkel nach „rechts", in: Cellesche Zeitung v. 11.10.1981.
61 Art. Es ist Wolfszeit, S. 30.
62 Vgl. ebd.
63 GBA, Pressemitteilung der Bundesanwaltschaft aus Karlsruhe am Bundesgerichtshof, 7.12.1982, S. 2.
64 Vgl. Goebel, Gladio, S. 81.

Doch dazu kam es nicht mehr; am frühen Sonntagmorgen des 1. November 1981, dem Tag der geplanten Aussage, fand man ihn tot in seiner Gefängniszelle, er hatte sich „an einem Radio-Verlängerungskabel einwandfrei selbst erhängt", wie es die *Neue Presse* mit zynischer Anerkennung formulierte.[65] Das Kabel hatte ihm seine Frau noch vor der Inhaftierung auf seine Bitte mit auf den Weg in die Untersuchungshaft geben können.[66]

Zumindest in Lembkes „Heimatdörfchen Oechtringen"[67] wollte man von dem versteckten Waffenlager nichts gewusst haben. Den Nachbarn war der Forstmeister laut Spiegel-Recherchen „lediglich als ‚rotwangiger, robuster und sehr verschlossener Mann' ein Begriff".[68] Daher seien sie „aus allen Wolken gefallen",[69] als sie „das mit den Waffen"[70] erfuhren. Auch die Ermittler fanden im Wohnhaus der Lembkes nichts Auffälliges: „Keine Hitler-Bilder, kein ‚Mein Kampf' – oder die Deutsche Nationalzeitung. Die Wohnung, bürgerlich eingerichtet, Farbfernseher, breite Velourscouch, Glastisch".[71] Dass die Beamten offensichtlich eine recht gedehnte Vorstellung bürgerlichen Geschmacks teilten, legt ein Bericht der Zeitschrift *Stern* nahe, nach dem die Bücherregale im Haus der Lembkes „von ‚brauner' Literatur wie beispielsweise der Hamburger ‚SA-Zeitung Sturm'"[72] überquollen, während ein in Bronze gegossener Hoheitsadler mit Hakenkreuz die Wohnzimmerwand schmückte. Kollegen und Nachbarn bescheinigten Lembke immerhin eine obsessive Ordnungsliebe: „Der Heinz nahm es wahnsinnig genau mit der Ordnung. Wenn auf dem Tisch die Henkel von Tassen und Vasen nicht nach rechts zeigten, kriegte er einen Wutanfall und ging auch schon mal auf seine Frau los".[73]

Die Trauerfeier für Lembke fand „im kleinen Kreis von etwa 15 Gästen"[74] in der Kapelle des Lüneburger Waldfriedhofs statt: „Die Ansprache hielt ein Bruder des Toten [...]. Gleichzeitig mit der Trauerfeier verbreitete die ‚Bürgerinitiative gegen Kriegsschuld und antideutsche Greuellügen' des Rechtsextremisten Edgar Geiss aus Stade Flugblätter, in denen Lembke wegen seiner ‚beispielhaften Haltung' als ‚Märtyrer und aufrechter deutscher Patriot' bezeichnet" wurde.[75] Die *Cel-*

---

65 Art. SPD: Regierung verharmlost – Sondersitzung gefordert, in: Neue Presse v. 11.3.1981.
66 Vgl. Schmidt-Eenboom/Stoll, Partisanen, S. 265.
67 Art. Es ist Wolfszeit, S. 32.
68 Ebd.
69 Wolgast, Heide.
70 Ebd.
71 Bernd Plogmann, Lembke sagte: „Ich bin kein Verräter", in: Neue Presse v. 11.4.1981.
72 Wolgast, Heide.
73 Toben, Lembke.
74 Art. Trauerfeier für Lembke, in: Landeszeitung für die Lüneburger Heide v. 11.12.1981.
75 Ebd.

lesche Zeitung kommentierte den Tod Lembkes mit erstaunlichem Einfühlungsvermögen: „Er trug möglicherweise ziemlich einsam an der schweren Verantwortung, die das Wissen um die geheimen Waffen- und Giftlager im Wald rund um sein Wohnhaus mit sich brachte".[76]

Die Ermittlungen verlaufen im Heidesand

Wie einsam Lembke tatsächlich an der Verantwortung um das Wissen der Waffen- und Sprengstoff-Depots tragen musste, sollte ein Ermittlungsverfahren der Generalbundesanwaltschaft klären. Hierzu wurden „etwa 200 Zeugen vernommen und 1.600 Personen überprüft".[77] Am Ende, gut ein Jahr nach der spektakulären Entdeckung in der Lüneburger Heide, stellte die Generalbundesanwaltschaft am 3. Dezember 1983 das Verfahren gegen Unbekannt wegen des Verdachts der Mitgliedschaft in einer terroristischen Vereinigung nach § 129a StGB ein.[78] Genau wie im Verfahren zur Oktoberfestbombe blieb ein toter Einzeltäter; eine Gruppe von Neonazis aus dem Umfeld von Lembke wurde lediglich zu geringen Geldstrafen verurteilt.[79] Damit folgte Kurt Rebmann letztlich der Einschätzung der *Celleschen Zeitung*, Lembke habe ohne Mitwisser die Waffen beschaffen und die Depots anlegen können.[80]

Auf der Suche nach den Beweggründen des Forstmeisters die Lüneburger Heide mit einem riesigen Waffenlager zu bestücken, meinte die Bundesanwaltschaft Indizien in der Kindheit Lembkes ausmachen zu können. Die Erinnerung an Vergeltungsaktionen der Roten Armee hätten ihn „nachhaltig geprägt"[81] und – wie eine spätere Oechtringer Nachbarin Lembkes bezeugte – „einen Hass gegen die Russen"[82] entstehen lassen. Aber auch Lembke selbst äußerte noch am Abend vor seinem Selbstmord antikommunistische Ressentiments gegenüber einem Beamten des Landeskriminalpolizeiamtes Hannover: „Wir alle hatten Angst vor den

---

76 Toben, Lembke.
77 GBA, Pressemitteilung v. 7.12.1982, S. 3.
78 Vgl. ebd.
79 Vgl. Schmidt-Eenboom/Stoll, Partisanen, S. 267.
80 Gegenüber der Zeitschrift *Stern* behauptete Kurt Rebmann: „Erkenntnisse über ein von Lembke angelegtes Waffenlager lagen bis zu den Waffenfunden in der Lüneburger Heide bei Uelzen Ende Oktober 1981 weder dem Generalbundesanwalt noch dem Bundeskriminalamt vor." Zitat in: Art. Auf einem Auge blind?, S. 155.
81 Einstellungsbeschluss v. 2.12.1982, S. 3.
82 Ebd., S. 5.

Kommunisten, die eines Tages unser Land überfallen. Sie sind unsere Hauptfeinde".[83]

Die Schlüsse, die der Generalbundesanwalt aus diesen motivischen Hinweisen ziehen zu können glaubte, waren jedoch bemerkenswert:

> Der Lebensweg und die Persönlichkeit Lembkes [...] deuten nicht darauf hin, dass Lembke die verfassungsmäßige Ordnung der Bundesrepublik Deutschland durch Sprengstoffanschläge oder Mordtaten erschüttern wollte. Sie lassen es vielmehr zumindest möglich erscheinen, dass er von einer verstandesmäßig nicht völlig fassbaren Furcht vor einem russischen Überfall durchdrungen und entschlossen war, den erwarteten Eindringlingen als Einzelkämpfer oder als Führer von Partisanen Widerstand entgegen zu setzen.[84]

Weder Lembkes rechtsextremer „Lebensweg" noch sein dichtes Netzwerk ins rechtsterroristische Milieu, weder das Anlegen eines präzedenzlos umfangreichen Waffen- und Sprengstofflagers noch die erklärte Absicht, das darin versteckte Material als „Einzelkämpfer" oder als „Führer" in einem Partisanenkampf einsetzen zu wollen, schienen für den Generalbundesanwalt im Widerspruch zur „verfassungsmäßige[n] Ordnung"[85] zu stehen. Vielmehr suggerierte der gesamte Einstellungsbericht eine gewisse Rationalität des kolportierten antikommunistischen Motivs; eine vigilantistische Rationalität, die lediglich durch den Vorbehalt der „verstandesmäßig nicht völlig fassbaren Furcht" eingeschränkt wird. Das schlichte Faktum eines massiven Angriffs auf das staatliche Gewaltmonopol durch einen rechtsextremen Akteur blieb dagegen vollkommen unterbelichtet und schien nur bedingt Gegenstand rechtsstaatlicher Beunruhigung zu sein.

Anders als die Frage nach Lembkes Motiv bereitete der Generalbundesanwaltschaft die Frage nach der Herkunft der 156 Kilogramm vergrabenen Sprengstoffe durchaus Kopfschmerzen, sie konnte letztlich „nur in geringem Umfang aufgeklärt werden".[86] Die 13.500 Schuss Gewehrmunition sollen zwischen 1975 und 1980 vom Gelände einer privaten Delaborierungsfirma im niedersächsischen Dragahn entwendet worden sein, wo sie eigentlich im Auftrag der Bundeswehr hätten vernichtet werden sollen.[87] Rechtsextreme Kameraden aus Lembkes Umfeld hätten ihm bei der Beschaffung der Kampfmittel möglicherweise geholfen, eine Mitwisserschaft wurde ihnen jedoch nicht zugetraut, für die Gründung einer terroristischen Vereinigung habe es somit „keine Hinweise" gegeben.[88] Wenn die Er-

---

83 Bernd Plogmann, So planten die Nazis den Umsturz, in: Neue Presse v. 11.6.1981.
84 Einstellungsbeschluss v. 2.12.1982, S. 14.
85 Ebd.
86 Ebd., S. 36.
87 Vgl. ebd., S. 44; Eckart Spoo, Oberfeldwebel lieferte Neo-Nazi Waffen ins Walddepot, in: Frankfurter Rundschau v. 18.1.1981.
88 Einstellungsbeschluss v. 2.12.1982, S. 15.

mittler somit etliche Ermittlungsansätze zugunsten der Einzeltäter-These fallen ließen – etwa in den Depots gefundene Fingerabdrücke von Lembkes Freunden Hellmut Meyer und Peter Naumann – so übergingen sie damit auch einen von Lemke selbst prominent platzierten Hinweis auf eine Mitwisserschaft seiner Kameraden.[89] In der Gefängniszelle hinterließ Lembke einen Abschiedsbrief, der mit den Worten endete: „Genossen! Ihr wisst, weshalb ich nicht mehr leben darf. Wolfszeit! Heil Euch Heinz Herrmann Ernst Lembke!".[90] Mit dem Imperativ „Wolfszeit!" öffnete Lembke ein semantisches Arsenal völkisch-rechtsextremer Assoziationen von Wehrhaftigkeit, das besonders bei seinen Kameraden in der Lüneburger Heide – nicht zuletzt durch den im Nationalsozialismus popularisierten Roman „Wehrwolf" des „Heidedichters" Hermann Löns – Suggestivkraft erzeugt haben dürfte.[91]

Dass der enorme Fundus an gehobenen Waffen und Sprengstoffen derart verhaltene Ermittlungen nach sich zog, verwundert besonders vor dem historischen Kontext des RAF-Terrorismus. Agierten die Strafverfolgungsbehörden hier doch alles andere als nachsichtig, so erweckt es den Anschein, als ob – im Schatten des Deutschen Herbstes – nicht nur beträchtliche sicherheitspolitische Ressourcen an die Gewalt „von links" gebunden waren. Auch eine aufmerksamkeitsökonomische Unwucht und politische Schwerpunktsetzungen könnten einem entschlossenen Vorgehen „gegen rechts" im Wege gestanden haben.

Gladio-Strukturen

Die schiere Menge der in der Lüneburger Heide vergrabenen Waffen und Sprengstoffe sowie der Umstand einer vollkommen unbefriedigenden juristischen Aufklärung beflügeln bis heute Spekulationen um einen möglichen Zusammenhang der Depots mit dem ominösen Netzwerk an Stay-Behind-Organisationen in Euro-

---

89 Vgl. ebd., S. 22 u. 28. Nachdem bei einer Hausdurchsuchung 1995 bei Naumann zwei Rohrbomben gefunden wurden, offenbarte Naumann der Polizei 13 Waffen- und Sprengstoffdepots. Einen Teil des Inventars hatte Naumann, wohl unbemerkt, von Lembke geerbt. Vgl. Heymann, Oktoberfest-Bombe, S. 443.
90 Einstellungsbeschluss v. 2.12.1982, S. 4.
91 Vgl. Hermann Löns, Der Wehrwolf. Eine Bauernchronik, Köln 1984 [1910]. In dem 1910 erschienenen Roman verteidigt sich ein Bauerndorf in der Lüneburger Heide gegen seine Feinde im Dreißigjährigen Krieg. Als völkischer Bestseller inspirierte er auch die paramilitärischen Wehrwolf-Verbände in der Weimarer Republik sowie die 1944 von Himmler gegründete Organisation *Werwolf*. Vgl. Volker Koop, Himmlers letztes Aufgebot. Die NS-Organisation „Werwolf", Köln u. a. 2008.

pa.⁹² Diese klandestin operierenden zivilen paramilitärischen Einheiten, sollten sich – finanziert durch diverse Geheimdienste – im Falle eines Einmarschs von Truppen des *Warschauer Vertrages* „überrollen" lassen, um hinter der entstehenden Front, mit Sabotageakten und nachrichtendienstlichen Tätigkeiten die regulären Armeen der Nato-Staaten zu unterstützen.⁹³ Um für diesen „Tag X" vorbereitet zu sein, wurden in Westeuropa geheime und illegale Waffendepots angelegt und Schläferzellen ausgebildet, rekrutiert häufig auch aus dem Spektrum der extremen Rechten.⁹⁴ Obwohl für den Kriegsfall geplant, entwickelten diese Einheiten eine schwer zu kontrollierende Eigendynamik; so sprechen etwa im Fall von Italien „einige Indizien"⁹⁵ für eine direkte Beteiligung von geheimdienstlich finanzierten Paramilitärs an neofaschistischen Terroranschlägen in den siebziger und achtziger Jahren.⁹⁶ Als der italienische Ministerpräsident Giulio Andreotti im August 1990 – durch Recherchen unter Druck gesetzt – die Öffentlichkeit über die Existenz einer solchen als *Gladio*⁹⁷ firmierenden Organisation informierte, befeuerte das auch in Deutschland nachhaltig Spekulationen.⁹⁸

So behauptete der Schweizer Historiker Daniele Ganser in seiner 2005 erschienenen Dissertation „NATO's Secret Armies – Operation Gladio and Terrorism in Western Europe" einen Zusammenhang zwischen der CIA, Lembkes Waffenlager, einem deutschen Stay-Behind-Netzwerk und dem Oktoberfestanschlag ausmachen zu können.⁹⁹ Auch wenn Gansers Arbeit zwar als „journalistic work with a big spoonful of conspiracy theories"¹⁰⁰ umrissen werden kann, so erhielten seine Thesen doch eine enorme – auch akademische – Aufmerksamkeit.¹⁰¹ Auf Grundlage von Akten des *Ministeriums für Staatssicherheit* der DDR meinte auch der

---

92 Vgl. Chaussy, Oktoberfest, S. 220 f.
93 Vgl. Olav Riste, „Stay Behind". A Clandestine Cold War Phenomenon, in: Journal of Cold War Studies 16 (2014), H. 4, S. 35–59.
94 Vgl. Jens Mecklenburg, Gladio, die Strategie der Spannung und der radikale Antikommunismus, in: ders. (Hg.), Gladio. Die geheime Terrororganisation der Nato, Berlin 1997, S. 7–15, hier S. 7.
95 Hans Woller, Geschichte Italiens im 20. Jahrhundert, München 2010, S. 309.
96 Vgl. Dario N. Azzellini, Gladio in Italien, in: Mecklenburg (Hg.), Gladio, S. 23–47.
97 Der italienische Begriff „Gladio" bezeichnet eigentlich ein römisches Kurzschwert (lat. Gladius).
98 Vgl. Art. Das blutige Schwert der CIA, in: Der Spiegel, Nr. 47/1990, S. 18–21.
99 Vgl. Daniele Ganser, Nato's Secret Armies. Operation Gladio and Terrorism in Western Europe, London 2005, S. 208.
100 Peer Henrik Hansen, Rezension zu: Daniele Ganser, NATO's Secret Armies: Operation Gladio and Terrorism in Western Europe, London 2005, in: International Journal of Intelligence and CounterIntelligence 19 (2006), H. 1, S. 182–186, hier S. 182.
101 Nach dem Erfolg seiner in acht Sprachen übersetzten Doktorarbeit baute Ganser sein Spektrum an Verschwörungstheorien beständig aus und tauschte den akademischen Betrieb dabei größtenteils gegen die Gesellschaft rechtsesoterischer Verschwörungsideolog*innen ein. Inzwi-

Journalist Tobias von Heymann 2008 Spekulationen über die Rolle Lembkes in einem deutschen Stay-Behind-Netzwerk „mit neuen Hinweisen und Erkenntnissen […] untermauern"[102] zu können. Stasi-Unterlagen deuten tatsächlich auf eine noch Ende der siebziger Jahre aktive Gruppe von Überrollagenten des Bundesnachrichtendienstes im Umkreis von Lüneburg sowie auf geplante „Materialverstecke"[103] hin. Lembke könnte – so die Hypothese – womöglich als potentieller V-Mann deren Arsenal verwaltet oder auch die Relikte eines ausrangierten Waffenlagers von Stay-Behind-Strukturen übernommen haben.[104] Doch auch dreißig Jahre nach Bekanntwerden von *Gladio*, ist das Wenige, was wir gesichert über das Stay-Behind-Netzwerk in Italien wissen, immer noch weit mehr als in diesem Zusammenhang über die Bundesrepublik ausgesagt werden kann. Für „ernste Hinweise",[105] Lembke sei Teil einer solchen geheimen Organisation gewesen, fehlt immer noch eine ernstzunehmende Quellengrundlage. Doch auch unabhängig von der Validität diverser Verschwörungsszenarien ist ein Zusammenhang in dieser Hinsicht doch mindestens bemerkenswert: die frappierende Nahverwandtschaft zwischen Lembkes paranoidem Selbstverständnis eines antikommunistischen Partisanenkämpfers auf der einen und der konspirativ-militärischen Ratio der Stay-Behind-Netzwerke auf der anderen Seite.[106]

Fazit

Heinz Lembke bewegte sich im logistischen Mittelbau der bundesdeutschen extremen Rechten der siebziger Jahre. Damit gehörte er zu denjenigen unentbehrlichen Akteuren, die sich jenseits eines rechtsintellektuellen „Höhenkamms" der Bewegungs-Infrastruktur verdient zu machen suchten. Durch ihren Fokus auf die „Celebrities" der Bewegung läuft die Rechtsextremismusforschung daher Gefahr, derartige Protagonisten unbeachtet zu lassen.

---

schen ist er der wohl „bekannteste Verschwörungstheoretiker des deutschsprachigen Raums": Michael Butter, „Nichts ist, wie es scheint". Über Verschwörungstheorien, Berlin 2018, S. 83.
102 Heymann, Oktoberfest-Bombe, S. 436.
103 Ebd., S. 448.
104 Vgl. ebd., S. 436. Fragen nach einer möglichen V-Mann Tätigkeit Lembkes wies die Bundesregierung 2014 mit folgender Begründung zurück: „Informationen, deren Bekanntwerden das Wohl des Bundes oder eines Landes gefährden", könnten nicht preisgegeben werden: Antwort der Bundesregierung auf die Kleine Anfrage der Fraktion Bündnis 90/Die Grünen vom 24.11.2014, in: Bundestags-Drucksache 18/3259, S. 8.
105 Heymann, Oktoberfest-Bombe, S. 449.
106 Vgl. Chaussy, Oktoberfest, S. 220.

Dabei durchwanderte Lembke beachtliche Teile des ganzheitlich angelegten Spektrums rechtsextremer Sozialisierungsangebote der sechziger und siebziger Jahre; vom Engagement in erlebnisorientierten Jugendverbänden über den parteiförmigen Aktivismus bis hin zu Wehrsportaktivitäten, Straßengewalt und der Vernetzung in den entstehenden Rechtsterrorismus verlief Lembkes Radikalisierung erstaunlich synchron zur breiteren Dynamik der „nationalen Opposition". Sein eigentliches „Lebenswerk", das umfassende Sammeln, Vergraben und Verwalten exorbitanter Mengen an Waffen und Sprengstoffen, katalysiert durch die apokalyptische Naherwartung einer kommunistischen Invasion, hebt Lembkes Biographie doch von zahlreichen vergleichbaren Lebensläufen aus der zweiten Reihe der bundesdeutschen extremen Rechten ab.

Sabine Hering
Mathilde Ludendorff (1877–1966)

Von der Steigbügelhalterin des Nationalsozialismus zur Gallionsfigur der „Ludendorff-Bewegung".

Abb. 9: Mathilde Ludendorff u. Erich Ludendorff, Postkarte, undatiert. *Im Besitz der Verfasserin*.

Die Beschäftigung mit der Wirkung von Mathilde Ludendorff und ihrem „Clan" nach dem Ende des Nationalsozialismus in Deutschland soll ihr keineswegs zu einer neuen Popularität verhelfen, sondern die beschauliche Ruhe, die sie aufgrund der allgemeinen Nichtbefassung umgibt, in eine angemessene Beunruhigung verwandeln.

Mathilde Ludendorff war so überzeugt von ihrer Größe und Einmaligkeit, von ihrer universalen Mission und der Unfehlbarkeit ihres Urteils, dass ihr ein wenig „Sterblichkeit" sicherlich guttun würde. Trotzdem kann ich nicht umhin, sie noch einmal auferstehen zu lassen, da sie ohne Zweifel in die Reihe der Personen gehört, die in den Jahren nach 1945 mit mehr oder weniger Erfolg versucht haben, das „geistige Erbe" des Faschismus am Leben zu erhalten bzw. wiederzubeleben. Gehen wir zunächst der Frage nach, mit welchen Motiven und mit wel-

Notiz: Dieser Text beruht auf einem Essay, das in der *Ariadne – Almanach des Archivs der deutschen Frauenbewegung*, H. 18 (1990), S. 40–46 erschienen ist Wiederabdruck: Sabine Hering: „Deutsch und nichts als Deutsch". Mathilde Ludendorff ohne Heiligenschein und Hexenzeichen, in: dies. (Hg.), „Und das war erst der Anfang". Geschichte und Geschichten bewegter Frauen, Zürich/Dortmund 1994, S. 131–146.

∂ Open Access. © 2023 Sabine Hering, publiziert von De Gruyter. Dieses Werk ist lizenziert unter der Creative Commons Attribution-NonCommercial-NoDerivatives 4.0 Lizenz.
https://doi.org/10.1515/9783111010991-013

chen Mitteln Mathilde Ludendorff zu einem nicht zu unterschätzenden Motor des Nationalsozialismus geworden ist.

Mathilde Ludendorff – die Steigbügelhalterin

Mathilde („Tillie") Ludendorff, geb. Spieß, verwitwete von Kemnitz, war eine der abenteuerlichsten Denkerinnen des 20. Jahrhunderts. In ihrem umfangreichen Werk hat sie nicht mehr und nicht weniger als den Anspruch formuliert, die Welt durch ihre Einsichten zu revolutionieren und das menschliche Dasein auf ein neues, von ihr erdachtes Fundament zu stellen. Sie, die kühn behauptete, sie hätte Sigmund Freuds Theorien schon in ihrer Jugend entkräftet, sah sich als Vollenderin der Werke von Kant, Schopenhauer und Nietzsche.

Den unerbittlichen Kampf gegen „Juda, Rom und die Freimaurer" führte sie in ihren eigenen Augen nicht nur als Philosophin, als „Weltdeuterin", sondern auch als Stifterin „deutscher Gotteserkenntnis" – und nicht zuletzt als Streiterin für die Befreiung der Frau.

Tatsächlich wurde sie – durchaus nicht unabsichtlich – zu einer bedeutsamen Ideologin und Steigbügelhalterin des Nationalsozialismus. Mehr erreichte sie allerdings nicht. Amt und Würden der Hohepriesterin neben dem „Führer", die ihren Ambitionen eigentlich entsprochen hätten, blieben ihr versagt. Die zunehmende Entfremdung zwischen Hitler und ihrem Ehemann, Erich Ludendorff, die sie tatkräftig mitherbeiführte, stand ihr dabei in erster Linie im Wege. Außerdem duldete der „Führer" keine anderen Götter neben sich – und auf keinen Fall eine monomane Priesterin mit besonderem Talent für Showeffekte.

Mathilde Ludendorff passte also weder in die Schublade der 1933 in den Ruhestand versetzten Frauenrechtlerinnen,[1] noch in die der Aufsteigerin im Gefolge des Nationalsozialismus.[2] Für sie bedeutete die „Machtergreifung" 1933 keineswegs eine Wende, da sie – wie sie es auszudrücken liebte – schon seit 1923 im „völkischen Kampf" stand und sich „jesuitischer und zionistischer Attentate auf ihre Person zu erwehren hatte."[3] Sie gehörte damit zu den wenigen Frauen, die dem nationalsozialistischen Kurs nicht nur begeistert gefolgt sind, sondern ihn

---

[1] Gemäß dem 1933 in Kraft getretenen Gesetz zur Wiederherstellung des Berufsbeamtentums, konnten „unliebsame" Personen aus dem öffentlichen Dienst entlassen werden, z. B. die Ministerialrätin Gertrud Bäumer (1872–1954).
[2] So z. B. Sophie Rogge-Börner (1878–1955), Jutta Rüdiger (1910–2001) oder Gertrud Scholtz-Klink (1901–1999).
[3] Sabine Hering: „Deutsch und nichts als Deutsch". Mathilde Ludendorff ohne Heiligenschein und Hexenzeichen, in: dies. (Hg.), „Und das war erst der Anfang". Geschichte und Geschichten bewegter Frauen, Zürich/Dortmund 1994, S. 131–146, hier S. 134.

auch mitentwickelt haben, denn es war nicht zuletzt ein von ihr erdachtes Drama, das 1933 seinen Anfang nahm – auch wenn ihre Rolle dabei heute in Vergessenheit geraten ist. Betrachten wir ihren Lebensweg.

Der unbeirrbare Weg zur „Erkenntnis"

Mathilde Friederike Karoline Spieß wurde am 4. Oktober 1877 in Wiesbaden geboren. Ihr Vater war protestantischer Pastor, der, wie alle vier Töchter dankbar vermerken, jegliche „Frömmelei" verabscheute. In dem Elternhaus – so die spätere Darstellung – ging es einfach, klar, innig und harmonisch zu. In der Schule empörte sich Mathilde erstmals über die ständige Herabsetzung der weiblichen intellektuellen Fähigkeiten und trat für die Achtung und Gleichbehandlung der Geschlechter ein. „Schade, dass du kein Junge bist", wurde ihr gesagt, wenn ihre Argumente die Lehrer in die Enge trieben.[4]

Die bescheidenen Verhältnisse hinderten die Eltern nicht daran, die Töchter sorgfältig ausbilden zu lassen und sie in ihrem Streben nach einer anspruchsvollen Berufstätigkeit zu bestärken. Mathilde absolvierte den damals üblichen Schnellkursus für Lehrerinnen und nahm eine Stelle in einem Mädchenpensionat in Bieberich an. Doch ihre Tätigkeit empfand sie als entwürdigend. Sobald sie das nötige Geld zusammengespart hatte, ging sie nach Karlsruhe, um das Abitur nachzumachen und dann in Freiburg ein Studium der Medizin zu beginnen. Ihre vehemente Befürwortung der Frauenbildung und des Frauenstudiums trugen allerdings nicht dazu bei, sie grundsätzlich der Frauenbewegung nahezubringen:

> Um die sogenannten „Frauenrechte" der „Emanzipierten" war es mir außer dem Rechte zum Studium nicht zu tun. Ja, ich habe mich an den heißen Kämpfen der Frauen, „Stimmvieh" sein zu dürfen, nicht beteiligt, sondern habe im Gegenteil schon in jungen Jahren den Frauen gezeigt, dass die Kernfragen der Freiheit des Weibes die Mündigkeit in der Ehe und die Pflichten am Volke seien, das Wahlrecht aber nichts anderes als Trug am Volke, doppelter Trug aber an den Frauen sei.[5]

Mit Auffassungen dieser Art hatte sie sich aber nicht nur von den Zielen der Frauenbewegung distanziert, sondern sich auch bereits beizeiten als Antidemokratin ausgewiesen.

Im Wintersemester 1901/02 immatrikulierte sich Mathilde Ludendorff in Freiburg, verlobte sich aber kurz darauf mit Gustav Adolf von Kemnitz, der zeitweilig

---
4 Ebd., S. 135.
5 Ebd., S. 136.

als ihr Pflegebruder im elterlichen Haus lebte. Seit dieser Zeit war sie fast durchgängig krank, was sie aber nicht daran hinderte, drei Kinder zu bekommen (Ingeborg, Asko und Hanno) und schließlich 1913 an ihrem neuen Wohnort München das Examen in Medizin abzulegen. Noch bevor ihr Mann während des Ersten Weltkriegs in den Alpen tödlich verunglückte, war Mathilde Ludendorff darauf angewiesen, sich und die Kinder durch ihre Arbeit als Ärztin zu ernähren.

Im Laufe der Novemberrevolution 1918 engagierte sie sich leidenschaftlich gegen die bayerische Räterepublik und bewegte den Bürgermeister ihres Wohnorts zu der Entscheidung, den „Plebs" entwaffnen zu lassen. Die Tochter Ingeborg erinnert sich an jene Zeit:

> Ich weiß noch, wie meine liebe Mutter in diesen Wochen alle Kleider an unseren Bettchen zurechtlegte, da wir in wenigen Minuten in Sicherheit gebracht werden mussten, wenn die Spartakisten, die in Lastautos und Zügen kamen, nicht von dem Freikorps am Taleingang abgewehrt werden konnten. So waren wir Kinder, wohl mehr als andere Altersgenossen, glücklich, als endlich auch München von der Räteregierung befreit wurde.[6]

Im Jahre 1919 ging sie eine zweite Ehe ein, die aber so unglücklich verlief, dass noch nicht einmal der Name des Gatten vermerkt worden ist.

Noch während des Kriegs begann sie, eine Reihe von Büchern zu publizieren.[7] Wenige Jahre später berief sie 1920 ein „Frauenkonzil" nach München ein, um damit zur Gründung des „Weltbundes nationaler Frauen" beizutragen, ein Vorhaben, das aber offensichtlich misslungen ist:

> Das erklärte Ziel bestand darin, einen Weltbund nationaler Frauen zu gründen. Für einen solchen konnte Mathilde Ludendorff letztlich nur wenige Anhängerinnen gewinnen. Von den circa 700 anwesenden Personen schlossen sich offensichtlich nur 50 Frauen dem Bund an, davon jedoch, wie sie selbst es bezeichnete, „keine Frau von Format".[8]

Ihre Auffassung der „Frauenfrage" bekam damit eine spezielle „völkische" Wendung, welche typisch ist für ihre krude Durchmischung weltanschaulicher Parameter:

> Die Unterjochung der Frau ist zu verstehen als die ebenso einfache wie gewaltsame Lösung einer seelischen Spannung im Manne, dessen ausgeprägter Machtwille im Gegensatz zu der

---

6 Ebd. S. 137.
7 Vgl. Mathilde von Kemnitz, Das Weib und seine Bestimmung. Ein Beitrag zur Psychologie der Frau und zur Neuorientierung ihrer Pflichten, München 1917; dies., Erotische Wiedergeburt, München 1919; dies., Der Minne Genesung, München 1932; dies., Des Weibes Kulturtat. Zwei Vorträge mit Aussprache, gehalten auf dem ersten Allgemeinen Frauenkonzil, Garmisch o. J. [1920].
8 Annika Spilker, Geschlecht, Religion und völkischer Nationalismus. Die Ärztin und Antisemitin Mathilde von Kemnitz-Ludendorff (1877–1966), Frankfurt am Main 2013, S. 158.

geschlechtlichen Abhängigkeit von der Frau steht. Die Unterordnung der Frau tritt deshalb am stärksten bei kriegerischen und sinnlich stark anregbaren Völkern hervor (z. B. Asiens) und bei den Juden, deren Weltherrschaftsziel nicht durch Abirren der Männer vom religiösen Befehl gefährdet werden soll. Die Selbstbeherrschung, die der Germane auch im Triebleben übte, schützte ihn vor Frauenherrschaft, ließ ihn geistige Hochwertung der Frau und Gleichstellung der Geschlechter leben. Erst das Christentum brachte uns die Entwürdigung und Entmündigung der Frau und ihre Folgen: Bruch im Kulturleben, Missbrauch männlicher Kampfbereitschaft und Sittenverfall.[9]

In der Frauenbewegung fand sie mit solchen Ausführungen keinerlei Resonanz. Ihre Ideen wurden nicht zur Kenntnis genommen, es fand aber auch keine inhaltliche Auseinandersetzung damit statt. Ihre germanoiden Paarungsfantasien entfesselten keinen Sturm der Entrüstung.

Die „Philosophin" und der „Feldherr"

Trotzdem blieben ihre Ideen und Aktivitäten keineswegs ohne öffentliche Resonanz. Als Mathilde Ludendorff sich ab 1923 ganz in den Dienst des „völkischen Kampfes" stellte, wurde ihre in München aufgebaute Psychiatriepraxis „zerschlagen": Die Kranken blieben weg, weil die „Frau Doktor" schon zu dieser Zeit als eine zwielichtige und in politische Skandale verwickelte Gestalt an die Öffentlichkeit getreten war. Ihre lebhafte Anteilnahme an dem nationalsozialistischen Putschversuch von 1923 verschaffte ihr „die Ehre" der Bekanntschaft mit General Ludendorff, dem „Helden" des Ersten Weltkriegs.

Das Gefühl der „Seelenverwandtschaft" zwischen beiden vertiefte sich, als Ludendorff der „Philosophin", wie er sie nannte (für sie war er „der Feldherr"), die Betreuung seiner morphiumsüchtigen Frau anvertraute. Die nachfolgende rapide Verschlechterung des Gesundheitszustandes von Margarethe Ludendorff, die bald zur Einweisung in eine Klinik und 1925 zur Scheidung führte, wurde von „bösartigen Elementen" der zukünftigen Frau Mathilde Ludendorff angelastet.

Wie dem auch gewesen sein mag – 1926 fand unter der wohlwollenden Beteiligung Adolf Hitlers und vieler anderer Kampfgefährten die Trauung der „Philosophin" und des „Feldherrn" statt. Mathilde Ludendorff veröffentlichte in der Folgezeit unermüdlich eine Schrift nach der anderen.[10] Im Jahre 1925 trat sie als Rednerin der *Nationalsozialistischen Freiheitsbewegung* (NF) in Weimar auf und

---

9 Erich Ludendorff, Mathilde Ludendorff. Ihr Werk und Wirken, München 1937, S. 108.
10 Vgl. z. B. Mathilde Ludendorff, Der göttliche Sinn der völkischen Bewegung, München 1934 [zuerst 1924]; dies., Des Menschen Seele, München 1932 [zuerst 1926]; dies., Selbstschöpfung, Leipzig 1927; dies., Deutscher Gottglaube, Leipzig 1928.

bewegte ihren Mann 1926 zur Gründung des *Tannenbergbundes* einer Organisation mit gleichzeitig radikalerer und transzendentalerer Orientierung als die der damaligen NSDAP.

Die abwegigen Ideen Mathilde Ludendorffs von der Einflussnahme „geheimer überstaatlicher Mächte" und die zunehmende geistige Verwirrung „des Feldherrn" trugen dazu bei, dass es noch vor 1933 im Verhältnis des Paares zu Hitler zu einer Abkühlung kam, die so weit ging, dass Ludendorff Hindenburg den Untergang des Reichs durch die Nationalsozialisten prophezeite – wegen ihrer „zu maßvollen Politik."[11] So gerieten die beiden ehemaligen Leitfiguren der nationalsozialistischen Bewegung mehr und mehr ins politische Abseits.

Nach 1933 lebte das Ehepaar zurückgezogen in Tutzing und betrieb einen eigenen Verlag. „Meine Frau hatte ihre ärztliche Praxis aufgegeben. Sie leitete mit sicherer Hand den Haushalt und führte eine einfache, gesunde Lebenshaltung durch",[12] schreibt Ludendorff, der 1937 starb und trotz der Entfremdung von der Führungsspitze der NSDAP als „großer Patriot" ein Staatsbegräbnis erhielt.

Die langen Schatten...

Mathilde überlebte ihren Mann, Erich Ludendorff, um 29 Jahre. Es gelang ihr, eine Schar getreuer Gefolgsleute und Jünger bis zu ihrem Tod am 12. Mai 1966 an sich zu binden.[13] Mit diesen gründete sie nach Kriegsende die *Ludendorff-Bewegung*, die 1961 vom Bundesinnenministerium verboten wurde,[14] sowie den *Bund für Gotterkenntnis*, dessen Botschaften in einer Reihe von Schriften des *Verlags Hohe Warte* veröffentlicht wurden.[15]

---

11 Hering, „Deutsch", S. 141.
12 E. Ludendorff, Mathilde Ludendorff, S. 49.
13 Dazu gehörten der Schwiegersohn und Verleger Franz Freiherr Karg von Bebenburg (1910–2003), Ehemann von Ingeborg von Kemnitz, der Sohn und Verlagsmitarbeiter zur Buchführung und Schriftenherstellung Hanno von Kemnitz (1909–1990) sowie der Sohn und Finanzchef des Verlags Asko von Kemnitz (1909–1992).
14 Vgl. Fabian Virchow, Das Religionsprivileg als Mittel zum völkischen und antisemitischem Zweck. Die Bewegung der Ludendorffer im Lichte staatlicher Verbotspraxis, in: Berliner Debatte Initial 25 (2014), H. 1, S. 66–77.
15 Der Verlag existiert noch heute. In seiner Selbstdarstellung „Über uns" kennzeichnet er seine Absichten folgendermaßen: „Wir sind ein kleiner Verlag in der Tradition des Wirkens des Hauses Ludendorff für die Freiheit der Menschen und Völker. Der Mensch ist aufgerufen, sich selbst und sein Handeln nach dem Guten, Wahren und Schönen auszurichten. Er hat jedoch auch die Freiheit, das nicht zu tun. Solange er dabei nicht die Rechte anderer verletzt, ist das seine eigene Freiheit. Das Sittengesetz regelt dabei das Zusammenleben und darf auch Zwang ausüben, damit

Mathilde Ludendorff hat sich angesichts des relativ begrenzten Erfolgs ihrer philosophischen Traktate immer mit der Gewissheit getröstet, dass die Menschen irgendwann ihre Sendung erkennen und ihrem Ruf und Rat nachfolgen würden, und sei es auch erst lange nach ihrem Tod.

„Doch bist du lebendig, mein Volk, so bist du Gott und frei!"

Einen Überblick über das gesamte Werk Mathilde Ludendorffs zu geben, ist in diesem Rahmen ebenso unmöglich wie unnötig. Aber ich will den Nachweis führen, dass Mathilde Ludendorff dem Nationalsozialismus ideologisch den Boden bereitet hat – und dass sie auch in der Nachkriegszeit dafür gesorgt hat, faschistisches Gedankengut aufrechtzuerhalten. Vor 1933 gehörte sie zu der Gruppe der Deutschnationalen, die schon vor dem Auftritt der Nazis in deren Sinne wirksam wurden und nach 1945 relativ unangefochten deren Gedankengut weitergeben konnten. Die deutschnationale Bewegung ist älter als die nationalsozialistische, und sie hat sich länger gehalten, weil es ihr immer wieder gelang – zumindest für die Organe der Rechtsprechung überzeugend –, sich von jener abzugrenzen. Ohne sie wäre das „Dritte Reich" undenkbar gewesen; sie selber hätten ihre Vorstellungen aber niemals in so konsequenter Weise umsetzen wollen oder können, wie es die Nazis taten. Ihre Schuld mag deshalb geringer erscheinen, ihre Gefährlichkeit darf nicht unterschätzt werden.

Es ist aus heutiger Sicht nicht einfach, die Ähnlichkeiten und Unterschiede zwischen den Ludendorffschen und den nationalsozialistischen Auffassungen deutlich zu erkennen. Greifbar ist der Tatbestand, dass Mathilde Ludendorff und ihr „Feldherr" sich schon vor 1933 mit Hitler entzweit hatten. Und nicht nur Henriette von Schirach benennt Mathilde Ludendorff als eine jener wenigen Frauen, die Hitler öffentlich Feindseligkeit entgegenbrachten. Dennoch war sie keineswegs eine Gegnerin der Nazis, sondern eine Dissidentin, deren Vorbehalte gegen-

---

das Zusammenleben möglich ist. Mit unserem Bücherangebot wollen wir das Wissen vermitteln, welches in vielen anderen Publikationen verschwiegen wird. Damit leisten wir einen Beitrag zur wirklichen eigenen Meinungsbildung und Urteilsfähigkeit. Und hoffentlich auch dafür, dass die Menschen und Völker sich wieder auf sich selbst besinnen, ihr Selbstbestimmungsrecht wahrnehmen und Erfüllung in der eigenen Kultur finden. Das ist ein erster Schritt, um dem Imperialismus unserer Zeit entgegenzuwirken und ganz im Einklang mit dem Völkerstrafgesetzbuch Völkermord zu verhindern."

über der nationalsozialistischen Praxis primär die Ränke um den Führungsanspruch und die „wahre Linie" betrafen.

Das Spruchkammerverfahren nach 1945 gegen Mathilde Ludendorff zeigt, dass sie sehr wohl in den Kreis derer einbezogen wurde, die dem Nationalsozialismus Vorschub geleistet hatten. Das Verbot der von ihr gegründeten *Ludendorff-Bewegung* in der Nachkriegszeit belegt zumindest den verfassungsfeindlichen Ansatz ihrer politischen Vorstellungen. Betrachten wir die Affinitäten und Abgrenzungen genauer. Erstere lassen sich schnell umreißen: Die wichtigste Übereinstimmung liegt in der „völkischen Idee" – jener unsäglichen Fetischisierung des aus dem Germanentum abgeleiteten Ideals „deutscher Seele", „deutscher Eigenart" und „deutscher Bestimmung" – verbunden mit der paranoiden Vorstellung eines Komplotts „antideutscher Kräfte" zur „Überfremdung und Vernichtung des Vaterlandes". Die geistige Verwandtschaft findet sich aber auch in ihrem Antisemitismus, der darauf basiert, an allererster Stelle den Juden jene Absicht der „Versklavung und Vernichtung des Deutschtums" zu unterstellen.[16]

Ihre Abgrenzung vom Nationalsozialismus der NSDAP trug der Rechtsanwalt Mathilde Ludendorffs in ihrem Spruchkammerverfahren wortreich vor: Es wird angeführt, dass Hitler im Gegensatz zu Frau Ludendorff ein Mensch ohne Moralbegriffe gewesen sei, dass ihre „völkische Idee" nicht als nationalistisch betrachtet werden dürfe, weil sie jedem Volk seine „völkische Identität" zubillige – angesichts ihrer Charakterisierungen des englischen und französischen „Volkscharakters" eine mehr als dubiose Rechtfertigung – und dass sie nicht aus „Barbarei", sondern mit gutem Grund Antisemitin sei.

Über 80 Seiten der Verteidigungsschrift sind dem Nachweis gewidmet, dass die Glaubensgrundsätze und Handlungsweisen „der Juden" generell „niederträchtig und deutschfeindlich" seien. Miniaturzitate aus der Bibel, dem Talmud und zahllosen exegetischen Schriften, nur zu offensichtlich aus dem Zusammenhang gerissen, werden ins Feld geführt, um die Notwendigkeit des deutschnationalen „Abwehrkampfes" zu belegen.

Mathilde Ludendorff fand 1945 angesichts der furchtbaren Auswirkungen des nationalsozialistischen Antisemitismus kein Wort der Betroffenheit oder des Bedauerns. Sie „bewältigte" den Terror, der nun offenbar wurde – und der ihr zuvor schon offenbar gewesen sein musste –, indem sie die Nazis einfach den „geheimen überstaatlichen Mächten" zuordnete, die schon immer gegen das „Deutschtum" gewirkt hätten und denen sie auch die „Ermordung" Luthers, Mozarts und Schillers anlastete. Zu den jüdischen, katholischen und freimaurerischen Verschwörern stoßen nun eben auch noch die nationalsozialistischen.

---

16 So u. a. in: Mathilde Ludendorff im Vorwort zu: dies. / Erich Ludendorff, Die Judenmacht, ihr Wesen und Ende, München 1939.

Alle diejenigen, die meinen, Mathilde Ludendorff sei nichts weiter als eine Psychopathin gewesen, erinnere ich an das Verbot ihrer Aktivitäten im Jahr 1961 – und damit an die unbestreitbare Tatsache, dass ihre Ideen noch lange nach dem Zusammenbruch des „Dritten Reichs" wirksam waren. Und alle diejenigen, die glauben, Faschismus sei eine Sache der Männer, an der Frauen aufgrund ihrer „friedliebenden Natur" keinen Anteil haben, ermuntere ich, nicht nur Mathilde Ludendorffs Werk „Das Weib und seine Bestimmung" zu lesen, sondern auch ihre übrigen Schriften genauer zu betrachten. Diese Lektüre ist heilsam und dauerhaft beunruhigend.

Philipp Grehn
Alfred E. Manke (1929–2017)

Ein Multifunktionär und Bewegungsunternehmer im vorpolitischen Raum

Abb. 10: Alfred Manke, nach 1945, *Picture Alliance*, 369885911.

Einleitung

Ende Oktober 1970 versammelten sich 4.000 extrem rechte Nationalist:innen aus der gesamten Bundesrepublik zu einer Kundgebung in der Würzburger Frankenhalle, um „Widerstand" gegen die neue Ostpolitik der sozialliberalen Regierung zu leisten.[1] Die Veranstaltung war der wohl mobilisierungkräftigste Moment und zugleich politische Höhepunkt im Leben des damals 41-jährigen Alfred Ernst Mankes. Als Multifunktionär in zahlreichen rechten Kultur- und Jugendverbänden hatte der gelernte Buchdrucker und Verleger schon früh das Potential des vorpolitischen Raumes betont und mit der *Aktion Widerstand* maßgeblich dazu beigetragen, dass das rechte Lager nach der verlorenen Bundestagswahl der *National-*

---

[1] Zur Ostpolitik der sozialliberalen Bundesregierung vgl. Gottfried Niedhardt, Entspannung in Europa. Die Bundesrepublik und der Warschauer Pakt 1966 bis 1975, München 2014; Stefan Creuzberger, Westintegration und Neue Ostpolitik. Die Außenpolitik der Bonner Republik, Berlin 2009.

demokratischen Partei Deutschlands (NPD) im Jahr zuvor ein Signal des Neuaufbruchs und der Einheit zu setzen vermochte. Angetrieben von der aggressiven Stimmung im Saal und angeheizt von den tobenden Reden zog im Anschluss der Großteil der überwiegend jungen Kundgebungsteilnehmer:innen spontan und trotz polizeilichem Verbots in die Würzburger Innenstadt, wo es zu gewalttätigen Angriffen auf linke Gegendemonstrant:innen kam.[2]

Im Fokus dieses Beitrags steht das Wirken Alfred E. Mankes im vorpolitischen Raum der extremen Rechten der Bundesrepublik. Dabei soll nachgezeichnet werden, worin Manke die Chancen und Möglichkeiten des Agierens abseits extrem rechter Parteipolitik sah. Als Quelle sind hierfür besonders seine frühen Ausführungen in der Parteizeitung des *Deutschen Blocks* eingeflossen, dessen stellvertretender Vorsitzender Manke bis 1967 war.[3] Darüber hinaus soll der Frage nachgegangen werden, inwiefern er als „Bewegungsunternehmer" auch ökonomisch von seiner prominenten Stellung im extrem rechten Milieu abhängig war. Bezüglich Mankes Handeln in den siebziger und achtziger Jahren sei auf die Archivbestände des *Otto-Stammer-Zentrums* und des Politikwissenschaftlers Richard Stöss verwiesen, die vom *Antifaschistischen Pressearchiv und Bildungszentrum* Berlin (apabiz) aufbewahrt werden.[4]

Kindheit und Jugend in Pommern

Alfred Ernst Manke wurde am 29. März 1929 in dem kleinen Dorf Bulgrin südwestlich von Kolberg in Westpommern als eines von drei Kindern geboren. Als Jugendlicher begann er eine Ausbildung zum Buchdrucker und schloss sich der *Hitlerjugend* (HJ) an, für die er freiwillig als Teil eines Panzerjagdkommandos gegen die heranrückende Rote Armee kämpfte. Kurz vor der Eroberung Kolbergs durch so-

---

2 Vgl. Christoph Kopke, Die *Aktion Widerstand* 1970/71: Die „nationale Opposition" zwischen Sammlung und Zersplitterung, in: Massimiliano Livi / Daniel Schmidt / Michael Sturm (Hg.), Die 1970er Jahre als schwarzes Jahrzehnt. Politisierung und Mobilisierung zwischen christlicher Demokratie und extremer Rechter, Frankfurt am Main/New York 2010, S. 249–262. Im Staatsarchiv Würzburg werden die Ermittlungsakten der Staatsanwaltschaft gegen drei Beteiligte aufbewahrt. Vgl. Staatsarchiv Würzburg, Staatsanwaltschaft Würzburg 2012-009, Nr. 38-40. Eine ausführliche Dokumentation der Ereignisse findet sich in: Friedrich-Ebert-Stiftung (FES), Aktion Widerstand. Eine antidemokratische Bewegung, dargestellt in Dokumenten, Bonn 1971.
3 Erhaltene Ausgaben der Zeitung *Deutsche Politik* finden sich im Antifaschistischen Pressearchiv und Bildungszentrum Berlin (apabiz) sowie im Hartmut-Meyer-Archiv der *Vereinigung der Verfolgten des Naziregimes-Bund der Antifaschistinnen und Antifaschisten NRW*.
4 Antifaschistisches Pressearchiv und Bildungszentrum Berlin (apabiz), Sammlung Stöss, Ordner Manke.

wjetische Truppen geriet Manke in Kriegsgefangenschaft und wurde zur Zwangsarbeit auf das nahegelegene Rittergut von Kamecke-Streckenthin geschickt. Wie er später in einem autobiographischen Rückblick auf das Kriegsende in den rechten *Deutschen Monatsblättern* schrieb, kam er nach zwei Jahren frei und traf seine Familie in der sowjetischen Besatzungszone wieder. Gemeinsam siedelten sie nach Niedersachsen über und ließen sich in Huntlosen nieder, wo Manke im nahegelegenen Oldenburg seine Ausbildung zum Buchdrucker abschloss.[5]

Der *Deutsche Block* als „ganzheitlich-volkstreue" Bewegung

Seine politische Laufbahn begann er in der extrem völkischen Kleinstpartei *Deutscher Block* (DB), die ursprünglich 1947 als Abspaltung der *Wirtschaftlichen Aufbau-Vereinigung* (WAV) entstanden war.[6] Ihren regionalen Schwerpunkt hatte der DB in Oberfranken, wo er bei einzelnen Kommunalwahlen zeitweilig zweistellige Ergebnisse erzielen konnte. Das weit nördlich gelegene Dorf Huntlosen, Mankes Wohnort, stellte hingegen den einzigen Stützpunkt der Partei in Niedersachsen dar. Personell eng verwoben war der DB mit dem *Jugendbund Adler* (JbA), der – obwohl formal nicht dessen Jugendorganisation – vom DB-Mitgründer und stellvertretenden Parteivorsitzenden, Richard Etzel, geleitet wurde. Hier war auch Alfred Manke organisiert, als er gemeinsam mit Etzel nach parteiinternen Machtkämpfen im März 1961 den Vorsitz über den DB und die Führung über den JbA übernahm.[7] Manke, inzwischen im Rheinland wohnend, verstand den DB weniger als klassische Partei, sondern vielmehr als „ganzheitlich-volkstreue Bewegung"[8] mit Wirkungsabsicht im vorpolitischen Raum. Das folgende Zitat steht paradigmatisch für dieses Verständnis:

---

5 Alfred Ernst Manke, Unter Zwangsarbeit gereift, in: Deutsche Monatshefte, 1985/Nr. 5/6, S. 59; Konrad Windisch, Abschiedsrede an Alfred Manke, 29.03.1929–18.09.2017, unter: https://volksherr schaft.info/wp-content/uploads/2014/10/Abschiedsrede-an-Alfred-Manke.pdf [Zuletzt aufgerufen am 5.4.2021].
6 Zum *Deutschen Block* vgl. Horst W. Schmollinger, Der Deutsche Block, in: Richard Stöss (Hg.) Parteien-Handbuch. Die Parteien der Bundesrepublik Deutschland 1945–1980, Bd. 2, CSU-DSU, Opladen 1986, S. 807–847; zur *Wirtschaftlichen Aufbau-Vereinigung* vgl. Hans Woller, Die Loritz-Partei, Geschichte, Struktur und Politik der Wirtschaftlichen Aufbauvereinigung (WAV) 1945–1955, Stuttgart 1982.
7 Vgl. Schmollinger, Deutscher Block, S. 819.
8 Vgl. Alfred Ernst Manke, Wir und unsere Aufgabe, in: Deutsche Politik. Grundsätze, Stellungnahmen und Informationen des Deutschen Blocks, 1964/Nr. 1/2, S. 2–3, hier S. 2.

> Dem *Deutschen Block* geht es nicht zuerst um Mandate und Wahlen. Der erste Schritt (die eigentliche Aufgabe der volkstreuen Kräfte) liegt derzeit außerhalb der Wahl in der *Schaffung der Voraussetzungen* für einen erfolgreichen nationalen Aufbruch.
> So lauten unsere Nahziele: umfassende völkische Erneuerungsarbeit mit der Ausprägung einer neuen Idee, Heranbildung einer kämpferischen Elite und die Verbreitung ganzheitlich-volkspolitischer Grundforderungen.[9]

Zentrale Grundlage bildete hierbei Mankes naturbezogener, völkischer Rassismus und Nationalismus. Als Schriftleiter der Parteizeitung *Deutsche Politik* entfaltete er seine konzeptionellen Überlegungen zu einem „organischen Sozialismus", in dessen Zentrum die „Volksgemeinschaft [...] als Trägerin der staatlichen Organisation" stand:

> Die Volksgemeinschaft aber ist von der Natur mit so hervorstechenden Eigenschaften ausgestattet und nach außen so scharf abgegrenzt worden, durch Sprache, Volkscharakter und kulturelle Eigenart, daß ihr offensichtlich im Gesamtorganismus der Welt eine hervorragende Rolle zukommt.[10]

Die politische Ausrichtung auf den vorpolitischen Raum war auch eine strategische Überlebensfrage für den DB. Die Gründung und Wahlerfolge der NPD ab Mitte der sechziger Jahre ließen parteipolitisch kaum Platz für eine zweite Partei im rechtsextremen Spektrum.[11] Obwohl man sich nicht an der Gründungsinitiative der NPD beteiligte, rief Manke mehrfach im Parteiorgan zur Wahl der NPD auf.[12] Nichtsdestotrotz hielt er den Wirkungsgrad von Parteien im Allgemeinen für gering, wie er 1966 in einer „Standorterklärung im nationalen Bereich" darlegte. Lange bevor Alain de Benoist, der französische Theoretiker der Neuen Rechten, das Konzept der Metapolitik[13] entwickelte, betonte Manke die Notwendigkeit einer

---

9 Alfred Ernst Manke, Was tut not? Standorterklärung im nationalen Bereich, in: Deutsche Politik, 1966/Nr. 9/10, S. 11–14, hier S. 13.
10 Grundsätze unserer ganzheitlich-volkstreuen Lebensanschauung, in: Deutsche Politik, 1966/Nr. 3/4, S. 14–16, hier S. 16.
11 Vgl. Lutz Niethammer, Integration und „Widerstand". Die NPD und die Umgruppierung der Rechten, in: Gewerkschaftliche Monatshefte 22 (1971), S. 136–153.
12 Vgl. Art. Vom Deutschen Block, in: Studien von Zeitfragen. Analysen, Berichte, Informationen zum nationalen Nonkonformismus (SvZ), 1967/Nr. 10/11, S. 11.
13 Vgl. Alain de Benoist, Kulturrevolution von rechts. Gramsci und die Nouvelle Droite, Krefeld 1985. Mit dem Konzept der „Metapolitik" griff Benoist auf kulturtheoretische Überlegungen des italienischen Kommunisten Antonio Gramsci zurück. Die rechte „Metapolitik" zielt dabei auf Diskurse, Haltungen und Mentalitäten in der Gesellschaft und versucht diese durch Einflussnahme im Sinne eines Kulturkampfes nach rechts zu verschieben, um so die Grundlage für politische Veränderung zu erwirken. Hierzu vgl. Gudrun Hentges / Georg Gläser, Metapolitik und das Konzept der (direkten) Demokratie in der Ideologie der Neuen Rechten, in: Gudrun Hentges (Hg.), Krise der Demokratie – Demokratie in der Krise? Gesellschaftsdiagnosen und Herausforderungen

„konsequente[n] völkischen Erneuerungsarbeit" im Kultur- und Jugendbereich, ohne die keine „Wahlpartei", die „Probleme [...] der Zeit zu lösen" vermöge.[14] Stattdessen führe nur eine „Revolution der Gesinnung" zum „Sieg", wie er in einem Beitrag für die Parteizeitung *Deutsche Politik* formulierte.[15]

Trotz der inhaltlich-strategischen Differenz bei gleichzeitiger ideeller Unterstützung beförderten die Wahlerfolge der NPD den Niedergang des DB zu einer „irrelevanten völkisch-rassistischen Sekte", wie der Parteienforscher Horst W. Schmollinger konstatierte.[16] Seine Mitgliederzahlen und Publikationsauflagen gingen im Verlauf der sechziger Jahre stetig zurück. Ende 1966 zählte das *Bundesamt für Verfassungsschutz* (BfV) gerade einmal noch 100 Mitglieder.[17] Ähnlich desaströs sah es auf Seiten des *Jugendbundes Adler* aus. Wie die meisten extrem rechten und völkischen Jugendverbände der Zeit hatte auch dieser massiv an Einfluss eingebüßt.[18] Dem wachsenden Bedeutungsverlust der Einzelverbände wurde durch stärkere Kooperation untereinander begegnet. So beteiligte sich Alfred Manke im Namen des *Jugendbundes Adler* gemeinsam mit der *Wiking-Jugend* (WJ) und dem *Bund Heimattreuer Jugend* (BHJ) an der Gründung eines *Freundeskreises der nationalen Jugend* (FdnJ).[19]

Der *Arbeitskreis Volkstreuer Verbände* (AVV) als Akteur im vorpolitischen Raum

Spätestens im Herbst 1967 erkannte jedoch auch Manke, dass der Fortbestand des DB und JbA nicht länger gesichert war und gab den Vorsitz über beide Verbände ab.[20] Im selben Jahr hatte er die Geschäftsführung des *Arbeitskreises Volkstreuer Verbände* (AVV) übernommen. Der AVV stellte in gewisser Weise das Pendant zur

---

für die politische Bildung, Frankfurt am Main 2020, S. 135–159; Martin Langebach / Jan Raabe, Die „Neue Rechte" in der Bundesrepublik, in: Fabian Virchow / Martin Langebach / Alexander Häusler (Hg.), Handbuch Rechtsextremismus, Wiesbaden 2016, S. 561–592.
14 Manke, Standorterklärung, S. 11.
15 Alfred Ernst Manke, Die Aufgabe unserer Zeit, in: Deutsche Politik, 1966/Nr. 3/4, S. 8–11, hier S. 11.
16 Schmollinger, Deutscher Block, S. 846.
17 Vgl. Bericht des Bundesverfassungsschutzes, BArch, B136/4397, S. 112 f.
18 Vgl. Gideon Botsch, Die extreme Rechte in der Bundesrepublik Deutschland 1949 bis heute, Bonn 2012, S. 54 ff.
19 Vgl. Art. Kurz notiert, in: SvZ, 1964/Nr. 9, S. 12; Undatierter Rundbrief, apabiz, Sammlung Stöss, Ordner Manke; Grundsätze, apabiz, Sammlung Stöss, Ordner Manke.
20 Vgl. Art. Jahrestagungen nationaler Jugendbünde, in: SvZ, 1967/Nr. 12, S. 6.

NPD im vorparlamentarischen Raum dar und löste damit den DB als organisatorische „Vorfeldorganisation" ab. Für einige Zeit agierte der AVV als außerparlamentarischer Dachverband verschiedener Organisationen der extremen Rechten und integrierte sowohl Jugendverbände, Soldatenverbände und Kulturvereinigungen.[21]

Initiatoren hinter der Gründung waren der NS-Schriftsteller Herbert Böhme und das von ihm geleitete *Deutsche Kulturwerk Europäischen Geistes* (DKEG),[22] in dem Manke, obwohl bereits Ende dreißig, das Jugendreferat leitete. Dessen scheinbar harmlose Kulturveranstaltungen wie die „Lippoldsberger Dichtertage" und die „Tage deutscher Kultur" dienten dem extrem rechten Milieu der Vernetzung und waren so auch Orte der Sinnstiftung und Tradierung nationalsozialistischer Kulturvorstellungen. In dieser Funktion hatten sie eine enorme Bedeutung im Fortbestand einer organisierten und vernetzten Rechten in der Bundesrepublik nach 1945.[23] Als Leiter des AVV übernahm Manke nun die Koordination und Planung kultureller Rituale der völkischen Szene, wie den Sonnenwendfeiern, die nun zentral an bedeutenden Erinnerungsorten der extremen Rechten wie dem Hermannsdenkmal und den Externsteinen nahe Detmold stattfanden.[24] Wenige Wochen vor der Bundestagswahl, bei der sich die NPD erstmals den Einzug in den Bundestag versprach, sollte dort eine große Kundgebung mit anschließender Sonnenwendfeier im September 1969 ein Signal der Stärke und Einheit aussenden. Und tatsächlich kamen mehrere hundert Anhänger:innen des völkischen Milieus, um dieses als „uralten Volksbrauch" inszenierte Ritual der Sinnstiftung zu erleben.[25]

---

21 Vgl. Broschüre Warum den „Arbeitskreis Volkstreuer Verbände", apabiz, Sammlung Stöss, Ordner Manke.
22 Zu Herbert Böhme und zum *Deutschen Kulturwerk Europäischen Geistes* vgl. den Beitrag von Yves Müller in diesem Band.
23 Vgl. Bernt Engelmann, Das „Deutsche Kulturwerk Europäischen Geistes". „Pflegstätte" der „Aktion W". Fakten, Daten und Summen, München 1971.
24 Vgl. Karl Banghard, „Germanische" Erinnerungsorte. Geahnte Ahnen, in: Martin Langebach / Michael Sturm (Hg.), Erinnerungsorte der extremen Rechten, Wiesbaden 2015, S. 61–77; Art. Sonnenwendfeiern, in: SvZ, 1968/Nr. 7, S. 7. Zur Geschichte und Rezeption der Externsteine vgl. Larissa Eickermann / Stefanie Haupt / Roland Linde / Michael Zelle (Hg.), Die Externsteine. Zwischen wissenschaftlicher Forschung und völkischer Deutung, Münster 2018. Zur Bedeutung der Felsformation für die extreme Rechte vgl. den darin enthaltenen Beitrag: Jan Raabe / Karsten Wilke, Die Externsteine und die extreme Rechte. Von Interpreten, Mittlern und Rezipienten, in: Eickermann/Haupt/Linde/Zelle (Hg.), Externsteine, S. 477–509.
25 Vgl. Art. Sonnenwendfeiern der volkstreuen Verbände, in: Studien von Zeitfragen, 1969/Nr. 7, S. 6–7; Art. Sonnenwendfeiern, in: SvZ, 1968/Nr. 7, S. 7; Flugschrift, „Einladung" (1970), apabiz, Sammlung Stöss, Ordner Manke; Einladungsschreiben, „Einladung" und Programm, apabiz, Sammlung Stöss, Ordner Manke.

Das anschließende Scheitern der NPD bei der Bundestagswahl riss die innerparteilichen Gräben auf, die durch die Wahlerfolge in den Jahren zuvor nur notdürftig gekittet waren. Die alte Parteiführung um Adolf von Thadden wurde von einer jungen Generation von Rechtsextremist:innen bedrängt, die einen radikaleren Kurs forderten.[26] Dem *Arbeitsverband volkstreuer Verbände* (AVV) als organisatorischem Überbau derjenigen Kräfte, die ihr Wirken primär abseits parteipolitischer Ausrichtung sahen, fiel dabei eine wesentliche Aufgabe zu. Vom rheinischen Bensberg-Immekeppel[27] aus koordinierte er die Aktionen des AVV und inszenierte sich als einflussreicher Ideengeber und Netzwerker jener Zeit. Der „Widerstand" gegen die neue Ostpolitik der sozialliberalen Bundesregierung[28] wurde zum neuen Postulat, mit dem das zerrüttete nationale Lager vereint und zugleich eine Brücke zur oppositionellen CDU gebaut werden sollte. Im Mai 1970 offenbarte sich dabei eine neue strategische Radikalität. Durchaus an linken Mobilisierungsmethoden orientiert, initiierte Manke gemeinsam mit dem 26-jährigen Herausgeber der Zeitschrift *MUT*, Bernhard Wintzek, eine Protestaktion gegen das Treffen zwischen dem DDR-Ministerpräsidenten Willi Stoph und Bundeskanzler Willy Brandt in Kassel. Dort war es einer Handvoll Personen der rechten Szene gelungen, auf die Wegstrecke des Konvois zu gelangen, diesen an der Weiterfahrt zu hindern und schließlich die DDR Flagge vom Fahrzeug zu entwenden. Das folgende Medienecho war enorm. Die rechte Presse feierte den Vorfall als „Aufstand von Kassel" und bewertete ihn als den „größten Erfolg für Deutschland seit Bildung der roten Koalition von Bonn."[29] Manke und Wintzek sahen sich in ihrem Kurs bestätigt und bemühten sich um eine Verstetigung dieser Protestbewegung.[30]

---

26 Vgl. Niethammer, Integration, S. 145 f.; Botsch, Rechte, S. 60 ff.
27 Hier bewohnte Manke ein Haus auf dem ländlichen Anwesen des Rohköstlers und ehemaligen Schatzmeisters der *Aktionsgemeinschaft Unabhängiger Deutscher* (AUD), Friedrich Wilhelm Teschemacher. Vgl. Eintrag zur Adresse „Brodhausen 2" im Grundbuch der Stadt Bergisch-Gladbach.
28 Unmittelbar nach Amtsantritt 1969 bemühte sich die neue sozial-liberale Regierung unter Willy Brandt um eine „Entspannungspolitik" gegenüber der Sowjetunion und einen Gewaltverzicht in zukünftigen Konflikten. Im Moskauer Vertrag vom 12. August 1970 sicherte die Bundesrepublik dafür zu, sowohl die Oder-Neiße-Grenze als auch die innerdeutsche Grenze zu akzeptieren. Kritiker:innen sahen hierin einen „Gebietsverzicht" und „Ausverkauf Deutschlands". Die CDU versuchte die Verträge mit einem Misstrauensvotum im Bundestag zu stoppen, das allerdings knapp scheiterte. Zur Ostpolitik der SPD/FDP-Koalition und Bundeskanzler Willy Brandt vgl. Manfred Wilke, Vor 50 Jahren: Die neue Ostpolitik der Bundesrepublik und der Moskauer Vertrag 1970 (III), in: Deutschland Archiv, 14.07.2020, unter: www.bpb.de/312615 [Zuletzt aufgerufen am 5.4.2021]; Niedhardt, Entspannung; Creuzberger, Westintegration.
29 Vgl. Art. Der Aufstand von Kassel, in: Deutsche National-Zeitung, 1970/Nr. 22, S. 1.
30 Vgl. Art. Nationale Demonstrationen beim Treffen Brandt-Stoph – Kassel 20./21. Mai 1970, in: SvZ, 1970/Nr. 5, S. 2–7.

Aufstieg und Fall der *Aktion Widerstand*

Anfang Oktober 1970 traf sich Manke in München mit Repräsentanten diverser rechter Verbände und Funktionären der NPD, um durch die Gründung eines Vereins die formaljuristische Rahmung für zukünftige Aktionen zu schaffen. In einem Aufruf zu einer Großkundgebung inszenierte man sich als „ApO von Rechts"[31] und rief zum „Widerstand" gegen die als „Politik des Ausverkaufs und der Unterwerfung"[32] ausgelegten Ostverträge der sozialliberalen Regierung. Dem Aufruf folgten schließlich am 31. Oktober 1970 etwa 4.000 Menschen, die aus allen Teilen der Bundesrepublik angereist waren. Unter ihnen befanden sich auffallend viele jüngere Parteigänger:innen und Sympathisant:innen der NPD, die das Kriegsende 1945 entweder gar nicht oder nur als Kinder erlebt hatten. Es handelte sich bei ihnen um klassische Vertreter:innen der extrem rechten „Bekenntnisgeneration".[33]

Manke, als einer der Hauptinitiatoren, hielt in der aufgepeitschten Atmosphäre der Würzburger Frankenhalle eine wütende Rede, in der er betonte, dass nun die Zeit zum Handeln gekommen sei und rief zum „Angriff gegen die überall herrschende und sich steigernde Charakterlosigkeit" auf.[34]

> In der Durchsetzung der Wahrheit und des Rechtes müssen wir alle nur erdenklichen Mittel der Aufklärung einsetzen, um den lebenswidrig verlogenen Giftnebel einer parteipolitischen Rattenfängergesellschaft aufzureißen, damit unser Volk erkennt, wie sehr es betrogen worden ist und welchem Abgrund es zutreibt.[35]

Er forderte dazu auf, „alle Mittel und Möglichkeiten des Widerstands auszuschöpfen" und sich dabei auch linker Aktionsmethoden zu bedienen. Diese seien nicht

---

31 Faksimile, Einladung zur Großkundgebung, abgedruckt in: Friedrich-Ebert-Stiftung (Hg.), Aktion Widerstand. Eine antidemokratische Bewegung, dargestellt in Dokumenten, Bonn 1971, S. 29.
32 Ebd.
33 Die Protagonist:innen innerhalb der extremen Rechten bezeichnen Aktivist:innen, die die Zeit des Nationalsozialismus als Jugendliche oder Erwachsene bewusst miterlebt haben als Vertreter:innen der „Erlebnisgeneration". In deren Tradition sehen sich die nach 1945 sozialisierten „Kamerad:innen" als Angehörige einer „Bekenntnisgeneration". Hierzu vgl. Gideon Botsch, „Nationale Opposition" in der demokratischen Gesellschaft, in: Virchow/Langebach/Häusler (Hg.), Handbuch, S. 43–82.
34 Alfred Ernst Manke, Zeigt jetzt national-freiheitliche Solidarität des Handels, in: Widerstand. Der Schwur von Würzburg, Hannover 1970, S. 26–28, hier S. 26. Das im *National-Verlag* veröffentlichte Redemanuskript Mankes entspricht nicht exakt dem Wortlaut seiner Rede. Das in der folgenden Fußnote aus einem Filmausschnitt transkribierte Zitat findet sich dort beispielsweise nicht.
35 Philipp Grehn, Transkript nach Ausschnitten des Films „Wotans Erben", Regie Dirk Gerhard /Rolf Bringmann, WDR 1977, Privatbesitz.

nur für „die Volkszerstörer, linken Krawallmacher und Haschisch-Genossen da, sondern auch für verantwortungsbewußte, das Recht und die Gesetze achtende Staatsbürger."[36] Zwischen den Reden skandierten die aufgepeitschten Anwesenden wiederholt aus Gewalt- und Tötungsfantasien gespeiste Parolen wie „Deutsches Land wird nicht verschenkt, eher wird der Brandt gehenkt" und forderten auf Transparenten: „Hängt die Verräter" sowie „Fegt ihn weg, den roten Dreck". Per Akklamation wurden vier Resolutionen und ein „Manifest des Deutschen Widerstands" verabschiedet, das auch zum „Kampf gegen seine Feinde und Zerstörer im Innern" aufrief.[37] Die Stimmung im Saal war äußerst aggressiv, als sich – trotz polizeilichen Verbots – unmittelbar nach der Kundgebung ein Fackelmarsch in Richtung Würzburger Innenstadt formierte. Dort angekommen griffen mehrere rechte Teilnehmer:innen linke Gegendemonstrant:innen an, die zuvor eine Lesung von Günter Grass besucht hatten.[38] Die Ereignisse in Würzburg bestimmten im Anschluss tagelang die Schlagzeilen der Presse.[39]

Für die Geschichte der extremen Rechten in der Bundesrepublik markieren sie einen einschneidenden Wegepunkt zum Rechtsterrorismus der 1970er und 1980er Jahre. Nicht wenige sahen nun die Zeit gekommen, loszuschlagen und ihre Ziele mithilfe von Gewalt durchzusetzen. Nur eine Woche nach der Kundgebung in Würzburg schoss der Neonazi Ekkehard Weil in Berlin auf einen sowjetischen Wachsoldaten und verletzte ihn lebensgefährlich.[40] Nicht nur in Berlin, sondern auch in Nordrhein-Westfalen und anderen Teilen der Bundesrepublik entstanden rechte Splittergruppen mit teilweise terroristischen Absichten und einer offenen Bezugnahme auf die *Aktion Widerstand*.[41] Innerhalb des rechten Milieus bestand jedoch Uneinigkeit über das gewaltvolle und militante Auftreten der jüngeren Generation. Strategisch-inhaltliche Differenzen, persönliche Animositäten sowie Ri-

---

36 Manke, Solidarität des Handels, S. 27.
37 Manifest des Deutschen Widerstandes, in: National-Verlag Hannover (Hg.), Widerstand. Der Schwur von Würzburg, Hannover 1970, S. 29–30.
38 Im Staatsarchiv Würzburg liegen die Ermittlungsakten der Staatsanwaltschaft gegen drei Beteiligte: Staatsarchiv Würzburg, Staatsanwaltschaft Würzburg 2012-009, Nr. 38-40.
39 Vgl. ausführliche Zusammenstellung der Presseberichte, in: Friedrich-Ebert-Stiftung, Aktion Widerstand, S. 51–65.
40 In der Nähe des Tatorts hatte Weil ein Flugblatt hinterlassen, das bereits durch seinen Titel „Aufruf zum Widerstand gegen den Ausverkauf Deutschlands" seine geistige Nähe zur *Aktion Widerstand* deutlich machte. Vgl. Paul Moor, Die kleine Welt des Ekkehard Weil. Sechs Jahre Haft für den Berliner Attentäter – Hintermänner wurden nicht gefunden, in: Die Zeit v. 12.3.1971, unter: https://www.zeit.de/1971/11/die-kleine-welt-ekkehard-weil [Zuletzt aufgerufen am 5.4.2021].
41 Umfangreiche Archivalien des Bundesministeriums der Justiz finden sich im Bundesarchiv (BArch), B 141 / 37415-37419, Angriffe gegen die verfassungsmäßige Ordnung, gegen die Regierung und die Gesetzgebungsorgane – Aktion Widerstand.

valitäten zwischen den Akteuren führten recht bald zum Zerbrechen der *Aktion Widerstand*.[42] Als dies absehbar wurde, betrat mit der *Deutschen Volksunion* (DVU) des Verlegers Gerhard Frey im Januar 1971 ein neuer schwergewichtiger Player die politische Bühne und absorbierte die Zerfallsprodukte des nationalen Lagers. Für viele enttäuschte NPD-Anhänger:innen bot die DVU eine neue politische Heimat.[43] Ein *Freiheitlicher Rat* trat an die Stelle des AVV und übernahm größtenteils dessen Aufgaben als Dachverband und Funktionärsgremium der vorparlamentarischen Rechten. Mankes Einfluss innerhalb des nationalen Lagers schwand spürbar, als er sich weigerte, im April 1972 am maßgeblich von DVU und *Freiheitlichem Rat* initiierten „Marsch auf Bonn" teilzunehmen und stattdessen gemeinsam mit der NPD eine eigene Kundgebung durchführte.[44] Dieser Alleingang veranlasste Erwin Arlt (*Aktion Oder-Neiße*), Wolfgang Nahrath (*Wiking-Jugend*) und Richard Etzel (*Jugendbund Adler*) zum Austritt aus dem AVV und Übertritt zum *Freiheitlichen Rat*.[45] Der Austritt dieser drei prominenten Verbandsfunktionäre setzte einen Prozess der Schwächung des AVV in Gang, so dass dieser nach Einschätzung der *Nationalpolitischen Studien* gegen Ende des Jahrzehnts „nur noch den traditionellen Namen des (informellen) Freundes- und Mitarbeiterkreises"[46] Mankes umfasste. Selbst ein im September 1972 organisierter *Nationaleuropäischer Jugendkongress*[47] konnte nicht über den fortwährenden Bedeutungsverlust der NPD hinwegtäuschen. Unübersehbares Indiz war ihr miserables Abschneiden bei der Bundestagswahl 1972, bei der Manke als parteiloser Kandidat auf Platz 4 der NRW-Landesliste antrat.[48]

Die folgenden Jahre bedeuteten dementsprechend eine deutliche Zäsur in Mankes politischem Wirken. Das spürbare Schrumpfen der AVV machte eine strukturelle Umgestaltung notwendig. Auf einer Arbeitstagung 1973 wurde die Zielsetzung betont, auch weiterhin „im Sinne der nationalen Meinungsbildung im politischen Vorfeld" zu wirken. Hierfür entwickelte Manke die Strategie der „drei Säulen der NPD." Der „Wahlpartei" (Säule 1) sollen die „autonomen Verbände im parteifreien Vorfeld" (Säule 2) sowie die „unabhängigen nationalen Wochenzei-

---

42 Vgl. Kopke, *Aktion Widerstand*, S. 256 ff.
43 Vgl. Botsch, Rechte, S. 65.
44 Vgl. Art. Marsch auf Bonn, in: Deutsche National-Zeitung, 1972/Nr. 18, S. 4.
45 Vgl. Rundschreiben des AVV v. 7.8.1972, apabiz, Ordner Manke; Art. Freiheitlicher Rat und AVV, in: SvZ, 1972/Nr. 8, S. 10.
46 Art. Neu: Naturpolitischer Volksbund, in: Nationalpolitische Studien, 1979/Nr. 12, S. 306.
47 Vgl. MUT (Hg.), 1. Nationaleuropäischer Jugendkongress. Eine Bild- und Textdokumentation, Asendorf, 1973.
48 Vgl. Art. Deutsche Rechte auf dem Weg nach vorn. Ein DN-Gespräch mit dem Vorsitzenden der Aktionsgemeinschaft volkstreuer Verbände (AVV) Alfred E. Manke, in: Deutsche Nachrichten, 1972/Nr. 41, S. 3.

tungen und Monatsschriften" (Säule 3) zur Seite stehen.⁴⁹ Zwei Jahrzehnte später griff Mitte der neunziger Jahre eine radikalisierte NPD Mankes strategisches Konzept der „Drei Säulen" auf und entwickelte es anschließend zu einem „Viersäulenkonzept" weiter.⁵⁰

Neukonzeption im *Deutschen Arbeitszentrum* (DAZ) in Bassum

Wesentlicher Grundstein von Mankes politischem „Neubeginn" ab Mitte der siebziger Jahre bildete der Erwerb einer großen Immobilie im niedersächsischen Bassum, etwa 25 Kilometer südlich von Bremen, die als „Wohn-, Arbeits-, und Tagungsstätte" dienen sollte und mit finanzieller Unterstützung aus seinem politischen Umfeld umgesetzt wurde.⁵¹ Im Sommer 1974 eröffnete Alfred Manke hier gemeinsam mit seiner Frau Karin das *Deutsche Arbeitszentrums* (DAZ).⁵² Dessen Räumlichkeiten sollten der Szene für Veranstaltungen und „Schulungs-, Bildungs- und Arbeitstagungen" zur Verfügung gestellt und vermietet werden. Das Haus bot sowohl Seminarräume als auch Übernachtungsmöglichkeiten und war damit auch als „Stätte der gemeinschaftlichen Begegnung" gedacht.⁵³ Primäre Zielgruppe des Angebots waren Jugendliche, die hier zu Führungskräften des nationalen Lagers ausgebildet werden sollten. Die „ideologische Grundlagenarbeit" und die „Herausbildung jüngerer, befähigter Führungskräfte für den nationaldeutschen Kampf der Zukunft" sei die „Voraussetzung für eine erfolgreiche Zukunftsarbeit" umriss Manke dessen Zielsetzung in einem Vortrag in Bassum im Januar 1978.⁵⁴

---

49 Art. Arbeitstagung des AVV, in: Nationalpolitische Studien, 1973/Nr. 2, S. 7.
50 Das Säulenkonzept, das die NPD auf ihrem Bundesparteitag 1998 verabschiedete, beinhaltete die Bestandteile „Kampf um die Straße", „Kampf um die Köpfe" und „Kampf um die Parlamente". 2005 wurde dieses Modell um eine vierte Säule „Kampf um den organisierten Willen" erweitert, die die Bündnispolitik der NPD bezeichnen sollte. Vgl. hierzu Christoph Schulze, Das Viersäulenkonzept der NPD, in: Stephan Braun / Alexander Geisler / Martin Gerster (Hg.), Strategien der extremen Rechten. Hintergründe – Analysen – Antworten. Wiesbaden 2009, S. 92–108; Marc Brandstetter, Die vier Säulen der NPD, in: Blätter für deutsche und internationale Politik, 2006/ Nr. 9, S. 1029–1031.
51 Vgl. Rundschreiben des Deutschen Arbeitszentrums, 1974, apabiz, Sammlung Stöss, Ordner Manke.
52 Vgl. Flugblatt zur Eröffnung, apabiz, Sammlung Stöss, Ordner Manke.
53 Rundschreiben des Deutschen Arbeitszentrums, 1974, apabiz, Sammlung Stöss, Ordner Manke.
54 Vgl. Pressedienst Demokratische Initiative (Hg.), Bericht über neonazistische Aktivitäten 1978, München 1979, S. 43.

Hierfür kooperierte er intensiv mit dem *Bund Heimattreuer Jugend* (BHJ), der seine zentralen „Pfingstlager" seitdem im *Deutschen Arbeitszentrum* in Bassum abhielt.[55] Enge Verbindungen gab es zudem zur *Gesellschaft für freie Publizistik* (GfP), dem *Deutschen Kulturwerk Europäischen Geistes* (DKEG), der *Artgemeinschaft e. V.*, dem *Weltbund zum Schutz des Lebens* (WSL), zur *Gesellschaft für biologische Anthropologie, Eugenik und Verhaltensforschung* (GfbAEV) von Jürgen Rieger[56] sowie zu zahlreichen weiteren Organisationen des völkischen Milieus, in denen der Multifunktionär Alfred Manke Vorstandsposten bekleidete.[57]

Seine intensive Vernetzung und seine umfangreichen Kontakte im völkisch-rassistischen Milieu der Bundesrepublik vergrößerten auch den Absatzmarkt seines Verlags. In den ersten Jahren in Bassum fand er die Möglichkeit, seine Tätigkeit als Herausgeber und Verleger spürbar zu intensivieren. Der Verlag, der seine Initialen als Akronym *Alma Druck und Verlag* trug, publizierte die Schriften einflussreicher Protagonist:innen der extremen Rechten wie der völkischen Religionswissenschaftlerin Sigrid Hunke,[58] des österreichischen Rechtsextremisten Konrad Windisch[59] sowie des ehemaligen NSDAP-Politikers und NS-Ministerpräsidenten des Freistaats Braunschweig Dietrich Klagges.[60] Dessen Buch „An die Völker dieser Erde" wurde sogar als „das Programmbuch des Nationalismus" und „die politische Bibel der Zukunft" angepriesen.[61] Es ist davon auszugehen, dass diese Schriften auch bei ideologischen Schulungen und Veranstaltungen im DAZ zum Einsatz kamen, zumal sie in zahlreichen Rundschreiben und Flugblättern diverser Verbände beworben wurden.[62] Die Einnahmen seines Verlags wurden ergänzt durch die Verkäufe eines angeschlossenen Buchdienstes mit der Bezeichnung *Volk + Welt*, über den weitere extrem rechte Publikationen angeboten wurden, sowie durch Aufträge, die seine Druckerei von Organisationen und Verbänden der extremen Rechten erhielt. In einem Schreiben an den Herausgeber der *Natio-*

---

55 Vgl. Gesamtprogramm des heimattreuen Jugendlagers, apabiz, Sammlung Stöss, Ordner Manke; Art. Von den nationalen Jugendgruppen, in: Nationalpolitische Studien, 1974/Nr. 4, S. 15; Art. 25. Pfingsttreffen nationaler Jugend, in: Mut, 1979/Nr. 7, S. 42–44.
56 Zu Jürgen Rieger vgl. den Beitrag von Christoph Schulze in diesem Band.
57 Vgl. Art. Deutsche Rechte auf dem Weg nach vorn. S. 3.
58 Vgl. Sigrid Hunke, Das Reich und das werdende Europa. Eine europäische Ethik. Kreuzau-Stockheim 1973.
59 Vgl. Konrad Windisch, Der Tag des gelben Falters, Bassum-Dimhausen 1975; ders., Im Torbogen zur Einsamkeit, Bassum-Dimhausen 1980; ders., Geschichten vom Leben und Sterben, Bassum-Dimhausen 1981.
60 Vgl. Dietrich Klagges, An die Völker der Erde, Kreuzau-Stockheim 1972.
61 Flugblatt „Arbeitskreis volkstreuer Verbände – Deutsches Arbeitszentrum", apabiz, Sammlung Stöss, Ordner Manke.
62 Vgl. verschiedene Flugblätter und Rundschreiben, apabiz, Sammlung Stöss, Ordner Manke.

nalpolitischen Studien, Gerhard Opitz, beschrieb Manke 1982 die Auftragslage seiner Druckerei als „sehr gut",[63] vereinzelt müsse jedoch auch auf andere Aufträge zurückgegriffen werden.[64] Als „Bewegungsunternehmer"[65] war er ökonomisch abhängig von seinem Einfluss, seiner Vernetzung und der Auftragslage aus der „Bewegung". Er war darauf angewiesen, dass ihm nahestehende oder gar von ihm geführte Organisationen und Verbände die Räumlichkeiten des *Deutschen Arbeitszentrums* für Veranstaltungen und Tagungen anmieteten, die Bücher seines Verlages für die ideologische Schulung erwarben sowie Druckaufträge bei ihm platzierten.

Ungeachtet dessen manövrierte sich Manke ab Ende der siebziger Jahre allmählich ins politische Abseits. Gemeinsam mit Gernot Mörig vom BHJ forcierte er einen Machtkampf innerhalb des DKEG und spaltete hier 1978 eine radikalere *Deutsche Kulturgemeinschaft* (DKG) ab.[66] In dieser Vereinigung vernetzte sich das kulturelle Milieu der völkischen und neonazistischen Rechten und richtete jährlich die „Norddeutschen Kulturtage" aus. Die Veranstaltungen dienten der Aufrechterhaltung geschichtsrevisionistischer Narrative, der Huldigung nationalsozialistischer Schriftsteller wie Hans Grimm, Erwin Guido Kolbenheyer oder Herbert Böhme und boten zugleich die Möglichkeit des Austauschs zwischen den Generationen.[67] Ziel des DKG, in der Manke ab Ende der achtziger Jahre jedoch keine führende Rolle mehr übernehmen sollte, war dabei auch die „Schulung und Heranziehung von neofaschistischen Führungskadern."[68]

---

63 Manke an Gerhard Opitz, 7.12.1982, apabiz, Sammlung Stöss, Ordner Manke.
64 Manke an Gerhard Opitz, 14.4.1981, apabiz, Sammlung Stöss, Ordner Manke.
65 In Ergänzung zur Bewegungsforschung definiere ich den „Bewegungsunternehmer" auch als jemanden, der finanziell und ökonomisch von seiner Stellung und seiner Vernetzung innerhalb der „Bewegung" abhängig ist sowie seinen Lebensunterhalt daraus erzielt. Zu den ideologischen Motivationsgründen kommen ökonomische Notwendigkeiten als Antriebskräfte für dessen politische Tätigkeit. Hierzu vgl. Rainer Erb, Protestorganisation und Eventmanager. Der Typus des rechtsextremen Bewegungsunternehmers, in: Andreas Klärner / Michael Kohlstruck (Hg.), Moderner Rechtsextremismus in Deutschland, Hamburg 2006, S. 142–176.
66 Im Archiv des apabiz finden sich zahlreiche, teils interne Unterlagen und Briefe zu der Auseinandersetzung zwischen Manke und dem DKEG-Vorsitzenden Günther Stempel. Vgl. apabiz, Sammlung Stöss, Ordner Manke.
67 Vgl. DAZ Informationen – Nachrichten, 19. Norddeutsche Kulturtage 1987, apabiz, Sammlung Stöss, Ordner Manke.
68 Art. Deutsche Kulturgemeinschaft (DKG) / Berliner Kulturgemeinschaft Preußen e. V. (BKP), in: Jens Mecklenburg (Hg.), Handbuch Deutscher Rechtsextremismus, Berlin 1996, S. 239–241, hier S. 239.

Eine völkische Ruhestätte – die *Ahnenstätte Conneforde*

Im Alter von Anfang 62 Jahren wendete sich Manke seinem letzten Lebensprojekt zu und übernahm 1991 den Vereinsvorsitz des Trägervereins der *Ahnenstätte Conneforde*. Der *Ahnenstättenverein Conneforde e. V.*, der 1958 von einem Kreis völkisch orientierter Alt- und Neonazis um Marie Adelheid Reuß zu Lippe gegründet wurde, betreibt bis heute einen privaten Waldfriedhof in der Nähe der niedersächsischen Kleinstadt Varel.[69] In unmittelbarer Nähe hatten bereits die Nationalsozialisten eine Fläche für kultische Rituale wie Sonnenwendfeiern genutzt, an die nun auch ein *Heimatverein Conneforde* anknüpfte.[70] Auf dem Friedhof haben zahlreiche, teils prominente Alt- und Neonazis wie Hans Hertel, ehemaliger SS-Offizier und Landtagsabgeordneter der DRP, sowie Gertrud Herr, BdM-Führerin und Holocaustleugnerin, ihre letzte Ruhestätte im Kreise Gleichgesinnter gefunden.[71] Sie ist eine von mindestens fünf vergleichbaren Ahnenstätten in Deutschland, auf denen sich Angehörige völkisch-rassistischer, deutschgläubiger Gemeinschaften aus dem Umfeld der *Deutschen Unitarier Religionsgemeinschaft* oder des *Bundes für Gotterkenntnis (Ludendorffer)* nach vermeintlich germanischen Riten beerdigen lassen können.[72] Anstelle von christlichen Symbolen finden sich hier Findlinge aus Stein sowie Runen-Schriftzeichen. Die Versammlungshalle der *Ahnenstätte Conneforde* ziert ein Abbild einer Irminsul, ein in rechten Kreisen oftmals genutztes Bezugsmotiv. Auch Alfred Ernst Manke liegt hier begraben, er starb am 18. September 2017. Die Trauerrede hielt sein langjähriger Freund und Weggefährte Konrad Windisch, in dessen österreichischer *Arbeitsgemeinschaft für demokratische Politik* (AfP) Manke in den Jahren vor seinem Tod zuletzt aktiv war.[73] Im Gegensatz zu anderen Protagonist:innen der „nationalen Opposition" fand sein Tod jedoch trotz seiner früheren einflussreichen Stellung im völkisch-rechtsextremen Milieu kaum Beachtung.

---

69 Als Selbstdarstellung des Trägervereins vgl. Ahnenstättenverein Conneforde e. V. (Hg.), Ahnenstättenverein Conneforde e. V. in gemeinnütziger Arbeit von 1958–1998, Bassum 1998.
70 Vgl. Homepage des Heimatvereins Conneforde, unter: http://www.heimatverein-conneforde.de [Zuletzt aufgerufen am 5.4.2021].
71 Vgl. Karsten Krogmann, Wo alte Nazis friedlich ruhen dürfen. Die Ahnenstätte Conneforde ist offenbar eine beliebte Adresse für Rechtsextreme, in: Nordwest-Zeitung v. 27.9.2014.
72 Banghard, Erinnerungsorte, S. 61 f. Hierzu vgl. als aktuelle Detailstudie: Thomas Lange / Karsten Wilke, Die Ahnenstätte Seelenfeld in Petershagen 1929–2019. Eine Manifestation völkischer Ideologie im ländlichen Raum, o. O. [Petershagen] 2019, Homepage der Stadt Petershagen, unter: https://www.petershagen.de/media/custom/2703_1609_1.PDF?1576144557 [Zuletzt aufgerufen am 5.4.2021].
73 Vgl. Windisch, Abschiedsrede.

Cenk Akdoganbulut
Armin Mohler (1920–2003)

„Entsprechung auf neuer Ebene". Der Gaullismus als Blaupause für eine Neue Rechte?

Abb. 11: Armin Mohler, 1964, *Bayrische Staatsbibliothek München, Felicitas Timpe, timp-021271.*

Der Schweizer Armin Mohler[1] gilt als „geistiger Vater der Neuen Rechten"[2] in der Bundesrepublik. Als einer der „klügsten Theoretiker der deutschen Rechten" und „anspruchsvollsten und gebildetsten Köpfe der nationalistischen Rechten"[3] hat er die Intellektualisierung und organisatorische Vernetzung dieses politischen Spektrums wesentlich vorangetrieben. In seiner 1950 erschienenen Dissertation zur Konservativen Revolution erfand Mohler eine Tradition einer vom Nationalsozialismus vermeintlich unberührten Geistesströmung und reaktivierte damit die Ideen der antidemokratischen und nationalistischen Rechten der Weimarer Republik, die nicht zuletzt auch als dessen Wegbereiter gelten.[4]

---

[1] Zu Armin Mohler vgl. auch den Beitrag von Philipp Becher in diesem Band.
[2] Armin Pfahl-Traughber, Konservative Revolution und Neue Rechte. Rechtsextremistische Intellektuelle gegen den demokratischen Verfassungsstaat, Opladen 1998, S. 164.
[3] Hans-Dieter Bamberg, Die Deutschland-Stiftung e. V., Studien über Kräfte der „demokratischen Mitte" und des Konservatismus in der Bundesrepublik Deutschland, Meisenheim am Glan 1978, S. 422. Ebenso vgl. Gideon Botsch, Die extreme Rechte in der Bundesrepublik Deutschland 1949 bis heute, Darmstadt 2012, S. 56.
[4] Vgl. Armin Mohler, Die Konservative Revolution in Deutschland, 1918–1932, Darmstadt 1989. Zur Kritik der Reaktivierung der Konservativen Revolution vgl. Volker Weiß, Autoritäre Revolte.

Seine Dissertation entsprang nicht nur dem Bedürfnis nach einer Verarbeitung biografischer Erfahrungen oder nach theoretischer Klärung, sondern war vor allem als Mobilisierungsmythos und „Hilfe für die rechte Intelligenz" konzipiert, wie Mohler retrospektiv eingestand.[5] Dabei lag es ihm daran, die „Konservative Revolution" als eine bis in die Nachkriegszeit fortdauernde Erneuerungsbewegung darzustellen.[6] So war denn auch der Zweck seiner intellektuellen Interventionen und seiner politischen Praxis nicht lediglich eine theoretische Rehabilitierung, sondern zielte auf die Formierung einer extremen Rechten jenseits eines Nischendaseins ab. Mit diesem Fokus beschrieb Mohler in seinem Essay zur französischen Rechten 1958 die „Problematik jeder Rechten heute" dahingehend, dass sie eine „Entsprechung auf neuer Ebene" finden müsse.[7] Als Lösung warb er für eine Hinwendung zum Gaullismus. Hier seien „die auf eine neue Rechte zusteuernden Elemente nicht zu übersehen."[8] Schon Ende der 1950er Jahre hatte Mohler erstmals die Bezeichnung „neue Rechte" beziehungsweise „nouvelle droite" benutzt, um eine Strömung im Nachkriegsfrankreich zu konstruieren, die ein Äquivalent der „konservativen Revolution" in Deutschland sei.[9] Seine Darlegung der anstehenden Aufgaben einer solchen Rechten offenbaren dabei Mohlers innen- und außenpolitische Programmatik für die Bundesrepublik und konkretisierten sein Verständnis der „Konservativen Revolution". Neben seiner politischen

---

Die Neue Rechte und der Untergang des Abendlandes, Stuttgart 2017, S. 39–63; Stefan Breuer, Anatomie der Konservativen Revolution, 2. Aufl., Darmstadt 2005; Über die Intention Mohlers und die Erfindung der „Konservativen Revolution" gaben sich auch seine Mitstreiter keiner Illusion hin, vgl. Robert Hepp, Mohler sub specie aeternitatis, in: Ulrich Fröschle / Michael Paulwitz / Markus J. Klein (Hg.), Der andere Mohler. Lesebuch für einen Selbstdenker, Armin Mohler zum 75. Geburtstag, Limburg a. d. Lahn 1995, S. 47–59, hier S. 54 f.
5 Armin Mohler, Konservative Revolution, Ergänzungsband, Darmstadt 1989, S. 7.
6 Vgl. Daniel Morat, Von der Tat zur Gelassenheit, Martin Heidegger, Ernst Jünger und Friedrich Georg Jünger, Göttingen 2007, S. 424; Matthias Schlossberger, Rekonstruktion der Konservativen Revolution: Nietzsche – Jünger – Mohler, in Sebastian Kaufmann / Andreas Urs Sommer, Nietzsche und die Konservative Revolution, Berlin/Boston 2018, S. 537–572.
7 Armin Mohler, Die französische Rechte, München 1958, S. 23.
8 Ebd., S. 56.
9 Ebd., S. 20; Mohler dürfte auch Alain de Benoist mit den Ideen einiger Protagonisten der „Konservativen Revolution" bekannt gemacht haben, deren Werke nicht in französischer Übersetzung vorlagen. Alain de Benoist war die führende Figur der in den 1960er Jahren entstandenen Nouvelle Droite. Mohler bewarb ihre strategische Ausrichtung in der Bundesrepublik, vgl. Thomas Assheuer / Hans Sarkowicz, Rechtsradikale in Deutschland. Die alte und die neue Rechte, München 1992, S. 165–174. Vgl. auch Martin Langebach / Jan Raabe, Die „Neue Rechte" in der Bundesrepublik Deutschland, in Fabian Virchow / Martin Langebach / Alexander Häusler (Hg.), Handbuch Rechtsextremismus, Wiesbaden 2016, S. 561–592.

Vision lassen sich an Mohlers Beschäftigung mit den französischen Rechten und der Politik Charles de Gaulles, auch seine strategischen Leitlinien ablesen, die er in seinem Engagement im Kontext des so genannten deutschen Gaullismus in der Bundesrepublik anzuwenden versuchte.

Trotz der immens wichtigen Rolle des Gaullismus für Mohlers Weltanschauung und politische Praxis ist dieser Aspekt seines Wirkens bislang kaum berücksichtigt worden.[10] Der mageren Behandlung steht die Tatsache entgegen, dass der Gaullismus ein wichtiger thematischer Schwerpunkt seiner publizistischen Produktivität war.[11] Dagegen steht auch, dass Mohlers Verehrung für de Gaulle bis ins späte Alter anhielt.[12] Worin aber lag sein Interesse genau begründet? Welche Ideen oder politische Praxis hatte er bei seinem Werben für den Gaullismus in der Bundesrepublik vor Augen?

Die Attraktivität des Gaullismus lag für Mohler unter anderem im Wunsch nach nationaler Größe als oberste politische Maxime und darüber hinaus in der Mythologisierung und Glorifizierung einer politischen Führungsfigur. Mit dieser stark selektiven Lesart, in deren Fokus vor allem die Möglichkeiten der Nutzbarmachung und Anwendung der französischen Politik in der Bundesrepublik standen, ging es ihm jedoch weniger um den Transfer eines umfassenden gaullistischen Denkens, sondern vielmehr um die innen- wie außenpolitischen Parallelen zu konservativ-revolutionären Theorieelementen. Mohlers Gaullismus ist deshalb nur bedingt aus dem Kontext der außenpolitischen Kontroverse in der Bundesrepublik zu lesen. Bei seinem Vorhaben, den Gaullismus gleichsam als trojanisches Pferd in die Politik der Bundesrepublik zu führen, zeigt sich also, dass er hier über die Reaktivierung der Theoriebestände der „Konservativen Revolution" hinaus, auch gezielt deren Anschlussmöglichkeiten und Realisierungsräume *in praxi* auslotete.

---

10 Vgl. Thomas Willms, Armin Mohler. Von der CSU zum Neofaschismus, Köln 2004; Marieluise Christadler, Armin Mohler als Korrespondent der Zeit in Paris, in: Fröschle/Paulwitz/Klein (Hg.), Mohler, S. 31–44; Karlheinz Weißmann, Armin Mohler. Eine politische Biographie, Schnellroda 2011, S. 93–110, 119–140.
11 Vgl. Armin Mohler, Von rechts gesehen, Stuttgart-Degerloch 1974, S. 142.
12 Vgl. Armin Mohler / Petra Müller, Das Gespräch. Über Linke, Rechte und Langweiler, Dresden 2001, S. 54.

Rückkehr zur Politik: Apologie einer offensiven Außenpolitik

Als Auslandskorrespondent in Paris für die schweizerischen Tageszeitung *Die Tat*, später für *Die Zeit* und weitere Periodika nutzte Mohler von 1953 bis 1961 die Gelegenheit für den Aufbau von Kontakten zur französischen Rechten, deren Schriften er intensiv rezipierte. Während seines Frankreichaufenthalts wurde er auch Zeuge der Gründung der 5. Republik und der Mythologisierung von Charles de Gaulle.[13] Gerade de Gaulle hinterließ bei ihm trotz seiner zu Beginn tendenziell kritischen Einstellung einen tiefen Eindruck.[14] Den Gaullismus erlebte er als „großes politisches Ereignis" und bekundete sein Leben lang: „In Frankreich habe ich Politik gelernt".[15] Paris wurde für ihn aber auch zum Ort der persönlichen Selbstverortung. In Frankreich habe er endgültig gemerkt, dass er nach Deutschland gehöre. Außerdem diente ihm Frankreich als positive Kontrastfolie zur Schweiz, da es die Franzosen verstünden, politisch zu denken, wohingegen er die Schweiz als einen unpolitischen Ort charakterisierte, an dem ökonomische Belange im Vordergrund stünden.

Mohler vertrat die Ansicht, dass sich vom Gaullismus eigentlich nur im Plural, also von „Gaullismen" sprechen lasse.[16] Dabei unterschied er drei Formen: Erstens verstand er unter Gaullismus die unmittelbare Politik Charles de Gaulles, die sich, je nach historischer Phase, wiederum unterschiedlich auspräge. Zweitens bezeichne der Gaullismus das politische Erbe de Gaulles, und drittens sei der Gaullismus, und dies war der eigentliche Anknüpfungspunkt für Mohler, „im weitesten Sinne eine politische Grundstimmung oder Mentalität, die sich auch außerhalb Frankreichs in fast allen europäischen Ländern findet".[17] In den von ihm postulierten Parallelen zur „Konservativen Revolution" lag die Attraktivität dieses europäischen Gaullismus.

Mohler identifizierte den Gaullismus in erster Linie mit der Wiederherstellung der klassischen Politik, wie sie schon seit je her gegolten habe und sprach in

---

13 Vgl. Matthias Waechter, Der Mythos des Gaullismus. Heldenkult, Geschichtspolitik und Ideologie, 1940–1958, Göttingen 2006, S. 385 ff.
14 Vgl. Weißmann, Mohler, S. 101 f.; Christadler, Korrespondent, S. 31 ff.
15 Mohler/Müller, Gespräch, S. 54; Claus Leggewie, Der Geist steht rechts. Ausflüge in die Denkfabriken der Wende, Berlin 1987, S. 203.
16 Mohler, Von rechts, S. 64 ff. Vgl. auch Armin Mohler, Charles de Gaulle, in: Hans Maier u. a. (Hg.), Politiker des 20. Jahrhunderts, Bd. 2, München 1971, S. 237–268, hier S. 258 ff.
17 Mohler, Von rechts, S. 65 f. Ebenso vgl. Darius Harwardt, Verehrter Feind. Amerikabilder deutscher Rechtsintellektueller in der Bundesrepublik, Frankfurt am Main 2019, S. 171 ff.

diesem Zusammenhang von einem „2000-jährigen Gaullismus".[18] Nach Mohlers Verständnis war klassische Politik theorielos und entziehe sich der systematischen Kodifizierung, da damit vielmehr ein bestimmtes praktisches Verhalten gemeint sei. Dennoch vermag Mohler drei „Grundtendenzen" festzumachen: Politik sei nicht (identisch mit) Moral, lasse sich nicht planen und kenne keine Rezepte.[19] Eine solcherart verstandene Politik ist im Wesentlichen von Notwendigkeiten und Sachzwängen geleitete Machtpolitik, eine eigene Sphäre, deren Überlagerung mit „Theologie, Ideologie, Moral" vermieden werden müsse.[20] Aus seiner Annahme, dass Politik und Moral im Gaullismus nicht parallel laufen, leitete Mohler subtil die normative Forderung ab, es zu vermeiden, beides zur Übereinstimmung zu bringen.[21] Mohler spricht „den Franzosen" und insbesondere de Gaulle die Fähigkeit zu, dass sie wüssten, wann sie aufhören müssten zu denken. Er bezeichnete dies als mentale „Zweistöckigkeit", die eine rationalen Ebene von Argumenten und Prinzipien und eine irrationale, instinktive Ebene beinhalte.[22] In der Absenz von Reflexionsprozessen sah er das Nachahmenswerte. Sobald die Gefahr bestehe, dass moralische Bedenken die Macht- und Realpolitik einschränken könnten, sollten die Deutschen lernen, instinktiv „im rechten Augenblick die Ebenen des Denkens zu wechseln".[23] Mohler propagierte damit unter dem moderaten Label des Gaullismus einen entmoralisierten Dezisionismus, wie er bei Carl Schmitt zu finden ist.[24] So lese sich denn auch Mohlers Konstruktion des Politischen als eine „Variante von C. Schmitts Theorie des Politischen", bemerkt Norbert Hilger.[25]

Der Kern von Mohlers Kritik an der Schweiz wies ebenfalls diese an Carl Schmitt angelehnte Perspektive auf. Die Schweiz sei ein eigentlich unpolitischer Ort, in dem der „wirtschaftliche Erfolg" als „Gradmesser für jegliche menschliche Existenz" fungiere. Sie sei eine „Verbandsdemokratie", in welcher es nicht um

---

18 An derartigen Ausdrücken wird die semantische Aufladung des Gaullismus besonders deutlich. Armin Mohler, Was die Deutschen fürchten, Stuttgart-Degerloch 1965, S. 43 ff.
19 Vgl. ebd., S. 45 ff.
20 Ebd., S. 10.
21 Zwar müsse man ein Zuviel an Realpolitik ebenso vermeiden wie einen Überschuss an Moral in der Politik, allerdings läuft es darauf hinaus, Politik und Moral gar nicht zur Deckung bringen zu wollen und die als zu moralisch empfundene Politik zu entmoralisieren, Mohler, Deutschen, S. 45 ff.
22 Vgl. Mohler, Deutschen, S. 37 ff.; ders./Müller, Gespräch, S. 103 ff.
23 Kurt Lenk, Armin Mohler oder die Sinngebung der Bundesrepublik, in: Tribüne 22 (1967), S. 2332–2339, hier S. 2334.
24 Vgl. Kurt Lenk, Parlamentarismuskritik im Zeichen politischer Theorie, Carl Schmitts „Sakralisierung" der Demokratie zum totalen Staat, in: Aus Politik und Zeitgeschichte 51 (1996), S. 15–22, hier S. 17 f.
25 Norbert Hilger, Armin Mohler und der Neokonservatismus, in: Neue Gesellschaft, Frankfurter Hefte 38 (1991), S. 718–724, hier S. 722.

„ideologische Gegensätze" und „großangelegte Feindschaft" gehe, sondern um „Interessensabgrenzung".[26] Vor dieser „Verschweizerung" sei er, erklärte Mohler 1995 retrospektiv, in die Bundesrepublik „geflüchtet".[27]

Mit unzähligen journalistischen Interventionen für de Gaulle in der Bundesrepublik als radikaler Gaullist wahrgenommen, wurde Mohler in einem längeren Debattenbeitrag in der Hamburger Wochenzeitung *Die Zeit* vom 28. August 1964 zur Frage „Hat der Gaullismus die richtige Antwort" ausgewählt, um seinen Standpunkt darzulegen.[28] Darin vertrat er die Ansicht, dass die bipolare Weltordnung zu Ende gegangen sei. Durch die Emanzipation Chinas aus der sowjetischen Einflusssphäre sei der Blöcke-Dualismus zwischen der UdSSR und den USA aufgebrochen worden.[29] Im angebrochenen polyzentrischen „Zeitalter der ‚mittleren Einheiten'" kämen Lateinamerika, der arabischen Welt, Frankreich und auch der BRD mehr politische Handlungsfreiheit zu.[30] Die polyzentrische Struktur der Weltpolitik erzwinge von den einzelnen Akteuren eine realistische, entmoralisierte Perspektive. Die moralisierende Gut-gegen-Böse-Unterscheidung zwischen den Supermächten sei überholt, es gäbe nun wieder eine Hierarchie der Feinde.[31] Mit der Rückkehr der Freund-Feind-Hierarchie sei auch die klassische Politik zurückgekehrt, womit deutlich wird, dass Mohler Carl Schmitts Bestimmung des Politischen mit klassischer Politik identifizierte, die seiner Ansicht nach seit Menschengedenken galt.[32] Zur Rückkehr zu einem realistischen Politikbild gehöre neben dem entmoralisierten Politikverständnis auch das Primat der Politik und hier vor allem, das Primat der Außenpolitik vor der Innenpolitik.[33]

Der offensichtliche Rekurs auf Schmitt beim Werben für den Gaullismus zeigt, dass es Mohler nicht nur an den theoretischen Einsichten seines Lehrers lag, sondern an ihren konkreten politischen Anwendungen und Nutzbarmachungen. Indem Mohler „konservativ-revolutionäre" Parallelen im Gaullismus lokali-

---

26 Armin Mohler, Wider die All-Gemeinheiten, Krefeld 1981, S. 112 f. u. 116 f.
27 Armin Mohler, „Ich bin ein Faschist", Interview Leipziger Volkszeitung v. 25./26.11.1995.
28 Armin Mohler, „Hat der Gaullismus die richtige Antwort", in: Die Zeit v. 28.8.1964. Vgl. Christadler, Korrespondent, S. 32 f.
29 Vgl. Mohler, Gaullismus, in: Die Zeit v. 28.8.1964.
30 Vgl. hierzu auch Armin Mohler, Standpunkt eines Gaullisten, in: Christ und Welt v. 26.4.1963; ders., Deutschen, S. 58 f.
31 Vgl. Mohler, Antwort, in: Die Zeit v. 28.8.1964; ders., Deutschen, S. 60–69. Vgl. auch Carl Schmitt, Die Tyrannei der Werte, Berlin 2011.
32 So äußerte er sich u. a. wie folgt: „Die Außenpolitik, von der wir sprechen, ist also keineswegs revolutionär. Sie ist kein Privatspaß der Franzosen oder eines Franzosen. Sie ist nichts anderes als die Wiederherstellung der klassischen Politik, wie sie seit über zweitausend Jahren bestanden hat", Mohler, Deutschen, S. 44.
33 Vgl. Mohler, Von rechts, S. 75 f.

sierte, signalisierte er mit seiner Anlehnung an den Gaullismus gleichsam *in praxi* Umsetzungsmöglichkeiten eines „konservativ-revolutionärer" Politikverständnisses nach 1945. Insofern bemerkt Willms zwar richtig, es sei „missverständlich", Mohler als Gaullisten zu bezeichnen, da Mohlers Engagement der deutschen Außenpolitik gegolten habe. Allerdings ging Mohlers Orientierung an de Gaulles Politik über Abwägungen von „Nutzen und Risiko einer deutschen Außenpolitik"[34] hinaus. Einerseits spielte der Gaullismus auch für die innenpolitischen Strategien Mohlers eine Rolle, mehr noch aber ging er davon aus, dass der „konservativ-revolutionär" uminterpretierte Gaullismus „als Mentalität" in allen „europäischen Staaten"[35] die Chance innewohnte, im größeren Kontext praktische Umsetzungsmöglichkeiten der „Konservativen Revolution" in der Nachkriegszeit auszuloten.

Mit geostrategischen Überlegungen angereichert erklärte Mohler regelmäßig in diversen Artikeln die konkrete Feindes-Hierarchie, die im polyzentrischen Zeitalter für die Bundesrepublik gelten würde: Die Sowjetunion bleibe schon alleine wegen ihrer geografischen Nähe der Feind Nummer eins, wohingegen zu China über ideologische Differenzen hinweg eine Annäherung stattfinden müsse, auch um so zwischen den Feinden eine Bresche zu schlagen.[36] Mohler hatte diesbezüglich wiederholt vergeblich versucht, Franz-Josef Strauß zu einer Chinareise zu bewegen.[37] Die Schuldigen für das anti-realistische Denken in der Bundesrepublik waren rasch gefunden. Die „Reeducation" der Alliierten und die Vergangenheitsbewältigung hätten den Irrtum etabliert, das „Ziel der Außenpolitik sei nicht die Selbstbehauptung der Nation, sondern die Verbreitung menschheitlicher Ideale".[38] Nationale Interessen aber genossen für Mohler Vorrang vor individuellen ethischen Verpflichtungen. Ethik, die für Kleingruppen oder für Familien gelte, könne nicht „ungestraft auf größere Gruppen übertragen" werden, wie er mit Rekurs auf Arnold Gehlens Pluralismus der Ethiken argumentierte.[39]

Mohlers Sympathien für de Gaulle, waren neben der gaullistischen Rückkehr zur Realpolitik auch in dessen Nationalismus begründet, in dem beharrlichem Festhalten an einem metaphysischen Bild von Frankreich, der „Grandeur de la

---

34 Willms, Armin Mohler, S. 90.
35 Mohler, Von rechts, S. 65 f.
36 Mohler, Antwort, in: Die Zeit v. 28.8.1964.
37 Mohler, Von rechts, S. 86 ff.
38 Armin Mohler, Deutsche Außenpolitik. Oder: die Bundesrepublik hat Gliederzerren, in: Caspar von Schrenck-Notzing / ders., Deutsche Identität, Krefeld 1982, S. 59–73, hier S. 63. Vgl. Axel Schildt, Armin Mohler und die Konservativen Revolutionäre, in: Jörg Später / Thomas Zimmer (Hg.), Lebensläufe im 20. Jahrhundert, Göttingen 2019, S. 187–204, hier S. 195 ff.
39 Mohler, Außenpolitik, S. 60; Mohler verfasste in der ersten Ausgabe des *Criticón* eine äußerst positive Buchbesprechung von Gehlens „Moral und Hypermoral", Armin Mohler, Gehlens „Moral und Hypermoral" – eine Wegmarke, in: Criticón, Nr. 1, 1970, S. 1.

France".⁴⁰ Ein solches Nationalbewusstsein werde in der Bundesrepublik durch die Vergangenheitsbewältigung verhindert, weshalb er für deren Einstellung und zugleich für eine Amnestie aller Nazi-Verbrechen plädierte.⁴¹ Im *Bergedorfer Gesprächskreis*, einem von der *Körber Stiftung* seit 1961 initiierten Gesprächskreis von Experten zur Diskussion der europäischen Außenpolitik, verteidigte er die Idee der Nation, sie verhalte sich nicht konträr zu Europa: „man macht zu sehr aus den Nationen und aus dem Nationalismus den Teufel. Man sieht dabei den Nationalismus völlig falsch [...]. Europa kann man nur durch die Nationen hindurch machen".⁴² In einem „Europa der Vaterländer" könne eine „den nationalen Bedürfnissen" und den „Interessen des Volkes" entsprechende Politik durchgesetzt werden, ein solches Europa entspreche „den ureigensten Interessen Deutschlands".⁴³ Diese Interessen leitete er auch aus biologistischen Vorstellungen ab, denn „ein Volk, eine Nation" sei „auch eine Art von Lebewesen".⁴⁴

Eine Kooperation unter temporärer französischer Hegemonie war für Mohler die einzige außenpolitische Lösung für die Bundesrepublik. Dass de Gaulle die Wiedervereinigung im Kontext der europäischen Integration als „le destin normal du peuple allemand"⁴⁵ bezeichnete, gewichtete er stärker als die gerne gegen deutsche Gaullisten angeführte Streitfrage um die Oder-Neiße-Grenze. Die Spannungen zwischen den unterschiedlichen Interessen der Bundesrepublik und Frankreichs vermochte Mohler theoretisch jedoch nicht aufzulösen und war gezwungen diesbezügliche Bedenken kleinzureden. De Gaulles Beharren auf der Anerkennung der deutsch-polnischen Grenze sei lediglich „rhetorischer Maximalismus".⁴⁶ Die Forderung nach einer Kooperation mit Frankreich darf nicht darüber hinwegtäuschen, dass Mohler politische Entwicklungen stets aus der Interessens-

---

40 Armin Mohler, Die Fünfte Republik. Was steht hinter de Gaulle?, München 1963, S. 100.
41 Vgl. Armin Mohler, Vergangenheitsbewältigung. Von der Läuterung zur Manipulation, Stuttgart-Degerloch 1968; ders., Der Nasenring. Die Vergangenheitsbewältigung vor und nach dem Fall der Mauer, 3. Aufl., München 1991.
42 Protokoll, 6. Bergedorfer Gesprächskreis, 1962. Die Erziehung zum Europäer, S. 14 f., unter: https://www.koerber-stiftung.de/bergedorfer-gespraechskreis/protokolle [Zuletzt aufgerufen am 29.8.2020].
43 Armin Mohler, De Gaulle schlägt sich für Deutschland, Welt am Sonntag v. 15.9.1965.
44 Armin Mohler, Konservativ 1962, in: Der Monat, April 1962, S. 26. Gerade in der Orientierung an den Naturwissenschaften zeigt sich, dass die Neue Rechte nicht grundsätzlich zum Kulturalismus tendiert. Vielmehr oszillieren ihre Argumente zwischen Biologismus und Kulturalismus, vgl. auch Margret Feit, Die „Neue Rechte" in der Bundesrepublik. Organisation – Ideologie – Strategie, Frankfurt am Main/New York 1987, S. 93–107.
45 Übersetzung: „das normale Schicksal des deutschen Volkes". Charles de Gaulle, Discours et Messages, Bd. 3, Paris 1970, S. 84.
46 Mohler, Standpunkt; Christadler, Korrespondent, S. 41. Hierzu auch vgl. Art. Oder-Neiße-Grenze. Nicht in Frage gestellt?, in: Der Spiegel, Nr. 47, 17.11.1959.

lage der Bundesrepublik beurteilte. Wenig überraschend genoss für ihn dabei die Wiedervereinigung oberste Priorität. Dementsprechend begrüßte Mohler im Gegensatz zu anderen Rechtsintellektuellen Entspannungsdynamiken zwischen den beiden Supermächten, da der außenpolitische Nutzen der Bundesrepublik für die Interessen der USA abnehme und sie dadurch zu mehr Handlungsspielraum gelange, die wiederum eine Chance für die Wiedervereinigung sei: „Deutschland ist unwichtiger geworden – das ist seine große Chance. [...] In diesem Unwichtigerwerden von Deutschland liegt übrigens auch die einzige Chance für eine Wiedervereinigung".[47]

Die Modalitäten der Wiedervereinigung galt es für Mohler erst dann festzulegen, wenn diese Fragen sich aufdrängten: „Wir waren uns doch immer einig darin, dass die Wiedervereinigung kommen *muss, egal wie oder durch wen*. Erst muss sie einmal da sein, ob durch Stalin oder durch Khadafi – alles Weitere kommt nachher. Jetzt kommt sie halt (wenn auch vorerst nur bis zur Oder-Neisse und zum Inn) durch Kohl".[48]

Mohler fand nicht nur lobende Worte für Helmut Kohls Leistungen, sondern skizzierte gleich die nächsten außenpolitischen Zielsetzungen, nämlich die „Neuschaffung Osteuropas", da „juristische Festlegungen von Grenzen" von nun an „einfach obsolet" geworden seien. Einen Eindruck davon, wie er sich diese Grenzverschiebung vorstellte, erhält man, wenn Mohler seiner Hoffnung auf das baldige Ende des „Interregnums" Ausdruck verleiht: „Mir wäre auch lieber, es wäre Blut geflossen. Aber der Blutstau hat auch sein Gutes. Dieser Stau bringt den nötigen Druck, der den liberalen Aufputz zu gegebener Zeit (schön, wat?) weg*schwemmen* [sic!] wird".[49]

„Eine milde Art von Neofaschismus": Gaullismus als Chiffre für autoritäre Herrschaft

Mohlers schematische Analyse der französischen Politik basierte einerseits auf dem Demokratieverständnis von Carl Schmitt und andererseits auf einer irrationalistischen Anthropologie, so dass dem Gaullismus die Doppelfunkton als autoritäre Herrschaft und Sinngebungsinstanz zukommt. Er ging in seiner Darstellung der französischen Innenpolitik von drei relevanten Größen aus: Das Volk, die Ko-

---

47 Mohler, Standpunkt.
48 Armin Mohler an R.H., 20.6.1990, NL Armin Mohler, Deutsches Literaturarchiv Marbach (DLA). Hervorhebung im Original.
49 Armin Mohler an R.H., 20.6.1990, NL Armin Mohler, DLA. Hervorhebung im Original.

mitees und den großen Einzelnen.[50] Diese Struktur eines Kräftedreiecks sah er in allen modernen Staaten angelegt. Das Volk erscheint dabei als passive Masse, die „in Form zu bringen" ist und die im Bündnis mit den so genannten Komitees stehe.[51] Die Komitees werden in seiner Monografie „Die Fünfte Republik" als die „Führungsschicht" der französischen Gesellschaft beschrieben, die ihren politischen Ausdruck im repräsentativen Parlamentarismus finde und die Unterstützung des Mittelstandes genieße. Die strukturelle Starre der französischen Politik resultiere daraus, dass diese Elite um den Erhalt ihrer Macht und Privilegien willen versuchen würde, ein Zusammengehen eines „großen Einzelnen" mit dem Volk zu verhindern. Sie müsse, „darum die überragenden Führerpersönlichkeiten verketzern".[52]

Da der Gaullismus letztlich nur auf der Person de Gaulle und dessen Verbindung zur Bevölkerung basiere, müsse de Gaulle die Verbindung zum Volk regelmäßig in Ansprachen oder Reden aufrechterhalten beziehungsweise erneuern.[53] Die Zustimmung für de Gaulle in dieser reziproken Beziehung zu den Massen ist für Mohler mit den „De Gaulle au pouvoir"-Rufen gleichsam akklamatorisch generiert.[54] Er zeichnete im rituellen Verhältnis de Gaulles zu den Massen das Bild einer identitären Demokratie Schmittianischen Zuschnitts, in welcher Demokratie und Diktatur keine Gegensätze bilden.[55] Im Konzept der identitären Demokratie von Schmitt wird die volonté générale, der Volkswille „durch Zuruf, durch acclamatio" ausgedrückt, der sich nicht numerisch ergibt, sondern in der Einheit des Regierenden mit den Regierten.[56] So erscheint der Herrschende bei Schmitt als Ausdruck dieses nicht-numerischen Gesamtwillens. Mohler knüpft in seinem Gaullismus explizit an Schmitts Demokratieverständnis an, wenn er die volonté générale mit „Gemeinsinn" übersetzt, der „nicht durch Addition ermittelt wird, sondern mitten in der amorphen Masse von einigen Erlauchten Besitz ergreift und sie mit Sendungsbewusstsein erfüllt" und anmerkt, dass de Gaulle ein „Musterbeispiel für diesen Gemeinsinn" sei.[57] Hierin zeigt sich wiederum wie Mohler in seiner Deutung des Gaullismus Schmittianische Theorieelemente in diesen hin-

---

50 Vgl. Mohler, Republik, S. 28 ff.
51 Vgl. ebd., S. 28 ff., 68 f.; Mohler, Deutschen, S. 204.
52 Mohler, Republik, S. 32.
53 Vgl. ebd., S. 83–88, 96–108.
54 Mohler, Von rechts, S. 140; Mohler, Republik, S. 80 f.
55 Vgl. Carl Schmitt, Die geistesgeschichtliche Lage des heutigen Parlamentarismus, 8. Aufl., Berlin 1996, S. 34–38, 18–23; außerdem: Mohler, Republik, S. 83 ff.
56 Schmitt, Lage, S. 22.
57 Armin Mohler, Souveränität über die Geschichte: „Forces morales" und die Fragen der Revisionen, in: Junge Freiheit, Nr. 32, 5.8.1994.

einprojiziert, die er dann unter dem gemäßigteren Etikett des deutschen Gaullismus in der Bundesrepublik vermarkten konnte.

Die ritualisierte Beziehung de Gaulles zum Volk, die sich in Ansprachen und Reden realisiere, sei nicht jene zu einer fanatisierten Masse, die das Staatsoberhaupt beliebig manipulieren könne, doch sie entspreche der Natur des Menschen. Den Menschen plage nämlich ein Bedürfnis nach Sinnzusammenhang, er könne nicht mit „dem steten Blick in die Augen des Todes" und im „Bewusstsein, dass die Welt ‚nicht aufgeht'" leben und habe deshalb Bindung, Rituale und Sinnstiftung nötig.[58] Hinter dieser Verschiebung von politischen Phänomenen auf die individuelle beziehungsweise anthropologische Dimension tritt die Intention der Herrschaftslegitimation qua einer Naturalisierungsstrategie deutlich hervor. Rituale erscheinen so als Werkzeuge, um mentale Spannungen auszuhalten und Sinn und Orientierung zu stiften. Das Sinnbedürfnis des Menschen wird in Anlehnung an Gehlen als anthropologisches Defizit gedeutet, das institutionelle und rituelle Autorität notwendig macht.[59] Daher erkennt Helga Grebing bei Mohler eine „Anthropologie, die vorrationale Triebkräfte als dominierend versteht".[60]

Die Führungsperson übernimmt in Mohlers Gaullismus also die stabilisierende Funktion einer gleichsam lebendigen Institution. Damit wird das aus den Krisen der Zwischenkriegszeit erwachsene Stabilitätsbedürfnis als anthropologische Konstante gedeutet und in die zweite Hälfte des 20. Jahrhunderts transportiert. Außerhalb des Institutionellen, der Bindung an ein Kollektiv gab es für die „Konservativen Revolutionäre" der Weimarer Republik kein Heil.[61] Mohler schätzte diese „nationaljakobinische" Substanz des Gaullismus, er vereine soziale und nationale Elemente, grabe unterschiedlichen Parteien das Wasser ab und bewirke einen gemeinschaftsstiftenden Effekt jenseits linker oder rechter Deliberation.[62] Um das Bedürfnis nach Zugehörigkeit zu einem Kollektiv zu begründen, geriet er zwangsläufig in Widerspruch zu seiner nominalistischen Devise nicht abstrakt und prinzipiengeleitet, sondern konkret und situativ zu denken: „Der Mensch will

---

58 Mohler, Deutschen, 18 f. Vgl. Mohler, Republik, S. 83 ff. Hilger, Mohler, S. 719 ff.
59 Das Argument von anthropologischen Defiziten führte Mohler zur Pathologisierung der liberalen und linken Gegner, Mohler, Gegen die Liberalen, Schnellroda 2010, S. 13 f. Vgl. Lenk, Parlamentarismuskritik, S. 19.
60 Helga Grebing, Konservative gegen die Demokratie. Konservative Kritik an der Demokratie in der Bundesrepublik nach 1945, Frankfurt am Main 1971, S. 377 f.
61 Vgl. Lenk, Parlamentarismuskritik, S. 21.
62 Vgl. Mohler, von rechts, S. 119 ff;. „Bei de Gaulle glückte das Amalgam von Rechts und Links, was ich dann als Nationaljakobinismus definiert habe", Mohler/Müller, Gespräch, S. 104.

nicht frei sein, sondern er will in einem Sinnzusammenhang stehen",[63] bemerkte Mohler in der Zeitschrift *Monat*, die 1962 eine Debatte zum Wesen des Konservatismus initiierte. Das Bedürfnis nach Standortbestimmung der Konservativen nutzte er, um einen mit „konservativ-revolutionärem" Inhalt aufgefüllten nationalistischen Konservatismusbegriff in die öffentliche Diskussion einzubringen.[64]

Das Interesse Mohlers, so lässt sich schlussfolgern, lag nicht am Gaullismus selbst, sondern an der Verwertung der von ihm postulierten Konvergenzen zur „Konservativen Revolution". In der Beschreibung der Kongruenz dieser beiden Entitäten offenbart sich Mohlers politische Vision beziehungsweise der konkrete Gehalt seiner Erneuerungsbestrebung der „Konservativen Revolution", über die sich Mohler ansonsten lediglich in vage bleibenden Formeln, wie „was immer gilt"[65] äußerte, sich darüber hinaus jedoch ausschwieg. Die Relevanz der Untersuchung von Mohlers Gaullismus liegt ferner darin, dass Mohler mit Hinblick auf dessen Parallelen zur „Konservativen Revolution", den Gaullismus retrospektiv als eine „milde Art von Neofaschismus" charakterisierte.[66] Seine Aussage, dass er bei seiner Rückkehr in der Bundesrepublik versuchte habe, „den Deutschen den Gaullismus beizubringen",[67] erscheint so in einem neuen Licht. Mohlers Bestrebungen zur Formierung einer Neuen Rechten beziehungsweise zur Reaktivierung der „Konservativen Revolution" unter dem Etikett des Gaullismus erweisen sich somit als Versuch, die Möglichkeiten einer neofaschistischen Politik nach 1945 jenseits der Marginalisierung und strategischen Erstarrung einer „alten" Rechten auszuloten.

Mohler sah die Aufgabe der Neuen Rechten in einer permanenten strategischen Neuerfindung beziehungsweise Anpassungsleistung, um den Kerninhalt der „Konservativen Revolution" beziehungsweise das, was immer gelte, in neue, zeitgemässe Formen zu übersetzen, die den Wandel der Gesellschaft berücksichtigten. Bei der von ihm geforderten „Suche nach Entsprechungen auf neuer Ebene"[68] – die Anlehnung an Ernst Jüngers „organische Konstruktion" ist augenscheinlich – mahnte er, dass der „echte Konservative" wisse, dass er „überholtes

---

63 Mohler, Konservativ 1962, S. 27; Ralf Walkenhaus, Armin Mohlers Denkstil, in: Uwe Backes / Eckehard Jesse (Hg.), Jahrbuch Extremismus & Demokratie, 9. Jg., Baden-Baden 1997, S. 97–116, hier S. 105.
64 Vgl. Martina Steber, Die Hüter der Begriffe. Politische Sprachen des Konservativen in Großbritannien und der Bundesrepublik Deutschland, 1945–1980, Berlin/Boston 2017, S. 157 ff.
65 Mohler, Rechte, S. 22 f.
66 Mohler, „Ich bin ein Faschist".
67 Mohler/Müller, Gespräch, S. 54.
68 Mohler, Rechte, S. 23.

Einzelnes opfern" müsse, um „das Ganze zu retten".[69] Der Konservative könne also nicht mehr eine rein konservierende Rolle einnehmen, da das Vergangene nicht in gleicher Weise wiederhergestellt werden könne, müsse aber auch eine Witterung dafür entwickeln, wie viel geopfert werden könne, „ohne die Substanz zu verletzen".[70]

Wenn also Mohler den faschistischen Gruppierungen in Frankreich, die er der restaurativen „alten Rechten" zuordnete, attestierte, sie seien erstarrt und nicht „wie der Faschismus der 30er Jahre vom Mythos einer neu zu schaffenden Welt angespornt",[71] so ist in diesem Zusammenhang auffällig, dass seine Kritik gerade nicht grundlegenden inhaltlichen Differenzen galt, sondern primär auf stilistische und strategische Defizite abzielte, die für deren Erfolg hinderlich sind. Wie eine solche von Mohler geforderte strategische Adaptionsfähigkeit konkret aussehen könnte, führte er mit seiner semantischen und politischen Instrumentalisierung des Gaullismus in der Bundesrepublik vor.

Deutscher Gaullismus im Umfeld der CSU: Hoffnungen, Realisierungsräume und Grenzen konservativ-revolutionärer Politik

In der Bundesrepublik und insbesondere in der Regierungspartei CDU/CSU zeigten sich ab Ende der 1950er Jahre die Grundzüge einer Kontroverse zum außenpolitischen Kurs angesichts der weltpolitischen Konstellation und der Verschiebungen, die Anfang der 1960er Jahre dann „simplifizierend, aber nicht unzutreffend"[72] als „Atlantiker-Gaullisten-Kontroverse" in die Geschichte eingingen. Die Auseinandersetzung dieser zwei „außenpolitischen Denkschulen" entzündete sich nicht an der Frage einer potentiellen Aufkündigung der atlantischen Partnerschaft zur USA, sondern im Hinblick auf ihre Modalitäten.[73] Viele Befürworter eines deutschen

---

69 Ebd., S. 22; Mohler bezeichnete etwa in einem Interview mit Petra Müller große Teile der Schriften der „Konservativen Revolution" der Weimarer Republik als „Makulatur". Vgl. Mohler/Müller, Gespräch, S. 78 f.
70 Mohler, Rechte, S. 23.
71 Mohler, Rechte, S. 58; vgl. Griffins Verortung von Mohler im palingenetischen (Neo-)Faschismus, Roger Griffin, The Nature of Fascism, London/New York 1991, S. 166 ff.
72 Eckart Conze, Die gaullistische Herausforderung. Die deutsch-französischen Beziehungen in der amerikanischen Europapolitik 1958–1963, München 1995, S. 23.
73 Vgl. ebd., S. 22 ff.; Tim Geiger, Atlantiker gegen Gaullisten. Außenpolitischer Konflikt und innerparteilicher Machtkampf in der CDU/CSU 1958–1969, München 2008, S. 61.

Gaullismus reagierten in der Berlin-Krise von 1958 enttäuscht über die an einer pragmatischen Deeskalationspolitik orientierten Verhandlungsbereitschaft der USA, da diese in ihrer Wahrnehmung einerseits den sicherheitspolitischen und militärischen Interessen der Bundesrepublik nicht entsprach und andrerseits ihr prioritäres Ziel der Wiedervereinigung ignorierte.[74] Deshalb erblickten vor allem Unionspolitiker und konservative Publizisten in einer engeren deutsch-französischen Kooperation eine größere Interessenskongruenz, die sich unter anderem in Überlegungen zur Bildung einer gemeinsamen, von den USA unabhängigen europäischen Atommacht manifestierten.[75] Mit Charles de Gaulles kontinentaleuropäischen Hegemoniebestrebungen verschärfte sich die amerikanisch-französische Rivalität um die Durchsetzung ihrer jeweiligen Europakonzeptionen.[76]

Eine der Kernfragen des deutschen Gaullismus betraf den Atomwaffensperrvertrag, den die Bundesrepublik gemäß der gaullistischen Position nicht unterzeichnen sollte.[77] Als Radikalgaullist vertrat Mohler hierbei eine entschiedene Position. Analog zu Schmitts berühmter Sentenz zum Ausnahmezustand, gelte nunmehr, dass souverän ist, wer über Atomwaffen verfügt: „In der pluralistisch aufgesplitterten Welt von heute ist das wesentliche Attribut der Souveränität die Atomwaffe".[78] Zwar könne kein Staat, der den Atomwaffenbesitz anstrebt, mit den beiden Supermächten mithalten, nichtsdestotrotz werde sich aber eine Abschreckungswirkung entfalten. Auch Strauß pochte auf eine Nuklearbeteiligung der Bundesrepublik[79] und war auf Distanz zur atlantischen Position gegangen, nachdem klar geworden war, dass die USA diese nicht unterstützen würden. Dennoch blieb das Verhältnis zu Charles de Gaulle bisweilen angespannt, die Idee eines nuklearen Alleingangs von Frankreich fand bei ihm keinen Anklang.[80]

Franz Josef Strauß' Plädoyer für eine engere deutsch-französische Zusammenarbeit und seine Europakonzeption genossen hingegen die Unterstützung der Abendländer, die in der „Atlantiker-Gaullisten-Kontroverse" eindeutig die gaullis-

---

[74] 1958 forderte Chruschtschow in einem Ultimatum die Aufhebung des Vier-Mächte-Status und das Ende westalliierter Präsenz in Berlin, um West-Berlin in eine Freistadt umzuwandeln. Vgl. Geiger, Atlantiker, S. 67 ff.
[75] Vgl. ebd., S. 67. Zum Begriff der „Dritten Kraft" vgl. Geiger, Atlantiker, S. 61. Vgl. Alexander Gallus, Die Neutralisten. Verfechter eins vereinten Deutschlands zwischen Ost und West 1945–1990, Düsseldorf 2001.
[76] Vgl. Conze, Herausforderung, S, 160, S. 227–259; Geiger, Atlantiker, S. 91–95, 197–217.
[77] Vgl. Weißmann, Mohler, S. 132; Geiger, Atlantiker, S. 67.
[78] Mohler, Deutschen, S. 105.
[79] Zu den Optionen einer westdeutschen Nuklearpolitik für Strauß vgl. Eckart Conze, Griff nach der Bombe? Die militärischen Pläne des Franz Josef Strauß, in: Martin Doerry / Hauke Janssen (Hg.), Die Spiegel-Affäre. Ein Skandal und seine Folgen, München 2013, S. 69–85.
[80] Vgl. Geiger, Atlantiker, S. 67, S. 104–106.

tische Seite präferierten.[81] Aufgrund der abendländischen Sympathien für die Idee einer dritten Kraft Europa in Äquidistanz zu den Supermächten und ihrer organisatorischen Nähe zur CSU[82] erschien der als „gaullistischer Meinungsführer" wahrgenommene Strauß für viele Konservative als „politischer Hoffnungsträger".[83]

Die Gründe für Mohlers Sympathie für Strauß waren jedoch anders gelagert. Er hatte ihm als einer der wenigen schon bei der „Spiegel-Affäre" 1962 beigestanden, als dieser als Verteidigungsminister zurücktreten musste, weil es nach einem kritischen Artikel des *Spiegel* über die mangelnde militärische Abwehrbereitschaft der Bundesrepublik zu Durchsuchungen und Verhaftungen wegen Verdacht auf Landesverrat kam, die Strauß wider späteren Beteuerungen vorangetrieben hatte.[84] Strauß sei der einzig „sichtbare Politiker von Rang", dessen Schicksal er im Zusammenhang mit der „Spiegel-Affäre" an Deutschland knüpfte: „wer sich an dieser Kampagne beteiligt [...] beteiligt sich – ob bewusst oder unbewusst – an dem Versuch, Deutschland wehrlos zu machen".[85] Mohler forderte sogar die Anfertigung eines singulären Bundeserverdienstkreuzes in besonderer Höchstklasse für eine Verleihung an Strauß.[86] Nach seinem energischem Eintreten in der „Spiegel-Affäre" entwickelte sich eine Nähe zum Bundesvorsitzenden der CSU, so dass er zu dessen Berater und Redenschreiber avancierte. Dies führte wiederum zu einer Bindegliedrolle Mohlers zwischen der „nationalen Opposition" und der etablierten Politik. Er erhielt Anfragen von parteilosen Rechten, welche den Standpunkt von Strauß zur „nationalen Wendung" und der Möglichkeit einer bundesweiten „christlich-nationalen Partei" erkundeten, die Mohler an Strauß weiterleitete.[87]

In diesem Zusammenhang drängt sich die Frage auf, weshalb Mohler Franz Josef Strauß und nicht die „nationale Opposition" unterstützte, schließlich hatte sich 1964 die NPD am rechten Rand formiert. Mohlers Votum für Strauß lagen strategische Überlegungen zugrunde, die auch mit seinen Erfahrungen in Frankreich zusammenhingen. Einerseits glaubte Mohler, dass eine „alte" Rechte mit ihrer nostalgischen und restaurativen Einstellung ihre Marginalisierung kaum

---

81 Vgl. Vanessa Conze, Das Europa der Deutschen. Ideen von Europa in Deutschland zwischen Reichstradition und Westorientierung (1920–1970), München 2005, S. 189.
82 Vgl. ebd.
83 Geiger, Atlantiker, S. 58.
84 Vgl. Doerry/Janssen, Spiegel-Affäre, darin insbesondere Peter Merseburger, Augstein, Strauss und die Spiegel-Affäre, in: Ebd., S. 86–111, hier S. 101 f.
85 Armin Mohler an Golo Mann, 15.6.1962, NL Golo Mann, Schweizerisches Literaturarchiv Bern (SLA).
86 Vgl. Willms, Armin Mohler, S. 42.
87 Walter Haller an Armin Mohler, 28.7.1964, NL Armin Mohler, DLA.

überwinden könne. Außerdem hielt die NPD an der Westorientierung fest.[88] Andererseits offenbarte sich darin eine strategische Anknüpfung an etablierte Parteien und starke Führungsfiguren. Strauß, so erhoffte sich Mohler, war ein potentiell großer Einzelner, der in der nonchalanten Art eines Charles de Gaulle sich nicht scheuen würde, an den nationalen Interessen Deutschlands orientierte einschneidende politische Veränderungen anzustoßen. Mohlers Berücksichtigung reeller Machtverhältnisse und seine Einsicht in die Notwendigkeit des strategischen Wirkens in der etablierten Politik kommt auch in einem Artikel im *Bayernkurier* zur Geltung. Im Hinblick auf die Wahlen 1969 schrieb er, dass die Konservativen die Chance hätten zu „einer politischen Kraft zu werden – oder endgültig zu einem bloßen Klientel der Sektengeschichte zu verkalken".[89] Darin wusste er sich mit seinem Freund Caspar von Schrenck-Notzing einig.[90] Des Weiteren schienen sich Mohlers Hoffnungen über das vermutete gaullistische Potential in Strauß zu bewahrheiten, als dieser ihn wissen ließ, dass auch er wünsche sich „in der CSU gern ein wenig mehr ‚Jakobinismus' in dem von Ihnen gemeinten Sinn".[91]

Mohlers Unterstützung für Strauß ging so weit, dass er 1964 den Bruch mit Giselher Wirsing, dem Chefredakteur der auflagenstarken Wochenzeitung *Christ und Welt*,[92] in Kauf nahm. Wirsing hatte dem *TAT-Kreis* angehört und bezog sich auch in der Nachkriegszeit in einer minimalen „Anpassung ohne Umorientierung" auf den „Weimarer Nationalkonservatismus in seinen preußisch-protestantischen und konservativ-revolutionären Spielarten".[93] Wirsing hatte sich noch ein Jahr später mit versöhnlichen Worten für eine Wiederaufnahme Mohlers bemüht, jedoch für das Feuilleton und nicht für tagespolitische Themen. Er wies allerdings Mohlers Ansinnen ab, Strauß „zu einer Art Prüfstein für konservatives Verhalten" zu machen. Dem Streit lagen offenbar grundsätzliche ideologische Differenzen zugrunde, wenn Wirsing ihm in dessen „unkritischer Strauß- und de Gaulle-Vereh-

---

88 Vgl. Weißmann, Mohler, S. 129 f.; Schildt macht daneben auch Karrieregründe geltend. Vgl. Schildt, Armin, S. 197.
89 Armin Mohler, Konservativ 1969, zit. n. Weißmann, Mohler, S. 161.
90 Vgl. Karlheinz Weißmann, Die Gaullisten, in: Sezession 38, Oktober 2010.
91 Franz Josef Strauß, an Armin Moher, 28.4.1969, NL Armin Mohler, DLA.
92 *Christ und Welt* galt den Amerikaner zunächst noch als „under cover Nazi paper", wandelte sich unter Wirsing aber in eine nationalliberale Zeitung. Sie war bis 1963 die politische Wochenzeitung mit der höchsten Auflage, Matthias Weiß, Worte als Taten, in: Norbert Frei (Hg.), Hitlers Eliten nach 1945, 8. Aufl., München 2017, S. 218–268, hier S. 237 f.
93 Maik Tändler, Giselher Wirsing, in: Norbert Frei (Hg.), Wie bürgerlich war der Nationalsozialismus, Göttingen 2018, S. 351–368, hier S. 363 ff. Vgl. auch Peter Hoeres, Außenpolitik und Öffentlichkeit. Massenmedien, Meinungsforschung und Arkanpolitik in den deutsch-amerikanischen Beziehungen von Erhard bis Brandt, München 2013, S. 101 f.

rung" einen „Vitalismus" vorwarf, „dem wir in Deutschland nicht noch einmal in anderen Formen huldigen sollten".[94]

Während des Konfliktes mit Wirsing war Mohler bereits in München in konkrete publizistische Zusammenhänge eingebunden. Er war Gründungsmitglied des *Demokratisch Konservativen Kreises* 1964, des Trägervereins der *Demokratisch Konservativen Korrespondenz* (DKK), eines von der CSU finanzierten „Pressedienstes, der aus einem Informationsdienst und einem Artikeldienst bestand" und an 400 Zeitungen geschickt wurde.[95] Herausgeber und späterer Geschäftsführer war der Vertriebenenfunktionär Erich Maier. Ähnlich wie Mohler sah auch dieser das prioritäre strategische Ziel darin, die Stimmen des nationalen Lagers zur CSU zu holen.[96] Personelle Übereinstimmungen der DKK, für deren wöchentlichen Pressedienst auch Mohler Artikel beisteuerte, gab es zur Deutschland-Stiftung, der „bedeutendsten Stiftung" im Umfeld der CSU.[97] Gründer der Deutschland-Stiftung war der „überzeugte Nationalsozialist" Kurt Ziesel, der ebenso Mitbegründer der rechtsextremen *Gesellschaft für Publizistik* war.[98] Der *Deutschland-Stiftung* gelang es für den Preis seiner Stiftung Konrad Adenauer als Preisträger zu gewinnen und ein monatliches, tagespolitisch ausgerichtetes Publikationsorgan, das *Deutschland-Magazin*, herauszugeben, für das auch Mohler von 1969 bis 1971 schrieb.

Im publizistischen Netzwerk der Strauß-Unterstützer bestand ein organisatorisches Dreieck zwischen der *DKK*, der *Deutschland-Stiftung* und dem *Bayernkurier*, dem offiziellen CSU-Organ. Der Bayernkurier war nicht lediglich eine regionale Zeitung, sondern hatte in den 1960er Jahren bundesweit an Leserpublikum und Ausstrahlungskraft gewonnen. Mohler konnte seinen Schüler Marcel Hepp als persönlichen Referenten an Strauß vermitteln, der ihn zum geschäftsführenden Herausgeber des *Bayernkurier* machte.[99] Damit war Mohler zusätzlich zu seiner Beraterfunktion gewissermaßen in einem Schmittianischen Coup ein „Zugang zur Macht" gelungen, wie es Schmitt in seinem Werk zum „Vorraum der Macht" beschrieb.[100] Die gegenseitige Vernetzung ging so weit, dass Hepp seinen Mentor

---

94 Giselher Wirsing an Armin Mohler, 21.5.1965, NL Armin Mohler, DLA. Mohler quittierte es Wirsing mit einem aggressiven Nachruf, der Wirsing zu den angepassten Redakteuren hinzurechnete, die für den Niedergang der konservativen Presse verantwortlich seien, Mohler, Deutsche Nachkriegspresse und Vergangenheitsbewältigung, in: Criticón, Nr. 32, 1975, S. 245–250.
95 Steber, Hüter, S. 295. Vgl. Bamberg, Deutschland-Stiftung, S. 234 f.
96 Vgl. Steber, Hüter, S. 296 f.
97 Willms, Armin Mohler, S. 46.
98 Steber, Hüter, S. 288.
99 Vgl. Steber, Hüter, S. 217; Hoeres, Außenpolitik, S. 101.
100 Vgl. Carl Schmitt, Gespräch über die Macht und den Zugang zum Machthaber, Stuttgart 2008, S. 18 ff.

für den Direktionsposten der *Hanns-Seidel-Stiftung* vorschlug – allerdings erfolglos.[101] Hepp hatte weitgehend freie Hand mit der Leitung des *Bayernkuriers* und führte das CSU-Organ in Kampfblattmanier, so dass es auch vermehrt zu Kritik aus den eigenen Reihen kam.[102] Das hielt ihn nicht davon ab, das CSU-Blatt zu einer der „schärfsten Oppositionsblätter" umzuformen und seinem gaullistischen Leitthema, dem Atomwaffensperrvertrag genügend Raum zu geben.[103] Hepp forderte einerseits die Nichtunterzeichnung des Atomwaffensperrvertrags sowie andererseits, durch die Aufnahme von politisch-ökonomischen Beziehungen zu China gegenüber den USA den außenpolitischen Handlungsspielraum der Bundesrepublik zu erweitern.[104]

In seinem Bemühen den deutschen Gaullismus mit „konservativ-revolutionären" Inhalten aufzufüllen, scheute Mohler auch keine Kritik an konservativen Mitstreitern. Er attestierte einigen, ähnlich wie schon der NPD, illusorischen und restaurativen Bestrebungen nachzugehen und betonte die Relevanz einer medialen Hegemonie und eines populistischen Politikstils.[105] Diese Kritik zielte auf den monarchistischen Historiker Hans Joachim Schoeps ab, der eine an Preußen orientierte, elitär-hierarchische Staatsordnung anstrebte. Schoeps hatte 1969 unter dem Namen „konservative Sammlung" eine Gruppe initiiert, bei deren Gründung Mohler anwesend war, von der er sich jedoch bald schon wieder distanzierte. Zwar beteuerte er seinen Respekt gegenüber Schoeps, jedoch handle es sich bei der neu formierten Gruppe, um ein „weltfremdes und unpolitisches Unternehmen", das einen weiteren harmlosen Konservatismus produziere, wie es sich ihre Gegner wünschen würden. Es reiche nicht mehr aus, sich der „Schaltstellen in Wirtschaft, Verwaltung, Heer, Justiz und Polizei" zu versichern, vielmehr komme es auf die Deutungshoheit in den Medien an. Er zeichnete in populistischer Manier eine Konfliktlinie zwischen der „schweigenden Mehrheit" der „kleinen Leute" und einer „artikulierten Minderheit" und plädierte für die Verwertung solcher Unterscheidungen, etwa mit der Forderung „wirkliche Demokratie" statt „Gouver-

---

101 Vgl. Steber, Hüter, S. 217.
102 Vgl. Art. „Strauß. Nie da", in: Der Spiegel, Nr. 46, 10.11.1969, S. 32; angeregt vom RCDS forderte die *Junge Union*, dass der Bayernkurier von einem Herausgebergremium geführt und zu einem „Forum für innerparteiliche Diskussion" werden sollte, vgl. Art. „Parteistimme", in: Der Spiegel, Nr. 23, 1.6.1970, S. 22.
103 Vgl. Hoeres, Außenpolitik, S. 101; Wegner, allerdings aus neurechter Perspektive: Nils Wegner, Die deutsche Geschichte geht weiter... Die Brüder Marcel und Robert Hepp und ihr politischer Weg in den 1950er und 1960er Jahren, Berlin 2015, S. 46, 17–52.
104 Offensichtlich hierin von Mohlers Gaullismus beeinflusst vgl. Marcel Hepp, Der Atomwaffensperrvertrag. Die Supermächte verteilen die Macht, Stuttgart-Degerloch 1968, S. 120; Wegner, Geschichte, S. 45 ff.
105 Für die unterschiedlichen Gruppierungen in diesen Netzwerken, vgl. Steber, Hüter, S. 292 f.

nanten-Demokratie".[106] Statt rational zu argumentieren, müsse man die Menschen „in den Eingeweiden bewegen".[107]

Mohlers gaullistisches Experiment erwies sich letztlich als Fehlkalkulation. Seine offensive Wahlkampfberatung für die Wahlen von 1969 hatte nicht die erwünschte Wirkung gezeigt.[108] Er konnte Strauß nicht dazu bewegen, eine bundesweite CSU zu organisieren. Mohler beklagte sich, dass Strauß seine Reden „auf atlantisch" umgeschrieben und seine politischen Ratschläge nur hinsichtlich eines potentiellen Wählerzuwachses beurteilt habe.[109] Abgesehen von der Beratertätigkeit bei der Partei *Die Republikaner* fokussierte er sich in den folgenden Jahren auf die Netzwerk- und Theoriearbeit bei der *Carl Friedrich von Siemens-Stiftung* und auf die Publizistik im *Criticón*. Dabei war die Hinwendung zu einer Verwissenschaftlichung der Neuen Rechten nicht einfach eine persönliche Notlösung.[110] Mohler erblickte darin vielmehr eine neue Möglichkeit zur Durchsetzung eines seinen Vorstellungen entsprechenden „deutschen Konservatismus", dieses Mal „ohne Eklektizismus, sozusagen aus der Empirie". Was seine Publizistik gegen die Vergangenheitsbewältigung sowie der deutsche Gaullismus nicht erreicht hätten, könne nunmehr „der unerwartete und erstaunliche Sukkurs aus der Wissenschaft" leisten.[111] Hierin zeigt sich, mit welcher Beharrlichkeit, aber auch Anpassungsfähigkeit Mohler die Umsetzung neofaschistischer Visionen erprobte. Die Forderung, eine „Entsprechung auf neuer Ebene"[112] zu finden, zielte dabei auf das Abstreifen peripherer Theorieelemente unter Beibehaltung des Kerns sowie auf eine strategische Adaptionsfähigkeit an irreversible gesellschaftliche und politische Entwicklungen, die es einer extremen Rechten ermöglichen würden, ihre Marginalisierung zu überwinden.

---

106 Armin Mohler, „Zur Konservative Sammlung", 14.2.1970. ACSP, NL F. J. Strauß, Büro PV 7288. Die Gruppe um Schoeps löste sich schon 1970 auf. Er scheint nicht zuletzt Armin Mohler dafür verantwortlich gemacht zu haben, vgl. Steber, Hüter, S. 291 ff.
107 Leggewie, Geist, S. 201 f. Als Beispiel für diesen Politikstil nannte Mohler den Nationalsozialismus, dessen Erfolgsrezept auf der Vermittlung „seelischer Erlebnisse" basiert habe, ebd.
108 Vgl. Armin Mohler an Franz Josef Strauß, 8.5.1969, NL Armin Mohler, DLA.
109 Vgl. Mohler/Müller, Gespräch, S. 54; Weißmann, S. 136; Leggewie, Geist, S. 201 ff.
110 Die Mitwirkung im *Criticón* lag daneben auch darin begründet, dass Caspar von Schrenck-Notzing und Mohler eine „geistige Gegenwehr" als notwendig für eine Tendenzwende erachteten, vgl. Darius Harwardt, „Die Gegenwehr muss organisiert werden – und vor allem auch geistig". Armin Mohler und Caspar von Schrenck-Notzing als Rechtsintellektuelle in der frühen Bundesrepublik, in: D. Timothy Goering (Hg.), Ideengeschichte heute. Traditionen und Perspektiven, Bielefeld 2017, S. 119–149.
111 Armin Mohler, Tendenzwende für Fortgeschrittene, München 1978, S. 80.
112 Mohler, Rechte, S. 23.

Phillip Becher
Armin Mohler (1920–2003)

Regenpfeifer zwischen konservativer Revolution und faschistischem Stil

Abb. 12: Armin Mohler, 1980, *Bayrische Staatsbibliothek München, Felicitas Timpe, timp-018433.*

Ein Jahrhundert nach seiner Geburt am 12. April 1920 in Basel und beinahe zwei Jahrzehnte nach seinem Tod am 4. Juli 2003 in München erweist sich der gebürtige Schweizer Armin Mohler als der wohl einflussreichste intellektuelle Vordenker der extremen Rechten in Deutschland. Obwohl seine politische Laufbahn in den frühen vierziger Jahren mit einem – letztlich nicht vollzogenen – Versuch des Eintritts in die Waffen-SS begann[1], steht Mohler, dessen weiterer Weg ihn in den sechziger Jahren zum Berater des langjährigen CSU-Chefs Franz Josef Strauß[2], zwischen 1964 und 1985 zum Geschäftsführer der *Carl Friedrich von Siemens Stif-*

---

1 Vgl. hierzu im Kontext von Mohlers Gesamtbiographie auch den Beitrag von Cenk Akdoganbulut im vorliegenden Band.
2 Vgl. Iring Fetscher, Rechtes und Rechtsradikales Denken in der Bundesrepublik, in: ders. (Hg.), Rechtsradikalismus. 2. Aufl., Frankfurt am Main 1967, S. 11–29, hier S. 20.

Notiz: Diesen Beitrag hätte es – wie so vieles andere – ohne Katrin Becker nicht gegeben. Für stete Ermutigung und unerschöpflichen Ansporn gebührt ihr ein großer Dank.

 Open Access. © 2023 Phillip Becher, publiziert von De Gruyter. Dieses Werk ist lizenziert unter der Creative Commons Attribution-NonCommercial-NoDerivatives 4.0 Lizenz.
https://doi.org/10.1515/9783111010991-016

tung[3] sowie zu einem der programmatischen Ideengeber der extrem rechten Partei *Die Republikaner* werden ließ,[4] wie kein anderer für eine „Aktualisierung" des ideologischen Instrumentariums der antidemokratischen Rechten. Dabei kam es allerdings weniger zu einer ideengeschichtlichen Innovation, sondern „alte", jedoch weithin kaum bekannte, vermeintlich unverbrauchte Quellen reaktionären Denkens[5] wurden von Mohler neu gerahmt angeboten.[6] Anhand der Person Mohlers und anhand seines Werkes lassen sich Kontinuitäten und Zäsuren der „nationalen Opposition" in der Bundesrepublik Deutschland auf besondere Weise veranschaulichen.

Die Beschäftigung mit dem Werk Mohlers und seiner Wirkung vermag daher Auskunft über politische Weichenstellungen innerhalb der deutschen extremen Rechten der Gegenwart zu geben. Substanzlose NS-Nostalgie beispielsweise ist hier zwar nach wie vor anzutreffen,[7] sie kann aber als Grundpfeiler der Agitation, gemeinsam mit der geschichtsrevisionistischen Holocaustleugnung als Glaubensbekenntnis, mit dem Abtritt der an Autoabsolution interessierten Täter- und Mitläufergeneration mehr und mehr in den Hintergrund rücken: Mohler bezeichnete Tendenzen dieser Art bereits Mitte der 1960er Jahre als „out".[8] An ihrer statt kommen jedoch in aktuellen Auseinandersetzungen apologetische Deutungsmuster zum Tragen, wie sie sich beispielsweise in der Forderung aus den Reihen der *Alternative für Deutschland* (AfD) nach einer „erinnerungspolitischen Kehrtwende"[9] äußern und wie sie Mohler in seinen Schriften, vor allem in seinem erstmals 1968

---

3 Vgl. Peter Kratz, Siemens zum Beispiel. Kapitalinteressen der „Neuen Rechten", in: Raimund Hethey / ders. (Hg.), In bester Gesellschaft. Antifa-Recherche zwischen Konservativismus und Neo-Faschismus, Göttingen 1991, S. 33–82.
4 Vgl. Michael Venner, Nationale Identität. Die neue Rechte und die Grauzone zwischen Konservatismus und Rechtsextremismus, Köln 1994, S. 107 u. 114.
5 Vgl. Albert O. Hirschman, Denken gegen die Zukunft. Die Rhetorik der Reaktion, München/ Wien 1992.
6 Vgl. Reinhard Opitz, Faschismus und Neofaschismus, Bonn 1996, S. 241 f. Die Studie erschien erstmals im Jahre 1984 sowie erneut 1988 als zweibändige Ausgabe. Kurzverweise auf „Faschismus" beziehen sich, sofern nicht anders angegeben, stets auf die Ausgabe von 1996.
7 Vgl. Lenard Suermann, Schuldabwehr und Opfermythos. Geschichtspolitik in der Jungen Freiheit und der Deutschen Stimme, in: Helmut Kellershohn (Hg.), Die „Deutsche Stimme" der „Jungen Freiheit". Lesarten des völkischen Nationalismus in zentralen Publikationen der extremen Rechten, Münster 2013, S. 225–255, hier S. 240 ff.
8 Vgl. Karlheinz Weißmann, Armin Mohler. Eine politische Biographie, Schnellroda 2011, Bildtafel XI.
9 Vgl. Luca Manucci, Populism and Collective Memory. Comparing Fascist Legacies in Western Europe, Abingdon/New York 2020, S. 87.

erschienenen Pamphlet zur „Vergangenheitsbewältigung",[10] aber auch in späteren Arbeiten,[11] als Beispiele für die Methode der gegenüber der bloßen Leugnung historischer Fakten subtileren „vergleichenden Verharmlosung"[12] unter Verweis auf Verbrechen anderer politischer Systeme zur Anwendung brachte. Hierbei wurden die Verbrechen des Nationalsozialismus als deutscher Spielart des Faschismus[13] zwar nicht geleugnet, deren Dimensionen aber als übertrieben dargestellt markiert. Zwar sprach sich Mohler im Rahmen seiner Schrift, die insgesamt ein Ende der von ihm als „manipulativ" identifizierten Vergangenheitsbewältigung forderte, vordergründig noch dagegen aus, unterschiedliche Verbrechen gegeneinander aufzurechnen.[14] Schon damals hatte es Mohler jedoch als „denkbar" bezeichnet, „daß eine genauere Forschung, aus historischem Abstand, einmal andere Zahlen der Opfer ergeben könne als die heute geltenden."[15] In den gegenwärtigen Hegemoniekämpfen der äußersten Rechten werden, mehr als fünf Jahrzehnte nachdem Mohler diese Wort erstmals formulierte, auf diese Weise wirkungsvollere geschichtspolitische Instrumente Mohlerschen Typs nutzbar gemacht.

Mohlersche Geschichtspolitik[16] und seine Beiträge zur „theoretisch-ideologischen ‚Selbsterneuerung' und politischen Redynamisierung"[17] verknüpfen sich auf besonders nachdrückliche Weise in der Chiffre der Konservativen Revolution[18], deren Gehalt, Gestalt,[19] Funktion und Wirkung sowie ihr Platz in Mohlers Ge-

---

10 Zur Geschichte der „Vergangenheitsbewältigung" in der Bundesrepublik Deutschland vgl. Michele Barricelli / Hannes Liebrandt (Hg.), Aufarbeitung und Demokratie. Perspektiven und Felder der Auseinandersetzung mit der NS-Diktatur in Deutschland, Frankfurt am Main 2020.
11 Vgl. Armin Mohler, Im Dickicht der Vergangenheitsbewältigung [1989], in: Europa vorn 4 (1990), H. 8, S. 20–25.
12 Peter Gay, Freud, Juden und andere Deutsche. Herren und Opfer in der modernen Kultur, Hamburg 1986, S. 14.
13 Vgl. Michael Wildt, Nationalsozialismus oder deutscher Faschismus?, in: Zeitschrift für Geschichtswissenschaft (ZfG) 65 (2017), H. 2, S. 103–115.
14 Vgl. Armin Mohler, Vergangenheitsbewältigung. Von der Läuterung zur Manipulation, Stuttgart 1968, S. 32 f.
15 Ebd., S. 31.
16 Vgl. zu diesem Konzept Heinrich August Winkler, Einleitung, in: ders. (Hg.), Der Griff nach der Deutungsmacht. Zur Geschichte der Geschichtspolitik, Göttingen 2004, S. 7–14.
17 Opitz, Faschismus, S. 216.
18 Trotz der Betonung des Konstruktionscharakters von Mohlers Konservativer Revolution wird im vorliegenden Beitrag aus pragmatischen Gründen auf die Verwendung von distanzierenden Anführungszeichen verzichtet: Zum einen hat sich in der wissenschaftlichen und politischen Diskussion der umstrittene Begriff als Chiffre zur Bezeichnung einer bestimmten Abteilung der extremen Rechten im Sinne eines kontroversen Bezugspunkts weitgehend durchgesetzt – auch wenn die so bezeichnete Strömung damit höchst unscharf umrissen wird und ihre Abgrenzung zu anderen Strömungen zum Teil unklar ist. Auf ähnliche Weise wie der Terminus „Konservative Revolution" findet weithin beispielsweise auch die Selbstbezeichnung der deutschen faschisti-

samtwerk im Zentrum des vorliegenden Beitrags stehen sollen. Vermittels Verschränkung von Text- und Realgeschichte sollen entscheidende Positionen eines besonderen Protagonisten der intellektuellen extremen Rechten in der Bundesrepublik Deutschland betrachtet werden, in dessen Œuvre zahlreiche Elemente gegenwärtiger rechtsextremer Ideologieproduktion und – trotz aller metapolitischen Haftungsablehnung[20] – auch Facetten gegenwärtiger Orientierungen für praktische Politik vorweggenommen wurden.

---

schen Bewegung mitsamt ihrer Ideologie und des von ihr etablierten Regimes als „Nationalsozialismus" Verwendung, obwohl der ursprünglich als Propagandaformel dienende Begriff vergleichbare Probleme mit sich bringt, er nichts zur Erhellung des Wesens des mit ihm bezeichneten Gegenstandes beiträgt und somit zahlreiche Argumente gegen seine unkritische Nutzung sprechen und auch hier nur von einer pragmatischen Verwendung die Rede sein kann, vgl. Iring Fetscher, Die Lüge vom „nationalen Sozialismus", in: Rainer Eisfeld / Ingo Müller (Hg.), Gegen Barbarei. Essays Robert M. W. Kempner zu Ehren, Frankfurt am Main 1989, S. 181–205. Zum anderen soll auch nicht bloß die Methode der von Mohler als zur Konservativen Revolution gezählten Vertreter der Zwischenkriegsrechten gespiegelt werden, die von einem konterrevolutionären Standpunkt aus beispielsweise der Novemberrevolution von 1918 aus ideologischen Gründen die Bezeichnung Revolution versagten und den Begriff Revolution in diesem Zusammenhang in Anführungsstriche setzten, vgl. Rainer Zitelmann, Hitler. Selbstverständnis eines Revolutionärs, 4. Aufl., München 1998, S. 63. Die Auseinandersetzung mit Mohlers Konstruktion soll also nicht mit Hilfe von Interpunktion als Ausdruck formaler und ironisch anmutender Distanzierung erfolgen. Stattdessen soll eine ideologiekritische Analyse ihrer Inhalte im Zentrum stehen.
19 Vgl. die Differenzierung von Gehalt und Gestalt bei: Hermann Heller, Europa und der Fascismus, 2. Aufl., Berlin/Leipzig 1931, S. 9, die hier in Abgrenzung zu Mohlers auf die Gestalt fixierten „[p]hysiognomische[m] Zugriff" begriffen wird. Vgl. Armin Mohler, Der faschistische Stil, in: Gerd-Klaus Kaltenbrunner (Hg.), Konservatismus international, Stuttgart 1973, S. 172–198, hier S. 173. Kurzverweise auf „Stil" beziehen sich, sofern nicht anders angegeben, stets auf diese Ausgabe und nicht auf andere Fassungen des Textes.
20 Metapolitik lässt sich in diesem Zusammenhang begreifen als „hauptsächlich das dem unmittelbar Politischen vorgelagerte Feld des Kulturellen [...], mit all seinen habituellen, sprach- und sexualpolitischen Teilbereichen". Mithin „bestimmt die Metapolitik die Glaubensfragen, auf deren Basis politische Entscheidungen überhaupt erst getroffen werden können", Volker Weiß, Die autoritäre Revolte. Die Neue Rechte und der Untergang des Abendlandes, Bonn 2017, S. 54 f. Eine metapolitische Haftungsablehnung kann sich also unter Umständen den Anschein des Vorpolitischen geben, obwohl gerade der bewussten politischen Gestaltung anheim zu stellende Bereiche des gesellschaftlichen Lebens betroffen sind.

Die Konservative Revolution als „Reserve-Ideologie" des Faschismus

In seiner auf der Grundlage seiner 1949 in Basel angenommenen Doktorarbeit entstandenen und erstmals 1950 publizierten bibliographischen Studie kürte Mohler die von ihm affirmativ als Träger einer „Konservativen Revolution" beschriebenen „Wegbereiter des Faschismus"[21] wie seinen „Lehrer", den Staatsrechtler Carl Schmitt,[22] oder sein „Idol", den Schriftsteller Ernst Jünger,[23] rückwirkend zu den „Trotzkisten' des Nationalsozialismus",[24] womit er das Bild eines im Vergleich zum Hitlerismus unausgeschöpften und von diesem in seiner Entfaltung behinderten Potentials der deutschen Rechten zeichnete. Grundlage seiner Arbeit war die den „Eindruck intensiven Quellenstudiums"[25] erweckende,[26] Auswertung seiner umfassenden Jugendlektüre der Literatur der deutschen extremen Rechten.[27] Mohlers Doktorvater Karl Jaspers attestierte ihm das Unterfangen einer „großangelegte[n] Entnazifizierung" der von ihm zur Zeichnung einer konservativ-revolutionären Linie herangezogenen Autoren.[28] Aus zeitgenössischen Äußerungen in Mohlers Briefwechsel mit Carl Schmitt geht hervor, dass Mohler eine gewisse Ahnung auf Seiten Jaspers' hinsichtlich der von diesem beargwöhnten politischen Agenda des Promovenden vermutete – und dass Jaspers' Annahme zutraf.[29]

---

21 Joachim Petzold, Ideologische Wegbereiter des Faschismus, in: Ludwig Elm (Hg.), Leitbilder des deutschen Konservatismus. Schopenhauer, Nietzsche, Spengler, Heidegger, Schelsky, Rohrmoser, Kaltenbrunner u. a., Köln 1984, S. 136–181.
22 Zur Einschätzung des intellektuell gegenüber dem Lehrer Schmitt abfallenden Schülers Mohler vgl. Bernd A. Laska, „Katechon" und „Anarch". Carl Schmitts und Ernst Jüngers Reaktionen auf Max Stirner, 2. Aufl., Nürnberg 2008, S. 70 f.
23 Vgl. Armin Mohler, Geleitwort, in: Carl Schmitt, Briefwechsel mit einem seiner Schüler, Berlin 1995, S. 7–9, hier S. 9.
24 Armin Mohler, Die konservative Revolution in Deutschland 1918–1932. Ein Handbuch, 3. Aufl., Darmstadt 1989, S. 4.
25 Thomas Willms, Armin Mohler. Von der CSU zum Neofaschismus, Köln 2004, S. 15.
26 Vgl. z. B. die entsprechende Rezeption bei: Wolfram Ender, Konservative und rechtsliberale Deuter des Nationalsozialismus 1930–1945. Eine historisch-politische Kritik, Dissertation, Freiburg 1982, S. 30 f.
27 Es ist daher durchaus zutreffend, wenn Mohler gegenüber Carl Schmitt 1948 sein Unterfangen als den Versuch beschrieb, „aus einer Autobiographie eine Dissertation zu machen" (Schmitt, Briefwechsel, S. 41). Vgl. auch Weißmann, Mohler, S. 62 sowie Weiß, Revolte, S. 44.
28 Zitiert nach: Weißmann, Mohler, S. 74. Vgl. Weiß, Revolte, S. 46 f.
29 Vgl. Schmitt, Briefwechsel, S. 59.

Hierbei hat eine Bemerkung des „Idols" Jünger selbst, als dessen Sekretär Mohler sich zwischen 1949 und 1953 verdingte,[30] zwar nicht den Initialschuss für das Unternehmen geliefert. Leitmotivisch hat sich hier aber eine Deutung und Selbstwahrnehmung eines Akteurs der Zwischenkriegsrechten einflussreich Bahn gebrochen.[31] So spricht Mohler von einer landschaftlichen und räumlichen Gliederung der nationalistischen Kräfte der Weimarer Republik, die Jünger vorgenommen habe,[32] wobei von der „Münchner Schule" um „Hitler, Ludendorff" die Rede ist, die Jünger in seinen erstmals 1949 erschienenen Tagebuchaufzeichnungen der Jahre 1941 bis 1945 als „die flachste"[33] qualifizierte. An seinen Bruder Friedrich Georg Jünger schrieb er in gleichem Sinne 1947:

> Die Meinungsbildung der neuen Kräfte in Deutschland von 1918 bis 1933 [...] vollzog sich im Wesentlichen in drei Schulen, die man als die Berliner, die Hamburger und die Münchner bezeichnen kann. Die Münchner bot ihre Ideen am billigsten aus und musste daher unter den obwaltenden Umständen den Sieg davontragen. Die Hamburger, zu der ich auch Spengler mit seiner Anlehnung an das „Deutsche Volkstum" zähle, war die konservative, während die Berliner mit Niekisch und uns beiden eine Linie verfolgte, die man als die des „Widerstands" bezeichnen kann, und die, politisch gesehen, am wenigsten zum Zuge gekommen ist. Ideologisch gesehen, ist sie jedoch die einzige, die nach der großen Liquidation noch Bestände aufzuweisen hat.[34]

In seinem Tagebuch hielt Jünger am 20. April 1943 wiederum mit Blick auf „die alte Nationalistenzeit" fest: „Die Geschichte dieser Jahre mit ihren Denkern, ihren Tätern, Märtyrern und Statisten ist noch nicht geschrieben".[35]

Jenseits der Differenzierung nach Himmelsrichtungen, die für Mohler nicht im Zentrum seiner Strukturierung stand, ist es genau diese Jüngersche Art der Abgrenzung innerhalb des nationalistischen Spektrums, die der Dichter auch münd-

---

30 Vgl. Armin Mohler, Ravensburger Tagebuch. Meine Zeit bei Ernst Jünger 1949/50, Wien/Leipzig 1999.
31 Vgl. zu Mohlers Reflexion der Kritik, er habe „die von den beschriebenen Leuten entworfenen Einteilungen zu einseitig übernommen", in seinem Briefwechsel mit Ernst Nolte bei: Norman Siewert, Ernst Nolte und Armin Mohler – zwei Intellektuelle zwischen Liberal- und Radikalkonservatismus, in: Historisch-Politische Mitteilungen. Archiv für Christlich-Demokratische Politik 26 (2019), S. 87–116, hier S. 95.
32 Vgl. Mohler, Revolution, S. 63 f.
33 Ernst Jünger, Strahlungen. Zweiter Teil, Stuttgart o. J., S. 50. Zu Jüngers Perspektive auf die „Münchner Schule" vor 1933 vgl. Bruno W. Reimann, „… die Feder durch das Schwert ersetzen …". Ernst Jüngers politische Publizistik 1923–1933, Marburg 2001, S. 192–206.
34 Zitiert nach: Daniel Morat, Ernst Niekisch, in: Matthias Schöning (Hg.), Ernst Jünger – Handbuch. Leben – Werk – Wirkung, Stuttgart/Weimar 2014, S. 389–396, hier S. 393.
35 Jünger, Strahlungen, S. 50.

lich überlieferte[36] und die einen Schlüssel zum Verständnis von Mohlers Versuch der Konstruktion einer „Konservativen Revolution" bietet. Sein Werk ist eben auch die von Jünger gewünschte „Geschichte dieser Jahre". Denn ungefähr zur selben Zeit, als Jünger seine hier zitierten Tagebuchaufzeichnungen anfertigte, stellte Mohler öffentlich frühe Überlegungen zu seiner Version dieser Geschichte an, ohne dass er Jüngers Ausführungen zu diesem Zeitpunkt bereits hätte gewahr sein können. Jünger lieferte also nicht den Anstoß zur Abgrenzung der deutschen Rechten vom Hitlerismus, auf die Mohler nach 1945 hinarbeitete, jedoch legte er die Grundlagen für das entsprechende Strukturschema.

Am 29. Juni 1944 hielt Mohler einen Vortrag vor Studierenden der Universität Basel, in dem er unter der Begriffsklammer „Konservativ – Nationalistisch – Sozialistisch" nicht „ein Bewahren-Wollen absterbender Zustände, sondern ein Befolgen jener ewig sich gleich bleibenden Gesetze" empfahl.[37] In einem 1946 erschienenen Beitrag von Mohlers Freund Hans Fleig formulierte dieser ein Revolutionsverständnis, das in diesem Zusammenhang entscheidend und für Mohler inspirierend gewesen sein könnte. Fleig formulierte in der Schweizer Tageszeitung *Die Tat*: „Revolution aber heißt: Re-volution, Zurückrollen, Wiederheraufkommen eines früheren Zustandes".[38]

Was unmittelbar um das Epochenjahr 1945 herum von Mohler darüber hinaus noch angedacht wurde, nämlich die Schaffung des programmatischen Fundaments, „um die Konservative Revolution unter veränderten Umständen fortsetzen zu können",[39] brachte Johannes R. Becher 1950, freilich ohne dass er Mohler kannte, unter Bezugnahme auf Ernst Jüngers oben genannte Notizen auf die Formel der „Reserve-Ideologie". Hiermit suchte der kommunistische Dichter zum Ausdruck zu bringen, dass der Faschismus

> „über mehrere ideologische Varianten verfügt, auf die das System, wenn es mit der einen Ideologie scheitert, gleichsam wie auf Reserven zurückgreifen kann. [...] Eine Reserve-Ideologie stellt sich häufig in Gegensatz zu der offiziellen, natürlich nur selten bewußt – so ausgeklügelt geschieht das in den meisten Fällen nicht –, sondern die Reserve-Ideologie gerät in offenen Gegensatz zur offiziellen gerade dann, wenn die offizielle in Gefahr ist, sich abzu-

---

[36] Vgl. Armin Mohler (Hg.), Die Schleife. Dokumente zum Weg von Ernst Jünger, Zürich 1955, S. 85.
[37] Vgl. Weißmann, Mohler, S. 54.
[38] Zitiert nach: Mohler, Revolution, S. 107. Vgl. auch Weißmann, Mohler, S. 244 sowie Michael Seelig, Die „Konservative Revolution" als historische Geisteshaltung und wissenschaftlicher Analysebegriff: Vom Nutzen eines umstrittenen Quellenbegriffs für die Forschung zur radikalen Rechten in der Weimarer Republik, in: Archiv für Kulturgeschichte, 98 (2016) H. 2, S. 381–418, hier 391 f.
[39] Weißmann, Mohler, S. 74.

wirtschaften. Durch diese scheinbare Gegensätzlichkeit wird es der Reserve erleichtert, sich als etwas prinzipiell Neues zu deklarieren."[40]

Als der Historiker Karlheinz Weißmann 2011 bei *Antaios*, das heißt im Hausverlag des neurechten *Instituts für Staatspolitik*, seine „politische Biographie" Armin Mohlers vorlegte und damit die erste Gesamtdarstellung dessen Denkens und Wirkens veröffentlichte, verwies er zwar selbst auf Bechers Begriff, fasste die damit verbundene Absicht aber verkürzt als diejenige zusammen, dass Becher „damit den eigentümlichen Sachverhalt charakterisieren wollte, daß es auch unter dem ‚Faschismus' einzelne ‚Faschisten' – wie Jünger oder Niekisch – gegeben hatte, die Gegner des herrschenden ‚Faschismus' im Namen eines alternativen waren."[41] Das von Becher klar benannte entscheidende Spezifikum einer ideologischen Variante als „Reserve" verschwimmt in der Formulierung bloßer „Schnittmengen zwischen Konservativer Revolution und Nationalsozialismus", wie sich Weißmann[42] im Haupttext seiner Arbeit ausdrückt. Im Anmerkungsapparat wird Weißmann deutlicher, wenn Mohlers mit Bezug auf Hans Grimm formulierte Worte dokumentiert werden: „Was er den guten Teil am Nationalsozialismus nennt, das nenne ich ‚Konservative Revolution'".[43] Weißmanns Versuch, Mohler gegen die „rituelle[...] Verdammung durch orthodoxe Marxisten oder berufsmäßige Antifaschisten"[44] in Schutz zu nehmen, kann daher nur die Aporie des eigenen Vorhabens zutage fördern, da die so bezeichneten kritischen Forscher auf genau die Aspekte in Mohlers Werk verwiesen, die den reserve-ideologischen Kerngehalt seiner Unternehmung ausmachen.

Mohler-Rezeptionen im Widerstreit

So benannte der Politikwissenschaftler Thomas Willms, der sich als Bundesgeschäftsführer der *Vereinigung der Verfolgten des Nazi-Regimes* aus Weißmanns polemischer Perspektive als „berufsmäßige[r] Antifaschist" qualifizieren dürfte, sehr treffend Mohlers Strategie der „rhetorischen Abgrenzungen gegenüber dem

---

40 Johannes R. Becher, Auf andere Art so große Hoffnung. Tagebuch 1950, Berlin (Ost) 1951, S. 127.
41 Weißmann, Mohler, S. 59.
42 Ebd., S. 65.
43 Zitiert nach: ebd. S. 247. Weißmann scheint allerdings selbst eine ganz ähnliche Perspektive einzunehmen. Dies zeigt sich, wenn er den NS-Journalisten und antisemitischen Propagandisten Giselher Wirsing zu einem „Veteran der Konservativen Revolution" erklärt, vgl. ebd., S. 150. Zu Wirsing vgl. Otto Köhler, Unheimliche Publizisten. Die verdrängte Vergangenheit der Medienmacher, München 1995, S. 290–327.
44 Weißmann, Mohler, S. 7.

NS-Regime, bei gleichzeitiger inhaltlicher Rechtfertigung."[45] Die 2004 erschienene Studie von Thomas Willms, die sich schwerpunktmäßig mit Mohlers Rolle während der sechziger Jahre als dem „Höhepunkt seiner Wirkungsmöglichkeiten in Wirtschaft, Parteipolitik und Publizistik"[46] beschäftigt, bezeichnet Weißmann allerdings als „Pamphlet in Buchformat", das „ohne jeden Wert" sei.[47] Anders wird Claus Leggewies dezidiert kritische Berücksichtigung Mohlers im Rahmen seiner Studie zu den intellektuellen Netzwerken im Hintergrund der vom christdemokratischen Bundeskanzler Helmut Kohl 1982 ausgerufenen „geistig-moralischen Wende"[48] von Weißmann rezipiert[49] – wohl auch, weil Mohler selbst sich von Leggewie angemessen repräsentiert sah.[50]

Vollkommen anders wiederum nahm sich die Auseinandersetzung mit dem marxistischen Privatgelehrten Reinhard Opitz aus, dessen erstmals 1984 veröffentlichte Studie „Faschismus und Neofaschismus" Mohler als „manische[s] ‚Amalgam', das alles mit allem verbindet und so den Gegenstand im Grau ersäuft",[51] abkanzelte. Opitz hatte in der ersten Auflage des genannten Werkes irrtümlicherweise ein Zitat des österreichischen Journalisten Kurt Ziesel Armin Mohler zugeschrieben.[52] Ziesel war ein enger Vertrauter Mohlers und hob in den sechziger Jahren die *Deutschland-Stiftung* als nationalkonservative pressure group im Umfeld der Unionsparteien mit aus der Taufe.[53] Als österreichischer NS-Aktivist hatte Ziesel 1944 in der Wiener Ausgabe des *Völkischen Beobachter* proklamiert: „Jeder, der sich wider den Geist des Krieges versündigt, muß vernichtet wer-

---

45 Willms, Mohler, S. 18. Vgl. die ähnliche Einschätzung bereits bei: Fetscher, Denken, S. 23–25.
46 Willms, Mohler, S. 30. Vgl. hierzu im Kontext von Mohlers Gesamtbiographie auch den Beitrag von Cenk Akdoganbulut im vorliegenden Band.
47 Weißmann, Mohler, S. 9. Vgl. die fast wortgleiche Abqualifizierung eines Buches von Mark Neocleous durch den konservativen US-amerikanischen Faschismusforscher A. James Gregor, die den anscheinend typischen Blick rechtsgerichteter Gesellschaftswissenschaftler auf die Studien kritischer Kollegen zum geteilten Forschungsgegenstand exemplarisch illustriert bei: A. James Gregor, The Search for Fascism, in: Society 37 (2000), H. 6, S. 82–85, hier S. 82.
48 Claus Leggewie, Der Geist steht rechts. Ausflüge in die Denkfabriken der Wende, 2. Aufl., Berlin (West) 1987, S. 187–211.
49 Vgl. Weißmann, Mohler, S. 215.
50 Vgl. ebd., S. 234.
51 Armin Mohler, Blick nach rechts, in: Criticón 14 (1984), H. 86, S. 276.
52 Vgl. Reinhard Opitz, Faschismus und Neofaschismus, Frankfurt am Main 1984, S. 527.
53 Vgl. Darius Harwardt, „Die Gegenwehr muss organisiert werden – und zwar vor allem auch geistig". Armin Mohler und Caspar von Schrenck-Notzing als Rechtsintellektuelle in der frühen Bundesrepublik, in: Timothy D. Goering (Hg.), Ideengeschichte heute. Traditionen und Perspektiven, Bielefeld 2017, S. 119–149, hier S. 142.

den."[54] Eben dieses Zitat, gemünzt auf die Akteure des 20. Juli 1944, schlug Opitz fälschlicherweise Armin Mohler als Urheber zu. Diese Worte passten weder zu der in den Kreisen um Ernst Jünger in der unmittelbaren Nachkriegszeit anzutreffenden distanzierten – und nicht vorbehaltlosen – Achtung gegenüber den Hitler-Attentätern[55] noch zu Mohlers eigener, mit Jüngers Position vergleichbarer Anerkennung für Stauffenberg und seine Mitstreiter[56] als „spektakulär sichtbar werdende Loslösung altkonservativer Kräfte, die sich bis dahin halb mit Hitler abgefunden hatten."[57] Noch weniger passen sie zu dem dezidiert positiven Bezug auf Claus Schenk Graf von Stauffenberg, über den die Neue Rechte seit einigen Jahrzehnten versucht, „die eigene antidemokratische und elitäre Weltanschauung in hegemoniale Diskurse hinein zu tragen, zugleich aber dem Vorwurf der NS-Verherrlichung zu entkommen".[58] Dieser Versuch wurde und wird besonders von Mohler-Schülern wie Weißmann[59] und Götz Kubitschek[60] geprägt.

Entscheidend ist hier aber wohl nicht die mangelnde Faktizität, die in Opitz' Lapsus zum Ausdruck kommt, der dazu führte, dass Opitz, nachdem Mohler – wie dieser selbst formulierte – „die Hilfe der Justiz" in Anspruch nahm, die entsprechende Passage in „Faschismus und Neofaschismus" öffentlich widerrufen musste.[61] Mohler kam es schließlich selbst mehr auf das Malen von Bildern denn auf das Zeichnen präziser Konzepte an, wie sich der mit ihm in einem „Verhältnis freundschaftlich enger geistig-politischer Osmose"[62] verbundene Alain de Benoist ausdrückte.[63] Mit den Autoren der Konservativen Revolution ging Mohler vielmehr geradezu umgekehrt von der „Unzugänglichkeit der Wirklichkeit für das verstandesmäßige Wort, den Begriff" und der Erschließbarkeit der Realität durch „das dichterische Wort, das Bild"[64] aus. Mohlers Bewunderer Götz Kubitschek, Chefredakteur des neurechten Theorieorgans *Sezession*, zog in den Spalten der

---

54 Zitiert nach: Hermann Schmidtendorf, Zum „Umfeld" der CDU/CSU und ihrer Jugendorganisationen, in: Blätter für deutsche und internationale Politik (BdiP) 23 (1978), H. 1, S. 48–62, hier S. 51.
55 Vgl. Margret Boveri, Radioaktiv, in: Mohler (Hg.), Schleife, S. 89–94, hier S. 93.
56 Vgl. Armin Mohler, Konservativ 1962, in: Der Monat 14 (1962), H. 163, S. 23–29, hier S. 23.
57 Mohler, Stil, S. 183.
58 Suermann, Schuldabwehr, S. 237.
59 Vgl. ebd., S. 238.
60 Vgl. Helmut Kellershohn, Der „wahre" Konservatismus der Jungen Freiheit, in: ders. (Hg.), „Stimme", S. 60–134, hier S. 63 f.
61 Mohler, Blick.
62 Opitz, Faschismus, S. 242.
63 Vgl. Alain de Benoist, Armin Mohler: Un regard, in: Ulrich Fröschle / Markus Josef Klein / Michael Paulwitz (Hg.), Der andere Mohler. Lesebuch für einen Selbstdenker. Armin Mohler zum 75. Geburtstag, Limburg an der Lahn 1995, S. 26–30, hier S. 26.
64 Mohler, Revolution, S. 19.

von Mohler lange Jahre mitgeprägten Zeitschrift *Criticón* eine Verbindungslinie vom „Bild" zum „Mythos" der „Gläubigen".[65] Und Mohlers Lehrer Carl Schmitt hatte schon 1923 mit Bezug auf Georges Sorel und unter dem Eindruck des Machtantritts des italienischen Faschismus den Mythos als Kraftquell der „Fähigkeit zum Handeln und zum Heroismus, alle[r] weltgeschichtliche[n] Aktivität"[66] definiert. Diese „gefühlsbetont[e]" und „inhaltlos[e]"[67] Theorie des Mythos hatte hierbei „keinerlei reale Bedeutung [...], außer der, anfeuernd auf die Kämpfenden zu wirken und ihnen die nötige Siegesgewissheit zu verleihen."[68] So kann es nicht anders sein, als dass im Lichte dieser Art von Mythos, dessen Notwendigkeit auch der Mohler-Schüler Weißmann betont,[69] die Antwort auf die Frage, „[w]elche inhaltlichen Differenzen den Nationalsozialismus und die ‚Konservative Revolution' letztlich trennen, [...] bei Mohler unterbestimmt [bleibt]."[70] Vielmehr erklärt sich Mohlers Gegnerschaft und die seiner Schüler zu Ansätzen wie denen Opitz' aus einer Perspektive, die der Migrationsforscher Mark Terkessidis auf den Punkt brachte, dass „der Antifaschismus die von [Mohler] mühsam installierten Unterschiede zwischen der zum guten Teil von ihm kreierten ‚konservativen Revolution' und den ‚Nationalsozialisten' [zerstörte]".[71]

Weißmanns eigenes Buch über Mohler trägt zweifellos hagiographische Züge, deren apologetischer Zweck weithin erkennbar ist. Das Werk hat dennoch den Wert, die erste Gesamtdarstellung des politischen Denkens und Wirkens Mohlers zu enthalten, wenn auch eben aus der normativ eindeutigen Perspektive eines Vertreters „von Mohlers letzter Schülergeneration"[72] geschrieben, der Weißmann ebenso wie Götz Kubitschek angehört. Auch wenn der Kopf der intellektuellen „nationalen Opposition" im benachbarten Frankreich in Gestalt der Nouvelle Droite, Alain de Benoist, behauptet, dass Mohler ein Einzelgänger ohne Schüler

---

65 Vgl. Götz Kubitschek, Autorenporträt Armin Mohler, in: Criticón 30 (2000), H. 166, S. 42–44, hier S. 42.
66 Carl Schmitt, Die geistesgeschichtliche Lage des heutigen Parlamentarismus [1923], 9. Aufl., Berlin 2010, S. 80.
67 Georg Lukács, Die Zerstörung der Vernunft [1954], Neuwied/Berlin (West). 1962, S. 32.
68 Leo Kofler, Die Wissenschaft von der Gesellschaft. Umriß einer Methodenlehre der dialektischen Soziologie [1944], Frankfurt am Main 1971, S. 139 f.
69 Vgl. Karlheinz Weißmann, Zur Apologie des politischen Mythos, in: Etappe 1 (1988), H. 1, S. 72–77.
70 Matthias Schloßberger, Rekonstruktion der „Konservativen Revolution": Nietzsche – Jünger – Mohler, in: Sebastian Kaufmann / Andreas Urs Sommer (Hg.), Nietzsche und die Konservative Revolution, Berlin/Boston 2018, S. 537–572, hier S. 545.
71 Mark Terkessidis, Kulturkampf. Volk, Nation, der Westen und die Neue Rechte, Köln 1995, S. 221.
72 Weißmann, Mohler, S. 231.

gewesen sei,[73] so kann man doch von der Existenz einer einflussreichen „Mohler-Schule" sprechen. Deren erste Generation weist die Brüder Marcel und Robert Hepp als ihre Hauptexponenten auf.[74] Marcel Hepp war Intimus und Berater des CSU-Chefs Strauß und prägte Ende der sechziger Jahre unter anderem die publizistische Linie des Parteiblatts *Bayernkurier*.[75] Die 1972 erschienene zweite Auflage von Mohlers Buch über die „Konservative Revolution" war dem Andenken „meines Freundes Marcel Hepp" gewidmet, „den mir dieses Buch eingebracht hatte".[76] Ein Team um den Marburger Politikwissenschaftler Reinhard Kühnl attestierte Hepp seinerzeit „Thesen über das Grundgesetz, die Intellektuellen und andere politische Fragen [...], die von denen der NPD nicht zu unterscheiden sind."[77] Der jüngere der Hepp-Brüder, der Soziologe Robert Hepp[78], veröffentlichte 1995 ein fiktives Gespräch mit dem ein Vierteljahrhundert zuvor verstorbenen Marcel Hepp, in dem er eine spezifische Verbindung von Mohlers Wissenschaftsverständnis und Erkenntnistheorie sowie der bereits erwähnten Bildung von Mythen unternimmt, womit die Funktion von letzteren als „politische[m] Sprung in den Glauben" und „Fluchtpunkt aller gegenaufklärerischen politischen Theorien des 20. Jahrhunderts"[79] unterstrichen wird. Laut Hepp betrachtet Mohler „tatsächlich die ganze Welt als Rohmaterial, das es zuzubereiten gilt, um es sich einverleiben zu können. Er gehört eindeutig zur Schule der skeptischen ‚Konstruktivisten' [...], die davon überzeugt sind, dass wir prinzipiell nur erkennen können, was wir selber gemacht haben oder zumindest gemacht haben könnten."[80] Hepp benennt Mohler zutreffend als Erfinder und eigentlichen Schöpfer der Konservativen Revolution, identifiziert bemerkenswert offen den politischen Sinn seines sich als „strenge [...] Wissenschaft"[81] camouflierenden Werks und offenbart den nach 1945 in besonderem Maße im Spannungsfeld zwischen Politisierung von Wissenschaft und (ver-

---

73 Vgl. de Benoist, Mohler, S. 28.
74 Vgl. Weißmann, Mohler, S. 129 sowie Weiß, Revolte, S. 53.
75 Vgl. Nils Wegner, Alter Rechter, junger Rechter, kein Rechter – Mohler, Hepp, Strauß, in: Sezession 13 (2015), H. 67, S. 8–11.
76 Mohler, Revolution, S. V.
77 Reinhard Kühnl / Rainer Rilling / Christine Sager, Die NPD. Struktur, Ideologie und Funktion einer neofaschistischen Partei, 2. Aufl., Frankfurt am Main 1969, S. 299.
78 Vgl. auch Willms, Mohler, S. 67 f.
79 Michael Hirsch, Die zwei Seiten der Entpolitisierung. Zur politischen Theorie der Gegenwart, Stuttgart 2007, S. 49.
80 Robert Hepp, Mohler sub specie aeternitatis. Ein Höllentelefonat, in: Fröschle / Klein / Paulwitz (Hg.), Mohler, S. 47–59, hier S. 52.
81 Michael E. Sallinger, Zu Armin Mohler. Anmerkungen eines Beschimpften [2000], in: ders., Wege und Zweige. Betrachtungen zu Ernst Jünger, Friedrich Georg Jünger, Martin Heidegger, Gottfried Benn, Carl Schmitt, Erhart Kästner und Armin Mohler, Innsbruck u. a. 2002, S. 131–140, hier S. 136.

meintlicher oder realer) Verwissenschaftlichung von Politik bestehenden Bedarf der extremen Rechten an akademischer Absicherung ihrer politischen Projekte:[82]

> „Rein historisch betrachtet hat die ‚Konservative Revolution' 1949 begonnen, also mit Mohlers Dissertation. In der Weimarer Republik hat es sie selbstverständlich zumindest in der Form, in die Mohler sie gebracht hat, nie gegeben. Sie ist seine höchst eigene, originelle Erfindung, eine seiner überhistorischen Pointen."[83]

Hepp zollt Mohler Anerkennung dafür, „sein Manifest im Gewand eines unentbehrlichen Handbuchs in die großen Bibliotheken" eingeschleust zu haben und konstatiert, dass es „ihm weniger um eine gerechte historische Würdigung der konservativen Bewegungen der Zeit zwischen 1918 und 1932 ging als um die Anregung der ‚konstruktiven Phantasie' der Bundesrepublikaner."[84]

So einflussreich Armin Mohlers Konstruktion sich auch auf Forschungen zur Geschichte der europäischen Rechten jenseits affirmativer Darstellungen erwiesen hat,[85] so sehr ist sie eben von „Kunstgriffen" geprägt, wie sich der Politikwissenschaftler Thomas Biebricher ausdrückt,[86] die im Zeichen ihrer politischen Dienstbarkeit stehen und bis heute Orientierungsmodelle für selbstgezeichnete Panoramen der europäischen Rechten liefern.[87] Eine wissenschaftliche Kritik an Mohlers Kniffen[88] wurde am prominentesten vom Soziologen Stefan Breuer formuliert. Jenseits des „Minimalkonsens"[89] des politischen Antiliberalismus sieht Breuer keine verbindende Klammer der von Mohler zur ‚Familie' der Konservativen Revolution zusammengefassten Autoren – gerade im Antiliberalismus würden diese sich aber auch mit von Mohler nicht inkludierten Strömungen, wie eben dem Nationalsozialismus, treffen. Vielmehr konnte Breuer auf den Feldern der Sozial- und Wirtschaftspolitik, der Ausdeutung der Konzepte von Volk, Nation und „Rasse", der Vorstellung konkreter Herrschaftsmodi sowie dem Entwurf für eine Ordnung internationaler Beziehungen gravierende Differenzen zwischen

---

82 Vgl. hierzu Phillip Becher, Faschismusforschung von rechts. A. James Gregor und die ideozentrische Deutung des italienischen Faschismus, Köln 2020.
83 Hepp, Mohler, S. 54 f.
84 Ebd., S. 56.
85 Vgl. z. B. Bernhard Dietz, Gab es eine „Konservative Revolution" in Europa? Rechtsintellektuelle am Rande der Konservativen Partei (1929–1933), in: Vierteljahrshefte für Zeitgeschichte (VfZ) 54 (2006), H. 4, S. 607–638.
86 Thomas Biebricher, Geistig-moralische Wende. Die Erschöpfung des deutschen Konservatismus, Berlin 2018, S. 111.
87 Vgl. Karlheinz Weißmann (Hg.), Die konservative Revolution in Europa, Schnellroda 2013.
88 Zur Übersicht vgl. Seelig, „Revolution".
89 Stefan Breuer, Die „Konservative Revolution" – Kritik eines Mythos, in: Politische Vierteljahresschrift (PVS) 31 (1990), H. 4, S. 585–607, hier S. 603.

den Auffassungen der prominentesten Vertreter innerhalb des von Mohler umrandeten Segments ausmachen.[90] Breuer zieht dementsprechend folgendes Fazit:

> Ein Kernbestand politischer, sozialer und wirtschaftlicher Überzeugungen, der nur den Autoren der „Konservativen Revolution" eigen wäre und sie von anderen Richtungen unterscheide, ist nicht auszumachen. Als ein polemischer, eine unverwechselbare Identität bezeichnender Begriff läßt sich die „Konservative Revolution" nicht aufrechterhalten.[91]

Dies störte die Vertreter der Mohler-Linie, obwohl sie die Berechtigung einzelner Einwände Breuers konzedierten, allerdings nicht.[92] Eine Verbindung des hierzu im Widerspruch stehenden Befunds, dass Mohler das Denken der Weimarer Rechtsintellektuellen „systematisierte und [...] damit analytisch klare Konturen verlieh" mit der Einschätzung, dass er „Begriffspolitik in gegenwärtiger, politischer Absicht" betrieben habe, findet sich bei der Historikerin Martina Steber.[93]

Armin Mohler hatte indes andere Aspirationen als bloß das *„enfant terrible* des deutschen Nachkriegskonservatismus"[94] zu sein, zu dem ihn der Historiker Axel Schildt kürte.[95] Treffender scheint, eingedenk der Tatsache, dass der „Denkstil der Konservativen Revolution [...] nicht nur dem Konservatismus entsprungen [ist], sondern [...] sich zugleich als autonome Strömung von ihm abgesetzt [hat]",[96] hingegen der Befund der JournalistInnen Barbara Junge, Julia Naumann und Holger Stark zu sein, die eine grundsätzliche Kontinuität in Mohlers Denken ausmachen und davon sprechen, „daß ein wirklicher Bruch Mohlers mit der faschisti-

---

90 Vgl. ebd., S. 588 ff.
91 Ebd., S. 603.
92 Vgl. Karlheinz Weißmann, Gab es eine konservative Revolution? Zur Auseinandersetzung um das neue Buch von Stefan Breuer, in: Criticón 23 (1993), H. 138, S. 173–176.
93 Vgl. Martina Steber, Die Hüter der Begriffe. Politische Sprachen des Konservativen in Großbritannien und der Bundesrepublik Deutschland, 1945–1980, Berlin/Boston 2017, S. 110 f.
94 Axel Schildt, Konservatismus in Deutschland. Von den Anfängen im 18. Jahrhundert bis zur Gegenwart, München 1998, S. 214.
95 Vgl. die hinsichtlich der Frage der Differenzierung ähnlich wenig ergibige, wenn auch auf genauerer Materialschau basierende Einschätzung Mohlers als militantem Konservativen und Außenseiter bei: Ludwig Elm, Der „neue" Konservatismus: Das Desaster von gestern als Leitbild für morgen, in: ders. (Hg.), Leitbilder, S. 227–274, hier S. 233–245. Treffender erscheint hingegen die eher beiläufige Charakterisierung Mohlers als „rechtsextreme[r] Publizist" bei: Ludwig Elm, Die konservative Strömung imperialistischer Politik und Ideologie in der Gegenwart, in: ders. (Hg.), Konservatismus heute. Internationale Entwicklungstrends konservativer Politik und Gesellschaftstheorien in den achtziger Jahren, Köln 1986, S. 7–49, hier S. 23.
96 Ralf Walkenhaus, Armin Mohlers Denkstil, in: Jahrbuch Extremismus & Demokratie (E & D) 9 (1997), S. 97–116, hier S. 104.

schen Vergangenheit nie stattgefunden hat."[97] Zum Verhältnis von Faschismus und Konservatismus generell ist daher zu sagen, dass der Faschismus ideengeschichtlich als konservativ im Sinne eines Konzepts des Konservatismus als Entwurf zur Sicherung sozialer Herrschaft[98] verstanden werden kann. Der parteiförmige Konservatismus zeichnet sich, insbesondere in seiner liberalkonservativen Variante, indes durch eine hohe inhaltliche Elastizität aus[99] und ist vom Faschismus abzugrenzen. Die Anpassungsbereitschaft dessen, was Mohler „Gärtnerkonservatismus"[100] nennt, bietet einen Angriffsfläche, anhand derer konservative Parteien von weiter rechts kritisiert werden können. Entlang dieser Anpassungslinie bildet sich eine gemäßigte, eben liberalkonservative Strömung des Konservatismus heraus, die unter dem Schlagwort „Pluralismus" die „unterschiedlichen Interessen innerhalb der kapitalistischen Gesellschaft als gegebene Größen akzeptiert",[101] diese Interessensdivergenzen aber durch einen verbindlichen gesellschaftlichen Wertekanon zu versöhnen sucht. Diese Tendenz ist zu unterscheiden von einer Strömung des Konservatismus, die den Pluralismus selbst als eine Gefahr für die gesellschaftliche Einheit betrachtete und die sich so an profaschistische Positionen nähert.[102] Hierbei ist zugleich zu betonen, dass der Faschismus im Mohlerschen Sinne kein Projekt der Vergangenheit ist, mithin also – anders als bei Ernst Nolte[103]– kein Gepräge einer abgeschlossenen Epoche bildet. Der Politologe Norman Siewert konstatiert dementsprechend zutreffend, dass Mohler beabsichtigte, „den Faschismus als integratives Leitmotiv für die Nachkriegsrechte insgesamt neu zu konstituieren, unter dem sich der Konservatismus aktionistisch aufladen und mobilisieren lassen würde."[104] Für dieses Projekt steht vor allem ein Text Mohlers: Sein in einem unter dem Titel „Konservatismus international" 1973

---

97 Barbara Junge / Julia Naumann / Holger Stark, Rechtsschreiber. Wie ein Netzwerk in Medien und Politik an der Restauration des Nationalen arbeitet, Berlin 1997, S. 32.
98 Vgl. Klaus Fritzsche, Konservatismus: Entwürfe zur Sicherung sozialer Herrschaft, in: Franz Neumann (Hg.), Politische Theorien und Ideologien. Bd. 1, 2. Aufl., Opladen 1998, S. 267–318.
99 Vgl. Leo Kofler, Der Konservatismus. Zwischen Dekadenz und Reaktion. Eine Polemik, Hamburg 1984, S. 74.
100 Armin Mohler, Brief an einen italienischen Freund. Die deutsche Rechte seit 1946, in: Criticón 2 (1972), H. 12, S. 151–154, hier S. 152.
101 Alexander von Pechmann, Konservatismus in der Bundesrepublik Deutschland. Geschichte und Ideologie, Frankfurt am Main 1985, S. 46.
102 Vgl. ebd., S. 45.
103 Vgl. Ernst Nolte, Der Faschismus in seiner Epoche. Die Action française. Der italienische Faschismus. Der Nationalsozialismus, 2. Aufl., München 1965.
104 Siewert, Nolte, S. 96. Vgl. ähnlich Schloßberger, Rekonstruktion, S. 567.

erschienenen Sammelband Gerd-Klaus Kaltenbrunners[105] erstmals veröffentlichter Text über den „faschistischen Stil". Er komplettiert[106] das Bild beziehungsweise den Mythos[107] der Konservativen Revolution – und wurde wohl auch deshalb 2020 vom *Antaios-Verlag* in einer Taschenbuchausgabe erneut publiziert.[108]

Faschistischer Stil

Zwar grenzte Mohler in seinem Hauptwerk über die „Konservative Revolution" die Begriffe „Faschismus" und „Konservatismus" – aus instrumentellen Gründen – noch voneinander ab.[109] Und in seinem programmatischen Beitrag „Konservativ 1962", den er in der Zeitschrift *Der Monat* veröffentlichte, behauptet Mohler gar: „Der deutsche Konservatismus ist ein Opfer des Faschismus."[110] In einem Interview aus dem Jahr 1995 allerdings hielt er zu diesem Thema fest: „Faschismus ist für mich, wenn enttäuschte Liberale und enttäuschte Sozialisten sich zu etwas Neuem zusammenfinden. Daraus entsteht, was man konservative Revolution nennt." An gleicher Stelle bekannte sich Mohler, ein Faschist „im Sinne von José Antonio Primo de Rivera"[111] zu sein, womit er sich auf den 1903 geborenen und 1936 kurz nach Ausbruch des Spanischen Bürgerkrieges hingerichteten Gründer der spanischen Falange bezog.[112] Schon in seinem beinahe als rechter Theorie-

---

105 Zu dessen Denken vgl. Phillip Becher, The (almost) Forgotten Elitist Sources of Right-Wing Populism. Kaltenbrunner, Höcke and the distaste for the masses, in: Michael T. Oswald (Hg.), The Palgrave Handbook of Populism, Cham 2022, S. 213-224.
106 Karlheinz Weißmann spricht von einer Ergänzung, vgl. Weißmann, Mohler, S. 185.
107 Vgl. Weiß, Revolte, S. 40.
108 Armin Mohler, Der faschistische Stil [1973], Schnellroda 2020. Noch vor kurzem hielt es der Politikwissenschaftler Hajo Funke für bemerkenswert, dass „Der faschistische Stil" von *Antaios*, anders als Mohlers Text „Gegen die Liberalen", noch nicht wiederveröffentlicht worden sei, vgl. Hajo Funke, Armin Mohler: Jünger-Schüler, Netzwerker und selbsterklärter Faschist, in: Ralf Fücks / Christoph Becker (Hg.), Das alte Denken der Neuen Rechten. Die langen Linien der antiliberalen Revolte, Frankfurt am Main 2020, S. 155–175.
109 Vgl. Mohler, Revolution, S. 10 f. Vgl. hierzu auch Willms, Mohler, S. 66.
110 Mohler, Konservativ 1962, S. 23. Vgl. ähnlich die Behauptung, dass „[a]uf der Liste der Opfer des Dritten Reiches [...] die Konservativen gleich hinter den Juden [rangieren]" bei: Mohler, Stil, S. 186.
111 Zitiert nach: Armin Pfahl-Traughber, „Konservative Revolution" und „Neue Rechte". Rechtsextremistische Intellektuelle gegen den demokratischen Verfassungsstaat, Opladen 1998, S. 169. Vgl. auch der Bezug auf Primo de Rivera bei: Mohler, Stil, S. 196.
112 Vgl. zu dieser Bewegung: Arnd Bauerkämper, Der Faschismus in Europa 1918–1945, Stuttgart 2006, S. 132 ff.

Klassiker mit Kultstatus[113] zu bezeichnenden Aufsatz „Der faschistische Stil" hatte Mohler in diesem Sinne Konservatismus und Faschismus zusammengezogen.[114]

Lobte Kubitschek an Mohlers Dissertation ihre Behilflichkeit bei der „Bewaffnung der Sprache" der „nach 1945 in Rechtfertigungszwang gedrängten Rechten",[115] so sticht für ihn bei Mohlers Text über den „faschistischen Stil" hervor, wie „das ganze ungefügte Gebäude aus Geschichtsstunden und Reflexen [...] unter der ersten Salve, die Mohler abfeuerte [zusammenbrach]."[116] Wie im Falle des Konservatismus beziehungsweise der Konservativen Revolution sieht Mohler auch den Blick auf den Faschismus „im Banne Hitlers"[117] stehen. Sich somit als nicht der Konformität gegenüber dem Bannstrahl nachgebend darstellend, malt Mohler jenseits der geschichtlichen Realität[118] das Bild eines, anhand Gottfried Benns Eloge auf den Futuristen Filippo Tommaso Marinetti, erläuterten kalten, rapiden, funkelnden und großartigen Stils des Faschismus,[119] der den „keuchende[n] Haß"[120] beziehungsweise die „Leidenschaft"[121] des Nationalsozialismus nicht kenne, wobei Mohler zur Illustration zugleich den „Faschisten" Ernst Jünger – wohlgemerkt einer der Heiligen im Pantheon der Konservativen Revolution – gegen den „Nationalsozialisten" Louis-Ferdinand Céline in Stellung bringt.[122] Mohler erfindet den „agonal denkenden Faschisten", der dem Gegner Ebenbürtigkeit zuerkennt[123] und dessen Eigenart sogar als positiv für die eigene Wesenheit erachtet.[124] Laut Mohler fehlt dem Faschisten „ein Sendungsbewusstsein, das seinen Träger subjektiv mit richterlicher, ja rächender und reinigender Funktion erfüllt."[125] Da-

---

113 Vgl. Götz Kubitschek, Fünf Lehren – Nachruf auf Armin Mohler, in: Sezession 1 (2003), H. 2, S. 50–51, hier S. 50; ders., Provokation, 2. Aufl., Schnellroda 2018, S. 50 sowie Weißmann, Mohler, S. 183.
114 Vgl. Fritzsche, Konservatismus, S. 296.
115 Kubitschek, Provokation, S. 52 f. In einer anderen Fassung des Textes spricht Kubitschek an gleicher Stelle nicht von „Bewaffnung der Sprache", sondern von „impulsive[r] Wissenschaftlichkeit", vgl. Kubitschek, Lehren, S. 51.
116 Kubitschek, Provokation, S. 50. Vgl. ähnlich ders., Lehren, S. 50.
117 Mohler, Stil, S. 183.
118 Zur Mohlerschen Entgegnung auf diesen Einwand vgl. ebd., S. 182. Zur an Klaus Theweleit orientierten Einordnung von Mohlers Essay als literarische Antiproduktion zwecks Zerstörung der Realität vgl. Carolin Amlinger, Männerkörper und Textfantasien. „Männerphantasien", literaturwissenschaftlich gelesen, in: Merkur 74 (2020), H. 850, S. 65–74, hier S. 70 f.
119 Vgl. Mohler, Stil, S. 175.
120 Ebd., S. 188.
121 Ebd., S. 185.
122 Vgl. ebd., S. 188.
123 Vgl. ebd., S. 180.
124 Vgl. ebd., S. 181.
125 Ebd., S. 180.

mit geht er sogar über die in neofaschistischen Kreisen genutzte Apologie faschistischer Gewalt hinaus, die ihre Methoden unter anderem durch den Verweis auf eine als ursprünglicher dargestellte Gewalt ihrer Gegner legitimieren.[126]

Wie Mohlers ideologisches Konstruieren geschichtspolitisch wirksam werden kann, zeigt sich, wenn in seinem Essay der zwischen „der Spannung von futuristischer Jugend und schwarzem Tod"[127] oszillierende faschistische Stil anhand realer historischer Begebenheiten belegt werden soll, womit diese wiederum stark verzerrt werden: So nennt Mohler beispielsweise die Strafexpeditionen „gegen konkrete Ballungen von Feinden",[128] die die italienischen Schwarzhemden in den frühen zwanziger Jahren zur Anwendung brachten und bei denen der Terror – anders als es in Mohlers Behauptung der Agonalität den Anschein hat – nicht bloß erklärtermaßen der Vernichtung des Feindes diente,[129] sondern bewusst auch gegen Unbeteiligte gerichtet wurde.[130] Genau diese faschistische Gewalt aus der Bewegungsphase, wurde aber – ungeachtet Mohlers ohnedies nicht stringenter impliziter Differenzierung des Faschismus als Bewegung einerseits und als Regime andererseits[131] – von faschistischen Regierungssystemen zur Unbändigkeit der Gewalt des staatlichen Souveräns im Ausnahmezustand in Permanenz gesteigert, wofür unter anderem Carl Schmitt juristische und paraphilosophische Rechtfertigungen dezisionistischer Natur lieferte.[132]

Es nimmt kaum Wunder, dass in Mohlers Essay über den „faschistischen Stil" auch von den „Auflösungserscheinungen der liberalen Gesellschaft"[133] die Rede ist. Es ist jedoch nicht der klassische Liberalismus, gegen den sich das Motiv der „Wiederaufrichtung des Staates"[134] richtet. Vielmehr wird im Sinne der Linie Schmitts[135] im Werk Mohlers eine Kritik am gegenüber den Ansprüchen demokra-

---

[126] Vgl. A. James Gregor, La filosofia della violenza del fascismo e il concetto del terrore, in: Intervento 9 (1980), H. 44–45, S. 97–111.
[127] Mohler, Stil, S. 176. Vgl. ebd., S. 174, 180 u. 187.
[128] Ebd., S. 181.
[129] Vgl. die entsprechenden Äußerungen bei: Enrico Corradini, La forza dominante, in: Gerarchia 5 (1926), H. 3, S. 141–144.
[130] Vgl. allgemein Mimmo Franzinelli, Squadrism, in: R. J. B. Bosworth (Hg.), The Oxford Handbook of Fascism, Oxford 2009, S. 91–108; Sven Reichardt, Faschistische Kampfbünde. Gewalt und Gemeinschaft im italienischen Squadrismus und in der deutschen SA, 2. Aufl., Köln 2009.
[131] Vgl. Mohler, Stil, S. 173. Vgl. paradigmatisch hierzu Renzo De Felice, Der Faschismus. Ein Interview von Michael A. Ledeen, Stuttgart 1977, S. 33 ff. und 42.
[132] Vgl. für den deutschen Faschismus: Carl Schmitt, Der Führer schützt das Recht. Zur Reichstagsrede Adolf Hitlers vom 13. Juli 1934, in: Deutsche Juristen-Zeitung 39 (1934), H. 15, Sp. 944–950.
[133] Mohler, Stil, S. 185.
[134] Armin Mohler, Der getreue Ekkehard de Gaulles, in: Die Zeit, 2.1.1959.
[135] Vgl. Carl Schmitt, Der Begriff des Politischen. Text von 1932 mit einem Vorwort und drei Corollarien, 3. Aufl., Berlin 1991.

tischer Forderungen zu nachgiebigen Liberalismus geübt. Mohlers Antiliberalismus folgt deshalb einem Credo, das in folgenden Worten aus seiner erstmals 1988 erschienenen Polemik „Gegen die Liberalen" zum Ausdruck kommt:

> Wenn Sie mit einem „Rechten" zu tun haben, so suchen Sie herauszubekommen, wer sein Feind Nr. 1 ist. Sind es die Kommunisten, so haben Sie einen von Grund aus harmlosen Menschen vor sich. [...] Wenn der Mann jedoch in erster Linie auf die Liberalen gespitzt ist, wird die Sache ernsthafter. Denn dieser Rechte hat einen Feind, der bereits innerhalb der Burg agiert und unsere Abwehr so weich macht, daß der äußere Feind eindringen kann.[136]

Mohlers Antikommunismus war damit nicht in Zweifel gezogen.[137] Vielmehr ziehen seine heutigen Schüler, wie Götz Kubitschek, diesen gerade zur Erklärung entscheidender biographischer Passagen heran, schließlich habe der Lehrer sich Anfang der vierziger Jahre nach Deutschland begeben, „um sich für den Kampf gegen den Bolschewismus der Waffen-SS anzuschließen."[138] Deshalb ist es konsequent, dass Ludwig Blanck-Conrady, dem Mohler seinen Text von 1973 gewidmet hatte,[139] mehr als zwei Jahrzehnte später den „faschistischen Stil" mit der Waffen-SS verband,[140] zumal deren Verbände in der Rückschau neofaschistischer Aktivisten entsprechend einer von Mohler durchaus goutierten[141] Linie eines Eurofaschismus zum transnationalen „Treffpunkt der kriegerischen Jugend Europas"[142] stilisiert wurden.

---

136 Zitiert nach: Pfahl-Traughber, „Revolution", S. 167 f. Auslassungen bei Pfahl-Traughber.
137 Vgl. Armin Mohler, Nach der Hexenjagd [1967], in: ders., Von rechts gesehen, Stuttgart 1974, S. 315–323, hier S. 320. Wenig überzeugend ist die extremismustheoretisch inspirierte Rahmung der Sammlung von Zitaten Mohlers zur politischen Linken, die bei Betonung des Mohlerschen Antiliberalismus das Wesen seines Antisozialismus als Ausdruck des Antidemokratismus verdunkelt, bei: Michael Ploenus, „Ich war eigentlich nie Antikommunist". Armin Mohler und die Linke, in: Sebastian Liebold / Tom Mannewitz / Madeleine Petschke / Tom Thieme (Hg.), Demokratie in unruhigen Zeiten. Festschrift für Eckhard Jesse, Baden-Baden 2018, S. 55–63.
138 Kubitschek, Lehren, S. 50. In einer anderen Fassung des Textes spricht Kubitschek an gleicher Stelle nicht von der Waffen-SS, sondern von „der deutschen Seite", vgl. Kubitschek, Provokation, S. 51.
139 Vgl. Mohler, Stil, S. 172.
140 Vgl. Ludwig Blanck-Conrady, Armin Mohler und „Der Nasenring". Bewältigte Vergangenheitsbewältigung, in: Fröschle / Klein / Paulwitz (Hg.), Mohler, S. 189–192, hier S. 192.
141 Armin Mohler, Der Faschismus – europäisch, in: Criticón 11 (1981), H. 64, S. 100. Vgl. auch Weiß, Revolte, S. 43.
142 So der italienische Neofaschist Adriano Romualdi, zitiert nach: Furio Jesi, Kultur von rechts, Basel/Frankfurt am Main 1984, S. 96. Romualdi versuchte sich selbst an einer Mohler stark verpflichteten Geschichte der deutschen Konservativen Revolution, vgl. Franco Ferraresi, Threats to democracy. The radical right in Italy after the war, Princeton 1996, S. 222.

Regenpfeifer als Traumweber: Werk und Wirkung

In diesem Sinne ist das Wiederaufgreifen eines betont romanophilen[143] und „eurofaschistischen" Strangs,[144] das sich seit wenigen Jahren in der im Umfeld der *Identitären Bewegung*[145] erfolgten publizistischen Wiederauferstehung von Autoren wie Robert Brasillach und Henri Massis[146] äußert, als ein Ausläufer der spezifisch antiliberalen, von Götz Kubitschek so bezeichneten „Armin-Mohler-Linie"[147] zu begreifen. Brasillach und Massis webten am – für Mohlers „faschistischen Stil" wichtigen[148] – Mythos der Verteidigung des von faschistischen Truppen gehaltenen Alcázars von Toledo während des Spanischen Bürgerkrieges gegen die republikanischen Kräfte 1936 mit. Auch die erneute Konjunktur der Werke des von Mohler als „bedeutendste[...] Gestalt der ‚faschistischen Generation'"[149] bezeichneten Pierre Drieu La Rochelle[150] fällt in diese Kategorie. Zurzeit sind Kubitschek und Weißmann als Schüler Mohlers die bedeutendsten aktiven Rechtsintellektuellen in der Bundesrepublik und ihr Einfluss auf die rechtspopulistische AfD unterstreicht die Bedeutung von Mohlers Spät- und Nachwirkung. Armin Mohler hat sich damit in gewisser Hinsicht selbst als der „Regenpfeifer", als den er den „Erzvater der Konservativen Revolution", Georges Sorel, begriff, herausgestellt: Ausgestattet mit einer „besondere[n] Sensibilität für den Umgang mit der sich stetig wandelnden Wirklichkeit",[151] warnten – so Mohlers politisch aufgeladene Formulierung – diese Regenpfeifer

„vor der heraufkommenden Zerstörung, aber sie empfehlen keineswegs die Rückkehr in die gute alte Zeit. Ihr Ziel ist nicht die Bewahrung des Überkomme-

---

143 Richard Faber, „Rom gegen Judäa, Judäa gegen Rom". Eine Kritik des schwarzen Nietzscheanismus, in: Hubert Cancik / Uwe Puschner (Hg.), Antisemitismus, Paganismus, Völkische Religion, München 2004, S. 105–118, hier S. 105.
144 Vgl. aus neurechter Sicht: Benedikt Kaiser, Eurofaschismus und bürgerliche Dekadenz. Europakonzeption und Gesellschaftskritik bei Pierre Drieu La Rochelle, Kiel 2011.
145 Zur Identitären Bewegung vgl. Weiß, Revolte, S. 93–117.
146 Robert Brasillach und Henri Massis, Die Kadetten des Alcázar [1936], Dresden 2017.
147 Zitiert nach: Helmut Kellershohn, Widerstand und Provokation: Strategische Optionen im Umkreis des „Instituts für Staatspolitik", in: Stephan Braun / Alexander Geisler / Martin Gerster (Hg.), Strategien der extremen Rechten. Hintergründe – Analysen – Antworten, Wiesbaden 2009, S. 259–289, hier S. 261.
148 Mohler, Stil, S. 181 f.
149 Armin Mohler, Die französische Rechte. Vom Kampf um Frankreichs Ideologienpanzer, München 1958, S. 81.
150 Pierre Drieu La Rochelle, Die Unzulänglichen [1939], Dresden 2016.
151 Armin Mohler, Georges Sorel. Erzvater der Konservativen Revolution. Eine Einführung, Bad Vilbel 2000, S. 9.

nen, sondern das Festhalten des Wesentlichen – und dafür schienen ihnen allein radikale Mittel geeignet zu sein."[152]

Auch der französische Faschist, Ideologe der Kollaboration und Holocaust-Leugner Maurice Bardèche, den Mohler Anfang der siebziger Jahre als „zur Zeit gescheitesten Sprecher der französischen äußersten Rechten"[153] bezeichnete, hatte sich noch in den fünfziger Jahren in einer an den US-amerikanischen konservativen Hardliner Robert A. Taft gerichteten Schrift, gezwungen gesehen, zu erklären, „dass Faschismus und Nationalsozialismus tot sind".[154] Er proklamierte in diesem Zusammenhang: „Die Niederlage Deutschlands 1945 erscheint uns heute als die größte Katastrophe der neuesten Zeit."[155] Zugleich hielt er jedoch trotz der militärischen Niederlage fest, dass der Faschismus als „wahrer[r] Sozialismus" letztlich unbesiegt sei und die Arbeiterschaft zum Regime gestanden habe.[156] Im unbeirrten Festhalten an der Chimäre vom Faschismus als einer Art national-identitärer Befreiungsbewegung[157] flüchtete sich Bardèche in einen von der Realität unbefleckten „faschistischen Traum",[158] dem, trotz Bardèches gegenteiliger Sicht auf die Geschichte, ob der realen historischen Erfahrung in seiner intransigenten Fassung wenig Zuspruch zuteilwerden konnte.

Mohlers Konstruktion der Konservativen Revolution war dagegen erfolgsversprechender. Über den Wandel der Gestalt konnte er mit daran wirken, weitaus zahlreichere Aspekte des „faschistischen Traums" in die Nachkriegszeit zu retten, als es Bardèche und Köpfen der „nationalen Oppositionen" anderer Staaten gelingen konnte. Volker Weiß spricht deshalb zu Recht von einem „Refugium" für die „Geisteswelt des Faschismus".[159] Dass Mohler hierbei in seinen späten Äußerungen zu immer eindeutigeren Vokabeln griff, ist mitnichten Ausdruck seiner Radikalisierung,[160] sondern Ausdruck der zu unterschiedlichen Zeiten jeweils unterschiedlich gemalten Bilder, derer er sich bediente: Nach der Identifikation des

---

152 Ebd., S. 8.
153 Armin Mohler, Sex und Politik, Freiburg 1972, S. 33.
154 Maurice Bardèche, Der Weg nach vorn. Teil I: Nürnberg oder Europa. Teil II: Das Ei des Kolumbus, Göttingen o. J., S. 184.
155 Ebd., S. 192.
156 Vgl. ebd., S. 126.
157 Vgl. Maurice Bardèche, Memoria [1980], in: Gennaro Malgieri, Colloqui (1974–1991). Attraversando il bosco, Chieti 2020, S. 57–61, hier S. 58.
158 Vgl. Maurice Bardèche, Qu'est-ce que le Fascisme?, Paris 1961, S. 173 ff.
159 Weiß, Revolte, S. 47.
160 Vgl. zu dieser Position: Florian Finkbeiner, Armin Mohler und die Frühgeschichte der „Neuen Rechten" in der Bundesrepublik Deutschland. Zum Wandel von Konservatismus, Nationalismus und Rechtsextremismus, in: Armin Pfahl-Traughber (Hg.), Jahrbuch für Extremismus- und Terrorismusforschung 2015/16 (I), Brühl 2016, S. 209–233, hier S. 228; Ansgar Lange, Ein Leben wider den Zeitgeist. Nachruf auf Armin Mohler, in: Criticón 33 (2003), H. 178–179, S. 72.

Orientierungsfadens der Konservativen Revolution rund um die Zäsur von 1945 begab Mohler sich in den 1970er Jahren an die Umcodierung des bis dato gemiedenen Faschismusbegriffs, der in den 1990er Jahren dann das Bekenntnis zum Faschismus selbst folgte.[161] Zu Mohlers Gesamtstrategie gehörte eben auch eine konkrete taktische Flexibilität,[162] die mit rhetorischer Elastizität einhergehen konnte. So war der Konservatismus einmal „Opfer des Faschismus",[163] ein anderes Mal verlief zwischen beiden eine feine Grenze.[164] Zugleich konnte sich der erklärte Antiliberale[165] Mohler auf vergleichbare Weise, eingedenk der Zerfallslinien des modernen Liberalismus,[166] mit „echten Liberalen" wie dem Ahnherrn der sozialen Marktwirtschaft, Wilhelm Röpke, identifizieren, da er sich mit diesem in Sachen elitär grundierter, aber populistisch aufladbarer Demokratieskepsis beziehungsweise -ablehnung verbunden fühlte.[167]

Mohlers Erfolg zeigt sich auch darin, dass heutige Köpfe der „nationalen Opposition" in Deutschland wie Alexander Gauland, die ehedem aus einer an Edmund Burke, dem „ideologischen Wortführer des Kreuzzugs gegen die demokratische Revolution",[168] geschulten Warte heraus noch dezidierte Meinungsverschiedenheiten mit Mohler hatten[169] und die Konservative Revolution kritisierten,[170] nun auch bereit sind, sich in von Mohler-Schülern gesetzte politische Rahmen zu stellen.[171] Anders als bei den vorherigen Anläufen, die die von Mohler repräsen-

---

161 Vgl. die weniger präzise Behauptung von Mohlers lebenslangem Changieren „zwischen Nationalsozialismus, europäischem Faschismus und Radikalkonservatismus" bei: Weiß, Revolte, S. 39.
162 Die Frage, ob mit der Chiffre von den Konservativen Revolutionären als „‚Trotzkisten' des Nationalsozialismus" auch Fragen spezifisch ‚rechtstrotzkistischer' Strategie und Taktik verbunden sind, wurde zuerst aufgeworfen bei: Heinz Kleger, Extremes politisches Denken, in: Michael Zantke, Bewaffnete Intellektuelle. Die Bedeutung Machiavellis für den Nationalsozialismus und die Konservative Revolution, Potsdam 2016, S. 7–20.
163 Mohler, Konservativ 1962, S. 23.
164 Vgl. Mohler, Stil, S. 172.
165 Armin Mohler, Gegen die Liberalen [1988], Schnellroda 2010.
166 Vgl. Reinhard Opitz, Liberalismuskritik und Zukunft des liberalen Motivs, in: Blätter für deutsche und internationale Politik (BdiP) 17 (1972), H. 1, S. 13–43.
167 Vgl. Armin Mohler, Gouvernanten-Demokratie [1966], in: ders., Von rechts gesehen, S. 106–111, hier S. 109.
168 Wolfgang Abendroth, Vorwort, in: Hans-Gerd Schumann, Edmund Burkes Anschauungen vom Gleichgewicht in Staat und Staatensystem, Meisenheim am Glan 1964, o. S.
169 Vgl. Alexander Gauland, Falsche Identifikationen, in: Criticón 9 (1979), H. 55, S. 246.
170 Vgl. Alexander Gauland, Was ist Konservativismus? Streitschrift gegen die falschen deutschen Traditionen. Westliche Werte aus konservativer Sicht, Frankfurt am Main 1991, S. 28–34.
171 Vgl. Alexander Gauland, Populismus und Demokratie, in: Sezession 17 (2019), H. 88, S. 14–20. Die These Olaf Sundermeyers, dass Gauland sich erst vor wenigen Jahren unter dem Eindruck der PEGIDA-Proteste radikalisiert hätte (vgl. Olaf Sundermeyer, Gauland: Die Rache des alten Mannes,

tierte Rechte laut Kubitschek bei ihrem Versuch, die „politische Macht in Deutschland" nach 1945 zu erobern,[172] nahm, steht der aktuelle Versuch deshalb, trotz allem Lamento der deutschen Rechten über eine angebliche linksliberale Diskurshegemonie, unter ungleich günstigeren Vorzeichen als die bisherigen.

München 2018), bleibt falsch – insbesondere eingedenk der Tatsache, dass der CDU-Politiker Gauland bereits in den siebziger Jahren dem britischen Tory-Rechtsaußen und rassistischen Demagogen Enoch Powell „intellektuelle Brillanz" attestierte, vgl. Alexander Gauland, Grundsatzpolitiker in England, in: Criticón 8 (1978), H. 49, S. 270.
172 Vgl. Kubitschek, Autorenporträt, S. 43.

Philipp Grehn
Wolfgang Nahrath (1929–2003)

Die *Wiking-Jugend* (WJ) – Völkische Indoktrination im Kindesalter

Abb. 13: Wolfgang Nahrath, 1956, *Antifaschistisches Pressearchiv und Bildungszentrum Berlin (apabiz)*.

Am 10. November 1994 durchsuchte die Polizei das Wohnhaus der Familie Wolfgang Nahraths im nordrhein-westfälischen Stolberg, einer Kleinstadt östlich von Aachen. Die Razzia selbst erwies sich zwar als „Fehlschlag",[1] dennoch besiegelte das zeitgleich erlassene Vereinsverbot durch Bundesinnenminister Manfred Kanther das Ende der neonazistischen *Wiking-Jugend* (WJ).[2] Mit ihrer 42-jährigen Geschichte stellte sie eine der beständigsten Organisationen der extremen Rechten in der Bundesrepublik dar und galt zuletzt als deren militanteste Jugendorganisation. Ihr Einfluss und Wirken innerhalb der extremen Rechten kann kaum überschätzt werden. Tausende Kinder und Jugendliche wurden hier militärisch gedrillt und völkisch indoktriniert. Die Geschichte der *Wiking-Jugend* ist untrennbar

---

1 Art. Razzia war Fehlschlag, in: Der Spiegel, 1994/Nr. 46, S. 16.
2 Vgl. Art. Kanther verbietet „Wiking-Jugend", in: Süddeutsche Zeitung (SZ) v. 11.11.1994, S. 1; Das Verbot wurde 1998 gerichtlich bestätigt. Vgl. Art. Verbot der Wiking-Jugend bestätigt, in: SZ v. 14.4.1999, S. 7; Ministerialblatt NRW, 52 (1999), S. 876.

∂ Open Access. © 2023 Philipp Grehn, publiziert von De Gruyter. Dieses Werk ist lizenziert unter der Creative Commons Attribution-NonCommercial-NoDerivatives 4.0 Lizenz.
https://doi.org/10.1515/9783111010991-017

mit dem Namen der Familie Nahrath verbunden, die als unangefochtene Führungsfiguren über drei Generationen hinweg die Geschicke des Verbandes lenkte; allein dreißig Jahre stand Wolfgang Nahrath an ihrer Spitze.

Dieser Beitrag behandelt die Biografie Wolfgang Nahraths anhand der Geschichte der von ihm geleiteten *Wiking-Jugend*. Er will zeigen, wie persönliche Erfahrungen als Jugendlicher zur NS-Zeit prägend auf Nahraths späteres Handeln wirkten und die *Hitlerjugend* zeitlebens sein ständiger Bezugspunkt blieb. Als Quellen sind für diesen Beitrag primär verbandseigene Veröffentlichungen ausgewertet worden, insbesondere deren Zeitschriften *Fanal* und *Wikinger*.[3]

„Kriegsjugend" im nationalsozialistischen Elternhaus

Wolfgang Nahrath wurde am 16. April 1929 in Guben an der Neiße geboren. Er wuchs als ältester Sohn in einer streng nationalsozialistisch orientierten Familie auf. Sein Vater Rudolf Raoul Nahrath (*1905) arbeitete in der Automobilbranche und war in den Wirtschaftskrisen am Ende der Weimarer Republik wiederholt von Arbeitslosigkeit betroffen. Schon als Jugendlicher hatte sich Raoul Nahrath in völkisch-antisemitischen Kreisen betätigt. Im Alter von 16 Jahren wurde er 1921 Mitglied im *Völkischen Schutz und Trutzbund* und *Wehrbund Ostmark* und blieb dies bis zu deren Auflösung.[4] Noch vor der Machtübergabe an die Nationalsozialist:innen trat er 1932 sowohl in die NSDAP[5] als auch in die SA ein. Im selben Jahr übernahm Raoul Nahrath die Geschäftsführung des *Gubener Beobachters* und stieg im Parteiapparat zum „Oberscharführer und Kreishauptstellenleiter für praktische Schulung, Kreisredner und Werbeleiter für parteiamtliche Zeitungen" auf. Nachdem er 1935 aufgrund von Krankheit seine Anstellung als Automobilverkäufer verloren hatte, bekam er eine Anstellung im örtlichen Finanzamt. Im Zwei-

---

3 Beide Zeitschriften sind weitgehend im Bestand des Antifaschistischen Pressearchiv und Bildungszentrum (apabiz) in Berlin erhalten. Die Akten des Bundesministeriums des Innern (BMI) zum Verbot der Wiking-Jugend 1994, die im Bundesarchiv in Koblenz gelagert sind, unterliegen einerseits der 30jährigen Schutzfrist nach dem Bundesarchivgesetz sowie der behördlichen Aufbewahrungsfrist. Sie sind deshalb derzeit nur mit gesonderter Genehmigung durch das BMI einsehbar.
4 Zur Geschichte des Deutschvölkischen Schutz und Trutzbundes vgl. Stefan Breuer, Die Völkischen in Deutschland. Darmstadt 2008, S. 150–160; Uwe Lohalm, Völkischer Radikalismus. Die Geschichte des Deutschvölkischen Schutz- und Trutz-Bundes 1919–1923, Hamburg 1970.
5 Vgl. Mitgliedskartei (Nr. 1419348), Bundesarchiv (BArch), R 9361 VIII, Personenbezogene Unterlagen der NSDAP, Mitgliederkartei.

ten Weltkrieg diente er als Offizier und Oberscharführer im *Nationalsozialistischen Kraftfahrtkorps* (NSKK).[6]

Als überzeugter Nationalsozialist und Parteimitglied schickte er seinen Sohn Wolfgang früh zum *Deutschen Jungvolk* in der *Hitlerjugend* (HJ), wo dieser mit 15 Jahren die Führung über die Jugendlichen aus dem Umland Gubens übernahm. Wie bei vielen aus seiner Generation, die fast ihre gesamte Kindheit und Jugend im NS-Staat verlebten, war auch für ihn das Aufwachsen in der nationalsozialistischen Ideologie und Diktatur prägend.[7] Der verklärende Blick auf das Kriegsende und seine Glorifizierung der „Kriegsjugend" war zeitlebens der Referenzpunkt seines politischen Handelns. Sie bilden den Grundstein für sein lebenslanges Bemühen, die HJ als *Wiking-Jugend* (WJ) in der Bundesrepublik zu reorganisieren. In der einzigen publizierten Rede Wolfgang Nahraths, gehalten 1964 in Hannover, kommt dies klar zum Ausdruck. Sie gibt einen selten unverfälschten Einblick in die geistige Ideenwelt des WJ-Führers:

> Diese Kriegsjugend lebte in einem Pflichtenkreis, von dem sich die heutigen Gleichaltrigen keinen auch nur annähernden Begriff machen können! Härte und Genügsamkeit, spartanische Einfachheit und eine Einsatzbereitschaft, wie sie von keiner Jugend der Welt je geleistet wurde, zeichnet gerade diese besonders aus. Die Knaben reiften zu Männern, ohne Jünglinge gewesen zu sein. Im Feuer der Granaten und im Bombenhagel bewiesen sie, ihren Vorbildern nacheifernd, eine Tapferkeit ohnegleichen.[8]

Als Mitglied des Jahrgangs 1929 gehörte Nahrath zu den Jüngsten, die noch kurz vor Kriegsende zur Wehrmacht einberufen wurden. Für seinen Einsatz wurde er nach Braunschweig geschickt und erlebte das Kriegsende in der Lüneburger Heide.

Von der *Hitlerjugend* zur *Wiking-Jugend*

Nach der Kapitulation und der Befreiung Deutschlands traf er seine Eltern und seine sechs Jahre jüngere Schwester im friesländischen Varel wieder, wo er zu-

---

6 Vgl. Lebenslauf, BArch, R 9361-V/29855, Personenbezogene Unterlagen der Reichskulturkammer (RKK), Raoul Nahrath; Fragebogen zur Bearbeitung des Aufnahmeantrages für die Reichsschriftumskammer, BArch, R 9361-V/29855.
7 Vgl. Ulrich Herbert, Drei politische Generationen des 20. Jahrhunderts, in: Jürgen Reulecke / Elisabeth Müller-Luckner (Hg.), Generationalität und Lebensgeschichte im 20. Jahrhundert, München 2003, S. 95–114.
8 Wolfgang Nahrath, Wege der Jugenderziehung aus Sicht der volkstreuen Jugendbünde, Hannover 1964, S. 7.

nächst in der Neulandgewinnung an den Marschen arbeitete.[9] Das kleine Städtchen Varel im Landkreis Oldenburg hatte sich in den späten vierziger Jahren zum Zentrum nationalsozialistischer Reorganisation und Betriebsamkeit entwickelt. Nur wenige hundert Meter vom Wohnhaus der Familie Nahrath befand sich die Geschäftsstelle der *Sozialistischen Reichspartei* (SRP) am Wohnsitz ihres Landesvorsitzenden August Finke. Auch Otto Ernst Remer, prominenteste Integrationsfigur der Partei, zog nach seiner Entlassung aus der Kriegsgefangenschaft in die Kleinstadt am Jadebusen. In der kurzen Zeit bis zu ihrem Verbot 1952 erfuhr die SRP einen rasanten Aufstieg. Kernland der Partei, deren Ausrichtung und Inszenierung sich augenfällig an der NSDAP orientierte, war Niedersachsen. Hier lebten etwa zwei Drittel ihrer Mitglieder.[10] Wolfgang Nahraths Vater Raoul hatte hier die Leitung über den Kreis- und Bezirksverband der SRP in Oldenburg inne und bezog zwischenzeitlich gar einen Posten im niedersächsischen Landesvorstand.[11] Auch Wolfgang Nahrath schloss sich der SRP an und übernahm lokale Organisationsaufgaben in der Partei sowie in dessen Jugendorganisation *Reichsjugend*.[12] Ausgehend von der *Reichsjugend* lässt sich ein direkter Weg zur Gründung der *Wiking-Jugend* nachvollziehen, die Ende 1952 durch die Fusion mit dem *Vaterländischen Jugendbund* und der *Deutschen Unitarier Jugend* formell vollzogen wurde. Dabei ist ihre Gründung auch als präventive Maßnahme und Reaktion auf das SRP-Verbot zu verstehen, wie Wolfgang Nahrath später in einem Interview erklärte:

> Sie [die *Reichsjugend*, d. V.] war im Gegensatz zur Mutterpartei nicht aufgelöst worden und mit der Gründung der *Wiking-Jugend* wollten wir ihre Arbeit verbreitern. Wir alle wollten

---

9 Vgl. Sepp Biber, Kämpfer für Volk und Reich. Nachruf auf Wolfgang Nahrath, in: Deutsche Stimme. Monatszeitung für Politik und Kultur, 2003/ Nr. 4, S. 15.
10 Vgl. Otto Büsch / Peter Furth, Rechtsradikalismus im Nachkriegsdeutschland. Studien über die „Sozialistische Reichspartei" (SRP), 2. Aufl., Wiesbaden 1967, S. 91. Zur politischen Situation im Bundesland Niedersachsen während der späten vierziger und fünfziger Jahre vgl. Bernd Weisbrod (Hg.), Rechtsradikalismus in der politischen Kultur der Nachkriegszeit. Die verzögerte Normalisierung in Niedersachsen, Hannover 1995.
11 Im August 1951 wurde Nahrath „wegen groben Verstoßes gegen die Parteidisziplin in wiederholter Form und wegen in höchstem Masse bewusst betriebener Partei-Zersetzung" aus der Partei ausgeschlossen. In der Folge diente er sich als Informant des Bundesamts für Verfassungsschutz an. BArch B104/228, Bl. 48, Friedrich Reich an den Vorstand des Landesverbandes Niedersachsens der Sozialistischen Reichspartei vom 3.8.1951; BArch B106/15543, Bd. 34, Bericht von Raoul Nahrath an das BfV v. 16.4.1952. Im niedersächsischen Landesarchiv Abt. Oldenburg (NLO-OL) finden sich zudem Akten zu einem Zivilprozess zwischen Nahrath und Gerhard Heinze, dem Landesgeschäftsführer der Sozialistische Reichspartei (SRP) wegen Verleumdung, NLA-OL Rep 950 OL Best. 144-1 Nr. 355.
12 Vgl. Biber, Nachruf.

mithelfen am Aufbau einer „Nation Europa", wie wir es damals auch in einem Aufruf ausgedrückt haben. Grundfrage war, warum im Kriege die europäischen Freiwilligen an deutscher Seite gekämpft hatten. In endlosen Gesprächen mit Kriegsfreiwilligen in Flandern und den Niederlanden fanden wir Antworten auf unsere Fragen. [...] Uns ging es und geht es bis heute über den Zusammenhalt mit anderen Europäern um die Weiterentwicklung der Volksgemeinschaft zur Artgemeinschaft. Der 8. Mai 1945 steht für uns nur für die militärische Niederlage Europas, nicht für dessen geistige Niederlage.[13]

Mit dem Konzept einer „Nation Europa" bezog sich Nahrath hier auf die Verklärung der Waffen-SS zur „ersten europäischen Freiwilligenarmee", die seit der zweiten Kriegshälfte und über die Zäsur von 1945 hinaus eine Grundlage für die Vernetzung des europäischen Faschismus bildete.[14]

Nach dem Besuch einer Fachschule für Drogisten zog er aus Ostfriesland ins Rheinland und begann dort ein Studium als Chemieingenieur für Farben und Lacke. Zur Finanzierung seines Studiums arbeitete als Werkstudent bei der Firma *Bayer* sowie für eine Farbenfabrik in Köln.[15] Am neuen Wohnort begann er, die wenigen Anhänger der WJ um sich zu sammeln und die lokalen Strukturen des Jugendverbands aufzubauen. Über seinen Einfluss und seine Rolle bei der Vernetzung mit anderen Organisationen der extremen Rechten berichtete das langjährige WJ-Mitglied Hans-Dieter Etz, damaliger „Horstführer" in Leverkusen:

Als erstes brachte er uns das „Trampen" bei und wir machten mit (obwohl mir das immer unangenehm war), um das Rheinland „unsicher" zu machen. Dann wurden Kontakte geknüpft, von denen wir vorher nur geträumt hatten. HIAG, Kulturwerk, alle möglichen Jugendgruppen und und und ...[16]

Nur knapp eineinhalb Jahre nach ihrer Gründung schlitterte die *Wiking-Jugend* im Sommer 1954 in eine erste große Krise. Ihr Gründer und Bundesführer Walter Matthaei – zweifelsohne die wichtigste Person innerhalb der Organisationsstruktur – war überraschend aus einem Spanienaufenthalt nicht zurückgekehrt und hatte seinen Austritt aus der WJ erklärt.[17]

---

13 „Wir sind ein sozialistischer Jugendverband." Gespräch mit Wolfgang Nahrath, dem Bundesführer der „Wiking-Jugend", in: FAP intern, 1989/ Nr. 11, S. 7–11, hier S. 7.
14 Vgl. Sven Olof Steinart, „Nation Europa". Eurofaschismus 1945–1970, Lich 2015; Kurt P. Tauber, German Nationalists and European Union, in: Political Science Quarterly, 74 (1959), S. 564–589.
15 Vgl. Biber, Nachruf.
16 Art. 30 Jahre Wiking-Jugend, in: Wikinger, 1982/Nr. 4, S. 8–12, hier S. 9.
17 Ausschlaggebend war wohl ein staatsanwaltschaftliches Ermittlungsverfahren gegen ihn u. a. wegen Verstoßes gegen § 175. Der Paragraf stellte bis 1994 sexuelle Handlungen zwischen Männern unter Strafe. Vgl. Abschrift eines Briefes Ernst W. Ludwigs an die Redaktion der Zeitschrift „Die Brücke" v. 23.11.1954, Antifaschistisches Pressearchiv und Bildungszentrum Berlin (apabiz), Sammlung Stöss, RR Jugend, Wiking-Jugend (I). Zur Geschichte des § 175 nach 1945 vgl. Christian

Hitlerjugend und SS als historische Referenz

Nach einem internen Machtkampf übernahm Raoul Nahrath Ende 1954 die Führung der Organisation, womit ein Umzug nach Köln verbunden war. Hier agierte sein Sohn Wolfgang Nahrath inzwischen als „Gauführer" des Gebiets „Rhein-Ruhr" und koordinierte die Aktivitäten der Ortsverbände. Die Zeitschrift *Fanal* förderte den kommunikativen Austausch zwischen den Mitgliedern und vermittelte trotz räumlicher Entfernung ein Gefühl der Verbundenheit untereinander. Regelmäßige Besuche und gemeinsame „Heimabende" begünstigten die Herausbildung einer gruppeneigenen Identität, die durch Uniformen und das Tragen von Abzeichen zusätzlich verstärkt wurde. Ausführlich wird in einer der frühesten programmatischen Schriften auf die verschiedenen Abzeichen und Uniformen eingegangen.[18] In derselben Schrift, die bereits durch ihren Titel „Idee und Gestalt" auf das Buch des NS-Reichsjugendführers Baldur von Schirach rekurriert[19] und so die geistige Verbundenheit mit zur *Hitlerjugend* zum Ausdruck bringt, definierte die Bundesführung auch Intention, Charakter und Zielsetzung des Jugendverbandes:

> Die *Wiking-Jugend* ist eine Gemeinschaft jugendbewegter Menschen, die in einer Zeit der politischen Bedrohung von außen und des geistig-seelischen Verfalls von innen nach verbliebenen und neuen Werten sucht. Sie will die Anteilnahme der jungen Generation am politischen Geschehen wecken und im Lager, auf Fahrt und auf Heimabenden den Heranwachsenden zur Selbstständigkeit erziehen. Unter härteren Bedingungen als sie der Alltag kennt, soll der Jugendliche den Wert einer Gemeinschaft begreifen lernen. Mit dieser Erziehung will die *Wiking-Jugend* den übersteigerten, selbstsüchtigen Zeitgeist neutralisieren, der die Gefahr des ausgesprochenen Materialismus in sich birgt und damit diktatorischen Mächtegruppen, gleich welcher Art, den Boden bereitet.[20]

Die offene Bezugnahme auf ihre historischen Vorbilder im Nationalsozialismus wird dort auch durch das am Wahlspruch der SS entlehnte Leitwort „Auf der Treue steht die Ehre" deutlich sowie an der Nomenklatur ihrer streng hierarchischen Organisationsstruktur. An ihrer Spitze stand uneingeschränkt der „Bundesführer". Darüber hinaus gliederte sich die WJ in „Gaue", „Horste" und „Fähnlein".[21] Dabei waren die Aktivitäten der einzelnen „Horste" und „Gaue" elementar an deren jeweiligen „Führer" gekoppelt. Einige neue „Horste" entstanden in die-

---

Schäfer, Widernatürliche Unzucht (§§ 175, 175a, 175b, 182 a. F. StGB). Reformdiskussion und Gesetzgebung seit 1945, Berlin 2006.
18 Vgl. Bundesführung der Wiking-Jugend, Idee und Gestalt, o.O, o.J, S. 10–12.
19 Vgl. Baldur von Schirach, Die Hitler-Jugend. Idee und Gestalt, Berlin 1934.
20 Bundesführung der Wiking-Jugend, Idee und Gestalt, S. 2.
21 Vgl. ebd., S. 10.

ser Aufbauphase schlichtweg dadurch, dass WJ-Mitglieder ihre Wohnsitze an andere Orte verlegten. Das zeigt den enormen Einfluss einzelner Akteure innerhalb regionaler Strukturen der extremen Rechten in der Geschichte der Bundesrepublik. Als Wolfgang Nahrath Anfang 1958 aus beruflichen Gründen ins schwäbische Möglingen zog, entwickelte sich Süddeutschland und insbesondere der von Nahrath geleitete „Gau Schwaben" fortan zu einer zweiten Schwerpunktregion der WJ neben dem Rheinland.[22]

Wie die meisten nationalen, völkischen und bündischen Jugendorganisationen hatte auch die *Wiking-Jugend* seit Anfang der sechziger Jahre deutlich an Attraktivität unter Jugendlichen verloren. Zugleich hatte das Bundesinnenministerium der *Wiking-Jugend* das Tragen ihrer identitätsstiftenden Uniform verboten.[23] Nach einer heftigen Führungskrise, die ihren Höhepunkt beim „Bundesthing" 1961 fand, hatte Wolfgang Nahrath die Leitung vom entmachteten Vater Raoul übernommen.[24] Die folgende Austrittswelle ließ die Zahl der Mitglieder nach Einschätzung staatlicher Behörden auf 100 Personen sinken.[25] Um der schleichenden Überalterung und dem drohenden Niedergang entgegenzuwirken, gründeten *Wiking-Jugend, Bund Heimattreuer Jugend* (BHJ) und *Jugendbund Adler* (JBA) im März 1963 mit dem *Freundeskreis der Nationalen Jugend* (FdnJ) einen überorganisatorischen Förderverband, der die finanziell angeschlagene Situation etwas abfedern sollte.[26] Im Zuge der parteipolitischen Sammlung der extremen Rechten, die 1964 zur Gründung der *Nationaldemokratischen Partei Deutschlands* (NPD) führte, schlossen sich die Jugendorganisation der *Deutschen Reichspartei* (DRP) und die WJ zusammen. Die Fusion war ein logischer Schritt, da bereits die führenden Personen der WJ als Mitglieder und Funktionäre in der DRP aktiv waren.[27] Diese bereits hier begonnene personelle Verflechtung zwischen DRP und WJ stellte eine zentrale Grundvoraussetzung für die enge Bindung der WJ mit der späteren NPD

---

22 Vgl. Art. Neues, in: Fanal, 1958/ Nr. 3.
23 Vgl. Peter Dudek / Hans-Gerd Jaschke, Entstehung und Entwicklung des Rechtsextremismus in der Bundesrepublik. Zur Tradition einer besonderen Politik, Bd. 1, Opladen 1984, S. 472; Gideon Botsch, Die extreme Rechte in der Bundesrepublik Deutschland 1949 bis heute, Bonn 2012, S. 54 f.
24 Vgl. Bericht über das Pfingsttreffen nationaler Jugendbünde, apabiz, Sammlung Stöss, RR Jugend, Wiking-Jugend (I); Im Archiv des apabiz finden sich zum Führungsstreit ausführliche Dokumente und Archivalien. Vgl. apabiz, Sammlung Stöss, RR Jugend, Wiking-Jugend (II).
25 Vgl. BArch B136 / 4395 – Radikale Rechtsparteien und Organisationen von 1961–1970, Bd. 6, Fiche 7.
26 Vgl. Art. Kurz notiert, in: Studien von Zeitfragen. Analysen, Berichte, Informationen zum nationalen Nonkonformismus, 1964/ Nr. 2, S. 6.
27 Vgl. Art. Auch die Jugend sammelt sich, in: Reichsruf v. 17.7.1964, S. 8. Die Ausgaben zwischen 1957 bis zur Einstellung 1964 der Wochenzeitung der DRP *Reichsruf. Zeitung für das nationale Deutschland* finden sich u. a. in der Bibliothek der Friedrich-Ebert-Stiftung (FES) in Bonn.

dar. Wolfgang Nahrath, der bereits DRP-Mitglied war, gehörte 1964 zu den Gründungsmitgliedern der NPD und blieb Zeit seines Lebens Mitglied dieser Partei.[28]

Strategisch-organisatorische Neuaufstellung seit 1968

Im Zuge des Aufschwungs der NPD Ende der sechziger Jahre veranlasste Wolfgang Nahrath eine organisatorisch-strategische Neuaufstellung der *Wiking-Jugend*. In einer in der *Deutschen National-Zeitung* publizierten Selbstdarstellung erklärte die WJ, dass sie seit 1968 „nach neuen Wegen" suche, „nachdem das bündische Denken [...] wieder in eine individualistisch-egoistische Sackgasse geriet."[29] Konkret bedeutete dies eine schrittweise Hinwendung zum offen auftretenden Neonazismus. Als neue Publikation entstand die vierteljährlich erscheinende Mitgliederzeitschrift *Wikinger*.[30] Inzwischen war Nahrath mit seiner Ehefrau Gisela Nahrath und seinen fünf Kindern in die Nähe von Aachen gezogen und arbeitete von hier aus als Chemieingenieur in der Zinkindustrie.[31] Das Wohnhaus der Familie in der Kleinstadt Stolberg sollte für die nächsten Jahrzehnte ein bedeutendes Zentrum extrem rechter Umtriebe in der Region und darüber hinaus darstellen.[32] In der Arbeit der WJ bildeten die *Pfingstlager der nationalen Jugendverbände*, die bis 1976 gemeinsam mit dem BHJ organisiert wurden, die Teilnahme an Kriegsgräberfahrten sowie die Organisation von rituellen Zeremonien wie Sonnenwendfeiern zentrale Bausteine ihrer völkischen Erziehung und Indoktrination. Nach der für die extreme Rechte enttäuschenden Wahlniederlage der NPD bei der Bundestagswahl 1969 hatte man

---

28 Vgl. Art. Nahrath, Wolfgang, in: Jens Mecklenburg (Hg.), Handbuch Deutscher Rechtsextremismus, Berlin 1996, S. 499–500.
29 Art. Wiking-Jugend gestern, heute und morgen, in: Deutsche National-Zeitung (DNZ) v. 10.8.1973, S. 9.
30 Die vorherige Zeitschrift *Fanal* war 1964 eingestellt worden; in der Zwischenzeit publizierten einzelne Funktionäre primär in der vom BHJ herausgegebenen Zeitschrift *Nachrichten aus der nationalen Jugend*. Der vollständige Titel der neuen Zeitschrift lautete: *Wikinger. Gestalt und Ausdruck volkstreuer Jugend*.
31 Laut Biber arbeitete er dort bis zum Eintritt in den Ruhestand als Laborleiter. Vgl. Biber, Nachruf. Im Jahre 1987 wurde auf den Namen Wolfgang Nahrath ein Patent auf ein Korrosionsschutzpulver eingetragen. Vgl. Wolfgang Nahrath, Patent DE3704479A1, unter: https://patents.google.com/patent/DE3704479A1/de [Zuletzt aufgerufen am 5.4.2021].
32 Vgl. Thomas Müller, Die Wiking-Jugend und ihr Stolberger Zentrum. Zur Vorgeschichte eines neonazistischen „Symbolorts", in: Dominik Clemens (Hg.), Mythos Stolberg. Zur Instrumentalisierung einer Gewalttat durch Neonazis, Norderstedt 2012, S. 35–54.

sich an der kurzlebigen *Aktion Widerstand* beteiligt, deren Kundgebung in Würzburg im Oktober 1970 in der Geschichte der extremen Rechten in der Bundesrepublik eine einschneidende Wegmarke zum Rechtsterrorismus der siebziger und achtziger Jahre darstellte.[33] In diesem Prozess übernahm die *Wiking-Jugend* die Funktion eines „Durchlauferhitzers"[34] für neonazistische Karrieren. Paramilitärische Wehrsportübungen gehörten seit jeher neben politischer Schulung und volkstümlicher Brauchtumspflege zum Ausbildungsprogramm der WJ. Gruppenwettkämpfe in „Wehrkampf" waren nun fester Bestandteil jedes Pfingstlagers.[35] Ein nicht unerheblicher Teil der neuen Generation an Neonazis, die mit Waffengewalt und terroristischen Mitteln ihre Ziele verfolgten, hatten eine ideologische und paramilitärische Ausbildung in der *Wiking-Jugend* durchlaufen. So wurden 1979 im Bückeberger Prozess Uwe Rohwer, der auf seinem „Wikinghof" als Führer des Gau „Nordmark" im schleswig-holsteinischen Dörpstedt monatlich WJ-Lager für Kinder und Jugendliche organisierte, sowie dessen Stellvertreter Manfred Börm wegen Mitgliedschaft in einer terroristischen bzw. kriminellen Vereinigung zu mehrjährigen Haftstrafen verurteilt.[36] Bereits zuvor hatte Börm in einem anderen Prozess eine siebenmonatige Haftstrafe wegen gefährlicher Körperverletzung erhalten, die zur Bewährung ausgesetzt wurde. Bei einem Angriff auf ein Journalistenteam am Rande eines Ausbildungslagers in der Eifel hatte er einen Holzpflock in die Windschutzscheibe dessen Fahrzeugs gerammt.[37] Nach seiner Haftentlassung heiratete Manfred Börm Nahraths Tochter Ute.[38]

---

33 Vgl. Christoph Kopke, Die *Aktion Widerstand* 1970/71: Die „nationale Opposition" zwischen Sammlung und Zersplitterung, in: Massimiliano Livi / Daniel Schmidt / Michael Sturm (Hg.), Die 1970er Jahre als schwarzes Jahrzehnt. Politisierung und Mobilisierung zwischen christlicher Demokratie und extremer Rechter. Frankfurt am Main/New York 2010, S. 249–262.
34 Vgl. Dudek/Jaschke, Entstehung, S. 164.
35 Vgl. Art. Wir tragen die Rune der strahlenden Sonne, in: Deutscher Anzeiger, 1977/Nr. 26, S. 7. Ebenso vgl. Karl-Klaus Rabe (Hg.), Rechtsextreme Jugendliche. Gespräche mit Verführern und Verführten. Bornheim 1980, S. 11–29.
36 Vgl. Barbara Manthe, Rechtsterroristische Gewalt in den 1970er Jahren. Die Kühnen-Schulte-Wegener-Gruppe und der Bückeberger Prozess 1979, in: Vierteljahrshefte für Zeitgeschichte (VfZ) 48 (2020), H. 1, S. 63–93.
37 Vgl. Roland Kirbach, „Mit Politik hat das nichts zu tun". Freisprüche und Bewährungsstrafen für Schläger der „Wiking-Jugend", in: Vorwärts v. 1.3.1979, S. 8. Über die Ereignisse berichtete einer der beteiligten Journalisten. Vgl. Dirk Gerhard, Neofaschisten in der Bundesrepublik, 1. Folge, Die Wiking-Jugend, in: Die Tat, 1977/Nr. 45, S. 9–10; Wolfgang Nahrath bezeichnete die Berichte über den Überfall als „Paradebeispiel manipulativer Berichterstattung". Vgl. Art. Fernsehlügen über Wiking-Jugend. Interview mit dem Bundesführer Wolfgang Nahrath, in: Deutscher Anzeiger, 1976/Nr. 35, S. 7.
38 Vgl. Franziska Hundseder, Militante Pimpfe und Jungmädel, in: Die Zeit v. 1.4.1988; dies., Unter dem Banner der Jugendlichkeit, in: Blick nach rechts, 1987/Nr. 23, S. 1–4.

Derartige Verbindungen innerhalb der hermetisch nach außen geschlossenen Strukturen der WJ waren keine Seltenheit, da die „volkstreuen Familie" eine zentrale Stellung in ihrem Erziehungskonzept einnahm. Familie und Ehe galten als „lebenswichtige Zelle eines jeden Volkes".[39] Schon Wolfgang Nahrath hatte 1956 die Sprecherin der *Deutschen Unitarier Jugend* und ehemalige BDM-Ringführerin, Gisela Kaul geheiratet. Auch weitere ihrer fünf Kinder heirateten innerhalb der WJ-Strukturen und vergrößerten so die „Gesinnungssippe". Im Verständnis der *Wiking-Jugend* galt diese als Bollwerk gegen eine drohende geistige Umerziehung des deutschen Volkes:

> Sie ist als der kleinste natürliche Blutsverband eine der bedeutendsten Grundlagen unseres gesamten Lebens. Jeder Mensch wird im Elternhaus entscheidend beeinflußt. Volksfeindliche Systeme wie der Bolschewismus zerstören deshalb zuerst das Familienleben, um die Menschen zu entwurzeln und ihren Ideen zugänglich zu machen. Eine Gesundung unseres Volkes ist also nur möglich durch eine zielbewußte Pflege der Familie.[40]

Demensprechend war eine hohe Kinderzahl genauso erwünscht wie eine Ideologisierung des Familienalltags. In der Rubrik „Sippennachrichten" des *Wikinger* wurden Geburten, Hochzeiten und Todesfälle verkündet. Die Namenswahl von Neugeborenen fiel fast ausschließlich auf „germanische" Namen. Bürgerliche und christliche Feste wurden durch Rituale wie „Lebens-", „Jugend-" und „Eheleiten" ersetzt.[41] Generell sollten diese Rituale sinnstiftend auf das Weltbild wirken und eine geistige Traditionslinie zu den germanischen Vorfahren imaginieren. Folglich waren sie ein zentrales Element bei allen Lagern und Zusammenkünften der WJ. Neben den *Tagen volkstreuer Jugend* zu Pfingsten gehörten nun auch Winterlager zum festen Bestandteil ihres jährlichen Veranstaltungskalenders. Seit Anfang der achtziger Jahre formierten sich erste zivilgesellschaftliche Proteste gegen die an Sylvester von der WJ organisierten „Mahnfeuer" an der innerdeutschen Grenze.[42] Ausschlaggebend für das ab 1985 geltende Verbot dieser Veranstaltungen war die aktive Zusammenarbeit der WJ mit der neonazistischen *Freiheitlichen Deutschen Arbeiterpartei* (FAP), die als Auffangbecken für Anhänger:innen der zuvor verbotenen *Aktionsfront Nationaler Sozialisten/Nationale Aktivisten* (ANS/NA) um Michael Kühnen und Thomas Brehl diente.[43] Regelmäßig trafen sich im Hause Nah-

---

39 Bundesführung der Wiking-Jugend, Idee und Gestalt, S. 1.
40 Vgl. Wikinger, 1992/Nr. 3, S. 5.
41 Vgl. die Beiträge „Sippennachrichten" in verschiedenen Ausgaben der Zeitschrift *Wikinger*.
42 Vgl. hierzu ausführliche Presseberichte in: Hartmut-Meyer-Archiv, Ordner Nr. 48, Wiking-Jugend.
43 Vgl. Arbeitskreis Neofaschismus (Hg.), Informationsbroschüre, Männer für's Grobe. Der schlagende Arm der rechten Bewegung. FAP, NF, WJ, Hooligans. Versuch einer Darstellung. München 1991. Zu Michael Kühnen vgl. den Beitrag von Ann-Kathrin Mogge in diesem Band.

rath in Stolberg nun die führenden Köpfe des militanten Neonazismus der Bundesrepublik. Mit Thomas Brehl schloss Wolfgang Nahrath gar ein formelles Bündnis und eine gemeinsame Aktionsplattform. Explizit verkündete die Neonazi-Postille *Die Neue Front*, dass „es keiner neuen Jugendorganisation bedarf, sondern die Kameradinnen und Kameraden unter 16 Jahren in der *Wiking-Jugend* bestens aufgehoben"[44] seien. In einem Interview mit dem FAP-Blatt *FAP intern* bekannte Nahrath, selbst Mitglied der NPD: „Ein Teil unserer Mitglieder ist in der FAP organisiert, mein ältester Sohn ist sogar im Parteivorstand."[45] Die maßgeblich von Nahrath vorangetriebene Kooperation fand nicht überall Unterstützung und führte zu Spannungen in der Führungsriege der *Wiking-Jugend*. Dabei waren es nicht nur politische Differenzen, sondern auch das Auftreten und Verhalten der neuen Generation an extrem rechten Skinheads innerhalb der WJ, die einen Kreis um den „Bundesfahrtenführer" Rudi Wittig im Jahre 1987 dazu verleitete, sich abzuspalten und mit dem *Jugendbund Sturmvogel* eine neue Jugendorganisation zu gründen.[46] Sie warfen Nahrath vor, sich mit der Duldung von nicht „brauchtumsgemäßem" Verhalten wie dem Konsum von Cola und Zigaretten von den ursprünglichen Zielen der *Wiking-Jugend* verabschiedet zu haben.[47]

Ungeachtet dessen setzte Nahrath seinen Kurs fort. Mitglieder der FAP übernahmen fortan Schutzaufgaben bei den *Tagen der volkstreuen Jugend*, die nun jährlich in Hetendorf stattfanden. Hier, in der niedersächsischen Provinz zwischen Celle und Lüneburg, betrieb der Anwalt und WJ-Anhänger Jürgen Rieger seit einigen Jahren ein Schulungszentrum für Neonazis mit bundesweiter Ausstrahlungskraft.[48] Zu den Pfingst- und Herbstlagern der WJ kamen regelmäßig mehrere hundert Kinder, Jugendliche und Erwachsene nach Hetendorf.[49]

Im „Bewegungsstreit", der die neonazistische Szene ab 1986 für einige Jahre an der Frage über den Umgang mit Homosexualität spaltete, stand Nahrath auf

---

44 Die Neue Front 21/1985, S. 14 f., zit. n.: Vereinigung der Verfolgten des Naziregimes – Bund der Antifaschisten, Landesverband NRW (Hg.), Informationsbroschüre, ...und für Auflösung und sofortiges Verbot der FAP, Düsseldorf 1986, S. 14.
45 Art. „Wir sind ein sozialistischer Jugendverband." Gespräch mit Wolfgang Nahrath, dem Bundesführer der „Wiking-Jugend", in: FAP intern, 1989/Nr. 11, S. 7–11, hier S. 9.
46 Vgl. Art. Turbulenzen bei rechten Jugendorganisationen, in: Arbeiterkampf. Zeitung des Kommunistischen Bundes v. 12.12.1988, S. 21.
47 Leitartikel, in: Junge Familie, Zeitschrift der neuen Generation, S. 4.
48 Zu Jürgen Rieger vgl. den Beitrag von Christoph Schulze in diesem Band.
49 Vgl. Antifaschistischer Arbeitskreis Hetendorf 13 (AAH13), Informationsbroschüre, Hetendorf 13. Faschistisches Zentrum in Niedersachsen, Hannover 1995.

Seiten der Gruppe um Jürgen Mosler, die Homosexualität als „Krankheit und Verrat am Volk" betrachten.[50]

Nahrath als Integrationsfigur und Brücke zur NPD

Im Jahre 1991 übergab Wolfgang Nahrath nach dreißig Jahren den Posten des Bundesführers an seinen 29-jährigen Sohn Wolfram. Der neue Standort an dessen Wohnort in Berlin diente dem Jurastudenten Wolfram Nahrath als Ausgangspunkt für den Aufbau neuer Strukturen in den Gebieten der ehemaligen DDR.[51] Dennoch blieb auch das weit im Westen der Bundesrepublik liegende Wohnhaus Nahraths in Stolberg ein wichtiges Zentrum des Neonazismus – bis zum Verbot 1994 befand sich hier die Bundesgeschäftsstelle der WJ.

Nach seinem Rücktritt war Nahrath für zwei Jahre als ehrenamtlicher Richter am Sozialgericht in Aachen tätig. Erst seine öffentliche Bekundung, dass er die Gesetze des NS-Staats „in der Rangfolge" über dem Grundgesetz sehe, führte dazu, dass er im April 1994 von diesem Amt enthoben wurde.[52] Auch als „Altbundesführer" galt Wolfgang Nahrath weiterhin als „Integrationsfigur zwischen den verschiedensten Lagern"[53] der extremen Rechten und agierte als Brücke zur NPD, die sich nach zwei krisenhaften Jahrzehnten und der Übernahme des Parteivorsitzes durch Günter Deckert 1991 deutlich radikalisiert hatte. Die Etablierung eines nationalsozialistischen Parteiflügels spiegelt sich besonders in der Wahl Nahraths in den NPD-Bundesvorstand 1993 (bis 1996) sowie in seiner Nominierung zu einem der Spitzenkandidaten für den Europawahlkampf 1994 wider. Im Radikalisierungsprozess der NPD übernahm deren Jugendorganisation, *Junge Nationaldemokraten* (JN), eine Schlüsselfunktion, indem sie sich trotz eines bestehenden Unvereinbarkeitsbeschlusses für militante Neonazis öffneten.[54] Mit dem Umzug der JN-Bundesgeschäftsstelle ins Privathaus Nahrath wurde die Verzahnung von JN und

---

50 Art. Rolle und Position der FAP in der faschistischen Bewegung, in: Antifaschistische Aktion / Bundesweite Organisation, Informationsbroschüre, Kampf der FAP! Dem organisierten Neofaschismus entgegengetreten!, o.O, 1994, S. 6–17, hier S. 9.
51 Vgl. ID-Archiv im ISSG (Hg.), Drahtzieher im braunen Netz. Der Wiederaufbau der „NSDAP", Amsterdam/Berlin 1992, S. 85 ff.
52 Art. Mitglied der NPD verliert Richteramt, in: SZ v. 29.4.1994, S. 6.
53 Art. Neonaziführer Raoul Nahrath verstorben, in: Antifaschistisches Info-Blatt (AIB), 2003/ Nr. 1, unter: https://www.antifainfoblatt.de/artikel/neonazif%C3%BChrer-raoul-nahrath-verstorben [Zuletzt aufgerufen am 5.4.2021]. Im genannten Artikel wird fälschlicherweise Raoul Nahrath genannt, obwohl es sich um Wolfgang Nahrath handelt.
54 Vgl. Botsch, Rechte, S. 111 f.

Wiking-Jugend weiter forciert. Nahrath gab gar im Namen von NPD, FAP und WJ gemeinsame Flugblätter heraus.[55] Es war dementsprechend ein logischer Schritt, dass sich JN und NPD angesichts des zu erwartenden Verbots als legale und aktionsfähige Auffangstruktur für viele WJ-Mitglieder anboten.[56] Die WJ hatte also unter maßgeblicher Führung Wolfgang Nahraths bereits verschiedene Vorbereitungen getroffen, als sie am 10. November 1994 das absehbare Verbot durch Bundesinnenminister Kanther traf.[57]

Als angesehene „graue Eminenz" trat Wolfgang Nahrath in den folgenden zehn Jahren bis zu seinem Tod auf zahlreichen Veranstaltungen des neonazistischen Spektrums auf. Zuletzt 2001 auf einer NPD Demonstration in Berlin gegen die zweite „Wehrmachtausstellung" des Hamburger Instituts für Sozialforschung.[58] Schwer erkrankt starb er im Alter von 73 Jahren am 27. Februar 2003.[59]

Mit seinem autoritären Führungsstil und einem selbstherrlichen Auftreten hatte er dreißig Jahre lang als glühender Verehrer Adolf Hitlers die *Wiking-Jugend* geprägt und sie nach Vorbild der *Hitlerjugend* zur nationalsozialistischen Jugendorganisation aufgebaut. Hierbei stellten die „Kriegsjugend" und seine persönlichen Erfahrungen in der HJ zeitlebens die historische Referenzgröße seines politi-

---

55 Vgl. Faksimile, Gemeinsames Flugblatt von NPD, Wiking-Jugend und FAP, in: Ministerium des Innern des Landes Nordrhein-Westfalen (Hg.), Verfassungsschutzbericht des Landes Nordrhein-Westfalen 1994, Düsseldorf 1995, S. 104.
56 Vgl. Art. Wiking-Jugend zur NPD, in: Der Spiegel, 1994/Nr. 48, S 16.
57 Vgl. Art. Verhandlung über Wiking-Jugend, in: SZ v. 6.3.1999, S. 6; Ministerialblatt NRW, 52 (1999), S. 876.
58 Die „Wehrmachtsausstellungen" des Hamburger Instituts für Sozialforschung dokumentierten mithilfe von zahlreichen Fotografien die Verbrechen der Wehrmacht während des deutschen Angriffskrieges auf die Sowjetunion 1941–1944. Weil sie das Narrativ einer „sauberen Wehrmacht" als Mythos entlarvten, wurden sie von einer hitzigen Debatte in der Bundesrepublik begleitet. Das Bekanntwerden von inhaltlichen Fehlern in der Zuordnung von Fotografien sowie Kritik am Ausstellungsformat verleiteten den Institutsleiter Jan-Philipp Reemtsma dazu, die erste Ausstellungsfassung, die von März 1995 bis November 1999 in insgesamt 34 deutschen Städten gezeigt worden war, zurückzuziehen und eine neue Ausstellung konzipieren zu lassen. Zur Debatte um die „Wehrmachtsausstellungen" vgl. Gerd Wiegel, Das Verschwinden der Bilder. Von der alten zur neuen „Wehrmachtsausstellung", unter: https://www.widerstand-1933-1945.de/content/article/143/-/ [Zuletzt aufgerufen am 5.4.2021]. Die extreme Rechte in der Bundesrepublik – allen voran die NPD – mobilisierte zu zahlreichen Aufmärschen gegen die Ausstellung. In München folgten am 1. März 1997 etwa 5.000 Rechtsextremist:innen einem Aufruf von NPD und JN zu der größten Neonazidemonstration in Deutschland nach 1945. In Saarbrücken detonierte am 9. März 1999 ein vermutlich von Neonazis deponierter Sprengsatz am Gebäude der Volkshochschule, in der die Ausstellung gezeigt wurde. Vgl. hierzu Art. Bombenanschlag gegen die „Wehrmachtsausstellung" in Saarbrücken, in: AIB, 1999/Nr. 2, unter: https://www.antifainfoblatt.de/artikel/bombenanschlag-gegen-die-wehrmachtsausstellung-saarbr%C3%BCcken [Zuletzt aufgerufen am 5.4.2021].
59 Vgl. Art. Neonaziführer Raoul Nahrath verstorben.

schen Wirkens dar. In einem Nachruf in der NPD-Zeitung *Deutsche Stimme* ehrte ihn der ehemalige SS-Angehörige und langjährige *Wiking-Jugend*-Kamerad Sepp Biber, der schon beim Tode des Vaters Raoul die Trauerrede gehalten hatte, als „Kämpfer für Volk und Reich."[60] Die *Kameradschaft Aachener Land* (KAL), deren Gründung er kurz vor seinem Tod noch beobachten konnte, hob ihn gar auf eine Stufe mit dem „nationalen Märtyrer" der NS-Bewegung Albert Leo Schlageter[61] und huldigte ihm in mehreren Gedenkveranstaltungen.[62]

---

60 Biber, Nachruf.
61 Albert Leo Schlageter (1894–1923) war in der Zeit nach dem Ersten Weltkrieg ein Angehöriger verschiedener paramilitärischer Freikorpsverbände, die u. a. mit Terroraktionen gegen die französisch-belgische Besetzung des Ruhrgebiets kämpften. Wegen Spionage und Sprengstoffanschlägen wurde Schlageter im April 1923 festgenommen und später von einem französischen Militärgericht zum Tode verurteilt. Die Nationalsozialisten glorifizierten Schlageter im Anschluss als Nationalhelden und verehrten ihn als „ersten Soldaten des Dritten Reiches". Vgl. Stefan Zwicker, „Nationale Märtyrer". Albert Leo Schlageter und Julius Fucik. Heldenkult, Propaganda und Erinnerungskultur, Paderborn 2006.
62 Vgl. Michael Klarmann, Strafanzeigen gegen KAL und NPD wegen Nahrath- und Heß-Huldigungen, unter: http://klarmann.blogsport.de/2008/05/30/rechts-strafanzeige-gegen-kal-wegen-nahrath-huldigung/ [Zuletzt aufgerufen am 5.4.2021].

Stefanie Haupt
Elisabeth Neumann-Gundrum (1910–2002)

Eine Produzentin völkischer Vorgeschichtsbilder und Agitatorin in rechten Kulturnetzwerken

Elisabeth Neumann-Gundrum war eine Marburger Publizistin, die vornehmlich in den achtziger und neunziger Jahren mit ihren abwegigen Thesen über altsteinzeitliche „Groß-Skulpturen" in die Öffentlichkeit trat und damit zur Produktion und Verbreitung von Geschichtsbildern in völkischer Tradition beitrug. Sie agierte vor allem innerhalb eines (rechts-)esoterischen und extrem rechten Netzwerks, konnte gelegentlich aber auch darüber hinaus ein Publikum ansprechen. Der vorliegende Beitrag rekonstruiert ihre Biografie skizzenhaft anhand personenbezogener Unterlagen aus verschiedenen Archiven.[1] Ihre Schriften geben einen Einblick in ihr Werk und Weltbild. Eine im Landesarchiv Nordrhein-Westfalen überlieferte, erstmals von Uta Halle ausgewertete Korrespondenz zwischen Neumann-Gundrum und Walther Matthes (1901–1997) bietet wertvolle Einblicke in ihre politische Agitation.[2] Über drei Jahrzehnte tauschte sie sich mit dem 1969 emeritierten Hamburger Professor für Vor- und Frühgeschichte über ihre Arbeit und seine Forschung zu altsteinzeitlichen „Gesichtssteinen" aus und berichtete in diesem Zusammenhang aus ihrem Netzwerk.

Biografisches

Elisabeth Neumann[3] wurde am 16. März 1910 als Tochter des Arztes Ernst Julius Neumann und dessen Frau Meline, geb. Euker (1878–1936) in Gelsenkirchen-Buer

---

[1] Für die Unterstützung bei den Recherchen danke ich Roland Linde, Jan Raabe und Klaudia Wolf von der Lippischen Landesbibliothek in Detmold.
[2] Vgl. Uta Halle, „Treibereien wie in der NS-Zeit." Kontinuitäten des Externsteine-Mythos nach 1945, in: Uwe Puschner / G. Ulrich Großmann (Hg.), Völkisch und national. Zur Aktualität alter Denkmuster im 21. Jahrhundert, Darmstadt 2009, S. 195–213, hier S. 201–205. Die Korrespondenz, die fast ausschließlich Neumann-Gundrums zwischen 1965 und 1995 verfasste Briefe enthält, findet sich im Nachlass von Walther Matthes: Landesarchiv Nordrhein-Westfalen, Abteilung Ostwestfalen-Lippe (LAV NRW OWL), D72 Matthes Nr. 32, unpaginiert.
[3] Den Namenszusatz „Gundrum" – der Mädchenname ihrer Großmutter Anna Margarethe Euker (1848–1925) aus Alsfeld – trug sie seit ca. 1967, um damit auf eine vermeintlich bis nach Atlantis reichende genealogische Verbindung hinzuweisen, vgl. Halle, „Treibereien", S. 201. Da sie als Pu-

∂ Open Access. © 2023 Stefanie Haupt, publiziert von De Gruyter. Dieses Werk ist lizenziert unter der Creative Commons Attribution-NonCommercial-NoDerivatives 4.0 Lizenz.
https://doi.org/10.1515/9783111010991-018

geboren. Sie war evangelisch getauft und hatte zwei jüngere Brüder. Nach ihrem Besuch des dortigen Lyzeums und einem einjährigen Aufenthalt an der Frauenschule auf Hermannswerder in der Nähe von Potsdam legte sie 1930 ihr Abitur an der Oberschule Gladbeck ab. Daran schloss sie ein Studium der Fächer Deutsch, Geschichte, Kunstgeschichte, Philosophie und Religionswissenschaft an, das sie nach Basel, Marburg, Leipzig und zuletzt nach Münster führte. Dort promovierte sie 1935 mit einer Arbeit über Rainer Maria Rilke bei dem Germanisten Günther Müller (1890–1957).[4]

Ihr Interesse an esoterischen und mystischen Themen zeigte sich bereits während ihrer Studienzeit, ebenso wie ihr eigenwilliges Verständnis von wissenschaftlichem Arbeiten und ihr gewöhnungsbedürftiger Schreibstil.[5] So stellte ihr Doktorvater im Gutachten zur Dissertation fest:

> Freilich war solches Verstehen [der Zehnten der Duisener Elegien Rilkes, SH] nicht auf rein rationalem Weg möglich. Verf[asserin] hat die Gabe, sich dem Hintersinn der Rilkeschen Verse und Bilder anzuvertrauen und ihn mitschwingend zu vollziehen. [...] Ihre Darlegungen sind – auch abgesehen von dem Zustand des Manuskripts – schwer zu lesen und verlangen williges Mitgehen; zuweilen entgleiten ihr die Sätze in völlige Unübersichtlichkeit.[6]

Trotz dieser Kritik erhielt ihre Dissertation die Note „sehr gut".[7]

Ein Jahr nach der Erlangung des Doktorgrades bestand sie in Münster ihr Staatsexamen für das Lehramt. Von 1938 an absolvierte sie den Vorbereitungsdienst an zwei Schulen in Berlin und legte Ostern 1941 ihre Abschlussprüfung ab. Unmittelbar im Anschluss daran trat sie jedoch aus dem Schuldienst aus und arbeitete als Lektorin in Berlin.[8] Nach Ende des Krieges ging sie nach Marburg, wo

---

blizistin und rechte Agitatorin vor allem mit diesem Namenszusatz in Erscheinung trat, verwende ich ihn im Folgenden einheitlich.
4 Informationen zum Studium aus den Akten des Universitätsarchivs Münster (UAM), Promotionsakte Bestand 65 Nr. 3028; Studierendenkartei Bestand 209; Matrikelbuch Bestand 4 Nr. 1035.
5 In ihren mündlichen Prüfungsfächern sprach sie u. a. über „Spezifisch deutsche Züge in der ald[eutschen] Mystik", das Werk des Theosophen Jakob Böhme oder „Die Götter in der Edda". Vgl. Notizen der Prüfer Günther Müller und Jost Trier (Deutsche Philologie), Anton Eitel (Geschichte) und Peter Wust (Philosophie), v. 18.3.1935, UAM, Bestand 65 Nr 3028. Rückblickend schrieb Neumann-Gundrum, dass sich bei ihr bereits als 13-jähriges Mädchen Zeichen „erbilderten", die sie als „Urbilder unserer Menschengruppe" erkannt haben wollte. Vgl. Schreiben v. 12.1.1967, LAV NRW OWL, D72 Matthes Nr. 32.
6 Beurteilung der Dissertation von Günther Müller und Jost Trier, v. 24.2.1935, UAM, Bestand 65 Nr 3028.
7 Die Arbeit „Die Verschiebung des Erlebnisses ‚Wirklichkeit' in mittleren und späteren Dichtungen Rainer Maria Rilkes" wurde 1935 im Verlag ihres Onkels Karl Euker veröffentlicht.
8 Vgl. Lebenslauf v. 28.7.1948 und Meldebogen v. 27.4.1946 aus ihrer Prozessakte, Hessisches Hauptstaatsarchiv Wiesbaden (HHStAW), Bestand 520/27 Nr. 19386, unpaginiert.

ihre Familie mütterlicherseits über mehrere Generationen ansässig war und wo ihr eine Stelle als Studienassessorin in Aussicht gestellt wurde.[9]

In einem ersten Spruchkammerurteil wurde Neumann-Gundrum 1946 wegen ihrer Mitgliedschaft in der NSDAP (Mitgliedsnummer: 5.412.636), in die sie am 1. Mai 1937 aufgenommen worden war,[10] in die Gruppe der Mitläufer eingestuft und zu einer Sühneleistung in Höhe von 100 RM aufgefordert.[11] In der von ihr beantragten Wiederaufnahme des Verfahrens inszenierte sie mit Hilfe neuer Zeugenaussagen und einer eidesstattlichen Erklärung ihren Austritt aus dem Schuldienst als Absage an den Nationalsozialismus. Als Argument führte sie an, sie habe ihren Unterricht nicht „im Dienste der Wahrheit"[12] gestalten können. Die Spruchkammer folgte ihrer Darstellung und ordnete sie am 25. November 1948 in die Gruppe der Entlasteten ein. Das Urteil wurde damit begründet, „daß sie in ihrem Unterricht die nationalsozialistischen Richtlinien verletzte, und daß sie aus Opposition gegen den Nationalsozialismus den Staatsdienst verließ, aktiv Widerstand geleistet und Nachteile erlitten"[13] habe.

Die tatsächlichen Beweggründe für Neumann-Gundrums Austritt aus dem Schuldienst lassen sich aus dem vorliegenden Material nicht eruieren. Entscheidend war, dass sie diesen Schritt in dem Verfahren als bewusste Entscheidung gegen den NS-Staat darstellte. Hanne Leßau zeigt in ihrer Studie über die Praxis des biografischen Erzählens in Entnazifizierungsprozessen, dass in der deutschen Bevölkerung ebenso wie unter Angehörigen der alliierten Besatzungsbehörden die Vorstellung verbreitet war, der Nationalsozialismus sei ein „kollektivierendes Zwangssystem" gewesen, das Individualität unterdrückt habe. Vor dem Hintergrund dieser Sichtweise – die die breite gesellschaftliche Zustimmung zum NS-Staat außer Acht ließ – fanden Darstellungen, in denen individuelles Handeln nachträglich als politische Ablehnung präsentiert wurde, in den Verfahren häufig Akzeptanz.[14]

Wie sich an Neumann-Gundrums weiterem Lebensweg zeigt, war sie keinesfalls die „missbrauchte Idealistin", als die sie sich in ihrem Entnazifizierungsver-

---

9 Vgl. Abschrift über die Bescheinigung des Stadtschulrats v. 9.10.1945, HHStAW Bestand 520/27 Nr. 19386. Zur Familie ihrer Mutter existiert eine Familienchronik. Vgl. Karl Euker, Überlieferungen der Familie Euker, Marburg 1937, Exemplar im Stadtarchiv Marburg N 1, 887.
10 Vgl. Bundesarchiv, NSDAP-Mitgliederkartei (Gaukartei).
11 Vgl. Sühnebescheid der Spruchkammer Marburg v. 13.11.1946, HHStAW, Bestand 520/27 Nr. 19386.
12 Spruchkammerurteil v. 25.11.1948, HHStAW, Bestand 520/27 Nr. 19386.
13 Ebd.
14 Vgl. Hanne Leßau, Entnazifizierungsgeschichten. Die Auseinandersetzung mit der eigenen NS-Vergangenheit in der frühen Nachkriegszeit, Göttingen 2020, S. 480–486.

fahren dargestellt hatte. Sie bewegte sich in extrem rechten Kreisen und hatte keinerlei Skrupel, mit ehemaligen NS-Funktionären zusammenzuarbeiten, um ihr eigenes völkisches Weltbild zu verbreiten.

Im Schuldienst war sie vermutlich bis 1970. Anfang der fünfziger Jahre lehrte sie zusätzlich einige Semester Philosophie an der staatlichen Hochschule für bildende Künste in Kassel, die sich in den Nachkriegsjahren Räumlichkeiten mit der Heinrich-Schütz-Schule teilte, an der sie zu dieser Zeit unterrichtete.[15] Mit ihrem Eintritt in den Ruhestand widmete sie sich ganz ihrer Publikationstätigkeit und ihrer politischen Agitation. Sie starb am 4. November 2002 in Marburg.

Werk und Weltbild

Elisabeth Neumann-Gundrums Hauptwerk, eine umfangreiche, mit zahlreichen Farbbildern aufwendig gestaltete Monografie mit dem Titel „Europas Kultur der Groß-Skulpturen" erschien 1981.[16] Wie aus ihren Briefen hervorgeht, arbeitete sie daran seit etwa Ende der sechziger Jahre. Walther Matthes gegenüber schilderte sie, wie sie 1966 bei einer Führung an den Externsteinen im Teutoburger Wald nahe der Stadt Detmold in einem der Felsen eine von Menschenhand bearbeitete Figur zu erkennen meinte. Im Schlaf sei ihr später die Erkenntnis über die Existenz von „Groß-Skulpturen" gekommen.[17]

Die Sichtung angeblich künstlich geschaffener Figuren an den Externsteinen war keineswegs neu: Bereits 1866 glaubten Besucher, ein riesiges menschliches

---

15 Vgl. Hessisches Staatsarchiv Marburg (HStAM), Bestand 429/1 Nr. 67, 81 und 170, unpaginiert. Einmalig taucht im Sommersemester 1963 eine Ankündigung für eine Übung in deutscher Philologie auf; ebd. Nr. 81.
16 Vgl. Elisabeth Neumann-Gundrum, Europas Kultur der Groß-Skulpturen. Urbilder/Urwissen einer europäischen Geistesstruktur, Gießen 1981. Eine Neuauflage erschien 1994. Der befreundete NPD-Politiker Wolfgang Gaewert (1922–2009) aus Hannover, der sie auch bei Exkursionen begleitet hatte, unterstützte die Publikation mit 70.000 DM. Vgl. Maria Schmidt, Gedenken an Wolfgang Gaewert. Freund und Unterstützer von Frau Dr. Elisabeth Neumann-Gundrum, in: Ur-Europa e. V. (Hg.), Ur-Europa Jahrbuch 2011. Vorträge der öffentlichen Tagung Homburg/Saar, Herbst 2010, S. 9.
17 Vgl. Schreiben v. 23.11.1967, LAV NRW OWL, D72 Matthes Nr. 32. Grundsätzlich zur Entstehung und Rezeption völkischer und extrem rechter Externsteine-Deutungen vgl. Uta Halle, „Die Externsteine sind bis auf weiteres germanisch!" Prähistorische Archäologie im Dritten Reich, Bielefeld 2002; Larissa Eikermann / Stefanie Haupt / Roland Linde / Michael Zelle (Hg.), Die Externsteine. Zwischen wissenschaftlicher Forschung und völkischer Deutung, Münster 2018.

Gesicht an einem der hoch aufragenden Sandsteinfelsen zu erkennen.[18] Ein Jahrhundert später legte der Patentanwalt Wilhelm Langewiesche (1901–1981) in Kreisen der völkischen Externsteine-Forschung eine kleine Schrift mit eigenen „Entdeckungen" von Felsbildern vor.[19] Neumann-Gundrum hatte Langewiesche 1967 in Regensburg kennengelernt und als „Externsteine-besessen" bezeichnet.[20] Seine im Selbstverlag erschienenen Schriften erreichten jedoch nicht die Bekanntheit von Neumann-Gundrums Arbeit, so dass die Vorstellung von „Groß-Skulpturen" an den Externsteinen bis heute vor allem mit ihrem Namen verbunden ist.

In ihrem Buch entfaltete Neumann-Gundrum das Bild einer rund 10.000 Jahre alten, bis dahin unbekannten „alteuropäischen Hochkultur", die ihre Spuren in Form von über die Jahrtausende verwitterten und teilweise absichtsvoll während der Christianisierung zerstörten Skulpturen an Felsen und Felsformationen hinterlassen habe. In ihrer Arbeit widmete sie sich der Dokumentation und Interpretation solcher vermeintlichen „Groß-Skulpturen", die sie nicht nur an den Externsteinen, sondern auch im Sauerland am Istenberg sowie – um ein gesamteuropäisches Phänomen zu konstruieren – in Spanien, Frankreich, Österreich, der Schweiz und in Norwegen, zu erkennen glaubte. In den Felsen sah sie vor allem Menschenfiguren und Tierdarstellungen.[21]

Die Figuren repräsentierten in ihrer Lesart die „monumentalste[...] Bildschrift, welche die menschliche Geschichte bisher kennt"[22] und die sie in ihrer Arbeit entschlüsseln wollte. Ein von ihr als „Zwie(ge)sicht" angesprochenes wiederkehrendes Motiv, das vermeintliche Gesichter mit nur einem bzw. mit einem geöffneten und einem geschlossenen Auge darstellen sollte, deutete sie als Ausdruck

---

18 Vgl. Jürgen Hartmann, „Denkwürdigkeiten" am Externsteine im Jahre 1866, in: Rosenland. Zeitschrift für lippische Geschichte (2017), Nr. 19, S. 55–57, online unter: http://www.rosenland-lippe.de/wp-content/uploads/2017/12/Rosenland-19.pdf [Zuletzt aufgerufen am 10.6.2021].
19 Vgl. Wilhelm Langewiesche, Externstein-Felsbilder, Regensburg o. J. [ca. 1963]. Vgl. dazu Roland Linde, Visionen des Paganen. Die Externsteine als vorchristliche Kultstätte in völkischen, esoterischen und neuheidnischen Vorstellungswelten, in: Christoph Stiegemann / Christiane Ruhmann (Hg.), Credo. Christianisierung Europas im Mittelalter, Bd. 3, Petersberg 2017, S. 162–171, hier S. 167; Jan Raabe / Karsten Wilke, Die Externsteine und die extreme Rechte. Von Interpreten, Mittlern und Rezipienten, in: Eikermann/Haupt/Linde/Zelle (Hg.), Externsteine, S. 477–509, hier S. 492.
20 Vgl. Schreiben v. 3.11.1967, LAV NRW OWL, D72 Matthes Nr. 32; Langewiesche war der Sohn des Bündner Heimatforschers und ebenfalls völkisch eingestellten Friedrich Langewiesche (1867–1958), der in den dreißiger Jahren bereits über die Externsteine publiziert hatte.
21 Speziell anhand angeblicher Widder-Darstellungen behauptete sie eine Datierung in die Altsteinzeit vornehmen zu können. Vgl. Neumann-Gundrum, Groß-Skulpturen, S. 82 f., 86, 273, dazu Halle, „Treibereien", S. 202 f.
22 Neumann-Gundrum, Groß-Skulpturen, S. 30.

und Symbol von Weisheit und Erkenntnis.[23] Bei einem weiteren von ihr ausgemachten Figurentypus, den sie „Atemgeburt" nannte, sollen den imaginierten Figuren aus Nase und Mund kleinere Gesichter und Köpfe quellen. Das Motiv symbolisiere den „Durchbruch eines inneren Wesens, das aufgrund der Atemsymbolik nur als Seele und Sprache zu deuten"[24] sei. Beide Motive waren für sie Ausdruck der höchsten Bewusstseinsstufe ihrer Erschaffer – der Bewohner „Alteuropas" – und damit ein Beweis für eine bis dahin unbekannte Kulturhöhe seit frühester Zeit.[25]

Das „Urwissen" dieser „Erstmegalithiker" sei aufgrund einer überdauernden „Geistesstruktur" ihrer Träger bis in die Gegenwart erhalten geblieben und reproduziere sich in neuen Ausdrucksformen, z. B. in Form von Riten, Mythen und Sagen, Orts- und Flurnamen, und schließlich auch in der modernen Sprache.[26] Als Belege für die Kontinuität des „Zwie(ge)sicht"-Motivs verwies Neuman-Gundrum beispielsweise auf die bildliche Darstellung in einer frühen Ausgabe des Till Eulenspiegel, in der die abgebildete Eule und der Spiegel jeweils für „Ein-sicht"/Weisheit bzw. „Aus-sicht"/Reflex stehen sollten.[27] Aber auch einzelne Wortsilben in Begriffen oder Eigennamen gingen in ihrer Vorstellung auf den selben „tiefenpsychischen Sprachgrund" zurück wie die „Urbilder".[28]

Mit dem Kontinuitätsglauben, der eine auf „Rasse" basierende Verbindung zwischen den urzeitlichen Menschen und denen der Gegenwart voraussetzt, spiegelt sich ein zentrales Element völkischer Weltanschauung in Neumann-Gundrums Arbeit wieder. Um die vermeintliche Bildsprache erkennen und verstehen

---

23 Ebd., S. 17. Dieses Motiv entnahm sie Matthes' Arbeiten, der entsprechende Augenpaare an, von ihm gesammelten, kleinen „Gesichtssteinen" entdeckt haben wollte. Vgl. Walther Matthes, Die Darstellung von Tier und Mensch in der Plastik des älteren Paläolithikums. Ein Beitrag zur Frage nach dem Alter der Kunst aufgrund neuer Funde aus Norddeutschland, in: Symbolon 4 (1964), S. 244–276, hier S. 269. Aus der Korrespondenz mit Neumann-Gundrum ist zu entnehmen, dass Matthes' Deutungen in der Wissenschaft mit Skepsis und Kritik aufgenommen wurden, vgl. Schreiben v. 12.1.1967 LAV NRW OWL, D72 Matthes Nr. 32. Die Universität Hamburg hatte an einer Übernahme von Matthes' Sammlung kein Interesse, als dieser emeritiert wurde. Vgl. Winfried Katholing, Die Groß-Steinskulpturen – Kultplätze der Steinzeit? Ein Führer durch Literatur und Gelände, Aschaffenburg 2001, S. 76 f.
24 Neumann-Gundrum, Groß-Skulpturen, S. 24.
25 Vgl. ebd., S. 7 u. 30.
26 Vgl. ebd., S. 6 u. 157.
27 Vgl. ebd., 24 ff. u. 446.
28 Vgl. Kapitel II „An den Externsteinen": Darin leitete sie aus den von ihr als „Erbwortstämme" identifizierten Silben „ker" und „men" u. a. auch den Germanen-Begriff ab, der in ihrer Interpretation „Kern-geist" oder „Ursprungs-geist" bedeutete und auf die besondere Reife seiner Träger verwies, vgl. ebd., S. 175.

zu können, mussten ihrer Ansicht nach Schöpfer und Rezipientin miteinander verbunden sein:

> Das Verständnis dieser Bildwerke beruht nicht auf „erkenntnis-theoretischen", sondern entscheidend auf geistig-seelischen, des näheren: Auf kernwissend-, auf urwissend-tätigen Voraussetzungen [...]. Subjekt und Objekt sind hier gemeinsam bedingt aus der „A-priori"-Artung, d. h. aus dem Von-vorneherein-Beschaffensein unserer Bewußtseinsfähigkeit nicht nur für Raum und Zeit, vielmehr *auch* für Raum-Zeit-Freies.[29]

Dahinter steht die in völkischen und (rechts-)esoterischen Kreisen verbreitete Vorstellung, dass aufgrund einer spirituellen oder auch konkret „blutsmäßigen" Verbindung der oder die Forschende nur die Geschichte der „eigenen Ahnen" erfassen könne. Einen Vorläufer findet dieses Denkmodell in Vorstellungen von einer „Rassenseele" und der „Erberinnerung", wie sie sich bei ariosophischen Autoren oder auch bei dem einflussreichen völkischen Ideengeber und Mitbegründer des „SS-Ahnenerbes", Herman Wirth (1885–1981), finden.[30] Neumann-Gundrum und der ebenfalls in Marburg lebende Wirth kannten sich persönlich gut.

Mithilfe von Fotografien als vermeintlich objektivem Medium und zentralem Veranschaulichungsmittel versuchte Neumann-Gundrum ihre Thesen zu untermauern. Sie betonte die Präzision und Professionalität des von ihr angewandten fotografischen Verfahrens, indem sie die Qualität ihrer Ausrüstung sowie die Mitwirkung von ausgebildeten Fotografen und entsprechenden Fotolaboren hervorhob. Um die „Groß-Skulpturen" weiter zu plausibilisieren, legte sie – wie zuvor auch Langewiesche – den Fotos „im Transparentverfahren gewonnene [...] Zeichnungen"[31] bei, die die Umrisse der von ihr imaginierten Figuren hervorhoben.

Mithilfe von Stimmen gleichgesinnter Wissenschaftler versuchte Neumann-Gundrum ihre Thesen abzusichern. Walther Matthes gab ihr mehrfach Rückmeldungen auf das Manuskript ihrer Monografie. In seinen eigenen Arbeiten verwies

---

29 Ebd., S. 29 f.
30 Vgl. Luitgard Löw, Gottessohn und Mutter Erde auf bronzezeitlichen Felsbildern. Herman Wirth und die völkische Symbolforschung, Frankfurt am Main 2016, S. 200 ff.; Uwe Puschner, Rasse und Religion – Die Ideologie arteigener Religionsentwürfe, in: Wolfgang Braungart (Hg.), Stefan George und die Religion, Berlin/Boston 2015, S. 145–156, hier S. 153; Ingo Wiwjorra, In Erwartung der „Heiligen Wende" – Herman Wirth im Kontext der völkisch-religiösen Bewegung, in: Uwe Puschner / Clemens Vollnhals (Hg.), Die völkisch-religiöse Bewegung im Nationalsozialismus. Eine Beziehungs- und Konfliktgeschichte, Göttingen 2012, S. 399–416, hier S. 411 f. Zum Verein *„Studiengesellschaft für Geistesurgeschichte. Deutsches Ahnenerbe e. V."* vgl. Michael H. Kater. Das „Ahnenerbe" der SS 1935–1945. Ein Beitrag zur Kulturpolitik des Dritten Reiches, 4. Aufl., München 2006.
31 Neumann-Gundrum, Groß-Skulpturen, S. 12.

er gelegentlich auf Neumann-Gundrums Buch und verwendete eine ihrer Fotografien der Externsteine, auf der angeblich das Profil eines Männerkopfes – „der Rufer" – zu sehen sein soll.[32] Wie sie in ihrem Vorwort betonte, soll der österreichische Prähistoriker Oswald Menghin (1888–1973), der sich 1948 nach Argentinien abgesetzt hatte, um einer Strafverfolgung wegen seiner Mitgliedschaft in Arthur Seyß-Inquarts „Anschlusskabinett" zu entgehen, sie dazu ermuntert haben, ihre Forschungen weiterzuführen.[33] An gleicher Stelle dankte sie auch dem befreundeten Volkskundler und Menghin-Schüler Ernst Burgstaller (1906–2000) für den Austausch und die Begleitung ihrer Arbeit. Mit diesem teilte sie nicht nur das Interesse an Felsbildern, sondern auch die Bekanntschaft zu Herman Wirth. Im Jahr 1985 eröffnete Burgstaller mit Objekten aus dem Nachlass Wirths ein Felsbildermuseum im oberösterreichischen Spital am Pyhrn.[34]

Des Weiteren zitierte Neumann-Gundrum im Anhang u. a. auch zwei positive Rückmeldungen des Professors für Urgeschichte in Tübingen und des damaligen Leiters des Projekts zum „Deutschen Sprachatlas".[35] Aus einem der Kontakte ergab sich 1984 offenbar auch die Möglichkeit eines Vortrags an der Universität Marburg.[36] Über negative Rückmeldungen zu ihrer Arbeit liest man dagegen nur in ihrer privaten Korrespondenz, so z. B. über die Ablehnung des Prähistorikers Hermann Schwabedissen (1911–1994), der sie zwar in seinem Institut an der Uni-

---

32 Vgl. Walther Matthes, Corvey und die Externsteine. Schicksal eines vorchristlichen Heiligtums in karolingischer Zeit, Stuttgart 1982, S. 199 f. u. Abb. 20; ders. / Rolf Speckner, Das Relief an den Externsteinen. Ein karolingisches Kunstwerk und sein spiritueller Hintergrund, Ostfildern 1997, S. 13.

33 Vgl. Neumann-Gundrum, Groß-Skulpturen, S. 2. Oswald Menghin pflegte bereits in der Zwischenkriegszeit Kontakte zum nationalsozialistischen Lager um Arthur Seyß-Inquart (1892–1946). Als dieser unter dem Druck des NS-Staates am 11. März 1938 österreichischer Bundeskanzler wurde und in dieser Funktion wenige Tage später den „Anschluss" an das Deutsche Reich vollzog, ernannte er Menghin zum Staatsminister für Unterricht. In Menghins etwas mehr als zweimonatiger Amtszeit fiel die „Gleichschaltung" und „Säuberung" der österreichischen Hochschulen. Vgl. Robert Obermair, Oswald Menghin, in: Michael Fahlbusch / Ingo Haar / Alexander Pinwinkler (Hg.), Handbuch der völkischen Wissenschaften, Bd. 1, 2. Aufl., Berlin/Boston 2017, S. 489–492.

34 Vgl. Löw, Gottessohn, 2016, S. 175 ff. Möglicherweise enthält der Nachlass Burgstallers im Oberösterreichischen Landesarchiv Linz noch aufschlussreiche Materialen zu Neumann-Gundrum, vgl. den affirmativen Artikel von Roger M. Allmannsberger, Ernst Burgstaller – Pionier und Workaholic. Der Mensch hinter dem Doyen der oberösterreichischen Volkskunde, in: Mitteilungen des Oberösterreichischen Landesarchivs 23 (2013) S. 5–37, hier S. 28.

35 Vgl. Neumann-Gundrum, Groß-Skulpturen, S. 484. Der Tübinger Prähistoriker Hansjürgen Müller-Beck (1927–2018) war offenbar einige Zeit mit ihr im Kontakt, vgl. Schreiben v. 6.2.1978, 22. u. 27.2.1980, LAV NRW OWL, D72 Matthes Nr. 32.

36 Vgl. Elisabeth Neumann-Gundrum, Der Stammesname Germanen. Eine überraschende geistesgeschichtliche Deutung dieses Namens, in: Deutschland in Geschichte und Gegenwart 32 (1984), H. 2, S. 28–33, hier S. 28.

versität Köln empfangen hatte, um mit ihr über ihre Theorien zu sprechen, dann aber offenbar den Kontakt abbrach.[37]

Geschichtsbilder sind essentieller Bestandteil extrem rechter Ideologien und Legitimationsbasis für die politische Agenda.[38] Neumann-Gundrums Entwurf einer überlegenen und überdauernden europäischen „Hochkultur" war für sie demnach keine abgeschlossene historische Erzählung, sondern sollte auf die Gegenwart und Zukunft wirken. Im Rahmen einer Ausstellungseröffnung prophezeite sie die Gefahr eines Bedeutungs- und Identitätsverlusts für die Menschen in Europa: „Europa wird vegetieren, Sklave des Geldes und Lohnsklave Anderer sein".[39] Vor diesem Untergangsszenario würde nur die Besinnung auf den „Wesensgeist schon unserer alt-europäischen, erstmegalithischen Hochkultur" bewahren: „Er wird aufbrechen, durchbrechen, wir werden aus ihm die Menschenwelt des neuen Europa gestalten".[40] Um der imaginierten Kulturhöhe zur Anerkennung zu verhelfen, betätigte sie sich seit den sechziger Jahren als Referentin und Publizistin in verschiedenen rechten Organisationen.

Netzwerke und Agitation

Elisabeth Neumann-Gundrum arbeitete mit zentralen Akteuren der „nationalen Opposition" zusammen wie mit dem *Deutschen Kulturwerk europäischen Geistes* (DKEG) und dem *Grabert-Verlag*,[41] und sie war eng mit Gruppierungen außerwissenschaftlicher, esoterischer und völkischer Forschung, wie dem Verein *Ur-Europa* oder dem *Arbeits- und Forschungskreis (Walther Machalett) für die Vor- und*

---

37 Vgl. Schreiben v. 5.3.1968 u. 22.12.1970, LAV NRW OWL, D72 Matthes Nr. 32.
38 Vgl. Michael Sturm, Schicksal – Heldentum – Opfergang. Der Gebrauch von Geschichte durch die extreme Rechte, in: ders. / Martin Langebach (Hg.), Erinnerungsorte der extremen Rechten, Wiesbaden 2015, S. 17–60.
39 Neumann-Gundrum, Megalithische Großskulpturen, Sonderausstellung, 16.10.-20.11.1988, Lippisches Landesmuseum Detmold, o. O. 1988, S. 34, als erweiterter Nachdruck vgl. dies., Europas Kultur der Groß-Skulpturen. Urbilder/Urwissen alteuropäischer Hochkultur. Unsterblicher Wesensgeist des Megalithikums, 3. Aufl., Herborn 1989.
40 Neumann-Gundrum, Sonderausstellung, S. 34. Ähnlich lautend im Vorwort von dies., Groß-Skulpturen, S. 30.
41 Vgl. Daniel Klünemann, Das Deutsche Kulturwerk Europäischen Geistes (DKEG), in: Rolf Düsterberg (Hg.), Dichter für das „Dritte Reich", Bd. 3, Bielefeld 2015, S. 277–306; Martin Finkenberger / Horst Junginger (Hg.), Im Dienste der Lügen. Herbert Grabert (1901–1978) und seine Verlage, Aschaffenburg 2004. Ebenso vgl. den Beitrag zu Herbert Grabert von Martin Finkenberger in diesem Band.

*Frühgeschichte der Externsteine im Teutoburger Wald*⁴² verbunden. Innerhalb dieser Strukturen knüpfte sie zahlreiche Kontakte und vernetzte politisch Gleichgesinnte untereinander. Matthes gegenüber scherzte sie:

> So muß es ja kommen, daß von allen Seiten selbstständig die Fäden zu einander laufen. Daß ich dabei ein bißchen als Spinne die Fäden knüpfe, damit dieser Vorgang etwas schneller geschehe, macht mir Spaß. Rügen Sie mich nicht, ich muß das tun wie getrieben, denn es ist hohe Zeit (weiterer Kommentar sei mir erspart).⁴³

Neumann-Gundrums Engagement für das DKEG begann Mitte der sechziger Jahre. Das von Gideon Botsch treffend als „Kulturgemeinschaft" bezeichnete DKEG wurde 1950 von dem Schriftsteller und NS-Funktionär Herbert Böhme (1907–1971) mitgegründet und diente als wichtige Sammlungs- und Vernetzungsinstanz für das radikalnationalistische Milieu. Es publizierte Schriften, organisierte Kulturveranstaltungen und lobte Preise für im Geist des Nationalsozialismus verfasste Arbeiten aus.⁴⁴ Anfang der siebziger Jahre erreichte es seine größte Ausdehnung mit 3.500 Mitgliedern in 60 regionalen Dependancen – sogenannten Pflegstätten – und wurde vom Verfassungsschutz beobachtet.⁴⁵

Neben anderen Texten und Gedichten veröffentlichte Neumann-Gundrum im Publikationsorgan des DKEG, den *Klüter Blättern*, mehrere Gedichte an bzw. für „Deutschland", in denen sie die deutsche Kriegsschuld – als „Schuld von auch Anderer Schuld"⁴⁶ – relativierte und eine deutsche Erneuerung beschwor.⁴⁷ Im Jahr

---

42 Vgl. Stefanie Haupt, Walther Machalett und die Entstehung des „Forschungskreises Externsteine", in: Rosenland (2013), Nr. 15, S. 77–102, online unter: http://www.rosenland-lippe.de/wp-content/uploads/2017/12/Rosenland-15.pdf [Zuletzt aufgerufen am 15.6.2021]; dies., „Nach keiner Seite hin gebunden"? Walther Machalett und der „Forschungskreis Externsteine", in: Eikermann/dies./Linde/Zelle (Hg.), Externsteine, S. 451–474. Zum Verein *Ur-Europa* liegt bislang noch keine kritische Studie vor.
43 Schreiben v. 25.1.1966, LAV NRW OWL, D72 Matthes Nr. 32.
44 Vgl. Gideon Botsch, Die extreme Rechte in der Bundesrepublik Deutschland 1949 bis heute, Darmstadt 2012, S. 37 f.; André Schaper, Herbert Böhme – der Dichter der „preußischen Ostmark", in: Düsterberg (Hg.), Dichter, Bd. 4, Bielefeld 2018, S. 83–114. Ebenso vgl. den Beitrag von Yves Müller in diesem Band.
45 Vgl. Klünemann, Deutsches Kulturwerk, S. 289. Mattes Schmerdtmann zählt insgesamt 125 Ableger während des gesamten Bestehens des DKEG, vgl. Matthes Schmerdtmann, Die Deutsche Akademie für Bildung und Kultur, in: Düsterberg (Hg.), Dichter, Bd. 5, Bielefeld 2020, S. 321–355, hier S. 322.
46 Elisabeth Neumann, „Deutschland 1945", in: Klüter Blätter 16 (1965), H. 5/6, S. 18.
47 Vgl. dies., „An Deutschland 1965", in: Klüter Blätter 16 (1965) H. 11/12, S. 61; dies., „Für Deutschland", in: Klüter Blätter 19 (1968), H. 1, S. 35. Die ersten Gedichte finden sich in: Klüter Blätter. 14 (1964), H. 11/12, S. 34. Zum letzten Mal erschien ein Gedicht in: Klüter Blätter 22 (1971), H. 5, S. 15. Viele der in den *Klüter Blättern* abgedruckten Gedichte veröffentlichte sie später in einem Ge-

1965 verlieh ihr das DKEG in München den „Dürer-Ring" – einen Preis, der alljährlich für eingesandte Gedichte vergeben wurde. Sie wurde als Ehrenmitglied in das DKEG aufgenommen und in die *Akademie für Deutsche Kultur* (ab 1970: *Deutsche Akademie für Bildung und Kultur*), berufen – einen elitären Ableger des DKEG mit zahlreichen personellen Überschneidungen und ähnlichen Zielen aber geringer Außenwirkung.[48] Sie hielt auch Vorträge und gestaltete Veranstaltungsprogramme des DKEG mit.[49] Über dieses Engagement schrieb Neumann-Gundrum an Matthes: „Die Zeitschrift [Die *Klüter Blätter*, SH] macht mir keinen besonderen Eindruck; aber es geht ja weder um das Kulturwerk noch um diese Akademie, sondern um Deutschland. Und die Menschen, die sich in dieser Gemeinschaft vereinen, sind unverstellt."[50]

Über ihr DKEG-Netzwerk dürfte Neumann-Gundrum 1968 auch den Volksschullehrer Walther Machalett (1901–1982) kennengelernt haben, der zu dieser Zeit mit dem Aufbau eines *Arbeits- und Forschungskreises für die Vor- und Frühgeschichte der Externsteine im Teutoburger Wald* beschäftigt war und für einen kurzen Zeitraum Vorträge im Rahmen von DKEG-Veranstaltungen hielt. Der von ihm ins Leben gerufene Kreis trifft sich bis heute – mittlerweile unter dem Namen *Forschungskreis Externsteine* – jährlich in Horn-Bad Meinberg nahe den Externsteinen und dient als ein Forum für den Austausch und die Verbreitung völkischer und esoterischer Themen und Erkenntnismethoden mit und ohne Bezug zu den Externsteinen. Von 1968 bis 1995 war Neumann-Gundrum dort neben den ihr bereits bekannten Wilhelm Langewiesche, Ernst Burgstaller und Herman Wirth – aber auch prominenten Gästen, wie Erich von Däniken (*1935) – eine regelmäßige Referentin und trug meist einzelne Aspekte aus ihrer Monografie vor.[51] Auch nach ihrem Tod wurde sie im Kreis hochgeschätzt und als wichtige Ideengeberin neben Wirth, Machalett oder dem lippischen „Germanenforscher" und völkischen

---

dichtband unter dem Namen: Isha Neumann-Gundrum, Zwei Augen. Gedichte, München 1973, mit einem Vorwort des Marburger Germanisten Johannes Klein (1904–1973).

48 Damit gehörte sie zu den frühen Mitgliedern der „Akademie", die Böhme als „das geistig-führende Haupt" des DKEG betrachtete. Vgl. Schmerdtmann, Akademie, S. 323. Das preisgekrönte Gedicht „Einer Verstorbenen" ist neben anderen abgedruckt in: Deutsche Akademie für Kultur und Bildung, In die Zeit gesprochen. Deutsche Dichtung der Gegenwart, München 1966, S. 11.

49 Beispielsweise hielt sie Vorträge auf den „Kulturtagen" der Lüneburger Pflegstätte vom 11.-13.3.1966, vgl. Franz Liebur, Zehn Jahre „Kultur-Tage" der nordwestdeutschen Pflegstätten des Deutschen Kulturwerks in Lüneburg, in: Klüter Blätter 17 (1966), H. 7, S. 25–31, hier S. 29; oder der „Gästewoche auf dem Semmering" 1967, vgl. Klüter Blätter 17 (1967), H. 4/5, S. 58.

50 Schreiben v. 22.12.1965, LAV NRW OWL, D72 Matthes Nr. 32. Darin erwähnte sie auch ihren persönlichen Kontakt zu Herbert Böhme. Ein umfangreicher, bislang noch nicht erschlossener Bestand zum DKEG liegt im Stadtarchiv München. Die Überlieferung enthält auch Korrespondenzen mit Mitgliedern.

51 Vgl. Haupt, „Nach keiner Seite", S. 472 f.

Protagonisten der zwanziger und dreißiger Jahre, Wilhelm Teudt (1860–1942),[52] verehrt. Ihre „Groß-Skulpturen" wurden weiter rezipiert, wie beispielsweise der 2008 gehaltene Festvortrag des damaligen Vereinsvorsitzenden, Gert Meier (1937–2019), zeigt.[53]

Ihr Vermögen stiftete sie jedoch nicht dem *Forschungskreis Externsteine* sondern dem Verein *Ur-Europa*, für den sie ebenfalls Vorträge hielt. Dieser ging aus der 1954 von Wirth gegründeten *Gesellschaft für europäische Urgemeinschaftskunde* hervor und benannte sich 1990 auf Neumann-Gundrums Vorschlag in *Ur-Europa* um.[54] Der Verein weist große inhaltliche und personelle Schnittmengen mit dem *Forschungskreis Externsteine* auf. So war beispielsweise Burgstaller ein führendes Mitglied bei *Ur-Europa*. In dem von ihm mitbegründeten Österreichischen Felsbildermuseum wurden Neumann-Gundrums „Groß-Skulpturen"-Fotos ausgestellt.[55] Nicht zuletzt das Vermögen Neumann-Gundrums dürfte es dem Verein ermöglicht haben, eine Immobilie im thüringischen Bad Langensalza zu erwerben, die als Vereinssitz, Museum und Archiv für ihren Nachlass dient.

Im Jahr 1985 war Neumann-Gundrum darüber hinaus für einen Vortrag im Vlothoer *Collegium Humanum* vorgesehen. Dies geht aus einem Schreiben des Gründers Werner Georg Haverbeck (1909–1999) hervor, in welchem er sich für ihre Zusage bedankte.[56] Haverbeck hatte seit den dreißiger Jahren persönliche Verbindungen zu Herman Wirth und engagierte sich für die Verbreitung von dessen Werk. Das 1963 gegründete *Collegium Humanum* konnte sich trotz seiner völkischen Positionen in den achtziger Jahren mit Ökologie- und Umweltschutzthe-

---

52 Vgl. Jürgen Hartmann, Vom „völkischen Vorkämpfer" zum Nationalsozialisten „bis auf die Knochen". Der politische Werdegang des „Germanenkundlers" Wilhelm Teudt, in: Rosenland (2010), Nr. 11, S. 23–36, online unter: http://www.rosenland-lippe.de/wp-content/uploads/2017/12/Rosenland-11.pdf [Zuletzt aufgerufen am 15.6.2021]; Julia Schafmeister, „Aufgedeckte Geschichtsirrtümer" und „fließende Kraftquellen". Wilhelm Teudts völkische Deutung der Externsteine, in: Eikermann/Haupt/Linde/Zelle (Hg.), Externsteine, S. 315–333.
53 Vgl. Gert Meier, Elisabeth Neumann-Gundrum: Eine Ruferin in der Wüste. Festvortrag zu Ehren von Dr. Elisabeth Neumann-Gundrum, Forschungshefte Externsteine-Kultur (2008), Heft 1.
54 Vgl. Trauerrede des damaligen Vorsitzenden Renke Borchert, in: Ur-Europa e. V. (Hg.), Ur-Europa Jahrbuch 2003. Uraltes Brauchtum Jahreskreis. Referate der öffentlichen Vortragsveranstaltung in Bad Laer Herbst 2002, o. S. Vgl. Halle, „Treibereien", S. 201; Luitgard Löw, Völkische Deutungen prähistorischer Sinnbilder. Herman Wirth und sein Umfeld, in: Puschner/Großmann (Hg.), Völkisch und national, S. 214–232, hier S. 222 f.
55 Vgl. Einleitung in: Dennis Krüger (Hg.), Elisabeth Neumann-Gundrum. Leben und Werk, 2. Aufl., 2014 Bottrop, S. 3–13, hier S. 5; bei dem Text handelt es sich um den auf der Homepage von „Ur-Europa" veröffentlichten Artikel „Großskulpturen der Steinzeit. Entdeckungen einer Marburger Forscherin" von Paul A. Rohkst: https://ur-europa.de/grossskulpturen/ [Zuletzt aufgerufen am 29.7.2023].
56 Schreiben Haverbecks v. 11.12.1984, Archiv „Argumente und Kultur gegen rechts e. V."

men gesellschaftlich etablieren.⁵⁷ Im Jahr 2008 wurde es zusammen mit anderen Vereinen, die der Leugnung des Holocausts Vorschub leisteten, vom Bundesinnenministerium verboten.⁵⁸

Auch in den Veröffentlichungen des *Grabert-Verlags* werden die nationalsozialistischen Verbrechen relativiert und geleugnet. Seit seiner Gründung 1955 ist er einer der zentralen Verlage der extremen Rechten und legt seinen Schwerpunkt vor allem auf revisionistische Geschichtsschreibung und -politik.⁵⁹ Neumann-Gundrum pflegte Kontakte zum Verlagsgründer Herbert Grabert (1901–1978) und zu anderen Autoren, wie beispielsweise zu dem „Atlantisforscher" Jürgen Spanuth (1907–1998).⁶⁰ In der Zeitschrift des *Grabert-Verlags, Deutschland in Geschichte und Gegenwart* (DGG), publizierte sie in den achtziger und neunziger Jahren einige Artikel.⁶¹ Vermutlich um deren Verbreitung zu erhöhen, veröffentlichte sie in der Zeitschrift mit einer Auflagenstärke von ca. 3.000 Exemplaren auch Beiträge, die zuvor bereits im Publikationsorgan *Die Rückschau* des *Forschungskreises Externsteine* erschienen waren.⁶² Andere Autoren des *Grabert-Verlags*, wie beispielsweise Gert Meier oder die unter dem Pseudonym Britta Verhagen publizierende Alberta Rommel (1912–2001) griffen Neumann-Gundrums Theorien in eigenen Arbeiten auf.⁶³ Wie Jan Raabe und Karsten Wilke zeigen können,

---

57 Vgl. Raabe/Wilke, Externsteine, S. 497 ff.
58 Vgl. Botsch, extreme Rechte, S. 125.
59 Vgl. ebd. S. 94; vgl. Finkenberger/Junginger (Hg.), Dienste.
60 Die Kontakte zu beiden erwähnte sie Matthes gegenüber in einem Schreiben v. 25.1.1966, LAV NRW OWL, D72 Matthes Nr. 32.
61 Darunter: Elisabeth Neumann-Gundrum, Urworte/Wortsymbole der deutschen Sprache, in: DGG 34 (1986), H. 1, S. 26–30; Fortsetzung in: H. 2, S. 27–32; dies., Der Wesensgeist des Megalithikums und seine unterfangend fortdauernde Wirkung in der europäischen Geschichte, in: ebd. 35 (1987), H. 4, S. 30–37; dies., Einsicht in die Ordnung der Bewußtseinsstufen. Grundlage der Geschichts- und Menschenkenntnis, in: DGG 37 (1989), H. 2, S. 29–32. Neumann-Gundrums DGG-Artikel hat Renate Bitzan zusammen mit Arbeiten Sigrid Hunkes und Verhagens auf darin enthaltene Geschlechterbilder untersucht. Vgl. Renate Bitzan, Selbstbilder rechter Frauen. Zwischen Antisexismus und völkischem Denken, Tübingen 2000, S. 111.
62 Vgl. Elisabeth Neumann-Gundrum, Geschichtsfälscher an den Externsteinen. Auch durchschaute Störungen und Zerstörungen sind Zeugnisse, in: DGG 39 (1991), H. 1, S. 31–33; erschienen zuvor als: dies., Auch durchschaute Störungen und Zerstörungen sind Zeugnisse (Ausschnitt des Lichtbildvortrages „Neues, Uraltes zu den Externsteinen" am 25. Mai 1990/Horn), in: Die Rückschau,1990, S. 39–47. Zur Auflagenstärke von DGG vgl. Juliane Wetzel, Der Geschichtsrevisionismus und der Grabert-Verlag, in: Finkenberger/Junginger (Hg.), Dienste, S. 142–154, hier S. 147.
63 Vgl. Gert Meier, Atemgeburt und Zwiesicht-Zwiegesicht. Ein Beitrag zur Kultur der Großskulpturen, in: DGG 39 (1991), H. 4, S. 33–39. Vgl. auch Britta Verhagen, Die uralten Götter Europas und ihr Fortleben bis heute, Tübingen 1999, S. 38 ff., 138 ff. Die Arbeit geht ausführlich auf Neumann-Gundrums „Groß-Skulpturen" und ihre zentralen Motive der „Zwiesicht" und „Atemgeburt" ein.

wurden ihre Arbeiten vor allem in rechten, rechtsesoterischen und völkischen Kreisen rezipiert.[64] So finden sich Verweise beispielsweise in Wilhelm Landigs (1909–1997) Buch „Rebellen für Thule"; aber auch in der deutlich weniger bekannten, an den Externsteinen spielenden Romantrilogie „Tanfana" von Petra Baumgart sowie in Ralf Koneckis-Bienas' populärwissenschaftlich anmutendem Buch über die Externsteine in „Sage, Mythe und Wissenschaft". Neumann-Gundrums Anhängerschaft beklagte die fehlende wissenschaftliche Beachtung ihrer Arbeit.[65]

Dennoch griffen vereinzelt auch seriöse Publikationen ihr Buch auf, wie zum Beispiel der 1985 vom Nordwestdeutschen sowie West- und Süddeutschen Verband für Altertumsforschung herausgegebene Führer zu archäologischen Denkmälern. In einem Artikel über die Externsteine stellte darin der damalige Leiter des Lippischen Landesmuseums Detmold, Friedrich Hohenschwert (1921–2003), Neumann-Gundrums Monografie knapp und neutral als neuen Forschungsbeitrag vor.[66] Im Jahr 1988 zeigte das Landesmuseum in einer etwa einmonatigen Ausstellung ihre Fotos und Zeichnungen von „Groß-Skulpturen". In ihrer Eröffnungsrede sprach Neumann-Gundrum in Anlehnung an Rassentheorien des ausgehenden 19. und beginnenden 20. Jahrhunderts u. a. über die angebliche Abstammung der Europäer von „breitschädeligen Cromagnon"-Menschen und „langschädeligen Leptodolichomorphen", denen sie bestimmte Eigenschaften und kulturelle Leistungen zuschrieb.[67] Uta Halle weist darauf hin, dass die Ausstellungseröffnung zwar entrüstete Reaktionen in Form von Leserbriefen und Artikeln in der Regionalpresse hervorrief, diese jedoch in erster Linie die Interpretationen und den Vortragsstil Neumann-Gundrums kritisierten und nicht etwa die dahinter stehenden völkischen Traditionen und ihr Engagement in rechten Organisationen.[68] Trotz der Kritiken dürfte die Ausstellung in einem renommierten Museum ein großer Erfolg gewesen sein, der ihre „Groß-Skulpturen"-Theorie sowie die daran geknüpften

---

64 Vgl. Raabe/Wilke, Externsteine, S. 501, 506.
65 Vgl. Krüger, Elisabeth Neumann-Gundrum, S. 5f.; Meier, Ruferin, o. S.; ders., Täter und Opfer: eine Denkschrift. Wilhelm Teudt, Herman Wirth, Walther Machalett, Elisabeth Neumann-Gundrum. Zum Umgang mit Laienforschern an den Externsteinen, Forschungshefte Externsteine-Kultur, Nr. 10, Köln 2013, 2. Aufl., S. 7.
66 Vgl. Friedrich Hohenschwert, Externsteine bei Horn, in: Führer zu archäologischen Denkmälern in Deutschland. Der Kreis Lippe, Teil II: Objektbeschreibungen, hrsg. vom Nordwestdeutschen und dem West- und Süddeutschen Verband für Altertumsforschung, Stuttgart 1985, 220–230, hier S. 223. In einem späteren Lexikonartikel beurteilte er die Arbeit dann als unwissenschaftlich, vgl. ders. / Jürgen Udolph / Heinrich Beck / Wolfhard Schlosser, Externsteine, in: Heinrich Beck / Dieter Geuenich/ Heiko Steuer (Hg.), Reallexikon der Germanischen Altertumskunde, Bd. 8, 2. Aufl., Berlin/New York 1994, S. 37–49, hier S. 41.
67 Neumann-Gundrum, Sonderausstellung, S. 24 f.
68 Vgl. Halle, „Treibereien", S. 204.

völkischen Geschichtsbilder aufwertete und einem größeren Publikum zugänglich machte. Noch im Jahr 2000 berichtete die Lokalzeitung ihrer Heimatstadt anlässlich Neumann-Gundrums 90. Geburtstag in einem knappen Artikel über ihre „Großskulpturen-Forschung".[69] Einzelne Aspekte ihrer Theorien, wie die vermeintliche Entdeckung des „Rufers", scheinen sich mittlerweile über Publikationen, die mehr oder weniger offen völkische Externsteine-Deutungen wiedergeben,[70] hinaus zu verselbstständigen und schlagen sich in allgemeinen Überblicksdarstellungen zu der Felsformation nieder.[71]

Fazit

Elisabeth Neumann-Gundrum engagierte sich als Produzentin völkischer Vorgeschichtsbilder in der „nationalen Opposition" der Bundesrepublik und war innerhalb der zentralen extrem rechten Organisationen und Institutionen bestens vernetzt. In ihrer Arbeit finden sich typische Merkmale völkischer Geschichtsschreibung, wie beispielsweise die Tendenz einer völligen zeitlichen Entgrenzung, das Postulat einer überlegenen „alteuropäischen Hochkultur" und ihre vermeintliche Kontinuität bis in die Gegenwart, aus der sie Forderungen und Ansprüche für die Zukunft ableitete. Das Fehlen historischer Zeugnisse kompensierte sie durch die Erschließung einer vermeintlich neuen Quellengattung – imaginierte „Groß-Skulpturen" – auf Basis völkischer Paradigmen. Ihre Rezeption beschränkt sich hauptsächlich auf die außerwissenschaftliche Externsteine-Forschung in völkischer Tradition. Das Beispiel Neumann-Gundrums zeigt aber, dass diese auf den ersten Blick marginal wirkenden Kreise im lokalen Rahmen durchaus Einfluss auf Geschichtsbilder entfalten können. Hier muss gerade die wissenschaftsgeschichtliche Forschung wachsam bleiben. Allerdings bleibt es ein Balance-Akt, derartigen Kreisen nicht zu viel Aufmerksamkeit zu schenken, die sie wissenschaftlich aufwerten könnte.

---

69 Vgl. „Großskulpturen im Felsen untersucht. Marburger Wissenschaftlerin wird 90", in: Oberhessische Presse 16.3.2000, abgedruckt in: Katholing, Groß-Steinskulpturen, S. 11.
70 Vgl. Ralf Koneckis-Bienas, Der Teufel am Externstein. Ein Forschungsabenteuer, Detmold 2015, S. 19, 23; Heiko Petermann, Die Externsteine. Eine Wanderung durch Mythos und Geschichte, Lehrte 2011, S. 122 f.
71 Die Bezeichnung „Ruferfelsen" findet sich auch in der größten freien Online Enzyklopädie Wikipedia. Vgl. Beitrag „Externsteine", Wikipedia, unter: https://de.wikipedia.org/wiki/Externsteine [Zuletzt aufgerufen am 15.6.2021].

Barbara Manthe
Paul Otte (*1924)

Ein rechtsterroristischer Netzwerker

Paul Albert Ernst Otte war der Anführer der rechtsterroristischen Otte-Gruppe (auch Braunschweiger Gruppe genannt), die zwischen 1977 und 1978 schwerpunktmäßig in Braunschweig, Peine und Hannover aktiv war.

Über Paul Otte und die Otte-Gruppe gibt es bislang keine eigenständigen wissenschaftlichen Veröffentlichungen; in der Literatur zum Rechtsextremismus und zum Rechtsterrorismus wird auf deren Aktivitäten in der Regel lediglich am Rande verwiesen.[1] Der Soziologe Friedhelm Neidhardt bezog Paul Otte und seine Gruppe 1982 in seine empirische Analyse zum Rechtsterrorismus ein, ohne jedoch detailliert darauf einzugehen.[2] Abgesehen von einer Aufsatzveröffentlichung zu den transnationalen Beziehungen Paul Ottes[3], existieren also weder eine umfassendere Darstellung zu den Aktivitäten der Otte-Gruppe noch eine biografische Arbeit zu Paul Otte selbst.

Für die folgende Darstellung wurden vor allem Quellen aus dem Bundesarchiv in Koblenz ausgewertet, wo umfangreiche Aktenbestände zu dem Gerichtsverfahren gegen die Otte-Gruppe überliefert sind. Weitere umfangreiche Bestände über die Braunschweiger Gruppe sind beim Bundesbeauftragten für die Unterlagen des Staatssicherheitsdienstes der ehemaligen Deutschen Demokratischen Republik (BStU) zu finden. Ferner beschreibt die ehemalige Rechtsterroristin Christine Hewicker, die zeitweise Mitglied in der Otte-Gruppe war, in ihrer Autobio-

---

[1] Vgl. Klaus Henning Rosen, Rechtsterrorismus. Gruppen – Täter – Hintergründe, in: Gerhard Paul (Hg.), Hitlers Schatten verblaßt. Die Normalisierung des Rechtsextremismus, Bonn 1989, S. 49–78, hier S. 59–60; Bernhard Rabert, Links- und Rechtsterrorismus in der Bundesrepublik Deutschland von 1970 bis heute, Bonn 1995, S. 315; Rainer Fromm, Die „Wehrsportgruppe Hoffmann": Darstellung, Analyse und Entwicklung. Ein Beitrag zur Geschichte des deutschen und europäischen Rechtsextremismus, Frankfurt am Main 1998, S. 217, 324; Fabian Virchow, Zur Geschichte des Rechtsterrorismus in Deutschland, in: Aus Politik und Zeitgeschichte (APuZ) 67 (2019), H. 49/50, S. 15–19, hier S. 17.
[2] Vgl. Friedhelm Neidhardt, Linker und rechter Terrorismus. Erscheinungsformen und Handlungspotentiale im Gruppenvergleich, in: Wanda von Baeyer-Katte / Dieter Claessens / Hubert Feger / Friedhelm Neidhardt (Hg.), Gruppenprozesse. Analysen zum Terrorismus 3, Wiesbaden 1982, S. 433–476, hier S. 445, 448, 461, 464 f., 469.
[3] Annelotte Janse, From letters to bombs. Transnational ties of West German right-wing extremists, 1972–1978, in: Behavioral Sciences of Terrorism and Political Aggression (2021), 1–18.

∂ Open Access. © 2023 Barbara Manthe, publiziert von De Gruyter. Dieses Werk ist lizenziert unter der Creative Commons Attribution-NonCommercial-NoDerivatives 4.0 Lizenz.
https://doi.org/10.1515/9783111010991-019

grafie, allerdings nur sehr oberflächlich, ihren Kontakt zu Otte und ihre Freundschaft zu dessen Tochter.[4]

Das Ziel dieses Beitrags besteht darin, Entstehung und Verlauf eines rechtsterroristischen Netzwerkes Ende der siebziger Jahre nachzuzeichnen, das in der Forschung zum Rechtsterrorismus bislang wenig beachtet wurde. Ferner verweist der Beitrag darauf, dass für die Entwicklung rechtsterroristischer Strukturen nicht nur radikalisierende Vorfeldorganisationen, sondern auch das Engagement einzelner führender Personen – in diesem Fall Paul Otte – von Bedeutung waren.

Biografische Angaben

Paul Otte wurde am 30. August 1924 als Sohn eines Schlachters in Braunschweig geboren. Nach dem Besuch der Volksschule durchlief er eine Schlosserlehre, die er mit der Gesellenprüfung abschloss. Als Kind war Otte Mitglied des *Jungvolks*, trat mit vierzehn Jahren in die *Hitlerjugend* ein und erreichte dort den Rang eines Scharführers. 1942 wurde er zur Wehrmacht eingezogen und geriet 1944 in Kriegsgefangenschaft. Nach seiner Entlassung im Februar 1948 kehrte er nach Braunschweig zurück. Schon im Kriegsgefangenenlager bildete sich Otte zum Akrobaten aus und versuchte nun vergeblich, als Artist Fuß zu fassen. Gleichzeitig arbeitete er als Schlosser. 1960 wurde Otte vorübergehend Geschäftsführer eines Nachtlokals; danach betätigte er sich als inoffiziell als Taxifahrer.[5] Bevor er ab Mitte der siebziger Jahre in Niedersachsen eine rechtsterroristische Gruppe aufbaute, fiel Otte mehrfach wegen anderer, nicht politisch motivierter Delikte auf, so etwa wegen Raubes und Hausfriedensbruchs.[6]

Zum Beginn seiner politischen Tätigkeit finden sich in den überlieferten Archivdokumenten unterschiedliche Angaben. In der Urteilsschrift des Oberlandesgerichts Celle vom 19. Februar 1981 heißt es, Otte sei 1948 der *Sozialistischen Reichspartei* (SRP) beigetreten,[7] was aufgrund des späteren Gründungsdatums der SRP (1949) nicht korrekt sein kann. Ein Vermerk des Bundeskriminalamts vom Oktober 1978 führt an, dass Otte 1952 Mitglied der *Deutschen Reichspartei* (DRP) und der SRP geworden sei.[8] Otte trat ungefähr 1967 der *Nationaldemokratischen Partei Deutschlands* (NPD) bei; im Folgejahr wurde er Vorstandsmitglied des Braun-

---

4 Vgl. Christine Hewicker, Die Aussteigerin. Autobiographie einer ehemaligen Rechtsextremistin, Oldenburg 2001, S. 27 ff.
5 Vgl. Urteil des Oberlandesgerichts Celle v. 19.2.1981, Bundesarchiv (BArch) B 362/8019, Bl. 9.
6 Vermerk des Bundeskriminalamts v. 20.10.1978, BArch B 362/7993, Bl. 160 ff.
7 Vgl. Urteil des Oberlandesgerichts Celle v. 19.2.1981, BArch B 362/8019, Bl. 9.
8 Vgl. Vermerk des Bundeskriminalamts v. 20.10.1978, BArch B 362/7993, Bl. 160.

schweiger Ortsverbands und NPD-Kandidat für die Kommunalwahl in Braunschweig. Aufgrund einer Zuchthausstrafe wegen eines versuchten Banküberfalls strich die Partei ihn jedoch von der Kandidatenliste. Im Jahre 1970 trat er aus der NPD aus.[9] Damit war Otte kein Einzelfall: Die Partei hatte Anfang der siebziger Jahre, nachdem sie 1969 knapp am Einzug in den Deutschen Bundestag gescheitert war, in der westdeutschen extremen Rechten deutlich an Attraktivität verloren, was sich auch in sinkenden Mitgliederzahlen bemerkbar machte.[10]

Otte trat zeit seines Lebens offen als Nationalsozialist auf und kann somit dem traditionalistischen Spektrum der extremen Rechten zugeordnet werden, das sich seit den späten sechziger Jahren mehr und mehr positiv auf NS-Staat und -Ideologie bezog.[11] Überlieferte Korrespondenzen zu Gleichgesinnten im Ausland geben Aufschluss über seine Weltanschauung, insbesondere über eine offen antisemitische und antidemokratische Einstellung. So schrieb Otte im April 1976 an den ehemaligen Goebbels-Mitarbeiter und bekennenden Nationalsozialisten Wilfred von Oven in Buenos Aires: „Der Vernichtungswille der Bonner Schergen und Judenknechte ob CDU, CSU, SPD, FDP ist unbegrenzt gegenüber allen Regungen nationaler Parteien."[12] An einen Kontaktmann in Pretoria (Südafrika) schrieb Otte im August 1977:

> Ich hasse die Demokratie, diese ist ein Werkzeug der Juden, die jetzt die arische Rasse in Fortsetzung des Morgenthauplanes vernichten wollen. Hier in Deutschland sind die Steuergelder die erpreßt werden vom Volk die Finanzierungsquellen zum Waffenkauf gegen Euch in Südafrica und überall auf der Welt. Wir Deutschen finanzieren den Untergang der weißen Rasse durch Subjekte der Juden, Strauß, Genscher, Scheel und alle in Bonn.[13]

Seit November 1974 baute Otte von seiner Wohnung aus ein sogenanntes „Historisches Tonbandarchiv" auf. Hierfür sammelte er Aufzeichnungen von Reden, Liedern und Musik aus der NS-Zeit, produzierte daraus Tonbänder und Kassetten und vertrieb diese Produkte für 30 bis 50 DM pro Stück. Um seinen Versandhandel

---

9 Vgl. Urteil des Oberlandesgerichts Celle v. 19.2.1981, BArch B 362/8019, Bl. 10.
10 Vgl. Clemens Gussone, Reden über Rechtsradikalismus. Nicht-staatliche Perspektiven zwischen Sicherheit und Freiheit (1951–1989), Göttingen 2019, S. 237.
11 Vgl. Gideon Botsch, „Nationale Opposition" in der demokratischen Gesellschaft. Zur Geschichte der extremen Rechten in der Bundesrepublik Deutschland, in: Fabian Virchow / Martin Langebach / Alexander Häusler (Hg.), Handbuch Rechtsextremismus, Wiesbaden 2016, S. 42–82, hier S. 54.
12 Paul Otte an Wilfred von Oven, Bueonos Aires (Argentinien), v. 26.4.1976, BArch B 362/7992, Bl. 156. Zu Wilfred von Oven vgl. den entsprechenden Beitrag von Martin Finkenberger in diesem Band.
13 Paul Otte an Wolfram W., Pretoria (Republik Südafrika), v. 12.8.1977, BArch B 362/8015, Bl. 50–51. Rechtschreibung im Original.

bekannter zu machen, schaltete Otte Zeitungsanzeigen.[14] Derartige Tonaufnahmen, waren, ebenso wie andere NS-Devotionalien und „Zeitdokumente", in der extrem rechten Szene äußerst beliebt. Daher gelang es ihm über sein „Tonbandarchiv" sukzessive, Kontakte zu anderen Mitgliedern der extrem rechten Szene aufzubauen und zu pflegen, wobei er auch aktiv auf andere prominente Rechtsextreme zuging.[15] So sagte etwa Karl-Heinz Hoffmann, Gründer der *Wehrsportgruppe Hoffmann*, im September 1981 aus, dass sich 1974 Paul Otte an ihn gewandt und ihm eine Zusammenarbeit angeboten habe. Da es jedoch keine Übereinstimmung in politischen Fragen gegeben habe, sei es nicht zu einer Kooperation gekommen.[16] Der Einschätzung des Bundeskriminalamts nach nutzte Otte das „Historische Tonbandarchiv" in erster Linie „als Vorwand und Einstieg für seine Tätigkeit als Rechtsextremist".[17]

Spätestens seit 1976 stellte Otte explizit Überlegungen zu einem bewaffneten Kampf von rechts im Untergrund an. In seinem bereits erwähnten Brief nach Pretoria schrieb er: „Wir sind da, aber nicht zu fassen. [...] Ihr müßt auch in Africa endlich begreifen, daß nur ein Kampf aus dem Untergrund heute erfolgreich ist. Es gibt keine Machtergreifung auf legalem Weg über eine Partei. Das ist vorbei. [...]."[18] Ferner übermittelte er 1976 an v. Oven in Buenos Aires:

> So bleibt nur der Weg in den Untergrund! Dieser Weg ist von einer handvoll [sic!] Männern und jüngeren [sic!], konsequent begangen seit 2 Jahren! [...] Der Aufbau eines Zellensystems erst in Deutschland war vorrangig! Das ist geschehen! Hilfe war dabei das Tonbandarchiv. Wer bei uns Lieder bestellte, mußte irgendwie anders sein! Aus diesen Leuten entstand zum Teil ein erster Zellenstamm von fast 2.000 Mann. Jede Zelle, kennt die andere nicht und ist nur der Parteienzentrale in Amerika bekannt.[19]

Auch wenn Otte seine eigene Rolle und die Größe der vermeintlich existierenden Untergrundbewegung maßlos übertrieb, ist bemerkenswert, dass er sich auf ein „Zellensystem" bezog. Dieser Hinweis weist auf eine zeitgenössisch unter Neonazis diskutierte Strategie des „bewaffneten Kampfes" hin, die unter anderem autonom und unabhängig voneinander handelnde Zellen vorsah. Als Grundlage für

---

14 Vermerk des Bundeskriminalamts v. 20.10.1978, BArch B 362/7993, Bl. 165; Urteil des Oberlandesgerichts Celle v. 19.2.1981, BArch B 362/8019, Bl. 10.
15 Urteil des Oberlandesgerichts Celle v. 19.2.1981, BArch B 362/8019, Bl. 10.
16 Vernehmung Karl-Heinz Hoffmann durch den Generalbundesanwalt beim Bundesgerichtshof v. 30.9.1981, BArch B 362/6510, Bl. 257.
17 Vermerk des Bundeskriminalamts v. 20.10.1978, BArch B 362/7993, Bl. 165.
18 Paul Otte an Wolfram W., Pretoria (Republik Südafrika), v. 12.8.1977, BArch B 362/8015, Bl. 50–51. Rechtschreibung im Original.
19 Paul Otte an Wilfred von Oven, Bueonos Aires (Argentinien), v. 26.4.1976, BArch B 362/7992, Bl. 156.

diese Überlegungen mochten die Schriften des Schweizers Hans von Dach („Der totale Widerstand") aus den fünfziger Jahren gedient haben, die in der extremen Rechten der Bundesrepublik intensiv rezipiert wurden.[20] Eine gängige Ausführung des Konzepts sah ein Zellensystem unter Führung des Neonazis Gerhard Lauck vor, Leiter der NSDAP/AO (Auslandsorganisation) in den USA. Die jeweiligen Kleingruppen sollten demzufolge nur Kontakt mit Lauck als Führer, nicht jedoch untereinander haben.[21] Der US-Amerikaner Lauck war ein äußerst radikaler Anhänger der NS-Ideologie, der zahlreiche persönliche Kontakte in die militante Neonaziszene der Bundesrepublik pflegte; er versorgte die Szene mit Propagandamaterial und diente als Kontaktstelle.[22] Auch Otte war mit Lauck bekannt und traf ihn beispielsweise im März 1976 in Großbritannien sowie im März 1977 in Kopenhagen persönlich.[23]

Dass nicht wenige zentrale Figuren der westdeutschen Neonaziszene Laucks Führungsanspruch akzeptierten, lässt sich auch dadurch erklären, dass dieser in den USA lebte und damit *de facto* keinen Einfluss auf die konkrete Praxis der einzelnen Gruppen hatte. Führungsstreits mit Lauck konnten daher zumindest temporär abgewendet werden. Entsprechend schrieb auch Paul Otte: „Wir kennen keine Führungsstreitigkeiten. Der Chef ist Gerhard Lauck. Wir haben das nationale Getto schon lange verlassen."[24] So genannten regionalen „Gaubeauftragten" oblag die Leitung der einzelnen Zellen, sie konnten gegenüber den jeweiligen Mitgliedern mit Verweis auf Lauck als Führer der NSDAP/AO ihren eigenen Führungsanspruch legitimieren und absichern.

Otte-Gruppe – Erste Phase

Ab ungefähr 1976 bereitete sich Otte verstärkt auf eine illegale Tätigkeit vor und begann mit dem Aufbau einer rechtsterroristischen Gruppierung („Otte-Gruppe", „Braunschweiger Gruppe"). Als Mitstreiter*innen versammelte er zuerst Gleichge-

---

20 Vgl. Hans von Dach, Der totale Widerstand. Kleinkriegsanleitung für jedermann, Nr. 4 der Schriftenreihe des Schweizerischen Unteroffiziersverbandes (SUOV), 3. Aufl., o. O. 1966, insbes. S. 129 ff.
21 Vgl. Anklageschrift des Generalbundesanwalts beim Bundesgerichtshof v. 6.6.1980, BArch B 362/8014, Bl. 46 f.
22 Vgl. Gideon Botsch, Die extreme Rechte in der Bundesrepublik Deutschland 1949 bis heute, Darmstadt 2012, S. 74.
23 Vgl. Urteil des Oberlandesgerichts Celle v. 19.2.1981, BArch B 362/8019, Bl. 34, 37 f.
24 Schreiben der „Stabsführung der SA, Presseamt der NSDAP-AO", Urheber laut Polizeidirektion Hannover Paul Otte, o. D., BArch B B 362/7992, Bl. 172.

sinnte aus seinem Wohnort Braunschweig und der näheren Region um sich. Eine besondere Bedeutung kam dabei dem Kraftfahrer Hans-Dieter Lepzien (*1943) zu, der in Peine bei Braunschweig lebte. Lepzien war in der zweiten Hälfte der sechziger Jahre Mitglied der NPD geworden, aus der er 1970 jedoch wieder austrat. Ottes Angaben zufolge hatte er Lepzien 1974 in einer Gaststätte in Peine kennen gelernt.[25] Lepzien, der zuvor gelegentlich Mitteilungen an die Kriminalpolizei geliefert hatte, war seit Februar 1976 in Kontakt mit der für Verfassungsschutz zuständigen Abteilung IV des Niedersächsischen Ministeriums des Innern. In den Folgejahren lieferte er als Vertrauensmann (V-Mann) Informationen über Otte und dessen Aktivitäten.[26] Die Abteilung IV hatte ein großes Interesse daran, eine V-Person im Umfeld Ottes zu führen, auch wenn Lepzien nicht als besonders zuverlässige Quelle galt.[27] Dennoch warb ihn der Verfassungsschutz aktiv an und stellte finanzielle Anreize in Aussicht, so dass sich Lepzien schließlich zu einer längerfristigen Zusammenarbeit bereiterklärte.[28]

Ein weiterer wichtiger Mitstreiter in Ottes Gruppe war der Maschineneinrichter und Betonbauer Wolfgang Sachse (*1943), der 1965 ehrenamtlich die Verwaltung des Schießplatzes Sundern in der Nähe von Peine übernommen hatte. Ende 1968 trat Sachse, der zu diesem Zeitpunkt bereits Kontakt zu Lepzien hatte, der NPD bei, die er jedoch ebenfalls 1970 verließ. Im Juli 1976 lernten sich Otte und Sachse über Lepzien kennen. Sachse spielte insofern eine zentrale Rolle, als dass er Ottes Gruppe Kenntnisse über den Umgang mit Waffen und den Bau von Sprengsätzen vermittelte. In Braunschweig pflegte Otte Kontakt zu weiteren Aktivisten, so etwa Willi B. und Horst D., die über die Zusammensetzung und die Pläne der Otte-Gruppe informiert waren und unterstützend tätig wurden.[29]

Ab 1977 kam Otte mit jüngeren Neonazis aus Hannover in Kontakt, die sich seiner Gruppe anschlossen, aber teilweise auch eigenständig Gewalttaten verübten.

---

[25] Vgl. Urteil des Oberlandesgerichts Celle v. 19.2.1981, BArch B 362/8019, Bl. 26 ff.
[26] Ferner war Lepzien seit 1976 als sogenannter „Selbstanbieter" inoffizieller Mitarbeiter des Ministeriums für Staatssicherheit der DDR. Vgl. BStU, MfS, AP 6043/91, Bd. 1–7. Zum Verhältnis zwischen MfS und westdeutscher Neonaziszene vgl. Andreas Förster, Zielobjekt Rechts. Wie die Stasi die westdeutsche Neonaziszene unterwanderte, Berlin 2018; Bernhard Blumenau, Unholy alliance: the connection between the East German Stasi and the right-wing terrorist Odfried Hepp, in: Studies in Conflict and Terrorism, 43 (2020), H. 1, S. 47 ff.
[27] Die Anwerbung Lepziens wurde intern als problematisch erachtet. Im Urteil gegen die „Otte-Gruppe" hieß es hierzu: „Gegen die Anwerbung Lepziens bestanden wegen seiner früheren NPD-Zugehörigkeit und wegen seiner angespannten wirtschaftlichen Verhältnisse Bedenken. Der V-Mannführer und sein Vorgesetzter in der Abteilung IV setzten sich aber über diese Bedenken hinweg, weil keine andere Person zur Verfügung stand." Urteil des Oberlandesgerichts Celle v. 19.2.1981, BArch B 362/8019, Bl. 32.
[28] Vgl. ebd., Bl. 33.
[29] Vgl. ebd., Bl. 29 ff.

Als Rädelsführer unter ihnen kann der Einzelhandelskaufmann Volker Heidel (*1954) gelten, der 1975 der NPD beigetreten war und in Hannover die *Jungen Nationaldemokraten* (JN) anführte. 1977 verließ Heidel schließlich NPD und JN und baute mit einem Kreis jüngerer Gleichgesinnter militante Strukturen in Hannover auf.[30]

Im März 1977 wurde Otte bei einer NPD-Veranstaltung auf die Hannoveraner Neonazis aufmerksam; im April trafen sich Otte und Lepzien mit Heidel und Oliver S. (*1958), einem weiteren Gesinnungsfreund Heidels. Die Hannoveraner Gruppe um Heidel und S. traf sich in der Folgezeit fünf- bis zehnmal mit Otte und Lepzien; als organisatorischer Überbau diente ihnen die NSDAP/AO.[31]

Im Frühsommer 1977 begann die Aufbauphase der Otte-Gruppe mit konkreten Vorbereitungen. Im Juni 1977 fuhren Otte und Lepzien nach Zürich und kauften dort etwa 800 Gramm Schwarzpulver.[32] Im Juli 1977 übergaben sie den Sprengstoff an Sachse und beauftragten diesen damit, Sprengsätze zu bauen. Diese wollte Otte für Sprengstoffanschläge verwenden. Bei ihrem Treffen waren sich die drei darüber einig, dass etwas getan werden müsse, um den „Linksextremisten" – gemeint war insbesondere die *Rote Armee Fraktion* (RAF) – „das Handwerk zu legen".[33] Im Urteil gegen die Otte-Gruppe hieß es später:

> Das Motiv Ottes für die Beschaffung der Sprengkörper bestand darin, daß er den Einsatz von Gewalt zur Durchsetzung seiner politischen Ziele billigte. Er glaubte, durch Sprengstoffanschläge eine Verunsicherung und Radikalisierung der Bevölkerung herbeizuführen und damit eine günstige Ausgangslage für eine nationalsozialistische Machtübernahme in der Bundesrepublik Deutschland zu schaffen.[34]

Sachse baute daraufhin mindestens drei Rohrbomben. Am 18. August 1977 übergab Otte in Wanderup in Schleswig-Holstein einen der drei Sprengkörper an den Rechtsterroristen Heinrich Eisermann (*1919). Eisermann war 1975 durch ein Inserat auf Ottes Tonbandarchiv aufmerksam geworden und hatte ihn im Folgejahr persönlich kennen gelernt. Otte erteilte nun, im August 1977, Eisermann den Auftrag, die Bombe an einem Schaukasten der Tageszeitung *Flensburger Nachrichten* explodieren zu lassen. Eisermann befolgte zwar diese Weisung nicht, verübte aber am 2. September 1977 einen Sprengstoffanschlag auf die Amtsanwaltschaft in Flensburg, der Sachschaden anrichtete.[35] Die Entscheidung für das Anschlagsziel

---

30 Vgl. ebd., Bl. 17.
31 Vgl. ebd., Bl. S. 38 f.
32 Angeblich berichte Lepzien der Abteilung IV nichts von diesem Kauf. Vgl. ebd., Bl. 39 f.
33 Ebd.
34 Ebd., Bl. 42.
35 Vgl. ebd., Bl. 41 ff; Vernehmung Heinrich Eisermann durch das Bundeskriminalamt v. 19.12.1978, BArch B 362/7996, Bl. 109.

traf Eisermann vermutlich, weil das Landgericht Flensburg am 28. Juni 1977 gegen den prominenten Neonazi Manfred Roeder verhandelt und ihn wegen Verbreitung von NS-Propagandamaterial zu einer Haftstrafe von sechs Monaten verurteilt hatte. Der Vertreter der Anklage hatte sein Dienstzimmer im Gebäude der Amtsanwaltschaft.[36] Dass sich Eisermann nicht an Ottes Auftrag hielt, war kein ungewöhnliches Phänomen in rechtsterroristischen Gruppen, denn nicht selten entschieden Mitglieder solcher Zusammenschlüsse eigenmächtig über das Ziel von Anschlägen oder Überfällen, die sie dann auch „auf eigene Faust" durchführten.[37]

Solche Alleingänge tolerierte Otte durchaus; stimmte er den Aktivitäten seiner Anhänger*innen nicht zu, vertrat er allerdings einen unbedingten Führungsanspruch. Auch wenn er schon allein aufgrund der geographischen Entfernung die Aktivist*innen in anderen Städten für sich agieren ließ, versuchte er bisweilen, sie durch Drohungen und Einschüchterungen zu disziplinieren.[38]

In diesem Zeitraum traf sich Otte mit Lepzien und weiteren Anhänger*innen des Öfteren in Ottes Wohnung, um konkrete Anschläge zu besprechen, so etwa gegen die Grenzanlagen der DDR. Ferner überlegte Otte, an aus der DDR, den Niederlanden oder aus der UdSSR kommenden LKWs auf Autobahnraststätten Sprengsätze anzubringen. Mit solchen Anschlägen wollte er auf das Schicksal früherer Nationalsozialisten aufmerksam machen, die als Kriegsverbrecher verurteilt und inhaftiert worden waren. Die juristische Verfolgung von NS-Straftätern war Otte besonders ein Dorn im Auge. Er überlegte, mit Sprengkörpern „an und in Gerichtsgebäuden die Justiz" zu terrorisieren, „um sie von der Verurteilung von Nationalsozialisten abzuhalten", hieß es in der Anklageschrift. Außerdem wollte Otte Attentate gegen jüdische Einrichtungen, prominente Jüd*innen wie Heinz Galinski, Robert Kempner oder Simon Wiesenthal, und bekannte Politiker*innen wie Gerhard Stoltenberg und Alfred Dregger (beide CDU) verüben.[39] Zur Auskundschaftung der DDR-Grenzanlagen fuhren Otte und Lepzien zweimal zur innerdeutschen Grenze nach Grasleben und nach Bad Harzburg; bei letzterer Fahrt wurden sie von Sachse begleitet.[40]

---

36 Urteil des Landgerichts Flensburg v. 2.2.1983, BArch B 141/64285, Bl. 196.
37 Vgl. etwa Barbara Manthe, Rechtsterroristische Gewalt in den 1970er Jahren. Die Kühnen-Schulte-Wegener-Gruppe und der Bückeburger Prozess 1979, in: Vierteljahrshefte für Zeitgeschichte (VfZ) 68 (2020), H. 1, S. 63–93, hier S. 74 f.
38 Vgl. Anklageschrift des Generalbundesanwalts beim Bundesgerichtshof v. 6.6.1980, BArch B 362/8014, Bl. 50.
39 Anklageschrift des Generalbundesanwalts beim Bundesgerichtshof v. 6.6.1980, BArch B 362/8014, Bl. 52; Urteil des Oberlandesgerichts Celle v. 19.2.1981, BArch B 362/8019, Bl. 47.
40 Vgl. Urteil des Oberlandesgerichts Celle v. 19.2.1981, BArch B 362/8019, Bl. 47.

Auch an die Hannoveraner Gruppe trugen Otte und Lepzien im September 1977 die Idee heran, Anschläge zu verüben.[41] Am 1. Oktober 1977 traf sich Otte mit insgesamt zehn Neonazis in Lepziens Wohnung in Peine – unter den Anwesenden war neben Lepzien, Heidel und Oliver S. auch der Hamburger Neonazi Michael Kühnen.[42] Paul Otte gab bei dieser Zusammenkunft die beiden verbliebenen von Sachse gebauten Sprengsätze weiter: einen an Oliver S. und einen an Kühnen. Otte erklärte den Aufbau der Bombe; ferner diskutierten die Anwesenden mögliche Anschlagsziele.[43] Es mag auf den ersten Blick überraschend wirken, dass sich die Rechtsterroristen scheinbar bedenkenlos in Privatwohnungen trafen; grundsätzlich trafen auch andere rechtsterroristische Gruppen jener Zeit nur nachlässig Vorkehrungen für Klandestinität, was auf ein geringes Wissen über konspiratives Verhalten hinweisen kann. Die Nachlässigkeit mag ihre Ursache aber auch darin gehabt haben, dass sich viele rechtsterroristische Akteure vor Strafverfolgung relativ sicher fühlten und daher mit einer gewissen Offenheit und Selbstverständnis auftraten.

Die Hannoveraner erkundeten in den folgenden Wochen verschiedene für einen Anschlag geeignete Objekte in der niedersächsischen Landeshauptstadt. In der Nacht zum 21. Oktober 1977 ließ S., unterstützt von einem Komplizen, den Sprengsatz an der Pförtnerloge des Hannoveraner Amtsgerichts detonieren, wobei Sachschaden in Höhe von rund 2.700 DM entstand. Nach der Tat zog sich S. aus der Hannoveraner Gruppe zurück, auch von der Braunschweiger Gruppe wandten sich zum Jahresende 1977 mehrere aktive Mitglieder wie B ab.[44]

Otte-Gruppe – Zweite Phase

In einer zweiten Phase der Otte-Gruppe reduzierte sich der Kontakt zu den Hannoveraner Neonazis aufgrund von Auflösungserscheinungen in der dortigen Gruppe; Heidel und Otte hielten allerdings Kontakt. Es kamen neue Akteure hinzu: Otte lernte im Winter 1977 die Verkäuferin Christine S. (*1959; später verheiratete Hewicker) und ihren Verlobten, den Rechtsanwaltsgehilfen Klaus-Dieter

---

41 Vgl. ebd., Bl. 48.
42 Vgl. Anklageschrift des Generalbundesanwalts beim Bundesgerichtshof v. 6.6.1980, BArch B 362/8014, Bl. 61. Zu Michael Kühnen vgl. den Beitrag von Ann-Kathrin Mogge in diesem Band.
43 Vgl. Urteil des Oberlandesgerichts Celle v. 19.2.1981, BArch B 362/8019, Bl. 49. Kühnen selbst wurde kurze Zeit später Mitglied in einer rechtsterroristischen Gruppierung, der Kühnen-Schulte-Wegener-Gruppe. Vgl. Manthe, Gewalt, S. 72 f.
44 Vgl. Urteil des Oberlandesgerichts Celle v. 19.2.1981, BArch B 362/8019, Bl. 51 ff.

Hewicker (*1956) kennen. Im Februar 1978 machte Otte dann Bekanntschaft mit dem Schüler Kurt Wolfgram (*1960).[45]

In der Zeit dieser Neuformierung beauftragte Lepzien Sachse, mit dem verbliebenen Schwarzpulver aus Zürich eine weitere, größere Bombe zu bauen. Ab etwa Mai 1978 verübten Hewicker, Christine S. und Wolfgram, teilweise gemeinsam mit Lepzien, diverse Sachbeschädigungs- und Propagandadelikte mit Schmieraktionen in Wolfsburg; weitere Taten folgten mit wechselnder Beteiligung in den nächsten Wochen und Monaten. Außerdem führten Klaus-Dieter Hewicker, Christine S. und Kurt Wolfgram Schießübungen auf dem von Sachse verwalteten Schießplatz durch.[46]

Im Mai 1978 trafen sich Paul Otte und einige seiner Anhänger*innen in einem Gasthaus in Helmstedt bei Braunschweig. Bei dieser Gelegenheit formulierte Otte als politisches Ziel, dass ihm nach der Zerschlagung der Bundesrepublik ein „Viertes Reich" nach dem Vorbild des Nationalsozialismus vorschwebe.[47] Außerdem brachte er erneut die Idee eines Anschlags auf den schleswig-holsteinischen Ministerpräsidenten Gerhard Stoltenberg auf.[48] Von dem Anschlag erhoffte sich Otte eine Verunsicherung der Bevölkerung, wie es später in der Urteilsschrift gegen Otte hieß:

> Er [Otte, d. V.] erklärte, daß solche Fälle für sein Vorhaben gut geeignet seien, um Unruhe zu stiften. Nach einem solchen Vorfall sollte sich jedoch keiner zu der Tat bekennen. Die Polizei sollte allein versuchen, die Täter ausfindig zu machen. Die Bevölkerung sollte verunsichert werden, wenn die polizeilichen Ermittlungen kein Ergebnis hätten. Auf diese Weise wollte man neue Anhänger gewinnen.[49]

Diese Aussage verdeutlicht, dass der Verzicht auf eine Bekennung nach Anschlägen durchaus Teil einer bewusst zur Anwendung gebrachten Kommunikationsstrategie rechtsterroristischer Akteure sein konnte und nicht unbedingt eine Folge fehlenden Wissens über die zentrale Bedeutung von Kommunikation für die Wahrnehmung und Bewertung von Terrorismus.[50] So folgte zwar auf den Spreng-

---

45 Vgl. ebd., Bl. 57 ff. Vgl. auch Hewicker, Aussteigerin, S. 27 ff.
46 Vgl. Urteil des Oberlandesgerichts Celle v. 19.2.1981, BArch B 362/8019, Bl. 63 ff, 70.
47 Vgl. ebd., Bl. 65.
48 Vgl. Vernehmung Andreas R. durch das Bundeskriminalamt v. 8.11.1978, BArch B 362/7987, Bl. 19.
49 Vernehmung Andreas R. durch das AG Helmstedt v. 10.1.1979, BArch B 362/7987, Bl. 116; Urteil des Oberlandesgerichts Celle v. 19.2.1981, BArch B 362/8019, Bl. 66.
50 Hierzu umfassend vgl. Peter Waldmann, Terrorismus. Provokation der Macht, München 1998. Die Entscheidung des „Nationalsozialistischen Untergrunds", der zwischen 1998 und 2011 Ermittler und Öffentlichkeit bewusst über den politischen Hintergrund seiner Taten in Unkenntnis ließ, hatte hier also einen historischen Vorläufer.

stoffanschlag in Hannover keine Bekennung; allerdings versuchte ein Mitglied der Otte-Gruppe die Tat im Nachhinein im Sinne einer „False Flag"-Strategie umzudeuten, indem er ein gefälschtes RAF-Bekennerschreiben versandte.[51]

Im Juli 1978 stellte Sachse die in Auftrag gegebene Bombe fertig; Lepzien holte sie im September ab und brachte sie zu Otte. Im Herbst 1978 überlegten Otte, Heidel und Klaus-Dieter Hewicker, mit diesem Sprengsatz einen Anschlag auf das Jüdische Gemeindezentrum in Hannover zu verüben. Am 18. November 1978 fuhren Hewicker, Wolfgram, Otte und dessen Tochter nach Hannover, um dort gemeinsam mit Heidel das Jüdische Gemeindezentrum auszukundschaften. Den Anschlag planten die Rechtsterrorist*innen für den 30. November 1978.[52]

Lange Zeit hatte Hans-Dieter Lepzien als aktives Mitglied in der Otte-Gruppe mitgewirkt und der Behörde ihrer späteren Aussage nach nicht über die produzierten und verteilten Bomben und seine Beteiligung an weiteren Waffengeschäften informiert.[53] Im November 1978 berichtete er dann endlich seinem V-Mann-Führer von dem Sprengsatz, der für den Anschlag auf das Jüdische Gemeindezentrum verwendet werden sollte. Daraufhin kam Otte Ende November in Untersuchungshaft; S. war bereits wegen eines anderen Tatvorwurfs in U-Haft genommen worden.[54] Mit der Verhaftung Ottes löste sich die Otte-Gruppe auf. Im Frühjahr 1979 wurden dann auch Heidel, Sachse und Lepzien festgenommen.[55]

Gerichtsverfahren gegen die Otte-Gruppe

Bis der Prozess gegen die Otte-Gruppe begann, verbüßte Paul Otte neben der Untersuchungshaft zwei Freiheitsstrafen aus anderen Gerichtsverfahren.[56] Im Juni 1980 erhob der Generalbundesanwalt gegen Otte, Volker Heidel und Oliver S. Anklage wegen Bildung, Mitgliedschaft in bzw. Unterstützung einer terroristischen Vereinigung nach § 129a StGB; Hans-Dieter Lepzien und Wolfgang Sachse wurden

---

51 Vgl. Spurenakte „RAF", BArch B 362/8040, unpaginiert. Vgl. zu false-flag-Strategien Erin M. Kearns / Brendan Conlon / Joseph K. Young, Lying About Terrorism, in: Studies in Conflict & Terrorism 37 (2014), H. 5, S. 422–439.
52 Vgl. Urteil des Oberlandesgerichts Celle v. 19.2.1981, BArch B 362/8019, Bl. 72 ff.
53 Vgl. Vermerk der Staatsanwaltschat beim OLG Celle v. 11.6.1979, BArch B 362/8024, unpaginiert.
54 Vgl. Urteil des Oberlandesgerichts Celle v. 19.2.1981, BArch B 362/8019, Bl. 22, 75–79; Anklageschrift des Generalbundesanwalts beim Bundesgerichtshof v. 6.6.1980, BArch B 362/8014, Bl. 53.
55 Vgl. Urteil des Oberlandesgerichts Celle v. 19.2.1981, BArch B 362/8019, Bl. 19, 28, 30, 79.
56 Vgl. Urteil des Oberlandesgerichts Celle v. 19.2.1981, BArch B 362/8019, Bl. 11.

wegen Beihilfe zur Herbeiführung einer Sprengstoffexplosion angeklagt.[57] Gegen Christine S., Klaus-Dieter Hewicker und Kurt Wolfgram wurde gesondert verhandelt.[58] Die Hauptverhandlung leitete der 3. Strafsenat des Oberlandesgerichts Celle, der bereits Erfahrung mit einem Prozess gegen Rechtsterroristen gemacht hatte: Der Vorsitzende Richter Moschüring und drei der beisitzenden Richter hatten 1979 das Verfahren gegen die rechtsterroristische Kühnen-Schulte-Wegener-Gruppe geführt.[59]

Während der Gerichtsverhandlung kam Lepziens Tätigkeit für den niedersächsischen Verfassungsschutz an die Öffentlichkeit, was zu kritischen Medienberichten führte, zumal Lepzien als einziger nicht wegen der Mitgliedschaft in einer terroristischen Vereinigung verurteilt wurde.[60]

Am 19. Februar 1981 verkündete der 3. Strafsenat des Oberlandesgerichts Celle das Urteil. Paul Otte wurde als Rädelsführer einer terroristischen Vereinigung zu einer Freiheitsstrafe von fünf Jahren und sechs Monaten verurteilt. S. erhielt eine Jugendstrafe von sechs Jahren; Heidel eine Strafe von zwei Jahren und neun Monaten. Bei beiden wurden noch andere Urteile in das Strafmaß mit einbezogen. Lepzien wurde zu drei Jahren und Sachse zu drei Jahren und drei Monaten Haft verurteilt.[61]

Während seiner Haftzeit versuchte Otte im Juni 1981 noch mit einem Hungerstreik auf sich aufmerksam zu machen; vermutlich nahm sich Otte die mit ihm bekannten Rechtsterroristen Michael Kühnen und Lothar Schulte zum Vorbild, die nur kurze Zeit zuvor mit einem Hungerstreik und Selbststilisierung als „nationale politische Gefangene" Vergünstigungen in der Haft hatten erzwingen wollen.[62] Nach seiner Entlassung im April 1985 trat er nach bisherigem Erkenntnisstand nicht mehr politisch in Erscheinung.

---

57 Vgl. Anklageschrift des Generalbundesanwalts beim Bundesgerichtshof v. 6.6.1980, BArch B 362/8014, Bl. 1 ff.
58 Vgl. Anklageschrift der Staatsanwaltschaft beim Landgericht Lüneburg v. 21.6.1979, BArch B 362/8023, Bl. 49.
59 Vgl. Manthe, Gewalt, S. 82.
60 Vgl. Art. „Rechtsradikalen-Prozeß zieht Kreise", in: Süddeutsche Zeitung v. 3.10.1980; Art. „Bombe vom V-Mann", in: Die Zeit v. 14.11.1980; Art. „Nazibomben vom Verfassungsschützer", in: Die Tageszeitung v. 25.7.1984; Art. „Was dürfen die eigentlich", in: Der Spiegel v. 24.9.1984, S. 102 ff.
61 Vgl. Urteil des Oberlandesgerichts Celle v. 19.2.1981, BArch B 362/8019, Bl. 3 f.
62 Vgl. Schreiben des Generalbundesanwalts an den Bundesminister der Justiz v. 2.6.1981, BArch B B 141/62878, Bl. 244; Manthe, Gewalt, S. 89.

Fazit

Paul Otte war in der zweiten Hälfte der siebziger Jahre eine wichtige Führungspersönlichkeit der rechtsterroristischen Szene in Norddeutschland. Er schaffte es, verschiedene neonazistische Akteure zusammenzubringen und sie zu Gewalttaten zu motivieren. Dabei wurde er von Hans-Dieter Lepzien und Wolfgang Sachse unterstützt – diese drei Personen ermöglichten anderen Rechtsterrorist*innen durch die Produktion und Weitergabe von Sprengsätzen im Jahre 1977 die Anschläge in Flensburg und Hannover. Ferner leitete mit Otte, der Jahrgang 1924 war, ein Mitglied der „Erlebnisgeneration" die Gruppe an, deren Aktive vor allem nach 1950 Geborene waren, also Angehörige der „Bekenntnisgeneration".

Der Zeitpunkt der Entstehung der Otte-Gruppe fiel in eine Phase, in der es im militanten neonazistischen Spektrum Westdeutschlands eine erhöhte Bereitschaft zum terroristischen Handeln gab – dies lässt sich anhand der gewachsenen Zahl an Anschlägen und Gruppenstrukturen in der BRD erkennen. Dass diverse Angehörige der Otte-Gruppe im Laufe ihres politischen Engagements zeitweise eine politische Heimat in der NPD gefunden hatten, spiegelt das Verhältnis zahlreicher späterer Rechtsterrorist*innen zur Partei wider: Einerseits diente die NPD als wichtiger politischer „Durchlauferhitzer" und als Ort, an dem Kontakte aufgebaut und Netzwerke geknüpft werden konnten. Andererseits wandten sich viele einstige Sympathisant*innen später von der Partei ab – gerade, als diese Anfang der siebziger Jahre in die Krise geriet –, da sie ihnen zu „lasch" erschien.[63]

In Norddeutschland gehörten die Strukturen, die Otte aufgebaut hatte, zusammen mit dem Zusammenschluss um den Hamburger Neonazi Michael Kühnen, zu den Knotenpunkten der gutvernetzten rechtsterroristischen Szene der späten siebziger Jahre.

Paul Otte war in der Lage, andere Aktivist*innen – auch jüngere – um sich zu sammeln und jüngere Führungspersonen wie Volker Heidel zu integrieren. Er war ein aktiver und militanter Anhänger der nationalsozialistischen Ideologie, der über mehrere Jahre hinweg radikale Strukturen in seinem Einflussbereich aufbaute.

Die aktiven Phasen der Otte-Gruppe dauerten insgesamt rund eineinhalb Jahre, was angesichts der durchschnittlich kürzeren Lebensdauer rechtsterroristischer Gruppen in den siebziger und achtziger Jahren relativ lang ist. Zudem ermöglichte die Otte-Gruppe den später hinzugekommenen Aktivist*innen Klaus-Dieter Hewicker, Christine S. und Kurt Wolfgram den Einstieg in den Rechtsterro-

---

63 Vgl. Norbert Frei / Franka Maubach / Christina Morina / Maik Tändler, Zur rechten Zeit. Wider die Rückkehr des Nationalismus, Berlin 2019, S. 87 ff.

rismus: 1981 tauchten sie ins Ausland ab und beteiligten sich als Mitglieder der Uhl-Wolfgram-Gruppe[64] an einem Banküberfall und weiteren Anschlagsplanungen.

---

[64] Zur Uhl-Wolfgram-Gruppe vgl. Fromm, „Wehrsportgruppe Hoffmann", S. 212 ff.

Martin Finkenberger
Wilfred von Oven (1912–2008)
„Einwandfreie Persönlichkeit im Sinne der Org"

Abb. 14: Wilfred von Oven um 1946: *Privat*.

Einleitung

Im Kreis seiner Gesinnungsgenossen genoss Wilfred von Oven einen tadellosen Ruf: Er sei „einer der wenigen Männer, deren gesprochenes und geschriebenes Wort Leser und Hörer gleichermaßen packt",[1] würdigte ihn eine rechtsextreme Kulturzeitschrift. Und dass sich „die ganze breite Palette" seiner Nachkriegspublizistik „weiß Gott sehen lassen"[2] könne, merkte zu seinem 75. Geburtstag ein befreundeter SS-Veteran an. Tatsächlich war v. Oven, der als Angehöriger der nationalsozialistischen „Erlebnisgeneration" und zeitweiliger „persönlicher Pressereferent" von Propagandaminister Goebbels ein spezifisches Expertenwissen be-

---

1 Lippoldsberger Dichtertag 1978, in: Klüter Blätter 29 (1978), H. 8, S. 28 ff.
2 Gerd Knabe, Ein Geburtstagsbrief, in: Deutsche Monatshefte 38 (1987), H. 6–7, S. 65.

anspruchte, zeit seines Lebens ein umtriebiger Autor und Journalist. Immer wieder gelang es ihm dabei, als Mitarbeiter seriöser Tageszeitungen und Verlage die Grenzen des subkulturellen Milieus des Rechtsextremismus zu verlassen. Unbekannt dürfte den meisten Redaktionen allerdings gewesen sein, dass bereits die *Organisation Gehlen* (OG) und der aus ihr hervorgehende *Bundesnachrichtendienst* (BND) viele Jahre v. Ovens Arbeit honorierten. „Einwandfreie Persönlichkeit im Sinne der Org",[3] urteilte im Jahre 1950 ein Mitarbeiter der OG über den V-Mann 12.753 (Deckname „Fred"), der ein „begeisterter Journalist, guter Redner und guter Kamerad"[4] sei. Die Einschätzung ist in einem Dokument überliefert, das vom Archiv des BND inzwischen zugänglich gemacht wurde.[5] Quellen zu v. Ovens Biografie in der NS-Zeit und zu seiner Tätigkeit als Pressereferent bei Goebbels sowie zu seinem Entnazifizierungsverfahren 1949/50 finden sich in Beständen des Bundesarchivs[6] und im Landesarchiv Schleswig-Holstein.[7] Aufschlussreiche Angaben zu seinem Lebensweg enthalten auch seine 1993 erstmals publizierten Erinnerungen.[8] Darüber hinaus stehen zahlreiche journalistische Beiträge und Bücher zur Verfügung, die v. Oven seit Beginn der fünfziger Jahre verfasst hat.

Familiäre Herkunft und Sozialisation

Wilfred v. Oven wurde am 4. Mai 1912 in La Paz (Bolivien) in einer Familie von „Auslandsdeutschen" geboren.[9] Während sein Vater dort für ein Berliner Handelshaus tätig war, hatte seine Mutter nach Abschluss ihres Lehrerinnenexamens eine Stelle als Hauslehrerin angenommen. Väterlicherseits entstammten die v. Ovens einem „traditionsreichen schlesischen Adelsgeschlecht",[10] dessen Angehörige vielfach als Offiziere im preußischen Militär gedient hatten. Georg von Oven (1868–1938) etwa, sein Patenonkel, stieg bis zum Generalmajor auf.[11] Eine ein-

---

3 Karteikarte Wirtschaftliches Forschungsinstitut, o. D., BND-Archiv, Sig. 24 857_OT, Bl. 6.
4 Aktennotiz, 30.11.1950, BND-Archiv, Sig. 24 857_OT, Bl. 9.
5 Vgl. Archiv des Bundesnachrichtendienstes (BND-Archiv), Sig. 24 857_OT.
6 Vgl. Bundesarchiv (BArch), R 9361-III/407608 u. R 55.
7 Vgl. Landesarchiv Schleswig-Holstein (LASH), Abt. 460, Nr. 955.
8 Vgl. Wilfred von Oven, Ein „Nazi" in Argentinien, Gladbeck 1993. Das Buch erschien 1999 in einer 2. Auflage.
9 Das Geburtsdatum wird durch die Formulare und Fragebögen bestätigt, die v. Oven im Laufe seines Lebens ausgefüllt hat. Vgl. etwa SS-Aufnahme- und Verpflichtungsschein, 14.5.1937, BArch, R 9361-III/407608; Fragebogen Wilfred v. Oven, 25.4.1950, LASH, Abt. 460, Nr. 955, o. P. Falsch dagegen: Art. Wilfred von Oven 75 Jahre, in: Nation Europa 37 (1987), H. 4. S. 69.
10 Art. Wilfred von Oven 80, in: Nation und Europa – Deutsche Monatshefte 42 (1992), H. 6. S. 56.
11 Vgl. Wilfred von Oven, Mit ruhig festem Schritt. Aus der Geschichte der SA, Kiel 1998, S. 31 f.

schneidende Änderung erfuhr die Kindheit im Sommer 1914, als die Familie sich gerade auf „Urlaubsreise in Deutschland" befand.[12] Mit Beginn des Krieges, der eine Rückkehr nach Südamerika unmöglich machte, meldete sich Vater Kurd [sic] „an die deutsche Front", wo er 1917 in Flandern den „Heldentod" fand.[13] Die folgenden Jahre lebte v. Oven in prekären Verhältnissen. Er selbst schreibt dazu im Rückblick, dass die „schmale Kriegerwitwenrente" seiner Mutter, die im Deutschen Reich geblieben war, „gerade für das Allernötigste" ausgereicht habe, so dass er und seine drei Geschwister „schon in jungen Jahren Not, ja Hunger" kennengelernt hätten.[14] Zu einer prägenden Erfahrung sollten zudem die revolutionären Unruhen 1918/19 werden. Glaubt man v. Ovens Erinnerungen, habe sich unter den im April 1919 in München ermordeten Mitgliedern der *Thule-Gesellschaft* eine weitläufige Angehörige seiner Familie befunden.[15] Trotz der Umstände konnte v. Oven allerdings eine weiterführende Schule besuchen. Ostern 1930 legte er am Realgymnasium Berlin-Lichtenrade das Abitur ab.[16] Ein Studium war ihm jedoch nicht möglich, vermutlich aus wirtschaftlichen Gründen. Stattdessen trat er im Januar 1931 eine kaufmännische Lehre in dem Exporthaus „Hardt & Co." an, die er kaum ein Jahr später unfreiwillig beenden musste: Als im April 1932 „die Exportkrise einsetzte", gab er später bei seiner Bewerbung um die Aufnahme in die SS an, „wurde ich entlassen".[17] Zeitweise bezog er „Stempelgeld".[18]

Verhältnis zum Nationalsozialismus

Zu diesem Zeitpunkt hatte v. Oven sich bereits politisch positioniert. Für einen Ausweg aus der sozialen Misere setzte er auf den aufsteigenden Nationalsozialismus, der ihm „durch die soziale Komponente seiner politischen Idee die richtige Lösung für die erdrückenden Nöte der Zeit"[19] erschien. Als „Schlüsselerlebnis"[20] bezeichnete er eine Kundgebung gegen eine der Notverordnungen Brünings, die in einer gewaltsamen Auseinandersetzung geendet hatte. Im Mai 1931 trat v. Oven nicht nur der NSDAP, sondern auch der SA bei, die in seinen Augen den revolutio-

---

12 Fragebogen Wilfred v. Oven, 25.4.1950, LASH, Abt. 460, Nr. 955, o. P.
13 Von Oven, Schritt, S. 17, 31.
14 Ebd., S. 17.
15 Vgl. ebd., S. 30 f.
16 Vgl. Fragebogen Wilfred v. Oven, 25.4.1950, LASH, Abt. 460, Nr. 955, o. P.
17 Lebenslauf zum Eintritt in die SS, 4.5.1937, BArch, R 9361-III/407608.
18 Von Oven, Schritt, S. 53.
19 Ebd., S. 17 f.
20 Ebd., S. 23.

nären Geist der Bewegung verkörperte. Insofern erscheint es plausibel, dass ihm „ein rebellischer Rabauke wie Stennes" stärker „imponierte" als „die dem ehrbaren Bürgertum verhaftet gebliebenen Konservativen der Partei wie Göring, [...] Frick und viele andere".[21] Dass der SA-Führer Walther Stennes (1895–1983) zum Zeitpunkt seines Beitritts aus der NSDAP ausgeschieden war, hielt v. Oven nicht davon ab, eine Verbindung zu diesem zu unterhalten. Der Kontakt verdankte sich seiner Bekanntschaft mit dem Journalisten Günther Heysing (* 1911), die angeblich auf gemeinsame Erlebnisse in der Jugendbewegung zurückreichte und sich für v. Oven noch vielfach als nützlich erweisen sollte. Nachvollziehbar ist zudem v. Ovens Erklärung, weshalb er bereits im April 1932 die Partei wieder verließ. Demnach stand er dem Bündnis der NSDAP-Führung mit Hugenbergs gegen die Republik gerichteten *Harzburger Front* ablehnend gegenüber.[22] Ob v. Oven sich allerdings wirklich, wie Heysing 1950 in einem Persilschein für das Entnazifizierungsverfahren ausführte, in einer von diesem „geführten Berliner Stennes-Gruppe aktiv betätigt und sich als zuverlässiger und sehr brauchbarer Kampfgenosse bewährt"[23] hat, ist zweifelhaft. Obgleich er nach 1945 behaupten konnte, „während des ganzen Dritten Reiches weder der NSDAP noch irgendeiner ihrer Gliederungen angehört"[24] zu haben und „Nicht-Parteigenosse"[25] gewesen zu sein, blieb er doch ein überzeugter Nationalsozialist. Von Hitlers Politik seit der Machtübertragung 1933 zeigte v. Oven sich „nicht nur beeindruckt, sondern erneut ehrlich begeistert", so dass es ihm „aufrichtig leid" getan habe, ein Jahr zuvor „der Bewegung den Rücken gekehrt zu haben".[26] Ob ihn die „Märzgefallenen" abschreckten, die er bei einem Besuch in einem Parteibüro antraf, als er erneut die Mitgliedschaft erwerben wollte, sei dahingestellt.[27] Viel besser schien er sich ohnehin in jener Formation aufgehoben zu fühlen, deren Angehörige sich als rassische und weltanschauliche Elite des Nationalsozialismus verstanden. Konsequenterweise bemühte v. Oven sich 1937 um Aufnahme in die SS, scheiterte aber damit. Dass er diesen Schritt unternommen haben will, um den noch aus seiner Bekanntschaft mit Stennes resultierenden Vorwürfen gegen seine Person „die Spitze abzubre-

---

21 Ebd., S. 95
22 Vgl. ebd., S. 45. Zur Einordnung der „Harzburger Front" vgl. Hans-Ulrich Wehler, Deutsche Gesellschaftsgeschichte, Bd. 4, Vom Beginn des Ersten Weltkrieges bis zur Gründung der beiden deutschen Staaten 1914–1949, 3. Aufl., München 2008, S. 568.
23 Eidesstattliche Erklärung Günt[h]er Heysing, 15.2.1950, LASH, Abt. 460, Nr. 955, o. P.
24 Von Oven an Todenhöfer, 16.2.1969, BArch, B 145/8864, o. P.
25 Von Oven, „Nazi", S. 9.
26 Von Oven, Schritt, S. 124 f.
27 Vgl. ebd., S. 125.

chen"[28] oder gar „Bespitzelung und Anfeindung durch die Nazis zu entgehen",[29] wie er und seine Fürsprecher im Entnazifizierungsverfahren 1950 behaupteten, ist allerdings unglaubwürdig. Ebenso wenig findet sich in den Quellen ein Beleg dafür, dass sein Antrag deshalb abgelehnt wurde, weil er als „politisch unzuverlässig"[30] galt. Stattdessen hatte ihn die zuständige Kommission aufgrund eines früheren „Herzklappenfehlers"[31] als „ungeeignet abgemustert".[32]

Autor, Schriftsteller und Propagandist

Wie sehr v. Oven sich zu diesem Zeitpunkt zu den neuen Machthabern bekannte, verdeutlichte auch sei Berufsweg. Nach journalistischen Anfängen seit Ende 1932 unter anderem für eine Feuilleton-Korrespondenz des *Dreimasken-Verlags*[33] absolvierte er im Herbst 1936 einen Lehrgang auf der Reichspresseschule. Dass es sich dabei um eine Bewährungsprobe handelte, weil ihm als „Renegat"[34] misstraut wurde, wie v. Oven es im Rückblick darstellte, dürfte allerdings kaum den Tatsachen entsprochen haben. Dagegen spricht die Zielsetzung der Einrichtung, wonach ein zur Teilnahme zugelassener Journalist hier den „letzten Schliff" seiner Ausbildung erhielt, nachdem er bereits vorher unter Beweis gestellt hatte, dass er „als Nationalsozialist aktiv am Leben der Nation Anteil nimmt".[35] Insofern verwundert es auch nicht, dass v. Oven den Lehrgang „mit Auszeichnung" abschloss, wie er sich zeit seines Lebens rühmte.[36]

Das in ihn gesetzte Vertrauen, um künftig „dem Führer als Adjutant des Wortes zu dienen",[37] wie der Leiter der Schule, Hans Schwarz van Berk (1902–1973) den Auftrag der Absolventen umrissen hatte, lassen die Zeitungen und Verlage erkennen, für die v. Oven anschließend tätig wurde. Nach kurzer Zeit als „freier Mit-

---

28 Von Oven an Entnazifizierungshauptausschuss Kiel, 24.10.1950, LASH, Abt. 460, Nr. 955, o. P.
29 Heysing an Entnazifizierungshauptausschuss Kiel, 23.10.1950, LASH, Abt. 460, Nr. 955, o. P.
30 Von Oven an Entnazifizierungshauptausschuss Kiel, 24.10.1950, LASH, Abt. 460, Nr. 955, o. P.
31 Lebenslauf 4.5.1937 zum Eintritt in die SS, BArch, R 9361-III/407608.
32 Führer SS-Sturmbann I/6 an von Oven, 15.5.1937. Vgl. auch: Ärztlicher Befund, 15.5.1937, BArch, R 9361-III/407608.
33 Vgl. beispielhaft W[ilfred] v[on] Oven, Moritz von Schwind, in: Der Führer (Karlsruhe) v. 21.1.1934; Wilfred v[on] Oven, De swarte Frau, in: Karlsruher Tagblatt v. 1.11.1934.
34 Von Oven, Schritt, S. 107.
35 Wolfgang Müsse, Die Reichspresseschule: Journalisten für die Diktatur? Ein Beitrag zur Geschichte des Journalismus im Dritten Reich, München 1995, S. 157.
36 Vgl. von Oven, Schritt, S. 107; ders., „Nazi", S. 10, 194.
37 Hans Schwarz van Berk, Die Stunde diktiert. Kurze Sprechstunde für Unpolitische, Hamburg 1935, S. 6.

arbeiter"[38] beim *Angriff,* eine der wichtigsten Tageszeitung der NS-Zeit,[39] trat er im Sommer 1937 als „Schriftleiter" in den *Scherl-Verlag* ein. Für die Veröffentlichungen des Unternehmens berichtete er als Reporter „hauptsächlich auf lokalem Gebiet", wurde aber auch mit „Sonderberichterstattungsaufträge[n]" betraut.[40] Im Jahr 1938 schickte ihn der Verlag für mehrere Monate als Korrespondent mit der „Legion Condor" nach Spanien, wo er sich als „Kriegsberichter"[41] qualifizierte. Nachdem er im Frühsommer 1939 zurückgekehrt war und eine „Grundausbildung"[42] in einer Propagandakompanie der Wehrmacht absolviert hatte, lieferte er in den kommenden Jahren zahlreiche Berichte und Erzählungen von Kriegsschauplätzen erst in Polen und Frankreich, dann vom Balkan und seit dem Angriff auf die Sowjetunion im Juni 1941 von verschiedenen Frontabschnitten im Osten.[43] Eine Zeitlang war dort Heysing sein Vorgesetzter.[44]

Persönlicher Pressereferent bei Goebbels

Gleichwohl geschah es eher zufällig, dass v. Oven im Frühjahr 1943 in die unmittelbare Nähe einer Schlüsselfigur der nationalsozialistischen Führungselite geriet, die für seinen weiteren Lebensweg prägend werden sollte. Auf Empfehlung eines Goebbels-Vertrauten, den er im Winter 1940/41 in Arcachon im besetzten Frankreich kennengelernt hatte, wurde v. Oven im Juni 1943 als „persönlicher Pressereferent"[45] des Propagandaministers nach Berlin kommandiert. Dass er gegenüber

---

38 Lebenslauf 4.5.1937 zum Eintritt in die SS, BArch, R 9361-III/407608.
39 Vgl. Peter Longerich, „Davon haben wir nichts gewusst!" Die Deutschen und die Judenverfolgung 1933–1945, München 2006, S. 9.
40 Fragebogen Wilfred v. Oven, 25.4.1950, LASH, Abt. 460, Nr. 955, o. P.
41 Staatsanwaltschaft Kiel, Erklärung 23.3.1950, LASH, Abt. 460, Nr. 955, o. P.
42 Reichspropagandaamt an Reichsministerium für Volksaufklärung und Propaganda, 27.6.1939, BArch, R 55/876, Bl. 244.
43 Artikel lassen sich in zahlreichen Tageszeitungen nachweisen, einschließlich dem *Völkischen Beobachter.* Vgl. dazu Wilfred von Oven, Die Kämpfe im äußersten Süden der Ostfront, in: Völkischer Beobachter v. 29.4. u. 30.4.1943. Zur literarischen Verarbeitung vgl. Wilfred von Oven / Kurt Frowein, Schluss mit Polen, Berlin 1939; Wilfred von Oven / Jürgen Hahn-Butry, Panzer am Balkan. Erlebnisbuch der Panzergruppe von Kleist, Berlin 1941.
44 Vgl. Eidesstaatliche Erklärung Sigurd Binski, 18.2.1950, LASH, Abt. 460, Nr. 955, o. P.
45 Wilfred v[on] Oven (Leserbrief), Goebbels erzählte mir, in: Der Spiegel v. 6.4.1950. Vgl. auch: Wilfred von Oven, Die deutsche Propaganda am Vorabend des Zweiten Weltkriegs, in: Peter Dehoust (Hg.), Die Niederwerfung des Reiches. Krieg, Verrat, Prozesse. Revisionistische Thesen zur Zeitgeschichte. Dokumentation der drei zeitgeschichtlichen Kasseler Kongresse der Gesellschaft für freie Publizistik, Coburg 1984, S. 88–107, hier S. 88.

der Personalabteilung wahrheitsgemäß darauf hingewiesen hatte, 1932 aus der NSDAP ausgetreten zu sein, spielte keine Rolle. In den kommenden zwei Jahren gehörte v. Oven zum engsten Kreis der Mitarbeiter Goebbels, den er „tagaus, tagein, bei Tag und Nacht, auf Reisen wie in seinen jeweiligen Wohnstätten, begleiten musste".[46] Obgleich er vor allem Routineaufgaben zu erledigen hatte, etwa bei der Zusammenstellung von Materialien, die Goebbels für seine Reden benötigte, oder der Weitergabe von Anweisungen an die Presse,[47] entwickelte sich doch eine enge persönliche Beziehung, die Einblicke in das private Leben des Propagandaministers erlaubte. „Nach dem Essen, dessen Einfachheit (es gab Kartoffelsuppe) Frau Goebbels mit der Plötzlichkeit der Einladung zu entschuldigen bittet, trinken wir in ihrem Salon sehr gemütlich eine Tasse Kaffee", notierte v. Oven den Abendverlauf zu Silvester 1944.[48] Die Erlebnisse dieser Zeit dienten ihm nach 1945 dazu, eine spezifische Expertise zur Deutung der Biografie des Propagandaministers zu reklamieren, den es vor seiner Ansicht nach ungerechtfertigten Angriffen in Schutz zu nehmen galt. Goebbels, hieß es noch 1999 verklärend, sei „ein ungewöhnlich intelligenter, tüchtiger und durchaus prachtvoller Mensch gewesen, für den ich auch heute größte Bewunderung hege".[49]

Transition 1945 bis 1950

Ihre Wege trennten sich erst am 22. April 1945, als Goebbels mit seiner Familie in den „Führerbunker" zog. Gemeinsam mit anderen Mitarbeitern des Propagandaministeriums schlug v. Oven sich nach Plön in Norddeutschland zu seiner früheren Einheit des Heeres durch. Nachdem er dort von Goebbels Suizid erfahren hatte, entfernte er sich mit dem „Einverständnis" seines Vorgesetzten, bei dem es sich erneut um Heysing handelte, von der Truppe und tauchte in die Illegalität ab, „um eventuellen Nachstellungen zu entgehen".[50] Angesichts der bevorstehenden Prozesse gegen das nationalsozialistische Führungspersonal fürchtete v. Oven wohl nicht zu Unrecht eine Internierung durch die Alliierten.[51] In den kommenden Jahren lebte er, angelehnt an ein früheres Pseudonym, unter dem Namen Willy Oehm in Neumünster. Gegenüber seiner Familie, die bald ebenfalls in die

---

46 Von Oven, Schritt, S. 170 f. Vgl. auch: Erläuterungen Wilfred v. Oven, o. D. [April 1950], LASH, Abt. 460, Nr. 955, o. P.
47 RMVP (Wilfred v. Oven) an Leiter Rundfunk, 29.1.1945, BArch, R 55/10, Bl. 248.
48 Wilfred von Oven, Mit Goebbels bis zum Ende, Bd. 2, Buenos Aires 1950, S. 198–204.
49 Von Oven, „Nazi", S. 12.
50 Erläuterungen Wilfred v. Oven, o. D. [April 1950], LASH, Abt. 460, Nr. 955, o. P.
51 Vgl. Staatsanwaltschaft Kiel, Erklärung 23.3.1950, LASH, Abt. 460, Nr. 955, o. P.

Gegend ziehen konnte, wurde er als Schwager und Onkel ausgegeben. Nachdem er sich einige Zeit als landwirtschaftlicher Gehilfe und „Dolmetscher für die Briten"[52] durchgeschlagen hatte, begann v. Oven erneut journalistisch und publizistisch tätig zu werden, unter anderem in der „Lokalberichterstattung".[53] Ungleich wichtiger als Startkapital waren jedoch seine tagebuchartigen Aufzeichnungen aus den Jahren bei Goebbels, die er bei seiner Flucht aus Berlin hatte retten können. Nachdem er diese zu einem Manuskript verarbeitet hatte, gelangten sie im Gepäck einer „befreundete[n] Familie [...] nach Argentinien",[54] wo sie Eberhardt Fritsch (1921–1974), Inhaber des *Dürer-Verlags* und Herausgeber der Monatszeitschrift *Der Weg*, 1949/50 veröffentlichte.[55] So fragwürdig der Quellenwert dieser Aufzeichnungen in angeblich „minutiöser Genauigkeit"[56] auch sein mag, so wenig lässt sich leugnen, dass die beiden Bände in der Fachwissenschaft nicht völlig ignoriert wurden.[57] Vor allem aber öffneten sie ihm nach der Rückkehr aus der Illegalität Anfang 1950 und einem Entnazifizierungsverfahren, das ihn in die „Gruppe der Entlasteten"[58] einreihte, die Tür für eine redaktionelle Mitarbeit bei der Zeitschrift *Der Spiegel* in Hamburg.[59] Nicht weniger bedeutsam für den weiteren Lebensweg war zudem, dass Heysing spätestens 1950 hauptberuflich beim BND angeheuert hatte (Deckname: „Hecht") und dem Geheimdienst zahlreiche

---

52 Erläuterungen Wilfred v. Oven, o. D. [April 1950], LASH, Abt. 460, Nr. 955, o. P.
53 Willy Oehm [= Wilfred v. Oven] an Elisabeth von Oven, 26.2.1949, Privatarchiv.
54 Erläuterungen Wilfred v. Oven, o. D. [April 1950], LASH, Abt. 460, Nr. 955, o. P.
55 Vgl. Wilfred von Oven, Mit Goebbels bis zum Ende, Bd. 1, Buenos Aires 1949; ders., Goebbels, Bd. 2. Beide Bände wurden mehrmals unter geändertem Titel in einschlägigen Verlagen neu aufgelegt. Vgl. Wilfred von Oven, Finale Furioso. Mit Goebbels bis zum Ende, Tübingen 1974 (*Grabert-Verlag*) sowie Wilfred von Oven, Dr. G. Meister der Propaganda, Bingen 1995 und Duisburg 2000 (*Verlag Werner Symanek*).
56 Von Oven, „Nazi", S. 44.
57 Vgl. T[heodor] E[schenburg], Die Rede Himmlers vor den Gauleitern am 3. August 1944, in: Vierteljahrshefte für Zeitgeschichte (VfZ) 1 (1953), H. 4, S. 357–394, hier S. 386; Helmut Heiber (Hg.), Das Tagebuch des Joseph Goebbels 1925/26, Stuttgart 1961, S. 5; Günter Moltmann, Goebbels' Rede zum totalen Krieg am 18. Februar 1943, in: VfZ 12 (1964), H. 1, S. 13–43, hier S. 16; Jürgen Hagemann, Die Presselenkung im Dritten Reich, Bonn 1970, S. 371. Zu quellenkritischen Hinweisen vgl. bereits Hans Mommsen, Der Reichstagsbrand und seine politischen Folgen, in: VfZ 12 (1964), H. 4, S. 351–413, hier S. 390 sowie Max Bonacker, Goebbels' Mann beim Radio. Der NS-Propagandist Hans Fritzsche (1900–1953), München 2007, S. 213.
58 Entnazifizierungshauptausschuss Kiel, Niederschrift über die öffentliche Sitzung, 27.10.1950; Entnazifizierungshauptausschuss Kiel, Spruchentscheidung, 8.11.1950, LASH, Abt. 460, Nr. 955, o. P.
59 Zu welchem Zeitpunkt von Oven für die Zeitschrift *Der Spiegel* tätig wurde, ist umstritten. Er selbst behauptet, bereits in der Phase seiner Illegalität für das Magazin geschrieben zu haben. Vgl. von Oven, „Nazi", S. 34, 194 bzw. Hans Hielscher, „Wollen Sie mitmachen?", in: Der Spiegel (Sonderausgabe 1947–1997), S. 10–17, hier S. 14.

ehemalige Kollegen zuführte.⁶⁰ „Ich brachte ihn mit", erinnerte er sich später.⁶¹ Welche Aufgaben v. Oven für den BND übernommen hat, ist zwar unklar, allerdings liegen Anzeichen dafür vor, dass er auf dem Gebiet der Gegenspionage eingesetzt wurde. Glaubt man Heysing, war dies später auch ein Motiv für seine Auswanderung nach Argentinien. Durch ein „III-F-Spiel mit der sowjetischen Militär-Administration" nämlich soll v. Oven derart „gefährdet" worden sein, „dass er aus der BRD verschwand".⁶²

Auswanderung und „Exil" in Argentinien

Im Gegensatz zu zahlreichen flüchtigen Nationalsozialisten, die nach Kriegsende eine neue Identität angenommen und sich auf verschlungenen Pfaden nach Südamerika abgesetzt hatten,⁶³ erfolgte die Einreise v. Ovens im Juni 1951 jedoch „unter vollem Namen, mit gültigen und völlig einwandfreien Papieren".⁶⁴ Einen Arbeitsvertrag hatte ihm ein Familienangehöriger besorgt, der 1938 emigrieren musste. Die angeblich vorgesehene Tätigkeit als Chauffeur und Gärtner übte v. Oven aber allenfalls kurze Zeit aus.⁶⁵ Stattdessen setzte er seine Tätigkeiten als Journalist und Publizist fort. Anders als anzunehmen gewesen wäre, suchte er allerdings nicht Anschluss an die Redaktion der Zeitschrift *Der Weg*, die dort seit 1947 im *Dürer-Verlag* erschien und sich inzwischen zu einem Schulungsorgan im Geiste der SS entwickelt hatte.⁶⁶ Obgleich die Zeitschrift „von anerkannt hohem Niveau" gewesen sei, wie v. Oven betonte, will er dennoch „nie auch nur eine ein-

---

60 Vgl. Jost Dülffer, Geheimdienst in der Krise. Der BND in den 1960er-Jahren, Unabhängige Historikerkommission zur Erforschung der Geschichte des Bundesnachrichtendienstes 1945–1968, Bd. 8, Berlin 2018, S. 585–592. Heysing zeichnete demnach ein „ausgesprochen rechtsradikaler Gestus" aus.
61 V 12 619 an Ronicke, 20.11.1960, BND-Archiv, Sig. 24 857_OT, Bl. 139 f.
62 Ebd. Zur Bezeichnung „III-F-Spiel", die als Gegenspionage „zum Eindringen in den Gegner" verstanden wurde, vgl. Gerhard Sälter, Phantome des Kalten Krieges. Die Organisation Gehlen und die Wiederbelebung des Gestapo-Feindbildes „Rote Kapelle", Unabhängige Historikerkommission zur Erforschung der Geschichte des Bundesnachrichtendienstes 1945–1968, Bd. 2, Berlin 2016, S. 76.
63 Vgl. dazu Holger M. Meding, Flucht vor Nürnberg? Deutsche und österreichische Einwanderung in Argentinien, 1945–1955, Köln u. a. 1992; Gerald Steinacher, Nazis auf der Flucht. Wie Kriegsverbrecher über Italien nach Übersee entkamen, Innsbruck 2008.
64 Von Oven, „Nazi", S. 8.
65 Vgl. ebd., S. 60.
66 Vgl. Holger M. Meding, „Der Weg". Eine deutsche Emigrantenzeitschrift in Buenos Aires 1947 bis 1957, Berlin 1997, S. 119–133.

zige Zeile" darin veröffentlicht haben.[67] Ein Grund dafür dürfte unter anderem in Fritschs Geschäftsgebaren gelegen haben, durch das v. Oven sich übervorteilt sah. Vielmehr wurde er bald nach seiner Ankunft „Hauptschriftleiter"[68] der *Freien Presse*, die in der Tradition der früheren *Deutschen La Plata Zeitung* stand und als „Organ der nach 1945 ins Land geflohenen Nazis"[69] betrachtet werden kann. Mehr als zehn Jahr sollte er für sie „Sonntag für Sonntag" Leitartikel zum politischen Geschehen verfassen.[70] Ein einträgliches Zubrot besorgten Korrespondentenberichte für bundesdeutsche Presseorgane. Nachdem er sich im Streit vom *Spiegel* getrennt hatte,[71] belieferte v. Oven eine Reihe renommierter Regionalzeitungen mit Artikeln, nachweislich den *Münchner Merkur*, den *Mannheimer Morgen* und die *Nordwest-Zeitung*.[72] Von 1960 an übernahm er zudem regelmäßig die Urlaubsvertretung für den langjährigen Korrespondenten der *Frankfurter Allgemeinen Zeitung* (FAZ), Fritz Otto Ehlert (1904–1973), den er noch aus seiner Zeit während des Bürgerkrieges in Spanien gekannt haben dürfte.[73] Hinzu kam die Veröffentlichung verschiedener touristischer Reisebücher.[74]

---

[67] Von Oven, „Nazi", S. 18.

[68] Vgl. Werbeblatt, Deutsche Kommentare am Rio de la Plata. Warum und wofür?, o. D. [Anfang 1962].

[69] Sebastian Schoepp, Das Argentinische Tageblatt 1933–1945. Eine „bürgerliche Kampfzeitung" als Forum der Emigration, in: VfZ 43 (1995), H. 1, S. 75–113, hier S. 93.

[70] Werbeblatt, Deutsche Kommentare.

[71] Der Verlag hatte von Oven als „Vertretung in Südamerika" mit einem „Redaktionsausweis" ausgestattet. Da Beiträge im *Spiegel* nur selten mit Autorenangaben versehen waren, lässt sich nicht zweifelsfrei bestimmen, welche durch von Oven verfasst worden sind.

[72] Alleine in der *Nordwest-Zeitung* lassen sich für den Zeitraum zwischen 1955 (Wilfred von Oven, Don Juans Freundin heiratet, in: Nordwest-Zeitung v. 10.5.1958) und 1971 (Wilfred von Oven, Bolivien, der „kranke Mann" am Pazifik, in: Nordwest-Zeitung v. 9.9.1971) mehr als 50 Beiträge ermitteln.

[73] Für den Zeitraum zwischen 1960 (Willy Oehm, Wie bestraft man Revolutionäre? Argentinien erregt sich über einen gescheiterten Umsturzversuch, in: FAZ v. 12.7.1960) und 1974 (Willy Oehm, Wird der Nicht-Peronist José Antonio Allende Peróns Stellvertreter?, in: FAZ v. 23.3.1974) lassen sich rund 35 Beiträge ermitteln. Zu Ehlerts Biografie vgl. W[ilfred] v[on] O[ven], Abschied von einem Freund, in: La Plata Ruf 6 (1973), H. 67, S. 15 f. sowie Maximilian Kutzner, Marktwirtschaft schreiben. Das Wirtschaftsressort der Frankfurter Allgemeinen Zeitung 1949 bis 1992, Tübingen 2019, S. 98–101.

[74] Vgl. Wilfred von Oven, Argentinien. Stern Südamerikas, Zürich u. a. 1957; ders., Argentinien, Paraguay, Uruguay, Nürnberg 1969.

„Urzelle unseres Südamerikageschäftes"

Die journalistischen Tätigkeiten, die ihm weitläufige Kontakte zu politischen Akteuren eröffneten, zahlten sich allerdings auch an anderer Stelle aus. Spätestens im Sommer 1956, vermutlich aber wesentlich früher, begann v. Oven erneut für den BND tätig zu werden. Heysing bezeichnete ihn später sogar als „die Urzelle unseres Südamerikageschäftes" und zählte ihn zu den „Spitzenverbindungen" des Nachrichtendienstes.[75] Seine „guten Beziehungen zu maßgeblichen Persönlichkeiten des öffentlichen Lebens" reichten demnach nicht nur „ins Wirtschafts- und Kriegsministerium", sondern bis in das Vorzimmer des Präsidenten. Rund vierzig Meldungen, die „zur Tarnung in Form von Presseberichten aufgemacht"[76] waren, liefen so jeden Monat in Pullach ein.[77] Als Vergütung erhielt v. Oven 1.500 DM. Um in seiner neuen Heimat keinen Verdacht zu erregen, lud der BND ihn sogar mehrfach nach München ein, um sich mit konspirativem Handwerkszeug vertraut zu machen. Während einer „eingehenden Schulung" lernte er, Briefe mit Geheimtinte zu schreiben und Bilder mit einer Minox-Kamera aufzunehmen. Seiner Tarnung dienten zudem die *Deutschen Kommentare am Rió de la Plata*, die v. Oven nach seiner Trennung von der *Freien Presse*, mit deren Herausgeber er sich offensichtlich nach einem kritischen Kommentar angesichts der „ungesetzlichen Entführung" Eichmanns überworfen hatte, seit März 1962 herausgab.[78]

Deutsche Kommentare am Rió de la Plata

In den kommenden fünf Jahren gelang es v. Oven, rund 130 Ausgaben der Zeitschrift zu produzieren, die ihren Lesern „die Würze in der wöchentlichen Zeitungssuppe"[79] versprach. Zur antikommunistischen Grundhaltung, die er zur Leitlinie der *Deutschen Kommentare* erhoben hatte, trat von Anfang an eine enge Ori-

---

[75] V 12 619 an Ronicke, 20.11.1960, BND-Archiv, Sig. 24 857_OT, Bl. 139 f. In dem Schreiben wird angemerkt, v. Oven zähle „seit 10 Jahren zu unseren treuesten und zuverlässigsten Freunden".
[76] Ebd.
[77] Vgl. beispielhaft einige der überlieferten Meldedienstlichen Verschlusssachen aus dem März 1957: Dr. Julio Cesar Cueto Rua, neuer argentinischer Handelsminister; Stellenbesetzungen bei den Parallelkommandos der argentinischen Wehrmacht [sic]; Vorgeschichte des Sturzes Rials; Frondizi bisher einziger Präsidentschaftskandidat; Wendung der argentinischen Wirtschaftspolitik: Anlehnung an die Vereinigten Staaten; „Parallelkommandos" in der argentinischen Armee nach sowjetischem Vorbild, BArch, B 206/4398.
[78] Von Oven, „Nazi", S. 156.
[79] Werbeblatt, Deutsche Kommentare.

entierung an den Sujets des rechtsextremen Lagers in der Bundesrepublik. Diese äußerte sich in der Übernahme zahlreicher Beiträge entsprechender Organe (u. a. *Deutschen Wochenzeitung, Nation Europa, Deutschen Hochschullehrerzeitung*) und der Popularisierung geschichtsrevisionistischer Ansichten. Das Buch „Der erzwungene Krieg" des amerikanischen Historikers David L. Hoggan etwa, das Ende 1961 in deutscher Übersetzung erschienen war und eine kontroverse Debatte ausgelöst hatte, galt v. Oven als „Waffe" im Kampf gegen „die Lüge von der deutschen Alleinschuld am Kriege", so dass es „in jedes deutsche Heim"[80] gehöre. Über Rudolf Heß wiederum hieß es 1967, was dieser „hinter den Mauern der Spandauer Zitadelle den kommenden Generationen seines Volkes vorlebt, könnte der moralische Kraftquell für Deutschlands Wiedergeburt werden".[81] Ein verlagseigener *Buchdienst der deutschen Kommentare* kümmerte sich zudem um den Vertrieb von Schriften rechtsextremer Autoren. Mit dieser Ausrichtung hatten die *Deutschen Kommentare* durchaus Erfolg. Im Jahre 1966 soll die Zeitung „über 3.000 feste Abonnenten" gehabt haben.[82] Wilfred v. Oven ging zu diesem Zeitpunkt sogar davon aus, für den Ausbau des Verlags finanzielle Unterstützung aus Bonn erhalten zu können. Einem Gesprächspartner des BND vertraute er an, das Bundespresseamt, das eine Reihe von Publikationen für „Auslandsdeutsche" subventionierte, sei womöglich „nicht ganz uninteressiert an einem verlässlichen, die deutschen Interessen klar herausstellenden Organ".[83]

Distanzierungen und Bruchstellen

Soweit kam es jedoch nicht. Die dem BND auferlegte interne Überprüfung seines Personals auf NS-Belastungen hin,[84] mehr noch aber der Wandel des politischen Klimas in Bonn nach Bildung der Großen Koalition, trafen auch unbeugsame Nationalsozialisten wie v. Oven. Bereits Anfang 1966 hatte ihn Pullach, wie es hieß, „wegen gefährdeter Sicherheitslage"[85] abgeschaltet. Um sein Stillschweigen zu erkaufen, erhielt v. Oven als „endgültige Abfindung" noch einmal 10.000 DM.[86]

---

80 Aufruf an die Deutschen in Argentinien, in: DK 1 (1962), H. 11 v. 13.5.1962.
81 „Und einer halte die Flamme lebendig", in: DK 6 (1967), H. 122 v. März.
82 Treffbericht mit Wilfred von Oven, 21.1.1966, BND-Archiv, Sig. 24 858_OT, Bl. 376.
83 Ebd., Bl. 377.
84 Vgl. Sabrina Nowack, Sicherheitsrisiko NS-Belastung. Personalüberprüfungen im Bundesnachrichtendienst in den 1960er-Jahren, Veröffentlichungen der Unabhängigen Historikerkommission zur Erforschung der Geschichte des Bundesnachrichtendienstes 1945–1968, Bd. 4, Berlin 2016.
85 UAL IV D an 2 (4), 26.4.1971, BND-Archiv, Sig. 24 857_OT, Bl. 21.
86 Abschaltmeldung, 2.3.1966, BND-Archiv, Sig. 24 857_OT, Bl. 28 f.

Als zudem eine Dokumentation der *Bundeszentrale für politische Bildung* über „Rechtsradikalismus in der Bundesrepublik im Jahre 1967" ihn namentlich mit dem Hinweis erwähnte, seine *Deutschen Kommentare* hätten sich „wiederholt der NPD-Polemik gegen die ‚deutschen Systemparteien' und ihre ‚Verzichtsapostel'"[87] angeschlossen, beendeten zahlreiche Redaktionen die Zusammenarbeit.

Nicht zuletzt vor diesem Hintergrund kam es zur Gründung der Zeitschrift *La Plata Ruf*, die seit April 1968 regelmäßig erschien. Obgleich v. Ovens Name anfangs im Impressum unerwähnt blieb,[88] stand für Beobachter schnell fest, dass er „die treibende Kraft der neuen Zeitschrift" war, die „als sein Werk und als die Fortsetzung der ‚Kommentare'" betrachtet werden müsste.[89] Die Hoffnungen, die v. Oven mit dem *La Plata Ruf* verband, erfüllten sich aber nicht. Die Auflage lag nach einer Schätzung der Botschaft der Bundesrepublik ein Jahr nach ihrer Gründung bei gerade einmal „zwischen 1.000 und maximal 2.000 Verkaufsexemplaren".[90] Weitere „Erkundigungen" ließen sie sogar den Schluss ziehen, dass die Zeitschrift nur in jenen „sehr begrenzten Kreisen gelesen" werde, „die in überholtem Gedankengut verharren".[91] Tatsächlich zeigte auch der *La Plata Ruf* schon bald offenkundige Bezüge zum bundesdeutschen Rechtsextremismus, sei es durch die Auswahl seiner Autoren, sei es durch die aufgegriffenen Themen. Eine gewisse Bedeutung erlangte das Blatt dadurch, dass ein Teil seiner Auflage an Leser in der Bundesrepublik verschickte wurde. Gleichwohl geriet auch der *La Plata Ruf* nach dem Militärputsch in Argentinien unter Druck. Anfang 1977 endete die Zeitschrift nach 107 Ausgaben im Konkurs.[92]

Gegenzeitzeuge und Gegenexperte

Das Scheitern seiner publizistischen Projekte in Argentinien zwang v. Oven, sich in fortgeschrittenem Alter noch einmal nach neuen Erwerbsquellen umzutun. Entgegen kam ihm dabei die „Hitler-Welle", die Mitte der siebziger Jahre zahlrei-

---

87 Vgl. Bundeszentrale für politische Bildung (Hg.), Rechtsradikalismus in der Bundesrepublik im Jahre 1967, Bonn 1968, S. 33.
88 Ein Hinweis auf v. Oven als Chefredakteur erfolgte erst seit Juni 1971. Vgl. Art. Liebe Leser, in: La Plata Ruf Juni 1971, S. 1.
89 Botschaft Buenos Aires an Auswärtiges Amt, 24.1.1968, BArch, B 145/8864, o. P.
90 Botschaft Buenos Aires an Auswärtiges Amt, 3.9.1969, BArch, B 145/8864, o. P.
91 Botschaft Buenos Aires an Auswärtiges Amt, 5.6.1972, BArch, B 145/8864, o. P.
92 Vgl. Meding, „Der Weg", S. 142.

che Veröffentlichungen inspiriert hatte.[93] Sie lenkte das Interesse verstärkt auch auf jene Zeitzeugen und vermeintlichen Experten, die den angeblichen „Legenden" der wissenschaftlichen Forschung ihre „historische Tatsächlichkeit"[94] entgegenstellten und damit den Gegenerzählungen des rechtsextremen Geschichtsrevisionismus Stimmigkeit verleihen konnten.[95] Dieses Bedürfnis, das nicht alleine unter Angehörigen der „Erlebnisgeneration" bestand, sondern ebenso im jugendkulturellen Milieu des Rechtsextremismus,[96] vermochte v. Oven zu stillen.

Neben seine politischen Kommentare zum aktuellen Weltgeschehen, die vielfach von einem latent antisemitischen Unterton getragen waren, traten deshalb zahlreiche Veröffentlichungen zu zeitgeschichtlichen Fragen, in denen er gegen die Erkenntnisse der vorgeblich „im Dienste der Umerziehung" stehenden Wissenschaft anschrieb, die er insbesondere im *Institut für Zeitgeschichte* (IfZ) am Werk sah.[97] Dies wurde bereits in seinem 1978 im *Grabert-Verlag* publizierten Werk über die „Legion Condor" im Spanischen Bürgerkrieg deutlich, für das er das „umfangreiche Archiv seiner Aufzeichnungen"[98] geöffnet haben will. Die Absicht des Buches, hieß es zusammenfassend, liege vor allem darin, „ein neues, notwendiges Geschichtsbild" entstehen zu lassen, „das Deutschland nicht länger als den ewig schuldigen Prügelknaben hinnimmt, sondern die historische Wahrheit ins rechte Licht zu rücken hilft".[99] Ähnliches trifft auf die zwei Jahrzehnte später im *Arndt-Verlag* veröffentlichte Schrift „Mit ruhig festem Schritt" zu. Anhand eigener Erlebnisse und fragwürdiger Zeitzeugenberichte suchte er darin den „Geist unserer al-

---

[93] Vgl. Eberhard Jäckel, Rückblick auf die sogenannte Hitler-Welle, in: Geschichte in Wissenschaft und Unterricht (GWU) 28 (1977), H. 11, S. 695–710.

[94] Peter Dehoust (Hg.), Die Niederwerfung des Reiches. Krieg, Verrat, Prozesse. Revisionistische Thesen zur Zeitgeschichte. Dokumentation der drei zeitgeschichtlichen Kasseler Kongresse der Gesellschaft für freie Publizistik, Coburg 1984, S. 6.

[95] Zu den Gegenerzählungen der extremen Rechten vgl. Gideon Botsch, Fiktionen gegen Fakten. Zum Umgang der extremen Rechten mit Geschichte, in: Hans-Peter Kilguss / Martin Langebach (Hg.), „Opa war in Ordnung!" Erinnerungspolitik der extremen Rechten, Köln 2016, S. 52–65; Michael Sturm, Schicksal – Heldentum – Opfergang. Der Gebrauch von Geschichte durch die extreme Rechte, in: Martin Langebach / ders. (Hg.), Erinnerungsorte der extremen Rechten, Wiesbaden 2015, S. 17–60.

[96] Vgl. Karl-Klaus Rabe, Beispiele und Einschätzungsversuche neofaschistischer Tendenzen im Bereich organisierter und nichtorganisierter Jugendlicher, in: Gerhard Paul / Bernhard Schoßig (Hg.), Jugend und Neofaschismus. Provokation oder Identifikation, Frankfurt am Main 1979, S. 45–63, hier S. 56–59.

[97] Von Oven, Schritt, S. 7.

[98] Wilfred von Oven, Hitler und der Spanische Bürgerkrieg. Mission und Schicksal der Legion Condor, Tübingen 1978 (Buchumschlag).

[99] Ebd.

ten SA vor 1933"[100] zu beschwören und glorifizierte die Waffen-SS und „allen voran die Leibstandarte SS Adolf Hitler", die während des Zweiten Weltkrieges „die beste deutsche Soldatentradition verkörperte und unvergänglichen Heldenruhm bei Freund und Feind erwarb".[101]

Eine besondere Expertise aber beanspruchte er in der Deutung der Persönlichkeit Goebbels und seiner Politik. Diesem, behauptete v. Oven allen Ernstes, sei es vor allem um die Wahrung des Friedens in Europa gegangen, der „ganz eindeutig das Leitmotiv seiner Propaganda"[102] gewesen sei. Immer wieder befasste er sich auch mit den Fragmenten der Tagebücher des Propagandaministers, die seit Kriegsende publiziert worden waren.[103] Seine Kritik rief vor allem die Edition des IfZ aus dem Jahre 1987 hervor,[104] der er „Irrtümer und Unrichtigkeiten"[105] unterstellte. Die Gründe dürften unter anderem darin gelegen haben, dass die Tagebücher seine Selbstinszenierung als engen Vertrauten Goebbels als maßlose Übertreibung konterkarierten – tatsächlich wird v. Oven darin, im Gegensatz zu anderen Adjutanten, kein einziges Mal namentlich erwähnt – und den Wahrheitsgehalt seiner eigenen Darstellungen in Frage stellten. Das betraf vor allem v. Ovens zeitgleich im *Herbig-Verlag*[106] erschienene Biografie „Wer war Goebbels?", die, wie die *Vierteljahrshefte für Zeitgeschichte* urteilten, „zahlreiche Beispiele für grundlose Behauptungen" lieferte, die „durch die Tagebücher entkräftet werden".[107]

Obgleich die Rezeption dieses Goebbels-Buches verdeutlicht, dass v. Oven zeitweise auch außerhalb der engen Grenzen seiner Gesinnungsgenossen wahrgenommen wurde, profilierte er sich mit seinen Überzeugungen doch vor allem als Vortragsredner in den überparteilichen Netzwerken des Rechtsextremismus sowie als Journalist, Autor und Übersetzer einschlägiger Publikationen und Verlage. Nachdem die Monatszeitschrift *Nation Europa* bereits seit Mitte der sechziger Jah-

---

100 Von Oven, Schritt, S. 176 f.
101 Ebd., S. 174.
102 Von Oven, Propaganda, S. 97.
103 Vgl. Wilfred von Oven, Goebbels-Tagebücher gefälscht?, in: Nation Europa 25 (1975), H. 4, S. 53–56; ders., Die Goebbels-Tagebücher, in: Nation Europa 27 (1977), H. 10, S. 54–60.
104 Vgl. Elke Fröhlich (Hg.), Die Tagebücher von Joseph Goebbels. Sämtliche Fragmente, Teil I: Aufzeichnungen 1924–1941, 4 Bde. und 1 Bd. Interimsregister, München 1987.
105 Wilfred v[on] Oven, Goebbels, in: Nation und Europa – Deutsche Monatshefte 41 (1991), H. 1, S. 76.
106 Zum damaligen Profil des Verlags unter seinem Inhaber Herbert Fleissner (1928–2016) vgl. Hans Sarkowicz, Rechte Geschäfte. Der unaufhaltsame Aufstieg des deutschen Verlegers Herbert Fleissner, Frankfurt am Main 1994.
107 Elke Fröhlich, Joseph Goebbels und sein Tagebuch. Zu den handschriftlichen Aufzeichnungen von 1924 bis 1941, in: VfZ 35 (1987), H. 4, S. 489–522, hier S. 491.

re gelegentlich Beiträge von ihm veröffentlicht hatte,[108] wurde er spätestens 1977 ihr regelmäßiger Mitarbeiter. Vorübergehend gehörte er auch dem „Redaktionsbeirat" der konkurrierenden *Deutschen Monatshefte* (*Türmer-Verlag*) an und verantwortete als Chefredakteur das Periodikum *Deutschland in Geschichte und Gegenwart* (*Grabert-Verlag*), das damals maßgebliche Organ des rechtsextremen Geschichtsrevisionismus.[109] Hinzu kamen Übersetzungen der Schriften Gleichgesinnter, um sie einem deutschsprachigen Publikum zugänglich zu machen. Dies gilt insbesondere für das Werk des ebenfalls in Argentinien lebenden Anthropologen Jacques de Mahieu (1915–1990), der die Hochkulturen Südamerikas auf die Besiedlung durch Wikinger zurückführte.[110]

Auf eine besonders enge Beziehung aber ließ er sich mit dem Verleger Gerhard Frey (1933–2013) ein, mit dem er „seit langem in freundschaftlicher Verbindung und Zusammenarbeit" gestanden habe, wie er betonte.[111] Nachdem der *La Plata Ruf* eingestellt worden war, empfahl v. Oven seinen Lesern, die *Deutsche National-Zeitung* (DNZ) zu abonnieren, die seine „politische Linie" vertrete und für die er künftig „laufend" tätig werde.[112] Tatsächlich verfasste er als „Südamerika-Korrespondent"[113] bis in die neunziger Jahre zahlreiche Artikel für das Blatt. Zeitweise verdingte er sich auch als Redner der von Frey gelenkten *Deutschen Volksunion* (DVU). Mehrmals absolvierte er für die Partei aufwendige Vortragstouren durch die Bundesrepublik, auf denen er unter dem Motto „Kampf dem Sowjetimperialismus"[114] oder „Deutschlands Chancen gegen den Sowjetkommunis-

---

108 Vgl. [Wilfred] v[on] O[ven], West-östliche Gehirnwäsche, in: Nation Europa 14 (1964), H. 7, S. 44 ff.; [W. v. O.], Wahltrick Vietnam, in: Nation Europa 14 (1964), H. 9, S. 65 f.; Wido von Osten, Uncle Sam, vom Nachbarhaus gesehen, in: Nation Europa 14 (1964), H. 10, S. 13–16; W[ilfred] v[on] O[ven], Dominikanische Säuberung – bloß ein bisschen, in: Nation Europa 15 (1965), H. 6, S. 61–64.
109 Zum Verleger Herbert Grabert sowie zur Geschichte des *Grabert-Verlags* vgl. den Beitrag des Verfassers in diesem Band. Darin finden sich weitere Literaturverweise.
110 Zur Person vgl. Jean-Yves Camus, Neo-Nazism in Europe, in: Uwe Backes / Patrick Moreau (Hg.), The Extreme Right in Europe. Current Trends and Perspectives, Göttingen 2011, S. 231–242, hier S. 233; Wilfried [sic] von Oven, Zum Tode von Jacques de Mahieu, in: Deutschland in Geschichte und Gegenwart 39 (1991), H. 1, S. 38. Zu Übersetzungen vgl. beispielhaft Jacques de Mahieu, Wer entdeckte Amerika? Geheimgeographie vor Kolumbus, Tübingen 1977; ders., Das Wikingerreich von Tiahuanacu. Geschichte eines nordischen Imperiums in Südamerika, Tübingen 1981; ders., Die Flucht der Trojaner. Wie ihre Hochkultur über Nordafrika und die Kanarischen Inseln nach Amerika gelangte, Tübingen 1985.
111 An die verehrten Leser des *La Plata Ruf* in Südamerika und in aller Welt!, in: DNZ 27 (1977), H. 18 v. 29.4.1977.
112 Ebd.
113 Von Oven, „Nazi", S. 173.
114 Werbeinserat, Wilfred von Oven spricht!, in: DNZ 27 (1977), H. 23 v. 3.6.1977.

mus"[115] sprach. Hinzu kamen Auftritte auf den Jahreskongressen der *Gesellschaft für freie Publizistik* (GfP), in Pflegestätten des *Deutschen Kulturwerkes Europäischen Geistes* (DKEG) und beim traditionsreichen „Lippoldsberger Dichtertag" auf dem Anwesen des Schriftstellers Hans Grimm („Volk ohne Raum"). Immer wieder stattete er zudem der nachwachsenden Generation „Erlebnisberichte"[116] ab, so etwa während des „Pfingsttreffens" des *Bundes Heimattreuer Jugend* (BHJ) im Mai 1978. Obgleich v. Oven durch Frey weit weniger prominent herausgestellt wurde als etwa der zum „Vorbild für die Jugend Europas"[117] verklärte Wehrmachtsflieger Hans-Ulrich Rudel (1916–1982), nahm er doch einige Jahre eine wichtige Rolle als Bindeglied zwischen der alternden Erlebnisgeneration und den Angehörigen aktivistischer Jugendbünde ein. Wilfred v. Oven gehörte zu jenen respektierten Persönlichkeiten des rechtsextremen Lagers, die mit ihren Gegenerzählungen organisations- und szeneübergreifend anschlussfähig waren.

Gleichwohl lässt sich nicht verkennen, dass dieser zweifelhafte Ruhm zunehmend verblasste. Zwar geriet er in den neunziger Jahren noch gelegentlich in den Blick der bundesdeutschen und internationalen Öffentlichkeit, so etwa, als Zeithistoriker die *Spiegel*-Frühgeschichte zu untersuchen begannen,[118] ebenso in der aufkommenden Debatte über das Ausmaß der Flucht schwerbelasteter Nationalsozialisten in den Jahren nach Kriegsende nach Südamerika.[119] Anhaben konnten ihm solche Kontroversen allerdings nichts. Wie sehr das Interesse an seinen Erzählungen dennoch nachgelassen hatte, zeigten seine Memoiren, für deren Veröffentlichung sich nur ein vergleichsweise bedeutungsloser Kleinverlag fand.[120] Unbehelligt und hochbetagt starb v. Oven schließlich am 13. Juni 2008 in Buenos Aires.

---

115 Werbeinserat, Wilfred von Oven spricht!, in: DNZ 28 (1978), H. 38 v. 15.9.1978.
116 Vgl. Art. Bund Heimattreuer Jugend. Volkstreue Schulung, in: Klüter Blätter 29 (1978), H. 7, S. 35.
117 Art. Oberst Rudel – Vorbild für die Jugend Europas, in: DNZ 27 (1977), H. 3 v. 14.1.1977.
118 Vgl. Lutz Hachmeister, Der Gegnerforscher. Die Karriere des SS-Führers Franz Alfred Six, München 1998, S. 331 f.; ders., Ein deutsches Nachrichtenmagazin. Der frühe SPIEGEL und sein NS-Personal, in: Lutz Hachmeister / Friedemann Siering (Hg.), Die Herren Journalisten. Die Elite der deutschen Presse nach 1945, München 2002, S. 87–120. Ebenso vgl. Otto Köhler, Offizielle Mitarbeiter, in: Konkret 1992/5, S. 48–51.
119 Vgl. Meding, Flucht, S. 56–130. Ebenso vgl. Sebastian Rotella, His Love of Nazism Lives On, in: Los Angeles Times v. 17.3.2000; Ramy Wurgaft, Fue la mano derecha de Goeb[b]els, in: El Mundo v. 8.5.2005.
120 Zum Verlag und seinem Inhaber Werner Symanek vgl. Thomas Grumke / Bernd Wagner (Hg.), Handbuch Rechtsradikalismus. Personen – Organisationen – Netzwerke vom Neonazismus bis in die Mitte der Gesellschaft, Opladen 2002, S. 455 ff.

Christoph Schulze
Jürgen Rieger (1946–2009)

Anwalt für den Neonazismus und Propagandist des neuheidnischen „Artglaubens"

Abb. 15: Jürgen Rieger, 2003, Berlin, Copyright: Christian-Ditsch.de.

Jürgen Rieger war über Jahrzehnte eine führende Figur im deutschen Neonazismus. Er war Protagonist eines radikalen und militanten Rassismus und Antisemitismus sowie Anhänger und Förderer des neuheidnischen „Artglaubens". Rieger wirkte als Rechtsanwalt, aber auch als Finanzier, Netzwerker, Funktionär, Autor und Publizist sowie als Vortragsredner. Mit seinen Tätigkeiten arbeitete er als Brückenbauer der Generationen des Rechtsextremismus und brachte alte und neue Nazis zusammen.[1]

Unmittelbar nach Riegers Geburt am 11. Mai 1946 im niedersächsischen Blexen zog seine Familie nach Hamburg, wo er bis zu seinem Tod seinen Lebensmittelpunkt hatte. Rieger wuchs als Arztsohn im wohlhabenden Stadtteil Blankenese auf, wurde konfirmiert und besuchte ein humanistisches Gymnasium. Erste politi-

---

1 Der vorliegende Text basiert auf Vorarbeiten des Autors, vgl. Christoph Schulze, Rassismus in nationalsozialistischer Tradition, Berlin 2020.

Open Access. © 2023 Christoph Schulze, publiziert von De Gruyter. Dieses Werk ist lizenziert unter der Creative Commons Attribution-NonCommercial-NoDerivatives 4.0 Lizenz.
https://doi.org/10.1515/9783111010991-021

sche Aktivitäten erfolgten ab 1964 oder 1965 im Rahmen der *Aktion Oder-Neiße* (AKON), des Weiteren nahm er an Lagern der *Wiking Jugend* (WJ) und des *Bundes Heimattreuer Jugend* (BHJ) teil. Nach dem Abitur reiste der Jazz-Fan Rieger in die USA. Unter einem Vorwand gelang es ihm, vom Wehrdienst befreit zu werden. Ungefähr 1966 nahm er ein Studium der Rechtswissenschaften auf. Es folgte weiterer, auch strafrechtlich relevanter Aktivismus, insbesondere um das Jahr 1970. Hinzu kamen erste Publikationen, Seminare und Vorträge. Im Jahre 1972 übernahm Rieger den Vorsitz der *Gesellschaft für biologische Anthropologie, Eugenik und Verhaltensforschung* (GfbAEV) und gab deren Zeitschrift *Neue Anthropologie* heraus. Ab 1972 absolvierte er ein Referendariat am Oberlandesgericht in Hamburg und gründete 1975 eine Anwaltskanzlei. Seitdem übernahm er immer wieder Mandate für führende Neonazis. 1978 organisierte Rieger den Erwerb der Immobilie *Hetendorf 13*, die bis zum Ende der neunziger Jahre als Treffpunkt militanter Neonazis fungierte. Er war im Jahr 1980 an der Verdrängung des Gründers Wilhelm Kusserow aus der heidnischen *Artgemeinschaft* führend beteiligt und übernahm 1988 den Vorsitz dieser Organisation. Ab Ende der neunziger Jahre folgten weitere Immobiliengeschäfte. Von 2001 bis 2004 trat Rieger als Mitveranstalter neonazistischer Rudolf-Heß-Gedenkdemonstrationen im bayerischen Wunsiedel auf. Er näherte sich ab 2005 der *Nationaldemokratischen Partei Deutschland* (NPD) an, wurde 2006 in den Bundesvorstand gewählt und fungierte ab 2007 als deren Landesvorsitzender in Hamburg. Rieger erlitt während einer Sitzung des NPD-Bundesvorstandes am 24. Oktober 2009 in Berlin einen Schlaganfall und verstarb fünf Tage später.

Politisierung

Über den frühen politischen Werdegang Riegers ist wenig bekannt. Am umfangreichsten sind die Informationen in einem nach Riegers Tod von den Neonazis Thomas Wulff und Detlev Rose im NPD-Verlag *Deutsche Stimme* veröffentlichten Erinnerungsband, der von dem Bemühen gekennzeichnet ist, ihn als „Anwalt für Deutschland" in ein aus Sicht der Herausgeber günstiges Licht zu rücken. Das Interesse an politischen Fragen wurde laut dieses Erinnerungsbandes bei Jürgen Rieger bereits in jugendlichem Alter durch seinen Vater gefördert. Insbesondere der Mauerbau 1961 sei in der Familie kritisch besprochen worden.[2] Hinzu kam

---

2 Vgl. Thomas Wulff / Detlev Rose, Jürgen Rieger. Anwalt für Deutschland, 2. Aufl., Riesa 2010, S. 17.

ein Interesse an der „Vertriebenenfrage".³ Rieger war bereits als Gymnasiast den Staatsschutzbehörden als gewaltbereiter Rechter aufgefallen.⁴

Nach eigenen Angaben schloss sich Rieger im Alter von 18 Jahren – also 1964 oder 1965 – der *Aktionsgemeinschaft Oder-Neiße* (AKON)⁵ an und begann seine Laufbahn im organisierten Rechtsextremismus. Gegründet 1962 war die AKON eine Vorläufer- und spätere Vorfeldorganisation der *Deutschen Volksunion* (DVU).⁶ Dokumentiert sind Flugblätter, für die Rieger verantwortlich zeichnete.⁷

Anlässlich der Veröffentlichung der „Ostdenkschrift" der Evangelischen Kirche trat Rieger 1965 aus der Kirche aus.⁸ Rieger, so Wulff und Rose, sei in dieser Zeit pro-amerikanisch orientiert gewesen: Durch eine Westbindung habe er sich einen Schutz vor der kommunistischen Bedrohung aus dem Osten erhofft.⁹ Allerdings näherte sich Rieger bereits Ende der 1960er Jahre dem Neuheidentum an¹⁰ und entwickelte eine pro-nationalsozialistische Einstellung.¹¹ Rieger sei ihr „Ziehsohn"¹² gewesen, äußerte sich die in Hamburg-Blankenese lebende Nationalsozialistin Gertrud Herr, eine ehemalige Funktionärin des *Bundes Deutscher Mädel* (BDM). Mit Wilhelm Jordan, zwischen 1935 und 1942 Leiter der Archäologie auf der Wewelsburg, stand Rieger in Briefkontakt.¹³ Er war zudem in Austausch mit

---

3 Vgl. Jürgen Rieger, Deutschland und Rußland – Von einem nationalen Deutschen gesehen, in: Za Russjoke Dajo (2006), H. 3, S. 1–12, hier S. 11, unter: velesova-sloboda.info/misc/rieger-deutschland-russland.html [Zuletzt aufgerufen am 18.12.2020].
4 Vgl. Rainer Link, Nazi und Narr. Jürgen Rieger. Anwalt und Finanzier der Neonazis, 2.7.2010, DeutschlandRadio, unter: https://www.deutschlandfunk.de/nazi-und-narr-jurgen-rieger-anwalt-und-finanzier-der.media.003e2617f7eac94fc0d117f029a01a22.pdf [Zuletzt aufgerufen am 18.12.2020].
5 Vgl. Rieger, Deutschland, S. 11.
6 Vgl. Anton Maegerle, Jürgen Rieger. Rechtsanwalt und Neonazi, in: Tribüne (2006), H. 180, S. 178–183, hier S. 179; Nikolaus Neumann / Jochen Maes, Der geplante Putsch, Hamburg 1971, S. 42.
7 Bspw.: AKON (o. J.), Polens heutige Ostgrenze. Antifaschistisches Pressearchiv und Bildungszentrum Berlin (Apabiz); AKON (o. J.), Wollen Sie sich ein Haus bauen?, Apabiz.
8 Vgl. Jürgen Rieger, Postkarte, Lieber Kamerad Fiedler, 1969, Apabiz, Bestand Fiedler.
9 Wulff/Rose, Anwalt, S. 20.
10 Postkarte, Lieber Kamerad Fiedler, Apabiz, Bestand Fiedler.
11 Vgl. Andrea Röpke, „Braune Kanäle", in: dies. / Andreas Speit (Hg.), Neonazis in Nadelstreifen, 3. Aufl., Berlin 2009, S. 95–120, hier S. 99.
12 Vgl. Oliver Schröm / Andrea Röpke, Stille Hilfe für braune Kameraden, 2. Aufl., Berlin 2002, S. 149.
13 Vgl. Karl Banghard, Die DGUF-Gründung 1969 als Reaktion auf den extrem rechten Kulturkampf. DGUF e. V., in: Archäologische Informationen 38 (2015), S. 433–452, hier S. 445 u. 449. Zur Wewelsburg vgl. Wulff E. Brebeck / Frank Huismann / Kirsten John-Stucke / Jörg Piron (Hg.), Endzeitkämpfer. Ideologie und Terror der SS. München 2011; Jan Erik Schulte (Hg.), Die SS, Himmler und die Wewelsburg, Paderborn u. a. 2009. Zu Jordan vgl. Beate Herring, Wilhelm Jordan. Der

dem NS-Funktionär Dieter Vollmer (1913–2009).[14] Vollmer arbeitete nach 1945 in Argentinien als Chefredakteur von *Der Weg*, eine Zeitschrift nationalsozialistischer Emigrantinnen und Emigranten, für die auch Josef Mengele und Hans F. K. Günther schrieben,[15] bevor er nach Deutschland zurückkehrte[16] und für die Zeitschrift *Nation Europa* zahlreiche Beiträge verfasste. Vollmer war zeitweise Vorsitzender des *Nordischen Rings*,[17] dem Rieger später ebenfalls vorstand.

Rieger knüpfte in Lagern der *Wiking Jugend* und des *Bundes Heimattreuer Jugend* überregionale Kontakte.[18] Zu diesen gehörte ab etwa 1966 der ehemalige SS-Angehörige Sepp Biber, der für die *Wiking Jugend*, aber auch für die *Artgemeinschaft* tätig war.[19] Rieger, nach eigener Auskunft nie selbst Mitglied dieser Organisation, wurde 1969 Mitarbeiter der *Wiking-Jugend*-Zeitschrift mit dem Titel *Wikinger*.[20]

Mit der Aufnahme des Studiums der Rechtswissenschaften intensivierten sich seine politischen Aktivitäten. Am Rande von Versammlungen des AStA der Universität Hamburg trat er als Störer auf.[21] Auch außeruniversitär provozierte er. Im September 1970 reiste Rieger zur Verleihung des Friedenspreises des deutschen Buchhandels nach Frankfurt am Main und unterbrach mit Zwischenrufen die Dankesreden der geehrten Gunnar und Alva Myrdal.[22]

Rieger gründete eine Hamburger Sektion des *Republikanischen Studentenbunds Deutschlands/Republikanischer Schülerbund*[23] und stand dem Hamburger Ableger der ab 1970 ins Leben gerufenen *CSU-Freundeskreise* vor.[24] Aktivitäten zu den Grenz- und Vertriebenenfragen führte Rieger zudem im Rahmen des *Ostpolitischen Deutschen Studentenverbands* (ODS) fort.[25] Sein Netzwerk baute er durch

---

Archäologe der Wewelsburg, in: Schulte (Hg.), SS, S. 196–208; Frank Huismann, Wilhelm Jordan. Als Wissenschaftler im besetzten Osten, in: Schulte (Hg.), SS, S. 209–226.
14 Wulff/Rose, Anwalt, S. 22.
15 Vgl. Kurt P. Tauber, Beyond eagle and swastika. German Nationalism since 1945, Bd. 1, Middletown 1967, S. 577.
16 Vgl. Bettina Stangneth, Eichmann vor Jerusalem, Zürich 2011, S. 184.
17 Vgl. Andrea Röpke, Pädagoge mit bedenklicher Vita, 31.7.2015, blick nach rechts, unter: www.bnr.de/artikel/hintergrund/p-dagoge-mit-bedenklicher-vita [Zuletzt aufgerufen am 18.12.2020].
18 Vgl. Wulff/Rose, Anwalt, S. 22.
19 Vgl. ebd., S. 149.
20 Vgl. Neue Mitarbeiter, in: Wikinger. Gestalt und Ausdruck volkstreuer Jugend 16 (1969), H. 1, S. 9.
21 Vgl. Link, Nazi; Wulff/Rose, Anwalt S. 182.
22 Vgl. ebd., S. 23 f.
23 Vgl. Michael Billig, Die rassistische Internationale, Frankfurt 1981, S. 121.
24 Vgl. Jürgen Rieger, Lieber Kamerad Fiedler!, 25.2.1979, Apabiz, Bestand Fiedler.
25 Wulff/Rose, Anwalt, S. 183; Jürgen Rieger, Brief: Sehr geehrter Herr Fiedler!, 14.4.1968, Apabiz, Bestand Fiedler.

Besuche bei rechtsextremen Institutionen wie der nationalrevolutionären Sababurg-Runde auf der Sababurg bei Hofgeismar sowie bei den Lippoldsberger Dichtertagen[26] aus. Bald folgten erste eigene Vorträge. Rieger war auch in die Aktivitäten des Hamburger *Freundeskreises Filmkunst* eingebunden. Der 1962 gegründete Verein führte bis ins Jahr 1995,[27] teilweise in monatlichem Takt, NS-Propagandastreifen in Hamburger Kinos auf.[28]

Rieger arbeitete ferner mit dem zeitweise in Hamburg lebenden Henning Eichberg zusammen, einem wichtigen Akteur in der entstehenden Neuen Rechten. Im Rieger-Erinnerungsband wird Eichberg, der wie Rieger dem *Republikanischen Studentenbund Deutschlands* angehörte, Einfluss auf dessen „spätere Sicht der Dinge" zugeschrieben.[29] Gemeinsam gestalteten die beiden einen Vortrag in Hamburg, der mit Gesang und Gitarrenbegleitung untermalt war.[30]

Im Jahre 1968 lernte Rieger den im *Bund Heimattreuer Jugend* aktiven Hans-Michael Fiedler kennen. Daraus entwickelte sich Riegers Beteiligung an der auf Fiedlers Initiative zurückgehende *Göttinger Runde*.[31] Zwei Jahre später beschäftigte sich die Seminarreihe mit „Sozialismus von rechts" und nahm dafür eine gleichnamige Schrift Henning Eichbergs zur Grundlage, die kritisch diskutiert wurde.[32] Eichberg hatte zuvor Positionen Riegers als Beleg für „rassistische Ansätze" in der jüngeren Rechten kritisiert.[33] Im Gegenzug warf dieser Eichberg vor, „anthropologische Einsichten" zu ignorieren.[34]

Rassismus in NS-Tradition

Sowohl 1969 als auch 1970 trat Rieger auf den Jahrestagungen der *Northern League* im britischen Brighton auf.[35] Die *Northern League* war ein 1958 gegründeter Zusammenschluss von zumeist anglophonen Rechtsextremen, die im Aus-

---

26 Vgl. Wulff/Rose, Anwalt, S. 183.
27 Vgl. Die zum 5. November angekündigte Filmvorführung findet nicht statt!!!, in: Die Warte. Blätter für Kultur und Geschichte (1995), H. 22, unpaginiert.
28 Vgl. Schröm/Röpke, Hilfe, S. 155.
29 Wulff/Rose, Anwalt, S. 183 f.
30 Vgl. ebd., S. 184.
31 Vgl. dazu den Bestand zu Hans-Michael Fiedler im Apabiz. Ebenso vgl. den Beitrag von Erik Angermann in diesem Band.
32 Vgl. Hartwig Singer, Sozialismus von rechts, in: Junges Forum (1970), H. 2.
33 Singer, Sozialismus, S. 22.
34 Jürgen Rieger an Hans-Michael Fiedler, Lieber Singer-Schlächter Fiedler!, 7.8.1970, Apabiz, Bestand Fiedler.
35 Vgl. Billig, Internationale, S. 118.

tausch mit der Zeitschrift *Mankind Quarterly* an einer akademischen Revitalisierung des Rassismus arbeiteten. Ein Gründungsmitglied[36] war der Philologe Hans F. K. Günther[37], der wesentlichen Anteil an der wissenschaftlichen Legitimierung und Popularisierung der NS-„Rassen"-Ideologie hatte.[38]

Günthers Schriften bildeten die Grundlage für Riegers Weltanschauung. Wenige Jahre vor seinem Tod betonte dieser, dass die jugendliche Lektüre von Günther-Schriften für ihn ein Erweckungserlebnis gewesen sei.[39] Als erste größere Publikation Riegers erschien 1969 „Rasse – ein Problem auch für uns", in der sich zeigte, dass der damals etwa 23-Jährige ein an Radikalität kaum zu überbietender Rassist war, dessen Denkfundament in den entsprechenden NS-Lehren lag.[40] Drei Jahre später wurde die Broschüre von der Bundesprüfstelle für jugendgefährdende Schriften indiziert.[41] Rieger stellte darin „Rasse" als oberstes Strukturprinzip menschlichen Lebens heraus. Die Menschheitsgeschichte sei als „eine Geschichte von Rassenkämpfen" zu verstehen.[42] Die einzelnen „Rassen" waren ortsgebunden und ihrem Lebensraum angepasst. Rassistische Überlegenheitsgefühle seien produktive Regungen, da sie hülfen, die Homogenität der „Rassen" aufrechtzuerhalten.[43] Eine auf „Rassentrennung" basierende Neuordnung des europäischen Kontinents sei notwendig.[44]

Rieger schrieb in einem aufgeklärt-nüchternen Stil und berief sich auf in den Vorjahren erschienene Texte aus der Intelligenzforschung, die aus dem englischen Sprachraum stammten. Dieses Vorgehen dürfte der Plausibilisierung der Thesen gedient haben, da englischsprachige wissenschaftliche Referenzen den

---

36 Vgl. William H. Tucker, The science and politics of racial research, Champaign 1994, S. 256.
37 Vgl. Andrew Winston, Shared Eugenic Visions. Raymond B. Cattell and Roger Pearson, unter: ferris-pages.org/ISAR/bios/Cattell/HPPB/visions.htm, o. J. [2013] [Zuletzt aufgerufen am 18.12.2020].
38 Vgl. Hans F. K. Günther, Rassenkunde des deutschen Volkes, 10. Aufl., München 1926. Zusammenfassend zu Günther vgl. etwa Elvira Weisenburger, Der „Rassepapst". Hans Friedrich Karl Günther, Professor für Rassenkunde, in: Michael Kissener / Joachim Scholtyseck (Hg.), Die Führer der Provinz. NS-Biographien aus Baden und Württemberg, Konstanz 1997, S. 161–199, hier S. 178.
39 Vgl. Jürgen Rieger, Vorwort zur 2. russischen Auflage von HFK Günther, [Rassenkunde des Deutschen Volkes], 2004, unter: velesova-sloboda.info/antrop/rieger-guenther-vorwort.html [Zuletzt aufgerufen am 18.12.2020].
40 Jürgen Rieger, Rasse – ein Problem auch für uns, Hamburg 1969.
41 Vgl. Stephan Braun / Anton Maegerle, Rechtsanwälte der extremen Rechten, in: Stephan Braun / Alexander Geisler / Martin Gerster (Hg.), Strategien der extremen Rechten, Wiesbaden 2009, S. 378–403, hier S. 380. Die Indizierung wurde 2003 aufgehoben, vgl. Elke Monssen-Engberding, Bekanntmachung Nr. 11/2003 über jugendgefährdende Trägermedien, in: Bundesanzeiger v. 29. 11. 2003, S. 24864–24865.
42 Rieger, Rasse, S. 43 f.
43 Ebd., S. 37 f.
44 Ebd., S. 48 ff.

Verdacht ideologischer Motivation entschärfen konnten. Die Einteilung der nach Günther in Deutschland hauptsächlich auftretenden Rassen wurde von Rieger hingegen zwar verwendet, er unterließ es aber, auf Günther direkt zu verweisen.[45] Mehr noch aber importierte Rieger die damaligen Ansätze des „scientific racism" in die Bundesrepublik. Der Textkanon, aus dem Rieger schöpfte, stammte zu wesentlichen Teilen von Autor:innen der Zeitschrift *Mankind Quarterly*.[46]

Im Jahre 1972 übernahm Rieger den Vorsitz der 1962 gegründeten *Gesellschaft für biologische Anthropologie, Eugenik und Verhaltensforschung* (GfbAEV) und gab von 1973 bis 1991 deren Blatt *Neue Anthropologie* heraus. Die Zeitschrift war als wissenschaftliches Journal aufgemacht. Zum rund 40-köpfigen Beirat gehörten einschlägige Rechtsextreme. Gleichwohl gelang es Rieger, Autor:innen sowie Beiräte zu gewinnen, die im Wissenschaftsbetrieb tätig, wenngleich umstritten waren, darunter etwa der Berkeley-Psychologieprofessor und Intelligenzforscher Arthur Jensen.[47] Mitglied des Beirats war des Weiteren der Theoretiker der französischen *Nouvelle Droite*, Alain de Benoist, wie Rieger ein erklärter Neuheide.[48] Noch Jahre später publizierten Rieger und Benoist gemeinsam in einem Sammelband.[49] Die *Neue Anthropologie* ähnelte in Aufmachung und Ausrichtung der Partner-Zeitschrift *Mankind Quarterly*.[50]

Im Jahre 1987 erschien Riegers Broschüre „Biologische Grundlagen deutscher Politik".[51] Darin behauptete er, „Leistungsfähige" zeugten zu wenige Kinder, während „Schwachsinnige" zu einer Familienplanung nicht in der Lage seien. Es brauche, so Rieger, „sowohl die negative als auch positive Eugenik" – das bedeutete ein Zusammenspiel aus einerseits Zwangssterilisationen bei unerwünschten Gruppen und andererseits Familienförderung für „geeignete" Bevölkerungsschichten. Neben dem „Geburtenrückgang" machte Rieger das „Hereinströmen von Fremden" als Problem in Deutschland aus. Er ging so weit, zu behaupten,

---

45 Ebd., S. 8.
46 Vgl. Billig, Internationale, S. 120.
47 Vgl. Tucker, Science, S. 263.
48 Vgl. zu den Beiratsmitgliedern: Wissenschaftlicher Beirat, in: Neue Anthropologie 1 (1972), November 1972, S. 2. Zum Heidentum bei Benoist vgl. etwa Miro Jennerjahn, Neue Rechte und Heidentum. Zur Funktionalität eines ideologischen Konstrukts, Frankfurt am Main 2006, S. 59 ff.
49 Vgl. Jörg Rieck [d. i. Jürgen Rieger], Zur Debatte der Vererblichkeit der Intelligenz, in: Pierre Krebs (Hg.), Das unvergängliche Erbe, Tübingen 1981, S. 315–371, und: Alain de Benoist, Gleichheitslehre, Weltanschauung und Moral. Die Auseinandersetzung von Nominalismus und Universalismus, in: Krebs (Hg.), Erbe, S. 75–105.
50 Tucker ordnet *Mankind Quarterly* als Vorbild für die Zeitschriften *Neue Anthropologie* in Deutschland und *Nouvelle Ecole* in Frankreich ein. Vgl. Tucker, Science, S. 262. Ein deutschsprachiger Überblick zur *Mankind Quarterly* in: Billig, Internationale, S. 95–115.
51 Jürgen Rieger, Biologische Grundlagen deutscher Politik, Göttingen 1987, Missus-Schriftenreihe, Nr. 7. Die Broschüre ist unpaginiert, darum sind die folgenden Zitate nicht ausgewiesen.

dass Kultur im Kern keine gesellschaftsgestaltende Kraft habe, sondern immer nur ein Ausfluss von „Rasse" sei. Rieger war darum Gegner des europäischen Gedankens, da der Begriff „Europa" den Blick auf die Unterschiedlichkeit der dortigen „Rassen" verstelle.[52] Er stellte später einen „9-Punkte-Plan zur Ausländerrückführung" zusammen, der in die Programmatik der *Nationalistischen Front (NF)* einging,[53] einer 1992 verbotenen Neonaziorganisation, mit der Rieger besonders eng kooperierte.

„Rassen"-Religion und Antisemitismus

Die für Riegers Weltanschauung und sein Wirken entscheidende Organisation war die neuheidnische *Artgemeinschaft*, mit vollem Namen *Artgemeinschaft – Germanische Glaubens-Gemeinschaft wesensgemäßer Lebensgestaltung e.V.*[54] Diese Gruppe war 1951 in Berlin von dem radikalen Antisemiten Wilhelm Kusserow (1901–1983) gegründet worden, einem Protagonisten des „nordischen Gedankens" der zwanziger und dreißiger Jahre. Die *Artgemeinschaft* steht somit in der Tradition der an Hans F. K. Günther orientierten nordischen Bewegung, also einer Strömung der völkischen Bewegung, in der an die im 19. Jahrhundert entworfene „Rassen"-Theorien angeknüpft und in der auch die Frage nach einer der „nordischen Rasse" angemessenen Spiritualität und Religiosität diskutiert wurde. In ihrer Mehrheit strebte die völkische Bewegung eine „Germanisierung" des Christentums an, womit das Zurückdrängen von jüdischen Elementen aus der Religion gemeint war. Die minoritäre nordische Bewegung hingegen verwarf das Christentum in Gänze und wollte an dessen Stelle einen neuen, „arteigenen" Glauben etablieren. Die Machtübernahme der Nazis 1933 wurde aus der nordischen Bewegung begrüßt, und Günther stieg zu einem führenden NS-Anthropologen auf. Doch die Hoffnung der Bewegung, im NS-Staat antichristliche Religionskonzepte gesellschaftlich durchsetzen zu können, erfüllte sich nicht. Die nordische

---

52 Jürgen Rieger, Unser Wollen, Hamburg 2001, S. 11.
53 Vgl. Jürgen Rieger, 9-Punkte-Plan zur Ausländerrückführung, o. D., Apabiz. In einer Flugschrift bezog sich die NF auf den 9-Punkte-Plan. Vgl. Flugschrift, GFBAEV, Klartext Verlag, Augustdorf.
54 Vgl. Art. Artgemeinschaft e. V., in: Jens Mecklenburg (Hg.), Handbuch deutscher Rechtsextremismus, Berlin 1996, S. 369–371. Zur Geschichte „arteigener", heidnischer Religiosität in Deutschland vgl. Ulrich Nanko, Das Spektrum völkisch-religiöser Organisationen von der Jahrhundertwende bis ins „Dritte Reich", in: Stefanie von Schnurbein / Justus H. Ulbricht (Hg.), Völkische Religion und Krisen der Moderne, Würzburg 2001, S. 208–226.

Bewegung blieb trotz ihrer prinzipiellen Verbundenheit zu den nationalsozialistischen Ideen marginal.[55]

Rieger schildert, dass er durch das aktive Werben Kusserows zur *Artgemeinschaft* gestoßen sei, sein Eintritt sei im Januar 1970 erfolgt.[56] Im Jahr 1980 war er führend daran beteiligt, Kusserow aus der Organisationsleitung zu verdrängen.[57] Hintergrund war einerseits ein Generationenkonflikt und andererseits die damit zusammenhängende Frage, ob sich die Organisation auf den Wiederaufbau germanophiler Netzwerke der Weimarer Zeit konzentrieren oder noch stärker als zuvor Allianzen mit dem politischen Rechtsextremismus der Bundesrepublik eingehen sollte. Unter dem wachsenden Einfluss Riegers wurde die bereits vorher neuheidnisch-germanisch, antichristlich-antisemitisch und rassistisch ausgerichtete *Artgemeinschaft* funktional zu einer Milieuorganisation des militanten Neonazismus erweitert. Die Treffen und Tagungen der Gruppe fungierten hierbei als Vernetzungsinstanzen. An den *Hetendorfer Tagungswochen* etwa nahm 1997 auch die spätere NSU-Terroristin Beate Zschäpe teil.[58]

Ab 1988 und bis zu seinem Lebensende bekleidete Rieger auch formal das Amt des *Artgemeinschaft*-Vorsitzenden.[59] Rieger veröffentlichte Bücher und Broschüren, die weltanschaulich auf den neuheidnischen Vorlagen des frühen 20.

---

55 Vertiefend vgl. Stefan Breuer, Die Nordische Bewegung in der Weimarer Republik, Wiesbaden 2018; ders., Der Streit um den „nordischen Gedanken" in der völkischen Bewegung, in: Zeitschrift für Religions- und Geistesgeschichte 62 (2010) H. 1, S. 1–27; Uwe Puschner / Clemens Vollnhals (Hg.), Die völkisch-religiöse Bewegung im Nationalsozialismus. Eine Beziehungs- und Konfliktgeschichte, 2. Aufl, Göttingen 2012; Uwe Puschner, Ein Volk, ein Reich, ein Gott. Völkische Weltanschauung und Bewegung, in: Bernd Sösemann (Hg.), Der Nationalsozialismus und die deutsche Gesellschaft, Stuttgart/München 2002, S. 25–41.
56 Jürgen Rieger, Weg und Ziel der Artgemeinschaft. Werden und Wesen der Artreligion, Hamburg 2000, S. 34 f.
57 Vgl. Friedrich-Wilhelm Haack, Wotans Wiederkehr, München 1981, S. 98–101.
58 Stefan Aust / Dirk Laabs, Heimatschutz, München 2014, S. 250. Weitere Teilnahmen und Mitgliedschaften von Neonazis aus dem Unterstützerumfeld des Nationalsozialistischen Untergrunds (NSU) sind dokumentiert. Vgl. Christian Fuchs / Daniel Müller, Die weißen Brüder, in: Die Zeit v. 11.4.2013, S. 13–14. Auch Stephan Ernst, 2019 Mörder des Kasseler Regierungspräsidenten Walter Lübcke, war Mitglied der Artgemeinschaft. Hierzu vgl. Uwe Müller / Manuel Bewarder, Stephan Ernst war offenbar Mitglied in völkischer „Artgemeinschaft", 28.6.2019, Welt (online), unter: www.welt.de/politik/deutschland/article196039643/Mordfall-Luebcke-Taeter-tauchte-noch-2011-im-Umfeld-von-Neonazi-Truppe-auf.html [Zuletzt aufgerufen am 18.12.2020].
59 Vgl. Robert Philippsberg, Biographisches Porträt. Jürgen Rieger, in: Uwe Backes / Alexander Gallus / Eckhard Jesse (Hg.), Jahrbuch Extremismus & Demokratie, Baden-Baden 2012, S. 211–227, hier S. 214.

Jahrhunderts und den Ansichten Kusserows basierten und die er um eigene Akzente anreicherte.[60]

Kern der Tätigkeit Riegers für die *Artgemeinschaft* war die Begründung, Propagierung und Ausgestaltung ihres Neuheidentums. Im Sinne des „Artglaubens" verfügen die menschlichen „Rassen" über unterschiedliche seelische Verfasstheiten, woraus sich unterschiedliche metaphysische Bedürfnisse ergäben. Mit monistischen, pantheistischen Zügen ausgestattet, ist der „Artglaube" der *Artgemeinschaft* wie seine historischen Vorläufer anthropozentrisch und vergöttlicht mit den Menschen „nordischer Art" die Gläubigen und ihre „Rasse" selbst. Um Mitglied zu werden, mussten und müssen Interessierte nicht nur die Grundsätze der Vereinigung anerkennen, sondern auch eine „überwiegend nordische Menschenart verkörpern".[61] Langfristige Aufgabe der *Artgemeinschaft* sei nichts weniger als eine umfassende geistige und religiöse Umprägung und ein tiefgreifender Umbau aller gesellschaftlichen Institutionen, der das „nordisch-fälische Wesen in der ganzen Welt" vollständig erfassen sollte, so Rieger.[62]

Die *Artgemeinschaft* beansprucht, mittels des „Artglaubens" die Einhaltung vorgeblicher Naturgesetze zu befördern. Der Glaube sei diesseitig ausgerichtet, lebensbejahend, und gegenwartsbezogen, aber ebenso „verpflichtet der Sippe und Rasse";[63] dazu gehöre die Bejahung von „Kampf und Auseinandersetzung".[64] Aus der Zentrierung des „Artglaubens" auf die „Rasse" ergebe sich schließlich, dass die germanische Götterwelt darin keine entscheidende Rolle spielen müsse. Rieger befürwortete für das Organisationsleben einen Pluralismus in Hinsicht auf Glaubenspraxis und Lebensstile.[65]

Riegers Ausführungen zu Geschlechterbeziehungen und zu Ehe und Familie sind erkennbar vom Grundgedanken geleitet, die „Rassenreinheit" zu erhalten. In seiner Weltsicht war Tat- und Geschichtsmächtigkeit an das männliche Geschlecht geknüpft. Frauen wurden in seinen Ausführungen fast ausschließlich in den Rollen als Mütter und Ehepartnerinnen berücksichtigt. Männer und Frauen seien als

---

60 Bspw. Jürgen Rieger, Zur Frage einer heidnischen Zeitrechnung, in: Nordische Zeitung 58 (1990), H. 2, S. 19–20.
61 So eine wiederkehrende Wendung in Veröffentlichungen der Artgemeinschaft. Ähnliche Klauseln („Arierparagraphen") sind aus den historischen völkischen und nordischen Vereinigungen bekannt, vgl. Uwe Puschner, Religion in der anderen Moderne. Elemente und Varianten völkischer Religion, in: Rudolf Leeb / Astrid Schweighofer (Hg.), Die Geburt der Moderne aus dem Geist der Religion? Religion, Weltanschauung und Moderne in Wien um 1900, Göttingen 2020, S. 185–200, hier 193 f.
62 Rieger, Weg und Ziel, S. 22 u. 95.
63 Rieger, Wollen, S. 11.
64 Ebd.
65 Vgl. ebd., S. 26 u. 29.

„verschieden, aber gleichwertig" zu betrachten. Mutter zu sein, sei der „wichtigste Beruf unseres Volkes". Ergänzend sei „außerhäusliche" Berufstätigkeit von Frauen aber hinnehmbar, befand er.[66]

Rieger widmete sich zudem der konkreten Gestaltung von Feierlichkeiten der *Artgemeinschaft*.[67] Idealerweise habe Wissen über die Frühgeschichte als Grundlage für die Ausgestaltung der Riten im „Artglauben" zu dienen, auch wenn eingestandenermaßen gesichertes Wissen hierzu nicht vorlag und viele zeremonielle Praktiken im Kern moderne Konstruktionen waren, erfunden durch die völkische Bewegung der Zwischenkriegszeit.[68] Aufgrund des Interesses am „überlieferten" Wissen als Quelle für Traditionsstiftungen pflegte Rieger einen intensiven Austausch mit der *Gesellschaft für Vor- und Frühgeschichte* (GVF) um den NS-Frühhistoriker Bolko von Richthofen.[69] Riegers *Neue Anthropologie* und die GVF-Zeitschrift *Mannus* vermittelten einander Beiträge.[70] Dem Sachsenhain in Verden, einer zwischen 1934 und 1936 errichteten NS-Kultstätte, die an den Mythos des „Blutgerichts von Verden" im Jahr 782 durch den christlichen Herrscher und „Sachsenschlächter" Karl den Großen erinnerte, widmete Rieger eine Broschüre.[71] Darin ordnete er die angebliche Hinrichtung der heidnischen Sachsen in sein Denkgebäude ein, etwa indem er betonte, dass die Karolinger „große Judenfreunde" gewesen seien.[72]

Der zentrale Stellenwert des Antisemitismus für Riegers Denken ist anhand seines Rassismus und seines „Artglaubens" offenbar. Rieger verortete das Judentum innerhalb seines Kategoriensystems von „Rasse" (und übertraf damit noch den Antisemitismus seines Stichwortgebers Hans F. K. Günther). Die Konzeption des von Rieger propagierten „Artglaubens" basierte auf den antisemitischen Prämissen der historischen „nordischen Bewegung". Riegers Äußerungen über das Christentum, das er beständig mit dem „Artglauben" kontrastierte, verdeutlichen dies. Es stehe dem „Artglauben" in allen fundamentalen Aspekten diametral gegenüber, denn es sei „volksfeindlich", widernatürlich und wissenschaftsfeindlich, „kommunistisch", hierarchiefeindlich, propagiere mit der Nächstenliebe eine

---

66 Jürgen Rieger, Solidarismus – ein Gebot unserer Zeit, in: Deutsche Stimme (2007), H. 4, S. 17.
67 Vgl. Andreas Speit, Offenbarungen und Bekenntnisse, in: ders. (Hg.), „Ohne Juda, ohne Rom", Braunschweig 2010, S. 14–48, hier S. 29.
68 Vgl. Rieger, Wollen, S. 32.
69 Vgl. Banghard, DGUF-Gründung, S. 445.
70 Vgl. ebd.
71 Vgl. Jürgen Rieger, Sachsenmord und Sachsenhain in Verden, Hamburg 1993. Zur Geschichte des Sachsenhains und seiner Rezeption durch die extreme Rechte vgl. Karl Banghard, Geahnte Ahnen. „Germanische" Erinnerungsorte, in: Martin Langebach / Michael Sturm (Hg.), Erinnerungsorte der extremen Rechten, Wiesbaden 2015, S. 61–77.
72 Rieger, Sachsenmord, S. 20. Erklärend hierzu vgl. Banghard, Ahnen, S. 62–69.

Ideologie der Schwäche und fördere kulturellen wie biologischen Verfall.[73] Zudem sei es jenseitsorientiert und somit diesseits-feindlich und lebensverneinend, den „hellen" „Rassen" darum „artfremd". Die Gefahr, die von ihm ausgehe, sei epochenübergreifend: „Das Christentum [...] droht [...] 250.000 Jahre menschlicher Evolution zu vernichten."[74] Daran trage das Judentum die Schuld, da „das Christentum letztlich im Interesse des Judentums für Nichtjuden geschaffen [worden] war."[75]

Der Kampf der „Rassen" um die Vorherrschaft erscheint bei Rieger als ewiger Zustand der Welt, während das imaginierte Handeln des Judentums als Sabotage dieser natürlichen Ordnung verstanden werden müsse – eine Befreiung der Welt und die Wiedererrichtung der verlorenen Ordnung war für ihn nur durch eine Ausschaltung des Judentums realisierbar.

Gewalt- und Straftäter

Gegenüber politischen Gegnerinnen und Gegnern oder der Presse trat Rieger mitunter subtil, manchmal unverhohlen drohend auf. Im Jahr 2006 äußerte er beispielsweise die folgende Tötungsfantasie: „Wenn die ersten Reporter und Richter umgelegt worden sind, dann wissen Sie, es geht los! Nicht die Großen, wie der Präsident des Verfassungsgerichts, sondern Richter, Reporter, Polizisten sind dann dran."[76]

Tatsächlich neigte Rieger zu Gewalthandeln, sowohl im Dienst seiner Politik als auch im privaten Bereich. Bereits aus dem Jahr 1968 ist eine Episode überliefert, anhand derer sich ein späteres Handlungsmuster erkennen lässt: Angriffe auf Protestierende am Rande von rechtsextremen Kundgebungen.[77] In einem Artikel aus dem Jahr 1972 zur Taktik des Straßenaktivismus führte er die Option militanten Vorgehens gegen den linken politischen „Feind" aus.[78]

Im Rieger-Erinnerungsband wird geschildert, dass Rieger „Stinkbomben" in einem Keller in Hamburg gezündet haben soll, weil dort der *Sozialistische Deutsche Studentenbund* (SDS) „hauste".[79] Laut einer Notiz des SDS-Blatts *APO-Press*

---

73 Vgl. Jürgen Rieger, Von der christlichen Moral zu einer biologisch begründeten Ethik, Hamburg 1992, S. 1.
74 Ebd., S. 41.
75 Ebd., S. 44.
76 Schröm/Röpke, Hilfe, S. 152 f.
77 Wulff/Rose, Anwalt, S. 200.
78 Jürgen Rieger, Möglichkeiten und Taktik direkter Aktionen, in: Missus. Blätter für Politik und Kultur, Nr. 31 (1972), S. 10–14, hier: 13 f.
79 Wulff/Rose, Anwalt, S. 170.

handelte es sich um einen Brandanschlag im Juni 1969, der seinerzeit erfolglose Ermittlungen nach sich zog.[80]

Rieger nahm ferner im Mai 1970 an einer gewaltsam verlaufenen Demonstration in Kassel teil, bei der Rechtsextreme gegen den Besuch des DDR-Ministerpräsidenten Willi Stoph protestierten.[81] Eine DDR-Fahne wurde von mehreren Rechtsextremen symbolträchtig vom Mast geholt und zerrissen. Im Erinnerungsband wird Rieger fälschlicherweise eine Beteiligung an diesem Vorfall zugeschrieben,[82] wenngleich er mit dem tatsächlich Beteiligten Dieter Murswiek durch die *Göttinger Runde* bekannt war.[83] Rieger schilderte, dass er während der Demonstration einen Linken angriff und daraufhin verhaftet worden sei.[84] Auch am Gründungskongress der *Aktion Widerstand* im Oktober 1970 in Würzburg und der daran anschließenden Demonstration von rund 3.000 Rechtsextremen nahm Rieger teil und schlug einen Gegendemonstranten nieder.[85]

Im Vorfeld der Landtagswahlen in Schleswig-Holstein täuschte der rechtsextreme Kölner Byzantinistik-Professor Berthold Rubin im April 1971 seine eigene Entführung vor, um damit den „Volkszorn gegen linksradikale Gruppen" anzufachen.[86] Rieger war in diese Aktion involviert. Laut des Erinnerungsbandes habe er gemeinsam mit „einigen Freunden" die Idee für diese Aktion entwickelt.[87] In einem Interview äußerte Rubin, dass die Aktion mit Personen aus den *CSU-Freundeskreisen* – denen sowohl Rieger als auch Rubin angehörten – abgesprochen gewesen sei.[88] Für seine Beteiligung an der Vortäuschung einer Straftat und für die Körperverletzung in Würzburg wurde Rieger zu einer Geldstrafe verurteilt.[89]

Im schleswig-holsteinischen Kollmar an der Elbe betrieb Rieger zusammen mit seinem Vater jahrelang einen Zeltplatz. Als der Verpächter 1993 nach dem Tod

---

80 Vgl. APO-Press, Brandanschlag auf das SDS-Zentrum, in: APO-Press. Hamburger Informationsdienst, Nr. 10 v. 1.6.1969, S. 22.
81 Vgl. Christoph Kopke, Die *Aktion Widerstand* 1970/1971: Die „nationale Opposition" zwischen Sammlung und Zersplitterung, in: Massimiliano Livi / Daniel Schmidt / Michael Sturm (Hg.), Die 1970er Jahre als schwarzes Jahrzehnt, Frankfurt am Main 2010, S. 249–262.
82 Vgl. Wulff/Rose, Anwalt, S. 23.
83 Vgl. Art. 2. Göttinger Runde erfolgreich, in: Göttinger Skizzen. Mitteilungen der Hochschulgruppe Pommern zu Göttingen, (1970), H. 1, S. 1.
84 Vgl. Wulff/Rose, Anwalt, S. 179.
85 Vgl. ebd.
86 Art. Prof. Rubin hatte Entführung vorgetäuscht, in: Nordwest Zeitung. Oldenburger Nachrichten v. 26.4.1971, S. 1.
87 Wulff/Rose, Anwalt, S. 26.
88 Art. „Da kann ich mich einfach kaputtlachen", in: Der Spiegel, Nr. 19/1971 v. 3. 5. 1971, S. 204–205, hier S. 204.
89 Vgl. Wulff/Rose, Anwalt, S. 26.

des Seniors den Vertrag kündigte, zerstörte der Sohn in einem Wutanfall große Teile des Zeltplatzes.[90] Im Rieger-Erinnerungsband wird ferner berichtet, dass Rieger als Rechtsanwalt einen jungen Rechten verteidigt habe, dem vorgeworfen wurde, an einem Angriff auf den Sachsenhain in Verden beteiligt gewesen zu sein. Im Erinnerungsband wird über Rieger behauptet, dass er nicht nur der Anwalt des Angeklagten, sondern an der fraglichen Aktion selbst beteiligt gewesen war.[91]

Im Januar 2005 nahm Rieger an einer Neonazidemonstration in Magdeburg teil und attackierte einen Kreistagsabgeordneten der Partei *Die Linke* mit einem Faustschlag.[92] Im Juni 2005 erfolgte einer Verurteilung zu einer weiteren Geldstrafe wegen Bedrohung.[93] Im Oktober 2007 wiederum verprügelte Rieger in seiner Blankeneser Villa eine Frau, die dabei Presseberichten zufolge einen Kieferbruch erlitt. Rieger wurde freigesprochen. Seiner Darstellung zufolge hatte er in Notwehr gehandelt.[94]

Wirken als Rechtsanwalt

Ab November 1972 war Rieger Referendar am Oberlandesgericht in Hamburg und somit Beamter auf Widerruf. Um dieses Beamtenverhältnis entspannte sich kurzzeitig eine öffentliche Debatte.[95] 1975 gründete Rieger eine Rechtsanwaltskanzlei in Hamburg-Blankenese.[96] Er verteidigte im Laufe der Zeit eine Vielzahl von Neonazis.[97] Für seine „Verdienste im Kampf gegen die Verleumdung der deutschen Rechten" wurde Rieger 1996 mit dem „Freiheitspreis" des DVU-Blatts *Deutsche Nationalzeitung* ausgezeichnet.[98] Besonders in medienträchtigen Verfahren setzte er darauf, seine Verteidigung mit politischen Erörterungen und Provokationen zu

---

90 Vgl. Röpke, Kanäle, S. 99.
91 Vgl. Wulff/Rose, Anwalt, S. 166 f.
92 Vgl. Eberhard Löblich, Freispruch gekippt. Jürgen Rieger wurde im Berufungsverfahren wegen Körperverletzung verurteilt, 22.6.2007, in: blick nach rechts, unter: www.bnr.de/content/freispruch-gekippt [Zuletzt aufgerufen am 18.12.2020].
93 Vgl. Maegerle, Rechtsanwalt, S. 182.
94 Vgl. Robert Scholz, „Jeder anderen hätte ich ins Gesicht geschlagen" – Freispruch für Rieger im Prozess gegen Gelegenheitsprostituierte, in: Endstation rechts, 29.5.2915, unter: www.endstation-rechts.de/news/jeder-anderen-haette-ich-ins-gesicht-geschlagen-freispruch-fuer-rieger-im-prozess-gegen-gelegenhei.html [Zuletzt aufgerufen am 18.12.2020].
95 Art. Hamburg slawisch?, in: Der Spiegel, Nr. 11/1973 v. 12.3.1973, S. 44.
96 Vgl. Maegerle, Rechtsanwalt, S. 181.
97 Vgl. Braun/Maegerle, Rechtsanwälte, S. 379 ff.
98 Beitrag: Passau: Der DVU-Paukenschlag, in: Deutsche Nationalzeitung v. 11.10.1996, S. 4–5.

flankieren oder bediente sich einer Verzögerungstaktik.[99] Er trug im Rahmen des *Deutschen Rechtsschutzkreises* und des 1992 gegründeten *Deutschen Rechtsbüros* zu der Vernetzung rechtsextremer Anwältinnen und Anwälte bei. Zeitweise arbeitete Gesa Pahl, langjährige Leiterin des *Deutschen Rechtsbüros*, als Kollegin in seiner Kanzlei.[100]

In einen der bedeutenden Gerichtsprozesse gegen Neonazis in der Bundesrepublik war Rieger am Rande aber auf bemerkenswerte Weise involviert. Beim „Bückeburger Prozess" 1979 wurde vor dem Oberlandesgericht Celle gegen eine Gruppe um den Hamburger Michael Kühnen wegen Bildung einer terroristischen Vereinigung verhandelt. Rieger war vor dem Prozess für einen anderen der Angeklagten, Lothar Schulte, tätig. Es kam der Verdacht auf, dass Rieger selbst in die Straftaten der Gruppe verwickelt und im Auftrag des ebenfalls angeklagten *Artgemeinschaft*-Mitglieds Uwe Rohwer[101] an der Vernichtung von Beweismitteln beteiligt gewesen sein könnte. Ob dieser Umstände wurde im Mai 1978 eine Hausdurchsuchung bei Rieger durchgeführt. Im August 1978 erging ein – später aufgehobener – gerichtlicher Beschluss, durch den Rieger von der Verteidigung Schultes ausgeschlossen wurde.[102]

Im Jahre 1981 verteidigte Rieger den wegen seiner Tätigkeiten als SS- und Polizeiführer in Warschau während des Zweiten Weltkrieges angeklagten Arpad Wigand, der schließlich zu zwölfeinhalb Jahren Haft verurteilt wurde.[103] Zum Ende des Prozesses verlas Rieger über neun Stunden lang ein Plädoyer, in dem er die Einrichtung des Warschauer Ghettos als seuchenpolitische Maßnahme bezeichnete. Schuld an Missständen hätten die dort internierten Jüd:innen selbst gehabt. Rieger wurde für diese verhetzenden Aussagen zunächst zu einer Geldstrafe verurteilt.[104] Der Bundesgerichtshof hob dieses Urteil 1987 auf.[105]

Beim „Bewegungsprozess" ab 1991 in Stuttgart gegen elf Angeklagte wegen Fortführung der verbotenen *Aktionsfront Nationaler Sozialisten* (ANS) setzte Rieger erneut eine Verschleppungstaktik ein, die justizpolitische Diskussionen um

---

99 Vgl. Art. Blanke Nerven, in: Der Spiegel, Nr. 16/1993 v. 19.4.1993, S. 77–79.
100 Vgl. Andrea Röpke, Botschaft: Ausländer raus, 16.10.2012, in: blick nach rechts, unter: www.bnr.de/artikel/hintergrund/botschaft-auslaender-raus [Zuletzt aufgerufen am 18.12.2020].
101 Vgl. Wilhelm Kusserow, Heimkehr zum Artglauben, Bd. 3, Berlin 1976, S. 3f.
102 Barbara Manthe, Rechtsterroristische Gewalt in den 1970er Jahren. Die Kühnen-Schulte-Wegener-Gruppe und der Bückeburger Prozess 1979, in: Vierteljahrshefte für Zeitgeschichte (VfZ) 68 (2020), H. 1, S. 63–94, hier S. 83.
103 Zur Rolle der Höheren SS- und Polizeiführer vgl. Ruth Bettina Birn, Die Höheren SS- und Polizeiführer. Himmlers Vertreter im Reich und in den besetzten Gebieten, Düsseldorf 1986; Hans Buchheim, Die Höheren SS- und Polizeiführer, in: VfZ 11 (1963), H. 4, S. 362–391.
104 Vgl. Art. Der Zynismus eines Strafverteidigers, in: Hamburger Abendblatt v. 15.04.1986, S. 6.
105 Vgl. Hanno Kühnert, Ein Neonazi in der Anwaltsrobe, in: Die Zeit v. 09.10.1987, S. 8.

eine mögliche Beschneidung von Verteidigerrechten auslöste. Nach über 150 Verhandlungstagen endete der Prozess 1955 mit einer zweijährigen Haftstrafe zur Bewährung für Riegers Mandanten Jürgen Mosler.[106]

Im Folgejahr wurde Rieger ein weiteres Mal wegen Volksverhetzung angeklagt. Gegen die hier verhängte Geldstrafe ging er anschließend beim Europäischen Gerichtshof für Menschenrechte vor. Eine Entscheidung fiel bis zu seinem Tod nicht.[107] Den deutsch-kanadischen Holocaustleugner Ernst Zündel verteidigte Rieger ab 2005 in Mannheim und nutzte den Gerichtssaal erneut als Bühne, um selbst den Holocaust zu leugnen.[108] Gegen Rieger wurde ein Verfahren wegen Volksverhetzung in neun Fällen aufgrund seiner Äußerungen im Gerichtssaal eingeleitet, das nach seinem Tod eingestellt wurde.

Rieger stellte seine juristische Kompetenz auch in den Dienst der neonazistischen Demonstrationspolitik, insbesondere bezüglich der Heroisierung des im bayerischen Wunsiedel beerdigten NS-Funktionärs und Stellvertreter Hitlers Rudolf Heß.[109] Ab dem Jahr 2001 gelang es aufgrund der Intervention Riegers nach zwischenzeitlichen Verboten erneut, Heß-Demonstrationen in Wunsiedel durchzuführen. Daraufhin wurde 2005 im Bundestag ein Gesetz verabschiedet, das den Volksverhetzungsparagrafen 130 um einen Absatz erweiterte. Auf dessen Grundlage konnten die Wunsiedel-Demonstrationen fortan wirksam verboten werden. Rieger legte Verfassungsbeschwerde ein, die nach dessen Tod jedoch abgewiesen wurde.[110]

Bewegungsförderer: Erbschaften und Immobilien

Jürgen Rieger stammte aus einer wohlhabenden Familie und verfügte über ein beträchtliches Vermögen. Durch seine Tätigkeit als Anwalt, durch Immobiliengeschäfte und durch Erbschaften war er in der Lage, finanzielle Mittel für politische

---

106 Vgl. Wulff/Rose, Anwalt, S. 57 f.
107 Vgl. ebd., S. 66.
108 Vgl. Jochen Schönmann, Holocaust-Leugner. Höchststrafe für Zündel nach bizarrem Prozess, 15.2.2007, in: Der Spiegel (online), unter: www.spiegel.de/politik/deutschland/holocaust-leugner-hoechststrafe-fuer-zuendel-nach-bizarrem-prozess-a-466617.html [Zuletzt aufgerufen am 18.12.2020].
109 Als Überblick hierzu vgl. Patrick O'Hara / Daniel Schlüter, Der Mythos stirbt zuletzt, Hamburg 2002, S. 17–25.
110 Vgl. Bundesverfassungsgericht, Pressemitteilung, Nr. 129/2009: § 130 Abs. 4 StGB ist mit Art. 5 Abs. 1 und 2 GG vereinbar, 17.11.2009, unter: www.bundesverfassungsgericht.de/SharedDocs/Pressemitteilungen/DE/2009/bvg09-129.html [Zuletzt aufgerufen am 18.12.2020].

Projekte einzusetzen und förderte die Schulungsarbeit und Vernetzung des Neonazismus. Hierfür nutzte er zahlreiche Vereine und andere Vereinigungen, in die er eingebunden war.

Im Jahre 1995 erwarb Rieger für rund zwei Millionen D-Mark ein Herrenhaus in Schweden. Zunächst inserierte er in der Zeitschrift *Nation Europa* und suchte nach Familien, die dort „ein Leben in eigener Art, unbeeinflußt durch Umerziehung, Überfremdung, Drogen und Rauschgift" leben wollten.[111] Rieger nutzte das Anwesen letztlich privat und ließ Angestellte, teils durch EU-Töpfe gefördert, ökologische Landwirtschaft betreiben. Schwedische Behörden verboten 2001 Rieger die Tierhaltung wegen drastischer Verstöße gegen Tierschutzauflagen.[112]

Für die Abwicklung von Erbschaften durch Rieger kam derweil beispielsweise der Verein *Mütterdank e. V.* zum Einsatz, gegründet 1987 und mit Gemeinnützigkeitsstatus ausgestattet. Ein Hamburger Ehepaar vererbte dem Verein zwei Häuser[113] und eine Unternehmerin schenkte Rieger noch zu Lebzeiten ein Haus.[114] Auch das Vermögen seiner Förderin und Kooperationspartnerin Gertrud Herr fiel an Rieger.[115] Ebenso konnte Rieger auf das Vermögen von Wilhelm Tietjen, eines ehemaligen Bremer Lehrers und „überzeugten Nationalisten" zugreifen.[116] Er kümmerte sich nach Tietjens Tod 2002 um dessen Beerdigung auf der *Ahnenstätte Conneforde*[117] und gründete zur Überführung der Vermögenswerte in seinen Besitz in London die *Wilhelm Tietjen Stiftung für Fertilisation Ltd.*[118]

Ein ausstrahlungskräftiges Projekt und Vorbild für spätere Unterfangen war *Hetendorf 13* am Rande der Lüneburger Heide. 1979 wurde das mit vier Häusern bebaute Gelände vom *Freundeskreis Filmkunst* und der *Gesellschaft für biologische Anthropologie, Eugenik und Verhaltensforschung* erworben und ab 1984 intensiver genutzt.[119] Im Jahre 1992 wurden zwei neue Trägervereine installiert,[120] und von 1991 bis 1997 war das Gelände Austragungsort der *Hetendorfer Tagungswochen*, während denen Vereine aus der Einflusssphäre Riegers – allen voran die

---

111 Art. Leserwünsche, in: Nation & Europa 45 (1995), Februar 1995, S. 75.
112 Vgl. Gunther Latsch, Alkoholismus bei Katzen, in: Der Spiegel, Nr. 47/2009 v. 16.11.2009, S. 38.
113 Vgl. Link, Nazi.
114 Vgl. ebd., S. 100.
115 Vgl. Röpke, Kanäle, S. 99.
116 Röpke, Kanäle, S. 99.
117 Die „Ahnenstätte Conneforde" liegt der Nähe von Oldenburg. Sie wurde 1958 als Beerdigungsort für „Freireligiöse" gegründet. Auf dem Friedhof sind zahlreiche Rechtsextreme beerdigt.
118 Ebd., S. 99 f.
119 Vgl. Andrea Röpke, Immobilienkäufe durch Rechtsextremisten, in: Stephan Braun / Alexander Geisler / Martin Gerster (Hg.), Strategien der extremen Rechten, Wiesbaden 2009, S. 245–258, hier S. 246; Wulff/ Rose, Anwalt, S. 81.
120 Vgl. ebd., Anwalt, S. 82.

Artgemeinschaft – ihre Versammlungen abhielten.[121] Die Teilnahmezahl der „Tagungswochen" lag bei bis zu 200 Personen.[122] Bei Vorträgen kamen zahlreiche einschlägige Alt- und Neonazis als Referenten zum Zug. Die Rieger-Vertraute Gertrud Herr behauptete 1997 in Hetendorf, dass im Konzentrationslager Auschwitz niemand „einen Menschen absichtlich umgebracht" habe.[123]

Im Februar 1998 wurden die Trägervereine verboten, die Wohnung von Rieger durchsucht und später das Gelände enteignet.[124] Rieger bemühte sich, Ersatz für den Verlust von *Hetendorf 13* zu schaffen. Ein Versuch mit den *Mitteldeutschen Vortragstagen* im sächsischen Ostritz eine Alternative etablieren, scheiterte allerdings.[125] Ein Jahr nach dem Verbot kaufte Rieger über einen Makler das baufällige ehemalige „Citykino" in Hameln. Eine Nutzung des Gebäudes kam jedoch nicht zustande.[126] Ende 2003 erwarb Rieger über seine *Wilhelm Tietjen Stiftung* das Schützenhaus in Pößneck[127] und 2004 den „Heisenhof" in Dörverden, ein 24 Hektar großes Grundstück. In Dörverden gelang es aufgrund von Protesten und behördlichen Auflagen nicht, ein Tagungszentrum aufzubauen.[128] Im Pößnecker Schützenhaus richtete die NPD im April 2005 ihren Landesparteitag aus; im Anschluss spielte vor einem rund 1.000-köpfigen Publikum der Sänger der Neonazi-Band *Landser* trotz eines behördlichen Verbots sein letztes Konzert vor Antritt einer Haftstrafe.[129] Doch letztendlich misslang auch in Pößneck die Etablierung eines langfristig nutzbaren Zentrums.

Mutmaßlich täuschte Rieger bei anderen Immobiliengeschäften sein Kaufinteresse nur vor, um die Objektpreise in die Höhe zu treiben. In einigen Fällen entschlossen sich nämlich die jeweiligen Kommunen zum Erwerb der Immobilien, da sie verhindern wollten, dass diese in Riegers Hände fallen.[130] In Delmenhorst etwa scheiterte 2006 der Kauf des „Hotels am Park". Private Spenden und Gelder der Stadt wurden zusammengelegt, um das Hotel Riegers Zugriff zu entziehen.[131] Weitere Kontroversen um Immobiliengeschäfte Riegers betrafen 2006 ein ehema-

---

121 Vgl. Druschba Narodnych, 1974–1994. 20 Jahre Neonazis in Hamburg, 2. Aufl., Hamburg 1994, S. 16.
122 Vgl. Deutscher Bundestag: Antwort der Bundesregierung. 13/8234, 15.7.1997, S. 2.
123 Schröm/Röpke, Hilfe, S. 164 f.
124 Art. „Reichlich spät", in: Der Spiegel, Nr. 8/1998 v. 16.02.1998, S. 70–73.
125 Vgl. Bettina Böhme / Raimund Hethey / Peter Hildebrandt, Nazi-Rieger geht über die Neiße-Linie, in: Der rechte Rand, Nr. 53 (1998), S. 6–7.
126 Vgl. Wulff/Rose, Anwalt, S. 88 f.
127 Vgl. ebd., S. 89 ff.
128 Vgl. ebd.
129 Vgl. Andrea Röpke / Andreas Speit, Nazi-Konzert verpennt, in: Tageszeitung v. 5.4.2005, S. 7.
130 Vgl. Röpke, Kanäle, S. 95.
131 Vgl. Wulff/Rose, Anwalt, S. 95 ff.

liges Möbelhaus in Wolfsburg und ein Landhaus in Faßberg bei Celle, 2007 den Bahnhof von Melle bei Osnabrück sowie 2008 einen Gasthof in Warmensteinach in der Nähe Wunsiedels.[132]

Organisator und Mittler

Die kompromisslose Art, mit der Jürgen Rieger seine Weltanschauung vertrat, machte ihn zu einer polarisierenden Figur im Rechtsextremismus und bündnisunfähig für jene, die um ein „bürgerliches" Erscheinungsbild bemüht waren. Die unmittelbare Einflusssphäre Riegers beschränkte sich auf einen limitierten Kreis, der zu keinem Zeitpunkt größer als einige Hundert Personen gewesen sein dürfte. Innerhalb dieses Spektrums war Rieger zu Kompromissen bereit. In der *Artgemeinschaft* sprach er sich, wie bereits erwähnt, für eine gegenüber verschiedenen Lebensstiloptionen offene Gemeinschaftspflege aus. Über das Engagement in zahlreichen Organisationen und durch seine Tätigkeiten als Vortragsredner war er in der Lage, Netzwerke aufzubauen und zu pflegen. Hinzu kommt seine strömungsübergreifend rezipierte publizistische Tätigkeit.[133]

Riegers Tätigkeit als Anwalt stärkte seinen Ruf als engagierten Arbeiter für die Bewegung des Rechtsextremismus. Mitunter gelang es ihm, bei Konflikten zu vermitteln. Ab 1986 war der bundesdeutsche Neonazismus infolge des „Bewegungsstreits" in zwei Lager gespalten – eines, das treu zur Führungsfigur Michael Kühnen stand und eines, das Kühnen und dessen Politik ablehnte. Drei Jahre später, 1989, wurde unter Beteiligung Riegers ein „Waffenstillstand" ausgehandelt und von Vertretern der konkurrierenden Lager in dessen Hamburger Rechtsanwaltskanzlei unterzeichnet.[134]

Der Einfluss Riegers dokumentierte sich ab 2001 bei den Rudolf-Heß-Gedenkmärschen in Wunsiedel, bei denen er nicht nur als Anwalt, sondern auch als Anmelder und Mitorganisator auftrat. Rieger setzte – vor dem Hintergrund mehrerer Urteile des Bundesverfassungsgerichts im Vorjahr – 2001 einen Gedenkmarsch

---

132 Vgl. ebd., S. 97 ff.
133 In mittlerweile drei Ausgaben (1994, 2006, 2015) liegt bspw. das Buch „Funkenflug" vor, welches als „Handbuch für Patrioten und nationale Aktivisten" eine Ablehnung der Demokratie und weltanschauliche Grundlagen des Rechtsextremismus vermittelt. Auch wenn Riegers Autorenschaft im Rieger-Erinnerungsband verneint wird, gilt er als Verfasser des unter Pseudonym veröffentlichten Textes. Vgl. Jürgen Riehl [d. i. Jürgen Rieger], Funkenflug, Anklam 2015.
134 Vgl. Werner Bräuninger, Kühnen – Portrait einer deutschen Karriere. Die Biographie, Bad Schussenried 2016, S. 437; Wulff/Rose, Anwalt S. 150 f. Zu Michael Kühnen vgl. auch den Beitrag von Ann-Kathrin Mogge in diesem Band.

direkt in Wunsiedel juristisch durch und meldete vorsorglich bis zum Jahr 2010 weitere Demonstrationen an.[135] 2001 nahmen rund 900 Neonazis teil, 2002 etwa 2.500, 2003 etwa 2.600 und 2004 erreichte die Beteiligung mit rund 4.000 Neonazis einen Höchstwert.[136] Rieger hatte durch seine Rolle als Mitveranstalter der „Rudolf-Heß-Gedenkmärsche" einen wichtigen Anteil an den einigenden und die Demonstrationspolitik des Neonazismus prägenden Aufmärschen.[137] Wie bereits ausgeführt sorgte schließlich eine Reform des Volksverhetzungsparagrafen für ein Ende der Demonstrationen in Wunsiedel.

Engagement für die NPD

Jürgen Rieger hatte über Jahrzehnte ein distanziertes Verhältnis zur NPD. Zwar arbeitete er mit Teilen der neonazistisch geprägten Parteibasis zusammen, der Führung warf er jedoch Opportunismus vor. Dies änderte sich 1996, als der dann frisch gewählte Bundesvorsitzende Udo Voigt die Öffnung der Partei zum Neonazismus vorantrieb. 1998 trat Rieger beim *Tag des nationalen Widerstandes* der NPD in Passau auf[138] und steuerte für ein NPD-Buch anlässlich des 30-jährigen Bestehens der Partei ein Grußwort bei.[139]

Ab dem Jahr 2003 beschleunigte sich die Annäherung an die NPD, als Rieger der Partei ein Darlehen in Höhe von 120.000 Euro gewährte.[140] Zwei Jahre später trat er auf dem Spitzenplatz der Hamburger NPD zur Bundestagswahl an,[141] und 2006 folgte der Parteieintritt. Voigt versuchte umgehend, ihn als stellvertretenden Bundesvorsitzenden zu installieren; als dies scheiterte, erhielt Rieger einen Posten im Bundesvorstand im eigens geschaffenen „Referat Außenpolitik".[142] Im Vorfeld der Landtagswahlen in Mecklenburg-Vorpommern 2007 – die NPD zog mit 7,3 Pro-

---

135 Vgl. Robert Scholz, Jürgen-Rieger-Gedenkmarsch in Wunsiedel geplant, 2.11.2009, Endstation Rechts, unter: www.endstation-rechts.de/news/juergen-rieger-gedenkmarsch-in-wunsiedel-ge plant.html [Zuletzt aufgerufen am 18.12.2020].
136 Vgl. Peter Schmitt, Sitzblockade mit dem CSU-Bürgermeister, in: Süddeutsche Zeitung v. 23.8.2004, S. 40.
137 Andreas Klärner / Thomas Dörfler, Der „Rudolf-Heß-Gedenkmarsch" in Wunsiedel, in: Mittelweg 36. (2004), H. 4, S. 74–91.
138 Vgl. Bernd Siegler, Nazi-Skins in der Nibelungenhalle, in: Tageszeitung v. 9. 2.1998, S. 6.
139 Vgl. Jürgen Rieger, Geleitwort, in: Holger Apfel (Hg.), Alles Große steht im Sturm, Stuttgart 1999, S. 13 f.
140 Vgl. Wulff/Rose, Anwalt, S. 117.
141 Vgl. Maegerle, Rechtsanwalt, S. 181.
142 Vgl. Hauke Nanninga, Aus der Mitte des Volkes, in: Deutsche Stimme 31 (2006), H. 12, S. 1 u. 11.

zent in den Landtag ein – wurde ebenfalls eine Kandidatur Riegers erwogen. Rieger gewährte auch hier ein Darlehen für den Wahlkampf, diesmal in Höhe von 295.000 Euro. Im gleichen Jahr wurde er zum NPD-Landesvorsitzenden in Hamburg gewählt.

Rieger zählte innerhalb der NPD zum Unterstützerkreis des Parteivorsitzenden Udo Voigt.[143] Riegers Darlehen halfen Voigt, die Partei zahlungsfähig zu halten. Erst 2009 kam es zu einem Streit. Voigt missfiel, dass der ebenfalls der NPD beigetretene Rieger-Freund Thomas Wulff bei der Beerdigung des Neonazi-Funktionärs Friedhelm Busse eine Hakenkreuzfahne über dessen Sarg ausgebreitet hatte.[144] Innerhalb der NPD war Rieger ohnehin umstritten, besonders in jenem Flügel, der sich um ein „politikfähiges" Erscheinungsbild bemühte. Der einstige NPD-Fraktionsvorsitzende in Sachsen, Holger Apfel, schilderte rückblickend, dass er Rieger als einen „Rassefanatiker" gering geschätzt habe.[145] Strategisch und inhaltlich setzte sich Rieger für eine noch schärfere Profilierung der NPD als Anti-System-Partei und gegen eine islamfeindliche Ausrichtung ein.[146]

Tod und Nachleben

Im Oktober 2009 erlitt Jürgen Rieger während einer Sitzung des NPD-Bundesvorstandes einen Schlaganfall und verstarb wenige Tage später am 29. Oktober des Jahres in einem Krankenhaus in Berlin-Neukölln. Aus dem Kreis von Riegers Familie wurde publik, dass eine Feuer- oder Seebestattung geplant werde, um zu verhindern, dass sein Grab zu einer Pilgerstätte für Rechtsextreme werde.[147]

Für den 14. November wurde zu einer Gedenkdemonstration in Wunsiedel aufgerufen, wodurch die Erinnerung an den Verstorbenen mit einem Auftritt an diesem für den Neonazismus bedeutenden Ort verknüpft wurde. Rund 800 Neona-

---

143 Vgl. Wulff/Rose, Anwalt, S. 118 f.
144 Vgl. ebd., S. 121.
145 Holger Apfel, Irrtum NPD, Bad Schussenried 2017, S. 243.
146 Vgl. Robert Philippsberg, Die Strategie der NPD, Baden-Baden 2009, S. 100. Neben seiner Skepsis gegenüber dem Konzept des „christlichen Abendlandes" begründete Rieger seinen anti-islamfeindlichen Kurs auch mit geostrategischen antiamerikanisch-antisemitischen Überlegungen. Vgl. Jürgen Rieger, Kampf der Kulturen – Kampf der Religionen?, 2006, unter: velesova-sloboda.info/geo/rieger-kampf-der-kulturen.html [Zuletzt aufgerufen am 18.12.2020].
147 Vgl. Louay Yassin, Das verpasste Erbe. Der verstorbene Rechtsanwalt und NPD-Gönner hinterlässt sein Vermögen der Familie. Die Partei droht ohne seine Unterstützung der finanzielle Kollaps, in: Süddeutsche Zeitung (online), 17.5.2010, unter: www.sueddeutsche.de/politik/npd-nach-dem-tod-von-juergen-rieger-das-verpasste-erbe-1.141860 [Zuletzt aufgerufen am 18.12.2020].

zis nahmen teil.[148] Am zehnten Todestag 2019 gedachten Mitglieder des NPD-Kreisverbands Altona in Hamburg Rieger als „Verfechter eines weltanschaulich gefestigten Kurses" und legten einen Kranz in der Nähe dessen ehemaliger Wohnadresse ab.[149] Die *Artgemeinschaft* setzt ihre Aktivitäten bis heute im Kern unverändert, also im Sinne Riegers, fort.

---

148 Vgl. Wulff/Rose, Anwalt, S. 123 f.
149 Vgl. NPD Hamburg, Jürgen Rieger unvergessen, 28.10.2019, unter: https://www.facebook.com/npdhamburg/posts/2472685489517072 [Zuletzt aufgerufen am 4.11.2019].

Martin Finkenberger
Erwin Schönborn (1914–1989)

„Ich war, ich bin und ich bleibe ein Nationalsozialist"

Abb. 16: Erwin Schönborn, nach 1945, *Antifaschistisches Pressearchiv und Bildungszentrum Berlin (apabiz).*

Einleitung

Erwin Schönborn zählt zu den bekanntesten Vertretern einer aktionistisch orientierten extremen Rechten in der Bundesrepublik Deutschland vor 1989, deren Bedeutung sich weniger an Wahlerfolgen bemessen lässt, denn an den Schlagzeilen, die sie immer wieder provozierte. Als Initiator oder Mitbegründer zahlloser Parteien, Vereine und Gesellschaften führte er seit Anfang der fünfziger Jahre einen selbsterklärten Kampf zur „Bewahrung der Ehre der Nation vor Lüge und Verleumdung".[1] Mit missionarischem Eifer griff Schönborn dabei frühzeitig auch Themen des rechtsextremen Geschichtsrevisionismus auf, insbesondere die als solche

---

1 Todesanzeige für Erwin Schönborn, in: Frankfurter Allgemeine Zeitung (FAZ) v. 19.6.1989.

ô Open Access. © 2023 Martin Finkenberger, publiziert von De Gruyter. Dieses Werk ist lizenziert unter der Creative Commons Attribution-NonCommercial-NoDerivatives 4.0 Lizenz.
https://doi.org/10.1515/9783111010991-022

apostrophierte „Vergasungslüge".² Dass damit zugleich die nationalsozialistische Herrschaftspraxis als Alternative zu Demokratie und Parlamentarismus verteidigt werden sollte, räumte er unumwunden ein: „Ich war, ich bin und ich bleibe ein Nationalsozialist", bekannte er 1979 bei einer Gerichtsverhandlung.³ Die beträchtliche Aufmerksamkeit, die Schönborn zeitweilig auf sich lenken konnte und sich in einer umfangreichen Presseberichterstattung widerspiegelt,⁴ verdankte er neben seinem Drang zur Selbstdarstellung nicht zuletzt auch seiner Bereitschaft, die strafrechtlichen Folgen seiner volksverhetzenden Äußerungen und Schriften in Kauf zu nehmen. Die damit zur Schau gestellte Haltung eines unbeirrbaren Überzeugungstäters war allerdings auch Teil eines strategischen Konzeptes, das darauf abzielte, die, gemessen an der Zahl seiner Anhänger und der Fähigkeit zu deren Mobilisierung, geringe politische Bedeutung in geschickter Weise durch erhöhte mediale Präsenz zu überspielen.

Familiäre Herkunft und Sozialisation

Erwin Schönborn wurde am 8. Oktober 1914 in Sohlen bei Magdeburg als Sohn eines Lehrers geboren. Nach Schulbesuch und Abitur an einem Reform-Realgymnasium trat er 1935 in den Reichsarbeitsdienst (RAD) ein. Dort bekleidete er zuletzt den Rang eines Oberfeldmeisters (Leutnant). Mit Beginn des Krieges wurde er in die Wehrmacht eingezogen. Nach Einsätzen an verschiedenen Fronten im Osten, unter anderem vor Leningrad, sollte Schönborn 1943 zum Afrika-Korps verlegt werden. Auf dem Transport dorthin geriet er allerdings in Gefangenschaft. Die mehrjährige Internierung in einem amerikanischen Lager nutzte er dazu, sich umfangreiche Fremdsprachenkenntnisse anzueignen, unter anderem Englisch und vermutlich bereits Russisch. Auf diese Zeit dürfte die spätere Berufsbezeichnung als „examinierter Dolmetscher"⁵ zurückreichen. Nach seiner Entlas-

---

2 Art. Volksverhetzung, in: FAZ v. 5.5.1979.
3 Vgl. Art. „Ich war der beste Kanonier". Erwin Schönborn über sich, in: FAZ v. 26.5.1979. Zu einer Variante des Zitats („Ich war, bin und bleibe Nationalsozialist") vgl. Art. Meute Bonames, in: Der Spiegel 33 (1979), H. 39 v. 24.9.1979, S. 71 ff.
4 Zahlreiche Presseberichte sowie die ihnen zugrunde liegenden Publikationen und „Offenen Briefe" Schönborns sind überliefert u. a. im Archiv des Instituts für Zeitgeschichte München (Bestand ED 389) und der Forschungsstelle für Zeitgeschichte in Hamburg (FZH 417, Rechtsradikale Organisationen). Aus Schönborns Anfangsjahren liegen vereinzelte Korrespondenzen vor (u. a. Deutsches Literaturarchiv Marbach). Ein privater Nachlass ist offensichtlich nicht überliefert.
5 Hans Frederik, Die Rechtsradikalen, München o. J., S. 74. Ebenso vgl. Herbert Neumann, Ein Mann, der aus der Geschichte nichts lernen will, in: FAZ v. 30.3.1979.

sung 1946 siedelte Schönborn sich zunächst in der Sowjetischen Besatzungszone in Kleinmachnow bei Berlin an und arbeitete als Lektor und Übersetzer für den Ostberliner Verlag *Kultur und Fortschritt*.[6] Aus nicht genauer bekannten Gründen kehrte er der DDR allerdings 1951 den Rücken und zog in den Westteil Berlins. Angesichts seiner Selbstdarstellung als „politischer Flüchtling"[7] ist anzunehmen, dass weltanschauliche Motive ausschlaggebend waren. In diese Richtung deutet auch Schönborns politischer Aktivismus, der unmittelbar nach seiner Übersiedlung einsetzte.

Eintritt ins politische Leben 1951

Erstmals öffentlich in Erscheinung trat Schönborn im Herbst 1951, als er die Gründung einer *Gesellschaft zur Förderung des Films „Unsterbliche Geliebte"* verkündete, die sich für den aus der NS-Zeit kompromittierten Regisseur Veit Harlan (1899–1964) einsetzte.[8] Die Gesellschaft ging kurz darauf in der *Arbeitsgemeinschaft Nation Europa* (ANE) auf, die das Muster von Schönborns künftigem Aktivismus vorgab. Obgleich eine Kleinstgruppe von nur wenigen Aktivisten, vermochte sie dennoch durch spektakuläre Aktionen und provozierende Auftritte größtmögliche Aufmerksamkeit für ihre Anliegen zu erzielen.[9] Dazu gehörte nach Schönborns Auffassung insbesondere, die Ehre Adolf Hitlers zu verteidigen, der seiner Ansicht nach „in widerwärtiger Weise mit Schmutz beworfen" werde. Daraus leitete er das „Recht" und die „Verpflichtung" ab, „dass wir uns wie ein Mann vor die Person stellen, die Deutschland von 1934 bis 1945 als Staatsoberhaupt und Oberster Kriegsherr repräsentierte".[10] Die ANE wurde im Januar 1953 vom Berliner Innensenator als rechtsextreme Vereinigung verboten, Schönborn zudem aufgrund beleidigender Äußerungen über Widerstandskämpfer des 20. Juli 1944 erstmals zu einer Haftstrafe verurteilt, die er von Mitte 1955 bis Anfang 1956 verbüßte. Dies hielt ihn allerdings nicht davon ab, nach der Entlassung seinen Aktionismus fort-

---

6 Vgl. Manfred Jenke, Verschwörung von rechts? Ein Bericht über den Rechtsradikalismus in Deutschland nach 1945, Berlin 1961, S. 280.
7 Sabina Lietzmann, Sturm im Bierglas. Radikale und Illegale in Berlin, in: FAZ v. 29.1.1953.
8 Zu Harlans Wirken als Filmregisseur bis 1945 und den Kontroversen um seine Person in den fünfziger Jahren vgl. Wolfgang Kraushaar, Der Kampf gegen den „Jud-Süß"-Regisseur Veit Harlan. „Ein Meilenstein in der Grundrechtsprechung des Bundesverfassungsgerichts", in: Mittelweg 36 4 (1995), H. 6, S. 4–33; Thomas Harlan, Hitler war meine Mitgift. Ein Gespräch mit Jean-Pierre Stephan, Reinbek bei Hamburg 2011.
9 Zur Skandalisierung auch im Ausland vgl. Lietzmann, Sturm.
10 Jenke, Verschwörung, S. 280.

zusetzen. Nachdem er sich an der Gründung einer *Deutschen Freiheitspartei* (DFP) bzw. *Deutschen Freiheitsbewegung* beteiligt hatte, überführte er diese in die *Deutsche Reichspartei* (DRP), von der er sich aber bald wieder trennte. Anschließend war er für eine *Deutsche Sozialistische Gemeinschaft* sowie ein *Komitee Freiheit für Dönitz* aktiv, kurzzeitig zudem in August Haußleiters (1905–1989) *Deutscher Gemeinschaft* (DG).[11] Nach einem Zwischenspiel in Niedersachsen ließ Schönborn sich spätestens Ende der fünfziger Jahre erst in Mainz, dann in Frankfurt am Main nieder, wo er eine der tonangebenden Persönlichkeiten der extremen Rechten im Rhein-Main-Gebiet werden sollte.

Programmatische Schwerpunkte

Programmatisch orientierte Schönborn sich am Nationalneutralismus, der Mitte der fünfziger Jahre „zu einer allgemeinen Signatur der nationalen Opposition" geworden war.[12] Seine Forderung nach einer „Politik der Unabhängigkeit von Ost und West" verknüpfte er mit vagen Vorstellungen von einem „freien Sozialismus", der sich „zur nationalen Solidarität bekennt" und den Schulterschluss mit „Freiheits- und Unabhängigkeitsbewegungen in aller Welt" suche.[13] Diese politische Richtung verfolgte zu dieser Zeit nicht nur eine *Wählergemeinschaft für ein neutrales Deutschland*, die zu den Bundestagswahlen 1961 antreten wollte.[14] In ähnlichen Fahrwassern bewegte sich auch eine *Deutsch-Arabische Gemeinschaft*, die gegen den „israelitischen Antisemitismus" polemisierte, der „in der Vertreibung der einen Million semitischer Araber aus ihrer Heimat Palästina zum Ausdruck kommt".[15]

Einen zentralen Stellenwert nahmen in Schönborns Agitation allerdings geschichtsrevisionistische Themen ein. Schon zu seiner Zeit im Westteil Berlins hatte er eine Kampagne zur Freilassung der im westfälischen Werl inhaftierten Kriegsverbrecher initiiert. Einen willkommenen Anlass bot ihm auch die Verfilmung der Novelle „Katz und Maus" von Günter Grass 1967 mit ihrer zur Schau

---

11 Vgl. Gideon Botsch, Die extreme Rechte in der Bundesrepublik Deutschland. Von 1949 bis zur Gegenwart, Darmstadt 2012, S. 32. Zu August Haußleiter vgl. den Beitrag von Peter Bierl in diesem Band.
12 Botsch, Rechte, S. 33.
13 Schreiben, Liebe Landsleute in Mitteldeutschland, März 1976, IfZ, ED 389.
14 Vgl. Art. Noch eine Partei?, in: FAZ v. 18.4.1961.
15 Feinde der Demokratie, VII/1–2 (November/Dezember 1957), S. 35. Zu der Organisation vgl. Martin Finkenberger, Deutsch-Arabische Gemeinschaft, in: Wolfgang Benz (Hg.), Handbuch des Antisemitismus. Judenfeindschaft in Geschichte und Gegenwart, Bd. 5, Berlin/Boston 2012, S. 129–131.

gestellten „Verunglimpfung"[16] des Ritterkreuzes, zumal die Söhne Willy Brandts hier in Hauptrollen auftraten.[17] Aus einem *Frankfurter Kreis Deutscher Soldaten*, den Schönborn seinerzeit mit Gesinnungsgenossen gründete, ging Mitte der siebziger Jahre der *Kampfbund Deutscher Soldaten* (KDS) hervor. Immer wieder äußerte er sich zudem in beleidigender Weise über Angehörige des Widerstands vom 20. Juli 1944, personifiziert unter anderem durch Eugen Gerstenmaier (1906–1986), den er des Landesverrats und Meineids bezichtigte.[18]

Vor allem aber begann er damit, den Völkermord an den europäischen Juden zu leugnen: So vertrat er die Ansicht, bei dem 1969 vom Mainzer Schwurgericht wegen seiner Beteiligung an Exekutionen zu lebenslanger Haft verurteilten Leopold Windisch (1913–1985) handele es sich um einen „unschuldigen Deutschen Soldaten".[19] Das Protokoll der „Wannsee-Konferenz" nannte er eine „Erfindung", die „Endlösung der Judenfrage" dagegen „[e]ine der infamsten Lügen".[20] Den Anklägern in den Strafprozessen gegen das Personal der Vernichtungslager in Auschwitz oder Majdanek warf er vor, sie würden „ausschließlich mit gefälschten Dokumenten und meineidigen Zeugen arbeiten".[21] Dies solle dazu dienen, „die Idee des nationalen Sozialismus auf ewig in Verruf [zu] bringen, weil man weiß, dass diese Idee [...] die einzige echte Alternative zu den menschen- und völkerfeindlichen Ideologien ist, die heute die Welt beherrschen".[22] Ein fortgesetztes Ziel seiner Angriffe waren zudem Persönlichkeiten, die auf eine strafrechtliche Ahndung von NS-Verbrechern drängten. Zu einer regelrechten Hassfigur geriet Schönborn neben Simon Wiesenthal (1908–2005) der Jurist Robert Kempner (1899–1993), einer der Mitankläger während der Nürnberger Prozesse, der sich 1951 als Rechtsanwalt in Frankfurt am Main niedergelassen hatte.[23] Er wurde als einer der „Hauptver-

---

16 Art. Anzeige wegen Volksverhetzung, in: FAZ v. 22.1.1975.
17 Vgl. Art. Erwin Schönborn, Der Fall Brandt in „Katz und Maus", in: Erwin Schönborn, Soldaten verteidigen ihre Ehre, Frankfurt am Main 1974, S. 7–34.
18 Vgl. Art. Anklage wegen Kritik an Gerstenmaier als Widerstandskämpfer, in: FAZ v. 16.8.1957; Art. Wegen Beleidigung Gerstenmaiers bestraft, in: FAZ v. 14.9.1957; Art. Beleidigung Gerstenmaiers, in: FAZ vom 30.7.1958.
19 Presseerklärung des KDS, 6.7.1976, IfZ, ED 389. Zum Urteil vgl. Art. Lebenslänglich für Windisch, in: Süddeutsche Zeitung v. 19./20.7.1969.
20 Deutscher Bundestag, Drucksache 7/3259 v. 21.2.1975, S. 38.
21 Schönborn an Landgericht Düsseldorf, 25.11.1975, IfZ, ED 389.
22 Vgl. Joachim Perels, Ein Fremder im eigenen Land: Robert M. W. Kempner (1899–1993), in: Kritische Justiz 27 (1994), H. 1, S. 87–89; Robert Kempner, Ankläger einer Epoche. Lebenserinnerungen, Frankfurt am Main u. a. 1986.
23 Vgl. KDS an Presseagenturen, 21.9.1976, IfZ, ED 389.

antwortlichen" einer „Rache-Sieger-Justiz"[24] verunglimpft, die „unschuldige Deutsche an den Galgen oder lebenslänglich ins Zuchthaus gebracht" habe.[25]

Seine Überzeugungen wie auch die seiner Anhänger publizierte Schönborn in verschiedenen Kleinverlagen (*E. Bierbaum-Verlag, Verlag für Volkstum und Zeitgeschichte*).[26] Darüber hinaus entfaltete er einen regen Aktivismus. Mit Klaus Huscher (1941–2016) etwa, einem im mittelfränkischen Raum aktiven Geschichtsrevisionisten, plante er für den Sommer 1977 in Nürnberg einen „Auschwitz-Kongress", der anhand von „Augenzeugen" die angeblich „größte Lüge der Weltgeschichte" widerlegen solle, wonach „in Auschwitz [...] Juden in Gaskammern ‚vergast' worden" seien.[27] Vermutlich in diesem Zusammenhang entstand auch ein Flugblatt, das „10.000 DM Belohnung" für „jede einwandfrei nachgewiesene ‚Vergasung' in einer ‚Gas-Kammer' eines deutschen KZ's" versprach.[28] Ein daraufhin angestrengter Prozess wegen Volksverhetzung und Beleidigung sorgte für überregionale Aufmerksamkeit. Dazu trug nicht zuletzt bei, dass das Gericht den damaligen Direktor des *Instituts für Zeitgeschichte* (IfZ), Martin Broszat (1926–1989), mit einem Gutachten beauftragt hatte, als dessen Gegenspieler Schönborn sich während der Verhandlung zu inszenieren suchte. Der Prozess fiel zudem in die Phase einer medienwirksamen Aktion jugendlicher Neonazis in Hamburg, die im Mai 1978 mit übergezogenen Eselsköpfen und Schildern mit der Aufschrift „Ich Esel glaube noch, dass in Auschwitz Juden vergast wurden" durch die Straßen zogen.[29] Schönborn dürfte einer der Mitinitiatoren gewesen sein. Darauf deutet hin, dass er bereits vier Wochen zuvor zu einer öffentlichen Kundgebung eingeladen hatte.[30] Eine ähnliche Aktion Anfang Juni bei einem Treffen der ANE in Fürth brachte ihm ein weiteres Verfahren vor dem dortigen Landgericht ein. Kurz darauf sorgte er mit einem weiteren Flugblatt für Schlagzeilen, in dem er das Tagebuch der Anne Frank als „Fälschung" und „Protokoll einer jüdischen antideutschen Greuelpropaganda" bezeichnete, „um die Lüge von den 6 Millionen vergas-

---

24 Flugblatt, Auf nach Frankfurt, o. D. [September 1976], IfZ, ED 389.
25 KDS an Presseagenturen, 21.9.1976, IfZ, ED 389.
26 Vgl. Wolf Dieter Rothe, Die Endlösung der Judenfrage, Bd. 1, Zeugen, Frankfurt am Main 1974; Erwin Schönborn, Fest und sein Zeuge. Der Fall Gräbe, ein Fall Fest (Verschwörung gegen die Wahrheit), Frankfurt am Main 1974; Ahmad Hussein, Palästina, meine Heimat. Zionismus – Weltfeind der Völker, Frankfurt am Main 1975.
27 Flugblatt, Vor 12 Jahren am 20. August 1965 endete der Frankfurter-Auschwitz-Prozess, o. D. [Sommer 1977], IfZ, ED 389.
28 Flugblatt, 10.000 DM Belohnung, Juni 1977, IfZ, ED 389.
29 Hierzu vgl. Fabian Virchow, Eselsmasken-Aktion (1978), in: Wolfgang Benz (Hg.), Handbuch des Antisemitismus, Bd. 4, Berlin/Boston 2011, S. 107 ff.
30 Vgl. KDS an IfZ (Arndt), 15.4.1978, IfZ, ED 389.

ten Juden zu stützen und den Staat Israel zu finanzieren".[31] Als 1979 der die amerikanische TV-Serie „Holocaust" im Fernsehen gesendet werden sollte, kündigte er Aktionen an, um die Ausstrahlung dieses „antideutschen Hetzfilms"[32] zu verhindern.

Verhältnis gegenüber anderen rechtsextremen Organisationen

Schönborns Verhältnis gegenüber rechtsextremen Wahlparteien blieb in all den Jahren sprunghaft. Nachdem er 1962 für die *Freie Sozialistische Partei* (FSP) erfolglos in einem Wiesbadener Wahlkreis zum Hessischen Landtag kandidiert hatte,[33] führte er 1964 zur Kommunalwahl in Frankfurt am Main die Liste einer *Nationaldemokratischen Wählervereinigung* an.[34] Anders als der Name vermuten lässt, handelte es sich dabei nicht um einen Ableger der sich formierenden *Nationaldemokratischen Partei Deutschlands* (NPD).[35] Allerdings vermochte auch er sich dem Sog, den die seinerzeit aufkommende Partei erzeugte, nicht zu entziehen.[36] Noch zur Bundestagswahl 1976 verbreitete Schönborn Flugblätter unter dem Motto „Wählt Deutsch! Wählt NPD!".[37] Immer wieder stellte er sich in dieser Zeit als Einiger des rechtsextremen Lagers dar. Im September 1975 etwa wollte er anlässlich des dreißigsten Jahrestages des Beginns der Nürnberger Prozesse gegen die Hauptkriegsverbrecher „zusammen mit einer größeren Zahl befreundeter Gruppen und Einzelpersönlichkeiten"[38] vor der *Zentralen Stelle der Landesjustizverwaltungen zur Aufklärung nationalsozialistischer Verbrechen*[39] demonstrieren und damit seine „Verachtung" für jene „Deutschen" zum Ausdruck bringen, die „als

---

31 Art. CDU gegen Rechtsradikale, in: FAZ v. 15.2.1979.
32 ANE (Schönborn) an Philips AG, 30.11.1978, FZH, Bestand 417.
33 Vgl. Richard Stöss, Freie Sozialistische Partei, in: ders. (Hg.), Parteien-Handbuch. Die Parteien der Bundesrepublik Deutschland 1945–1980, Bd. 3, EAP–KSP, Opladen 1986, S. 1382–1396, hier S. 1393.
34 Vgl. Art. Kandidaten einer Vereinigung, in: FAZ v. 7.10.1964.
35 Vgl. Stöss, Freie Sozialistische Partei, S. 1392.
36 Vgl. Erwin Schönborn, Los von Amerika. Eine nationaldemokratische Analyse, Kalbach o. J. [1966].
37 Flugblatt, Liebe Kameraden der Polizei!, o. D. [September 1976]; Flugblatt, Liebe Landsleute in Mitteldeutschland, März 1976, IfZ, ED 389.
38 Erklärung „Bekenntnis deutscher Selbstachtung", o. D. [September 1975], dokumentiert in: SPD-Pressedienst v. 15.9.1975.
39 Vgl. Annette Weinke, Eine Gesellschaft ermittelt gegen sich selbst. Die Geschichte der Zentralen Stelle Ludwigsburg 1958–2008, Darmstadt 2008.

Knechte von Simon Wiesenthal und Robert Max Wassili Kempner ihr unwürdiges antideutsches Wesen treiben und heute noch nach Opfern zionistischer Schauprozesse schnüffeln".[40] Seine Hoffnung, die angeschriebenen Organisationen würden „[i]m Sinne nationaler Solidarität" einen Beitrag für „ein machtvolles Bekenntnis deutscher Selbstachtung"[41] leisten, blieb aber unerfüllt. Distanziert begegneten ihm auch die Zeitungen des rechtsextremen Verlegers Gerhard Frey (1933–2013). Ihnen galt Schönborn als ein Mann, der mit seinen zahlreichen Organisationen versuche, „im rechten politischen Lager Verwirrung zu stiften", so dass vor ihm „gar nicht genug gewarnt werden kann".[42]

Epilog

Trotz derartiger Kritik gelang es Schönborn aber immer wieder, sich mit aktionsorientierten Gleichgesinnten überregional zu vernetzen und, wie die Zusammenarbeit mit Huscher und dessen Freundeskreis zeigte, gemeinsame Initiativen zu starten. Seine provozierenden Auftritte verschafften ihm in neo-nationalsozialistischen Kreisen weit über das Rhein-Main-Gebiet hinaus Ansehen, zumal er für seine Überzeugungen mehrjährige Gefängnisstrafen in Kauf zu nehmen bereit war. Bis in die frühen achtziger Jahre übte Schönborn damit einen nicht zu unterschätzenden Einfluss auf jugendliche Neonazis aus, die sich von dieser Radikalität angezogen fühlten. So stand Schönborn hinter einem im Sommer 1979 gegründeten *Nationalsozialistischen Schülerbund*.[43] Im Januar 1980 wollte er darüber hinaus mit angeblich „30 anderen Frankfurtern" eine *Arbeitsgemeinschaft Nationalsozialistische Demokratische Arbeiterpartei* (NSDAP) gegründet haben, um die „NSDAP als legale moderne und demokratische Partei funktionsfähig zu machen".[44] Dass die Buchstabenfolge prompt ein Ermittlungsverfahren der Staatsanwaltschaft wegen Verwendung von Kennzeichen verfassungswidriger Organisationen hervorrief, dürfte angesichts des Medienechos gezielt eingeplant gewesen sein.[45] Für

---

40 Erklärung „Bekenntnis deutscher Selbstachtung", o. D. [September 1975], dokumentiert in: SPD-Pressedienst v. 15.9.1975.
41 Ebd.
42 Art. Ein Mann namens Schönborn. Woher kommt er, was will er?, in: DNZ v. 32 (1982), H. 12 v. 19.3.1982; Art. Die Fäden laufen nach Osten, in: DNZ 28 (1978), H. 18 v. 28.4.1978.
43 Vgl. Art. Solidarisch mit Kriegsverbrechern. Gegen den „Nationalsozialistischen Schülerbund" wird ermittelt, in: FAZ vom 15.8.1979; Art. Staatsanwalt beschlagnahmt neonazistische Schriften, in: FAZ v. 18.8.1979.
44 Art. Schönborn gründet „Arbeitsgemeinschaft NSDAP", in: FAZ v. 31.1.1980.
45 Vgl. Art. Ermittlungsverfahren gegen NSDAP-Arbeitsgemeinschaft, in: FAZ v. 2.2.1980.

überregionales Aufsehen sorgte zudem ein von ihm unterstützter Buchladen (*Verlag Volk und Kosmos*), den Gesinnungsfreunde im Sommer 1979 eröffnet hatten und der sich zu einem Treffpunkt neo-nationalsozialistischer Gruppen entwickelte.[46]

Gleichwohl sollte Schönborns Bedeutung trotz zahlreicher skandalträchtiger Schlagzeilen nicht überbewertet werden. So geschickt Schönborn es verstand, Medien für seine Inszenierung zu nutzen, so wenig zeigte er sich oftmals in der Lage, seine großspurigen Ankündigungen einzulösen. Zu einer „Großdemonstration" gegen ein internationales Treffen von Naziverfolgten im April 1978 in Köln etwa mobilisierte er kaum mehr als 50 Anhänger.[47] Die Kandidatur einer *Aktionsgemeinschaft Nationales Europa* zur Europawahl 1979, für die unter anderem Hildegard Lächert (1920–1995), eine frühere SS-Aufseherin des KZ Majdanek, antreten sollte, scheiterte an nicht beigebrachten Unterschriften für ihre Zulassung. Mitte der achtziger Jahre gemeinsam mit dem Holocaustleugner Ernst Zündel (1939–2017) entwickelte Pläne zur „Durchführung von Internationalen Tribunalen" etwa zur „Revision des ‚Prozesses von Dachau'",[48] der 1945 gegen Angehörige der Wachmannschaft des Konzentrationslagers geführt worden war, blieben Hirngespinste.[49] Fehlschläge dieser Art waren es auch, die einen zunehmenden Ansehensverlust bewirkten.

Verstärkt wurde diese Entwicklung dadurch, dass gewaltorientierte Jugendliche sich seit Ende der siebziger Jahre stärker an Gruppierungen wie der von Hamburg aus agierenden *Aktionsfront Nationaler Sozialisten* (ANS) um Michael Kühnen (1955–1991)[50] oder der in Süddeutschland aktiven *Volkssozialistischen Bewegung Deutschlands* (VSBD) unter Friedhelm Busse (1929–2008) orientierten. Eine Rolle spielte dabei sicher auch, dass ausländerfeindliche Ressentiments in Schönborns Agitation nur einen untergeordneten Stellenwert einnahmen.[51] Der Ver-

---

46 Vgl. Hessischer Landtag, Kleine Anfrage des Abgeordneten Nitzling, Drucksache 9/4168 v. 30.1.1981.
47 Vgl. Günther Deschner, Radio „Frieden und Fortschritt" meldet einen Tag zu früh, in: Die Welt v. 21.04.1978. Ähnlich auch eine Ankündigung 1975, bei einer Demonstration gegen die *Zentrale Stelle der Landesjustizverwaltungen zur Aufklärung nationalsozialistischer Verbrechen* sei mit „einigen tausend Teilnehmern" zu rechnen. Hierzu vgl. Der neue Mahnruf 28 (1975), H. 9, S. 1.
48 Schönborn an Zündel, 6.8.1985, Privatarchiv.
49 Zu den zwischen 1945 und 1948 geführten Prozessen in Dachau vgl. Holger Lessing, Der erste Dachauer Prozess (1945/46), Baden-Baden 1993; Robert Sigel, Im Interesse der Gerechtigkeit. Die Dachauer Kriegsverbrecherprozesse 1945–1948, Frankfurt am Main 1992.
50 Zu Michael Kühnen vgl. den Beitrag von Ann-Kathrin Mogge in diesem Band.
51 Schönborn war mehrere Jahre Vorsitzender eines Frankfurter Fußballvereins und organisierte seit den siebziger Jahren regelmäßig ein Turnier um einen „Pokal der Völkerfreundschaft" mit Mannschaften griechischer, spanischer, italienischer und türkischer „Gastarbeiter". Hierzu vgl. Art. Griechen und Türken in der Umkleidekabine, in: FAZ v. 27.7.1974.

such, die aufkommende Umweltschutzbewegung zu instrumentalisieren, um diese nicht „Marxisten, Chaoten, Asozialen und Naivlingen"[52] zu überlassen, stieß ebenfalls kaum auf Resonanz. Die 1979 dazu ins Leben gerufene *Grüne Aktion Deutschland* (GAD), die faktisch die Nachfolge des KDS angetreten hatte, beschränkte sich auf die gelegentliche Veröffentlichung eines Rundbriefes. In den letzten Lebensjahren waren es vor allem „Offene Briefe" antisemitischen Inhalts, mit denen er gelegentlich Aufmerksamkeit auf sich zog.[53] Schönborn starb am 13. Juni 1989.

---

52 Rundbrief Verlag Volk und Kosmos, 1.12.1979, Privatarchiv.
53 Vgl. Art. Viele diagnostizieren jetzt Antisemitismus, in: FAZ v. 24.3.1987.

Niklas Krawinkel
Frank Schubert (1957–1980)

Ein extrem rechter Gewalttäter und die Frankfurter Stadtgesellschaft

Abb. 17: Frank Schubert an der Frankfurter Katharinenkirche, Januar 1980, *Institut für Stadtgeschichte Frankfurt am Main, S7Schm Nr. 86, Werner Schmitz.*

Weihnachten 1980

An Heiligabend des Jahres 1980 erhielten zwei Polizeibeamte, die an diesem Nachmittag im schweizerischen Koblenz an der deutschen Grenze Streife fuhren, die Meldung, dass sich eine verdächtige Person in Grenznähe aufhalte. Der junge Mann eröffnete sofort das Feuer auf die eintreffenden Beamten, der 31-jährige Walter Wehrli wurde tödlich getroffen, sein Kollege entkam schwer verletzt. Der Mörder zog den sterbenden Polizisten aus dem Auto und flüchtete mit dem Dienstwagen. Im Zuge der eingeleiteten Fahndung wurde in unmittelbarer Nähe des Tatorts eine weitere Leiche mit Schusswunden entdeckt. Es handelte sich um den 38-jährigen Schweizer Zollbeamten Josef Arnold, der demselben Täter bei einem Kontrollgang begegnet war; dieser nahm dem Leichnam Dienstwaffe und Funkgerät ab. Unweit des Toten fand die Polizei einen Taucheranzug, ein Paket mit hochwertigem Einbruchswerkzeug und ein Schlauchboot. Kurz vor 20:30 Uhr am 24. Dezember wurde das entwendete Dienstfahrzeug im Wald unweit der der etwa sechs Kilometer entfernten schweizerischen Ortschaft Böttstein entdeckt. Bald darauf gab es einen Schusswechsel, bei dem erneut ein Polizist schwer verletzt wurde. Wenig später fanden die Beamten eine männliche Leiche mit einer Schussverletzung am Kopf. Wie die Ermittlungen bald darauf ergaben, hatte sich der 23-jährige Frankfurter Neonazi Frank Schubert selbst erschossen.[1]

Die Ermittlungsbehörden gingen rasch davon aus, dass Schubert vorhatte, mit Hilfe des Schlauchbootes Waffen und Munition aus der Schweiz über den Rhein nach Deutschland zu schmuggeln. Zwei Tage zuvor hatte er gemeinsam mit seinem Frankfurter Freund und Weggefährten aus dem hessischen Landesverband der *Volkssozialistischen Bewegung Deutschlands* (VSBD), Walther Kexel, vergeblich versucht, einen Schweizer Neonazi und Waffenlieferanten zu treffen. Dennoch wurden bei Schuberts Leiche mehrere hundert Schuss Munition sichergestellt. Die Vermutung liegt nahe, dass Kexel auf der anderen Seite der Grenze mit einem Mietwagen auf Schubert wartete, mit dem beide wenige Tage zuvor in Frankfurt losgefahren waren.[2] Schuberts gescheiterte Schmuggelaktion und der Doppelmord an der Schweizer Grenze bilden den Endpunkt des „Terrorjahrs" 1980, in dessen Verlauf mindestens 17 Menschen in Deutschland durch rechten Terror ihr Leben verloren, so viele wie nie zuvor innerhalb eines Jahres.[3]

Frank Schuberts neonazistische Karriere war kurz, aber paradigmatisch für rechte Gewalttäter, zudem ist sie verhältnismäßig gut überliefert. Seine Aktivitäten und die der Frankfurter VSBD wurden seinerzeit von der *Antifa-Kommission* des *Kommunistischen Bundes* und von der Redaktion der Zeitung *Die Tat* der *Vereinigung der Verfolgten des Naziregimes – Bund der Antifaschistinnen und Antifaschisten* mit Sitz in Frankfurt dokumentiert. Beide Sammlungen befinden sich heute im *Antifaschistischen Pressearchiv und Bildungszentrum Berlin e. V.* (Apabiz). Der Beitrag verfolgt einen biographischen Ansatz, legt zugleich aber einen Schwerpunkt auf den Entstehungskontext von Schuberts gewalttätiger Karriere in Frankfurt am Main in den späten siebziger Jahren. Das Auftreten der Neonazis

---

[1] Vgl. Norbert Thomas, Rechtsterrorismus? Eine Analyse am Beispiel des Frank Schubert, in: Hessische Polizei Rundschau 3 (1981), S. 17–19, Archiv Fritz Bauer Institut (FBI-Archiv), VL Hennig, M5.

[2] Vgl. Eike Hennig, F. Sch. (1957–1980) ein „politischer Soldat": „Wir müssen bereit sein zu sterben, zu retten die Ehr", in: Werner Graf (Hg.), „Wenn ich die Regierung wäre...". Die rechtsradikale Bedrohung, Berlin / Bonn 1984, S. 54–86, hier S. 61; Unbekannter Verfasser, Volkssozialistische Bewegung Deutschlands/Partei der Arbeit – Eine unvollständige Bestandsaufnahme, März 1981, Bl. 21, Archiv Institut für Zeitgeschichte (IfZ-Archiv), ED 710, VSBD.

[3] Vgl. Richard Stöss, Die extreme Rechte in der Bundesrepublik. Entwicklungen – Ursachen – Gegenmaßnahmen, Opladen 1989, S. 155.

rief Reaktionen in der Stadtgesellschaft hervor, die den Blick auf gegenläufige Entwicklungen freilegen, aber auch Wechselwirkungen und Anknüpfungspunkte zwischen den Neonazis und ihrem gesellschaftlichen Resonanzraum zeigen. Einige Entwicklungen in Frankfurt übersetzten sich, so die These, in Ermöglichungs- und Legitimierungsstrukturen der rechten Gewalt.

Flucht aus der DDR und Ankunft im Westen

Frank Schubert wurde am 28. Januar 1957 in Ost-Berlin geboren. Nach der Schulausbildung absolvierte er eine Lehre zum Koch. Sein letzter Arbeitsplatz in der DDR war die HO-Gaststätte „Wernesdorfer Bierstuben" unweit des Alexanderplatzes. Im Juli 1974 wurde der 17-jährige wegen versuchten unerlaubten Grenzübertritts zu einem Jahr Haft verurteilt. Im Dezember desselben Jahres wurde er vorzeitig entlassen, aber mit zwei Jahren Bewährung und Ausschluss vom Reiseverkehr in die Ostblockstaaten belegt. Schuberts zweiter Fluchtversuch war 1977 erfolgreich. Das *Ministerium für Staatssicherheit* (MfS), das seiner „Republikflucht" nachrecherchierte, konnte ihm den einzigen infrage kommenden Grenzübertritt nicht zweifelsfrei zuordnen. Am Abend des 14. März 1977 gegen 22:00 Uhr war eine unbekannte Person mit einem selbstgefertigten Bremsschirm unter der Bornholmer Brücke von einem fahrenden Zug abgesprungen. Anschließend überwand der Unbekannte den Grenzsicherungszaun mit Hilfe einer mit Lappen umwickelten, selbstgezimmerten Klappleiter. Dass Frank Schubert im fraglichen Zeitraum die DDR nach West-Berlin verlassen hatte, erfuhr das MfS durch einen Telefonanruf von Schuberts Onkel aus West-Berlin, der seinen Schwager am folgenden Tag über den Verbleib seines Sohnes informierte.[4]

In West-Berlin ließ sich Frank Schubert zunächst in Spandau nieder. Nachbar:innen und Kolleg:innen aus dem Sportverein beschrieben ihn im Januar 1981 gegenüber der Sendung „Monitor" als ruhigen Einzelgänger, der vor allem an Kraftsport und Karate interessiert gewesen sei. Schubert sei stets mit Soldatenstiefeln und Armee-Parka bekleidet gewesen und fiel durch eine Art Marschschritt auf. Das ummauerte West-Berlin habe er als zu eng empfunden und beklagt, dass

---

[4] Vgl. Hauptabteilung VII, Information Nr. 447, 16.3.1977, BStU, MfS, ZKG, Nr. 359, Bl. 270 f.; Präsidium der Volkspolizei Berlin, Sofortmeldung gem. Nr. 3.1. Verdacht ungesetzlicher Grenzübertritt, 16.3.1977, ebd., Bl. 272 ff.

es den jungen Leuten zu gut gehe. Mehrfach habe er gesagt: „Es müßte mal so wie früher einer wie Hitler [...] an die Macht kommen."[5]

Schuberts Herkunft aus der DDR sorgte nach den Schüssen an Weihnachten 1980 für Spekulationen in der *Frankfurter Allgemeinen Zeitung*. Friedrich Karl Fromme,[6] legte nahe, dass der Rechtsradikalismus in der Bundesrepublik gezielt „aus der DDR Nahrung" erhalte. Nach dem Oktoberfestattentat war diese Behauptung insbesondere von Franz Josef Strauß, dem Bayerischen Ministerpräsidenten und Kanzlerkandidaten von CDU/CSU im Bundestagswahlkampf 1980, geprägt worden. Ein Beleg für sie existierte nie.[7] Der Journalist Peter Jochen Winters sah dann auch in Schuberts Fall keinen Hinweis auf Aktivitäten aus dem Osten, sondern insinuierte, ebenfalls in der FAZ, dass junge Leute, die ohne persönliche Bindungen aus der DDR im Westen ankämen, aus Antikommunismus und Suche nach „Nestwärme" größere Gefahr liefen, „auf rechtsextreme Parolen hereinzufallen".[8]

Der Soziologe und Politikwissenschaftler Eike Hennig hat 1980 mit einer Forschungsgruppe mehr als 20 junge Neonazis interviewt und dieses Material 2019 dem Archiv des *Fritz Bauer Instituts* überlassen. In einem von zwei Interviews, an denen er teilnahm, erklärte Frank Schubert, er sei bereits „frühzeitig durch eigene Gedanken [...] zu der Überzeugung gekommen, [...] daß der Kommunismus der Todfeind der Menschheit" sei. Das habe zu einem Schulverweis geführt, woraufhin er dann seinen ersten Fluchtversuch unternommen habe.[9] Der zuständige Hauptmann des MfS notierte wiederum, Schubert habe 1974 Streitigkeiten im Elternhaus als Grund für seinen Fluchtversuch angegeben. Er schloss seinen Bericht im Dezember 1980 aber mit der Feststellung, Schubert habe zur DDR „eine negative Einstellung" gepflegt.[10] Während Schuberts eigene Darstellung in erster Linie der Selbststilisierung als ideologisch gefestigter Kämpfer gedient haben dürfte, konnte die Klassifizierung „negative Einstellung" im Sprachgebrauch des MfS auf

---

5 Transkript des Staatlichen Komitee für Rundfunk, Sendung „Monitor", 22.1.1981, BStU, MfS, AIM, Nr. 10841/84, Bd. I/1, Bl. 34 f.
6 Fromme schrieb in den 2000er Jahren für die rechtsradikale Zeitschrift *Junge Freiheit*. Vgl. Klaus Peter Krause, Art. Fern jeglicher Aufgeregtheit, Junge Freiheit, 19.1.2007.
7 Vgl. Friedrich Karl Fromme, Art. Wachsam gegen rechts, Frankfurter Allgemeine Zeitung (FAZ), 29.12.1980; Andreas Förster, Zielobjekt Rechts. Wie die Stasi die westdeutsche Neonaziszene unterwanderte, Berlin 2018, S. 21 f. Zum Oktoberfest-Attentat vgl. Ulrich Chaussy, Das Oktoberfest-Attentat und der Doppelmord von Erlangen. Wie Rechtsterrorismus und Antisemitismus seit 1980 verdrängt werden, 3. Aufl., Berlin 2020.
8 Peter Jochen Winters, Art. Haß und Suche nach „Nestwärme", FAZ, 27.12.1980.
9 Interview Frank Schubert und Walther Kexel, 22.4.1980, geführt von Eike Hennig, FBI-Archiv, VL Hennig, M1.
10 Auskunftsbericht KD-Pankow, 26.12.1980, BStU, MfS, AIM, Nr. 10841/84, Bd. I/1, Bl. 31.

so ziemlich jedes Verhalten hindeuten, das als nicht regimekonform galt. Ob und in welcher Hinsicht Schubert sich bereits vor seiner Ankunft im Westen mit rechtsradikalen Inhalten identifizierte, bleibt unklar. Unabhängig davon scheint seine Radikalisierung Ende der siebziger Jahre in rasantem Tempo vonstattengegangen zu sein. Danach gefragt, wie seine Aufmerksamkeit für rechtsradikale Bewegungen geweckt wurde, erklärte er 1980, dass er „was in der Zeitung gelesen" habe, „weil 'n bißchen Trubel war auf der Straße".[11] Zwar handelte es sich hier um sehr allgemeine Aussagen, doch deutete er damit zweifellos die große Bedeutung von Agitation und Militanz für seine politische Entwicklung an.

Rechtsradikalismus in Frankfurt Ende der siebziger Jahre

Es ist davon auszugehen, dass sich Schubert gezielt für Frankfurt entschied, als er 1979 Berlin verließ, weil von dort immer wieder Nachrichten über rechtsradikale Umtriebe in die Presse gelangten. Die westdeutsche Metropole der Studentenbewegung war eigentlich von einem linksliberalen Klima geprägt und hatte seit 1968 kontinuierlich linke Proteste erlebt. Ende der siebziger Jahre war die „Sponti"-Szene über alternative Zeitungen und Stadtteilläden fest in der Stadt institutionalisiert.[12]

In diese linke kulturelle Hegemonie mischten sich jedoch im Verlauf des Jahrzehnts immer wieder Vorkommnisse, die auf den Entstehungsprozess einer extrem rechten Szene schließen lassen. Eine wichtige Rolle spielte dabei die *Nationaldemokratische Partei Deutschlands* (NPD), die in Frankfurt erstmals 1974 ihr sogenanntes „Deutschland-Treffen" zum „Tag der Deutschen Einheit" am 17. Juni veranstaltete, dem Jahrestag des Volksaufstands in der DDR von 1953. Nach dem Willen der Veranstalter:innen sollte die Kundgebung symbolisieren, dass die Nationaldemokrat:innen „dem kommunistischen Straßenterror nicht weichen".[13] Ab 1977 fanden die „Deutschland-Treffen" dann jährlich in Frankfurt statt. Die NPD hatte die Direktive ausgegeben, Frankfurt zur „ersten nationaldemokratischen Stadt" zu machen. Bei den Treffen kam es immer wieder zu gewaltsamen Übergriffen von NPD-Anhänger:innen und insbesondere im Jahr 1978 zu heftigen Aus-

---

11 Interview Frank Schubert, Walther Kexel, Kurt Wolfgram und Peter Müller, 19.9.1980, geführt von Eike Hennig und Lena Inowlocki, FBI-Archiv, VL Hennig, M2.
12 Vgl. Sven Reichardt, Authentizität und Gemeinschaft. Linksalternatives Leben in den siebziger und achtziger Jahren, Berlin 2014, S. 26 ff u. 509 ff.
13 Art. Einheit des deutschen Volkes bewahren, Deutscher Kurier, Nr. 7, Juli 1974, S. 2.

einandersetzungen, als die Polizei den von mehreren Tausend Gegendemonstrant:innen besetzten Kundgebungsort auf dem Römerberg durch Knüppel- und Wasserwerfereinsatz räumte.[14]

Die „Deutschland-Treffen" waren ein wichtiger Faktor für die Mobilisierung junger Rechtsradikaler in Frankfurt und Umgebung. In der *Nationaldemokratischen Jugend-Sippe Ulrich von Hutten* organisierte der Frankfurter NPD-Schulungsleiter und spätere Kreisvorsitzende Horst Gräfe die politisierten Jugendlichen. Im Keller eines Bürgerhauses in Frankfurt-Bonames traf sich die als Pfadfindergruppe firmierende rechtsradikale Organisation zur „Meutenstunde". Anfang 1979 kam es an einer Gesamtschule im Nachbarstadtteil zu Übergriffen. Andersdenkende und als nichtdeutsch wahrgenommene Mitschüler:innen wurden bedroht. Fünf bis sechs Jugendliche an dieser Schule waren Mitglieder in Gräfes Jugendgruppe. Als einer von ihnen wegen der Angriffe einen Schulverweis erhielt, drangen drei Jugendliche in schwarzen Uniformen mit dem Emblem der *Wiking-Jugend* (WJ) bis ins Lehrerzimmer vor und bedrohten den Lehrer Peter Dudek, den sie für die Sanktion verantwortlich machten.[15]

Die Jugendlichen gehörten zum *Sturm 7*, der Frankfurter Sektion der *Wehrsportgruppe Hoffmann* (WSG Hoffmann),[16] die sich schnell mit den jungen NPD-Anhänger:innen zusammenfand. Seit dem Deutschland-Treffen im Juni 1978 häuften sich Angriffe auf Veranstaltungen und Buchhandlungen, Schlägereien in Bars, die der politischen Linken zugeordnet wurden, sowie Werbeaktionen für rechtsradikale Gruppen etwa auf dem Uni-Campus. Wiederholt wurden jüdische Friedhöfe in der Stadt geschändet. Vorfälle mit neonazistischer und antisemitischer Propaganda weiteten sich im Frühjahr 1979 auch auf andere Frankfurter Schulen aus. Jüdische Schüler:innen wurden mit anonymen antisemitischen Anfeindungen und einer „Todesliste" an der *Ernst-Reuter-Schule* im Frankfurter Nordwesten be-

---

14 17. Juni: Wie hält es Wallmann mit den Nazis?, Broschüre der Antifa-Kommission des Kommunistischen Bund (KB)/Gruppe Frankfurt, Frankfurt, 13.6.1979.
15 Vgl. Auszug aus einem Gespräch mit Peter Müller, Herbst 1982, in: Werner Filmer / Heribert Schwan (Hg.), Was von Hitler blieb. 50 Jahre nach der Machtergreifung, Frankfurt am Main u. a. 1983, S. 171 f.; Flugschrift der Antifa-Kommission des KB/Gruppe Frankfurt, Antifa-info – NPD: Nationaldemokratische Partei oder NS-Bande?, Frankfurt, o. J., Apabiz, Sammlung Arbeiterkampf (AK), 6000 (1974–1981); Peter Dudek, Hakenkreuze in der Schule. Lernprozesse im Umgang mit rechtsradikalen Schülern, in: ders. (Hg.), Hakenkreuz und Judenwitz. Antifaschistische Jugendarbeit in der Schule, Bensheim 1980, S. 16–23, hier S. 16; Stellungnahme der GEW-Schulgruppe der Otto-Hahn-Schule zu den faschistischen Aktivitäten an unserer Schule und der Berichterstattung in der Presse, o. J., Archiv der deutschen Jugendbewegung (AdJb), N 174 Sammlung Dudek, Neofaschismus Artikel Presse seit 1978 bis 1981.
16 Hierzu vgl. Rainer Fromm, Die „Wehrsportgruppe Hoffmann": Darstellung, Analyse und Entwicklung. Ein Beitrag zur Geschichte des deutschen und europäischen Rechtsextremismus, Frankfurt am Main 1998.

droht. Zu dieser Gruppe gehörten der damalige Stadtschulsprecher und im Jahr 2012 zum Oberbürgermeister gewählte Peter Feldmann und der spätere Gründungsdirektor des *Fritz Bauer Instituts* Hanno Loewy. Sie setzten sich mit einem Flugblatt zur Wehr, forderten die Solidarität der Mitschüler:innen, Lehrer:innen und Eltern ein und organisierten eine Diskussionsveranstaltung zu neonazistischen Tendenzen an ihrer Schule.[17]

Die Ereignisse standen deutlich unter dem Eindruck der US-amerikanischen Serie „Holocaust", die im Januar im Fernsehen gezeigt worden war und das vorherrschende Bild von der NS-Zeit in der westdeutschen Gesellschaft nachhaltig veränderte, auf Seiten der extremen Rechten dagegen heftige Gegenreaktionen hervorrief.[18] In Frankfurt entstand in dieser Zeit ein sehr aktivistischer Kreis von Neonazis, der sich ab Sommer 1979 um den neuen Buchladen „Volk und Kosmos" im Stadtteil Bornheim gruppierte und zu denen auch Frank Schubert stieß. Die treibende Kraft hinter dem rechtsradikalen Buchladen war der Altnazi Erwin Schönborn, der seit den fünfziger Jahren diverse rechtsradikale Kleingruppen und -parteien gründete und massiv NS-Propaganda betrieb.[19]

Der Buchladen „Volk und Kosmos", den Schönborn von seinem jugendlichen Anhänger Ralf Platzdasch führen ließ, lag mitten in einem der belebtesten Innenstadtbezirke, in unmittelbarer Nähe zu zwei Schulen. Es war Teil von Schönborns Konzept, gezielt Jugendliche anzusprechen. Insbesondere junge Leute, die bereits für die NPD aktiv waren, konnte er für sich gewinnen. Die Partei galt dieser Generation junger Rechtsradikaler bereits kurz nach ihrer Politisierung als „nicht mehr kämpferisch genug", wie Frank Schubert 1980 im Interview zu Protokoll

---

17 Vgl. Broschüre der Bürgerinitiative gegen den Nazibuchladen in Bornheim, Frankfurt – erste braune Stadt?, Frankfurt 1980, S. 24–26 u. 35, Apabiz, Sammlung Deutsche Volkszeitung (DVZ)/Die Tat, Umtriebe Frankfurt; Art. Neonazis an der ERS I?!, in: Filou 1/79, Schülerzeitung der Sozialistischen Deutschen Arbeiterjugend, Apabiz, Sammlung Deutsche Volkszeitung (DVZ)/Die Tat, Umtriebe Frankfurt; Art. „Wir sollten von unten aus mutig sein und uns wehren", Frankfurter Rundschau, 26.3.1979, AdJb, N 174 Sammlung Dudek, Neofaschismus Artikel Presse seit 1978 bis 1981; Art. Pöbeleien im Nazi-Stil an der Otto-Hahn-Schule, FAZ, 15.2.1979, Apabiz, Sammlung Deutsche Volkszeitung (DVZ)/Die Tat, Umtriebe Frankfurt.
18 Zur zeitgenössischen Rezeption der Fernsehserie „Holocaust" in der Bundesrepublik vgl. Peter Märthesheimer / Ivo Frenzel (Hg.), Im Kreuzfeuer: Der Fernsehfilm Holocaust. Eine Nation ist betroffen, Frankfurt am Main 1979; Friedrich Knilli / Siegfried Zielinski (Hg.), Betrifft: „Holocaust". Zuschauer schreiben an den WDR, Berlin 1983; Norbert Frei, Deutsche Lernprozesse. NS-Vergangenheit und Generationenfolge seit 1945, in: ders. (Hg.), 1945 und wir. Das Dritte Reich im Bewußtsein der Deutschen, München 2009, S. 38–55, hier S. 41 u. 52.
19 Vgl. Broschüre der Bürgerinitiative gegen den Nazibuchladen in Bornheim, Frankfurt – erste braune Stadt?, Frankfurt 1980, S. 25, Apabiz, Sammlung Deutsche Volkszeitung (DVZ)/Die Tat, Umtriebe Frankfurt; Zu Erwin Schönborn vergleiche den entsprechenden Beitrag von Martin Finkenberger in diesem Band.

gab. Zu denjenigen, die von der NPD in den Einflussbereich Erwin Schönborns wechselten, zählten neben Ralf Platzdasch, einem früheren Mitglied der *Jungen Nationaldemokraten* (JN), auch Walther Kexel aus Gräfes *Sippe Ulrich von Hutten* und der in Gießen lebende Dieter Sporleder. Beide beteiligten sich 1979 als „ständige Mitarbeiter" an Schönborns Flugschrift „Grüne Korrespondenz".[20]

Neben NPD und Schönborn-Kreis existierten in Frankfurt und dem Rhein-Main-Gebiet seit Mitte der siebziger Jahre noch weitere Strukturen, die für die jungen Neonazis langfristig noch wichtiger waren: Die *Kampfgruppe Groß-Deutschland* um Henry Beier, der sich als Jugendlicher in den letzten Kriegsjahren noch zur SA gemeldet hatte, bildete den „Gau Hessen-Nassau" der *NSDAP/AO (Auslands- und Aufbauorganisation)* in Frankfurt. Die *NS-Kampfgruppe* um Kurt und Ursula Müller sowie deren Gärtnerei-Grundstück in Mainz-Gonsenheim waren der Stützpunkt in Rheinland-Pfalz für die in Deutschland klandestin agierende NSDAP/AO, die in den USA vom Deutschamerikaner Gary Lauck geführt wurde.[21]

Das rechte Gewaltjahr 1980 in Frankfurt

Frank Schubert, der sich ab Spätsommer 1979 in Frankfurt aufhielt, fand sogleich Anschluss bei den Rechtsradikalen im Umfeld der Buchhandlung. Am 9. November 1979 gehörte er zu einer Gruppe, die vor dem Laden eine antifaschistische Demonstration provozierte, die von einer Bürgerinitiative organisiert worden war. Bereits zwei Tage zuvor hatten Schubert und weitere Neonazis an einer Veranstaltung der *Humanistischen Union* teilgenommen, die sich mit dem „Neofaschismus in Deutschland" beschäftigte. Sie störten mehrfach den Ablauf des Vortrags und leugneten in der anschließenden Diskussion den Holocaust. Frank Schubert und

---

20 Vgl. Jürgen Schenk, Die Entwicklung des Neonazismus in Frankfurt, in: Werner Filmer / Heribert Schwan (Hg.), Was von Hitler blieb. 50 Jahre nach der Machtergreifung, Frankfurt am Main u. a. 1983, S. 108–116, hier S. 114; Grüne Korrespondenz, Nr. 0/79, Herausgeber und Chefredakteur: Erwin Schönborn, Apabiz, WURZ 4; Interview Frank Schubert und Walther Kexel, 22.4.1980, geführt von Eike Hennig, FBI-Archiv, VL Hennig, M1; Ralf Platzdasch, Art. Hessens JN ist immer vorne, Deutscher Kurier, Nr. 7/1975, S. 4.
21 Vgl. Interview Henry Beier, 8.10.1980, geführt von Rainer Steen, FBI-Archiv, VL Hennig, M9; „Das braune Bataillon", Flugschrift der NSDAP/AO Frankfurt/M. Gau Hessen-Nassau, Nr. 10, Mai 1978, 2. Jg., Apabiz, Sammlung AK, Ordner FFM; Broschüre der Antifa-Kommission des KB/Gruppe Frankfurt, Nazi-Terror im Rhein/Main-Gebiet. Dokumentation, Frankfurt, 23.4.1979, Apabiz, 4/2/3/9010; Paul Lersch (Hg.), Die verkannte Gefahr. Rechtsradikalismus in der Bundesrepublik, Reinbek bei Hamburg 1981, S. 242 f.

Walther Kexel traten dabei als Wortführer auf.[22] In den folgenden Wochen bedrängten die Frankfurter Neonazis weitere Treffen von antifaschistischen Bürgerinitiativen.[23]

Im Oktober 1979 fuhr eine Gruppe um Walther Kexel zu einer Aktion auf dem Reichsparteitagsgelände in Nürnberg. Sie trafen dort Friedhelm Busse, den Vorsitzenden der *Volkssozialistischen Bewegung Deutschlands/Partei der Arbeit* (VSBD/PdA). Die 1971 von Busse gegründete PdA war eine der Gruppen, die aus der Konkursmasse der *Aktion Widerstand*[24] gegen die Neue Ostpolitik der sozialliberalen Bundesregierung hervorgegangen waren.[25] Seit 1975 in VSBD/PdA umbenannt, konnte die Organisation ab 1979 unter anderem vom vorläufigen Ende der *Aktionsfront Nationaler Sozialisten* (ANS) profitieren, die bald nach der Verurteilung ihres Gründers Michael Kühnen im Bückeburger Prozess kaum noch handlungsfähig war.[26] ANS-nahe Jugendliche in verschiedenen Teilen des Bundesgebiets wandten sich nun Busses Organisation zu, die der ANS sowohl in ihrem militanten Gestus als auch in ihrem offenen Neonazismus nicht nachstand.

Seit dem Treffen in Nürnberg bezogen auch die Frankfurter:innen regelmäßig Flugblätter und Zeitschriften von Busse aus Neubiberg bei München, die sie bei angemeldeten Infoständen in der Frankfurter Innenstadt verteilten. Hessen wurde neben Bayern zum Aktionsschwerpunkt der VSBD. Deren hessische Mitglieder gehörten zu einer neuen Generation junger Rechtsradikaler, die sich im Verlauf der siebziger Jahre durch eine zunehmende Radikalisierung und Militanz auszeichnete. NS-Gruppen um Kühnen und Busse, sowie Wehrsportgruppen nach

---

22 Das gezielte Stören und Provozieren gehört zur seit langem und bis heute in der extremen Rechten verbreiteten sogenannten Worterfgreifungsstrategie, siehe dazu Miteinander e. V./Arbeitsstelle Rechtsextremismus (Hg.), Streiten mit Neonazis? Zum Umgang mit öffentlichen Auftritten von Rechtsextremisten, 2. überarbeitete und aktualisierte Auflage, Magdeburg/Halle 2008.
23 Vgl. Gedächtnisprotokoll über die Veranstaltung der Humanistischen Union, 7.11.1979, verfasst von Eike Hennig, FBI-Archiv, VL Hennig, K/2; Broschüre der Bürgerinitiative gegen den Nazibuchladen in Bornheim, Frankfurt – erste braune Stadt?, S. 34.; Unbekannter Verfasser, Volkssozialistische Bewegung Deutschlands/Partei der Arbeit – Eine unvollständige Bestandsaufnahme, März 1981, IfZ-Archiv, ED 710, VSBD.
24 Vgl. Christoph Kopke, Die *Aktion Widerstand* 1970/71: Die „nationale Opposition" zwischen Sammlung und Zersplitterung, in: Massimiliano Livi / Daniel Schmidt / Michael Sturm (Hg.), Die 1970er Jahre als schwarzes Jahrzehnt. Politisierung und Mobilisierung zwischen christlicher Demokratie und extremer Rechter, Frankfurt am Main/New York 2010, S. 249–262.
25 Hierzu vgl. Gottfried Niedhardt, Entspannung in Europa. Die Bundesrepublik und der Warschauer Pakt 1966 bis 1975, München 2014.
26 Zum Bückeburger Prozess vgl. Barbara Manthe, Rechtsterroristische Gewalt in den 1970er Jahren. Die Kühnen-Schulte-Wegener-Gruppe und der Bückeburger Prozess 1979, in: Vierteljahrshefte für Zeitgeschichte (VfZ) 68 (2020), H. 1, S. 63–93. Zu Michael Kühnen vgl. den Beitrag von Ann-Kathrin Mogge in diesem Band.

dem Vorbild der WSG-Hoffmann spielten dabei die zentrale Rolle, nachdem die Heranführung an rechtsradikale Positionen in der NPD und ihren Jugendorganisationen sowie in der *Wiking-Jugend* und dem *Bund Heimattreuer Jugend* (BHJ) stattgefunden hatte.[27] Die Gruppen begannen bald, sich auch international zu vernetzen. Die VSBD pflegte besonders enge Kontakte zur französischen *Féderation d'Action Nationale et Européenne* (F. A. N. E.).[28] Frank Schubert wurde 1979 mit Hakenkreuz und Totenkopf-Emblem in Paris festgenommen.[29]

In Frankfurt fiel er bald durch seine besondere Gewalttätigkeit auf. Im Dezember 1979 schlug er einem Antifaschisten einen Zahn aus, als dieser gegen einen Infostand der Neonazis protestierte. Den Ruf eines hemmungslosen Gewalttäters, der sich in der Stadt verbreitete, festigte er bei einem Infostand am 12. Januar 1980 vor der Katharinenkirche an der Frankfurter Hauptwache. Schubert und Kexel begannen morgens mit dem Aufbau und Schubert legte mehrere Schutzhelme und Schlagstöcke unter dem Klapptisch in einem Karton bereit. Im Verlauf des Vormittags trafen weitere VSBD-Anhänger ein. Es versammelten sich auch bis zu 80 Personen zum Gegenprotest, die ihrem Unmut durch Sprechchöre Ausdruck verliehen. Die Neonazis antworteten ihrerseits zunächst mit Sprechchören, schließlich bewaffneten sie sich mit den bereitliegenden Schlagstöcken. Schubert gab das Handzeichen zum Angriff und rief „Ausschwärmen". In drei koordinierten Ausfällen versuchten die Neonazis teils gezielt Mitglieder antifaschistischer Bürgerinitiativen zu verprügeln, die sie von vorherigen Begegnungen kannten, griffen aber auch völlig unbeteiligte Passant:innen an. Zehn Personen wurden verletzt, einige davon erheblich. Frank Schubert agierte dabei allgemein erkennbar als Anführer der Neonazis. Arndt-Heinz Marx, der Führer des *Sturms 7* der WSG Hoffmann schoss mehrfach mit einer Gaspistole. Erst während des dritten Angriffs reagierten Zivilpolizist:innen, die das Geschehen beobachteten, und alarmierten uniformierte Polizei. Acht Neonazis konnten noch festgenommen werden, den anderen gelang die Flucht. Walther Kexel und ein weiteres VSBD-Mitglied verbrachten elf Tage in Untersuchungshaft, während Frank Schubert zu-

---

27 Vgl. Peter Dudek, Jugendliche Rechtsextremisten. Zwischen Hakenkreuz und Odalsrune 1945 bis heute, Köln 1985, S. 105–107; Interview Walther Kexel, ca. November 1980, geführt von Lena Inowlocki und Rainer Steen, FBI-Archiv, VL Hennig, M3; Notizen vom „Katharinenkirchen-Prozess", 16.3.1981, verfasst von Eike Hennig, FBI-Archiv, VL Hennig, M6; Pressedienst Demokratische Initiative (PDI), Die Volkssozialistische Bewegung Deutschlands – Sammelbecken militanter Rechtsradikaler, PDI-Sonderheft 17, München 1981.
28 Joseph Algazy, L'extrême-droite en France de 1965 à 1984, Paris 1989, S. 41 ff.
29 Vgl. Unbekannter Verfasser, Volkssozialistische Bewegung Deutschlands/Partei der Arbeit – Eine unvollständige Bestandsaufnahme, März 1981, IfZ-Archiv, ED 710, VSBD; Briefe Michel Caignets (F. A. N. E.) an Peter Müller, 1.1.1980 und 23.8.1980, BArch, ZSG 147, Nr. 287.

nächst mit einer Hausdurchsuchung davonkam, in deren Rahmen umfangreiches NS-Schriftgut und zwei Dolche sichergestellt wurden.[30]

Die Gewalt an der Katharinenkirche fand große Beachtung in den Medien und stieß auf Empörung in der Stadt. Alexander Gauland, der damalige Referent des CDU-Oberbürgermeisters Walter Wallmann, nahm das Ordnungsamt gegen Vorwürfe in Schutz, es habe den Vorfall nicht durch ein Verbot des Infostands verhindert. Nun wurden sämtliche Infostände untersagt, die Walther Kexel bereits auf drei Monate im Voraus in wöchentlicher Folge am selben Ort angemeldet hatte. Die Neonazis wehrten sich vergeblich gegen diese Verfügung. In den folgenden Wochen wurden zudem mehrere Veranstaltungen in geschlossenen Räumen untersagt.[31]

Trotz der Verbote rissen die gewalttätigen Übergriffe nicht ab. Im März 1980 wurde Frank Schubert in zwei voneinander unabhängigen Prozessen vor dem Frankfurter Amtsgericht zu Geldstrafen wegen vorsätzlicher Körperverletzung sowie unerlaubten Besitzes und Mitführens einer Schusswaffe verurteilt. Das hielt ihn nicht davon ab, im folgenden Monat gemeinsam mit Dieter Sporleder Teilnehmer:innen einer Veranstaltung der *Sozialistischen Deutschen Arbeiterjugend* (SDAJ) mit Schlagstöcken zu verprügeln. Bis Herbst 1980 sammelte Schubert nicht weniger als sieben weitere Strafverfahren wegen Nötigung, Landfriedensbruchs, Körperverletzungen unterschiedlicher Schwere und eines Verstoßes gegen das Waffengesetz an. Er hatte nach eigenen Angaben damit zu rechnen für „'n paar Jahre" in Haft zu gehen.[32]

---

30 Vgl. Urteil im Katharinenkirchen-Prozess, 23.4.1981, AdJb, N 174 Sammlung Dudek, Nr. 69, NS-Szene Kühnen, VSBD; Broschüre der Bürgerinitiative gegen den Nazibuchladen in Bornheim, Frankfurt – erste braune Stadt?, S. 34; Art. Bewaffnete Neonazis griffen protestierende Linke an, Frankfurter Rundschau (FR), 14.1.1980, Apabiz, Sammlung DVZ/Die Tat, Umtriebe Frankfurt; Art. Die Gruppe des Frank Schubert arbeitet ungestört weiter, Die Tat, 19.6.1981, Apabiz, Sammlung DVZ/Die Tat, Umtriebe Frankfurt; LfV Hessen, Verfassungsschutz in Hessen. Bericht 1980, o. O., o. J., S. 16.
31 Vgl. Walther Kexel an Widerspruchsausschuss Nr. 7 und den Oberbürgermeister der Stadt Frankfurt, 27.1.1980, BArch, ZSG 147, Nr. 286; Polizei-Info-Flugblatt, 8.3.1980, BArch, ZSG 147, Nr. 286; Ordnungsamt Frankfurt an Walther Kexel, 14.3.1980, BArch, ZSG 147, Nr. 286; Walther Kexel an Peter Müller, 15.1.1980, BArch, ZSG 147, Nr. 289; Art. Verbote für rechtsradikale Schlägergruppe, FAZ, 15.1.1980.
32 Unbekannter Verfasser, Volkssozialistische Bewegung Deutschlands/Partei der Arbeit – Eine unvollständige Bestandsaufnahme, März 1981, Bl. 22 f. IfZ-Archiv, ED 710, VSBD; Interview Frank Schubert, Walther Kexel, Kurt Wolfgram und Peter Müller, 19.9.1980, geführt von Eike Hennig und Lena Inowlocki, FBI-Archiv, VL Hennig, M2; Verbotsverfügung des Bundesinnenministers gegen die VSBD/PdA und „Junge Front", 27.1.1982, S. 16, FBI-Archiv, VL Hennig, M5.

Gesetz der Gewalt

Die militante Auseinandersetzung mit dem politischen Gegner erhob Schubert im Interview mit der Forschungsgruppe um Eike Hennig zu seinem politischen Prinzip. „Die Roten" seien Verbrecher, bei denen man „kein Mitleid walten lassen" dürfe. Man könne nicht „aus einer Schwächeposition" mit Kritiker:innen diskutieren, zuerst müsse man „ganz radikal [...] Stärke zeigen", das sei „ein Naturgesetz". Er bekannte sich zur Schockwirkung brutaler Gewalt im politischen Straßenkampf und wehrte sich auch gegen Sadismus-Vorwürfe seines mitinterviewten politischen Freundes Kurt Wolfgram. Als Beispiel verwies er auf eine Erfahrung, die er als Kellner auf dem Rummel gemacht habe. Einem Gast, der nicht zahlen wollte, habe er auf den Kopf getreten, als dieser bereits am Boden lag. Damit habe er den Umstehenden seine Macht demonstriert und weitere Probleme im Keim erstickt.

Die „Weltanschauung", die er und seine Kameraden verträten, sei „allgemein kämpferisch" und beruhe auf Stärke, weil sich der Starke in der Natur durchsetze, weil Stärke Gesundheit bedeute und es das Ziel ihrer Politik sei, „unser Volk ja, unseren Staat gesund [zu] erhalten". Die „geistige Position" seiner Gruppe sei nichts wert, wenn sie sich nicht durchsetzen könne. Um bei ihnen mitzumachen, brauche es einerseits die richtige „ideologische Einstellung, und zum andern vom Innern her die Kämpfernatur". Wenn Leuten die „Kämpfernatur" fehle, könne man in der VSBD nichts mit ihnen anfangen.[33]

Nach einer internen Einschätzung der Frankfurter Polizei galt Frank Schubert allgemein als Choleriker. Zugleich entsprach er nicht dem Klischee des hirnlosen Gewalttäters. Er war durchaus fähig, seine Brutalität mit machttaktischem Kalkül politisch zu rechtfertigen. Die angeführten Schilderungen lassen zudem bereits erahnen, dass es auch einen philosophischen Bezugspunkt für Schuberts politische Gewalt gab. Die Verachtung, mit der er über Schwäche und Mitleid sprach, die Überhöhung von Macht, Stärke und anderen vermeintlich natürlichen Tugenden, all das bezog er auf Friedrich Nietzsche, der für ihn „die Hauptrichtung" des Denkens darstelle. Vorstellungen von Herren- und Sklavenmoral, „Übermensch" und dem „Willen zur Macht" als Antrieb menschlicher Entwicklung durchziehen seine Interviewaussagen. Der Nationalsozialismus war nach Schuberts Auffassung die „Verwirklichung [eines] Großteil[s] der Nietzsche'schen Philosophie". Nichtsdesto-

---

33 Interview Frank Schubert, Walther Kexel, Kurt Wolfgram und Peter Müller, 19.9.1980, geführt von Eike Hennig und Lena Inowlocki, FBI-Archiv, VL Hennig, M2.

weniger war Schubert in der Lage zu erkennen, dass es „viele Punkte bei Nietzsche" gab, die den Überzeugungen des Nationalsozialismus entgegenstanden.[34]

Bereits unter deutlichem öffentlichen Druck aufgrund der Ausschreitungen an der Katharinenkirche fand am 9. Februar 1980 die offizielle Gründung des hessischen Landesverbands der VSBD in Frankfurt statt. Nach zwei gescheiterten Versammlungsversuchen im „Bürgertreff Bornheim" und im Hinterzimmer einer Kneipe im Stadtteil Bonames, wichen die Neonazis in ein griechisches Restaurant im Erdgeschoss eines Hochhauses in Frankfurt-Fechenheim aus. Frank Schubert bewohnte in dem Haus mitten im Industriegebiet eine Einzimmerwohnung im zehnten Stock, seine dortige Anschrift diente in der folgenden Zeit als Kontaktadresse des VSBD-Landesverbands. Der Bundesvorsitzende Friedhelm Busse erklärte in seiner Rede, dass die Volkssozialisten von ihrem „Notwehrrecht Gebrauch machen", wenn die Polizei nicht in der Lage sei, „die Sicherheit und Ordnung aufrecht zu erhalten".[35] In Anbetracht der Ereignisse an der Katharinenkirche bestätigte Busse damit, dass Gewalt zum konstituierenden Prinzip der VSBD gehörte. Dieter Sporleder wurde auf der Versammlung zum 1. Vorsitzenden des hessischen Landesverbands gewählt, Walther Kexel zu seinem Stellvertreter. Peter Müller, der mit Kexel seit der NPD-Pfadfindergruppe zusammenarbeitete, wurde Schatzmeister und Frank Schubert Beisitzer im Landesvorstand.[36]

Migrationsfeindlicher Rassismus und andere Feindbilder

Die Vorfälle an der Katharinenkirche im Januar 1980 waren auch Anlass für Verschiebungen im neonazistischen Lager in Frankfurt. Erwin Schönborn distanzierte sich von den Gewalttaten seiner ehemaligen Zöglinge, die sich seinem Einfluss „durch Mitarbeit in der VSBD entzogen" hätten. Durch ihre frühere Beteiligung an seiner *Grünen Korrespondenz* und die „sporadische Anwesenheit" im Buchladen, würde die Gruppe aber mit ihm „in einen Topf geworfen". Schönborn verurteilte nicht nur die Gewalt, sondern auch, dass die jungen Neonazis „in abfälliger Weise

---

34 Ebd.; Interview Frank Schubert und Walther Kexel, 22.4.1980, geführt von Eike Hennig, FBI-Archiv, VL Hennig, M1; Hennig, F. Sch., S. 63, 69.
35 Presseerklärung VSBD-Landesverband Hessen, 9.2.1980, BArch, ZSG 147, Nr. 286.
36 Vgl. Presseerklärung VSBD-Landesverband Hessen, 9.2.1980, BArch, ZSG 147, Nr. 286; Hennig, F. Sch., S. 61; BStU, MfS, HA XXII, Nr. 5749/4, Bl. 37; Broschüre der Bürgerinitiative gegen den Nazibuchladen in Bornheim, Frankfurt – erste braune Stadt?, S. 29.

über in der Bundesrepublik lebende Ausländer" sprächen.[37] Die für einen Rechtsradikalen skurrile Position gegen „Völker- und Rassenhass" entsprach Schönborns Idee eines antisemitischen Internationalismus, den er als Vorsitzender einer *Deutsch-Arabischen Gemeinschaft* vertrat. Er imaginierte ein Bündnissystem, das er gegen Jüd:innen, „Bolschewismus" und nicht zuletzt gegen die USA in Stellung zu bringen gedachte.[38]

Der Konflikt zwischen dem migrationsfeindlichen Rassismus der VSBD-Mitglieder und Schönborns antisemitischer „Völkerfreundschaft" spielte wenige Monate zuvor noch keine Rolle, weil das Thema Zuwanderung erst um 1980 in den Mittelpunkt rechtsradikaler Agitation in Deutschland rückte. Vor 1980 fand sich das Thema selten in der Propaganda der VSBD, danach wurde es mit etablierten extrem rechten Deutungsmustern verbunden. Dazu gehörten in erster Linie Antisemitismus, eine vermeintlich andauernde Besatzung Ost- und Westdeutschlands durch die Alliierten und die deutsche Teilung: „'n Türke wird net gegen die Mauer kämpfen", sagte Walther Kexel im Interview mit der Forschungsgruppe um Eike Hennig.[39] Im Sommer 1980 schrieb er in *Der Weg*, der Flugschrift der hessischen VSBD, deren Herausgeber er war, dass „die Knechte der Besatzungsmacht USA, vornehmlich die Herren der CDU [...] tausende und abertausende von Arbeitern fremdrassiger Völker in unser Vaterland" gelockt hätten.[40] In einem Flugblatt das Schuberts Kontaktadresse trug, warnte die VSBD Jugendliche davor, „Fremde im eigenen Lande" zu werden.[41] Schubert erklärte den Kampf gegen Zuwanderung zu einem „Wettlauf", weil durch „verstärkte Einschleusung [...] von Ausländern" am rapiden Verfall der Völker gearbeitet werde.[42]

---

37 Erwin Schönborn (Hg.), Grüne Korrespondenz, Nr. 1/1980, S. 7, Apabiz, WURZ 4.
38 Ebd.; Erwin Schönborn, „Der Nahost-Friedensplan (Kolumbus-Plan)", Flugschrift der Deutsch-Arabischen Gemeinschaft in der ANE, o. J., Apabiz, WURZ 4; Martin Finkenberger, Deutsch-Arabische Gemeinschaft, in: Wolfgang Benz (Hg.), Handbuch des Antisemitismus. Judenfeindschaft in Geschichte und Gegenwart, Bd. 5, Organisationen, Institutionen, Bewegungen, Berlin 2012, S. 129–131.
39 Interview Walther Kexel, ca. November 1980, geführt von Lena Inowlocki und Rainer Steen, FBI-Archiv, VL Hennig, M3.
40 Walther Kexel, Art. Sterben die Deutschen aus?, in: Der Weg, 1. Jg., Folge 6/7, Juli/August 1980, Apabiz, VSBD.
41 VSBD-Flugblatt, Deutsche Jugend!, o. J., BArch, ZSG 147, Nr. 286.
42 Interview Frank Schubert und Walther Kexel, 22.4.1980, geführt von Eike Hennig, FBI-Archiv, VL Hennig, M1. Aus Schuberts Darstellung ist eine Anspielung herauszulesen, die heute in der Vorstellung vom „Großen Austausch" ihre Fortführung findet, wie sie von verschiedenen AfD-Politikern und auch vom Attentäter auf die Synagoge und einen Döner-Imbiss in Halle im Oktober 2019 vertreten wurde. Hierzu vgl. Kira Ayyadi, Art. „Der große Austausch" oder die spinnerte ideologische Grundlage der Neuen Rechten, Belltower News, 26.10.2017, unter: https://www.belltower.news/der-grosse-austausch-oder-die-spinnerte-ideologische-grundlage-der-neuen-rechten-

Hinter der „Einschleusung von Ausländern" waren nach Ansicht der VSBD jüdische Machenschaften zu erkennen. Kurt Wolfgram behauptete im Interview mit der Hennig-Forschungsgruppe, der „erklärte Plan" zur „Vernichtung der weißen Rasse" durch „Vermischung" sei durch die Rede eines „Rabbi Rabinowitsch" in den 1950er Jahren belegt und der Gründer der *Paneuropa-Union* Richard Coudenhove-Kalergi habe bereits während der 1920er Jahre geschrieben, der „Mensch der Zukunft" werde ein „eurasisch-negroider Mischling sein, der von den Juden beherrscht wird". Der sogenannte Coudenhove-Kalergi-Plan und die gefälschte „Rabinowitsch-Rede" kursierten bereits seit Jahrzehnten in antisemitischen Kreisen und auch in den *Volkssozialistischen Schulungsbriefen* wurde das Kalergi fälschlicherweise zugeschriebene Zitat als angeblicher Völkervernichtungsplan angeprangert.[43]

Für die Neonazis der VSBD gehörten „Auschwitzlüge", deutsche Teilung und „Überfremdung" gleichermaßen zu einer imaginierten jüdischen Zersetzungsstrategie gegen das deutsche Volk.

Die verstärkte Agitation gegen „Überfremdung" in der extremen Rechten war jedoch weniger als Ausdruck interner Diskussionen zu begreifen, sondern eher als Auswirkung von Entwicklungen in der sogenannten Mitte der Gesellschaft. Am selben Tag, als die Frankfurter Neonazis im Januar 1980 an der Katharinenkirche Gewalttaten verübten, erschien im Regionalteil der FAZ ein Artikel mit dem Titel: „Politische Flüchtlinge überrollen die Stadt".[44] Oberbürgermeister Walter Wallmann pflegte schon länger eine Rhetorik, die rassistische Vorstellungen bediente. Im September 1978 behauptete er, Asylsuchende aus Indien und Pakistan würden „wie Heuschrecken" in Frankfurt einfallen.[45] Im Frühjahr 1979 erhielt er den Brief eines Frankfurter Bürgers, der behauptete, für eine „Mehrheit unserer Bevölkerung" zu sprechen, die eine wachsende „Überfremdung" ablehne. Trotz eines alternativen Entwurfs aus der Stadtverwaltung, der rassistische Töne in dem Schreiben zurückwies, entschied sich Wallmann, dem Verfasser vollumfänglich recht zu geben. Er teile die Sorge vor dem „Konfliktpotential", dass „bei einem Ausländeranteil von fast 20 Prozent in der Stadt Frankfurt" gegeben sei. Die Entwicklung sei auf jahrelanges „Laisser-faire" zurückzuführen, während zugleich

---

45832/ [Zuletzt aufgerufen am 5.10.2021]; Konrad Litschko, Art. Das Fanal. Vor neun Monaten versuchte Stephan Balliet die Synagoge in Halle zu stürmen und tötete zwei Menschen, TAZ, 22.7.2020.
43 Interview Frank Schubert, Walther Kexel, Kurt Wolfgram und Peter Müller, 19.9.1980, geführt von Eike Hennig und Lena Inowlocki, FBI-Archiv, VL Hennig, M2; Volkssozialistische Schulungsbriefe, VSBD/PdA, o. J., S. 18 f., Apabiz, VSBD.
44 Wolfgang Peters, Art. Politische Flüchtlinge überrollen die Stadt, FAZ, 12.1.1980.
45 Günter Mick, Art. Asylsuchende sind teure Kostgänger der Stadt, FAZ, 2.9.1978.

„jeder, der nicht einem hehren Integrationsziel huldigte, [...] als ‚ausländerfeindlich' [...] abgestempelt" worden sei.⁴⁶

Die „Missbrauchs-, Belastungs- und Gefahrenargumentationen" und die Vorstellung von einer schweigenden Mehrheit, die Zuwanderung ablehne, waren schon früh omnipräsent in der Debatte um politisch Asylsuchende, deren Zahl Ende der 1970er Jahre erstmals in der Geschichte der Bundesrepublik stärker anstieg. Wenn die „Mißstimmung vieler Deutscher" weiter ignoriert werde, könne sie in „Fremdenhaß" umschlagen, wurde 1981 in der FAZ gewarnt.⁴⁷ Migration, also die pure Existenz von „Fremden" in der deutschen Gesellschaft, wurde ausschließlich als Quelle von Problemen wahrgenommen und damit suggeriert, dass die Schuld für Hass und Gewalt nicht bei Gewalttätern und Rassisten zu suchen sei, sondern bei den Einwandernden selbst. Das entspricht einer Täter-Opfer-Umkehr, die zu den regelmäßigsten Phänomenen in der Geschichte des Rassismus gehört. Diese oft nur implizit medial transportierte Botschaft spielte in die Hände der Rechtsradikalen und gab ihnen in ihrem Rassismus tendenziell recht.⁴⁸ Die Neonazis konnten diesen Diskurs, der 1980 erstmals Thema im Bundestagswahlkampf wurde, leicht so verstehen, dass ihre Politik dem Willen der Mehrheit der Deutschen entsprach. Die „Mehrheit der Bevölkerung" sei „für Ausländerstop", erklärte Kurt Wolfgram im September 1980 der Forschungsgruppe um Eike Hennig.⁴⁹

Oberbürgermeister Wallmann verkündete im Sommer 1980 einen „Aufnahmestopp" der Stadt Frankfurt für Asylbewerber. „Wallmanns Ausländerstopp", wie es bald in Anlehnung an eine gleichzeitige Kampagne der NPD hieß, war ein Affront gegen die hessische Landesregierung und wurde bundesweit diskutiert.⁵⁰ Walther Kexel kommentierte diese rigorose Zurückweisungspolitik als wahltaktisches Manöver. Schließlich sei es Wallmanns CDU gewesen, die die Zuwanderung

---

46 Ernst Karpf, Eine Stadt und ihre Einwanderer. 700 Jahre Migrationsgeschichte in Frankfurt am Main, Frankfurt am Main / New York 2013, S. 196–199 u. 341 f.
47 Helmut Herles, Art. Integrieren, nicht „Eindeutschen", FAZ, 28.10.1981; Patrice Poutrus, Umkämpftes Asyl. Vom Nachkriegsdeutschland bis in die Gegenwart, Berlin 2019, S. 56; Ulrich Herbert, Ausländer – Asyl – Pogrome. Das hässliche Gesicht des neuen Deutschlands, in: Frank Bajohr / Anselm Doering-Manteuffel / Claudia Kemper / Detlef Siegfried (Hg.), Mehr als eine Erzählung. Zeitgeschichtliche Perspektiven auf die Bundesrepublik, Göttingen 2016, S. 145–158, hier S. 147 f.
48 Vgl. Stuart Hall, Die Konstruktion von „Rasse" in den Medien, in: ders., Ausgewählte Schriften. Ideologie, Kultur, Medien, Neue Rechte, Rassismus, hg. von Nora Räthzel, Berlin (West) 1989, S. 150–171, hier S. 164 ff.
49 Interview Frank Schubert, Walther Kexel, Kurt Wolfgram und Peter Müller, 19.9.1980, geführt von Eike Hennig und Lena Inowlocki, FBI-Archiv, VL Hennig, M2; Klaus von Broichhausen, Art. Ausländerfeindlichkeit aus vielen Ecken, FAZ, 26.9.1980.
50 Vgl. Art. „Menschliches Frachtgut", Der Spiegel, Nr. 29, 14.7.1980.

„fremdrassiger Völker" jahrelang gefördert habe. Jetzt fürchte sie um Wählerstimmen.[51]

Diese Frankfurter Konstellation zeigte bereits im Jahr 1980 die ermächtigende Wirkung, die die „Asyldebatte" mit fortschreitender Zuspitzung im Verlauf der 1980er und frühen 1990er Jahre auf die rechtsradikale Szene haben sollte. Die Gewalt der Frankfurter Neonazis richtete sich im Jahr 1980 noch gegen tatsächliche oder vermeintliche politische Gegner, erst nach Schuberts Tod kam es zu explizit rassistischen Angriffen in Frankfurt. Zwei burundische Staatsbürger wurden im Juli 1981 in der U-Bahn als „Affen" beschimpft, Walther Kexel schoss aus einer Gaspistole, ein Gesinnungsgenosse schlug mit einem Knüppel um sich.[52]

Vom Gärtnereigehilfen zum „ersten Blutzeugen" der Neonazis

Schubert konnte seine Gewalt zwar strategisch begründen, aber sein zur Gewalt neigendes Temperament hatte er nicht im Griff. Bereits im Mai 1980 wurde er aus der VSBD, in deren Bundesvorstand er zwischenzeitlich gewählt worden war, ausgeschlossen, weil er im Streit auf einen Kameraden losgegangen war. Sein Kontakt zur Frankfurter VSBD-Gruppe brach jedoch nicht ab.[53]

Ende September 1980, bei einem Treffen der *Hilfsorganisation für nationale politische Gefangene und deren Angehörige* (HNG), wurde Schubert das letzte Mal vor den Todesschüssen an der Schweizer Grenze von staatlichen Behörden kontrolliert. Die HNG, die ihr erster Vorsitzender Henry Beier als eine Art *Amnesty International* für Gefangene aus „nationalen Kreisen" begriff, war im Juli 1979 in Frankfurt gegründet worden. Die Jahreshauptversammlung der HNG fand einen Tag nach dem Oktoberfestattentat mit zwölf Toten und über 200 Verletzten statt. Von den versammelten 60 HNG-Mitgliedern standen viele in Kontakt mit der *Wehrsportgruppe Hoffmann*, deren Treffen auch der Attentäter Gundolf Köhler besucht hatte. Arndt-Heinz Marx, der Führer des hessischen *Sturm 7* der WSG Hoffmann, war Gründungsmitglied der HNG. Autos und Wohnungen einzelner Teilnehmer des Frankfurter Treffens wurden durchsucht, wobei Propagandama-

---

51 Kexel, Art. Sterben die Deutschen aus?.
52 Vgl. Verbotsverfügung des Bundesinnenministers gegen die VSBD/PdA und „Junge Front", 27.1.1982, S. 16, FBI-Archiv, VL Hennig, M5.
53 Vgl. Hennig, F. Sch., S. 83 f.; Antwort des Bayerischen Staatsministerium des Innern auf eine schriftliche Anfrage des Abgeordneten Wolf (SPD), 26.3.1981, Drucksache 9/8141, IfZ-Archiv, ED 710, VSBD.

terial und Waffen sichergestellt werden konnten. In Frank Schuberts Wohnung fand man ein Exemplar der sogenannten Schweizer Kleinkriegsordnung.[54]

Schubert, der wegen seiner diversen Gewaltdelikte eine Haftstrafe erwartete, nahm diese Kontrolle zum Anlass, um abzutauchen. Er wurde Gärtnereigehilfe bei Kurt und Ursula Müller in Mainz-Gonsenheim. Die Gärtnerei der beiden NSDAP/AO- und HNG-Mitglieder war ein Knotenpunkt der westdeutschen Neonazi-Szene. Regelmäßig wurde in der Scheune „Walhalla" der „Führergeburtstag" gefeiert, woran auch die Gruppe um Schubert bereits teilgenommen hatte. Da Kurt Müller im Herbst 1980 eine Haftstrafe antreten musste, wäre die Gärtnerei in wirtschaftliche Not geraten, wenn Schubert und der Frankfurter HNG-, NSDAP/AO- und VSBD-Aktivist Wolfgang Koch nicht auf das Anwesen gezogen wären.[55]

Spätestens während seines Aufenthalts in Mainz perfektionierte Schubert den Umgang mit Schusswaffen, den er bereits zuvor bei Wehrsportübungen erlernt hatte. Kurt Müller hatte 1976 einen Schießclub gegründet. Auf dem Mainzer Anwesen wurden bei Hausdurchsuchungen wiederholt Waffen und Sprengstoff gefunden.[56] Am 15. Oktober 1980 überfiel Schubert eine Sparkasse im südhessischen Zwingenberg, erbeutete 34.000 Mark und gab mehrere Schüsse aus einer Maschinenpistole ab. Die Verantwortung für den Banküberfall konnte ihm erst nach seinem Tod zugeordnet werden. Wer sein Komplize war, blieb ungeklärt. Der wegen Brandstiftung an dem linken Frankfurter Buchladen „Libresso" und unerlaubten Waffenbesitzes vorbestrafte Wolfgang Koch wurde nach Schuberts Todesschüssen an der Schweizer Grenze vorübergehend festgenommen, weil er bereits wenige Wochen zuvor mit einem von Schubert gemieteten PKW in der Schweiz gewesen war. Diese Reise diente ebenfalls dem Kauf von Waffen und Sprengstoff. Walther

---

54 Vgl. LfV Hessen, Verfassungsschutz in Hessen. Bericht 1980, S. 18; Interview Walther Kexel, ca. November 1980, geführt von Lena Inowlocki und Rainer Steen, FBI-Archiv, VL Hennig, M3; Interview Henry Beier, 8.10.1980, geführt von Rainer Steen, FBI-Archiv, VL Hennig, M9; Hennig, F. Sch., S. 64; PDI, Volkssozialistische Bewegung, S. 56. Bei der Schweizer Kleinkriegsordnung handelt es sich um eine Veröffentlichung des Schweizer Majors Hans von Dach, der 1957 eine Broschüre mit dem Titel „Der totale Widerstand, Kleinkriegsanleitung für Jedermann" veröffentlichte.
55 Vgl. Art. Polizei durchsuchte „Walhalla", Mainzer Allgemeine Zeitung, 21.4.1980, abgedruckt in: Der Weg, 1. Jg., Folge 5, Juni 1980, FBI-Archiv, VL Hennig, M6; PDI, Volkssozialistische Bewegung, S. 37; Unbekannter Verfasser, Volkssozialistische Bewegung Deutschlands/Partei der Arbeit – Eine unvollständige Bestandsaufnahme, März 1981, IfZ-Archiv, ED 710, VSBD; Information der HNG, 5. Ausgabe, September 1980, Apabiz, HNG; Art. Die Gruppe des Frank Schubert arbeitet ungestört weiter, Die Tat, 19.6.1981, Apabiz, Sammlung DVZ/Die Tat, Umtriebe Frankfurt; Hennig, F. Sch., S. 62.
56 Vgl. Undatierte Aufzeichnung von Recherche-Ergebnissen der Tat-Redaktion, Apabiz, Sammlung DVZ/Die Tat, Duisburg – Frankfurt – Dillenburg – Mainz – Aachen; Verbotsverfügung des Bundesinnenministers gegen die VSBD/PdA und „Junge Front", 27.1.1982, S. 17, FBI-Archiv, VL Hennig, M5.

Kexel, der das Auto für die Reise gemietet hatte, von der Schubert nicht mehr zurückkehrte, wurde ebenfalls kurzzeitig inhaftiert. Beiden konnte keine Tatbeteiligung nachgewiesen werden. Als Koch im Januar 1981 für einen Haftantritt wegen Herstellung und Verbreitung einer NSDAP/AO-Zeitung festgenommen wurde, drohte er den Beamten, er werde Leute zu ihnen schicken, die „mit Sicherheit ebensogut wie Frank Schubert" schießen könnten.[57]

Bereits im Juli 1980 beging Schubert einen Banküberfall in Bad Homburg, für den er einen Monat zuvor den Neonazi Odfried Hepp als Ersatzmann für einen abgesprungenen Komplizen engagiert hatte. Hepp war Mitglied der *Wehrsportgruppe Hoffmann* und lernte Schubert in Belgien bei der IJzerbedevaart, einem Wallfahrtsort belgischer Nationalisten in Diksmuide, der sich zu diesem Zeitpunkt längst zu einem Treffpunkt der extremen Rechten ganz Europas entwickelt hatte, kennen. Schubert erzählte Hepp, dass der Bankraub im Auftrag Wolfgang Kochs und zugunsten der Müllers in Mainz erfolge. Die Beute belief sich auf mehr als 64.000 DM von denen Hepp 15.000 erhielt.[58] Der Journalist Andreas Förster hat auf Grundlage von Recherchen in Schweizer Ermittlungsakten darauf hingewiesen, dass Schuberts Aktivitäten und die Morde an der Grenze im Zusammenhang mit einer klandestinen Terrorstruktur in der Bundesrepublik standen. Schubert habe als „Adjutant" Wolfgang Kochs fungiert, der die Frankfurter Zelle führte. Diese Erkenntnisse seien bisher nie an die Öffentlichkeit geraten, weil sie zum Schutz einer V-Person des Verfassungsschutzes innerhalb der rechtsterroristischen Struktur von Behördenseite verschwiegen worden seien.[59]

VSBD-Chef Busse nutzte Schuberts Tod, um eine Legende zu erschaffen. Schubert sei ein bescheidener und arbeitsamer Mensch gewesen, „der sein Vaterland liebte" und „seine Pflicht als Deutscher und Parteigenosse erfüllte". Busse organisierte die Überführung des Leichnams nach Frankfurt. Das Begräbnis finanzierte die HNG. Am 12. Januar 1981 wurde Schubert unter Reichsfahnen zu Grabe getragen. Busse rief der Trauergemeinde zu: „Es geht zu rächen, zu brechen die Macht. Wir müssen bereit sein zu sterben, zu retten die Ehr."[60] „Sieg-Heil"-Rufe und Hit-

---

57 Unbekannter Verfasser, Volkssozialistische Bewegung Deutschlands/Partei der Arbeit – Eine unvollständige Bestandsaufnahme, März 1981, IfZ-Archiv, ED 710, VSBD; Hennig, F. Sch., S. 64; Art. Die Gruppe des Frank Schubert arbeitet ungestört weiter; Walther Kexel, Art. Gesinnungsterror in der BRD, in: Der Bayerische Löwe, 2. Jg., Heft 2, April 1981, Apabiz, VSBD.
58 Vgl. E-Mail von Odfried Hepp an Robert Wolff, 8.7.2021. Ich danke beiden für die Möglichkeit aus ihrem Mailverkehr zu zitieren. Siehe auch Yury Winterberg, Der Rebell. Odfried Hepp: Neonazi, Terrorist, Aussteiger, Bergisch Gladbach 2004, S. 73.
59 Vgl. Andreas Förster, Ein Neonazi aus der DDR – Auf den Spuren eines Polizistendoppelmords, in: Deutschland Archiv, 6.8.2021, URL: https://www.bpb.de/themen/deutschlandarchiv/337884/ein-neonazi-aus-der-ddr/ [zuletzt abgerufen am 30.06.2023]
60 Jürgen Schenk, Art. Racheschwüre am offenen Grab, FR, 13.1.1981.

lergrüße beschlossen die Trauerfeier. Die spätere langjährige HNG-Vorsitzende Ursula Müller nahm nach Schuberts Tod Kontakt mit dessen Eltern in Ost-Berlin auf. Das Ehepaar war darüber verunsichert und machte der Stasi Mitteilung. Im Verlauf eines längeren Kontaktes versuchte das MfS Informationen über die westdeutsche Nazi-Szene abzuschöpfen.[61] Im *NS-Kampfruf*, dem Zentralorgan der NSDAP/AO, erschien in der ersten Ausgabe des Jahres 1981 ein ganzseitiger Nachruf auf den „erste[n] Blutzeuge[n] der nationalsozialistischen Widerstandsbewegung". Schubert habe „den Nationalsozialismus sozusagen vor[gelebt]".[62]

Im Frühjahr 1981, mehr als ein Jahr nach den Übergriffen an der Katharinenkirche, fand der Prozess gegen Walther Kexel, Dieter Sporleder und vier weitere Neonazis am Amtsgericht Frankfurt statt. Frank Schubert, der „während der tätlichen Auseinandersetzungen als Anführer der Standbetreiber" agiert hatte, wie das Gericht feststellte, war aufgrund seines Ablebens nicht mehr zu verfolgen. Das Gericht betonte die politische Dimension der Gewalttaten, erklärte aber, dass das Urteil die jungen Leute „möglichst wenig stigmatisieren und die rechtsextreme Karriere auf gar keinen Fall unnötig verfestigen" solle. Die meisten Angeklagten wurden zu wenigen Wochen bis mehreren Monaten Jugendarrest verurteilt. Mit zwei Jahren Jugendhaft erhielt Walther Kexel die höchste Strafe, die zur Bewährung ausgesetzt wurde, obwohl er bereits mehrfach vorbestraft war.[63]

In der Tat wurde die Erfahrung staatlicher Repression im rechtsradikalen Milieu als Bestätigung ihres „Widerstands" verstanden. Im Gespräch mit der Hennig-Forschungsgruppe zitierte Kurt Wolfgram die Aussage des Hamburger Neonazis Christian Worch: „Ein Nazi ohne Knast ist wie 'n Baum ohne Ast".[64] Schuberts Morde an der Grenze, wenige Wochen vor dem Prozess, hätten dem Gericht aber zeigen sollen, dass es sich bei den Frankfurter Neonazis keineswegs um Personen handelte, die durch geringe Strafen von ihrem Weg abgebracht werden konnten. Sie betrieben ihre Politik nicht als Freizeitbeschäftigung. Schubert wohnte allein

---

61 Vgl. Busse an alle Parteigenossen und Freunde der VSBD, Weihnachten 1980, IfZ-Archiv, ED 710, VSBD; Busse im Namen der VSBD, Todesanzeige für Frank Schubert, 9.1.1981, IfZ-Archiv, ED 710, VSBD; Spendenaufruf für die Beerdigungskosten, in: Information der HNG, 10. Ausgabe, Februar 1981, Apabiz, HNG; Jürgen Schenk, Art. Racheschwüre am offenen Grab, FR, 13.1.1981; Förster, Zielobjekt, S. 194 ff; Hans-Gerd Jaschke / Birgit Räsch / Yury Winterberg, Nach Hitler. Radikale Rechte rüsten auf, München 2001, S. 103 ff.
62 Art. Im Gedenken an unseren Kameraden Frank Schubert, NS-Kampfruf, Nr. 42, 1981, Lincoln/Nebraska, Apabiz, NSDAP-K; Ich danke Patrick Schwarz, Apabiz Berlin, für den Hinweis auf diesen Artikel.
63 Urteil im Katharinenkirchen-Prozess, 23.4.1981, AdJb, N 174 Sammlung Dudek, Nr. 69, NS-Szene Kühnen, VSBD.
64 Interview Frank Schubert, Walther Kexel, Kurt Wolfgram und Peter Müller, 19.9.1980, geführt von Eike Hennig und Lena Inowlocki, FBI-Archiv, VL Hennig, M2.

in einer Hochhauswohnung, die ein Polizist als „Wohnklo" bezeichnete,[65] und hielt sich mit Gelegenheitsjobs als Lagerarbeiter über Wasser. Er steckte seine gesamte Energie in den politischen Kampf. Walther Kexel gab dafür eine vielversprechende Fußballerkarriere auf. Die Kerngruppe der Frankfurter Neonazis um 1980 verstand sich – in Anlehnung an die historische NS-Bewegung – als „politische Soldaten".[66]

Kexel und Sporleder begingen schwerere Gewalttaten, weil man sie nicht daran hinderte. Ab Sommer 1982 – noch während Kexels Bewährungszeit – begannen sie mit weiteren Neonazis Sprengstoffanschläge in Wohnvierteln von US-Soldaten im Rhein-Main-Gebiet vorzubereiten und verletzten mehrere Menschen schwer. Es grenzt an ein Wunder, dass die Anschlagsserie keine Toten forderte. Wie Schubert beging auch die später sogenannte Hepp-Kexel-Gruppe Banküberfälle zur Finanzierung ihrer Untergrundtätigkeit. Bis zur Selbstenttarnung des ähnlich agierenden *Nationalsozialistischen Untergrunds* (NSU) im November 2011 galt die Hepp-Kexel-Gruppe als professionellste rechte Terrorgruppe der deutschen Nachkriegsgeschichte. Nach seiner Festnahme und Verurteilung zu vierzehn Jahren Haft erhängte sich Kexel in der Zelle.[67]

Kurz vor seinem Untertauchen hatte Kexel in einer Diskussion erklärt, er habe während seiner politischen Laufbahn nur sehr wenige Menschen getroffen, die verstanden hätten, dass „man nicht auf der einen Seite ein bürgerliches Dasein führen [...] und Feierabendrevolutionär spielen" könne, sondern „sich mit aller Kraft und Energie für die Sache einsetzen" müsse – „zwei davon sind tot".[68] Nach Frank Schuberts Selbstmord war Kurt Wolfgram im Oktober 1981 auf dem Weg zu einem Banküberfall von der Polizei in München erschossen worden. Im Januar 1982 wurde die VSBD/PdA durch das Bundesinnenministerium verboten.[69]

---

65 Vgl. Hennig, F. Sch., S. 61.
66 Vgl. ders., Neonazistische Militanz und Rechtsextremismus unter Jugendlichen, unveröff. Forschungsbericht, Frankfurt 1981, S. 127, FBI-Archiv, VL Hennig, T1; Interview Walther Kexel, ca. November 1980, geführt von Lena Inowlocki und Rainer Steen, FBI-Archiv, VL Hennig, M3. Paradigmatisch zum Begriff des „Politischen Soldaten" in Bezug auf die SS vgl. Bernd Wegner, Hitlers Politische Soldaten: Die Waffen-SS 1933–1945. Leitbild, Struktur und Funktion einer nationalsozialistischen Elite, 6. Aufl., Paderborn u. a. 1996.
67 Vgl. Robert Wolff, Die Abkehr vom „Hitlerismus" als Neupositionierung einer bewaffneten antiimperialistischen Avantgarde? Die Hepp-Kexel-Gruppe und ihre Folgen, in: Hendrik Puls / Fabian Virchow (Hg.), Rechtsterrorismus in Deutschland. Historische Perspektiven, Wiesbaden 2023, S. 129–154.
68 Odfried Hepp und Walther Kexel, „Betr.: Eine notwendige Antwort an ‚Die Zwei' vom 7.7.", Offenbach, 11.7.1982, FBI-Archiv, VL Hennig, K/1.
69 Vgl. Stöss, Rechte, S. 161 f.

Schluss

Schuberts brutale Gewalt und vehemente Ablehnung moralischer Bedenken zeigten bereits präzise ein „Mindset", das auch spätere rechtsradikale Täter charakterisierte, die für die tödliche Straßengewalt verantwortlich zeichneten, die über die achtziger Jahre zunahm und mit den „Baseballschlägerjahren" nach der Wiedervereinigung einen Höhepunkt erreichte. Er war somit ein Prototyp des rechtsradikalen Gewalttäters, der nach dem historischen Vorbild der SA versuchte, politische Macht mit Gewalt auf der Straße durchzusetzen. Schuberts Fall macht deutlich, wie kurz der Weg von rechtsradikaler Straßenmilitanz zum bewaffneten Terror ist. Auch diesen Weg gingen nach ihm weitere Neonazis, nicht zuletzt der NSU.

Diese Form politischer Gewalt konnte ihre Wirkung durch spezifische Ermöglichungsstrukturen vor Ort entfalten. Die Neonazis verfügten in Frankfurt über eine feste Infrastruktur und waren zwischen Gruppen und Generationen vernetzt. Ein von Stadtpolitik und Medien befeuerter rassistischer Diskurs ermöglichte es, ihren Hass als Ausdruck eines Mehrheitswillens zu deuten. Im milden Urteil des Frankfurter Amtsgerichts wurde schließlich eine gesellschaftlich symptomatische Bagatellisierung rechter Gewalttäter deutlich, deren Selbstverständnis als politische Bewegung auch in ihrer historischen Entwicklung nicht ernst genug genommen wurde. Die Gefahr für Leib und Leben, der Minderheiten und Opfer rechter Gewalt ausgesetzt sind, wurde ignoriert.

Viktor Fichtenau
Peter Stöckicht (1930–2018)

NPD-Politiker, Landtagsabgeordneter in Baden-Württemberg und Rechtsanwalt

Abb. 18: Peter Stöckicht nach seiner Wahl in den Landtag von Baden-Württemberg im Jahr 1968, *Hauptstaatsarchiv Stuttgart, HStAS LA 3/160 Bü 771.*

Jugend in Preußen und die Flucht aus der Sowjetischen Besatzungszone

Peter Stöckicht wurde am 22. Oktober 1930 in Greifswald als Sohn des Kaufmanns Franz Stöckicht geboren.[1] Franz Stöckicht gehörte hier der national-konservativen Kaufmanns-Kompanie, dem Schützenverein,[2] der „der wichtigste Geselligkeitsverein des gesamten mittelständischen Segments"[3] in der Stadt war, sowie der Mittel-

---

1 Vgl. Landtag von Baden-Württemberg (Hg.), Handbuch des Landtags von Baden-Württemberg. 5. Wahlperiode 1968–1972, Stuttgart 1968, S. 246 u. 390.
2 Vgl. Helge Matthiesen, Greifswald in Vorpommern. Konservatives Milieu im Kaiserreich, in Demokratie und Diktatur 1900–1990, Düsseldorf 2000, S. 189 f.
3 Ebd., S. 190.

stands- beziehungsweise Wirtschaftspartei an.[4] Nach der nationalsozialistischen Machtübernahme trat Franz Stöckicht nicht in die NSDAP ein und zog sich aus dem politischen Leben der Stadt zurück.[5] Über die weiteren familiären Verhältnisse sowie die Jugend von Peter Stöckicht im Nationalsozialismus und der frühen Nachkriegszeit ist wenig bekannt. Nach dem Besuch einer Volksschule legte er 1950 an der Friedrich-Ludwig-Jahn-Oberschule in Greifswald die Reifeprüfung ab.[6] Seine Bewerbung an der Universität von Ost-Berlin für ein Studium der Rechtswissenschaften wurde abgelehnt, weil er weder der SED angehörte noch sich anderweitig für den Kommunismus engagierte.[7] Anschließend bewarb er sich für ein Studium der Rechts- und Staatswissenschaften an der Universität Heidelberg, weil er, wie er selbst angab, „Verwandte in Süddeutschland und Beziehungen zu Heidelberg"[8] gehabt habe, die allerdings nicht genauer ermittelt werden konnten. Während der Studienzeit wurden seine Eltern, die sich nach dem Zweiten Weltkrieg in der CDU der DDR engagierten, wegen angeblicher Wirtschaftsvergehen – ihnen wurde die Hortung von Waren vorgeworfen – enteignet und verhaftet. Beide wurden zu zwei Jahren Gefängnis und fünf Jahren Ehrverlust verurteilt, und der Familienbetrieb wurde einem SED-Mitglied zugeteilt.[9] Ohne die finanzielle Unterstützung der Familie arbeitete Stöckicht seit März 1953 als Aushilfsschaffner bei der Heidelberger Straßen- und Bergbahn AG, um sein Studium weiterhin finanzieren zu können. Die offensichtlich politisch motivierte Ablehnung an der Universität von Ost-Berlin sowie die Enteignung seiner Eltern durch das SED-Regime waren zweifellos prägende Momente im Leben Stöckichts und erklären seine Zuwendung zur *Deutschen Reichspartei* (DRP) in den frühen fünfziger Jahren. Aus einer kurzen Biographie Stöckichts in den *Deutschen Nachrichten*, dem Parteiorgan der *Nationaldemokratischen Partei Deutschlands* (NPD) zwischen 1964 und 1973, geht hervor, dass er bereits seit 1953 ein „[a]ktives Mitglied der DRP mit verschiedenen Funktionen"[10] gewesen sei. Auch der rechtsextreme Publizist Rolf Kosiek[11] erinnert sich im Nachruf auf Stöckicht, dass dieser „[s]chon in seiner Studienzeit [...] Verbindung zu politisch rechten Gruppen auf

---

4 Vgl. ebd., S. 469 f. (Anm. 9).
5 Vgl. ebd., S. 353 u. 362.
6 Vgl. Lebenslauf von Peter Stöckicht auf dem Immatrikulationsbogen, Universitätsarchiv Heidelberg (UAHD), StudA Stöckicht, 25.1.1951.
7 Vgl. ebd.
8 Ebd.
9 Vgl. Matthiesen, Greifswald, S. 515 (Anm. 26).
10 Art. Peter Stöckicht. Ein Politiker der jungen Generation, in: Deutsche Nachrichten v. 23.10.1970.
11 Vgl. Anton Maegerle, Autoren des Grabert-Verlags und des Hohenrain-Verlags: Ihre Funktion und ihre Bedeutung in der rechten Szene, in: Martin Finkenberger / Horst Junginger (Hg.), Im

[nahm]" und im Landesgründungsausschuss der DRP „eine Rolle spielte".[12] Die eingesehenen Quellen enthielten allerdings keine weiteren Details zu Stöckichts Werdegang bis zu seinem Umzug nach Stuttgart Ende der fünfziger Jahre.

Stöckichts politische Anfänge im *Bund Nationaler Studenten* und der *Deutschen Reichspartei*

Gemeinsam mit Peter Dehoust (1936–2020) sowie seinem späteren Landtagskollegen und Bundesvorsitzenden der NPD Martin Mußgnug (1936–1997) – beide waren gebürtige Heidelberger und studierten wie Stöckicht Rechtswissenschaften an der Ruprecht-Karls-Universität – gründete Stöckicht am 17. Juni 1956 in Heidelberg den *Bund Nationaler Studenten* (BNS),[13] der „von Beginn an in die rechtsextreme Subkultur verstrickt"[14] war. Überdies vertrat der Bund ideologische Elemente wie „zum Beispiel eine rassistische Elitetheorie und einen rechten Kulturkampf".[15] Bereits das Gründungsdatum verwies symbolisch auf die Forderung der Mitglieder nach einer Wiedervereinigung mit der DDR und die Wiederherstellung des „Deutschen Reiches". Nach dem gewaltsam niedergeschlagenen Aufstand vom 17. Juni 1953 in der DDR war dieser Tag zwischen 1954 und 1990 in der Bundesrepublik als „Tag der deutschen Einheit" ein gesetzlicher Feiertag.[16] Der Senat der Ruperto Carola lehnte 1956 eine Anerkennung des BNS als studentische Hochschulgruppe zunächst ab, der Rektor Klaus Schäfer schloss eine erneute Prüfung zu einem späte-

---

Dienste der Lügen. Herbert Grabert (1901–1978) und seine Verlage, Aschaffenburg 2004, S. 155–174, hier S. 168 f.
12 Beide Zitate aus: Rolf Kosiek, Gegen die Hybris der Etablierten. Nachruf auf RA Peter Stöckicht, in: Deutsche Stimme v. Februar 2019, S. 14.
13 Vgl. Manfred Jenke, Verschwörung von Rechts? Ein Bericht über den Rechtsradikalismus in Deutschland nach 1945, Berlin 1961, S. 332 ff. Allgemein zum BNS in Heidelberg vgl. UAHD, B-8412/2.
14 Peter Dudek / Hans-Gerd Jaschke, Entstehung und Entwicklung des Rechtsextremismus in der Bundesrepublik, Bd. 1, Zur Tradition einer besonderen politischen Kultur, Opladen 1984, S. 391. Vgl. zum BNS ebd., S. 389–435.
15 Uwe Spindler, Die Entwicklung des Rechtsextremismus in West-Berlin. Eine Chronologie, in: Robert Harnischmacher, Angriff von Rechts. Rechtsextremismus und Neonazismus unter Jugendlichen Ostberlins. Beiträge zur Analyse und Vorschläge zu Gegenmaßnahmen, Rostock 1993, S. 33–52, hier S. 37 f.
16 Vgl. Andreas H. Apelt / Jürgen Engert (Hg.), Das historische Gedächtnis und der 17. Juni 1953, Halle 2014; Ilko-Sascha Kowalczuk, 17. Juni 1953 – Geschichte eines Aufstands, München 2013; Edgar Wolfrum, Geschichtspolitik und deutsche Frage. Der 17. Juni im nationalen Gedächtnis der Bundesrepublik (1953–1989), in: Geschichte und Gesellschaft 24 (1998), S. 382–411.

ren Zeitpunkt allerdings nicht aus.[17] Auch der Heidelberger AStA sprach sich dezidiert gegen den BNS aus, dessen politische Einstellung die Studierendenvertretung „eklatant an Gedankengänge der nationalsozialistischen Weltanschauung"[18] erinnerte. Der BNS sorgte sowohl in Heidelberg als auch bundesweit für Schlagzeilen und wurde deshalb vom Verfassungsschutz beobachtet. In Heidelberg kam es beispielsweise Ende 1958 nach einem Diskussionsabend mit dem früheren nationalsozialistischen Propagandisten und Gründer des extrem rechten *Druffel-Verlags* Helmut Sündermann (1911–1972) zu gewalttätigen Auseinandersetzungen.[19] Nachdem der Senat Ende 1958 erneut die Lizensierung als Hochschulgruppe abgelehnt hatte, wurde der BNS schließlich im März 1961 vom baden-württembergischen Innenministerium aufgelöst. Anhand der im Universitätsarchiv Heidelberg eingesehenen Akten ließ sich Stöckichts Aktivität im BNS allerdings nicht zweifelsfrei klären. Nach dem Studium und den beiden juristischen Staatsexamina ließ er sich Anfang 1959 als Rechtsanwalt in Stuttgart nieder und begann seine parteipolitische Karriere innerhalb der „nationalen Opposition".[20]

Nach seinem Umzug in die Landeshauptstadt engagierte sich Stöckicht als Redner im Stuttgarter Orts- und Kreisverband der DRP. Dieser Verband wurde am 15. Oktober 1953 unter dem Vorsitz des damaligen Landesvorsitzenden Josef Mahlberg gegründet.[21] Am 31. Oktober 1959 wurde Stöckicht als Assessor in sein erstes parteipolitisches Amt im baden-württembergischen Landesverband der DRP gewählt,[22] und Ende des Jahres folgte seine Wahl zum Kreisvorsitzenden in Stuttgart.[23] Dieses Amt hatte er bis zu seiner Ablösung an der Jahreshauptversammlung am 9. März 1962 inne. Aus dem *Reichsruf*, der Parteizeitung der DRP zwischen 1954 und 1964,[24] geht zudem hervor, dass Stöckicht bereits Anfang der sechziger Jahre im Parteivorstand der DRP in Baden-Württemberg als Landespropaganda- und Schulungsleiter tätig war.[25] Beim Landesparteitag im November

---

17 Vgl. Peter Dehoust an Rektor Siegfried Reicke, 24.6.1958, UAHD B-8412/2.
18 Erich Kaub (Hg.), Bund Nationaler Studenten (BNS). Dokumentation, Heidelberg 1960, S. 121.
19 Vgl. ebd., S. 128.
20 Vgl. Art. Peter Stöckicht. Ein Politiker der jungen Generation, in: Deutsche Nachrichten v. 23.10.1970.
21 Vgl. Landesamt für Verfassungsschutz an das Innenministerium Baden-Württemberg, 22.10.1953, Hauptstaatsarchiv Stuttgart (HStAS), EA 2/303 Bü 725.
22 Vgl. Art. Neuer Landesvorstand in Baden-Württemberg, in: Reichsruf v. 14.11.1959, S. 8.
23 Vgl. Art. Baden-Württemberg, in: Reichsruf v. 19.3.1960, S. 8.
24 Die Parteizeitung *Reichsruf* ist mit einigen wenigen Lücken in der Niedersächsischen Landesbibliothek (Gottfried Wilhelm Leibniz Bibliothek) sowie im Münchener Institut für Zeitgeschichte nachgewiesen. Für diesen Text wurde der Bestand der Deutschen Nationalbibliothek in Frankfurt am Main konsultiert, in dem allerdings die ersten sechs Jahrgänge der Zeitung fehlen.
25 Vgl. Art. Fortschritte in Baden-Württemberg, in: Reichsruf v. 11.3.1961.

1960 sowie an der am 25. März 1961 in Stuttgart durchgeführten Landeshauptversammlung wurde er jeweils als Landespropagandaleiter bestätigt.[26]

Für die Bundestagswahl im September 1961 wurde Stöckicht bei der Landesdelegiertentagung in Karlsruhe am 28. Mai 1961 auf den vierten Platz der Landesliste gewählt.[27] Die DRP erreichte bei dieser Wahl bundesweit allerdings nur 0,8 Prozent der Stimmen. Bei der Wahl des Bundesparteivorstandes am 23. Juni 1962 wurde Stöckicht sowohl für die Parteileitung als auch den Parteivorstand nominiert, er konnte allerdings nicht ausreichend Stimmen auf sich vereinen.[28] Am 10. November 1963 fasste die Landesdelegiertenversammlung der DRP in Stuttgart den Beschluss, zur Verbesserung der Erfolgschancen bei der Landtagswahl am 26. April 1964 gemeinsam mit anderen Parteien und Gruppierungen anzutreten. Die Delegierten bekundeten daher laut Verfassungsschutz die Bereitschaft, „sich an allen Versuchen zu beteiligen, die eine endliche Zusammenfassung der nationalen Kräfte zum Ziel haben".[29] Stöckicht kandidierte deshalb in Stuttgart (Wahlkreis II) für die *Gesamtdeutsche Partei* (GDP),[30] die seinen politischen Interessen weitgehend entsprach. Die GDP war im April 1961 aus der Fusion des *Gesamtdeutschen Blocks/Bund der Heimatvertriebenen und Entrechteten* (GB/BHE) und der *Deutschen Partei* (DP) entstanden, sie konnte allerdings infolge der Westintegration der Heimatvertriebenen nicht an die früheren Wahlerfolge der Vertriebenenparteien GB/BHE und DP anknüpfen. Es überrascht somit nicht, dass die GDP am 26. April 1964 in Stuttgart lediglich 1,4 Prozent der Stimmen erreichte sowie im Wahlkreis Stöckichts 1,2 Prozent.[31]

Die parteipolitische Kariere Stöckichts erfuhr dennoch mit seiner Wahl zum ersten Stellvertreter des Landesvorsitzenden der DRP Erwin Schramm am 13. September 1964 einen deutlichen Aufschwung.[32] Im vorläufigen baden-württembergischen Landesvorstand der neu gegründeten *Nationaldemokratischen Partei*

---

26 Vgl. Art. Landesparteitag Baden-Württemberg, in: Reichsruf v. 12.11.1960, S. 8; Art. Einstimmige Wahl Dr. Böhringers, in: Reichsruf v. 7.4.1962.
27 Vgl. Art. Landesliste Baden-Württemberg gewählt, in: Reichsruf v. 1.7.1961.
28 Vgl. Wahlvorschläge zur Neuwahl des Parteivorstandes der DRP am 23.6.1962 in Frankfurt am Main, Antifaschistisches Pressearchiv und Bildungszentrum Berlin (apabiz), DRP: Verschiedenes 4.5 (1961–1965).
29 Landesamt für Verfassungsschutz an das Innenministerium Baden-Württemberg, 24.1.1964, HStAS, EA 2/303 Bü 563.
30 Vgl. Eberhard Frank / Thomas Schwarz (Hg.), Historische Wahlergebnisse in den Stuttgarter Stadtteilen 1946 bis 1999 (Statistik und Informationsmanagement. Themenhefte 4/2003), Stuttgart 2003, S. 134. Zur Gesamtdeutschen Partei vgl. Art. Gesamtdeutsche Partei, in: Jens Mecklenburg (Hg.), Handbuch Deutscher Rechtsextremismus, Berlin 1996, S. 166.
31 Vgl. Frank/Schwarz (Hg.), Wahlergebnisse, S. 104.
32 Vgl. Art. Guter Verband – vorzüglicher Geist, in: Reichsruf v. 25.9.1964.

Deutschlands (NPD),[33] der sich bereits am 20. Dezember 1964 konstituiert hatte, war Stöckicht laut Landesamt für Verfassungsschutz bereits als Rechtsberater tätig.[34] Der erste Landesparteitag der NPD wählte ihn am 4. April 1965 schließlich zu einem der vier Stellvertreter des Landesvorsitzenden Wilhelm Gutmann sowie erneut zum Landespropagandaleiter.[35] In diesem Amt balancierte Stöckicht als erfahrener Rechtsanwalt geschickt auf dem schmalen Grat zwischen zulässiger rechter Propaganda und strafrechtlich relevanter Volksverhetzung.[36] Bei der Bundestagswahl am 19. September 1965 trat er erneut für die NPD an, dieses Mal jedoch auf Platz zwei nach dem Landesvorsitzenden Gutmann.[37] Allerdings verzichtete Stöckicht im Gegensatz zu Gutmann auf eine Kandidatur bei der Kommunalwahl am 7. November 1965.[38] Mit 1,8 Prozent der Erststimmen sowie 2 Prozent der Zweitstimmen blieb die NPD bei dieser Bundestagswahl jedoch deutlich unter der Fünf-Prozent-Hürde.

---

[33] Vgl. Lutz Niethammer, Angepaßter Faschismus. Politische Praxis der NPD, Frankfurt am Main 1969; Peter M. Wagner, NPD-Hochburgen in Baden-Württemberg. Erklärungsfaktoren für die Wahlerfolge einer rechtsextremistischen Partei in ländlichen Regionen 1972–1994, Berlin 1997; Uwe Hoffmann, Die NPD. Entwicklung, Ideologie und Struktur, Frankfurt am Main 1999; Uwe Backes / Henrik Steglich (Hg.), Die NPD. Erfolgsbedingungen einer rechtsextremistischen Partei, Baden-Baden 2007; Gideon Botsch / Christoph Kopke, Die NPD und ihr Milieu. Studien und Berichte, Münster/Ulm 2009; Oliver Gnad, NPD: Nationaldemokratische Partei Deutschlands, in: ders. / Daniela Gniss / Marion Hausmann / Carl-Wilhelm Reibel (Hg.), Handbuch zur Statistik der Parlamente und Parteien in den westlichen Besatzungszonen und in der Bundesrepublik Deutschland, Bd. 3, FDP sowie kleinere bürgerliche und rechte Parteien. Mitgliedschaft und Sozialstruktur, Düsseldorf 2005, S. 591–702; Marc Brandstetter, Die NPD im 21. Jahrhundert. Eine Analyse ihrer aktuellen Situation, ihrer Erfolgsbedingungen und Aussichten, Marburg 2006; Marc Brandstetter, Die NPD unter Udo Voigt. Organisation, Ideologie, Strategie, Baden-Baden 2013; Gideon Botsch, Wahre Demokratie und Volksgemeinschaft. Ideologie und Programmatik der NPD und ihres rechtsextremen Umfelds, Wiesbaden 2017.
[34] Vgl. Landesamt für Verfassungsschutz an das Innenministerium, 19.1.1965, HStAS, EA 2/303 Bü 730.
[35] Vgl. Art. Wilhelm Gutmann einstimmig gewählt, in: Deutsche Nachrichten v. 9.4.1965; Verfassungsschutz an Innenminister Hans Filbinger, 15.6.1965, HStAS, EA 2/303 Bü 563.
[36] Vgl. Benedikt Rohrßen, Von der „Anreizung zum Klassenkampf" zur „Volksverhetzung" (§ 130 StGB). Reformdiskussion und Gesetzgebung seit dem 19. Jahrhundert, Berlin 2009.
[37] Vgl. Art. Landesliste Baden-Württemberg, in: Deutsche Nachrichten v. 30.7.1965.
[38] Vgl. Art. 29 Kandidaten für Stuttgart, in: Deutsche Nachrichten v. 5.11.1965.

Die NPD im Landtag von Baden-Württemberg und ihr bundesweiter Niedergang nach 1969

Bei der baden-württembergischen Landtagswahl am 28. April 1968 konnte die NPD hingegen mit 9,8 Prozent ihr bis zu diesem Zeitpunkt bestes Wahlergebnis bei einer überregionalen Wahl erzielen.[39] Stöckichts Wahlkreis V erreichte mit 10,5 Prozent sogar das beste Wahlkreisergebnis für die NPD in Stuttgart.[40] Nach diesem „Sieg der Demokratie"[41] – so betitelten die „Deutschen Nachrichten" am 3. Mai 1968 diesen Wahlerfolg – zogen neben Stöckicht elf weitere Nationaldemokraten in den Landtag, darunter beispielsweise Werner Kuhnt[42] und der Landesvorsitzende der NPD Wilhelm Gutmann,[43] und Stöckicht wurde von ihnen zum stellvertretenden Landtagsfraktionsvorsitzenden gewählt.[44] Der Wechsel in der Parteispitze beim Landesparteitag am 29. Juni 1968, den Stöckicht zudem als Tagungspräsident leitete, war seiner weiteren Karriere förderlich, denn nach der Ablösung von Wilhelm Gutmann durch den 32-jährigen Rechtsanwalt Martin Mußgnug rückte Stöckicht auf den Posten des ersten Landesvorsitzenden nach.[45] Er wurde damit zum zweitmächtigsten Mann im Landesverband von Baden-Württemberg.

Während der Grundsatzerklärung der NPD-Fraktion zur Regierungserklärung von Ministerpräsident Hans Filbinger betonte Stöckicht unter anderem, dass nicht die NPD „schuld an der tiefgreifenden Krise der Staats- und Gesellschaftsordnung" sei, „sondern die Hybris der etablierten Kräfte".[46] Die von der CDU und der SPD weitergeführte Große Koalition in Stuttgart habe vor allem deshalb „das Vertrauen im Volk weitgehend verwirtschaftet, weil die Kluft zwischen Reden und Handeln immer größer geworden ist, [...] und weil sehr oft die leeren Bänke der Parla-

---

39 Vgl. Christoph Kopke, „... ein häßliches parlamentarisches Schauspiel". Die Fraktion der Nationaldemokratischen Partei Deutschlands (NPD) im Stuttgarter Landtag 1968–1972, in: Zeitschrift für Württembergische Landesgeschichte 70 (2011), S. 489–505.
40 Vgl. Frank/Schwarz (Hg.), Wahlergebnisse, S. 105.
41 Art. Ein Sieg der Demokratie. Demokraten wählten Nationaldemokraten, in: Deutsche Nachrichten v. 3.5.1968.
42 Vgl. Christoph Kopke, Werner Kuhnt – Propagandist für Deutschland, in: Wolfgang Proske (Hg.), Täter, Helfer, Trittbrettfahrer, Bd. 4, NS-Belastete aus Oberschwaben, 4. Aufl., Gerstetten 2015, S. 139–149.
43 Vgl. Die NPD-Fraktion im Stuttgarter Landtag, in: Deutsche Nachrichten v. 10.5.1968, S. 10.
44 Die NPD gab 1969 zwei Hefte ihres Fraktionsspiegels heraus. Vgl. NPD Fraktionsspiegel. Mitteilungen der NPD-Fraktion im Landtag von Baden-Württemberg.
45 Vgl. Art. Wachablösung in Baden-Württemberg, in: Deutsche Nachrichten v. 5.7.1968.
46 Verhandlungen des Landtags von Baden-Württemberg, 5. Wahlperiode 1968–1972, Protokollband 1, 1.–20. Sitzung (11.6.1968 bis 30.1.1969), Stuttgart 1970, S. 104.

mente die Verlagerung der Stätte der Entscheidung aus dem Parlament in die Hinterzimmer anonymer Kräfte deutlich anzeigten".[47] Die NPD profilierte sich hingegen als die Kraft der rechtsstaatlichen Ordnung und „wahre" Vertreterin der gesellschaftlichen Interessen.

Was damit gemeint sein konnte, führte die gewaltsame Entfernung der kommunistischen Fahnen vom Basler-Tor-Turm im Karlsruher Stadtteil Durlach am 23. April 1969, die ein bundesweites Medienecho auslöste, vor Augen.[48] Der Turm wurde zuvor von jungen Kommunisten besetzt und zu einem antiautoritären Jugendheim ausgerufen, das „allen progressiven Jugendlichen offensteht und allein von ihnen autonom verwaltet wird",[49] so die Berichterstattung der Zeitschrift *Der Spiegel*. Am 23. April 1969 stürmte Stöckicht gemeinsam mit drei weiteren Fraktionskollegen (Max Knorr, Friedrich Kübler und Reinhold Wild) sowie anderen Parteimitgliedern, insgesamt handelte es sich um zwölf bis 15 Männer, das Gebäude und entfernte die kommunistischen Fahnen. Die NPD stilisierte diese Aktion als eine Widerstandshandlung „gegenüber dieser auf Beseitigung der freiheitlich-demokratischen Grundordnung abzielenden Provokation".[50] Die Staatsanwaltschaft Karlsruhe verzichtete auf eine Anklage „mangels Vorliegens eines öffentlichen Interesses an der Strafverfolgung".[51] Auch die Aufhebung der Immunität der vier beteiligten Landtagsabgeordneten wurde nicht beantragt.

Am 7. Juni 1969 wurden in der Stadthalle von Neuffen die Bundestagskandidaten für die Bundestagswahl 1969 nominiert.[52] Stöckicht ging an Platz eins auf der baden-württembergischen Landesliste gesetzt in den Wahlkampf; die NPD scheiterte allerdings auch am 28. September 1969 mit 4,3 Prozent der Stimmen an der Fünf-Prozent-Hürde. Bei der Kommunalwahl am 24. Oktober 1971 trat Stöckicht wiederum als Spitzenkandidat des von ihm mitbegründeten „überparteilichen"

---

47 Ebd. Vgl. dazu auch: Art. Deutsche Politik für Deutschlands Einheit. Die Grundsatzerklärung der NPD-Fraktion zur baden-württembergischen Regierungserklärung, in: Deutsche Nachrichten v. 26.7.1968, S. 9.
48 Vgl. Art. Fahnen und Bananen, in: Der Spiegel v. 12.5.1969, S. 84.
49 Ebd.
50 Art. Strafanzeige gegen NPD-Abgeordnete? 4 NPD-Abgeordnete beseitigen rote Fahne (NPD-Pressedienst 44/69), HStAS, EA 2/303 Bü 734; Art. NPD-Abgeordnete säubern Augiasstal, in: NPD Fraktionsspiegel. Mitteilungen der NPD-Fraktion im Landtag von Baden-Württemberg 2 (1969), unpaginiert.
51 Art. Der Spiegel berichtete in Nr. 20/1969, Parteien – Fahnen und Bananen, in: Der Spiegel v. 13.10.1969, S. 242.
52 Vgl. Art. Für den Einzug in den Bundestag gerüstet, in: Deutsche Nachrichten v. 13.6.1969, S. 14; Art. NPD-Landeslisten zur Bundestagswahl 1969, in: Deutsche Nachrichten v. 29.8.1969, S. 12.

Stuttgarter Rechtsblocks an,[53] und umging so die Parteientscheidung, an dieser Kommunalwahl nicht teilzunehmen. Mit einer eigenen Liste nahm die NPD lediglich in Heidelberg und Karlsruhe an der Kommunalwahl teil.[54] Der Wahlkampf des Rechtsblockes, bei dem man neben der Abschaffung der „Parteibuch- und Vetterleswirtschaft in der Stadtverwaltung" vor allem die „[e]nergische Bekämpfung der Gewalt- und Bandenverbrechen", die „Brechung der Rauchgiftwelle" und die Verdrängung von „Gammlern und Asozialen von Stuttgarts Plätzen und Anlagen"[55] gefordert hatte, wurde mit lediglich 1,4 Prozent der Stimmen belohnt.[56]

Nach der für die NPD desaströsen Bundestagswahl vom 28. September 1969 sanken sowohl die Mitgliederzahlen als auch die Wahlergebnisse der Partei deutlich.[57] Der rasante Niedergang der NPD war zum einen durch die zunehmende wirtschaftliche Erholung und die Besetzung konservativer und nationaler Themen durch die Union während ihrer Oppositionszeit sowie vor allem durch die parteiinternen Machtkämpfe um die zukünftige Ausrichtung der Partei bedingt,[58] die nicht nur auf der Bundesebene, sondern auch in den Landesverbänden zwischen den gemäßigten und radikalen Kräften ausgetragen wurden.[59] Auch in Baden-Württemberg brachen nach dieser Bundestagswahl die bereits zuvor brodelnden innerparteilichen Flügelkämpfe nunmehr offen aus, infolge derer zunächst Karl Baßler, der gemeinsam mit Stöckicht einen radikalen Kurs der NPD forderte, am 8. Dezember 1970 mit acht von elf Stimmen aus der Landtagsfraktion ausgeschlossen wurde.[60] Der Verfassungsschutz meldete diesen Vorfall zeitnah dem Innenministerium. In einer Mitteilung heißt es:

> Die jüngeren Kräfte in den Gremien des Landesverbandes der NPD Baden-Württemberg, die die Forderung Basslers nach einem politisch radikalen Kurs der NPD unterstützen, werden vermutlich unter Führung des MdL und stellv. Landesvorsitzenden Peter Stöckicht versuchen, den Beschluß über den Ausschluß Basslers zu Fall zu bringen.[61]

---

53 Vgl. Werbematerial des Stuttgarter Rechtsblocks, HStAS, J 152 A IV i Nr. 11; Landesamt für Verfassungsschutz an Innenministerium, 6.10.1971, HStAS, EA 2/303 Bü 733; Frank/Schwarz (Hg.), Wahlergebnisse, S. 266.
54 Vgl. Landesamt für Verfassungsschutz an Innenministerium, 6.10.1971, HStAS, EA 2/303 Bü 733.
55 Werbematerial des Stuttgarter Rechtsblocks, HStAS, J 152 A IV i Nr. 11.
56 Vgl. Heinz H. Poker, Chronik der Stadt Stuttgart 1970–1972, Stuttgart 1989, S. 312; Frank/Schwarz (Hg.), Wahlergebnisse, S. 192.
57 Vgl. Armin Pfahl-Traughber: Rechtsextremismus in Deutschland. Eine kritische Bestandsaufnahme, Wiesbaden 2019, S. 67.
58 Vgl. Brandstetter, NPD im 21. Jahrhundert, S. 61–66.
59 Vgl. Pfahl-Traughber, Rechtsextremismus, S. 66–68.
60 Vgl. Landesvorsitzende der NPD an alle Kreisverbände usw., 8.12.1970, HStAS, EA 2/303 Bü 733.
61 Landesamt für Verfassungsschutz an das Innenministerium Baden-Württemberg, 22.12.1970, HStAS, EA 2/303 Bü 733.

Aus Protest gegen den radikalen Kurs von Baßler und Stöckicht trat zudem Rolf Krause (1936–2014) am 17. Dezember 1970 aus der Landtagsfraktion der NPD aus.[62] Am 10. Januar 1971 fand in Stuttgart schließlich eine außerordentliche Landestagung statt, auf der neben der Stellung des nunmehr fraktionslosen Krause vor allem der Parteiausschluss von Baßler diskutiert werden sollte.[63] Der NPD-Landesvorsitzende Mußgnug sowie der Fraktionsvorsitzende Kuhnt und der fraktionslose Krause forderten den Parteiausschluss von Baßler und Stöckicht, „weil sie als Erneuerer des Nazismus angesehen werden müßten".[64] Stöckicht und Baßler forderten ihrerseits den Parteiausschluss von Mußgnug und Kuhnt „wegen allgemein parteischädigenden Verhaltens".[65] Der gordische Knoten wurde an diesem Tag schließlich durchschlagen, nachdem alle Fraktionsmitglieder einzeln einem Verbleib von Baßler und Stöckicht innerhalb der Landtagsfraktion zugestimmt hatten.[66] Der Verfassungsschutz wertete diesen Kompromiss zutreffend als vorübergehenden Burgfrieden „zwischen den radikalen und gemäßigten Kräften in der NPD".[67] Baßler und Stöckicht intrigierten in der Folgezeit weiterhin gegen die gemäßigte Landes- und Bundesparteiführung[68] sowie vor allem gegen den Landesvorsitzenden Mußgnug.[69] In einem Rundschreiben an alle Kreisverbände der NPD in der Bundesrepublik kritisierte Baßler im April 1971 „die mangelnde Aussagekraft der Partei, die Versäumnisse der Parteiführung und die verfehlte Tagesordnung des Parteitags".[70] Während der Parteivorstandssitzung am 24. April 1971 im Hessischen Friedberg wurde Baßler schließlich gegen die Stimmen Stöckichts und des bayerischen Landesvorsitzenden Siegfried Pöhlmann (1923–2000) aller Parteiämter enthoben.[71] Das Bundesschiedsgericht schloss Baßler schließlich am 18. September 1971 aus der NPD aus.[72]

Die bundesweiten innerparteilichen Konflikte bewegten den Bundesvorsitzenden von Thadden schließlich dazu, am 20. November 1971 beim Parteitag in

---

62 Vgl. Hoffmann, NPD, S. 151.
63 Vgl. Landesamt für Verfassungsschutz an Innenministerium Baden-Württemberg, 20.1.1971, HStAS, EA 2/303 Bü 733.
64 Ebd.
65 Ebd.
66 Vgl. ebd.
67 Ebd.
68 Vgl. Hoffmann, NPD, S. 151 ff.
69 Vgl. Art. Thadden greift in Stuttgarter NPD-Querelen ein, in: Stuttgarter Zeitung v. 11.1.1971, S. 2.
70 Landesamt für Verfassungsschutz an Innenministerium Baden-Württemberg, 6.5.1971, HStAS, EA 2/303 Bü 733.
71 Vgl. ebd.
72 Vgl. Parteivorstand der NPD an alle Verbände, 23.9.1971, HStAS, EA 2/303 Bü 733.

Holzminden den Parteivorsitz niederzulegen.[73] Dem gemäßigten Flügel um von Thadden stand eine radikale und gewaltbereite Fraktion gegenüber, die sich um den bayerischen Landesvorsitzenden Pöhlmann formiert hatte.[74] Die Landesverbände stellten nach von Thaddens Rücktritt vier Gegenkandidaten auf, darunter Pöhlmann und Udo Walendy[75] sowie Stöckicht und seinen nunmehr aus der NPD ausgeschlossenen Landtagskollegen Baßler.[76] Enttäuscht über die Wahl des eher bürgerlichen Kompromisskandidaten Mußgnug zum Parteivorsitzenden traten Pöhlmann und Stöckicht aus der NPD aus und gründeten im Januar 1972 die *Aktion Neue Rechte* (ANR)[77] mit dem Ziel, die zerstrittenen Rechtsradikalen in Deutschland zu einigen. Stöckicht gehörte dem Landtag allerdings bis zum Ende der fünften Wahlperiode im April 1972 weiterhin als fraktionsloser Abgeordneter an.[78] Dem Gründungsausschuss der ANR in Baden-Württemberg, der sich auf einer Tagung des ebenfalls von Stöckicht gegründeten *Stuttgarter Rechtsblocks* gebildet hatte,[79] gehörten neben Stöckicht Hans-Joachim Berg, Werner Eichinger, Friedrich Heckmann und Dieter Rauch an. Am 16. Januar 1972 veröffentlichten sie einen Gründungsaufruf:[80] Adolf von Thadden habe „in zunehmendem Maß mit willkürlichen, rechtswidrigen Ausschlußverfahren, Verweigerung jeglicher innerparteilicher Demokratie und rückgratloses [sic!] Taktierertum die NPD in den Untergang geführt". Deshalb sei die Partei „politisch tot", und „[i]n dieser nahezu ausweglosen Situation ist aus Treue zu Volk und Nation die *Aktion Neue Rechte* geschaffen worden".[81] Bis zur regulären Gründungsversammlung der ANR in Baden-Württemberg am 15. April 1973 war Stöckicht Vorsitzender des vorläufigen Landesausschusses[82] und betrieb energisch Mitgliederwerbung vor allem innerhalb der

---

73 Vgl. Dudek/Jaschke, Entstehung, S. 293.
74 Vgl. ebd.
75 Vgl. Art. Udo Walendy, in: Jens Mecklenburg (Hg.), Handbuch Deutscher Rechtsextremismus, Berlin 1996, S. 540–541; Art. Udo Walendy, in: Thomas Grumke / Bernd Wagner (Hg.), Handbuch Rechtsradikalismus. Personen, Organisationen, Netzwerke vom Neonazismus bis in die Mitte der Gesellschaft, Opladen 2002, S. 340–342.
76 Vgl. Dudek/Jaschke, Entstehung, S. 293 f.
77 Vgl. Margret Feit, Die „Neue Rechte" in der Bundesrepublik. Organisation, Ideologie, Strategie, Frankfurt am Main 1987, S. 42 ff. Dudek/Jaschke, Entstehung, S. 161 ff.
78 Vgl. Landesamt für Verfassungsschutz an Innenministerium Baden-Württemberg, 16.2.1972, HStAS, EA 2/303 Bü 736, S. 3.
79 Vgl. Art. „Aktion Neue Rechte" (ANR) formiert sich, in: Freiheit und Recht. Die Stimme der Widerstandskämpfer für ein freies Europa 18,6 (Juni 1972), S. 2.
80 Vgl. Gründungs-Aufruf der Aktion Neue Rechte in Baden-Württemberg, 16.1.1972, HStAS, EA 2/303 Bü 736.
81 Ebd. Hervorhebung im Original
82 Vgl. Telegramm der Polizei-Fernmeldezentrale, 17.4.1973, HStAS, EA 2/303 Bü 736.

NPD.[83] Am ersten ordentlichen Bundeskongress der ANR am 6. und 7. Januar 1973 wurde er zum Stellvertreter Pöhlmanns gewählt.[84] Doch bereits im Mai 1973 trat er aus der ANR aufgrund interner Kompetenzstreitigkeiten aus.[85]

Rückzug aus der aktiven Politik und Tätigkeit als „Szenenanwalt"

In der Folgezeit zog sich Stöckicht aus der aktiven Parteipolitik zurück und trat fortan zunehmend als Verteidiger bei Gerichtsverhandlungen gegen Rechtsextremisten auf. Daneben publizierte er regelmäßig in der rechtsextremen *National-Zeitung*,[86] die von Gerhard Frey (1933–2013) herausgegeben wurde. Im Folgenden sollen nur die prominentesten Prozesse aufgeführt werden, bei denen Stöckicht als Verteidiger mitgewirkt hatte. Im Februar 1976 übernahm er beispielsweise die Verteidigung von Manfred Roeder (1929–2014), der in Darmstadt wegen Volksverhetzung angeklagt worden war.[87] Stöckicht argumentierte vor Gericht, dass es nicht „um die historische Wahrheit oder Unwahrheit"[88] gehe. Roeder habe sich „durch ein ‚unerhörtes Studium' ein Bild von den Verhältnissen in Konzentrationslagern gemacht [...]. Bei ernst zu nehmenden Historikern sei es derzeit nicht mehr umstritten, daß es auf deutschem Boden nie Gaskammern gegeben habe".[89] Nach der Urteilsverkündung – Roeder wurde zu sieben Monaten Haft auf Bewährung verurteilt – stimmten die anwesenden Zuschauer bis auf wenige Ausnahmen

---

83 Vgl. Landesamt für Verfassungsschutz an Innenministerium Baden-Württemberg, 6.3.1972, HStAS, EA 2/303 Bü 736.
84 Vgl. Fabian Virchow, Faschistische Tatgemeinschaft oder weltanschauliche Kaderschmiede? Systemoppositionelle Strategien der bundesdeutschen Rechten nach 1969, in: Massimiliano Livi / Daniel Schmidt / Michael Sturm (Hg.), Die 1970er Jahre als schwarzes Jahrzehnt. Politisierung und Mobilisierung zwischen christlicher Demokratie und extremer Rechter, Frankfurt am Main 2010, S. 229–247, hier S. 238; Rainer Fromm, Die „Wehrsportgruppe Hoffmann": Darstellung, Analyse und Einordnung. Ein Beitrag zur Geschichte des deutschen und europäischen Rechtsextremismus, Frankfurt am Main 1998, S. 108 f.
85 Vgl. Rundschreiben von Peter Stöckicht an die Mitglieder der ANR, 11.5.1973, apabiz, NARO 2 Aktion Neue Rechte; Virchow, Strategien, S. 238 f.
86 Vgl. Peter Dudek / Hans-Gerd Jaschke, Die Deutsche National-Zeitung. Inhalte, Geschichte, Aktionen, München 1981, S. 90.
87 Vgl. Art. Wegen Volksverhetzung vor Gericht, in: Frankfurter Allgemeine Zeitung v. 20.2.1976, S. 45.
88 Art. Rechtsanwalt Roeder verurteilt, in: Frankfurter Allgemeine Zeitung v. 24.2.1976, S. 8.
89 Ebd.

die erste Strophe des Deutschlandliedes sowie das nationalsozialistische Kampflied „Brüder in Zechen und Gruben" an.[90]

Aufgrund seiner Aussagen im sogenannten Bückeburger Rechtsextremistenprozess, der vor dem Dritten Strafsenat des Oberlandesgerichts Celle im September 1979 in Bückeburg durchgeführt wurde, in dem er Klaus-Dieter Puls sowie Michael Kühnen (1955–1991) verteidigte, wurden gegen Stöckicht selbst Ermittlungen angestrengt. Er hatte zuvor einen Befangenheitsantrag gegen einen sozialdemokratischen beisitzenden Richter mit der Begründung eingereicht, dass sich der Richter „immer mehr der Volksfrontideologie und dem Marxismus"[91] zuwende und deshalb nicht unbefangen sein könne.

Als politischer Redner trat Stöckicht erst während der Gemeinschaftsstunde bei der vom rechtsextremen *Völkischen Bund* (VB)[92] veranstalteten „Großen zentralen Sonnenwendfeier" am 21. Juni 1986 erneut in Erscheinung.[93] Es ist allerdings unklar, ob sich Stöckicht während der späteren achtziger Jahre auch weiterhin in diesem Bund oder einer rechten Partei aktiv beteiligte. Er war allerdings bis zuletzt in der im September 1979 gegründeten und am 21. September 2011 verbotenen *Hilfsorganisation für nationale politische Gefangene und deren Angehörige* (HNG) aktiv, in deren Publikationen er auch inserierte.[94] Diese Organisation betreute rechtsextreme Straftäter während ihrer Haftzeit in den Justizvollzugsanstalten und vermittelte zudem Rechtsanwälte für „alle verfolgten Nationalisten [...] durch die BRD-Justiz".[95] Die „Hilfsorganisation" stilisierte sich selbst als „die größte und wichtigste Organisation im Kampf für die Grund- und Menschenrechte von nationalen Bürgern in Deutschland",[96] und sie gehörte tatsächlich mit über

---

90 Vgl. Jürgen Strohmaier, Manfred Roeder – ein Brandstifter. Dokumente und Hintergründe zum Stammheimer Neofaschisten-Proceß, Stuttgart 1982, S. 35 f.
91 Art. Ermittlungen gegen Verteidiger aus Neonazi-Prozeß in Bückeburg, in: Frankfurter Allgemeine Zeitung v. 27.7.1979, S. 2. Ausführlich zum Bückeburger Prozess vgl. Barbara Manthe, Rechtsterroristische Gewalt in den 1970er Jahren. Die Kühnen-Schulte-Wegener-Gruppe und der Bückeburger Prozess 1979, in: Vierteljahrshefte für Zeitgeschichte (VfZ) 68 (2020), H. 1, S. 63–93. Zu Michael Kühnen vgl. den Beitrag von Ann-Kathrin Mogge in diesem Band.
92 Vgl. Art. Völkischer Bund (VB), in: Mecklenburg (Hg.), Handbuch, S. 316–317.
93 Vgl. Einladung zur Großen Sonnenwendfeier am 21.6.1986 (darin Programmausschnitt), apabiz, Dossier Stöckicht/Allgemeines.
94 Vgl. Anton Maegerle, Rechtsanwalt und Überzeugungstäter. Der rechtsextreme Szene-Anwalt Peter Stöckicht, zeitweilig NPD-Landtagsabgeordneter in Baden-Württemberg, ist in Alter von 88 Jahren verstorben, 11.12.2018, in: Blick nach Rechts, unter: https://www.bnr.de/artikel/aktuelle-meldungen/rechtsanwalt-und-berzeugungst-ter [Zuletzt aufgerufen am 2.1.2021].
95 Art. Helfen, nicht verurteilen, in: Deutsche Stimme v. September 1999, S. 16.
96 Ebd.

600 Mitgliedern zu den mitgliederstärksten rechtsextremen Organisationen Deutschlands.[97]

Rückkehr nach Mecklenburg-Vorpommern

Nach der deutschen Wiedervereinigung ging Stöckicht zurück in seine alte Heimat, wo er beim Aufbau des personell und organisatorisch sehr schwach entwickelten NPD-Landesverbandes von Mecklenburg-Vorpommern beteiligt war.[98] Generell war die westdeutsche NPD maßgeblich am Aufbau der Partei in der ehemaligen DDR beteiligt, und es war nicht unüblich, dass westdeutsche NPD-Verbände sogenannte „Patenschaften" für ostdeutsche Verbände übernahmen, oder sich sogar einzelne Personen für einen organisatorischen Aufbau einsetzten.[99] Hier konnte Stöckicht allerdings nicht mehr an seine ehemalige Popularität anknüpfen und blieb bis zu seinem Tod eher eine Randfigur innerhalb des Landesverbandes, zumal er offensichtlich nach der Ablösung Mußgnugs durch Günter Deckert als Parteivorsitzenden nicht erneut in die NPD eintrat. Stöckicht war einem Artikel vom 2. Juni 2006 des NPD-Landesverbands Mecklenburg-Vorpommern zufolge „weder NPD Mitglied noch Vertragsanwalt der NPD" gewesen.[100] Ob sich Stöckicht in einer der zahlreichen Kameradschaften, die bis zur Jahrtausendwende den Schwerpunkt der Organisationsstrukturen innerhalb der rechten Szene von Mecklenburg-Vorpommern bildeten oder als sogenannter „Freier Nationalist" parteipolitisch unabhängig von der NPD,[101] in Mecklenburg-Vorpommern engagierte, ließ sich anhand der eingesehenen Quellen nicht zweifelsfrei beurteilen. Nicht selten trat Stöckicht allerdings im Rahmen von Kundgebungen der NPD als Redner und Organisator auf. Vor allem die NPD-Kundgebung im Rostocker Stadtteil Dierkow am 19. September 1998 im Vorfeld der anstehenden Landtags- und Bundestags-

---

97 Vgl. Art. Hilfsorganisation für nationale politische Gefangene und deren Angehörige e. V. (HNG), in: Grumke/Wagner (Hg.), Handbuch Rechtsradikalismus, S. 384 ff.
98 Vgl. Gudrun Heinrich / Steffen Schoon, Die NPD in Mecklenburg-Vorpommern, in: Martin Koschkar / Christian Nestler / Christopher Scheele, Politik in Mecklenburg-Vorpommern, Wiesbaden 2013, S. 145–167.
99 Vgl. beispielsweise Art. Vorbildliche NPD-Patenschaften, in: Deutsche Stimme v. Oktober 1991.
100 Vgl. Art. Presse und Fernsehen... und das Störtebeker-Netz, 2.6.2006, Homepage des NPD-Landesverbandes MuP, unter: www.alt.npd-mv.de/index.php?com=news&view=article&id=229&mid=7 [Zuletzt aufgerufen am 2.1.2021].
101 Vgl. Art. Neu-Formierung rechtsextremer sozialer Bewegungsorganisationen ab 1996/97, in: Grumke/Wagner (Hg.), Handbuch Rechtsradikalismus, S. 22; Art. Kameradschaften/Freie Nationalisten, in: ebd., S. 391 ff.

wahl erregte große mediale Aufmerksamkeit im In- und Ausland. Neben dem damaligen NPD-Bundesvorsitzenden Udo Voigt sowie Manfred Roeder hielt auch Stöckicht eine Rede vor dem sogenannten „Sonnenblumenhaus",[102] das aufgrund ausländerfeindlicher und rassistischer Ausschreitungen zwischen dem 22. und 26. August 1992 in die Schlagzeilen geraten war.[103] Die NPD wählte bewusst die zum „Sonnenblumenhaus" führende Marschroute aus, um an die gewalttätigen Angriffe vom August 1992 anzuknüpfen und so gegen die angebliche Überfremdung Deutschlands zu protestieren. Stöckichts Auftritt wurde im Vorfeld jedoch nicht angekündigt,[104] und seine Rede wurde anschließend in der November-Ausgabe der *Deutschen Stimme* nur beiläufig erwähnt.[105] Bei der Landtagswahl vom 27. September 1998 kandidierte er auf dem dritten Listenplatz der NPD,[106] die allerdings nur einen Prozent der Stimmen auf sich vereinen konnte.[107] Es war durchaus nicht unüblich für die NPD in Mecklenburg-Vorpommern, dass sogenannte „Freie Nationalisten" für die NPD kandidierten. Diese „Freien Nationalisten" waren zwar ideologisch im rechtsextremen Milieu verankert, allerdings blieben sie parteipolitisch unabhängig von der NPD. Manfred Roeder beispielsweise kandidierte bei der Bundestagswahl vom 27. September 1998 ebenfalls als unabhängiger Kandidat im Wahlkreis Stralsund;[108] im Gegensatz zu Stöckicht wurde er allerdings in der *Deutschen Stimme* regelmäßig vorgestellt.[109] Stöckicht hingegen wurde in der Parteizeitung während des Wahlkampfs keine prominente Stellung eingeräumt. In der August-Ausgabe von 1998 wurden beispielsweise die Spitzenkandidaten für die Bundes- und Landtagswahl in Mecklenburg-Vorpommern vor-

---

102 Vgl. Art. Solidarität im Kurt-Schumacher-Ring, in: Deutsche Stimme v. November 1998, S. 16.
103 Vgl. Thomas Prenzel: „Am Wochenende räumen wir in Lichtenhagen auf" – Die Angriffe auf die Zentrale Aufnahmestelle für Asylbewerber in Rostock im August 1992, in: Henrik Bispinck / Katharina Hochmuth (Hg.), Flüchtlingslager im Nachkriegsdeutschland. Migration, Politik, Erinnerung, Berlin 2014, S. 234–253; Gudrun Heinrich, Fanal „Rostock Lichtenhagen". Rassistische Ausschreitungen und die junge Demokratie, in: Stefan Creuzberger / Fred Mrotzek / Mario Niemann (Hg.), Land im Umbruch. Mecklenburg-Vorpommern nach dem Ende der DDR, Berlin 2018, S. 173–188; Gudrun Heinrich, Rostock Lichtenhagen 1992–2017: Aufarbeitung und Erinnerung als Prozess der lokalen politischen Kultur, in: Martin Koschkar / Clara Ruvituso (Hg.), Politische Führung im Spiegel regionaler politischer Kultur, Wiesbaden 2018, S. 293–309.
104 Vgl. zur Großdemonstration vor allem die Polizeiakten im Landeshauptarchiv Schwerin (LHAS), 8.23-1/2 Nr. 209–211 und 215, Polizeidirektion Rostock.
105 Vgl. Art. Solidarität im Kurt-Schumacher-Ring, in: Deutsche Stimme v. November 1998, S. 16.
106 Vgl. Art. Landtagswahlkandidaten gewählt, in: Deutsche Stimme v. Juli 1998.
107 Vgl. Art. Rostocker Rückblick, in: Antifaschistisches Infoblatt 45 (Oktober/November 1998), S. 15.
108 Vgl. Art. Manfred Roeder kandidiert in Stralsund, in: Deutsche Stimme v. August 1998.
109 Vgl. beispielsweise Art. Roeder kämpft um ein Direktmandat, in: Deutsche Stimme v. September/Oktober 1998.

gestellt – Stöckicht fehlte trotz seines prominenten Listenplatzes in der Reihe der „kompetenten Kandidaten".[110] Ob sich Stöckicht nunmehr bewusst aus der parteipolitischen Öffentlichkeit zurückzog oder von der NPD aufgrund seines Parteiaustritts kaltgestellt wurde, ließ sich nicht zweifelsfrei feststellen. In Mecklenburg-Vorpommern galt Stöckicht allerdings aufgrund seiner langjährigen Tätigkeit in der NPD sowie als Szenenanwalt durchaus als „graue völkische Eminenz" für die deutlich jüngere Parteiprominenz im Land. Stöckicht bewegte sich zudem sehr geschickt auf dem schmalen Grat zwischen gesetzlich zulässiger rechter Propaganda und Volksverhetzung, was er bereits als Landespropagandaleiter in Baden-Württemberg unter Beweis stellte.[111]

Daneben war Stöckicht auch nach seinem Umzug nach Mecklenburg-Vorpommern weiterhin als Rechtsanwalt in der Szene tätig und trat bundesweit als Verteidiger – oft gemeinsam mit Jürgen Rieger (1946–2009) – auf.[112] Auch im Folgenden sollen nur die prominentesten Fälle aufgeführt werden, an denen Stöckicht mitwirkte. Beispielsweise verteidigte er den als „Satansmörder von Sonderhausen" bekannt gewordenen Hendrik Möbus,[113] der am 10. November 1999 vom Amtsgericht Berlin-Tiergarten nach Verbüßung seiner Freiheitsstrafe wegen des Mordes an Sandro Beyer zu anderthalb Jahren Haft wegen Verunglimpfung des Andenkens Verstorbener verurteilt wurde,[114] weil er sein Opfer als „Volksschädling" bezeichnet haben soll.[115] Möbus konnte sich nach dem Schuldspruch allerdings in die USA absetzen, nachdem Stöckicht gegen das Urteil Berufung eingelegt hatte. Auch bei späteren Prozessen gegen Möbus trat Stöckicht als Verteidiger auf.[116] Vor dem Landgericht Stralsund verteidigte Stöckicht überdies Anfang 2001 den damals 24-Jährigen Rechtsextremisten Gunnar Doege, der in der Nacht zum 24. Juli 2000 gemeinsam mit drei „Kameraden" hinter der Kirche von Ahlbeck auf

---

110 Vgl. Art. Wahlkampf mit Gesichtern, in: Deutsche Stimme v. August 1998.
111 An dieser Stelle danke ich Daniel Trepsdorf vom Regionalzentrum für demokratische Kultur Westmecklenburg für seine Einschätzung der Tätigkeit Stöckichts in Mecklenburg-Vorpommern.
112 Vgl. Art. Strafverteidigung für Rechte. Über eine Anzeige in der Februar-Ausgabe des NPD-Parteiorgans „Deutsche Stimme" sucht der Rechtsanwalt Peter Stöckicht Mandanten, 11.2.2010, in: blick nach rechts, unter: https://www.bnr.de/content/strafverteidigung-fuer-rechte [Zuletzt aufgerufen am 2.1.2021]. Zu Jürgen Rieger vgl. den Beitrag von Christoph Schulze in diesem Band.
113 Vgl. zum Mordfall von Sonderhausen allgemein Frank Nordhausen / Liane von Billerbeck, Satanskinder. Der Mordfall von Sondershausen und die rechte Szene, Berlin 2012. Zu Stöckichts Verteidigung im Dezember 1999 v. a. S. 304 ff.
114 Vgl. Art. Satansmörder Hendrik Möbus. „Ein wahrer Nationalsozialist", in: Spiegel Panorama, unter: www.spiegel.de/sptv/a-127674.html [Zuletzt aufgerufen am 2.1.2021].
115 Vgl. Nordhausen/Billerbeck, Mordfall, S. 305.
116 Vgl. Art. „Satansmörder" als Neonazi-Netzwerker, in: Antifaschistisches Infoblatt 105 (2014), H 4, S. 30–31.

der Ostseeinsel Usedom den obdachlosen Norbert Plath zu Tode geprügelt hatte.[117] Doege wurde als Haupttäter angeklagt und im Februar 2001 zu lebenslanger Haft verurteilt.[118] Vor dem Amtsgericht Wolgast verteidigte Stöckicht im April 2007 den wegen Volksverhetzung angeklagten ehemaligen Vorsitzenden des NPD-Kreisverbandes Ostvorpommern/Greifswald Christian Deichen.[119] In seinen letzten Lebensjahren führte ihn seine Rechtsanwaltstätigkeit zudem auch zurück nach Süddeutschland: Vor dem Amtsgericht Böblingen übernahm er beispielsweise im November 2010 die Verteidigung des stellvertretenden NPD-Landesvorsitzenden von Baden-Württemberg und Kreisrats der Partei, Janus Nowak, der wegen Holocaust-Leugnung angeklagt worden war.[120] Stöckicht verstarb am 20. November 2018 kurz nach seinem 88. Geburtstag. Neben dem bereits erwähnten Nachruf seines ehemaligen Landtagskollegen Rolf Kosiek in der *Deutschen Stimme* erschien am 7. Dezember 2018 ein Nachruf auf Stöckicht in der *Jungen Freiheit* in Form eines Gedichtes.[121]

Quellenlage

Hauptsächlich wurden drei Quellenbestände für die Biographie Stöckichts konsultiert. Neben den Verfassungsschutzakten, die vom Innenministerium Baden-Württembergs an das Hauptstaatsarchiv Stuttgart abgegeben worden waren, wurden für den vorliegenden Aufsatz vor allem die Parteizeitungen der DRP (*Der Reichsruf*) und der NPD (*Deutsche Nachrichten* bzw. *Deutsche Stimme*) sowie einschlägi-

---

117 Vgl. Art. Norbert Plath, 24.7.2000, Homepage der Amadeu Antonio Stiftung, unter: https://www.amadeu-antonio-stiftung.de/todesopfer-rechter-gewalt/norbert-plath-staatlich-anerkannt/ [Zuletzt aufgerufen am 2.1.2021].
118 Vgl. Art. Hohe Strafen für die jugendlichen Täter, 2.2.2001, in: Spiegel Panorama, unter: www.spiegel.de/panorama/mordprozess-hohe-strafen-fuer-die-jugendlichen-taeter-a-115636.html [Zuletzt aufgerufen am 2.1.2012]; Art. Lebenslange Haft für Täter bei Obdachlosenmord, 23.2.2001, in: Hamburger Morgenpost online, unter: www.mopo.de/freitag-23-02-2001–15-54-lebenslange-haft-fuer-taeter-bei-obdachlosenmord-20130582 [Zuletzt aufgerufen am 2.1.2021].
119 Vgl. Thomas Niehoff, Link zur Holocaust-Leugnung. Vorwurf der Volksverhetzung gegen den ehemaligen NPD-Kreischef von Ostvorpommern/Greifswald, 11.4.2007, in: blick nach rechts, unter: www.bnr.de/content/link-zur-holocaust-leugnung [Zuletzt aufgerufen am 2.1.2021].
120 Vgl. Anton Maegerle, „Bewusste politische Agitation", 24.11.2010, in: blick nach rechts, unter: https://www.bnr.de/content/ae-bewusste-politische-agitation-ae [Zuletzt aufgerufen am 2.1.2021].
121 Vgl. Rolf Kosiek, Gegen die Hybris der Etablierten. Nachruf auf RA Peter Stöckicht, in: Deutsche Stimme v. Februar 2019, S. 14; Gedicht eines unbekannten Verfassers, Rückkehr nach Greifswald, in: Junge Freiheit v. 7.12.2018, S. 23.

ge linke und antifaschistische Informationsplattformen herangezogen, darunter vor allem das Portal „Blick nach Rechts".

Der Verfassungsschutz von Baden-Württemberg beobachtete sowohl die DRP als auch die NPD, und deshalb wird Stöckicht in dem Aktenkonvolut aufgrund seiner prominenten Stellung innerhalb der beiden Parteien bis zu seinem Austritt 1971 stets aufgeführt. Auch die oben erwähnten Parteizeitungen berichteten nicht selten über die parteiinternen Aktivitäten in Baden-Württemberg, und Stöckicht wird darin ebenfalls bis zu seinem Austritt regelmäßig erwähnt und vorgestellt.

Die Einsicht in die Studentenakte gestaltete sich hingegen aufgrund der gesetzlichen Schutzfristen schwierig. Dennoch konnte die vorgegebene Schutzfrist zumindest für den darin enthaltenen Lebenslauf aus der Feder Stöckichts für wissenschaftliche Zwecke verkürzt werden. In den deutschen Tageszeitungen, darunter vor allem in der *Frankfurter Allgemeinen Zeitung* (FAZ) sowie in der *Tageszeitung* (TA), wurde Stöckichts Tätigkeit als Rechtsanwalt bei prominenten Fällen rezipiert. Sein Werdegang nach der deutschen Wiedervereinigung lässt sich hingegen kaum nachzeichnen: In den veröffentlichten Berichten des Verfassungsschutzes von Mecklenburg-Vorpommern seit 1992 wird Stöckicht nicht erwähnt, und die amtsinternen Dokumente des Verfassungsschutzes befinden sich nach wie vor im Innenministerium und konnten aus Geheimhaltungsgründen nicht eingesehen werden.

In den Jahrgängen 1988 bis 2000 der NPD-Zeitung *Deutschen Stimme* wird Stöckicht nur wenige Male erwähnt, was abermals verdeutlicht, dass er nach der Wende keine prominente Position innerhalb der NPD mehr innehatte. Der Landesverband der NPD in Mecklenburg-Vorpommern gab zwar die Parteizeitung *Ostsee-Stimme* bis ungefähr 2003 heraus, diese ist allerdings weder in einer deutschen Bibliothek noch in den Landesarchiven von Mecklenburg-Vorpommern oder dem Universitätsarchiv Greifswald nachweisbar. Obwohl die Zeitung vom Landesverband herausgegeben wurde, bestand deren Redaktionsstab vornehmlich aus Mitgliedern des Kreisverbandes Greifswald.

Ergänzend war allerdings vor allem das „antifaschistische Pressearchiv und Bildungszentrum" (apabiz) in Berlin eine wertvolle Unterstützung bei der Recherche. Neben zahlreichen rechten Zeitungen sowie weiteren Dokumenten zur DRP und NPD sowie anderen rechten Parteien enthielt das für Stöckicht angelegte Dossier bislang unbekannte Anhaltspunkte, die anhand der oben erwähnten Quellen bestätigt und detaillierter ausgeführt werden konnten.

Hans-Gerd Jaschke
Adolf v. Thadden (1921–1996)

Vom konservativen ostelbischen Landadeligen zum rechtsextremen Parteifunktionär

Abb. 19: Adolf von Thadden, 1969, *Nationaal Archief 922-7337, Eric Koch für Anefo, CC0, via Wikimedia Commons.*

Man wird mit Fug und Recht feststellen können, dass Adolf von Thadden (1921–1996) der bedeutendste und einflussreichste Politiker des organisierten Rechtsextremismus im Nachkriegsdeutschland bis in die siebziger Jahre gewesen ist. Als Mitbegründer und Vorsitzender der *Nationaldemokratischen Partei Deutschlands* (NPD) von 1967 bis 1971, lenkte er die Partei in einer Zeit, als ihr der Einzug in sieben Landtage gelang (Hessen, Bayern, Bremen, Rheinland-Pfalz, Niedersachsen, Schleswig-Holstein, Baden-Württemberg). Bei den Bundestagswahlen 1969 scheiterte sie mit 4,3 Prozent knapp.

Aus heutiger Sicht und nach über siebzig Jahren Erfahrung mit dem organisierten Rechtsextremismus nach 1945 besteht die historisch-politische Bedeutung v. Thaddens vor allem darin, dass es ihm gelungen ist, eine rechtsextreme Partei zu gründen, die sich für einige Jahre zu einem erfolgreichen Sammelbecken für zersplitterte und zerstrittene Kleinparteien rechtsaußen entwickelte. In späteren

Jahrzehnten gab es zahlreiche ähnliche Versuche, die aber fast alle scheiterten. Ein weiterer Grund, sich mit v. Thadden zu beschäftigen, besteht in seiner Rolle als Repräsentant eines politischen Milieus, das es heute praktisch nicht mehr gibt: Deutschnational, rechtskonservativ, besitzbürgerlich, preußisch-diszipliniert, reaktionär, mit breiten, lagerübergreifenden, fast schon weltmännischen politischen Beziehungen. V. Thaddens Biografie steht auch für den historischen Niedergang des ostelbischen Landadels, für Flucht und Vertreibung und nicht zuletzt für die Offenheit des Nachkriegs-Konservatismus für Bündnisse mit dem Rechtsextremismus.

Während der Aufstieg der NPD in den sechziger Jahren schon von den zeitgenössischen Sozialwissenschaften gut erforscht worden ist,[1] blieb die publizistische und wissenschaftliche Beschäftigung mit ihrem wichtigsten Repräsentanten fast gänzlich aus, bis heute hat die Auseinandersetzung mit der politischen Person v. Thadden und ihrer Funktion für das rechtsextreme Lager und darüber hinaus kaum stattgefunden. Die 1969 erschienene Biografie von Rufer ist eine apologetische Darstellung aus dem NPD-nahen politischen Milieu.[2] Sie muss als Teil der NPD-Öffentlichkeitsarbeit betrachtet werden. Immerhin lässt sich daraus entnehmen, wie sehr man sich in der politischen Großwetterlage von den politischen Gegnern verfolgt fühlte. Da ist die Rede von „turbulenten Wellen von Haß und Verleumdung, die zur Zeit innerhalb und außerhalb der Bundesrepublik Deutschland gegen Adolf v. Thadden anbranden",[3] kein Politiker werde heute im eigenen Land „so verleumdet und herabgesetzt wie Adolf v. Thadden".[4]

Die Sozialwissenschaften und die Zeitgeschichtsforschung haben sich mit dem wichtigsten Repräsentanten des organisierten Rechtsextremismus im Nachkriegsdeutschland praktisch nicht beschäftigt, seine politische Biografie liegt nicht vor. Hier scheinen auch Berührungsängste eine große Rolle gespielt zu haben, gehörte es doch viele Jahre lang zum guten Ton, sich nicht in einen Dialog mit Rechtsextremisten zu begeben.[5] Bis auf kurzbiografische Bemerkungen in einigen

---

[1] Vgl. Reinhard Kühnl / Rainer Rilling / Christine Sager, Die NPD. Struktur, Ideologie und Funktion, Frankfurt am Main 1969; Lutz Niethammer, Angepasster Faschismus. Politische Praxis der NPD, Frankfurt am Main 1969.
[2] Vgl. D. Rufer, Adolf v. Thadden. Wer ist dieser Mann?, Hannover 1969.
[3] Ebd., S. 5.
[4] Ebd., S. 9.
[5] Gespräche mit v. Thadden und Auswertungen von Teilen seines Privatarchivs haben zu Lebzeiten v. Thaddens Dudek/Jaschke in den Jahren 1982 bis 1984 geführt sowie Jesse 1989/90, vgl. Peter Dudek / Hans-Gerd Jaschke, Entstehung und Entwicklung des Rechtsextremismus in der Bundesrepublik, 2 Bde., Opladen 1984 und Eckhard Jesse, Biographisches Porträt: Adolph von Thadden, in: Uwe Backes / ders. (Hg.), Jahrbuch Extremismus & Demokratie, Bonn 1990, S. 228–238. Einige Dokumente aus dem Privatarchiv sind publiziert in Dudek/Jaschke, Bd. 2.

Studien[6] und im journalistischen Bereich ist der Aufsatz von Jesse aus dem Jahr 1990 der einzige Versuch einer wissenschaftlichen Annäherung (Jesse 1990).[7] Er konstatiert darin, der zeitgenössisch vielfach erhobene Vorwurf an v. Thadden, er sympathisiere mit dem Nationalsozialismus, sei unhaltbar. Er sei „ein glühender Nationalist, kein Nationalsozialist".[8] Ein Blick auf die politische Biografie, zumal auch in ihrer Frühphase, zeigt ein differenzierteres Bild: v.Thadden war gewiss kein Anhänger des Nationalsozialismus, sondern ein konservativer Deutschnationaler mit antisemitischen Überzeugungen aus einer protestantisch geprägten adeligen Familientradition, aber er paktierte bedenkenlos mit ideologisch besonders belasteten „alten Kämpfern" der NSDAP[9] und benutzte sie, um in den Parteihierarchien von *Deutscher Reichspartei* (DRP) und NPD aufzusteigen. Er ist darüber hinaus ein historisches Beispiel für die Verführbarkeit des insbesondere protestantisch geprägten Konservatismus in Deutschland, der in der frühen Bundesrepublik seine feste Verankerung in der Demokratie noch nicht gefunden hatte.

Familie und Herkunft

Adolf v. Thadden wird 1921 geboren als ältester Sohn einer adeligen Familie mit fünf Geschwistern.[10] Sein Vater Adolf v. Thadden sen. war Landrat im westpommerschen Mohrungen und Greifenberg. Er bewirtschaftete das Gut Trieglaff, den Stammsitz derer v. Thadden, einer alteingesessenen Adelsfamilie. Bekannte Namen der Familie reichen von den Generälen Reinhold (1712–1784) und Johann Leopold (1736–1817) v. Thadden bis hin zu dem bekannten Göttinger Historiker und Halbbruder von Adolf v. Thadden, Rudolf von Thadden (1932–2015). Er hat die Familiengeschichte in einer 2010 erschienenen Monografie aufgearbeitet.[11] Ebenfalls ein Halbbruder war Reinold v. Thadden (1891–1976), der Gründer und

---

6 Vgl. Horst W. Schmollinger, Deutsche Reichspartei, in: Richard Stöss (Hg.), Parteien-Handbuch. Die Parteien der Bundesrepublik Deutschland 1945–1980, Bd. 2, CSU–DSU, Opladen 1986, S. 1112–1191, hier S. 1115; Gideon Botsch, Die extreme Rechte in der Bundesrepublik Deutschland 1949 bis heute, Darmstadt 2012, S. 45 f.
7 Vgl. Jesse, Biographisches Porträt.
8 Ebd., S. 235.
9 Als besonders ehrenwerte „alte Kämpfer" der NSDAP gelten im „Dritten Reich" diejenigen Aktivisten, die in der „Kampfzeit" vor 1933 der Partei beigetreten waren. Vgl. die biographischen Fallstudien aus dem Berliner Raum bei: Anja Stanciu, „Alte Kämpfer" in der NSDAP. Eine Berliner Funktionselite 1926–1949, Köln u. a. 2017.
10 Zum Folgenden vgl. Rufer, v. Thadden, S. 25 ff.; Rudolf v. Thadden, Trieglaff: Eine pommersche Lebenswelt zwischen Kirche und Politik 1807–1948, Göttingen 2010.
11 Vgl. ebd.

erste Präsident des Deutschen Evangelischen Kirchentages. Die Einbindung der Familie in das protestantische Milieu hatte eine lange Tradition.

Nach 1840 entwickelte sich unter der Führung von Adolf Ferdinand v. Thadden-Trieglaff – dem Großvater von Adolf v. Thadden – ein preußischer Pietistenkreis, der auf dem Stammsitz der Familie, Gut Trieglaff, regelmäßig tagte. Zu den Gästen gehörte auch der spätere Reichskanzler Otto von Bismarck.[12] Es ging hier nicht nur um religiöse Fragen, sondern auch um Politik. V. Thadden-Trieglaff und seine altlutherische Erweckungsgemeinde spalteten sich ab von der Landeskirche und entwickelten „eine eigene Frömmigkeitstradition".[13] „Die lange Freundschaft zwischen Adolf v. Thadden, dessen Sohn Reinhold und Otto von Bismarck", notiert Rufer, „hielt bis nach der Reichsgründung an und wurde erst getrübt, als den streng konservativen Thaddens die spätere politische Haltung Bismarcks als gar zu liberal erschien".[14] Die familiäre Herkunft Adolf v. Thaddens zeigt eine klare Linie: Ostelbischer Landadel, konservativ, pietistisch-evangelisch und gläubig, bis in höchste militärische und bürgerlich-konservative Kreise vernetzt und durchaus offen für Politik. „Gesellschaftsgeschichtlich", notiert Rudolf v. Thadden, „zieht sich durch die Thadden-Zeit Trieglaffs wie ein roter Faden der Prozess der Entfeudalisierung. […] Die Thaddens in Trieglaff begannen 1855, auch ‚bürgerlich' zu heiraten, hörten aber deswegen nicht auf, ständisch zu denken".[15] Die Familiengeschichte steht aber auch für den historischen Niedergang des ostelbischen Landadels zwischen Weimarer Republik und den Vertreibungen aus Osteuropa rund um das Kriegsende 1945.

Über die Kindheit und Jugend v. Thaddens ist darüber hinaus wenig bekannt. Er macht 1939 Abitur und wird kurz danach zum Reichsarbeitsdienst eingezogen. Später nimmt er als Bausoldat am Polenfeldzug teil. Bei Kriegsbeginn, am 1. September 1939, tritt er in die NSDAP ein ohne eine Funktion in der Partei zu übernehmen. Nach mehreren Stationen als Soldat wird er verwundet und 1942 zum Leutnant befördert. Zum Kriegserleben gehört auch der Tod seiner Halbschwester und Widerstandskämpferin Elisabeth v. Thadden (1890–1944).[16] Sie hatte die protestantische Tradition der Familie aktiv fortgesetzt, war evangelische Pädagogin, Leiterin eines Landerziehungsheimes für Mädchen und äußerte sich in Gesprächen als Gegnerin der NSDAP und sie unterstützte Juden. Sie wurde nach einer

---

12 Vgl. ebd., S. 50 ff.
13 Ebd., S. 7.
14 Rufer, v. Thadden, S. 16.
15 Rudolf v. Thadden, Trieglaff, S. 9 f.
16 Vgl. dazu: Homepage der Gedenkstätte Deutscher Widerstand, Biografie von Elisabeth von Thadden, 29.7.1890–8.9.1944, unter: https://www.gdw-berlin.de/vertiefung/biografien/personenverzeichnis/biografie/view-bio/elisabeth-von-thadden/?no_cache=1 [Zuletzt aufgerufen am 3.1.2021].

Denunziation durch einen Spitzel der Gestapo, anschließender Verhaftung und einem halben Jahr Haft im Konzentrationslager Ravensbrück vom Volksgerichtshof zum Tode verurteilt und am 8. September 1944 in Berlin-Plötzensee hingerichtet.[17]

Ob und inwieweit dieses NS-Verbrechen im engsten Familienkreis auf den 23-jährigen Adolf v. Thadden – ebenfalls zeitlebens protestantisch geprägt[18] – einen Einfluss hatte auf seine persönliche Entwicklung und spätere politische Orientierung ist nicht bekannt. Die naheliegende Vermutung, dass die rechtsextremistischen politischen Erben dieses Verbrechens im Nachkriegsdeutschland keine Option für eine politische Kooperation sein könnten, sollte sich jedenfalls nicht bestätigen, im Gegenteil. Angesichts des tragischen Todes seiner Schwester musste v. Thadden einen weiteren bitteren Schicksalsschlag in der Familie hinnehmen: Nach der ebenfalls leidvollen Flucht und Vertreibung aus Pommern und damit des Verlustes der Heimat, bevor die Rote Armee am 5. März 1945 Trieglaff und die umliegenden Dörfer besetzte,[19] wird v. Thaddens jüngerer Bruder Gerhard, Praktikant in einer Forstakademie, bei Forstarbeiten in einem Wald bei Hannoversch-Münden von Wilderern erschossen. Der Mörder wurde nie gefasst, Gerüchte sprachen von „umherziehenden Polen".[20] Trotz dieser schmerzhaften Erfahrungen gelang es v. Thadden, relativ zügig Fuß zu fassen in einem neuen Leben im westdeutschen Nachkriegsdeutschland. Im Jahre 1957 heiratete er eine Jugendliebe, die als Ärztin praktizierte und wurde Vater von zwei Töchtern. Schon kurz nach der Ansiedlung in Göttingen wurde er politisch aktiv und trat 1947 in die *Deutsche-Konservative Partei/Deutsche Rechtspartei* ein, einem Vorläufer der DRP.[21] Obwohl er weder studiert hatte noch über eine Berufsausbildung verfügte, wurde er Berufspolitiker und machte bald Karriere in Politik und Verwaltung.

Politisches Engagement

Die *Deutsche Rechtspartei* war national, christlich und konservativ und in den Anfängen auch monarchistisch ausgerichtet und entsprach insoweit der Familientradition v. Thaddens. Ehemalige DNVP-Mitglieder bildeten den Führungskreis, zu

---

17 Vgl. Rudolf v. Thadden, Trieglaff, S. 208 ff.
18 Vgl. Florian Finkbeiner / Katharina Trittel / Lars Geiges, Rechtsradikalismus in Niedersachsen. Akteure, Entwicklungen und lokaler Umgang, Bielefeld 2019, S. 59.
19 Vgl. Rudolf v. Thadden, Trieglaff, S. 219.
20 Rufer, v. Thadden, S. 41.
21 Zur Deutschen Konservativen Partei/Deutsche Rechtspartei vgl. Horst W. Schmollinger, Die Deutsche Konservative Partei – Deutsche Rechtspartei, in: Stöss (Hg.), Parteien-Handbuch, Bd. 2, S. 982–1024.

dem auch der spätere Chefredakteur der Tageszeitung *Die Welt*, Hans Zehrer, gehörte.[22] V. Thadden machte sehr schnell politische Karriere: Bei den Kommunalwahlen 1948 wurde er in den Göttinger Stadtrat gewählt, 1952 bis 1958 war er hier Senator und 1952/53 Stellvertreter des Oberbürgermeisters. 1949 wurde er mit 28 Jahren Bundestagsabgeordneter für die *Deutsche Rechtspartei*. Nach dem Ausscheiden aus dem Bundestag 1953 erhielt er ein Landtagsmandat in Niedersachsen (1955–1959). In den Jahren 1961 bis 1964, war er Vorsitzender der *Deutschen Reichspartei* (DRP).

Diese zahlreichen Stationen in der Kommunalverwaltung, in Bundes- und Landtag sowie in der Parteiarbeit sprechen für Ehrgeiz, Flexibilität und auch die Begabung für das „Networking" auch über die Landesgrenzen hinaus. Zeitungsberichten aus dem Jahr 2002 zufolge hatte Thadden regelmäßige Kontakte zum britischen Auslandsgeheimdienst MI6. Die reißerischen Überschriften sprechen über v. Thadden als „MI6 agent" (The Guardian) oder auch „brauner Schlapphut" (Kölner Stadt-Anzeiger), werden jedoch durch die Fakten nicht wirklich gedeckt. Aussagen von einem V-Mann-Führer des MI6 zufolge, bestätigt durch den angesehenen ehemaligen Präsidenten des Hamburger Landesamtes für Verfassungsschutz, Hans-Josef Horchem, fanden diese Kontakte in einem Hotel in der Nähe des Hamburger Hauptbahnhofs statt. Horchem berichtet weiter, dass der MI6 bei Besuchen berichtet habe, die Beziehungen zu v. Thadden seien bereits in den fünfziger Jahren entstanden.[23]

V. Thaddens politisches Engagement zeigte von Anfang an auch Konfliktfähigkeit und Durchsetzungsvermögen. Ende der vierziger Jahre hatte sich in der *Deutschen Rechtspartei* ein Konflikt herausgebildet zwischen dem nationalkonservativen Lager um v. Thadden und einem nationalsozialistisch orientierten Flügel um die Abgeordneten Dorls und Remer. Fritz Dorls war 1929 der NSDAP beigetreten und galt somit als „alter Kämpfer". Der Wehrmachts-Offizier Otto-Ernst Remer war Hitler besonders ergeben und als Kommandeur des Berliner Wachbataillons an der Niederschlagung des Attentats auf Hitler am 20. Juli 1944 aktiv beteiligt.[24] Im Januar 1945 wurde er zum Generalmajor befördert. Der v.Thadden-Gruppe gelang es, die beiden aus der DRP hinauszudrängen. Dorls und Remer gründeten da-

---

22 Vgl. Dudek/Jaschke, Entstehung, Bd. 1, S. 184 ff.
23 Vgl. Marianne Quoirin, Der braune Schlapphut, in: Kölner Stadt-Anzeiger v. 14.3.2002, unter: www.ksta.de/der-braune-schlapphut-14380266. Zuletzt aufgerufen am 3.1.2021; John Hooper, Neo-Nazi leader „was MI6 agent", in: The Guardian v. 13.8.2002, unter: www.theguardian.com/world/2002/aug/13/johnhooper [Zuletzt aufgerufen am 3.1.2021].
24 Zu Otto Ernst Remer und seiner Rolle während des 20. Juli 1944 vgl. Joachim Fest, Staatsstreich. Der lange Weg zum 20. Juli, Berlin 1997, S. 270–281. Zur Remers Rolle im Rechtsextremismus der Bundesrepublik vgl. Art. Otto Ernst Fritz Adolf Remer, in: Jens Mecklenburg (Hg.), Handbuch Deutscher Rechtsextremismus, Berlin 1996, S. 511–512.

nach mit anderen die nazistische *Sozialistische Reichspartei* (SRP), die 1952 vom Bundesverfassungsgericht verboten wurde. Ähnliche Konflikte um politische und strategische Fragen zeigen sich im Verlauf der Geschichte der DRP und auch später der NPD immer wieder.

Inhaltlich war die DRP geprägt von einem nationalistischen, rechtskonservativen Grundverständnis. Die nationale Einheit, Volksgemeinschaft, Antikommunismus und konservative Werte prägten die politische Arbeit. Flugblätter in den Wahlkämpfen der fünfziger Jahre hielten in vergleichsweise gemäßigter Sprache fest an der Idee des Deutschen Reiches, forderten die Todesstrafe für Gewaltverbrecher und wendeten sich gegen angebliche kulturelle Dekadenz. In einem Rede-Entwurf für DRP-Aktivisten heißt es:

> Du sollst Dich zum Deutschen Reich und den echten Werten seiner ganzen Geschichte bekennen. Nur Emporkömmlinge leugnen ihre Vergangenheit! […] Deutsche Jungen, seid tapfer, deutsche Mädel, seid frisch und sauber! Eine solche Jugend trägt unsere Zukunft! „Samba-Jünglinge" und „Pin-up Girls" sind der Ausdruck abendländischen Verfalls![25]

Im Verlauf der fünfziger Jahre verlor die DRP zunehmend an Einfluss und Bedeutung. Ihre Bundestagswahlergebnisse waren marginal: 1953 waren es 1,1 Prozent, 1957 nurmehr 1,0 und 1961 0,8 Prozent. Ohne attraktives Programm, belastet durch ehemalige Nationalsozialisten, die nach dem Verbot der SRP 1952 in die DRP eingetreten waren, und finanziell ausgeblutet, war die DRP praktisch zu einer unbedeutenden Splitterpartei geworden. Im Jahre 1964 kam es dann zur Gründung der NPD, dem erfolgreichen Versuch einer Sammlungsbewegung innerhalb des rechtsextremen (Splitter-)Parteienspektrums. Zum Vorsitzenden wurde der Bremer Betonfabrikant Friedrich Thielen gewählt, der 1958 aus der CDU ausgetreten war und der neuen Partei ein konservatives und vom Nationalsozialismus unbelastetes Image geben sollte. Repräsentanten des Besitzbürgertums standen an vorderster Stelle: Hamburger Landesvorsitzender wurde Horst-Günter Schweimer, ein Reederei-Besitzer, der allerdings einen Makel mitbrachte: Er war „alter Kämpfer" der NSDAP, 1931 in die Partei eingetreten und später SS-Hauptsturmführer und somit eher Beleg für die Kontinuität nazistischen Denkens in der NPD.[26] V. Thadden wurde einer von drei Stellvertretern. 1967 wurde er zum Vorsitzenden gewählt.

Die NPD bemühte sich nach außen hin um ein Image als neuartige nationalkonservative Sammlungsbewegung, faktisch war sie aber beherrscht von ehemaligen DRP-Funktionären unter Führung v. Thaddens: Sie stellten nicht nur die ehe-

---

25 Redeentwurf für DRP-Aktivisten: „Niedersachsen – Grundstein des Neuen Reiches" (Auszüge), abgedruckt in: Dudek/Jaschke, Entstehung, Bd. 2, S. 62–66, hier S. 63.
26 Vgl. Franz-Florian Winter, Ich glaubte an die NPD, Mainz 1968, S. 44.

malige DRP-Geschäftsstelle in Hannover als NPD-Zentrale zur Verfügung, sie besetzten auch acht von achtzehn Vorstandsposten. Vierzehn von achtzehn waren frühere Mitglieder der NSDAP.[27] Acht von ihnen waren vor 1933 der NSDAP beigetreten, waren also politisch besonders überzeugte „alte Kämpfer".[28] Auch die Schlüsselpositionen in den Landesverbänden waren besetzt von Gefolgsleuten von v. Thadden, die von der DRP kamen.[29]

V. Thadden, der die Partei maßgeblich mitgegründet hatte, der ihr seinen Stempel aufdrückte und deren Vorsitzender er war, trat 1971 vom Vorsitz zurück und widmete sich seiner Tätigkeit als Immobilienmakler auf Ibiza und Teneriffa. In einer persönlichen Erklärung begründete er dies mit dem, „was seit Frühjahr 1965 an Lügen, Verleumdungen, an verlogener Hetze über uns herniederging".[30] Zudem hätten sich Radikalisierungstendenzen in der Partei bis hin zu Gewaltbereitschaft ergeben, besonders nach der verlorenen Bundestagswahl 1969 (4,3 Prozent) und den anschließend verlorenen Landtagswahlen:

> Wenn es dann immer heißt, daß wir wieder eine „Kampfpartei" werden müßten, die wieder angreifen, die Aktionen durchführen müsse, dann verlangen die Mitglieder zu hören, was denn darunter zu verstehen sei. Und dann hört ein Parteivorstand, dem es die Sprache verschlägt, daß z. B. die Besetzung eines Funkhauses eine solche Aktion sein könne. Das Empfangskomitee der Kripo stünde gewiß vor der Tür![31]

V. Thadden plante angesichts dessen konsequente Gegenmaßnahmen: Es „wäre eine radikale Säuberung der Partei von jenen Kräften erforderlich, von denen zu erwarten ist, daß sie auch künftig dafür sorgen, daß die Partei nicht wählbar bleibt".[32] Dies habe er in einem zerstrittenen Vorstand nicht durchsetzen können und die Partei sei immer weniger führbar: „Gegen Weisungen und Anforderungen des Parteivorstandes und der Landesverbände wird offen zuwidergehandelt. In Tagungen und Versammlungen tritt ein Benehmen zutage, das abschreckend wirkt, bis hin zu Tätlichkeiten".[33] V. Thaddens Rücktritt war nicht der einzige Schritt einer Distanzierung von der NPD. 1975 gab er den Austritt aus der Partei bekannt, nachdem sein Intimfeind Gerhard Frey, Herausgeber der National-Zeitung, in den Bundesvorstand gewählt worden war.

---

27 Vgl. Jan-Ole Prasse, Der kurze Höhenflug der NPD. Rechtsextreme Wahlerfolge der 1960er Jahre, Marburg 2010, S. 34 f.
28 Vgl. Kühnl/Rilling/Sager, NPD, S. 226 ff.
29 Vgl. Winter, NPD, S. 45 ff.
30 Persönliche Erklärung des NPD-Vorsitzenden v. Thadden am 20. November 1971 in Holzminden, abgedruckt in: Dudek/Jaschke, Entstehung, Bd. 2, S. 149–155, hier S. 150.
31 Ebd., S. 154.
32 Ebd., S. 152.
33 Ebd.

Konfliktreiche interne Auseinandersetzungen waren und sind im rechtsextremen Lager bis hin zur AfD unserer Tage an der Tagesordnung, so auch schon in der Frühzeit der NPD. Sie entspringen nicht nur politischen oder strategischen Differenzen, sie sind häufig auch Ausdruck „der für das Binnenleben des nationalen Lagers so typischen persönlichen Machtkämpfe, Eitelkeiten und Eifersüchteleien".[34] Ein Beispiel dafür ist die Eroberung des NPD-Parteivorsitz durch v. Thadden. Dieser hielt sich nicht an Vereinbarungen mit dem Vorsitzenden Friedrich Thielen, woraufhin es zu gegenseitigen Ausschlussverfahren kam, gefolgt von gerichtlichen Auseinandersetzungen. „Nach monatelangem Rechtsstreit", so Jan-Ole Prasse, „verließ Friedrich Thielen am 9. Mai 1967 die NPD und von Thadden wurde im November 1967 zum Bundesvorsitzenden gewählt. Diese Führungskrise scheint eher durch persönliche Animositäten und nicht durch eine inhaltliche Auseinandersetzung ausgelöst worden zu sein".[35]

Gleichwohl zeigt der Rücktritt des bayerischen Landesvorsitzenden Franz-Florian Winter Ende 1966 ein strukturelles Dilemma der NPD: den latenten Konflikt zwischen den nationalkonservativen und neonazistischen Tendenzen. Winter, ein katholisch-konservativer Metzgermeister und Wurstfabrikant sowie ehemaliger Anhänger der CSU, war zur NPD gekommen, weil er in ihr ein Sammelbecken national-konservativer Kräfte sah.[36] Er wurde bald Vorstandsmitglied und bayerischer Landesvorsitzender. In seiner 1968 erschienenen Buchveröffentlichung „Ich glaubte an die NPD"[37] beklagt er eine zunehmende Radikalisierung der Partei, die Machtfülle ehemaliger DRP-Funktionäre in der Parteispitze und undemokratische Praktiken v. Thaddens, der in die Landesverbände hineinregiere und die Partei selbstherrlich führe, obwohl die Vorbereitung und Durchführung von Versammlungen, Rederecht und andere interne Parteiaktivitäten nominell streng reglementiert waren.[38] Im Vorstand sieht Winter den Konflikt zwischen zwei Gruppen: Den Konservativen und den rechtsradikalen, aus der DRP kommenden „alten Kämpfern" der NSDAP unter Führung von v. Thadden. Zu dieser Gruppe rechnet Winter Otto Hess, Mitglied in der NSDAP seit 1930, seit 1938 SA-Obersturmführer, Waldemar Schütz, in der *Hitler-Jugend* seit 1928, später SS-Hauptsturmführer der Waffen-SS „Leibstandarte Adolf Hitler" sowie Emil Maier-Dorn, Eintritt in die NSDAP 1930, 1937 Reichsschulungsleiter der NSDAP.[39] Es spricht für die Ambivalenz und Wankelmütigkeit, aber auch für die Eitelkeit und das Machtstreben v. Thad-

---

34 Botsch, Rechte, S. 47.
35 Prasse, Höhenflug, S. 36.
36 Vgl. Winter, NPD; Dudek/Jaschke, Entstehung, Bd. 1, S. 319 ff.
37 Vgl. Winter, NPD.
38 Hierzu vgl. die Dokumente in Dudek/Jaschke 1984, Bd. 2, S. 96 ff.
39 Vgl. Winter, NPD, S. 43 ff.

dens, dass er in der NPD-Führungsriege ein Bündnis geschlossen hatte mit eben jenen Repräsentanten der „alten Kämpfer", die er Ende der vierziger Jahre noch in Gestalt von Dorls und Remer aus der DRP hinausgedrängt hatte.

Der Publizist Adolf v. Thadden

Neben der politischen Arbeit widmete sich v. Thadden durchaus intensiv der publizistischen Tätigkeit als Redakteur und Herausgeber, aber auch als Autor. Er war Herausgeber des NPD-Parteiorgans *Deutsche Wochenzeitung* und zeitweise Mitherausgeber der lagerübergreifenden rechtsextremistischen Monatsschrift *Nation Europa*, einem politisch-kulturellen Sammelbecken ehemaliger nationalsozialistischer Autoren[40] sowie Chefredakteur der *Deutschen Wochenzeitung*.[41] Er verfasste aber auch eigenständige Aufsätze und Bücher. Aus diesen Schriften kann ein genaueres Bild über die politischen Ansichten gezeichnet werden als aus den Reden und Veröffentlichungen des NPD-Politikers, denn vor allem jene nach dem Rücktritt als Vorsitzender 1971 unterliegen weniger dem Druck parteitaktischer Kalküle und Rücksichtnahmen. Es sind im Wesentlichen vier für den Rechtsextremismus der Nachkriegszeit typische Denkfiguren, die im Zentrum der Veröffentlichungen stehen.

Da sind zum einen schon sehr frühzeitige antisemitische Äußerungen gegen Ende der fünfziger Jahre. Mit Blick auf die Weimarer Republik bekundet v. Thadden im Jahr 1959: „Wir sollten aber auch nicht vergessen, dass es die Juden selbst waren, die nach dem ersten Weltkrieg entscheidend dazu beitrugen, dass der Antisemitismus in Deutschland anwuchs".[42] Zu betonen sei auch, „mit welcher Heftigkeit sich das alteingesessene Judentum gegen das Treiben des Ostjudentums wehrte, das während des ersten Weltkrieges und danach in hellen Haufen aus Polen und anderen osteuropäischen Ländern einströmte".[43] Wortwahl und Duktus relativieren die deutsche Schuld und Verantwortung und geben sie zumindest teilweise zurück an die Juden selbst, die für ihr Schicksal verantwortlich seien und, mehr noch: „Was während des Krieges an den Juden geschah, ist bis zur Stunde nicht objektiv geklärt worden".[44] V. Thadden beklagt in der Schrift von 1959 das „lärmende Auftreten der berufsmäßigen Philosemiten in Deutschland",[45]

---

40 Vgl. Botsch, Rechte, S. 35 ff.
41 Vgl. Schmollinger, Deutsche Reichspartei, S. 1115.
42 Adolf von Thadden, Richter und Antisemiten, Hannover 1959, S. 6.
43 Ebd.
44 Ebd., S. 7.
45 Ebd., S. 13.

kein Volk lasse „es sich auf die Dauer gefallen, als eine Sammlung von Bösewichten bezeichnet zu werden".[46] All dies sei „Ergebnis der Umerziehung seit 1945".[47] In späteren Schriften und Reden, zumal in der NPD, finden sich ähnliche antisemitische Äußerungen nicht mehr. Winter zufolge hatte dies rein taktische Gründe: „Die Parteiführung weiß jedoch, daß sie sich ein Bekenntnis zum Antisemitismus nicht leisten kann. v. Thadden ist deshalb stets eifrig bemüht, Äußerungen des Antisemitismus zu verdecken".[48]

Ein immer wieder auftauchender Themenkomplex ist Medienkritik und „Umerziehung". Durch das Diktat der „Siegermächte" sei die nationale Rechte systematisch von den Medien verfolgt worden. Das Fernsehen habe nach den antisemitischen Schmierwellen 1959/60 die nationale Rechte und die DRP entgegen den Tatsachen dafür verantwortlich gemacht und sie seitdem systematisch verfolgt.[49] Auch bei der „Deutschlandfahrt" der NPD im Wahlkampf 1969 habe das Fernsehen einseitig gegen die NPD Partei ergriffen.[50] Solche an Verschwörungstheorien erinnernde Deutungen fanden auch Eingang in die offizielle NPD-Rhetorik, etwa im Wertheimer Manifest von 1970, in dem es heißt: „Die NPD fordert die Beseitigung der auf die Umerziehungspolitik der Besatzungsmächte zurückgehenden Monopolherrschaft der Linken in den Massenmedien".[51]

Ein nicht unerheblicher Teil der Schriften v. Thaddens bezieht sich auf die Linke im Allgemeinen, auf die Studentenbewegung und die Außerparlamentarische Opposition der sechziger und siebziger Jahre. Literaten wie Heinrich Böll, Erich Fried und Gerhard Zwerenz werden als Sympathisanten und Steigbügelhalter des RAF-Terrorismus bezeichnet, deren intellektuelles Umfeld „versieht die

---

46 Ebd., S. 26.
47 Ebd., S. 27.
48 Winter, NPD, S. 38.
49 Vgl. Adolf von Thadden, Die Entwicklung der nationalen Rechten nach 1945, in: Gesellschaft für Freie Publizistik (Hg.), Kongreß-Protokoll 1989 – Das Ende der Nachkriegszeit, Berg 1990, S. 43–69, hier S. 50 f. Zur antisemitischen und neonazistischen „Schmierwelle" während des Jahreswechsels 1959/60 vgl. Shida Kiani, Zum politischen Umgang mit Antisemitismus in der Bundesrepublik. Die Schmierwelle im Winter 1959/60, in: Stephan Alexander Glinke / Volker Paulmann / Joachim Perels (Hg.), Erfolgsgeschichte Bundesrepublik? Die Nachkriegsgesellschaft im langen Schatten des Nationalsozialismus, Göttingen 2008, S. 115–145; Ulrich Brochhagen, Nach Nürnberg. Vergangenheitsbewältigung und Westintegration in der Ära Adenauer, 2. Aufl., Berlin 1999, S. 319–344; Werner Bergmann, Antisemitismus in öffentlichen Konflikten. Kollektives Lernen in der politischen Kultur der Bundesrepublik 1949–1989, Frankfurt am Main 1997, S. 235–250.
50 Vgl. Adolf von Thadden, Die verfemte Rechte, Rosenheim 1984, S. 97 ff.
51 Wertheimer Manifest 70, aus: Beilage zu den Deutschen Nachrichten Nr. 8/1970, abgedruckt in: Dudek/Jaschke, Bd. 2, S. 100–101, hier S. 101.

Terroristen mit Argumenten, mit Wohnung und Verpflegung".[52] Die Frankfurter Schule und die moderne Universität schlechthin stehe unter dem Druck der Linken:

> Die Publizität der deutschen Universität von heute verbindet sich nicht etwa mit den Nachfahren von Max Planck, Otto Hahn, Max v. Laue, Hermann Oberth, sondern vielmehr mit Abendroth, Flechtheim, Sontheimer, Marcuse und anderen Inhabern soziologischer und politologischer Lehrstühle unserer Universitäten.[53]

V. Thadden betrachtete die intellektuelle Linke nicht als politischen Gegner, sondern als Feind. Diese Grundhaltung war in den sechziger und siebziger Jahren allerdings kein Alleinstellungsmerkmal des Rechtsextremismus, sie reichte weit hinein in konservative Kreise etwa im Umfeld der Springer-Presse.

V. Thaddens Kritik wendete sich nicht nur gegen die angeblichen linken Verführer. Er sah die Jugend jener Zeit auch als Opfer eines Staates, der gesellschaftlich nicht respektiert werde, der zwar Wohlstand schaffe, aber keinen geistigen Halt gebe und keine Werte vermitteln könne: „Dieser Staat erfreut sich keinesfalls echter Wertschätzung seiner Bürger, sondern wird vielmehr belächelt. Geschätzt wird er allein von einem kleinen Funktionariat in Bürokratie, Parteien und Gewerkschaften, dem Kartell der Etablierten, den Treuhändern der Niederlage".[54] Der Liberalismus schwäche den Staat und sei insoweit mitverantwortlich für das Aufbegehren der Jugend.

Würdigung

Adolf v. Thaddens politische Biografie bricht mit der langen konservativen Familientradition die geprägt war durch ständisches Denken, Konservatismus und protestantische Grundauffassungen. Seine Kooperation mit ehemaligen Nationalsozialisten in DRP und NPD und die rechtsextremistischen ideologischen Positionen, insbesondere der in einer Schrift von 1959 geäußerte offene Antisemitismus,[55] waren mit der Familientradition nicht vereinbar. Die Zusammenarbeit mit den politischen Erben der Mörder seiner Schwester Elisabeth nur wenige Jahre nach diesem Verbrechen spricht auch für eine gewisse Skrupellosigkeit. Der Göttinger His-

---

52 Vgl. Adolf von Thadden, Die Schreibtischtäter. Das geistige Umfeld des Terrorismus, Hannover 1977, S. 12.
53 Adolf von Thadden, Die tatsächliche Lage der Nation, Hannover 1970, S. 7.
54 Adolf von Thadden, Eine Jugend zieht fröhlich ins Nichts, in: Deutsche Nachrichten v. 8.9.1972.
55 Vgl. v. Thadden, Richter.

toriker Rudolf v. Thadden hat denn auch den politischen Weg seines Halbbruders Adolf „irritierend" genannt, er habe damit „erhebliche Spannungen innerhalb der Familie hervor[gerufen]".[56] Gleichwohl hat sich Adolf v. Thadden nicht wirklich gelöst von dieser Familientradition, er blieb ihr auch verbunden: Von der bürgerlichen Etikette, der deutschnationalen Rhetorik und besitzbürgerlichen Attitüden profitierte nicht zuletzt auch die NPD bei ihrem Bemühen um Akzeptanz im bürgerlichen Lager. Wem sonst hätte es gelingen können, Prominente wie den Raketenforscher Hermann Oberth und den Ruder-Olympiasieger von 1960, Frank Schepke, sowie konservative Fabrikanten wie Franz Florian Winter oder Friedrich Thielen für die NPD zu gewinnen? Sie repräsentieren, wenn auch nur kurzlebig, ein mittelständisches Milieu abseits der „alten Kämpfer" der NSDAP, die in der DRP und später der NPD eine politische Heimat gefunden hatten. V. Thadden verstand es, mit beiden Lagern umzugehen, und dies verweist auf sein außerordentliches strategisches Geschick. Das gilt auch für seine Beziehungsarbeit außerhalb des rechten Lagers. Seine spät bekannt gewordenen regelmäßigen Treffen mit Vertretern des britischen Geheimdienstes MI6 geraten vor diesen Hintergründen in ein anderes Licht: Es ist unwahrscheinlich, dass er als Agent oder Verräter handelte, ihm, dem parkettsicheren wortgewandten Akteur ging es offenbar vielmehr darum, auch auf der internationalen Bühne der politisch Bedeutsamen ernst genommen zu werden.

V. Thadden hat nach Kriegsende in Niedersachsen gelebt und politische Funktionen gesucht und gefunden. Das sozialräumliche Umfeld, in dem er nach dem Krieg agierte, unterschied sich gewiss von der dörflichen Idylle von Trieglaff in Westpommern mit der überschaubaren Sozialstruktur von konservativen Adeligen, Bauern und Landarbeitern. Doch es gab auch Gemeinsamkeiten: Die ländlich-agrarischen Teile Niedersachsens waren traditionell konservativ und welfisch-protestantisch geprägt, gerade in diesen Gebieten war vor 1945 die NSDAP mit ihrer Blut-und-Boden-Ideologie besonders stark, auch die deutschnationale DNVP hatte hier Schwerpunkte, hier konnten nach 1945 auch DRP, SRP und NPD relativ gute Erfolge erzielen. Ähnlich wie in Westpommern konnten liberale Auffassungen und Parteien in den ländlich-agrarischen Teilen Niedersachsens „nie ein Wurzelwerk aufbauen".[57]

Nicht zuletzt steht v. Thaddens politische Biografie für die Irrungen und Wirrungen des deutschen Konservatismus, insbesondere in seiner protestantischen

---

56 Rudolf. v. Thadden, Trieglaff, S. 250. Für Spannungen spricht auch der Umgang Rudolf v. Thaddens mit seinem Halbbruder in der 294-seitigen Familiengeschichte. Dort wird das politische Engagement Adolf v. Thaddens von seinem Halbbruder nur mit wenigen Sätzen und eher beiläufig erwähnt. Vgl. ebd.
57 Finkbeiner/Trittel/Geiges, Rechtsradikalismus, S. 53.

Ausprägung. Er hatte in Gestalt der DNVP und der *Harzburger Front* dem Nationalsozialismus den Weg geebnet, die Strategie der Eindämmung durch Regierungsbeteiligung war grandios gescheitert. Aber auch der Nachkriegskonservatismus hat, wie dieser Lebensweg zeigt, Bündnisse geschlossen mit der extremen Rechten, Teile von deren Positionen übernommen und dadurch den Weg in eine überzeugende Demokratisierung verpasst.

Autorinnen, Autoren und Herausgeber

Cenk Akdoğanbulut, M. A., Historiker, Doktorand und Assistent am Department für Zeitgeschichte, Universität Fribourg. Veröffentlichungen: Überfremdungsdiskurse und migrantischer Widerstand in der Nachkriegsschweiz, in: Francesca Falk (Hg.), Der Schwarzenbacheffekt. Wenn Abstimmungen Menschen traumatisieren und politisieren, Zürich 2022, S. 21–34.

Eric Angermann, M. A., Historiker, Promotion an der Georg-August-Universität Göttingen zu neonazistischen Akteuren in der DDR und in der BRD (1983–1992). Promotionsstipendiat der Hans-Böckler-Stiftung, zudem wissenschaftlicher Mitarbeiter am Lehrstuhl für politische Bildung der Universität Potsdam. Jüngste Veröffentlichungen u. a.: Der Beginn des organisierten Neonazismus in Brandenburg. Die Aktivitäten neonazistischer Kleinparteien in den 1990er Jahren, in: Gideon Botsch / Christoph Schulze (Hg.), Rechtsparteien in Brandenburg. Zwischen Wahlalternative und Neonazismus, 1990–2020, Berlin 2021.

Phillip Becher, Dr. phil., Sozialwissenschaftler. Veröffentlichungen u. a.: Faschismusforschung von rechts. A. James Gregor und die ideozentrische Deutung des italienischen Faschismus. Köln 2020; Rechtspopulismus. Basiswissen Politik / Geschichte / Ökonomie, 2., aktualisierte Auflage, Köln 2021.

Peter Bierl, Politikwissenschaftler und freier Journalist. Veröffentlichungen unter anderem: Unmenschlichkeit als Programm, Berlin 2022; Die Legende von den Strippenziehern. Verschwörungsdenken im Zeitalter des Wassermanns, Augsburg 2021; Grüne Braune. Umwelt-Tier- und Heimatschutz von rechts, Münster 2014.

Gideon Botsch, Dr. phil., Politikwissenschaftler, apl. Professor an der Wirtschafts- und Sozialwissenschaftlichen Fakultät der Universität Potsdam, Leiter der Emil Julius Gumbel-Forschungsstelle Antisemitismus und Rechtsextremismus des Moses Mendelssohn Zentrums für europäisch-jüdische Studien, Potsdam. Letzte Veröffentlichungen u. a.: Warten auf den Tag X. Radikaler Nationalismus und extreme Rechte 1949–1989, in: Elke Seefried (Hg.), Politische Zukünfte im 20. Jahrhundert. Parteien, Bewegungen, Umbrüche. Frankfurt am Main/New York 2022, S. 193–213. Identifying extreme-right terrorism: Concepts and misconceptions, in: A Transnational History of Right-Wing Terrorism. Political Violence and the Far Right in Eastern and Western Europe since 1900. Edited By Johannes Dafinger,

Moritz Florin (= Routledge Studies in Fascism and the Far Right), London/New York 2022, S. 241–257.

Viktor Fichtenau, M. A., Doktorand am Historischen Seminar der Universität Heidelberg. Veröffentlichungen u. a.: In Baden dem Nationalsozialismus ganz besonders eng verschwägert. Das Verhältnis der badischen DNVP zum Nationalsozialismus und ihre Rolle bei der „Machtübernahme", in: Zeitschrift für die Geschichte des Oberrheins 167 (2019), S. 265-298; Paul Schmitthenner: „Universität als Stätte wehrpolitischer Erziehung", in: Proske, Wolfgang (Hg.): Täter Helfer Trittbrettfahrer, Bd. 7, NS-Belastete aus Nordbaden + Nordschwarzwald, Gerstetten 2017, S. 257–271.

Martin Finkenberger, Dr. phil., Politikwissenschaftler und Historiker, Veröffentlichungen u. a.: Johann von Leers (1902–1965): Propagandist im Dienste von Hitler, Perón und Nasser (2023); „Die Judenfrage ist der Prüfstein völkischer Gesinnung". Der „Bund Völkischer Europäer" 1933 bis 1936, in: Jahrbuch für Antisemitismusforschung 26 (2017), S. 61–89; Im Dienste der Lügen. Herbert Grabert (1901–1978) und seine Verlage, Aschaffenburg 2004 (Hg. mit Horst Junginger).

Philipp Grehn, M. A., Historiker, Pädagogischer Mitarbeiter beim Jugendclub Courage Köln. Veröffentlichungen u. a.: Hakenkreuze an Weihnachten, in: Martin Langebach (Hg.), Protest. Deutschland 1949–2020, Bonn 2021, S. 156–157; Die AfD in Köln. Eine Partei am rechten Rand. Köln 2017 (Hrsg. vom Jugendclub Courage Köln e. V.).

Paul Lukas Hähnel, Dr. phil., Historiker, Wissenschaftlicher Angestellter am Lehrstuhl für Neuere Geschichte der Heinrich-Heine-Universität Düsseldorf. Veröffentlichungen u. a.: Föderale Interessenvermittlung im Deutschen Kaiserreich am Beispiel der Nahrungsmittelregulierung (Föderalismus in historisch vergleichender Perspektive, Bd. 3), Baden-Baden 2017; Parlamentarier für Europa – Die Vernetzung des Bundestags mit europäischen interparlamentarischen Körperschaften durch Doppelmandate (1950–1969/70), in: JEIH 26-2 (2020), S. 325–344.

Stefanie Haupt, M. A., Historikerin, wissenschaftliche Mitarbeiterin im Käte Hamburger Kolleg: Kulturen des Forschens der RWTH Aachen. Veröffentlichungen: Die Externsteine. Zwischen wissenschaftlicher Forschung und völkischer Deutung 2018 (hg. mit Larissa Eikermann, Roland Linde und Michael Zelle); Otto Sigfrid Reuter, in: Michael Fahlbusch/Ingo Haar/Alexander Pinwinkler (Hg.), Handbuch der völkischen Wissenschaften. Akteure, Netzwerke, Forschungsprogramme, 2. Aufl. Berlin 2017, S. 621–625.

Sabine Hering, Dr. phil. habil., Sozialwissenschaftlerin, Professorin i. R. an der Universität Siegen. Forschungsschwerpunkte u. a. Geschichte der Frauenbewegung, der internationalen Wohlfahrtsgeschichte und der Sozialdemokratie in Brandenburg. Zahlreiche Veröffentlichungen, zuletzt u. a.: Sozialdemokratie in Brandenburg (1868–1933). Lebenswege zwischen Aufbruch, Aufstieg und Abgrund, Bonn 2021; Sozialdemokratie in Brandenburg (1933–1989/90). Lebenswege zwischen Widerstand, Vereinnahmung und Neubeginn, Bonn 2022 (Hg. jeweils mit Willi Carl und Martin Gorholt).

Hans-Gerd Jaschke, Dr. phil. habil., Politikwissenschaftler, bis 2018 Professor für Politikwissenschaft an der Hochschule für Wirtschaft und Recht Berlin. Forschungsschwerpunkte: Politischer Extremismus, Politik der Inneren Sicherheit, Entwicklung der Polizei. Neuere Veröffentlichungen: Rechtsextreme Netzwerke in der Polizei und anderen Sicherheitsbehörden? In: Jahrbuch Öffentliche Sicherheit 2020/2021, hg. Martin H. W. Möllers/Robert Chr. van Ooyen, Baden-Baden/Frankfurt am Main 2021, S. 22–35. Politischer Extremismus. Eine Einführung, 2. Aufl., Wiesbaden 2020.

Christoph Kopke, Dr. phil., Politikwissenschaftler, Professor für Politikwissenschaft und Zeitgeschichte an der Hochschule für Wirtschaft und Recht Berlin, Fachbereich Polizei und Sicherheitsmanagement. Forschungsschwerpunkte: Nationalsozialismus und Rechtsextremismus. Jüngste Veröffentlichungen u. a.: Jugendarbeit, Polizei und rechte Jugendliche in den 1990er Jahren. Weinheim/Basel 2023 (Hg. mit Vero Bock, Lucia Bruns, Christin Jänicke, Esther Lehnert und Helene Mildenberger); Rechter Terrorismus: international – digital – analog. Frankfurt am Main 2023 (Hg. mit Marc Coester, Anna Daun, Florian Hartleb und Vincenz Leuschner).

Niklas Krawinkel, Dr. phil., Historiker, wissenschaftlicher Mitarbeiter am Lehrstuhl zur Erforschung der Geschichte und Wirkung des Holocaust an der Goethe-Universität Frankfurt am Main. Jüngste Veröffentlichungen: Belastung als Chance. Hans Gmelins politische Karriere im Nationalsozialismus und in der Bundesrepublik Deutschland, Göttingen 2020; „Opfer und Überlebende sind keine Statisten". Das Museum für Moderne Kunst in Frankfurt/M. thematisiert die Perspektive von Betroffenen rassistischer Gewalt, in: zeitgeschichte-online, Februar 2019, https://zeitgeschichte-online.de/geschichtskultur/opfer-und-ueberlebende-sind-keine-statisten.

Barbara Manthe, Dr. phil., Historikerin, wissenschaftliche Mitarbeiterin an der Universität Bielefeld. Veröffentlichungen u. a.: Rechtsterroristische Gewalt in den

1970er Jahren. Die Kühnen-Schulte-Wegener-Gruppe und der Bückeburger Prozess 1979, in: Vierteljahrshefte für Zeitgeschichte 68 (2020), H. 1, S. 63–93; Richter in der nationalsozialistischen Kriegsgesellschaft. Beruflicher und privater Alltag von Richtern des Oberlandesgerichtsbezirks Köln, 1939–1945, Tübingen 2013.

Gunnar Mertz, Mag., BA, Politikwissenschaftler, Doktorand am Institut für Zeitgeschichte der Universität Wien. Veröffentlichungen u. a.: BergWetter 1938. Diktatur-Behörden-Wissenschaft: Geologische Bundesanstalt und Zentralanstalt für Meteorologie und Geodynamik im Schatten des Nationalsozialismus, Wien 2018 (gemeinsam mit Johannes Thaler u. a.); Entnazifizierung im alpinen Raum: Der Alpenverein und die französische Besatzungspolitik in Österreich mit einem Vergleich zu Deutschland, in: Sébastien Chauffour / Corine Defrance / Stefan Martens / Marie-Bénédicte Vincent (Hg.), La France et la dénazification de l'Allemagne après 1945, Brüssel u. a. 2019, S. 207–224.

Ann-Kathrin Mogge, M. A., arbeitet in der politischen Jugendbildung und ist Doktorandin sowie Lehrbeauftragte an der Universität Kassel. Jüngste Veröffentlichung u. a.: Von der Volksgemeinschaft in die Nische. Zum gleichzeitigen Auftauchen von jugendlichen Neonazis und Punks in der Bundesrepublik, in: Testcard. Beiträge zur Popgeschichte. #27: Rechtspop, Mainz 2023.

Yves Müller, M. A., Historiker, wissenschaftlicher Mitarbeiter am Institut für Landesgeschichte beim Landesamt für Denkmalpflege und Archäologie Sachsen-Anhalt, Halle (Saale). Veröffentlichungen u. a.: „Faschistische Grundstruktur". Lutz Niethammers Analyse der extremen Rechten (1969), in: Zeithistorische Forschungen/Studies in Contemporary History 16 (2019), H. 1, S. 197–205; Zeitgeschichte des Nationalismus. Für eine Historisierung von Nationalsozialismus und Rechtsradikalismus als politische Nationalismen, in: Archiv für Sozialgeschichte 60 (2020) [2021], S. 323–351 (mit Dominik Rigoll).

Kurt Schilde, Dr. phil., Historiker und Soziologe. Zahlreiche Veröffentlichungen zum Nationalsozialismus, v. a. zur Judenverfolgung und zur Geschichte des Widerstandes gegen den Nationalsozialismus, z. B.: Bürokratie des Todes. Lebensgeschichten jüdischer Opfer des NS-Regimes im Spiegel von Finanzamtsakten. Berlin 2002; Das BDM-Werk „Glaube und Schönheit". Die Organisation junger Frauen im Nationalsozialismus, 2. Aufl., Opladen 2004 (mit Sabine Hering).

Pablo Schmelzer, M. A., Historiker, Wissenschaftlicher Mitarbeiter in der Forschungsgruppe Demokratie und Staatlichkeit am Hamburger Institut für Sozialforschung (HIS). Veröffentlichung: „Black and white, unite and fight". Die deutsche 68er-Bewegung und die Black Panther Party, Hamburg 2021.

Christoph Schulze, Dr. phil., Sozialwissenschaftler, ist Mitarbeiter an der Emil Julius Gumbel Forschungsstelle Antisemitismus und Rechtsextremismus im Potsdamer Moses Mendelssohn Zentrum für europäisch-jüdische Studien. Zuletzt: Rechtsparteien in Brandenburg. Zwischen Wahlalternative und Neonazismus, 1990–2020, Berlin 2021. (Hg. mit Gideon Botsch).

Karsten Wilke, Dr. phil., Historiker, Studium der Geschichts- und Literaturwissenschaften in Bielefeld und Groningen (NL), Promotion zur „Hilfsgemeinschaft auf Gegenseitigkeit der Angehörigen der ehemaligen Waffen-SS" (HIAG) an der Universität Bielefeld, langjährige Mitarbeit bei der Mobilen Beratung gegen Rechtsextremismus NRW, Veröffentlichungen zur Geschichte des Nationalsozialismus, zur Geschichte des Rechtsextremismus in der Bundesrepublik, zur Medizin- und Diakoniegeschichte, wiss. Mitarbeiter am Forschungsschwerpunkt Rechtsextremismus und Neonazismus (FORENA) an der Hochschule Düsseldorf.

Organisationen- und Institutionenverzeichnis

Auf Grund der häufigen Nennungen wird auf den Nachweis von Nationalsozialistische Deutsche Arbeiterpartei / NSDAP, Schutzstaffel / SS (außer Waffen-SS) und Sturmabteilung / SA im Register verzichtet.

Ahnenstättenverein Conneforde e.V. 274, 397
Akademie für Deutsche Kultur 343
Aktion Ausländerrückführung (AAR) 106, 224
Aktion Lebensschutz (AL) 221
Aktion Neue Rechte (ANR) 214, 445
Aktion Oder-Neiße (AKON) 207, 270, 382
Aktion Widerstand (Aktion W) 13, 89, 208, 214, 238, 261, 268–270, 327, 393, 421
Aktionsfront Nationaler Sozialisten (ANS) 103, 217–219, 223, 225, 395, 411, 421
Aktionsfront Nationaler Sozialisten/Nationale Aktivisten (ANS/NA) 104–107, 110, 113, 115, 118, 223–225, 229, 328
Aktionsgemeinschaft Unabhängiger Deutscher (AUD) 166, 176, 177, 181–186
Aktionsgemeinschaft Vierte Partei (AVP) 215
Alma Druck und Verlag 272
Alternative für Deutschland (AfD) 8, 296, 314, 461
Alfred-Rosenberg-Stiftung 157
Amnesty International 429
Amt Blank 199, 204
Antaios-Verlag 302, 310
Anti-Antifa 127, 132, 225
Antifaschistisches Pressearchiv und Bildungszentrum (apabiz) 147, 235, 262, 414
Antizionistische Aktion (AZA) 221
Arbeitsgemeinschaft Deutsche Glaubensbewegung (ADG) 153
Arbeitsgemeinschaft für demokratische Politik (AfP) 274
Arbeitsgemeinschaft Nationaler Gruppen (ANG) 83
Arbeitsgemeinschaft Nationalsozialistische Deutsche Arbeiterpartei (NSDAP) 410
Arbeitsgemeinschaft Nation Europa (ANE) 405

Arbeitskreis Kriegsschuldfrage 207
Arbeitskreis Schülerfragen 123
Arbeitskreis Volkstreuer Verbände (AVV) 88, 207, 265–267, 270
Arbeits- und Forschungskreis für die Vor- und Frühgeschichte der Externsteine im Teutoburger Wald (auch: Forschungskreis Externsteine) 341–345
Arndt-Verlag 376
Artgemeinschaft – Germanische Glaubens-Gemeinschaft wesensgemäßer Lebensgestaltung e.V. 272, 382, 384, 388–391, 395, 398, 399, 402
Autonome Antifa (M) 128
Autonomes Umtopfungskommando (AUK) 233
Bayerische Volkspartei (BVP) 174
Bayernpartei 174, 175
Bergedorfer Gesprächskreis 282
Bruderschaft 60, 61, 67–69
Buchkreis für Besinnung und Aufbau 30
Bürgerinitiative gegen Kriegsschuld und antideutsche Greuellügen 244
Bund der Heimatvertriebenen und Entrechteten (BHE) 87, 176, 178
Bundesgrenzschutz (BGS) 100
Bundesnachrichtendienst (BND) 190, 199, 364, 370, 371, 373, 374
Bundeszentrale für politische Bildung 375
Bund Deutscher Mädel (BDM) 37, 73, 74, 167, 274, 328, 383
Bund der Köngener 151
Bund der Vertriebenen (BdV) 121, 129
Bundesverband Bürgerinitiativen Umweltschutz (BBU) 184
Bund Deutscher Jugend (BDJ) 236
Bund Deutscher Nationalsozialisten (BDNS) 215
Bund für Gotterkenntnis (Ludendorffer) 256, 274
Bund für Umwelt- und Naturschutz Deutschland (BUND) 183
Bund Heimattreuer Jugend (BHJ) 88, 123, 237, 240, 265, 272, 273, 325, 326, 379, 382, 384, 385, 422

Bund Nationaler Studenten (BNS) 437, 438
Bund Vaterländischer Jugend (BVJ) 236, 237
Burschenschaft Arminia 89
Carl Friedrich von Siemens Stiftung 293, 295, 296
Christlich Demokratische Union (CDU) 17, 26, 87, 99, 101, 179, 182, 267, 287, 351, 356, 416, 423, 426, 428, 436, 441, 459
Christlich Soziale Union (CSU) 13, 87, 166, 167, 169–176, 287, 289–293, 295, 351, 384, 393, 416, 461
Collegium Humanum 183, 184, 344
Counter Intelligence Corps (CIC) 62, 81, 190, 194–197, 199, 202–204
CSU-Freundeskreise 384, 393
Dachverband der Nationalen Sammlung (DNS) 144
Demokratisch Konservative Korrespondenz (DKK) 291
Demokratisch Konservativer Kreis 291
Deutsch-Arabische Gemeinschaft 406, 426
Deutsche Akademie für Bildung und Kultur 343
Deutsche Aktionsgruppen 239, 241–243
Deutsche Alternative (DA) 228
Deutsche Frauenfront (DFF) 231
Deutsche Freiheitsbewegung 406
Deutsche Freiheitspartei (DFP) 183, 406
Deutsche Gemeinschaft (DG) 87, 142, 166, 176–184, 406
Deutsche Glaubensbewegung (DG) 83, 154
Deutsche Konservative Partei/Deutsche Rechtspartei 457
Deutsche Kulturgemeinschaft (DKG) 273
Deutsche Lebensschutzbewegung (DLB) 184, 185
Deutsche Partei (DP) 439
Deutsche Rechtspartei 457, 458
Deutsche Reichspartei (DRP) 13, 27, 88, 144, 177, 207, 221, 237, 274, 325, 326, 350, 406, 436–439, 451, 452, 455, 457–465
Deutsche Sozialistische Gemeinschaft 406
Deutsche Stimme (Verlag) 382
Deutsche Union (DU) 69, 87, 175, 176
Deutsche Unitarier Jugend 322, 328
Deutsche Unitarier Religionsgemeinschaft (DUR) 83, 274
Deutsche Volkspartei (DVP) 168, 169

Deutsche Volksunion (DVU) 209, 212, 270, 378, 383, 394
Deutschnationale Volkspartei (DNVP) 457, 465, 466
Deutscher Block (DB) 87, 143, 262–266
Deutscher Rechtsschutzkreis 395
Deutsches Arbeitszentrum (DAZ) 271–273
Deutsches Jungvolk 52, 321, 350
Deutsches Kulturwerk Europäischen Geistes (DKEG) 3, 13, 75, 76, 83–92, 94, 95, 207, 262, 266, 272, 273, 323, 341–343, 379
Deutsches Rechtsbüro 395
Deutschgläubige Bewegung 155
Deutschland-Stiftung 291, 303
Deutschnationaler Jugendbund (DNJ) 78
DN Verlagsgesellschaft 30
Dreimasken-Verlag 367
Dritte Front 183
Druffel-Verlag 438
Dürer-Verlag 370, 371
E. Bierbaum-Verlag 408
Einheitsfront der nationalen Publizistik 208
Europäische Bewegung (EB) 225
Europäische Volksbewegung 145
Europäische Wirtschaftsgemeinschaft (EWG) 180
Faisceaux Nationalistes Européenne (FNE) 226
Die Falken 67
Fédération d'Action Nationale et Européenne (F.A.N.E.) 422
Forschungsgemeinschaft Deutsches Ahnenerbe e.V. (SS-Ahnenerbe) 157, 339
Forschungshilfe e.V. 159
Frankfurter Kreis Deutscher Soldaten 407
Freie Demokratische Partei (FDP) 68, 87, 175, 176, 351
Freicorps Chattia Marburg 78
Freie Sozialistische Partei (FSP) 409
Freiheitliche Partei Österreichs (FPÖ) 189, 190, 200, 203
Freiheitlicher Rat 270
Freikorps Oberland 99
Freundeskreis der Nationalen Jugend (FdnJ) 265, 325
Freundeskreis der NSDAP 216
Freundeskreis Filmkunst 385, 397
Freundeskreis Freiheit für Deutschland (FFD) 145

Freiheitliche Deutsche Arbeiterpartei (FAP) 107, 109, 110, 225, 228, 328, 329, 331
Fritz Bauer Institut 416, 419
Geheime Staatspolizei (Gestapo) 44, 45, 80, 119, 156, 457
Gemeinschaft unabhängiger Deutscher (GuD) 88
Gesamtdeutscher Block/Bund der Heimatvertriebenen und Entrechteten (GB/BHE) 439
Gesamtdeutsche Partei (GDP) 439
Gesamtdeutscher Studentenverband (GDS) 129
Gesellschaft für biologische Anthropologie, Eugenik und Verhaltensforschung (GfbAEV) 272, 382, 387, 397
Gesellschaft für Europäische Urgemeinschaftskunde (Ur-Europa) 341, 344
Gesellschaft für freie Publizistik (GfP) 161, 207, 209, 272, 379
Gesellschaft für Vor- und Frühgeschichte (GVF) 391
Gesinnungsgemeinschaft der Neuen Front (GdNF) 107–110, 112, 113, 117, 118, 225, 227, 229, 230, 232, 233
Gladio 247, 248
Göttinger Runde(n) 123, 124, 128, 385, 393
Grabert-Verlag 31, 149, 221, 341, 345, 376, 378,
Grüne Aktion Deutschland (GAD) 412
Die Grünen 13, 165–167, 178, 184, 186, 187
Hamburger Herrenklub 60, 68, 69
Hans-Seidel-Stiftung 292
Harzburger Front 366, 466
Hauptschulungsamt Wotans Volk 233
Heimatverein Conneforde 274
Hepp-Kexel-Gruppe 433
Herbig-Verlag 377
Hilfsgemeinschaft auf Gegenseitigkeit der Angehörigen der ehemaligen Waffen-SS (HIAG) 206, 207, 323
Hilfsorganisation für nationale politische Gefangene und deren Angehörige (HNG) 102, 221, 225, 429–432, 447
Hitlerjugend (HJ) 3, 37, 39–48, 50–55, 59–65, 67–69, 71, 73–76, 99, 198, 199, 236, 262, 320, 321, 324, 331, 350, 461
Hochschulgruppe Pommern zu Göttingen (HGP) 123, 124, 126, 129
Hochschulring Tübinger Studenten (HTS) 126

Humanistische Union 420
Identitäre Bewegung (IB) 8, 314
Institut für deutsche Nachkriegsgeschichte (IdN) 160
Institut für geschichtliche Landeskunde der Rheinlande 19
Institut für Zeitgeschichte (IfZ), München 17, 160, 162, 370, 376, 377, 408
Institut für Staatspolitik 302
Jugendbund Adler (JbA) 263, 265, 270, 325
Jugendbund Sturmvogel 329
Jugendsippe Ulrich von Hutten 418, 420
Junge Nationaldemokraten (JN) 127, 214, 240, 330, 331, 355, 420
Junge Union (JU) 214
Kameradschaft Aachener Land (KAL) 332
Kampfbund Deutscher Soldaten (KDS) 407
Kampfbund Deutscher Sozialisten (KDS) 97, 114–116, 407, 412
Kampfgruppe Großdeutschland 420
Klütkreis 83
Körber Stiftung 282
Komitee Freiheit für Dönitz 406
Komitee zur Vorbereitung der Feierlichkeiten zum 100. Geburtstag Adolf Hitlers (KAH) 107–109, 229
Kommunistische Partei Österreichs (KPÖ) 198, 201
Kommunistischen Partei Österreichs (Opposition) (KPÖ(O)) 191
Kommunistische Partei Deutschlands (KPD) 179, 191, 215
Kommunistischer Bund 414
Kommunistischer Jugendverband (KJV) [Österreich] 191
Konkret Buchverlag 95
Kühnen-Schulte-Wegener-Gruppe (KSWG) 217, 360
Kulturpolitischer Arbeitskreis Rheinland-Ruhr-Wupper 91
Kultur und Fortschritt (Verlag) 405
Liga gegen den Imperialismus 215
Die Linke 394
Legion Condor 368, 376
Ministerium für Staatssicherheit (MfS) 190, 248, 415, 416, 432
Mütterdank e.V. 397

Nationaldemokratische Partei Deutschlands (NPD) 6, 7, 12–18, 27–31, 33, 88, 93, 121, 177, 207, 212, 237–239, 261, 262, 264–268, 270, 271, 289, 290, 292, 306, 325, 326, 329–331, 350, 351, 354, 355, 361, 382, 398, 400–402, 409, 417–420, 422, 428, 436, 437, 439–446, 448, 449–455, 459–465
Nationaldemokratischer Hochschulbund (NHB) 122, 240
Nationaldemokratische Wählervereinigung 409
Nationale Aktivisten (NA) 103, 223
Nationale Alternative (NA) 230
Nationaler Kameradschaftsring 144, 145, 147
Nationale Sammlung (NS) 109–112
Nationale Sammlungsbewegung (NSB) 140–144
Nationalsozialistische Freiheitsbewegung (NF) 255
Nationalsozialistische Volkswohlfahrt (NSV) 41, 45, 135
Nationalsozialistischer Deutscher Dozentenbund 22
Nationalsozialistischer Deutscher Studentenbund (NSDStB) 20, 21
Nationalsozialistischer Schülerbund 410
Nationalsozialistischer Untergrund (NSU) 389, 433, 434
Nationalsozialistisches Kraftfahrkorps (NSKK) 321
Nationalverlag 30
Naumann-Kreis (Gauleiter-Kreis) 83, 206
Nationale Liste (NL) 230
Nationalistische Front (NF) 388
Northern League 385
NSDAP-Auslands- bzw. Aufbauorganisation (NSDAP/AO) 101, 216, 217, 353, 355, 420, 430, 431
NS-Kampfgruppe 420
Österreichische Volkspartei (ÖVP) 201, 203–205
Organisation Gehlen (OG) 199, 364
Organisation der ehemaligen SS-Angehörigen (Odessa) 203
Organisation Spinne (auch: Organisation KO, Gmundner Kreis) 202, 203
Ostpolitischer Deutscher Studentenverband (ODS) 121, 122, 124, 126, 128, 129, 132
Otte-Gruppe (auch: Braunschweiger Gruppe) 349, 353–355, 357, 359, 361

Otto-Stammer-Zentrum 262
Paneuropa Union 427
PEGIDA 8
Querdenken-Bewegung 8
Die Republikaner (REP) 212, 224, 293, 296
Republikanischer Studentenbund Deutschlands 384, 385
Reichsarbeitsdienst (RAD) 404, 456
Reichsjugend 322
Reichsministerium des Innern 19
Reichsministerium für die besetzen Ostgebiete 157, 157
Reichsministerium für Volksaufklärung und Propaganda 70
Reichsministerium für Wissenschaft, Erziehung und Volksbildung (REM) 23, 24
Reichspressekammer 174
Reichsschrifttumskammer (RKK) 78, 79, 193
Reichssicherheitshauptamt (RSHA) 23, 24, 61, 68–70, 197
Rote Armee Fraktion (RAF) 247, 355, 359, 463
SA-Sturm 8. Mai (Freizeitverein Hansa) 216
Scherl-Verlag 368
Schild-Verlag 205
Sozialdemokratische Partei Deutschlands (SPD) 31, 87, 99, 170, 175, 179, 180, 206, 230, 351, 441
Sozialistische Deutsche Arbeiterjugend (SDAJ) 423
Sozialistische Einheitspartei Deutschlands (SED) 436
Sozialistische Partei Österreichs (SPÖ) 200, 201, 203–205
Sozialistische Reichspartei (SRP) 2, 3, 13, 27, 133, 136–144, 147, 177, 215, 221, 322, 350, 459, 465
Sozialistischer Deutscher Studentenbund (SDS) 122, 392
Stahlhelm 88, 221
Studentenbund Schlesien (SBS) 126, 127, 129, 130
Studentischer Arbeitskreis Pommern (SAP) 121
Stuttgarter Rechtsblock 443, 445
Sûreté nationale 190
Tannenbergbund 256
TAT-Kreis 290
Thule-Gesellschaft 365

Thule-Seminar 126
Türmer-Verlag 83, 87, 92, 93, 378
Uhl-Wolfgram-Gruppe 362
Unabhängiger Schüler-Bund (USB) 123
Vaterländischer Jugendbund 322
Verband der nichtamtierenden (amtsverdrängten) Hochschullehrer 158
Verband der Reservisten der Deutschen Bundeswehr e.V. 238
Verband der Unabhängigen (VdU) 201–205
Verband Deutscher Historiker 160
Vereinigung der Verfolgten des Naziregimes (VVN) 127, 302, 414
Vereinigung Deutsche Nationalversammlung (VDNV) 183
Vereinigung Kaiser und Reich 120
Verfassungsschutz, Bundesamt/Landesämter 16, 127, 140, 143–145, 190, 200, 206, 208, 265, 342, 354, 360, 431, 438–440, 443, 444, 451, 452, 458
Verlag der deutschen Hochschullehrer-Zeitung 149
Verlag für Volkstum und Zeitgeschichte 408
Verlag Hohe Warte 256
Verlagsanstalt für Wissenschaft und Politik 159

Verlag S. Bublies 36
Völkischer Bund (VB) 447
Völkischer Schutz- und Trutzbund 320
Volkssozialistische Bewegung Deutschland/ Partei der Arbeit (VSBD/PdA) 223, 225, 411, 414, 421, 422, 424–427, 429–431, 433
Wählergemeinschaft für ein neutrales Deutschland 406
Waffen-SS 12, 46, 53, 55, 64, 75, 100, 193, 206, 207, 295, 313, 323, 377, 461
Warschauer Vertrag 248
Wehrbund Ostmark 320
Wehrsportgruppe (WSG) 101–103, 126, 127, 223, 235, 240, 242, 352, 418, 422, 429, 431
Weltbund zum Schutze des Lebens (WSL) 184, 272
Wiking-Jugend (WJ) 3, 13, 103, 265, 270, 319–332, 382, 384, 418, 422
Wilhelm Tietjen Stiftung für Fertilisation Ltd. 397, 398
Wirtschaftliche Aufbauvereinigung (WAV) 263
Wissenschaftliche Buchgesellschaft (WBG) 12, 15, 16, 18, 26, 27, 29
Witikobund 16, 17, 30, 89

Personenverzeichnis

Auf Personen, die Gegenstand der Aufsätze des vorliegenden Bandes sind, wird nur verwiesen, wenn sie in anderen Beiträgen Erwähnung finden.

Abendroth, Wolfgang 464
Achterberg, Eberhard 93
Adenauer, Konrad 179, 180, 186, 291
Aengenvoort, Manfred 131
Albrecht, Udo 239
d'Alquen, Gunter 69
Andreotti, Giulio 248
Anh Lân, Đỗ 242
Anrich, Ernst 12
Apfel, Holger 130, 401
Arlt, Erwin 270
Arnold, Josef 413
Aubin, Hermann 26
Axmann, Aloys 38
Axmann, Arthur 13
Axmann, Emma (geb. Frick) 38
Axmann, Kurt 70, 71
Backfisch, Alfred (sen.) 140
Backfisch, Alfred (jun.) 140
Baldow, Beate 60
Bardèche, Maurice 315
Baßler, Karl 443–445
Baumgart, Petra 346
Becher, Johannes R. 301, 302
Becher, Walter 178
Beck-Broichsitter, Helmut 68
Beier, Henry 420, 429
Benn, Gottfried 311
de Benoist, Alain 264, 304, 305, 387
Berens-Totenohl, Josefa 90
Berg, Hans-Joachim 445
v. Berk, Hans Schwarz 69, 367
Bertram, Hans 91, 92
Best, Werner 69, 70
Beuys, Joseph 185, 186
Beyer, Sandro 450
Biber, Sepp 332, 384
Biebricher, Thomas 307
v. Bismarck, Otto 19, 456
Blanck-Conrady, Ludwig 313
Blaškov, Vjekoslav 198
Blunck, Hans-Friedrich 90
Böhme, Herbert 13, 266, 273, 342
Böll, Heinrich 463
Börm, Manfred 220, 327
Bormann, Martin 55, 56, 65
Born, Michael 234
van der Bosch, Joachim 144
Bräuninger, Werner 213
Brandt, Willy 121, 182, 236, 267, 269, 407
Brasilach, Robert 314
v. Brauchitsch, Walther 64
Brehl, Luise 99
Brehl, Rudolf 99
Brehl, Thomas 13, 211, 223, 328, 329
Breuer, Stefan 307, 308
Broszat, Martin 408
Brüning, Heinrich 365
Bublies, Siegfried 37
Budäus, Kurt 62
Bügner, Johannes 227
Bürckel, Josef 192, 193
Burger, Norbert 207
Buro, Andreas 183
Burke, Edmund 316
Busse, Friedhelm 401, 411, 421, 425, 431
Burgstaller, Ernst 340, 343, 344
Caignet, Michel 109, 227
Céline, Louis-Ferdinand 311
Colditz, Heinz 239
Coudenhove-Kalergi, Richard 427
v. Dach, Hans 353
v. Däniken, Erich 343
Daluege, Kurt 70
Darré, Richard Walther 157
Deckert, Günter 330, 448
Dehler, Thomas 175
Dehm, Richard 26
Dehoust, Peter 208, 437
Deichen, Christian 451
Dexheimer, Oskar 140, 144
Doege, Gunnar 450, 451
Dönitz, Karl 59

Dollinger, Heinrich 140
Dollinger, Theodor 140
Dorls, Fritz 138, 458, 462
Dregger, Alfred 356
Peter Dudek 4, 6, 75, 418
Dürer, Albrecht 85
Dutschke, Rudi 165, 166, 183, 186
Ebeling, Günter 62
Eckart, Wolf-Dieter 215, 216
Ehlert, Fritz Otto 372
Eichberg, Henning 125, 385
Eichinger, Werner 445
Eisermann, Heinrich 355, 356
Elsnegg, Hedwig Maria Leopoldine 190
Engelmann, Bernt 183
Erb, Rainer 219
Erhardt, Arthur 161, 180
Essl, Erwin 206
Etz, Hans-Dieter 323
Etzel, Richard 263, 270
Feldmann, Peter 419
Fiedler, Hans-Michael 13, 385
Filbinger, Hans 441
Finke, August 322
Flechtheim, Ossip K. 183, 186, 464
Fleig, Hans 301
Flex, Walter 20
Förster, Andreas 431
Förster, Anna Margaretha 133
Förster, Friedrich 133
Förster, Karl Friedrich 133
Förster, Karl Theodor 13
Förster, Katharina 133
Förster, Wendelin 133
Frank, Anne 408
Franke-Gricksch, Alfred 68
Franz, Günther 24
Frauenfeld, Alfred 69
Fréderiksen, Marc 226
Freisler, Roland 70
Freud, Sigmund 156, 252
Frey, Gerhard 93, 209, 230, 270, 378, 379, 410, 446, 460
Frey, Josef 191
Frick, Wilhelm 70, 366
Fricke, Gerhard 26
Fried, Erich 226, 463

Fritsch, Eberhardt 370, 372
Fromme, Friedrich Karl 74, 416
al-Gaddafi [Khadafi], Muammar 283
Galinski, Heinz 356
Ganzenmüller, Albert 35
Gauland, Alexander 316, 423
de Gaulle, Charles 175, 277–282, 284, 285, 288, 290
Gebhard, Georg 138
Gehlen, Arnold 281, 285
Gehlen, Reinhard 199
Genscher, Hans-Dietrich 251
Gerstenmaier, Eugen 407
Goebbels, Josef 13, 39, 70, 79, 171, 351, 363, 364, 368–370, 377
Göring, Hermann 56, 70, 366
Goerth, Christa 113, 225, 232
Giesler, Paul 80
Grabert, Herbert 13, 345
Gradwohl-Schlacher, Karin 189, 193
Graf, Peter 229
Graf Schwerin von Krosigk, Lutz 64
Graf, Werner 212
Gräfe, Horst 418, 420
Graml, Hermann 160
Grass, Günter 269, 406
Grebing, Helga 285
Griesmayr, Gottfried 69
Grimm, Hans 162, 273, 302, 379
Grüttner, Eberhard 74
Gruhl, Herbert 166, 186
Gruner, Wolf D. 58, 59
Guevara, Ernesto, gen. Che 184
Günther, Hans F.K. 155, 384, 386–388, 391
Gutmann, Wilhelm 440, 441
Gussone, Clemens 213
Haas, Friedrich 138
Hähnel, Jörg 130, 131
Härtle, Heinrich 89
Hahn, Otto 464
Hahn-Butry, Jürgen 94
Halifax, Edward Wood 160
Halle, Uta 333, 346
Hansen, Henning 140, 141
Harlan, Veit 405
Hartmann, Heinrich 61
Hauer, Jakob Wilhelm 83, 150–154, 156

Hausser, Paul 206
Haußleiter, August 13
Haverbeck, Werner Georg 184, 186, 344
Haverbeck-Wetzel, Ursula 184, 186
Heck, Christian 126, 128
Heckmann, Friedrich 445
Heidel, Volker 108, 227, 355, 357, 359–361
Heidemann, Willi 61, 62
Heimpel, Hermann 24
Heise, Thorsten 116
Heller, Fritz 141
Helmle, Wilhelm 142
Hennig, Eike 416, 424, 426–428, 432
Hepp, Marcel 291, 292, 306, 307
Hepp, Ottfried 102, 126, 222, 240, 242, 431
Hepp, Robert 306, 307
Hermann, Gisela 73
Herr, Gertrud 274, 383, 397, 398
Hertel, Hans 274
Hess, Gerald 110, 111
Hess, Otto 461
Heß, Rudolf 178, 220, 232, 233, 240, 374, 383, 396, 399, 400
Hewicker (geb. S.), Christine 349, 357, 358, 360, 361
Hewicker, Klaus-Dieter 357–361
Heydrich, Reinhard 69
v. Heymann, Tobias 249
Heysing, Günther 366, 368–371, 373
Hilger, Norbert 279
Himmler, Heinrich 70, 157
v. Hindenburg, Paul 256
Hitler, Adolf 21, 36, 37, 39, 42–44, 52, 53, 55–57, 59, 70, 73, 77, 153, 160, 178, 193, 205, 219, 222, 252, 255–258, 300, 304, 311, 331, 366, 375, 396, 405, 416, 458
Hitler, Eva (geb. Braun) 56, 57
Höbelt, Lothar 203
Hoegner, Wilhelm 175
Hörnle, Raymund 239, 242
Höß, Rudolf 146
Höttl, Wilhelm 197, 198, 200–202
Hoffmann, Karl-Heinz 352
Hoggan, David L. 86, 160–162, 164, 374
Hohenschwert, Friedrich 346
Horchem, Hans-Josef 458
Horthy, Miklós 194

Hugenberg, Alfred 366
Hübner, Frank 110, 115
Hundhammer, Alois 174, 175
Hunke, Sigrid 272
Huscher, Klaus 408, 410
Hussein, Saddam 114, 231
Huth, Albert 82
Jäde, Henning 208
Jaschke, Hans-Gerd 4, 6, 75
Jaspers, Karl 299
Jensen, Arthur 387
Jesse, Eckhard 455
Johst, Hanns 193
Jong-il, Kim 114
Jordan, Rudolf 99, 100
Jordan, Wilhelm 383
Jünger, Ernst 286, 299–302, 304, 311
Jünger, Friedrich Georg 300
Jürgens, Uwe 240
Junge, Barbara 308
Käs, Ferdinand 205
Kaltenbrunner, Ernst 70
Kaltenbrunner, Gerd-Klaus 310
Kanther, Manfred 319, 331
Kappler, Herbert 240
Karl, gen. der Große 391
Karmasin, Franz 89
Karrasch, Alfred 87
Kaufmann, Karl 67, 69
Kelly, Petra 186
v. Kemnitz, Gustav Adolf 253
Kempner, Robert 65, 356, 407, 410
Kern, Fritz 18
Kern, Otto 53
Kernmayr, Erich 13
Kexel, Walter (auch: Walther) 102, 222, 414, 420–423, 425, 426, 428–433
Klagges, Dietrich 272
Klarsfeld, Beate 220
Klarsfeld, Serge 200
Klönne, Arno 58, 59
Kniest, Karl 213
Knorr, Max 442
Koch, Alois 194
Koch, Wolfgang 430, 431
Kock, Peter Jakob 166
Köhler, Gundolf 235, 242, 429

Köhler, Walter 141, 142
Koeppen, Werner 89, 93
Körper, Werner 138, 141, 142
Kohl, Helmut 283, 303
Kolbenheyer, Erwin Guido 87, 273
Koneckis-Bienas, Ralf 346
Kosiek, Rolf 436, 451
Koth, Michael 114, 115
Kowarik, Karl 198–202
Krämer, Philipp 135
Krämer, Willi 221
Krahl, Hans-Jürgen 122
Krammer, Josef 204
Kraus, Herbert Alois 201–204
Krause, Rolf 444
Kraushaar, Wolfgang 166
Krebs, Pierre 126
Kromschröder, Gerhard 226
Krüger, Gerhard 88
Krüger, Kersten 58, 59
Kubitschek, Götz 304, 305, 311, 313, 314, 317
Kübler, Friedrich 442
Kühnen, Michael 13, 98, 103–113, 117, 118, 328, 357, 360, 361, 395, 399, 411, 421, 447
Kühnl, Reinhard 306
von Kues, Nikolaus (Cusanus) 152, 153
Küssel, Gottfried 113, 211, 230–233
Kuhnt, Werner 74, 441, 444
Kusserow, Wilhelm 382, 388–390
Lächert, Hildegard 411
Landig, Wilhelm 364
Langewiesche, Wilhelm 337, 339, 343
La Rochelle, Pierre Drieu 314
Lauck, Gerhard (auch: Gary) 216, 220, 222, 353, 420
v. Laue, Max 464
Lauterbacher, Hartmann 37, 64, 65
Leggewie, Claus 303
Lembke, Heinz 13
Lepzien, Hans-Dieter 354–361
Leßau, Hanne 335
Liedig, Franz 172
v. Lewinski (gen. v. Manstein), Fritz Erich 64
Löffler, Hermann 24, 26
Loewy, Hanno 419
Lohe 62
di Lorenzo, Giovanni 229

Ludendorff, Erich 251, 252, 255, 256, 300
Ludendorff, Margarethe 255
Ludendorff, Mathilde 13
Maegerle, Anton 37
de Mahieu, Jacques 378
Mahlberg, Josef 436
Maier, Erich 291
Maier, Reinhold 139
Maier-Dorn, Emil 461
Maleta, Alfred 203, 204
Malluche, Renate 167, 176, 178, 180, 181
Mangold, Wilhelm 140
Manke, Alfred E. 13, 89
Manstein, Bodo 183
Marcuse, Herbert 464
Marinetti, Filippo Tommaso Marinetti 311
Marx, Arndt-Heinz 103, 104, 106, 223, 422, 429
Massis, Henri 314
Matthaei, Kurt 136
Matthaei, Walter 323
Matthes, Walther 333, 334, 336, 339, 342, 343
Meier, Gert 344, 345
Meißner, Karl 143
Mellin, Willi 136–138
Memminger, Gustav 61, 62
Mende, Silke 166, 168, 177, 179
Mengele, Josef 384
Menghin, Oswald 340
Meyer, Alwin 214
Meyer, Hellmut 247
Möbus, Hendrik 450
Möckel, Helmut 52, 53
Moeller van den Bruck, Arthur 125
Mörig, Gernot 273
Mohler, Armin 13, 125
Moschüring 360
Mosler, Jürgen 105, 106, 108, 109, 227, 228, 330, 396
Mozart, W. Amadeus 258
Müller, Curt (auch: Kurt) 102, 103, 106, 420, 430
Müller, Günther 334
Müller, Josef 169, 172–175
Müller, Peter 425
Müller, Ursula 102, 103, 106, 113, 227, 420, 430–432
Murswiek, Dieter 393

Mußgnug, Martin 31, 230, 437, 441, 444, 445, 448
Myrdal, Alva 384
Myrdal, Gunnar 384
Nagel, Max 138
Nahrath (geb. Kaul), Gisela 326, 328
Nahrath, Rudolf Raoul 320, 322, 324, 325
Nahrath, Ute 327
Nahrath, Wolfgang 13, 270
Nahrath, Wolfram 330
Nasser, Gamal Abdel 182
Naumann, Julia 308
Naumann, Peter 240, 241, 247
Naumann, Werner 57, 60, 61, 68, 206
Neidhardt, Friedhelm 349
Neubauer, Erika 93
Ney, Károly 198
Ngọc Châu, Nguyễn 242
Niekisch, Ernst 300, 302
Niethammer, Lutz 69, 75, 82, 87, 134
Nietzsche, Friedrich 252, 424, 425
Nolte, Ernst 309
Nolzen, Armin 45
Norkus, Herbert 50
Nowak, Janus 451
Neumann, Ernst Julius 333
Neumann, Meline 333
Neumann-Gundrum, Elisabeth 13
Oberth, Hermann 464, 465
Op den Orth, Franz 170
Opitz, Gerhard 273
Opitz, Reinhard 303–305
Otte, Paul 13
Otto, Rudolf 152, 153
v. Oven, Georg 364
v. Oven, Kurd 365
v. Oven, Wilfred 13, 351, 352
Overbeck, Ferdinand 61
Overbeck, Wilhelm 62
Pahl, Gesa 395
Pesendorfer, Franz 202
Petri, Franz 19, 23, 26
Pflaumer, Karl 141, 142
Pittermann, Bruno 204
Planck, Max 464
Plath, Norbert 451
Platzdasch, Ralf 419, 420

Pöhlmann, Siegfried 444 –446
Poelchau, Warner 226
Prechtl, Wolfgang 172
Priem, Arnulf Winfried 113, 233
Prittwitz von Graffron, Friedrich 171, 172
Proske, Wolfgang 9
Puls, Klaus-Dieter 220, 447
Pyta, Wolfram 190
Raabe, Jan 345
Rabe, Karl-Klaus 214
Rade, Martin 152
Rathkolb, Oliver 197
Rauch, Dieter 445
Rebmann, Kurt 243, 245
Reimann, Viktor 201–204
Reinhardt, Fritz 65
Reisz, Heinz 110, 211, 232
Reiter, Margit 203
Reitz, Axel 97
Remer, Otto Ernst 322, 458, 462
Rendulic, Lothar 204
Rennicke, Frank 131
Reuß zu Lippe, Marie Adelheid 274
Riedl, Fritjof 202
Rieger, Jürgen 13, 124, 128, 272, 329, 450
Riegler, Thomas 199
Riehs, Otto 110
Rilke, Rainer Maria 334
de Rivera, José Antonio Primo 310
Rodnick, David 35
Roeder, Manfred 226, 239, 243, 356, 446, 449
Röhm, Ernst 117, 222
Röpke, Wilhelm 316
Rohwer, Uwe 220, 327, 395
Rommel, Alberta (Verhagen, Britta) 345
Roosevelt, Franklin D. 178
Rose, Detlev 382, 383
Rosenberg, Alfred 157
Roth, Robert 142
Rubin, Berthold 393
Rudel, Hans-Ulrich 69, 379
Rüdiger, Jutta 37, 73
Rufer, D. 454, 456
Rupp, Johannes 141
Sabolić, Vladimir 198
Sachse, Wolfgang 354–361
Sälter, Gerhard 199

Salomon, Ernst v. 64
Sander, Hans-Dietrich 130, 131, 233
Schaar, Torsten 58–60, 70, 72
Schachermayr, Stefan 198
Schacht, Hjalmar 61, 69
Schäfer, Klaus 437
Schärf, Adolf 203
Scheel, Gustav Adolf 69
Scheel, Walter 351
Schepke, Frank 465
Schenk Graf v. Stauffenberg, Claus 304
Schenke, Wolf 183, 184
Schenzinger, Aloys 50
Schildt, Axel 308
Schiller, Friedrich 258
Schimmer, Arne 130
v. Schirach, Baldur 21, 36, 37, 39, 42, 43, 48, 65, 66, 257, 324
v. Schirach, Henriette 257
Schlageter, Albert Leo 144, 332
Schleiermacher, Friedrich 152, 153
Schlüter, Leonhard 159, 163
Schmitt, Carl 279, 280, 283, 284, 288, 291, 299, 305, 312
Schmollinger, Horst W. 265
Schönborn, Erwin 13, 419, 420, 425, 426
Schönhuber, Franz 230
Schoeps, Hans Joachim 292
Scholz, Robert 87, 89
Schramm, Erwin 439
v. Schrenck-Notzing, Caspar 290
Schubert, Frank 14
Schütz, Waldemar 461
Schulte, Lothar 220, 360, 395
Schumacher, Kurt 179
Schwabedissen, Hermann 340
Schwalber, Josef 172
Schwann, Hermann 182, 183
Schwarz, Tibor 216
Schwarz van Berg, Hans 69, 367
Schwarzkopf, Hans Georg 202
Schweimer, Horst-Günter 459
Seidenfaden, Theodor 90, 91
Seyß-Inquart, Arthur 340
Sibert, Edwin Luther 62
Siewert, Erich 59
Siewert, Norman 309

Six, Franz Alfred 69
Skorzeny, Otto 61, 69, 72, 203
Sonntag, Rainer 110
Sontheimer, Kurt 464
Sorel, Georges 305, 314
Soucek, Theodor 197
Spanuth, Jürgen 345
Speer, Albert 72
Sporleder, Dieter 420, 423, 425, 432, 433
Springmann, Baldur 165, 166, 186
Stalin, Josef 283
Stannieder, Winfried 131
Stark, Holger 308
Steber, Martina 308
Stebich, Max 193
Steinbach, Franz 19, 26
Steiner, Felix 64
Steiner, Rudolf 185
Stempel, Karl Günther 90, 93, 94
Stennes, Walther 366
Stöckicht, Peter 14, 220
Stöss, Richard 166, 168, 177, 179, 262
Stoltenberg, Gerhard 356, 358
Stoph, Willi 267, 393
Strasser, Otto 68
Streicher, Julius 168, 169, 171, 173, 174
Stresemann, Gustav 168, 169
Stuckart, Wilhelm 19
Stüber, Fritz 94
Sündermann, Helmut 438
Sunkel, Reinhard 21
Swierczek, Michael 108, 227
Szokoll, Carl 205
Taft, Robert A. 315
Tauber, Kurt Philipp 4, 76
Taylor, Austin J.P. 161
v. Thadden, Adolf 14, 17, 28, 30, 31, 267, 444, 445
v. Thadden, Adolf (sen.) 455
v. Thadden, Elisabeth 456, 464
v. Thadden, Gerhard 457
v. Thadden, Johann Leopold 455
v. Thadden, Reinold 455
v. Thadden, Rudolf 456, 465
v. Thadden-Trieglaff, Adolf Ferdinand 456
Terkessidis, Mark 305
Teudt, Wilhelm 344
Thielen, Friedrich 459, 461, 465

Thierack, Otto 70
Tietjen, Wilhelm 397
Tito, Josip Broz 193
Uiberreither, Siegfried 197
Ulrich, Fritz 143
Unser, Hans 139
Voigt, Udo 400, 401, 449
Vollmer, Dieter 384
Vorderbrügge, Sibylle 239, 242
Wagner, Robert (geb. Backfisch) 140
Walbaum, Rudolf 82
Walendy, Udo 445
Wallmann, Walter 423, 427, 428
Wegener, Lutz 216, 220
Wehrli, Walter 413
Weil, Ekkehard 269
Weißmann, Karlheinz 302–305, 314
Wiesenthal, Simon 208, 356, 407, 410
Wigand, Arpad 395
Wild, Reinhold 422
Wilke, Karsten 345
Willbrand, Jürgen 68
Willms, Thomas 281, 302, 303

Winkelmann, Otto 194
Wintzek, Bernhard 267
Windisch, Konrad 272, 274
Windisch, Leopold 407
Winter, Franz-Florian 461, 463, 465
Winter, Simon 61
Winters, Peter Jochen 416
Wirsing, Giselher 290, 291
Wirth, Hermann 339, 340, 343, 344
Witte, Elisabeth 167
Wodak, Ruth 190
Wohlschläger, Esther 231, 233
Wolfgram, Kurt 358–361, 424, 427, 428, 432, 433
Worch, Christian 109, 211, 212, 219, 230, 232, 233, 423
Wulff, Thomas 113, 211, 212, 230, 382, 283, 401
Zehrer, Hans 458
Ziesel, Kurt 291, 303
Zimmermann, Paul 69
Zwerenz, Gerhard 463
Zschäpe, Beate 389
Zündel, Ernst 396, 411

www.ingramcontent.com/pod-product-compliance
Lightning Source LLC
Chambersburg PA
CBHW031748220426
43662CB00007B/322